Friedrich Zech

Mathematik erklären und verstehen

Eine Methodik des Mathematikunterrichts
mit besonderer Berücksichtigung von
lernschwachen Schülern und Alltagsnähe

Zweite durchgesehene
Auflage

 http://www.cornelsen.de

Redaktion: Elisabeth Berten
Herstellung: Claudia Maas
Technische Umsetzung: igs GmbH, Berlin
                              Gerd Sadzinski, Berlin

2. Auflage   Druck 5 4 3 2   Jahr 05 04 03 02

Druck: Saladruck, Berlin

ISBN 3-464-59171-9

Bestellnummer 591719

 Gedruckt auf säurefreiem Papier, umweltschonend
hergestellt aus chlorfrei gebleichten Faserstoffen.

INHALTSVERZEICHNIS

Vorwort und Einführung

Das vorliegende Buch ist das Ergebnis des über 12 Jahre laufenden Projekts TELEMA: **Te**xtliche **L**ernhilfen des **Ma**thematikunterrichts insbesondere lernschwacher Schüler der Sekundarstufe I. Dies hatte sich unter Leitung des Kollegen Dr. Martin WELLENREUTHER und mir zum Ziel gesetzt, Materialien für wichtige Teilgebiete des Mathematikunterrichts der SI zu entwickeln: Dazu gehören Teile der Geometrie, die Bruchrechnung, Prozentrechnung, Zinsrechnung und Schlußrechnung. Diese Materialien werden im Cornelsen Verlag in der Reihe „STUTZPFEILER MATHEMATIK – Wichtige Bausteine alltagsnaher Mathematik der Schuljahre 5 – 8" herausgebracht.

Somit kann dieses Buch u.a. als Hintergrund für den Unterricht mit diesen Materialien dienen. Es geht in seinem Anspruch aber deutlich darüber hinaus: Es soll im ersten Teil *ein allgemeines Unterrichtskonzept für „verständnisorientierten" Mathematikunterricht* (zur Vermittlung von Basiswissen, insbesondere lernschwacher Schüler) entwickeln, das an Beispielen aus dem Projekt verdeutlicht wird.

Der zweite Teil wendet sich der *Vermittlung von speziellen Inhalten einer Schulstufe* zu (Klasse 5 bis 8; besonders Hauptschul-, teilweise Realschulniveau)[1]. Die inhaltliche Darstellung beschränkt sich bewußt auf die Teilgebiete im Bereich der Projekterfahrungen (siehe oben), also auf einen Kernbereich alltagsnaher Mathematik, in dessen Mittelpunkt wesentliche Teile des sog. „bürgerlichen Rechnens" stehen – ohne übertriebene mathematische Begrifflichkeit (insbes. ohne Mengen- und Strukturbegriffe; nicht einmal von Funktionen/Abbildungen/Operatoren ist die Rede). „Moderne Mathematik" ist in impliziter Form gelegentlich schon wirksam, aber scheint in expliziter Form für die angesprochenen Kernbereiche des Hauptschulunterrichts nicht notwendig.

Es werden in diesem Buch auch andere inhaltlich vielleicht wichtige Teile des „Alltags-Fundaments" der angesprochenen Schulstufe nicht berücksichtigt (z.B. Winkel, weitergehende Berechnungen von Flächen und Körpern, Gleichungslehre und Stochastik). Dafür wird aber für einen ausgewählten Kernbereich ein relativ geschlossenes Konzept entwickelt, an dem sich die Leser „reiben" mögen. Es soll also eher ein vermutlich günstiger Weg (z.B. durch die Bruchrechnung) aufgewiesen und diskutiert werden – einschließlich zweckmäßiger Differenzierungsmöglichkeiten –, als die Leser durch eine Vielfalt von unverbindlichen methodischen Vorschlägen, Hilfsmitteln und Spielen zu verwirren.

Die Akzentsetzungen „Basiswissen" und „lernschwacher Schüler" bringen es mit sich, daß in diesem Buch wenig von „entdeckendem Lernen", „problemlösendem Unterricht" und „Projektunterricht" gesprochen wird.[2] Solche anspruchsvollen Lernformen setzen häufig eine solide Vermittlung von Basiswissen über „Erklären", „gelenktes Entdecken", „Modellieren" sowie selbsttätiges und partnerschaftliches Üben voraus. Später wird in diesem Sinne versucht, einzelne Beispiele für „vorbereitete Projekte" in Geometrie und Zinsrechnung zu geben.

Bei der Vermittlung von *Grundkenntnissen* setzt die hier vertretene Konzeption stark auf einen Unterricht, der auf der Grundlage von und mit gut strukturierten und verständlichen, schülerorientierten Lehrtexten arbeitet. Übliche Schulbücher sind aus verschiedenen später zu erörternden Gründen häufig für solch einen Unterricht weniger geeignet. Bei der Erstellung unseres Materials ging es vor allem darum, den Schülern ein selbständigeres Erarbeiten und Wiederholen wichtiger Grundkenntnisse (Ziel: Verstehen, Anwenden können) zu ermöglichen und damit zumindest eine

---

[1] Unabhängig davon finden Mathematiklehrer aller Schularten hier konkrete Anregungen für einen stärker verständnis- und anwendungsorientierten und weniger formalen Mathematikunterricht.

[2] Sehr wohl aber von Selbsttätigkeit des Schülers; das ist etwas anderes!

nützliche Ergänzung zum Schulbuch zu schaffen. Derartig konzipierte Schülerhefte sollen den Lehrer nicht überflüssig machen. Ganz im Gegenteil: Indem die Schüler häufig selbständiger arbeiten können, wird die Arbeitskraft des Lehrers stärker freigesetzt für Lernhilfen bei lernschwächeren Schülern, die im sonst vorherrschenden Frontalunterricht immer wieder zu kurz kommen. Nun wird häufig von den Lehrern resignierend auf die erheblichen Leseschwierigkeiten hingewiesen. Doch die „Leseschwierigkeiten" sind nach unseren Feststellungen häufig Verständnisschwierigkeiten, denen man durch verständlichere Lehrtexte begegnen kann. Doch selbst, wenn die Lehrer den Schülern die eigene Erarbeitung eines Lehrtextes (etwa bei der Ersteinführung) nicht zumuten wollen oder können, so haben die Merkmale verständlicher Lehrtexte eine wichtige „Vorbildfunktion" für verständliche Erklärungen der Lehrer (genauere Ausführungen hierzu im Abschnitt 2.2). Die *Verständlichkeit von Erklärungen* (sei es von Lehrtexten, sei es von Lehrern) steht im Mittelpunkt des ersten allgemeinen Teils dieses Buches. Wir sehen darin – allen einseitigen Ideologien entdeckenden Lernens zum Trotz – eine ganz zentrale Kategorie der Mathematikdidaktik.

Eine ihrer wesentlichen Aufgaben besteht darin, Erklärungen (d.h. wesentlich sprachliches Verständlichmachen von mathematischen Begriffen und Verfahren) zu optimieren. Wir glauben weniger daran, daß – wie man gelegentlich sehr übertrieben ausgedrückt hört – „jeder Schüler seine eigene Erklärung" braucht oder gar selbst suchen kann. Es sei daran erinnert, daß Schüler ihre Mathematiklehrer häufig danach beurteilen, ob sie „gut erklären" können oder nicht.

Es wäre ein gründliches Mißverständnis, wenn hierin ein Plädoyer für einen einseitig darbietenden Unterricht gesehen wird. Es wird deutlich werden, daß beim Erarbeiten, Üben und Anwenden im Rahmen des vorgestellten Unterrichtskonzepts genügend Raum für eigene Bemühungen der Schüler bleibt. Die positiven Möglichkeiten, die im guten Erklären von Lehrern und Lehrtexten liegen, und der theoretische Hintergrund dafür verdienen aber, stärker als bisher herausgearbeitet zu werden. Für den Schüler ist dabei vor allem wichtig, daß das Wesentliche genügend deutlich hervorgehoben wird. Im gleichen Sinne bemüht sich der Autor selbst um eine möglichst verständliche Darstellung – ohne übertriebene „wissenschaftliche" Sprache und allzu viele Nebengleise. Die Forschung, die mit der Entwicklungsarbeit verbunden war, fließt in die Darstellung mit ein. Für genauere Diskussionen dazu sei auf frühere Veröffentlichungen zum Projekt TELEMA (siehe Literaturverzeichnis) verwiesen. Zum forschungsmethodologischen Vorgehen im Sinne „konstruktiver Entwicklungsforschung" sei auf das Schlußkapitel und den dort erwähnten Grundsatzartikel im Journal für Mathematikdidaktik hingewiesen.

Das Lehrbuch wendet sich an alle Unterrichtenden der Mathematik (Studenten, Lehrer und Kollegen; insbesondere auch an Lehrtextautoren[3]) und an alle, die mit Mathematikunterricht befaßt sind. Für jede Art von Anregung und Kritik all dieser Leser ist der Autor stets dankbar.

An dieser Stelle sei nochmals all den vielen Kollegen, Lehrern, wissenschaftlichen Hilfskräften, Studenten und Schülern[4] für die vielen Anregungen während der langjährigen Projektarbeit sowie der DFG für die finanzielle Unterstützung des Projektes gedankt. Bleibt noch hervorzuheben, daß dieses Buch zwar von mir allein geschrieben wurde und verantwortet wird, für den verdienstvollen

---

[3]   und damit auch an uns selbst!

[4]   Die weiblichen unter ihnen sind in dieser herkömmlichen sprachlichen Form, die ich der Einfachheit wegen auch im gesamten weiteren Buch beibehalte, immer ausdrücklich mit eingeschlossen! (Die mancherorts aus löblichen Motiven gewählten Doppelungen tragen leider nicht zu einer besseren Verständlichkeit bei.)

Beitrag des Kollegen M. Wellenreuther ist hier jedoch besonders zu danken – nicht nur aufgrund des Mitdiskutierens der ersten Fassung des Buchs, sondern vor allem aufgrund der langjährigen gemeinsamen Arbeit an Schülerheften, Lehrerheften, Lösungsheften des Projekts TELEMA und der Reihe STÜTZPFEILER (ZECH/WELLENREUTHER ab 1992). Daneben gehen gemeinsame und getrennte Veröffentlichungen zur Forschungs- und Entwicklungsarbeit im Rahmen des Projekts mit in diese Darstellung ein.

Für sorgfältige und kritische Durchsicht des Manuskripts und viele wertvolle Anregungen habe ich außerdem folgenden Damen und Herren herzlich zu danken: Herrn Prof. Dr. Ludwig Bauer (Universität Passau), Frau Dr. habil. Regina Bruder (Odenwaldschule Ober-Hambach), Herrn Helmut Hinrichsen (Gymnasium Reykjavik/Island), Herrn Ak. Dir. Dr. habil. Peter Kirsche (Universität Augsburg), Frau Dipl. Päd. Martina Klunter (Universität Potsdam), Frau Stud. Dir. Dr. Gisela Studeny (Universität München), Frau Dipl. Lehrerin Ute Veith (Universität Potsdam). Für sorgfältige und geduldige Erstellung der Vorfassungen danke ich Frau Uta Bohlen und meiner Frau Rosemarie Zech. Schließlich möchte ich mich auch für die nicht ganz einfache redaktionelle Betreuung des Werkes von Verlagsseite bedanken.

Göttingen, den 30.11.1994
Friedrich Zech

Adresse des Autors:
Dr. Friedrich Zech
Unter den Linden 32
37085 Göttingen
Tel. (05 51) 79 22 79

---

*)„Honni soit, qui mal y pense“
Es legt mir am Herzen, noch einen Punkt betreffs der gelegentlich zitierten
Schulbücher von ehrenwerten Kollegen anzumerken:
Die gewählten Beispiele entstammen – die Geschichte des langjährigen Projekts nachzeichnend –
meist älteren Auflagen der Schulbuchwerke. Es ist in keiner Weise beabsichtigt, diese Beispiele als für
diese Schulbuchwerke repräsentativ hinzustellen; schon gar nicht, wenn inzwischen völlig umgearbeitete
Neuauflagen vorliegen.
Es geht mir allein darum, bestimmte Verständlichkeitsgesichtspunkte gegenüber typischen Traditionen zu
verdeutlichen. Die speziellen Beispiele sind aber doch recht willkürlich gewählt. Vor die Frage gestellt, sie
durch andere aktuelle Beispiele auszutauschen (Es gibt sie!), habe ich mich dafür entschieden, bei den alten
– z.T. etwas drastischeren – Beispielen zu bleiben, weil es sonst wahrscheinlich erforderlich würde, sie bei
jeder Neuauflage auszutauschen. Es geht mir schon auch um eine allgemeine Schulbuchdiskussion,
aber – bitte – um keine spezielle Schulbuchschelte. Dazu fühle ich mich auch zu sehr der äußerst mühsamen
Schulbucharbeit verbunden.

I. ALLGEMEINE DIDAKTISCHE GESICHTSPUNKTE

1 Mathematikunterricht für lernschwache Schüler

1.1 Vororientierung

Wir gehen von den Problemen lernschwacher Schüler aus, um von daher deutlich zu machen, welche Probleme vorrangig in einem Unterricht zu lösen sind, in dem man besonders mit lernschwachen Schülern zu tun hat. Die Probleme werden in der Lernbehindertendidaktik besonders diskutiert. Ihre Traditionen im Sinne eines durch besondere Kleinschrittigkeit und mechanisches Üben gekennzeichneten Unterrichts werden in der Behandlung von lernschwachen Schülern aller Schularten deutlich. Der gemeinsame Hintergrund für diese – wie wir sehen werden – fatale Tendenz scheint darin zu liegen, daß, wird nicht schnell „Verständnis" erreicht, dieses durch erhöhte Mechanisierung des Lernens ersetzt wird, um zu irgendwelchen sichtbaren Ergebnissen zu kommen.

Das Problem, sich „verständlicher zu machen", wird damit natürlich nicht gelöst. Zugleich wird hiermit deutlich, daß wir keinen prinzipiellen Unterschied zwischen lernbehinderten Schülern der Sonderschule und lernschwachen Schülern anderer Schularten machen, solange keine ausgesprochenen Ausfälle oder Störungen (z.B. der visuellen Wahrnehmung) im Sinne sog. „Teilleistungsstörungen" (vgl. etwa FROSTIG/MÜLLER 1981) vorliegen, die ein normales kognitives Funktionieren verhindern und meist eine Einzeltherapie erfordern[1]. Daß es ein solches prinzipiell ähnliches kognitives Funktionieren bei den meisten (auch „lernschwachen") Schülern gibt, kann heute als hinreichend gesichert angesehen werden.

Im folgenden ist zu klären, was man sich unter „lernschwachen Schülern" vorstellen sollte und ist genauer anzusehen, wie die traditionelle Lernbehindertendidaktik darauf reagiert hat. Die Kritik dieser Traditionen im Sinne sog. „kognitiver" Theorien führt zu neueren Ansätzen, u.a. zu einer eher „problemorientierten" Unterrichtsgestaltung einerseits und einem rezeptiv-textorientierten Verständlichkeitskonzept andererseits, die jedoch letztlich beide unbefriedigend bleiben.

1.2 Defizite lernschwacher Schüler

Versucht man, lernschwache Schüler zu charakterisieren, die unter sich in vielerlei Hinsicht (z.B. Intelligenzquotient, sprachlichem Ausdrucksvermögen, Rechenleistungen, Interessen…) noch sehr unterschiedlich sein mögen, so kann man doch einige typische Defizite benennen:

---

[1]   Hier sind freilich keine klaren Grenzen zum „normalen" Lernschwachen zu ziehen, der weitgehend normalem Schulunterricht (und sei es in einer Lernbehindertenschule) ausgesetzt werden kann. Genauere Definitionen helfen hier nicht weiter.

1.2.1 Kognitive Defizite

Die kognitiven Defizite lernschwacher Schüler sind offensichtlich hauptsächlich in einer unzureichenden Begriffsbildung begründet, die eine adäquate Aufnahme, Verarbeitung und Speicherung von Informationen erschwert:

- Schon für die verläßliche Aufnahme und Einordnung von Lernerfahrungen fehlen häufig die notwendigen Konzepte und „Ankerbegriffe".
- Lernschwache Schüler haben im Unterricht oft Schwierigkeiten, die generalisierbaren, situationsübergreifenden Momente wahrzunehmen.
- Sie wissen daher häufig nicht, „wie" sie an Aufgaben oder Probleme herangehen sollen.
- Sie können das Gelernte häufig schwer auf neue Sachverhalte übertragen.
- Aufgrund mangelhafter Begriffsbildung können lernschwache Schüler das Neugelernte auch nicht gut behalten (sie neigen zu mechanischem statt „logischem" Einprägen).
- Ursache und Folge unzureichender Begriffsbildung sind größere Leistungsmängel und Wissenslücken, häufig schon bei Basisfertigkeiten wie dem Einmaleins.

Inwieweit diese Defizite von der Schule u.U. mitverursacht werden, so daß Begriffsbildung eher verhindert als gefördert wird, wird im folgenden deutlich werden.

Über gravierende kognitive Defizite (nicht nur) lernschwacher Schüler im Fach Mathematik wird in diesem Buch noch hinreichend zu berichten sein. (Der Leser werfe vielleicht vorweg einen Blick auf die Bestandsaufnahme zur Bruchrechnung in Abschnitt 6.1.2!)

1.2.2 Affektive Defizite

Hier sind vor allem solche Defizite zu nennen, die auf eigenen Versagenserfahrungen im kognitiven Bereich beruhen und auf diesen wieder negativ zurückwirken:

- Mißerfolgsängstlichkeit
- schwere Motivierbarkeit
- Unselbständigkeit (Anlehnungsbedürfnis bzw. gehemmte Zurückgezogenheit)
- soziale Unangepaßtheit (mangelnde Kooperationsfähigkeit, Verhaltensstörungen)

Auf diese affektiven Probleme ist bei der Darstellung unseres Unterrichtskonzepts etwas genauer zurückzukommen (Abschnitt 3.3 und Abschnitt 4.5).

Literatur zu den Defiziten lernschwacher Schüler:
LAUTH / HOLZHAUER / WEITENDORFF (1983), LOMPSCHER (1978),
WITTOCH (1976), LORENZ (1984).

1.3 Traditioneller Mathematikunterricht für lernschwache Schüler

Schauen wir nun zunächst, wie die traditionelle Lernbehindertendidaktik auf die Defizite von Lernbehinderten reagiert. Noch heute findet man vielerorts die Tendenz, in ähnlicher Weise auf lernschwache Schüler (auch außerhalb der Schulen für Lernbehinderte) zu reagieren. Die traditionelle Lernbehindertendidaktik ist wesentlich durch die Hilfsschule der zwanziger Jahre bestimmt. Grundlage dieser Didaktik ist die Annahme, daß die Lerndefizite prinzipiell kaum korrigierbare Verhaltensmerkmale der betreffenden Schüler sind, die eine „Sonderbehandlung" dieser Schüler verlangt. Dies drückt sich vor allem in zwei didaktischen Prinzipien aus, wie den kognitiven Defiziten zu begegnen ist:

- Vorgehen in kleinsten Schritten
- Ständiges mechanisierendes Wiederholen

Der mangelnden Aufnahmefähigkeit und der mangelnden Begriffsbildung entsprechend, sollen komplexere Aufgaben für den lernschwachen Schüler so weit reduziert und in einzelne Schritte aufgelöst und aufbereitet werden, daß dieser die verbleibenden Schwierigkeiten leicht bewältigen kann. Es handelt sich bei diesem Prinzip der kleinsten Schritte mithin um eine besonders extreme Ausformung des Prinzips der Isolierung von Schwierigkeiten. Hinter den genannten Prinzipien stehen offenbar Vorstellungen eines einfachen Reiz-Reaktions-Lernens im Sinne älterer behavioristischer Theorien (vgl. HILGARD/BOWER 1973 oder GAGNÉ 1969). Vor der mangelnden Begriffsbildung und Transferfähigkeit – so scheint es – kapituliert die traditionelle Hilfsschuldidaktik von vornherein. Es sei nur angemerkt, daß sie den sozial-affektiven Defiziten lernbehinderter Schüler durch deren Absonderung in einen „Schonraum" begegnet. Daß diese Art von kognitiver und affektiv-sozialer „Rücksichtnahme" das selbständige Denken und die soziale Integration lernbehinderter Schüler kaum fördern kann, liegt auf der Hand, soll hier jedoch nicht weiter vertieft werden. Betrachten wir zunächst als ein Beispiel für die Nachwirkungen der Hilfsschulprinzipien die Seite eines vor einigen Jahren noch weitverbreiteten Sonderschulwerks für die Klasse 8.

Die Schulbuchseite beginnt mit einer Musteraufgabe: 1. Es folgen zwei Aufgaben mit verkürztem Text: 2, 3. Ab Aufgabe 4 entfällt der Text und dann die Multiplikationsaufgabe. Insgesamt finden sich auf dieser Seite 36 Übungsaufgaben dieser Art zum Zweisatz. Auf der darauffolgenden (hier nicht wiedergegebenen) Seite finden sich bei leichter Modifikation der Zahlen (es wird z.B. auch von $\frac{1}{4}$ Pfund auf $\frac{3}{4}$ Pfund geschlossen) weitere 36 solcher Aufgaben!

Die Variation von Aufgabe zu Aufgabe ist so klein, daß der Schüler immer genau weiß, was er zu rechnen hat. Aufgrund der Vorgaben bei der Wahl des Rechenverfahrens kann er beim Ansatz kaum einen Fehler machen. Was lernt er dabei? – Er lernt, nach „Schema F" zu arbeiten und übt – in diesem Falle – auch etwas Multiplizieren dabei. Er lernt dabei jedoch vermutlich kein selbständiges Aufgabenlösen und die Anwendung des Gelernten in der Wirklichkeit. (Zitat der Schulbuchseite und anschließende Interpretation nach WELLENREUTHER, WS 1980/81).

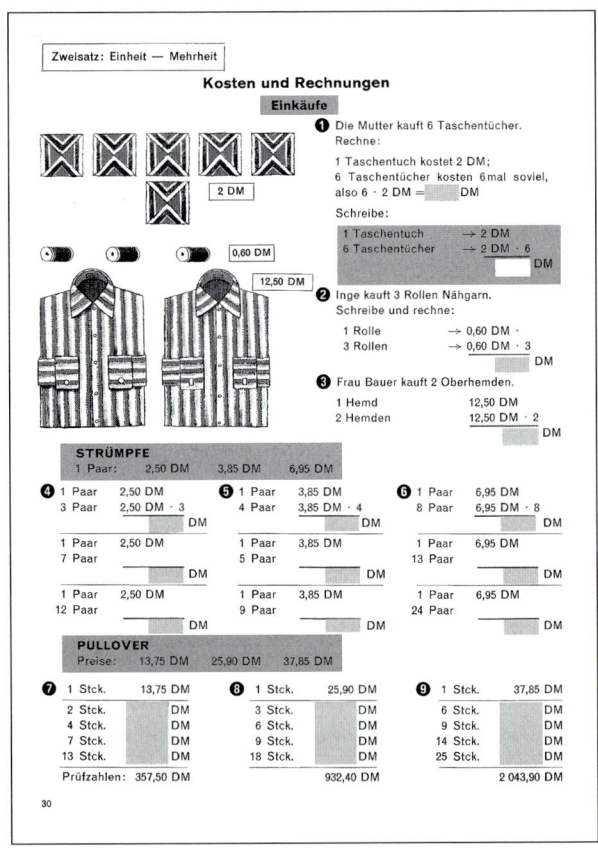

Schulbuchbeispiel aus KLAUER 1976[2])

---

2) Es sei nochmals auf die Fußnote am Schluß des Vorwortes verwiesen.

Nachbemerkung

Der unbefangene Leser mag sich vielleicht wundern, warum die Diskussion ausgerechnet mit der Lernbehindertendidaktik begonnen und auch noch ein wenig fortgesetzt wird. Dies hat mehrere Gründe:

Zum einen ist unser Projekt TELEMA ursprünglich aus einem Lernbehindertenprojekt des Fachs Schulpädagogik (G. JOPPICH u.a.) des Fachbereichs Erziehungswissenschaften der Universität Göttingen hervorgegangen. Der Schwerpunkt unseres Projekts hat sich später auf die Orientierungsstufe und Hauptschule verlagert, weil schriftliche Materialien der von uns konzipierten Art doch eher für deren Schüler geeignet schienen. Zudem hat man es bekanntlich in der heutigen Hauptschule zunehmend mit Schülern der früheren Lernbehindertenschule zu tun (vgl. DIE ZEIT v. 13.12.1991). Zum anderen hat die eigentliche Diskussion des Mathematikunterrichts lernschwacher Schüler leider weniger in der Hauptschuldidaktik, als in der Lernbehindertendidaktik stattgefunden. Die Probleme müßten teilweise jedoch schulstufenunabhängig diskutiert werden, weil es in jeder Schulart (auch im Gymnasium) mathematikschwache Schüler gibt.

Es werden hier einzelne grundsätzliche Probleme diskutiert, ohne in die aktuelle Diskussion der Lernbehindertendidaktik eingreifen zu wollen. (Dazu steht der Verfasser inzwischen zu weit außerhalb dieses Bereichs.)

Literatur:

– Zum Unterricht der traditionellen Lernbehindertenschule (Hilfsschule) vgl. BLEIDICK/HECKEL (1968).
– Für eine genauere Analyse des Sonderschulunterrichts vgl. WELLENREUTHER (WS 1980/81).
– Zum heutigen Mathematikunterricht in der Hilfsschule (Ostdeutschland) aus der Zeit vor der „Wende" vgl. AMM/GOTTKE/SIEPMANN (1987).

1.4 Neuere Ansätze für den Mathematikunterricht lernschwacher Schüler

1.4.1 Grundsätzliche Kritik am traditionellen Mathematikunterricht lernschwacher Schüler

Natürlich soll nicht behauptet werden, das im letzten Abschnitt diskutierte Extrembeispiel sei repräsentativ für neuere Schulbücher, gar der Hauptschule. Gleichwohl scheint es lehrreich für das, was beim Unterricht lernschwächerer Schüler (anderer natürlich erst recht) vermieden werden sollte: die Aufbereitung des Lernstoffs in kleinsten Häppchen und ein darauf basierendes rein mechanisches, uneinsichtiges Lernen.[3] Daß solch mechanisches Lernen durch die Art der Aufgabensequenzierung sogar noch durch Schulbücher der Oberstufe des Gymnasiums nahegelegt wird, zeigte PESCHEK (1989) überzeugend. Es dokumentiert sich also hier kein Sonderschulproblem, sondern eines der Kardinalprobleme des Mathematikunterrichts überhaupt.

Im Sinne neuerer kognitiver Theorien (z.B. AUSUBEL, 1974) könnte man im einzelnen kritisch hervorheben:

---

[3] Damit soll die Nützlichkeit von Automatisierungen (z.B. des Einmaleins) zur Entlastung höherer Lernprozesse nicht bestritten werden.

- Durch die für den Schüler unübersichtliche Zerstückelung des Lernstoffs wird die Wahrnehmung des Wesentlichen erschwert.
- Durch die Zergliederung des Stoffs in Einzelbeispiele ohne jeden verbindenden Text und ohne jede verbale Erklärung wird die Bildung allgemeiner Begriffe eher verhindert.
- Durch den Verzicht auf vorstrukturierende Hilfen wird die Aufnahme des neuen Lernstoffs und die Verbindung mit bisherigen Erfahrungen erschwert.
- Durch eine fehlende Zusammenfassung wird die begriffliche Integration und die gedächtnismäßige Verankerung eher erschwert.
- Die geringe Variation der Beispiele in bezug auf die Aufgabenpräsentation (Reduktion auf eine von vornherein formalisierte Standardform) und der Verzicht, auf das mathematische Grundverständnis (in unserem Fall in Richtung Proportionalität und Multiplikation) explizit zurückzugehen, macht die Anwendbarkeit des Gelernten unwahrscheinlicher.

Eine derartige Aufbereitung des Lernstoffs in kleinste Häppchen führt damit zu einer systematischen Überforderung, was begriffliche Verarbeitung, die gedächtnismäßige Speicherung und den Transfer auf die Wirklichkeit betrifft.

Es ist ein Kennzeichen neuerer Ansätze für den Unterricht lernschwacher Schüler, die kognitiven (wie auch affektiven) Defizite dieser Schüler eher als veränderbar anzusehen, ihnen Aufgaben mit höherem kognitiven Anspruch zu stellen und sie zwar als Lernende mit größeren Lernschwierigkeiten zu betrachten, aber ihrem Lernen eben prinzipiell doch die gleichen Lerngesetzmäßigkeiten zu unterstellen wie bei „normalen" Schülern. Wenn lernschwache Schüler größere Lücken haben, langsamer lernen, mehr Beispiele brauchen, nicht so schnell abstrahieren und verallgemeinern können, ist wohl zu erwarten, daß die Lernschritte kleiner sein müssen und gezielter geübt und wiederholt werden muß. Das bedeutet aber noch lange nicht, daß für diese Schüler andere Gesetze für die kognitive Verarbeitung gelten. Eher müssen sie besonders konsequent angewandt werden (siehe dazu die Ausführungen in Kapitel 2 bis 4).

Literatur: Zur Kritik älterer Lernbehindertendidaktik siehe z.B. KUTZER (1976).

1.4.2 Ansätze von Wittoch und Schmerder

Die Untersuchungen von WITTOCH (1973) und SCHMERDER (1976) sind u.a. Belege für das „normale Funktionieren" des Denkens lernschwacher Schüler und zeigen Ansätze, lernschwachen Schülern anders als in der Hilfsschultradition zu begegnen. Diese beiden Untersuchungen erlauben zugleich, die eigene didaktische Position näher zu bestimmen.

a) Zur Untersuchung von WITTOCH

Die empirische Untersuchung von WITTOCH (1973) zur Schlußrechnung ist ein eindrucksvoller Beleg dafür, daß auch leistungsschwache Schüler in der Lage sind, anspruchsvollere Aufgaben zu lösen und Lösungsstrategien zu entwickeln. Im Vergleich zur Arbeit mit einem traditionellen Schulbuch (51 kleinere Standardaufgaben)[4] und einem Unterrichtsprogramm (33 solcher Aufgaben) werden bei gleicher Unterrichtszeit 11 komplexere, alltagsnahe Aufgaben gestellt wie die folgende (ohne explizite Fragestellung):

> „Denkt euch einmal, ihr würdet von eurer Mutter zum Einkaufen geschickt. Ihr solltet auf dem Markt 30 Pfund Pflaumen kaufen, weil die Mutter sie einmachen will. Ihr fahrt mit dem Rad zum Barbecker Markt. Dort seht ihr gleich an der Straße einen Stand mit dem Schild ‚2 Pfund 1,50 DM' und hinterher an der Ecke einen Stand mit dem Schild ‚5 Pfund 3,50 DM'. Die Pflaumen sehen an beiden Ständen gleich gut aus."

---

[4] Die Art der Standardaufgaben soll in diesem Zusammenhang nicht näher diskutiert werden (vgl. dazu auch Kapitel 8).

Der problemorientierte Unterricht der Lehrerin, bei dem sie selbst keinen Lösungsalgorithmus vorgibt, sondern mit den Schülern gemeinsam deren Lösungsansätze diskutiert, zeigte bei lernschwachen Schülern den vergleichsweise besten Erfolg.[5] Damit ist natürlich längst nicht gesagt, daß ein problemorientierter Mathematikunterricht allgemein die beste Unterrichtsform für lernschwache Schüler ist. Dazu ist der Ausschnitt möglicher Methoden und Inhalte ohnehin viel zu klein. Es stellen sich allgemein auch Fragen folgender Art:

– Können die Voraussetzungen oder Kenntnislücken in einem solchen Unterricht
  immer adäquat berücksichtigt werden?
– Wird es für einige Schüler am Anfang zu schwer, und werden sie dadurch u.U. entmutigt?
– Welche Möglichkeiten hat ein Schüler bei einer solchen Vorgehensweise zum Nacharbeiten?
– Ist der durchschnittliche Lehrer bei der üblichen Belastung dazu in der Lage, solch einen Unterricht über längere Strecken durchzuhalten?

So wundert es nicht, wenn zu der Untersuchung von WITTOCH (1973) eine Untersuchung von FÜRNTRATT (1978) in einem gewissen Kontrast steht: Durch sie wird die These gestützt, daß Aufgaben am Anfang eines Lernprozesses möglichst einfach sein sollten, damit der Lernende auf jeden Fall Erfolg haben kann. Das bestätigte auch eine umfassende Metauntersuchung ähnlicher Arbeiten von KLOEP (1985). Sie zeigte darüber hinaus, daß sogar bei leistungsstärkeren Schülern der Lernerfolg besser ist, wenn der Unterricht mit einfacheren Aufgaben beginnt. Dies spricht also eher für das alte Prinzip „vom Einfachen zum Schwierigen" und dafür, Problemlöseaufgaben eher am Ende des Lernprozesses zu stellen. Von diesem Grundsatz haben wir uns generell bei der Entwicklung von Unterrichtsmaterialien leiten lassen. Von der WITTOCHschen Untersuchung, wie auch von anderen Unterrichtsversuchen zum „entdeckenden Lernen", kann man immerhin ableiten:

– Gelegentlich scheint auch ein komplexerer Einstieg möglich und sinnvoll.
– Man sollte nicht zu ängstlich sein bei der Steigerung des Schwierigkeitsgrades.
– Auf die Anzahl der Aufgaben kommt es häufig weniger an als auf deren sinnvolle Auswahl
  (siehe dazu auch die Abschnitte 3.5 und 3.9).

b) Zur Untersuchung von SCHMERDER

SCHMERDERs Untersuchung (1976) ist einzuordnen in eine Reihe von Untersuchungen zur Textverständlichkeit im Sinne von SCHULZ von THUN / GÖBEL / TAUSCH (1973): Sie vergleicht die Effektivität von Lehrtexten, die nach dem sog. „Hamburger Verständlichkeitskonzept" konstruiert sind, mit Unterrichtsprogrammen, die nach der behavioristischen Theorie von SKINNER (z.B. 1971) erstellt sind. Programme nach SKINNER, kann man für unsere Zwecke vereinfachend sagen, sind im wesentlichen nach den gleichen Prinzipien der Kleinschrittigkeit und Wiederholung konzipiert, die für die deutsche Hilfsschule galten (die hier also gleichsam mitgetestet werden): Die Inhalte sollen in so kleinen Schritten vermittelt werden und immanent so oft wiederholt werden, daß der Schüler etwa 90% der im Rahmen des Programms gestellten Aufgaben bewältigen kann.[6] Texte nach SCHULZ von THUN / GÖBEL / TAUSCH (kurz „optimierte Texte" genannt) werden dagegen nach folgenden Gesichtspunkten konzipiert:

– **Einfachheit:** Die Texte sollen möglichst einfach formuliert sein (kurze Sätze, wenig Fachtermini, anschaulich, konkrete Beispiele).
– **Gliederung:** Die Texte sollen „äußerlich" und „innerlich" möglichst klar gegliedert sein (z.B. in Abschnitte und Unterabschnitte durch Unterstreichungen und sonstige Hervorhebungen; durch einen inhaltlich folgerichtigen Aufbau).

---

[5] Gewisse methodologische Probleme dieser Untersuchung (allgemein von Methodenvergleichen) können hier außer acht gelassen werden.
[6] Prinzipien wie das der laufenden Rückmeldung lassen wir hier zunächst außer acht. Die Darstellung der eigenen Konzeption kommt in den Abschnitten 3.3 und 4.3.4 positiv darauf zurück.

- **Kürze/Prägnanz:** Sie sollen ein mittleres Maß an Redundanz haben (nicht zu knapp und nicht zu weitschweifig sein).
- **Zusätzliche Stimulanz:** Sie sollen ein mittleres Maß an motivierenden Zutaten wie Fragen an den Leser, persönliche Ansprache usw. haben.

Die aus pragmatischen Überlegungen gewonnenen Gesichtspunkte sollen später im größeren Zusammenhang eines theoretischen Konzepts (Kapitel 2 und 3) mitdiskutiert werden. Schon ein oberflächlicher Vergleich eines nach diesen Gesichtspunkten optimierten Textes mit einem Text im Sinne des programmierten Unterrichts (vgl. SCHMERDER 1976, Anhang; Texte auf den beiden folgenden Seiten) zeigt plausible Vorzüge des optimierten Textes:

1. Im optimierten Text bekommt der Schüler eine schnellere Übersicht über die Thematik und die zentralen Begriffe.
2. Durch Unterstreichungen, Zusammenfassungen sowie durch die Art der Gliederung wird der Schüler auf Wesentliches besser hingewiesen und kann es später auch leichter „überlernen" (wiederholen).

So ist es nicht verwunderlich, daß die Schüler (und besonders die lernschwächeren!) trotz kürzerer Bearbeitungszeit „mehr" lernten als durch das traditionelle Unterrichtsprogramm.
Die unbestreitbaren Erfolge der „optimierten Texte" (übrigens auch gegenüber neueren Mathematiklehrbüchern; vgl. SCHULZ von THUN/GÖTZ, 1976) sind umso bemerkenswerter, als außer den genannten Verständlichkeitsgesichtspunkten keine weiteren lerntheoretischen und fachdidaktischen Prinzipien (vgl. Kapitel 2 bis 4) explizit berücksichtigt werden. Noch bessere Lernerfolge kann man also im allgemeinen erwarten, wenn man solche lerntheoretischen und fachdidaktischen Gesichtspunkte gezielt berücksichtigt. In welcher Weise solche Gesichtspunkte bei unserer Lehrtextgestaltung und in dem – auf der Grundlage solcher Lehrtexte gestalteten – Mathematikunterricht eingingen, wird in den nächsten Kapiteln eingehend diskutiert.

1.5 Zusammenfassung: Mathematikunterricht für lernschwache Schüler

Die kognitiven Defizite lernschwacher Schüler bei Aufnahme, Verarbeitung und Speicherung von Informationen sind zu einem wesentlichen Teil durch mangelnde Begriffsbildung[7] bedingt. Die traditionelle Reaktion darauf ist durch Prinzipien starker Schwierigkeitsisolierung und assoziativer Übung gekennzeichnet. Der programmierte Unterricht reagiert im Grunde mit den gleichen Prinzipien. Eine adäquate Begriffsbildung wird durch eine derartige Zerstückelung des Lernprozesses und mangelnde Verbalisierung des Wesentlichen aber eher verhindert und vergrößert die Schwierigkeiten lernschwacher Schüler. Dem sucht man in neueren, mehr an kognitiver Psychologie orientierten Ansätzen zu begegnen. WITTOCH propagiert für den Mathematikunterricht einen eher problemorientierten, SCHMERDER einen stärker „rezeptiven" textorientierten Ansatz. Die neueren Ansätze führen tendenziell zu besseren Ergebnissen im Mathematikunterricht lernschwacher Schüler und geben zugleich Hinweise für ein „normales" Funktionieren kognitiver Fähigkeiten bei lernschwachen Schülern. Sie bleiben jedoch unbefriedigend, da sie umfassendere Verständlichkeitsgesichtspunkte in Verbindung mit fachdidaktischen Gesichtspunkten nicht (zumindest nicht explizit) berücksichtigen.

---

[7] mangelnde Begriffsbildung im weitesten Sinne (vgl. auch Abschnitt 3.5.1): mangelnde Vorbegriffe, Abstraktion und Generalisierung

A 14

1.) Bei Herrn Müller im Schaufenster hängt ein Schild:
"Unsere Preise sind um 10 % (zehn Prozent) gesenkt worden."
Der Preis für die Waschmaschine ist um ___ % gesenkt worden.   *[10 %]*

2.) In einer Großstadt nehmen 40 % (40 Prozent) der Einwohner an der Schluckimpfung gegen die Kinderlähmung teil.
Es ließen sich ___ % der Einwohner impfen.   *[40 %]*

3.) Die Bundesrepublik Deutschland führt 33 % (33 Prozent) des Zuckers ein, der für die Ernährung gebraucht wird.
Wir führen ___ % des Zuckers ein.   *[33 %]*

4.) Dieses Zeichen % wird Prozent gelesen.
3 % spricht man drei ___   *[Prozent]*

5.) Lies 12 % und schreibe auf, wie Du es sprichst:
zwölf ___   *[Prozent]*

6.) Sprich 6 % und schreibe es als Wort auf!
___   *[6 Prozent]*

7.) Das Zeichen % steht für das Wort Prozent.
Für zwölf Prozent kannst Du auch 12 ___ schreiben.   *[12 %]*

8.) Setze das Zeichen für das Wort Prozent!
8 Prozent = 8 ___
20 Prozent = 20 ___
5 Prozent = ___   *[8 %, 20 %, 5 %]*

A 14

9.) Was kannst Du für die Wörter
sieben Prozent,
fünfzehn Prozent,
fünfunddreißig Prozent schreiben? 7 ___ 15 ___ 35 ___   *[7 %, 15 %, 35 %]*

10.) Für % (Prozent) schreibt man manchmal auch v. H., das ist die Abkürzung für die Wörter von Hundert.
Für 3 % kannst Du auch 3 ___ schreiben.   *[v. H.]*

11.) Du darfst für das Zeichen % auch v. H. schreiben, weil von Hundert die Übersetzung des Wortes Prozent ist.
Das Fremdwort Prozent übersetzt Du mit den beiden Wörtern ___   *[von Hundert]*

12.) "Prozent ist die Übersetzung für die Wörter von Hundert.
Setze im folgenden Satz die deutschen Wörter für das Fremdwort ein:
60 Prozent aller Teilnehmer sind Jungen.
60 ___ aller Teilnehmer sind Jungen.   *[von Hundert]*

13.) Bei den Bundesjugendspielen kommen 50 von Hundert Schülern in die Mannschaftswertung.
Schreibe statt von Hundert das richtige Fremdwort!
50 ___ der Schüler kommen in die Mannschaftswertung.   *[Prozent]*

14.) In einer Schule haben 40 von 100 Schülern eine Siegerurkunde erhalten.
Das sind ___ Prozent.   *[40]*

Unterrichtsprogramm im Sinne SKINNERS (SCHMERDER 1976, S. 51)

1. Wiederholung Bruchrechnen

Brüche sind Teile vom Ganzen.
Ein Bruch entsteht dadurch, daß man ein Ganzes in mehrere Teile teilt und hiervon eine bestimmte Anzahl nimmt.

Beispiel: Wenn Du einen Kuchen in 4 gleiche Stücke teilst und Dir 3 von diesen 4 Stücken nimmst, dann hast Du Dir $\frac{3}{4}$ des ganzen Kuchens genommen.
Oder:
Du teilst eine Gruppe von 10 Schülern in 2 gleichgroße Mannschaften. Dann besteht eine Mannschaft aus 5 von den 10 Schülern oder $\frac{5}{10}$ der ganzen Gruppe.

Woraus besteht ein Bruch?

Ein Bruch besteht aus Zähler und Nenner.
Der Zähler steht auf dem Bruchstrich.
Der Nenner steht unter dem Bruchstrich.

Beispiel: $\frac{3}{4}$ Zähler / Nenner

In diesem Bruch benennen die 4 die Teile, in welche ein Ganzes geteilt ist.
Die 3 zählt, wieviele dieser Teile wir haben.

> Merke: Der Nenner benennt die Teile, in welche ein Ganzes geteilt ist.
> Der Zähler zählt, wieviele dieser Teile vorhanden sind.

- 3 -

Wie wird ein Bruch erweitert?

Ein Bruch wird erweitert, indem man Zähler und Nenner mit der gleichen Zahl malnimmt. Die Zahl, mit der Zähler und Nenner malgenommen werden, heißt Erweiterungszahl.

Beispiel: $\frac{7}{9}$ soll mit 3 erweitert werden.
Im Zähler heißt es: $7 \cdot 3 = 21$
Im Nenner heißt es: $9 \cdot 3 = 27$

Wenn Du einen Bruch auf einen neuen Nenner erweitern willst, mußt Du zuerst die Erweiterungszahl suchen. Du findest die Erweiterungszahl, indem Du den neuen Nenner durch den alten Nenner teilst.

Beispiel: $\frac{3}{4}$ soll auf Hundertstel erweitert werden.
Du suchst zuerst die Erweiterungszahl:

$$100 : 4 = 25$$

neuer Nenner   alter Nenner   Erweiterungszahl

Im Zähler heißt es: $3 \cdot 25 = 75$
Im Nenner heißt es: $4 \cdot 25 = 100$
Oder:
$\frac{2}{5}$ soll auf Hundertstel erweitert werden.
Du suchst zuerst die Erweiterungszahl:

$$100 : 5 = 20$$

Im Zähler heißt es: $2 \cdot 20 = 40$
Im Nenner heißt es: $5 \cdot 20 = 100$

> Merke: Einen Bruch erweitern heißt: Zähler und Nenner mit der gleichen Erweiterungszahl malnehmen.

Dieser Abschnitt ist sehr wichtig!
Blättere erst weiter, wenn Du ihn beherrschst!

- 4 -

„Optimierter Text" (SCHMERDER 1976, S. 54/55)

2 Allgemeine Unterrichtskonzeption des Projekts Telema bzw. der Reihe Stützpfeiler

2.1 Vororientierung

Es werden in diesem Kapitel einige Grundvorstellungen zu unserer Unterrichtskonzeption entwickelt, die dann im darauffolgenden Kapitel weiter auszudifferenzieren sind. Im Mittelpunkt steht dabei die Verständlichkeit von Erklärungen durch den Lehrer in Verbindung mit dem Lehrtext. Ziel ist das „Verständnis des Schülers". Wie in Kapitel 1 schon angedeutet, ist dies gleichbedeutend damit, daß er Wesentliches begrifflich zusammenfaßt. Damit dies gelingt, sind vor allem sprachliche Erläuterungen im Zusammenhang mit Beispielen und Veranschaulichungen nötig, die an Sprache und elementarem Vorwissen der Schüler möglichst stark orientiert sind. An Lehrtextbeispielen wird verdeutlicht, worauf es dabei besonders ankommt.

2.2 Grundbedingung: Verständlichkeit von Erklärungen

Im Zusammenspiel zwischen Lehrtext, Lehrer und Schüler kommt der Verständlichkeit des Lehrtextes eine besondere Bedeutung zu. Diese Bedingung ist selbst dann wichtig, wenn die Vermittlung des Stoffs stärker über den Lehrer läuft, weil er gute Erklärungsmodelle braucht. Sie ist zugleich die Vorbedingung für stärkere Selbständigkeit der Schüler im Umgang mit dem Lehrtext: Die Schüler sollen wenigstens in der Lage sein, den Unterrichtsstoff selbständig nachzuarbeiten. Die durch verständliche Lehrtexte mögliche größere Selbständigkeit, vor allem besserer Schüler, ist wiederum Vorbedingung dafür, daß sich der Lehrer stärker um die schwächeren Schüler kümmern kann. Der Verständlichkeit des Lehrtextes kommt eine um so größere Bedeutung zu, je mehr man (wohl etwa ab 5. Schuljahr) den Schülern eine zunehmend selbständige Arbeit mit Lehrtexten zutrauen darf. Erst recht ist die Verständlichkeit des Lehrtextes eine wichtige Unterrichtsbedingung, wenn man bedenkt, daß Mitschüler, Nachhilfelehrer und Eltern bei der Hilfe für lernschwache Schüler auf gute Erklärungsmodelle angewiesen sind. Graphisch könnte man die Bedingungskonstellation etwa folgendermaßen erfassen:

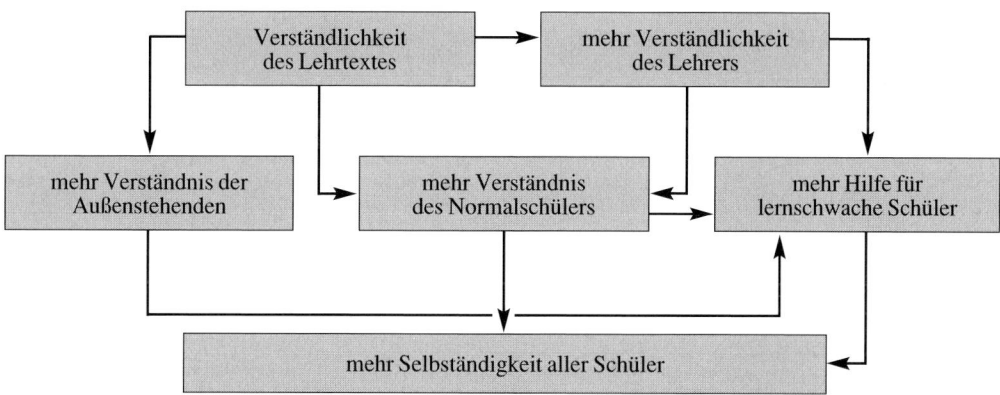

Es ist ersichtlich, daß diese Konstellation den lernschwachen Schülern besonders zugute kommt! (Hinsichtlich möglicher Einwände vgl. Abschnitt 2.7.)

2.3 Verbesserung des Unterrichts über Lehrtext, Schüler oder Lehrer

Räumt man ein, daß der Lehrtext als Informationsquelle bzw. -speicher und als Arbeitsmittel von besonderer Bedeutung im (Mathematik-)Unterricht ist, gibt es mehrere Möglichkeiten, den Unterricht über dieses Medium zu verbessern:

1. Man versucht, den Lehrtext zu verbessern; d.h. vor allem, ihn für den Schüler verständlicher zu machen.
2. Man versucht, den Schüler instand zu setzen, besser aus Texten zu lernen.
3. Man versucht, den Lehrer zu befähigen, nach dem Vorbild des Lehrtextes besser zu erklären.

Natürlich ist es sinnvoll, in allen drei Richtungen zu arbeiten. Merkwürdigerweise wurde von Mathematikdidaktikern bisher am ehesten die Optimierung des Schülers für den Text (über den Lehrer) vorgeschlagen (vgl. dazu etwa GLATFELD 1981 oder KEITEL/OTTE/SEEGER 1980). Es wird dabei aber zu wenig beachtet, daß ein Text ein Mindestmaß an Verständlichkeit haben muß, wenn eine Anleitung zum Lesen und Umgang mit Texten Aussicht auf Erfolg haben soll. Man weiß immerhin aus verschiedenen Schülerbefragungen (vgl. SPIEGEL-Report von 1978, Heft 35 oder ZEIT-Bericht vom 09.07.1978),[1] daß Mathematik-Schulbücher für Schüler besonders schwer verständlich sind. Das mag einerseits mit der Schwierigkeit der „Materie", wird aber andererseits auch viel mit der Art der Darstellung zu tun haben, wie in Abschnitt 2.5 deutlich gemacht werden soll. Deshalb wurde in unserem Projekt auch bewußt der Schwerpunkt auf die Optimierung von Lehrtexten gelegt, damit sie mehr sein können als schlecht zu benutzende Nachschlagwerke und mehr als Aufgabensammlungen zur Übung und Anwendung des Stoffs. Auch in diesem Buch werden besonders die Gesichtspunkte der Lehrtextoptimierung betont, weil sie immerhin zugleich auch Gesichtspunkte für verständliche Lehrererklärungen sind, also in Richtung 3. wirken. Es soll aber gerade in diesem Buch verstärkt reflektiert werden, welche besonderen Möglichkeiten der Lehrer darüber hinaus hat. (Siehe dazu besonders die Abschnitte 4.2 bis 4.4 zur „Lehrerrolle".)

2.4 Vorstellungen zum Lernprozeß

Bevor man etwas genauer überlegt, was die Verständlichkeit von Erklärungen besonders ausmacht, scheint es zweckmäßig, sich wenigstens eine ganz grobe Vorstellung darüber zu machen, wie man eigentlich über Texte bzw. verbale Erklärungen „sinnvoll" lernt. Das „sinnvolle rezeptive Lernen" allgemein (speziell auch das über Lesen eines Textes) hat man sich im Sinne neuerer kognitiver Psychologie (z.B. AUSUBEL, 1974) und in Übereinstimmung mit neuerer Textwissenschaft (z.B. VAN DIJK, 1980) nicht als ein passives Aufnehmen von Informationen vorzustellen, sondern als aktives Konstruieren von „Bedeutungen". Man sagt dann auch, daß der Lernende „versteht". Im Unterschied dazu spricht man von mechanischem oder assoziativem Lernen, wenn nur bestimmte „Reiz-Reaktions-Ketten" gebildet werden, wenn ohne „Sinn und Verstand" z.B. auswendig gelernt oder „blind" nach Regeln gearbeitet wird. (Es wird im Rahmen dieses Buches immer wieder darauf ankommen, daß Mathematik möglichst „sinnvoll" gelernt wird und der Lernprozeß nicht in „mechanisches" Lernen abgleitet. Das mechanische Lernen sollte zumindest eine untergeordnete Rolle spielen und möglichst nur dann stattfinden, wenn Verständnis bereits gesichert ist. Unter dieser Voraussetzung kann mechanisches Lernen entlastend wirken für „höhere" Denktätigkeiten. Man denke z.B. an das Auswendigwissen der „Bedeutung" bestimmter Dezimalbrüche oder Prozentsätze!) Sinnvolles Lernen ist dadurch charakterisiert, daß der Lernende

---

[1] Aus neuerer Zeit vgl. auch ZIMMERMANN (1991).

das, was er hört, sieht, liest, mit seinem Verstand zu „durchdringen" sucht. Das heißt, er versucht, den Lernstoff, die Information mit seinen Begriffen aufzunehmen und zu verarbeiten. Dabei erweitert er seine vorhandenen Begriffe, stellt Beziehungen zwischen Begriffen her usw. Sinnvolles rezeptives Lernen ist, so betrachtet, ein ständiges Umbilden von Begriffen „im Kopf". Insofern spricht man auch von „mentalen Begriffen" des Lernenden (im Unterschied etwa zu den auf einem Blatt Papier objektiv formulierten Begriffen). Die Gesamtheit der mentalen (subjektiven) Begriffe eines Lernenden einschließlich der Beziehungen zwischen ihnen bezeichnet man als seine jeweilige „kognitive Struktur". Die dauernde Umbildung der kognitiven Struktur beruht auf einer natürlichen Tendenz unseres Verstandes zum „Abstrahieren" (Unwesentliches wegzulassen), zum „Verallgemeinern" (z.B. einen Begriff auf neue Fälle anwenden oder erweitern) und „Zusammenfassen von kleineren zu größeren Sinneinheiten". Wie man sich diese Tätigkeit des Verstandes evtl. genauer vorstellen kann, wird z.B. von AUSUBEL (1974), van DIJK (1980) oder – stärker auf die Bildung mathematischer Begriffe bezogen – von DÖRFLER (1988) beschrieben. Es genügt hier eine eher umgangssprachliche Beschreibung dieser inneren Vorgänge, weil es letztlich vor allem auf die beobachtbaren Lernbedingungen und deren Gestaltung im Unterricht ankommt. Diese Lehr- und Unterrichtsmaßnahmen sowie alle Erklärungen sollen die natürlichen Tendenzen zum Abstrahieren, Verallgemeinern, Zusammenfassen von außen unterstützen.

2.5 Was ist eine verständliche Erklärung im Mathematikunterricht?
(Erste Annäherung an ein Verständlichkeitskonzept) [2)]

Mit den im letzten Abschnitt entwickelten vagen Vorstellungen des Lernprozesses vor Augen, versuchen wir, uns zunächst einmal grob und vorläufig klar zu machen, worauf es ankommt, wenn wir im Mathematikunterricht etwas verständlich erklären wollen. Dies sei an zwei typischen Beispielen erörtert:
1.   am Beispiel „Erweitern von Brüchen" (Erklärung eines mathematischen Begriffs);
2.   am Beispiel „Berechnen von Prozentsätzen" (Erklärung eines mathematischen Verfahrens).

Wenn wir einen solchen Begriff bzw. ein solches Verfahren dem Schüler erklären wollen, müssen wir uns zunächst einmal klar darüber sein, was der Begriff bzw. das Verfahren mathematisch eigentlich bedeutet, z.B.
zu 1   Erweitern bedeutet: Zähler und Nenner eines Bruches mit einer natürlichen Zahl (größer 1) zu multiplizieren.
zu 2   Einen Prozentsatz berechnen bedeutet: den Quotienten Prozentwert durch Grundwert in Prozenten auszudrücken.

Bei der Prozentsatzberechnung stocken wir schon; denn es gibt sehr viele Verfahren, einen Prozentsatz zu berechnen (vgl. Abschnitt 7.2.1 d). Wenden wir uns zunächst dem Erweitern zu: Auch beim Erweitern sind wir noch längst nicht am Ende. „Erklären" heißt offensichtlich ja nicht, bloß eine mathematische Definition weiterzugeben. „Erklären" bedeutet offensichtlich mehr: Wir müssen den Begriff mit Sinn und Bedeutung füllen und dabei an das anschließen, was der Schüler (hier über Brüche) schon weiß und was er aus dem Alltag schon an Vorstellungen mitbringt. M.a.W.: Wenn wir etwas erklären, müssen wir an die kognitive Struktur des Lernenden anschließen; sonst kann er nicht verstehen! *Damit der Begriff für den Schüler gut „faßbar" wird, muß er auf eine für ihn möglichst konkrete, mit Alltagserfahrungen durchsetzte Ebene gebracht*

[2)]   Dies besagt: Viele wichtige Aspekte verständlicher Erklärungen wie Beispiele und Veranschaulichungen werden erst später diskutiert (vgl. Kapitel 3).

werden. Dies ist der didaktisch wichtigste Schritt, der bei einer zu starken Orientierung an der Mathematik alleine leicht vergessen wird. Die mathematische Definition muß umgesetzt werden in eine „schülergemäße Formulierung". Diese Transformation von mathematischem Inhalt zu einer möglichst „tief" angesetzten „anschaulichen" und „alltagsnahen" Ebene (oder zumindest eine Reduktion auf die einfachsten und dem Schüler vertrautesten Grundbegriffe) ist das, was im folgenden „mathematikdidaktischer [3] Kern" genannt wird. (Eine derartige Erklärung sei auch als „natürlich" bezeichnet).

Was ist der mathematikdidaktische Kern des Begriffs „Erweitern"? Wir sehen ihn etwa in folgender Formulierung: „Erweitern heißt, den Bruchteil z.B. eines Kuchens in mehr, aber entsprechend kleinere Teile zu zerlegen". Dieser Begriffskern ist dem Schüler an Beispielen anschaulich möglichst klar vor Augen zu führen durch eine Veranschaulichung, die das Relevante möglichst deutlich erkennen läßt. Dabei ist am Anfang der Begriffseinführung hier vielleicht besonders zu berücksichtigen, daß eine Begriffsbezeichnung wie „Erweitern" aufgrund von Alltagsvorstellungen des „Größerwerdens" u.U. zu irritierenden Vorstellungen führt. Auch dies bedeutet „Beachtung der kognitiven Struktur" des Lernenden.

Wenn Sie angehender Lehrer sind, könnten Sie auf dieser noch bescheidenen Grundlage eine erste Erklärung von „Erweitern" versuchen! Hier folgen die Erklärungen eines Schülerhefts aus unserem Projekt und eines Schulbuchs für das 6. Schuljahr:

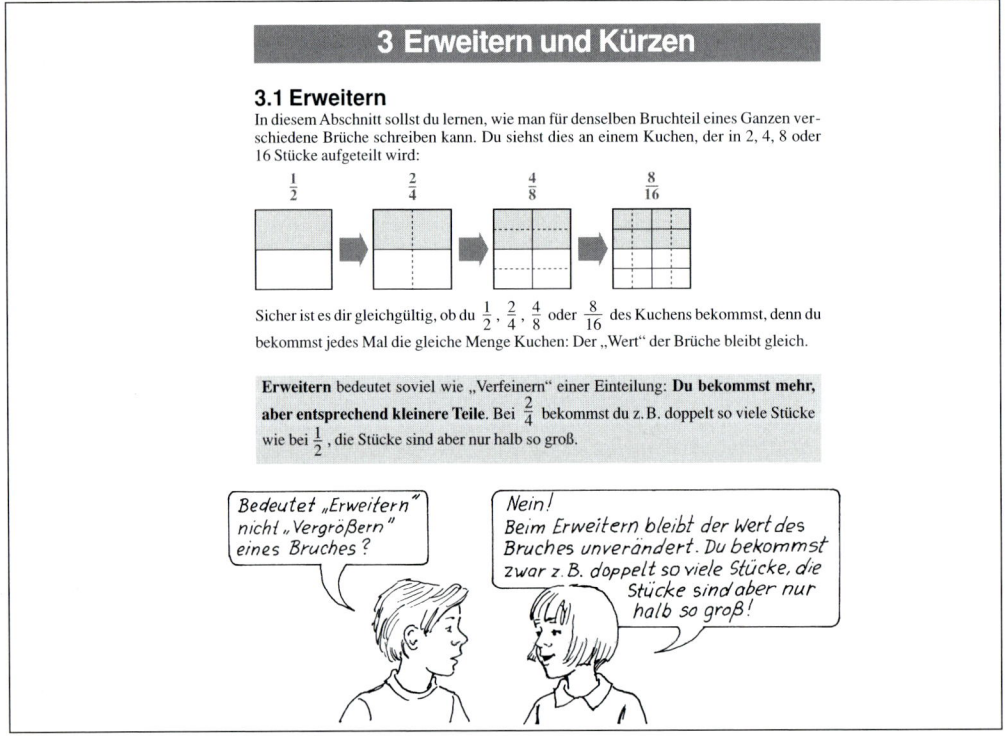

Aus: „Bruchrechnung 1" (WELLENREUTHER 1994)[4]

---

[3] KIRSCH (1977) spricht (auf mathematisch anspruchsvollem Niveau und mehr auf mathematische Vorbegriffe bezogen) von „mathematischem Kern". Daher wird hier lieber von *mathematikdidaktischem Kern oder einfach kurz vom Kern* gesprochen.

[4] Die von ZECH / WELLENREUTHER seit 1992 in der Reihe STÜTZPEILER herausgegebenen Schülerhefte werden ebenso wie die zitierten Schulbücher am Ende des Literaturverzeichnisses gesondert zusammengestellt.

Erweitern eines Bruches

Aufgabe

Zu einer Bruchzahl bzw. zu einem Punkt auf dem Zahlenstrahl gehören verschiedene Brüche. Wie kann man aus einem Bruch *andere* Brüche mit demselben Wert erhalten?
Färbe (1) $\frac{3}{4}$, (2) $\frac{6}{8}$, (3) $\frac{9}{12}$, (4) $\frac{12}{16}$ der Quadratfläche grün, gib jeweils den Anteil der grün gefärbten Fläche an und vergleiche.

(1) 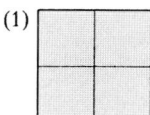   (2) 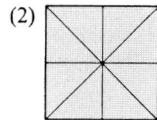   (3) 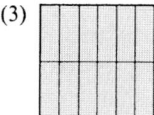   (4)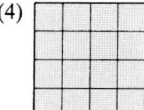

Lösung

(1) 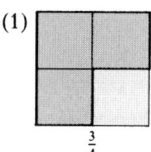   (2) 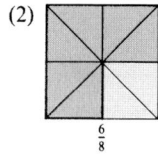   (3) 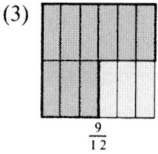   (4)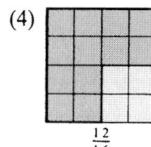

$\frac{3}{4}$ = $\frac{6}{8}$ = $\frac{9}{12}$ = $\frac{12}{16}$

Der Anteil der grüngefärbten Fläche ist stets der gleiche. Zum Beispiel ist bei (2) im Vergleich mit (1) in doppelt so viele Teile, nämlich in 8 statt 4 Teile unterteilt; dafür sind aber auch doppelt so viele Teile, nämlich 6 statt 3, grün gefärbt.

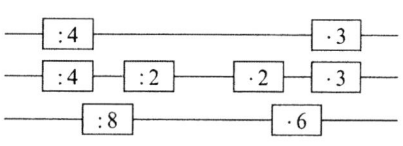

Wenn man die Ausgangsfläche doppelt (dreifach, vierfach, . . .) so stark unterteilt, so ist jede Teilfläche nur halb (ein Drittel, ein Viertel, . . .) so groß. Andererseits hat man aber doppelt (dreimal, viermal, . . .) so viele Teilflächen grün gefärbt.

$\frac{3}{4} = \frac{3 \cdot 2}{4 \cdot 2} = \frac{6}{8}$ $\frac{3}{4} = \frac{3 \cdot 3}{4 \cdot 3} = \frac{9}{12}$ $\frac{3}{4} = \frac{3 \cdot 4}{4 \cdot 4} = \frac{12}{16}$

Das in der Aufgabe angewandte Verfahren nennt man **Erweitern** eines Bruches.

Aus einem Schulbuch (GRIESEL/POSTEL 1988, S. 75)

Vergleichen Sie diese Lehrtexte zunächst nur nach folgenden Gesichtspunkten[5]:
1. Wie wird an die „kognitive Struktur" der Schüler angeschlossen?
2. Wird der „mathematikdidaktische Kern" für den Schüler deutlich herausgearbeitet?
3. Wird die relevante Information für den Schüler deutlich genug hervorgehoben?

Wenn Sie selbst eine Erklärung versucht haben, werden Sie vielleicht bemerkt haben, daß ein „gutes Erklären" gar nicht so ganz einfach ist, zumal nicht nur der Inhalt, sondern auch die verwandte Sprache schülergemäß sein sollte (vgl. Abschnitt 2.2). Sicherlich ist solch eine Erklärung auch keineswegs eindeutig. Wir haben häufig sehr lange darüber diskutiert und wollen keineswegs behaupten, daß wir immer zu optimalen Ergebnissen gekommen sind!

---

[5] Die Lehrtextbeispiele werden später wieder aufgegriffen, ergänzt und genauer analysiert (vgl. Abschnitte 3.6; 3.7 und 3.9).

Wenden wir uns nun noch kurz Problemen einer Erklärung der Prozentsatzberechnung zu: Was könnte man hier als didaktischen Kern, als schülergemäßen Erklärungsansatz bezeichnen? Auch hier wird man wiederum nicht gleich unmittelbar an Fachbegriffe anschließen, sondern an möglichst vertraute, alltagsnahe Vorstellungen, in denen der Sinn des Verfahrens, der hinter den meisten Anwendungsfällen steht, zum Ausdruck kommt. Demgemäß sehen wir die Prozentsatzberechnung zunächst als „Verfahren, den Teil eines Ganzen in Prozenten des Ganzen auszudrücken". Bei der Erklärung setzen wir bei möglichst vertrauten Grundvorstellungen der Bruchrechnung an: Den Teil des Ganzen schreiben wir als Bruchteil, den Bruchteil als Dezimalbruch und diesen als Hundertstel (Prozente). Wir halten dies in der Tat für das „natürlichste" Verfahren. Es wird später in Abschnitt 7.2.1 d genau erörtert, warum weder die sog. Operatormethode noch eine Dreisatzmethode noch eine Formelmethode als „natürlich" gelten kann. Bei der Erklärung im einzelnen kommt man natürlich nicht ohne fachliche Voraussetzungen beim Schüler aus (auch diese werden später in Abschnitt 7.2.1 e genauer betrachtet). Sie sind den Schülern freilich meist nicht mehr im wünschenswerten Umfang vertraut. Es ist eine wichtige Aufgabe curricularer Planung (hier in der Bruchrechnung), auf eine hinreichende Vertrautheit der nötigen Grundlagen zu achten (vgl. dazu Abschnitt 6.1.4). Sonst kann eine Erklärung sehr schwer werden.

Für die Erklärung eines solchen Verfahrens anhand von alltagsnahen Beispielen ist es zweifellos wichtig, einerseits die wesentlichen Teilschritte deutlich hervorzuheben und einzeln zu „erklären" und sie andererseits durch Zusammenfassung zu integrieren: Die Einzelschritte mögen hier alle oder teilweise aus der Bruchrechnung bekannt sein. Es wird im allgemeinen aber erforderlich sein, sie (immer im Sinne eines Anschlusses an die vorhandene kognitive Struktur), „wiederholend" verständlich zu machen. (Eine Erklärung, die auf die Voraussetzungen der Schüler keine Rücksicht nimmt im Sinne „Das muß doch dran gewesen sein!", ist keine wirkliche Erklärung.) Insofern sei hier auch nur der „Hauptgedanke" der Erklärung notiert[6]:

4.2 Berechnen von Prozentanteilen in beliebigen Fällen

Wir wollen dir jetzt zeigen, wie man den *Anteil 200 von 480 Stimmen in Prozenten* angeben kann.

Der **Hauptgedanke** besteht darin, den entsprechenden **Bruchteil** in einen **Hundertstelbruch** (und damit in Prozente) umzuformen:

Lösungsschritte in Stichworten		Berechnen des Prozentsatzes
1.	**Anteil** feststellen	200 von 480
2.	Anteil als **Bruch** schreiben	200 von 480 $= \frac{200}{480}$
3.	Bruch als **Dezimalbruch** schreiben; dazu	
	a) Bruch als Divisionsaufgabe schreiben	$\frac{200}{480}$ $=$ $200 : 480$
	b) Division ausführen	$=$ $0{,}416\ldots$
4.	Dezimalbruch in **Prozente** umschreiben; dazu	
	a) Dezimalbruch auf **Hundertstel** runden	$0{,}416\ldots$ $\approx$ $0{,}42$
	b) in Prozente umschreiben	$0{,}42 = \frac{42}{100} = 42\,\%$

Antwort: 200 von 480 Stimmen sind 42 % der Stimmen.

Aus: „Prozentrechnung" (ZECH 1996)

_____

[6] In unserem Heft „Prozentrechnung" fungiert dieser Hauptgedanke zugleich als „Vorstrukturierung" (vgl. Abschnitt 3.4).

Bei der Erklärung der einzelnen Schritte wiederholen sich im kleinen die Probleme der Gesamt-
erklärung: Hervorhebung von Teilgedanken, gegebenenfalls Untergliederung, Hervorhebung des
Wesentlichen durch verbale Hinweise zu Beispielen bzw. Veranschaulichungen. Wir wollen die
Diskussion hier abbrechen und nehmen sie genauer in Abschnitt 7.2.1 wieder auf. Einige Grund-
probleme dürften deutlich geworden sein. Wer versucht, (womöglich einem lernschwachen
Schüler) die Prozentsatzberechnung verständlich zu erklären, wird bemerken, welch didaktisch
anspruchsvolle Aufgabe dies ist. Zugleich wird er unschwer erkennen, daß diese Aufgabe in den
folgenden Lehrtextbeispielen aus Schulbüchern nicht befriedigend gelöst ist:

Berechnen des Prozentsatzes

● **Erklärung:**

Bei einer Verkehrskontrolle durch die Polizei
wurden 75 Fahrzeuge überprüft. 15 der
überprüften Fahrzeuge wiesen Mängel auf.
Wieviel Prozent waren das?

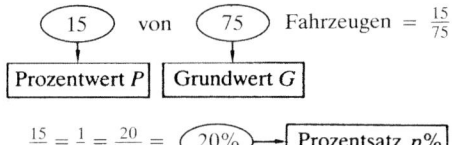

Man erhält den Prozentsatz $p\%$, indem man den Quotienten aus Prozentwert P und Grundwert G bildet.	$p\% = \dfrac{P}{G}$ oder $\dfrac{p}{100} = \dfrac{P}{G}$

Lehrtext 1 (LEPPIG, alte Ausgabe, 1983, S. 113)

---

2. Grundaufgabe: Prozentsatz gesucht

1. Eine Familie hat ein Einkommen von 2 800 DM. Für Miete gibt sie 504 DM aus, das
   sind 18 % des Einkommens. Begründe die Lösungsschritte.

   Ansatz: 2 800 DM $\xrightarrow{\;\cdot\;\square\;}$ 504 DM   Ansatz: 504 DM = □ % von 2 800 DM

   Lösung: 504 : 2 800 = 0,18   Lösung: 1 % von 2 800 DM = 28 DM
                 0,18 = 18 %   504 DM : 28 DM = 18

   Ergebnis: 18 % des Einkommens für Miete   Ergebnis: 504 DM = 18 % von 2 800 DM

Lehrtext 2 (OEHL/PALZKILL, alte Ausgabe, 1984, S. 63)

Schon bei oberflächlicher Betrachtung fällt auf, daß in den Lehrtextabschnitten eigentlich gar nichts „erklärt" wird: Es wird gar nicht versucht, dem Lernenden explizit klar zu machen, worum es eigentlich geht, und das Verfahren in Einzelschritten sprachlich zu erläutern, d.h. „verständlich zu machen". So wird in Lehrtext 1 z.B. nicht schrittweise sprachlich erläutert, wie man von dem Anteil der mangelhaft ausgerüsteten Fahrzeuge zur Angabe des Prozentsatzes kommt. (Das Beispiel ist übrigens auch so gewählt, daß es nicht erlaubt, ein allgemeines Verfahren abzuleiten.) Das im Kästchen Eingerahmte ist keine Erklärung, sondern allenfalls ein Rezept. Auch in dem Lehrtext 2 wird nicht erklärt, sondern lediglich an ein abstraktes Operatorschema erinnert (1. Ansatz) bzw. eine Lösung vorgeführt (2. Ansatz). Die Begründung für die Lösungsschritte (d.h. das, was die Erklärung wesentlich ausmacht) sollen die Schüler selber finden. Es fragt sich, ob die Erklärungsproblematik, gerade im Hinblick auf lernschwächere Schüler, in solchen Schulbuchdarstellungen nicht doch stark unterschätzt wird. Werden die Schüler mit ihren Verständnisschwierigkeiten wie auch die Lehrer mit ihren dazu korrespondierenden Erklärungsschwierigkeiten nicht doch vielleicht zu sehr allein gelassen?

2.6 Zusammenfassung: Allgemeine Unterrichtskonzeption

Grundlage unserer Unterrichtskonzeption ist die Verständlichkeit von Erklärungen. Eine zentrale Rolle spielen dabei die im Lehrtext gegebenen verständlichen Erklärungen. Sie sind nämlich
– wichtige Modelle für verständliche Lehrererklärungen,
– Voraussetzung für größere Selbständigkeit der Schüler im Umgang mit dem Lehrtext,
– Voraussetzung für eine stärkere Konzentration des Lehrers auf lernschwächere Schüler,
– Voraussetzung für bessere Hilfsmöglichkeiten von Mitschülern und Außenstehenden.

Neben der Gestaltung möglichst verständlicher Lehrtexte ist es jedoch auch wichtig, die Schüler im Umgang mit dem Lehrtext anzuleiten und den Lehrer anzuregen, seine eigenen Möglichkeiten in Verbindung mit dem Lehrtext möglichst stark zur Geltung zu bringen (vgl. Kapitel 4 und Schluß, 2b). Eine Vorstellung sinnvollen rezeptiven Lernens im Sinne neuerer kognitiver Psychologie legt nahe, die „kognitive Struktur" des Lernenden, eine Betonung des begrifflich Wesentlichen und eine begriffliche Zusammenfassung besonders ernst zu nehmen. Für die Erklärung von Begriffen und Verfahren ist daher eine Besinnung auf den didaktischen Kern besonders wichtig: eine schülergemäße Formulierung, die durch möglichst große Alltagsnähe (auch im Wortschatz) bzw. möglichst große Nähe an vertrauten fachlichen Grundvorstellungen ausgezeichnet ist. Es sollte deutlich werden, daß Schulbücher häufig leider nicht die Anforderungen an verständliche Erklärungen erfüllen (vgl. dazu noch den folgenden Exkurs).

2.7 Exkurs: Gestaltung und Einsatz von Schulbüchern

Hinsichtlich Gestaltung und Einsatz von Lehrtexten in dem hier erläuterten Sinne gibt es durchaus auch Bedenken, die teilweise von Schulbuchautoren, teilweise von Verlagen, teilweise aber auch von Lehrern vorgetragen werden. Diese Bedenken seien im folgenden kurz diskutiert.

2.7.1 Einwände von Schulbuchautoren und -verlagen

Schulbuchautoren mögen z.B. entgegenhalten, die Schüler brauchten den Stoff durch den Schulbuchtext ja gar nicht zu verstehen. Der Lehrer sei schließlich dazu da, den Stoff zu erklären. Das Schulbuch fixiere nur kurz das bereits Verstandene (in diesem Sinne vgl. etwa GRIESEL/POSTEL, 1983). Daneben werden andere Argumente vorgetragen zur „Entschuldigung" der Schulbücher, zum Beispiel:

- Schulbücher sollen den Stoff eines ganzen Schuljahres umfassend darstellen (womöglich für mehrere Bundesländer mit unterschiedlichen Anforderungen gleichzeitig).
- Es sollen (z.T. aus ähnlichen Gründen) mehrere Methoden gleichzeitig angeboten werden.
- Lehrer verlangen vor allem viele Aufgaben.

So scheinen sich schon aus Umfangs- und damit Kostengründen sorgfältigere und damit ausführlichere Erklärungen im Schulbuch zu verbieten. Es sollten aber auch die Gefahren der üblichen Schulbuch-Konzeption nicht übersehen werden:

- Woher sollen Lehrer (zumal fachfremde) detailliertere Modelle für angemessene Erklärungen hernehmen? – (Abstraktere metasprachliche „Lehrerhinweise" genügen wohl kaum.)
- Wie kann der Schüler das Schulbuch zum Nacharbeiten, Lückenstopfen, Nachschlagen benutzen (was eigentlich den üblichen Umgang mit einem Fachbuch ausmacht)? Der Schüler (zumal der lernschwächere) wird mit einem schwer verständlichen Buch kaum klarkommen und es nicht gerne benutzen wollen.
- Besteht nicht die Gefahr, daß der Schüler (und vielleicht auch der Lehrer) durch eine Textgestaltung wie die oben angedeutete dazu verleitet wird, assoziativ-mechanisch und rezeptmäßig mit den im Buch angegebenen Regeln umzugehen? (Natürlich sei nicht unterstellt, daß Schulbuchautoren das wollen, aber wenn einer etwas unklaren anschaulich/inhaltlichen Grundlage sehr schnell eine formal-abstrakte Definition oder Regel folgt und danach viele Aufgaben, die kaum noch die Verständnisgrundlage ansprechen, dann liegt doch ein mechanisch-assoziativer Umgang mit Definitionen und Regeln recht nahe!)

Dieses Abgleiten in mechanisches Lernen und Üben (vgl. bereits Abschnitt 1.3) scheint eines der Hauptprobleme des Mathematikunterrichts zu sein und ist auch in früheren Zeiten (vgl. etwa die bekannten Methodiken von BREIDENBACH, 1969 und OEHL, 1969[3], aber auch eine viel frühere wie die von RUDE, 1911) immer wieder diskutiert worden. Es ist zu vermuten, daß der „verständnislose" Umgang mit mathematischen Begriffen und Regeln auch etwas mit den faktischen Erklärungsmodellen von Schulbüchern zu tun hat. Auch von daher ist unser Versuch zu verstehen, Hefte zu wichtigen Teilgebieten des Mathematikunterrichts zu entwickeln, in denen explizitere Erklärungsmodelle gegeben werden. Daß auch „normale" Schulbücher in ihrem gesetzten Rahmen durchaus verständlicher werden können, zeigen gelegentlich spätere Auflagen (z.B. bei dem zuerst vorgestellten Lehrtext in Abschnitt 2.5). Es sei auch darauf hingewiesen, daß Schulbücher vielleicht nicht unbedingt die bisher übliche Kompendienform behalten müssen und stattdessen in stärkerem Maße Einzelhefte zu bestimmten Themen (und dann in gründlicher Form, mit expliziten Erklärungen) angeboten werden könnten.

2.7.2 Einwände von Lehrern

Ein Einwand gegen das hier (bisher nur andeutungsweise) vorgetragene Lehrtext-Konzept, der hauptsächlich von Lehrern kommt, sind die „Leseschwierigkeiten der Schüler". Gelegentlich wird deshalb geradezu gefordert, Lehrbücher sollten nur noch Aufgabensammlungen sein. Nun ist keine Frage, daß ein Lehrtextkonzept wie das hier propagierte, das auf dem Konzept verständlicher Erklärungen basiert, auf wesentlich mehr Versprachlichung hinausläuft gegenüber herkömmlichen Schulbuchtexten. Es sei nur erinnert an die explizite Versprachlichung von Vorstrukturierungen und des „roten Fadens" (vgl. Abschnitt 3.4), des mathematikdidaktischen Kerns (vgl. Abschnitt 2.5), von wesentlichen Gesichtspunkten bei Beispielen (vgl. Abschnitt 3.5), der „Aussagen" von didaktischen Veranschaulichungen (vgl. Abschnitt 3.6) und von Zusammenfassungen (vgl. Abschnitt 3.7). Läßt man derartige Versprachlichungen für mündliche Erklärungen des Lehrers noch gelten, so meint man doch, daß den Schülern diesbezüglich beim Lesen zuviel zugemutet wird. Es wird auf die Leseschwierigkeiten beim Aufnehmen und sinnvollen Verarbeiten der gedruckten Information hingewiesen.

Daß es solche Schwierigkeiten gibt, kann ernstlich nicht bezweifelt werden. Es wurde aber bereits in Abschnitt 2.2 darauf hingewiesen, daß solch ein Text trotz dieser Schwierigkeiten seine unterrichtliche Bedeutung für Lehrer und Schüler behalten würde (selbst, wenn der Schüler gar nicht lesen könnte!). Die Erfahrungen der Mathematiklehrer scheinen sich im übrigen auch mehr auf die Sinnentnahme aus anspruchsvolleren Textaufgaben zu beziehen, während es hier mehr um die Aufnahme schon möglichst verständlich gemachter Erklärungen (gewissermaßen um schülerorientierte „mathematische Literatur") geht. Es handelt sich also eher um einen Umgang mit Lehrtexten, wie er in anderen Fächern auch üblich ist (bzw. sein sollte). Dort verzichtet man schließlich meist auch nicht auf das Lesen, weil das Lesen zu schwierig ist. Es gilt eben auch im Mathematikunterricht: Die Kulturtechnik „Lesen" und „Umgang mit Texten" lernt der Schüler nur über Lesen und nicht über das Vermeiden von Lesen!

Um selbst etwas größere Klarheit in diesem umstrittenen Bereich zu bekommen, haben wir ein Lernexperiment durchgeführt (WELLENREUTHER/ZECH, 1986): Dabei verglichen wir den Lernerfolg von Schülern über das Lesen unterschiedlicher Lehrtextversionen zur Prozentsatzberechnung (ohne Einsatz des Lehrers): Eine Textversion mit wenig Versprachlichung und eine Textversion mit viel Versprachlichung der oben angegebenen Art. Es zeigte sich ein deutlich größerer Lernerfolg bei der ausführlichen Textversion und besonders bei lernschwachen Schülern! Wir sehen damit das nicht seltene Vorurteil doch ein wenig in Frage gestellt, daß lernschwache Schüler nicht aus Lehrtexten lernen können. Es darf auch darauf hingewiesen werden, daß der Unterrichtserfolg in einem Langzeitversuch zur Bruchrechnung in den Versuchsgruppen, die mit unseren Lehrtexten arbeiteten, deutlich besser war als in den Versuchsgruppen, die mit dem üblichen Schulbuch arbeiteten (vgl. WELLENREUTHER/ZECH, 1990 und ZECH/WELLENREUTHER, 1992). Es ist also davon auszugehen, daß sich die zusätzlichen Lernchancen der Schüler bzw. Unterstützungschancen des Lehrers, die in unserem Arbeitsmaterial angelegt sind, tatsächlich positiv auswirkten. (Näheres zu dieser Evaluation in Abschnitt 6.6.)

2.7.3 Zusammenfassung: Einsatz und Gestaltung von Schulbüchern

Die Einwände von Schulbuchautoren und -verlagen (was Umfang und Preis schülernaher Schulbücher betrifft) und die Einwände von Lehrern (was die Leseschwierigkeiten von Schülern betrifft) scheinen nicht unbedingt stichhaltig. Demgegenüber ist thesenartig festzuhalten:

– Man könnte auch herkömmliche Schulbücher (ohne bedeutende Umfangsvergrößerung) verständlicher machen, zumal der übliche Stoff- und Methodenumfang schadlos reduziert werden könnte[7].

– Man könnte Schulbücher auch in stärkerem Maße in Themenhefte auflösen, die zentrale Gebiete verständlicher darstellen.

– Die häufig kompendienhafte Form von Schulbüchern fördert eher das mechanische Lernen der Schüler.

– Leseschwierigkeiten bei Schülern sind nicht zu bestreiten. Sie beziehen sich aber vor allem auf schwierige Texte. Durch verständlichere Texte sollten sie die Chance bekommen, besser lesen zu lernen. Mathematische Lehrtexte sollten die Chance bekommen, normalere Literatur zu werden.

– Verständliche Lehrtexte sind selbst dann wegen ihrer Modellwirkung über den Lehrer nützlich, wenn die Schüler schlecht lesen können.

– Empirische Untersuchungen sprechen dafür, daß gerade lernschwache Schüler mehr aus ausführlichen Lehrtexten lernen.

---

[7] Vgl. hierzu JANSEN (1975): Nur $\frac{3}{4}$ und weniger eines Schulbuchs werden im Unterricht des 5./6. Schuljahres meist behandelt.

3 Die einzelnen Elemente der Unterrichtskonzeption

3.1 Vororientierung

In diesem Kapitel wird die Unterrichtskonzeption für verständnisorientierten Mathematikunterricht im einzelnen entfaltet. Als übergeordnete Gesichtspunkte für verständliche Erklärungen wurden im letzten Kapitel bereits eine möglichst starke Berücksichtigung der kognitiven Struktur des Schülers und die Herausarbeitung eines mathematikdidaktischen Erklärungskerns, der sowohl an der kognitiven Struktur des Schülers wie an der Struktur des mathematischen Inhalts möglichst „tief" orientiert ist, herausgestellt. Auf die Herausarbeitung eines angemessenen Erklärungskerns kommen wir im inhaltlichen Teil des Buches später häufig zurück. Die Berücksichtigung der kognitiven Struktur auf Seiten des Schülers spielt bei zwei Elementen der allgemeinen Unterrichtskonzeption eine besondere Rolle: bei den sprachgestalterischen Gesichtspunkten (Abschnitt 3.2) und bei den (Vor-)Strukturierungsgesichtspunkten (Abschnitt 3.4). Ist hiermit das „Verstehen-können" besonders angesprochen, geht es in Abschnitt 3.3 bei den Motivierungsgesichtspunkten besonders um das Verstehen-wollen als grundlegende Bedingung für das Verstehen im Mathematikunterricht. In den Abschnitten 3.5–3.7 geht es dagegen vor allem um Hilfen bei der Verbegrifflichung durch genügend deutliche Hervorhebung des Wesentlichen durch Beispiele, Veranschaulichungen und Zusammenfassungen. Dabei werden verbale Hinweise und die Verzahnung von Anschauung und Sprache eine entscheidende Rolle spielen. Zur Vertiefung des Lernprozesses dienen geeignete Übungen und Wiederholungen, in denen das Wachhalten der Einsicht eine entscheidende Rolle spielt (Abschnitt 3.9). Daneben sollen in Abschnitt 3.9.3 Transferprobleme (insbesondere unter Berücksichtigung der Lernvorgeschichte der Schüler und die gewünschte Übertragung des Gelernten auf die Alltagswirklichkeit) gezielter diskutiert werden. In Abschnitt 3.10 zur Differenzierung ist zu überlegen, in welcher Weise man dem einzelnen Schüler im Unterricht am besten gerecht werden kann.

Im nächsten Kapitel ist ergänzend zu reflektieren, wie ein am Verständnis lernschwacher Schüler orientierter Mathematikunterricht nicht nur durch verständliche Erklärungen über Lehrtext und Lehrer unterstützt wird, sondern wie der ganze Unterricht unter gezielter Berücksichtigung der besonderen Möglichkeiten des Lehrers und geeigneter Sozialformen der Schüler gefördert und organisiert werden könnte.

Im folgenden bemühe ich mich um viele Beispiele aus den Lehrtexten der Reihe STÜTZPFEILER. Mögen sie ruhig an ihrem eigenen Anspruch gemessen und kritisiert werden und damit anregen, die genannten Gesichtspunkte noch besser zu berücksichtigen!

3.2 Sprachgestalterische Gesichtspunkte

3.2.1 Vororientierung

In diesem Abschnitt seien eine Reihe von Gesichtspunkten zusammengefaßt, die für verständliche Sprachgestaltung allgemein als wichtig bzw. bedenkenswert gelten und zum größten Teil als weniger spezifisch für den Mathematikunterricht anzusehen sind. Dies betrifft einerseits äußere Gesichtspunkte der mündlichen und schriftlichen Sprachdarbietung wie Deutlichkeit und typographische wie auch grammatisch-stilistische Aspekte, andererseits die Aspekte der Wortwahl und der

Verwendung von Fachtermini. (Bei letzteren ist die Mathematikdidaktik besonders angesprochen!) Auf die oben genannten „Lesbarkeitsgesichtspunkte" wird nur am Rande eingegangen. Sie sind jedoch bei der Gestaltung unserer schriftlichen Materialien wiederholt diskutiert worden und scheinen auch im mündlichen Unterricht beachtenswert. Man kann ganz allgemein sagen: Die Sprache ist in diesem sprachgestalterischen Sinne „verständlich", wenn sie durch die Sinne und die kognitive Struktur des Lernenden hinreichend leicht aufgefaßt werden kann. Insofern ist eine verständliche Sprache eine Grundvoraussetzung für jegliches Verstehen. Zugleich ist damit klar, daß „verständliche Sprache" keine Eigenschaft mündlicher oder schriftlicher Sprache an sich ist, sondern immer vom Adressaten und seiner kognitiven Struktur abhängt. Das macht es natürlich schwer, allgemeine Regeln, z.B. für Lesbarkeit, abzuleiten. Darum hat sich früher eine theoriearme „Lesbarkeitsforschung" bemüht, die an äußeren Gegebenheiten wie Wort- und Satzlänge orientiert war und heute durch eine stärker kognitionstheoretische Verständlichkeitsforschung weitgehend überholt ist, die inhaltliche Gesichtspunkte, z.B. der Wortwahl, viel stärker betont.

3.2.2 Äußere Gesichtspunkte der Sprachgestaltung

a) Typographische Gesichtspunkte

Allererste Grundvoraussetzung ist eine gut lesbare Schrift und eine gut vernehmbare Sprache. Schon hiergegen wird freilich oft gesündigt: Angehende Lehrer denken häufig nicht daran, wenn sie auf eine verschmierte Tafel schreiben, und auch ausgewachsene Didaktiker beachten diesen Gesichtspunkt nicht, wenn sie bei ihren Vorträgen eine zu kleine Schrift für ihre Folien wählen. Auch unsere Schülerhefte haben anfangs unter einer schlechten Druckqualität (Spirit-Carbon-Matrizen) gelitten. Schulbücher leiden manchmal unter einer zu kleinen Schrift und einer unübersichtlichen Seitenaufteilung, wenn allzuviel auf eine Seite soll. Eine typographisch übersichtliche Gliederung des Textes[1] und die gewohnheitsmäßige Leserichtung sind hier zu beachten: Ein Wechsel zwischen durchgehenden Zeilen und Kolumnenanordnung, wie er bei Lehrtexten (leider auch bei den Stützpfeilern) gelegentlich anzutreffen ist, ist für einige Schüler problematisch. Die Leserichtung ist auch bei der Anordnung von Tabellen und Veranschaulichungen zu beachten; denn auch hier liest man gerne von links nach rechts und von oben nach unten statt umgekehrt.

b) Grammatikalisch-stilistische Gesichtspunkte

Folgende Faustregeln, um die wir uns in den Schülerheften auch bemühten (aber wahrscheinlich auch nicht immer beachtet haben), lassen sich hier nennen:

1. Verwende eher kurze als lange und zusammengesetzte Worte.

2. Bilde möglichst kurze, grammatisch einfache Sätze und vermeide möglichst Satzverschachtelungen.

3. Formuliere Sätze möglichst aktivisch statt passivisch (besonders bei längeren Sätzen).

4. Vermeide unnötige Verneinungen (z.B. „Ziffern, die nicht kleiner sind als 5").

5. Ersetze Nominalisierungen (z.B. „unter Berücksichtigung von") lieber durch Nebensätze.

Charakteristisch für frühere Lesbarkeitsforschung sind sog. „Lesbarkeitsformeln". Eine der bekanntesten ist die Reading-Ease-Formel von FLESCH. Sie berücksichtigt nur Wort- und Satzlängen und liefert Werte zwischen 0 und 100 für sehr schlechte bis sehr gute „Lesbarkeit":

---

[1] Neben dieser „äußeren" Gliederung ist natürlich eine gute „innere" (inhaltliche) Gliederung wichtig (vgl. Abschnitt 3.2.3).

$$RE = 206,835 - 0,846\ WL - 1,015\ SL$$

Dabei bedeutet WL: Anzahl der Silben pro 100 Wörtern,
SL: die durchschnittliche Anzahl von Wörtern pro Satz.

Solche Lesbarkeitsformeln, die gelegentlich auch auf Schulbücher angewendet werden, wie auch die eben genannten Lesbarkeitsgesichtspunkte, haben natürlich nur einen recht begrenzten Aussagewert, wenn es um hinreichende Bedingungen für inhaltliche Verständlichkeit geht. Hier sind sicherlich andere Gesichtspunkte, wie sie im nächsten Teilabschnitt und in den folgenden Abschnitten dieses Kapitels diskutiert werden, gewichtiger.

Literaturhinweis:
Näheres zur Lesbarkeitsforschung findet man z.B. bei GROEBEN (1982).
Zu Gesichtspunkten eines guten (deutschen) Stils sei auch hingewiesen auf SCHNEIDER (1992 [11]).

3.2.3 Innere Gesichtspunkte der Sprachgestaltung: Wortwahl und Verwendung von Fachtermini

Es gibt hier zwei Faustregeln für die Verständlichkeit, die im Grunde das gleiche (einmal positiv und einmal negativ) ausdrücken:

> 1. Verwende möglichst häufige, gebräuchliche Worte und eine möglichst bildhafte, anschauliche Sprache!
> 2. Vermeide seltene, ungebräuchliche Worte und unnötige Fremdworte und Fachtermini!

Das eine, was dahinter steht, ist offenbar der früher schon hervorgehobene Gesichtspunkt „Beachtung der kognitiven Struktur des Schülers". Da diese kognitive Struktur sicherlich vom Alltag wesentlich mehr geprägt ist als durch den Schulunterricht, tut man gut daran – zumal wenn man sich an eine ganze Gruppe unterschiedlicher Schüler wendet – beim Sprachgebrauch möglichst weit „unten" anzusetzen (wie das bei der Formulierung des „Erklärungskerns" bereits andiskutiert wurde und nun zu vertiefen ist). Es geht allgemein gesprochen darum, daß man im Unterricht möglichst Worte benutzt, die der Schüler leicht verstehen kann.

Dabei ist nicht zu befürchten, daß der Lehrer ganz unpräzise werden muß. Es geht auch nicht so sehr darum, um jeden Preis Fremd- und Fachworte zu vermeiden, und schon gar nicht darum, didaktische Kunstworte, wie z.B. „Staucher" für „Divisionsoperator" einzuführen. (Didaktische Kunstworte wären nur eine andere Form von Fremdworten!) Es geht z.B. auch kaum darum, verbreitete Fachtermini wie Addition, Summand, Multiplikation und Faktor möglichst einzudeutschen. Lehrer aber wissen aus Erfahrung, daß viele Schüler bereits größere Schwierigkeiten mit Fachtermini wie Minuend, Subtrahend, Multiplikand, Multiplikator, Dividend und Divisor haben, weil sie offenbar seltener gebraucht und verwendet werden. Es fragt sich dabei schon, ob man es den Schülern unnötig schwer machen muß…

Viel beunruhigender ist jedoch die ausgiebige Verwendung unnötiger Fachsprache und die Flut didaktischer Kunstworte, die die Schüler für das Verstehen nicht brauchen: Sie stehen ihnen für das Verständnis häufig eher im Wege, und sie werden häufig später nicht mehr gebraucht.

Dies wird z.B. von LÖRCHER (1974) eindrucksvoll belegt: Das Bruchrechenkapitel in zehn Mathematikbüchern des 6. Schuljahrs enthielt durchschnittlich 400 Begriffe. Ein Drittel der Termini trat jeweils nur in einem Buch auf. Die Inflation der Fachtermini in den Schulbüchern wurde offenbar in den 70er Jahren im Zuge einer stärkeren „Wissenschaftsorientierung" des Mathematikunterrichts besonders begünstigt (vgl. die KMK-Richtlinien von 1968) und hat mit der sog. Mengenlehre ihre Blute erlebt. Inzwischen wurde (zumindest, was die Grundschule betrifft) augenscheinlich eingesehen, daß es ein „Mißverständnis" war, z.B. von der „Vereinigung von Mengen" zu reden, wenn man die Addition einführen wollte. Eine entsprechende Einsicht hat sich für den Unterricht der folgenden Klassen (ab 5. Schuljahr) offenbar weniger durchgesetzt (vgl. etwa KIRSCH, 1991 zum sog. „Lösungsmengen-Ritual").

Es sei hier jedoch nur das Grundproblem diskutiert: Es geht allgemein darum, wie weit es nötig ist, mathematische Termini und Ausdrucksweisen zu verwenden, um einen mathematischen Sachverhalt (präziser) zu erklären und wie weit der Sachverhalt ohne dieses Vokabular geklärt werden kann.[2]

Nehmen wir als *Beispiel die einführende Behandlung der Bruchrechnung im 5./6. Schuljahr:* Geht es dort schwerpunktmäßig darum, klare Bruchvorstellungen und eine Verständnisgrundlage für das Rechnen mit Brüchen und Dezimalbrüchen zu vermitteln, dann kann man gewiß auf viele „feine" Unterscheidungen und Termini verzichten; z.B. auf die sorgfältige Unterscheidung von „Bruch", „konkretem Bruch", „Bruchzahl", „Bruchoperator", „echter Bruch", „unechter Bruch", „gleichnamig", „ungleichnamig",... Für schwächere Schüler kann man zudem auf die die Bruchrechnung zusätzlich belastenden Termini aus der Teilbarkeitslehre (ggT, kgV, teilerfremd...) und manches andere verzichten (vgl. Kapitel 6).

Viele der durch die genannten Termini angesprochenen begrifflichen Sachverhalte sollten selbstverständlich angesprochen werden. Der Schüler kann dabei sehr wohl entsprechende „Begriffe" bilden, ohne daß ihm eine entsprechende mathematische (oder „didaktische") Terminologie aufgezwungen wird:

Wenn man dem Schüler z.B. klarmachen will, wieviel Meter $\frac{3}{4}$ einer Runde von 400 m sind, wird man dem Schüler z.B. erläutern, daß dazu 400 m (wie eine Torte) erst durch 4 zu teilen und dann mit 3 malzunehmen sind[3] und notieren:

$\frac{3}{4}$ von 400 m = (400 m : 4) · 3

Dazu brauchen wir eben *nicht* davon zu sprechen, daß wir „den Operator" $\frac{3}{4}$ angewendet haben und daß dieser Operator als „Hintereinanderausführung eines Divisions- und eines Multiplikationsoperators" (oder wie immer man die Operatoren bezeichnen mag) zu verstehen ist. Es ist – gerade in der mathematisch wahrlich nicht einfachen Bruchrechnung – sehr genau zu überlegen, welche Begriffe und Termini explizit einzuführen sind und welche nicht – zumal im Blick auf lernschwache Schüler!

Was für die Bruchrechnung gilt, gilt mehr oder weniger für alle später zu diskutierenden Teilgebiete des Mathematikunterrichts (siehe dazu insbes. auch die Kapitel 7 und 8 zur Prozentrechnung und Schlußrechnung).

Wird auf die Terminologie nicht ganz verzichtet, um bestimmte Sachverhalte besser ansprechen zu können, so kann sie doch – mit didaktischem Gewinn – hinter der Sache zurücktreten. (Das gilt sogar für „Grundbegriffe" wie Prozentwert und proportional!)

Um Mißverständnisse zu vermeiden, sei noch einmal deutlich hervorgehoben: Der Verzicht auf die Einführung bestimmter Begriffe bzw. Termini bedeutet nicht den Verzicht auf Verbegrifflichung eines Sachverhaltes. Im Gegenteil: Eine solche sollte immer wieder nahegelegt werden.

---

[2] Daß die Schüler in vielen Fällen zu präziserer Fachsprache (langsam) hinzuführen sind, um besseres Verständnis zu erreichen, soll nicht bestritten werden. In diesem Buch werden allerdings (bezogen auf das kognitive Niveau der Schüler) eher Beispiele für die unnötige Einführung von Fachtermini gebracht.

[3] Die Ebene der Handlung und der Rechenoperation wird bei solch einer schülerorientierten Erklärung in durchaus typischer Weise „verwischt", ohne daß dies der Sache schadet! (Vgl. auch Abschnitt 5.3.3 und Abschnitt 6.1.4 (1).)

Sie könnte im obigen Beispiel lauten:

„Wenn du einen Bruchteil, z.B. $\frac{3}{4}$ von irgendeiner Größe (wie z.B. 400 m oder 10 000 DM oder 200 l) nimmst, dann rechnest du so, als wenn du den Bruchteil eines Kuchens nimmst."

Damit wird der Sachverhalt „unpräzise", aber u.U. tiefer („im Kern" besser) verstanden, als wenn man eine abstrakte Operatorsprechweise einführt.

Wir kommen damit auf die zunächst wohl wichtigste Aufgabe des Erklärens zurück: einen mathematischen Sachverhalt möglichst in bildhafter Umgangssprache, mit geläufigen, vertrauten Worten auszudrücken (was als „Herausarbeitung des mathematikdidaktischen Kerns" bezeichnet wurde). Die zusätzliche Einführung der Fachtermini und die Formulierung in einer abstrakten Sprache kann sinnvoll und wünschenswert sein. Sie ist für das Verständnis des Schülers aber gewiß nicht das Primäre. Die frühzeitige Einführung von Fachtermini steht (ähnlich wie die frühzeitige Einführung von formalisierten Regeln) einem echten Verständnis eher im Wege, weil das mühsame Lernen von Vokabeln eine Bezeichnung, aber nicht die Sache selbst in den Vordergrund stellt. Damit ist natürlich das sehr vielschichtige Problem der Entwicklung von „Fachsprachen" nur in einem (aber wohl wesentlichen) Punkt berührt. Was hier z.B. gar nicht angesprochen wurde, sind Sprachprobleme, die deutsche und vor allem ausländische Schüler speziell mit der deutschen Sprache haben können und wie man ihnen didaktisch, insbesondere mathematikdidaktisch begegnen kann.

Literaturhinweise:

– Die allgemeinen Probleme von Fachsprachen (ohne besondere Berücksichtigung der Mathematik) werden schulnah diskutiert in der Handreichung des Bundesministers für Bildung und Wissenschaft „Fachsprache in der Berufsausbildung ausländischer Jugendlicher" (Bonn, 1987).

– Interessante mathematikdidaktische Bemühungen für ausländische, speziell türkische Jugendliche, sind von KURTH (vgl. z.B. 1981) bekannt.

– Auf spezielle terminologische Probleme im Mathematikunterricht gehen WINTER (1978) und MAIER / BAUER (1978) ein.

3.2.4 Zusammenfassung: Sprachgestalterische Gesichtspunkte

Grundvoraussetzung für Verstehen ist eine „verständliche Sprache". Darunter werden hier einerseits „äußere" Gesichtspunkte der Wahrnehmbarkeit wie Hörbarkeit, Lesbarkeit, typographische Übersichtlichkeit, Einfachheit von Wort- und Satzkonstruktionen zusammengefaßt und „innere" Gesichtspunkte der leichten Zugänglichkeit wie Gebräuchlichkeit, Anschaulichkeit, Alltagsnähe der Sprache. Die Wahrnehmbarkeit bezieht sich vor allem auf die Leichtigkeit der Sinneswahrnehmung, die Zugänglichkeit bezieht sich auf die Leichtigkeit der Informationsverarbeitung. Eine deutliche Sinneswahrnehmung ist offenbar eine notwendige Voraussetzung für eine problemlose Informationsverarbeitung. Insofern ist Wahrnehmbarkeit wichtig für Zugänglichkeit, aber nicht hinreichend. Erst wenn eine gute Anpassung an die kognitive Struktur des Lernenden hinzukommt, ist „Verständlichkeit" im eigentlichen „tieferen Sinne" gewährleistet.

Als besonderes Zugänglichkeitsproblem für mathematische Lerninhalte wird die mathematische, aber auch die schulmethodische Terminologie herausgestellt, weil sie häufig nicht an die kognitive Struktur des Lernenden angepaßt ist. Es wird die These vertreten, daß man im Mathematikunterricht (insbesondere lernschwacher Schüler) mit viel weniger Fachterminologie auskommt und viele mathematische Inhalte wahrscheinlich mit anschaulicher Umgangssprache sowie vertrauten mathematischen Begriffen sachadäquater übermittelt werden können. Viel Fachterminologie am Anfang eines Lernprozesses scheint eher inadäquates mechanisches Vokabel- und Regellernen zu begünstigen.

3.3 Motivationsgesichtspunkte

3.3.1 Vororientierung

Motivation wird in den theoretischen Überlegungen zur Textverständlichkeit bzw. Verständlichkeit von Lehrererklärungen häufig nur am Rande mitdiskutiert (vgl. z.B. SCHULZ von THUN/ GÖTZ, 1976): Was dort unter „zusätzlicher Stimulanz" genannt wird (Beispiele aus der Erlebniswelt des Schülers, direktes Ansprechen des Schülers u.a.), ist doch recht wenig, um der Bedeutung der Motivation für das Verstehen gerecht zu werden. Die überragende Bedeutung der Motivation für das Lernen liegt bekanntlich darin, daß es einesteils wesentliche Voraussetzung für fast alles Lernen, insbesondere für kognitives Verstehen ist (ich verstehe nur, wenn ich verstehen will). Andernteils ist es auch generelles Ziel des Unterrichts (z.B. für die Bereitschaft, von gelernter Mathematik im Alltag Gebrauch zu machen). Hier soll die Motivationsproblematik für Mathematikunterricht nicht umfassend diskutiert werden (vgl. dazu z.B. ZECH, 1985 und ZECH, 1996[8]). Es seien hier nur einige Motivationsaspekte hervorgehoben, die für das Verstehen von Erklärungen und für den Unterrichtserfolg lernschwacher Schüler besonders relevant scheinen.

3.3.2 Einige Motivationsgesichtspunkte

a) Sinn

Als besonders wichtig sei zunächst hervorgehoben, daß dem Lernenden klar gemacht wird, worum es eigentlich geht, welchen Sinn der Lerninhalt hat, wie er sich einordnet und welchen Nutzen (nicht nur praktischen!) er hat. Bevor der Lernende das nicht weiß, wird er sich nicht gerne auf den Lerninhalt einlassen und nicht gut lernen. Wie solch eine Orientierung über Sinn und Ziel inhaltlich aussehen kann, wird im Abschnitt 3.4.2 genauer dargestellt. Es ist freilich zu betonen, daß diese Sinnorientierung nicht nur am Anfang des Lernprozesses wichtig ist, sondern auch immer wieder zwischendurch (das bedeutet, einen „roten Faden" zu geben). Dies betrifft auch nicht nur die angesprochenen Inhalte, sondern auch die gewählten Methoden, z.B.:
Warum soll jetzt dieses oder jenes Arbeitsmittel eingesetzt werden? Welchen Sinn hat das Rechnen dieser oder jener Aufgabe? – Es sei dazu aber betont, daß eine überzeugende Sinngebung letztlich nur auf der Grundlage einer strengen Auswahl von Inhalten, Aufgaben und Methoden möglich ist, vor allem (nicht nur!) durch einen möglichst schülergemäßen Anwendungsbezug (vgl. dazu viele Beispiele im inhaltlichen Teil).

b) Verstehenkönnen

Eine wesentliche Motivationsquelle für den Schüler, auf die gerade in unserem Rahmen besonders hinzuweisen ist, ist das Verstehenkönnen von Erklärungen. Es ist eine wichtige Bedingung dafür, daß der Schüler überhaupt geneigt ist, dem Lehrer etwas länger zuzuhören oder einen Lehrtext zu lesen. Das gleiche gilt für die Aufgaben: Wenn sie unverständlich formuliert sind, wird der Schüler sich nicht gerne längere Zeit damit beschäftigen. Dabei ist es im Hinblick auf lernschwache Schüler besonders wichtig, auch mit vom Schwierigkeitsgrad her leichten Aufgaben zu beginnen (vgl. auch Abschnitt 3.4.2 und 3.9.2), um die Angst vor neuen Anforderungen abzubauen. Dies leitet über zu den beiden nächsten Aspekten:

c) Stärkung des Selbstkonzepts

Es ist für das Lernen lernschwacher Schüler besonders wichtig, ihr „Selbstkonzept" (umgangssprachlich „Selbstvertrauen") zu stärken. Das bedeutet, ihnen immer wieder Erfolge zu vermitteln und Fortschritte zu verdeutlichen (und sie von Mißerfolgen möglichst fernzuhalten). Ein wichtiger Teilaspekt ist dabei, daß der lernschwache Schüler den Verstehenserfolg bzw. die richtige Lösung einer Aufgabe möglichst schnell bestätigt bekommt. Deshalb sind wohl Lösungshefte für die Schüler sehr wichtig, in denen sie umgehend ihre Lösungen kontrollieren können, u.U. auch – positiv aufbauend – auf mögliche Fehler und Lösungswege hingewiesen werden. (Der nicht ganz unproblematische Umgang mit solchen Lösungsheften wird in Abschnitt 4.3.4 näher diskutiert!)

Das Selbstkonzept wird besonders dadurch gestützt, daß der Lernende die Lernergebnisse möglichst deutlich auf sich selbst zurückführen kann (vgl. DE CHARMS, 1973). Das ist natürlich dann eher gegeben, wenn er selbsttätig agieren kann. Dazu gehört auch die selbständigere Auseinandersetzung mit dem Lehrtext oder einer Aufgabe oder einem Lösungsheft, bei dem nicht ein dauerndes Eingreifen des Lehrers erforderlich ist.

d) Abbau von Angst

Schließlich sei noch die Reduzierung von Angst beim Lernen des lernschwachen Schülers als wichtiger Motivationsaspekt besonders hervorgehoben: Dies wird – wie schon erwähnt – dadurch erreicht, daß der Schüler nicht mit zu schwierigen Lernaufgaben konfrontiert wird. Reduktion von Angst wird auch dadurch erreicht, daß der Schüler bei selbständiger Arbeit nicht immer den Lehrer fragen braucht. Auch die Zusammenarbeit mit Mitschülern ist deshalb wichtig für ihn, weil sie die Unabhängigkeit vom Lehrer stärkt und Gelegenheit schafft, Verständnisschwierigkeiten angstfreier auszuräumen. (Einen Mitschüler fragt man lieber als den Lehrer!) Es wird daher in unseren Schülerheften besonders auf Gelegenheiten für Partner- und Gruppenarbeit hingewiesen. (Wo allgemein Gelegenheiten zu sehen sind, wird im Abschnitt 4.5.2 genauer diskutiert.)[4] Einige gezielte Maßnahmen zum Abbau der Angst von lernschwächeren Schülern nennt ERHARDT, 1980 (evtl. zum Anheften in der Klasse):

A. Grundlagen für gemeinsames Lernen
1. Wenn einer etwas Falsches sagt, darf keiner eine abfällige Bemerkung machen.
2. Im Mathematikunterricht gibt es keine dummen Fragen.
3. Wir lassen jedem Zeit zum Nachdenken und Sprechen.
4. Wer in Mathe dem Mitschüler hilft, der hilft sich selbst.

B. Regeln zur Entschärfung von Klassenarbeiten
1. Vereinbarung von Partnerschaften vor Klassenarbeiten
2. Schriftliche Vortests (mit ähnlichen Aufgaben wie im eigentlichen Test) zur gegenseitigen Kontrolle der Schüler.

ERHARDT hat durch eine Vergleichsuntersuchung einen deutlich besseren Lernerfolg bei der Anwendung solcher Maßnahmen nachgewiesen. Die Tests in unseren Schülerheften sind als Vortests im oben angegebenen Sinne zu verstehen, an denen Klassenarbeiten orientiert werden können. (Allgemein steht hier der pädagogische Gedanke dahinter, klar zwischen einer Phase, in der gelernt wird und es normal ist, Fehler zu machen, und einer Phase der Leistungskontrolle zu unterscheiden.)

e) Motivierungen durch Spiele u.ä.

Spiele und Knobelaufgaben sind sicherlich gut für gelegentliche „Auflockerungen". Im inhaltlichen Teil finden sich einige geeignete Beispiele. Man sollte es jedoch aus folgenden Gründen damit nicht übertreiben:

---

[4] Solche motivationalen und sozialen Aspekte werden übrigens in der Pädagogik auch unter dem Stichwort „Schulerorientierung" diskutiert (vgl. z.B. EINSIEDLER/HÄRLE, 1978[3]).

1. Die wichtigen Zielsetzungen des Unterrichts sollten davon nicht überwuchert werden[5].
   Man bedenke, daß man von Spielen meist kein tieferes Verständnis, sondern eher eine größere Geläufigkeit des Gelernten erwarten kann.
2. Die Spiele sollten möglichst sinnvoll sein, also echte Lernspiele mit echten Übungmöglichkeiten (also keine bloßen „Spielereien", die von etwas älteren Schülern häufig auch nicht ernst genommen werden).
3. Die Spiele (das wird mit Recht von vielen Seiten betont) sollten nicht unnötig den Wettbewerb zwischen den Schülern anheizen. (Die Schwächeren sind leicht immer wieder bei den Verlierern und verlieren damit auch an Selbstvertrauen. Schwächere Schüler sollten bei Spielen eher unter sich sein!)
4. Man beachte schließlich, daß nicht alle Schüler gerne spielen.

3.3.3 Zusammenfassung: Motivationsgesichtspunkte

Es werden hier vor allem die Motivationsaspekte betont, die mit dem Verstehen und lernschwachen Schülern zu tun haben:
– Die *Sinngebung für Inhalte, Aufgaben und Methoden.*
  Dies setzt eine geeignete Vorauswahl voraus.
– Das *Verstehen von Erklärungen und Aufgaben.*
  Die Lernaufgaben sollten gerade am Anfang eines Lernprozesses einfach sein.
– Die *Stärkung des Selbstkonzeptes schwacher Schüler.*
  Hierzu ist die Selbständigkeit förderndes Lehrmaterial (Lehrtexte und Lösungshefte) sehr wichtig.
– Die *Reduzierung von Angst bei mißerfolgängstlichen Schülern.*
  Hierfür ist die Zusammenarbeit mit Mitschülern und die Entschärfung von Klassenarbeiten besonders wichtig.
– *Gelegentliche Lernspiele für Übungszwecke.*
  Sie sollten wegen möglicher Nachteile (Überwucherung wichtiger Verständnisziele, Schwächung des Selbstkonzeptes Schwächerer bei Wettbewerb) nicht übertrieben werden.

3.4 Strukturierungsgesichtspunkte

3.4.1 Vororientierung

In den folgenden Abschnitten werden Gesichtspunkte der Textverständlichkeit diskutiert und verdeutlicht, die man unter dem Stichwort „kognitive Strukturierung" zusammenfassen könnte. Hierzu zählen in diesem Abschnitt Vorstrukturierung/Zielorientierung (3.4.2) und Gliederung/Ordnung (3.4.3) als Strukturierungsgesichtspunkte im engeren Sinne. In einem weiteren Sinne gehören auch das Hervorheben von Wesentlichem und Zusammenfassungen zu den Strukturierungsgesichtspunkten.
Es geht dabei insgesamt um Hilfen zur Verbegrifflichung im Sinne eines in Abschnitt 2.4 vorgestellten „sinnvollen" Lernprozesses, die nicht klar zu trennen sind. Insbesondere das „Hervorheben von Wesentlichem" könnte fast als Oberbegriff für die anderen Gesichtspunkte dienen. Es geht im Grunde genommen mehr darum, zu welchem Zeitpunkt, mit welchem Zweck und auf wel-

---

[5] Bei manchen Vorschlägen für die Grundschule kann man diesen Eindruck gewinnen.

che Art und Weise das Wesentliche hervorgehoben wird. Soweit es um die im Mathematikunterricht besonders wichtigen „Verdeutlicher" (Beispiele und Veranschaulichungen) geht, werden sie in zwei gesonderten Abschnitten (3.5 und 3.6) diskutiert und anschließend die Zusammenfassungen (3.7).

Die Wirksamkeit der genannten Strukturierungsmaßnahmen und die Bedingungen ihrer Wirksamkeit sind größtenteils empirisch genauer untersucht und diskutiert worden. Generell sei dazu verwiesen auf die Gesamtdarstellungen von GROEBEN (1982), WEIDENMANN (1988) und BALLSTAEDT/MANDL/SCHNOTZ/TERGAN (1981). Es kommt im folgenden vor allem darauf an, zu zeigen, welche Bedeutung Strukturierungsgesichtspunkte im Mathematikunterricht haben können, wie man solche Gesichtspunkte miteinander unterrichtspraktisch verbinden und konkretisieren kann.

3.4.2 Vorstrukturierungen/Zielorientierungen

Vorstrukturierungen („advance organizers", wie es bei AUSUBEL, 1974 heißt) und in Verbindung damit Zielorientierungen haben vor allem den Sinn, an Vorerfahrungen und vorhandenes Vorwissen (die „kognitive Struktur") des Schülers anzuknüpfen und die Aufmerksamkeit im Vorhinein auf wichtige Gesichtspunkte des Lerninhalts zu lenken. Dazu kann ein allgemeiner textlicher Vorspann wie die „Vororientierungen" in diesem Buch dienen, aber auch eine Illustration oder ein Inhaltsverzeichnis kann dazu beitragen. Dies sei zunächst an der Vororientierung des Heftes „Geometrie 1" (ZECH, 1992) erläutert; siehe die folgende Abbildung des Innentitels und die Schüleransprache auf der nächsten Seite.

Aus: „Geometrie 1" (ZECH 1992)

Liebe Schülerin! Lieber Schüler!

Dieses Heft gibt Dir eine Einführung in die „Geometrie". Wenn Du Dir das Inhalts-verzeichnis näher anschaust und etwas in dem Heft herumblätterst, merkst Du schnell, worum es in „Geometrie" besonders geht: um genaues Messen und Zeichnen. Das nützt Dir bei vielen Gelegenheiten.

In diesem Geometrie-Heft wirst Du zum Beispiel lernen, ein kleines Häuschen maß-gerecht zu basteln und den „Grundriß" Deines Zimmers mit Möbeln darin zu zeichnen. Das sieht dann ungefähr so aus, als wenn Du von oben in eine Puppenstube hineinsiehst:

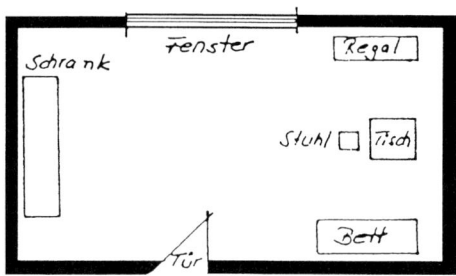

Die in dieser Art maßgerecht eingezeichneten Möbel könntest Du ausschneiden und die Papierstücke in dem nochmals neu gezeichneten Zimmer beliebig verschieben. So könntest Du Dir eine andere Einrichtung Deines Zimmers überlegen, ohne daß Du selbst gleich Möbel zu rücken brauchst.

Beispiel einer Vorstrukturierung aus: „Geometrie 1" (ZECH 1992)

In der Ansprache der Schüler wird auf die zusätzlichen Orientierungsmöglichkeiten ausdrücklich hingewiesen.

Die Abbildung im Innentitel zeigt dem Schüler schon, daß es um Zeichnen und Messen, auch um Basteln von kleinen Häuschen geht. Das Inhaltsverzeichnis, auf dessen Wiedergabe hier zu ver-zichten ist, gibt genauere Auskunft. Es ist als allgemeine Vorinformation jedoch (wie sonst meist auch) weniger geeignet; denn es kommen Begriffe vor, die der Schüler wahrscheinlich noch gar nicht kennt (hier z.B. Millimeterpapier, Grundriß, Maßstab…), nichts mit ihnen „anfangen" kann und sie erst recht nicht miteinander sinnvoll verbinden kann. In der „eigentlichen" Vororientierung werden solche Begriffe vermieden, oder ein Begriff wie „Grundriß" wird mit Hilfe von Alltagsbe-griffen („von oben in eine Puppenstube hineinsehen") verdeutlicht. Damit weiß der Schüler in all-gemeinen undifferenzierten Begriffen bereits, worum es geht und welchen „Sinn" das Ganze hat (vgl. 3.3.2a). Es macht am Anfang offenbar wenig Sinn, genauere Lernziele zu formulieren. Diese sind u.U. ähnlich schwer verständlich und unverbunden wie die Überschriften des Inhaltsver-zeichnisses. Man beachte also:

Eine Vorstrukturierung wirkt erst dann „motivierend", wenn der Schüler daraus deutlich den Sinn (hier eine konkrete Anwendung) und gegebenenfalls auch attraktive Tätigkeiten auf dem Weg zum Ziel deutlich werden (z.B. das damit verbundene Zeichnen und Basteln).

Was am Anfang eines größeren Lernabschnitts gilt, gilt auch für kleinere Abschnitte. Sie werden, wenn möglich, in den größeren Zusammenhang gestellt, gegebenenfalls als „Etappenziele" beschrieben. Durch mehrere solcher Vororientierungen wird dann so etwas wie ein „roter Faden" durch den größeren Lernabschnitt geknüpft (vgl. Abschnitt 3.4.3c). Dies sei nur kurz durch die knappen Vororientierungen für Kapitel 1 und 2 aus dem Schülerheft „Geometrie 1" angedeutet:

1   Erkennen von Rechtecken

Du wirst später „rechteckige" Fenster, Türen, Dächer, Tische, Schränke, ... zeichnen. Deshalb lernst du in diesem Kapitel genauer zu verstehen, was eigentlich „Rechtecke"[6] sind.

2   Zeichnen von Rechtecken

Wenn du Wände, Türen, Fenster eines Hauses genau zeichnen willst, mußt du Rechtecke verschiedener Größe zeichnen können.

Natürlich ist es auch (oder gerade dann) wichtig, den Sinn von Übungsphasen zu verdeutlichen (und dort womöglich den Sinn einzelner Aufgaben).

2.1   Vorbereitendes Training zu den Längenmaßen

Damit später das Zeichnen klappt, mußt du mit den Längenmaßen gut Bescheid wissen: mm, cm, m und wie man diese ineinander umrechnet und mit Komma schreibt: was zum Beispiel 4,85 m bedeutet usw.

Aus: „Geometrie 1" (ZECH 1992)

Man kann es sicher auch übertreiben mit den Vororientierungen, wenn der Sinn aus dem Kontext eines Lehrtexts oder aus dem Unterrichtskontext klar ist. (Häufig ist er allerdings nicht so klar, wie ein Autor oder Lehrer denkt!) Man kann sich sicherlich auch darüber streiten, wie lang eine Vororientierung sein sollte. Es kann dafür kaum eine verbindliche Regel geben, weil es u.U. auch ganz auf den Adressaten ankommt:

Genauere Untersuchungen haben gezeigt, daß lernschwächere Schüler eher bzw. mehr Vorstrukturierungen brauchen und eher von ihnen profitieren als leistungsstärkere Schüler.

Warum? Leistungsstärkere Schüler sind eher dazu in der Lage, sich selbst zu überlegen, warum und wie sie etwas lernen sollen. Sie sehen sich z.B. näher das Inhaltsverzeichnis an, „raten", um was es geht und stellen selbst den nötigen Zusammenhang her. (In diese Richtung sollten natürlich auch schwächere Schüler gebracht werden. Sie brauchen aber sicherlich viel mehr Hilfe und Anregung dazu als bessere Schüler.)

Wenn wir also „Vororientierungen" propagieren und selbst auch explizit formulieren (sowohl auf

---

[6] Für den Begriff „Rechteck" nehmen wir bei dieser Vororientierung einen konkreten Vorbegriff aus der Grundschule an.

der Ebene der Schülerhefte wie auch auf der dieses Lehrbuchs), dann deshalb, weil anzunehmen ist, daß sie auch für bessere Schüler und intelligente Leser nützlich sein können, Dinge richtig „einzuordnen" (d.h. mit ihren Vorstellungen zu verknüpfen).

Schwächeren Schülern können Vororientierungen meist helfen. Sie sind aber nicht (schon gar nicht in einer speziellen Form) als „allgemeines Unterrichtsrezept" zu verstehen, sondern als ein Aspekt sinnvollen Lernens, der in verschiedenen Formen und unterschiedlichem Ausmaß berücksichtigt werden kann. Es kommt hier vor allem darauf an, angehende Lehrer zu sinnvollen Vororientierungen anzuregen (erfolgreiche Lehrer praktizieren sie schon immer). Vielleicht entdecken auch Schüler (oder werden von ihren Lehrern dazu angeregt), Vororientierungen als Aspekt sinnvollen eigenen Lernens zu sehen und nach Vororientierungen selbst zu suchen oder zu fragen, wenn sie ein Lehrer oder Lehrbuch nicht von sich aus schon gibt. In diesem Sinne sind auch viele der weiteren Gesichtspunkte zu verstehen!

3.4.3 Gliederung/Ordnung

a) Äußere und innere Gliederung

Während man bei einer „Vorstrukturierung" mehr an eine allgemeine Orientierung am Anfang des Lernprozesses denkt (bei einer Neueinführung eines größeren oder kleineren Stoffgebiets), geht es bei der Verständlichkeitsdimension „Gliederung/Ordnung" mehr um den laufenden Unterricht bzw. Lehrtext. Der Aspekt „Gliederung/Ordnung" wird hier nur allgemein angesprochen. Inhaltlich wird er in Teil II dieses Buches diskutiert, wenn es konkret um den zweckmäßigen Aufbau von Inhalten im großen wie im kleinen geht.

„Äußerlich" geht es zunächst einmal darum, daß überhaupt gegliedert wird, „Zäsuren" gemacht, Teilüberschriften eingeführt, Absätze gemacht, Abschnitte numeriert werden, ein Inhaltsverzeichnis angelegt wird usw. (Dieser Aspekt wurde teilweise schon in Abschnitt 3.2.2 unter „Lesbarkeitsgesichtspunkten" angesprochen.)

„Innerlich" geht es um die Beachtung bestimmter Ordnungsgesichtspunkte. Diese können sich an der Art, Funktion oder Phasen des Textes (z.B. Einführung, Hauptteil, Schluß, Aufgaben) orientieren oder aber an seiner inhaltlichen Struktur, wie z.B. die Gliederung für „Bruchsituationen":

Verschiedene Bruchsituationen

> 1. *Die erste Bruchsituation:* ein Ganzes wird geteilt.
> 2. *Die zweite Bruchsituation:* mehrere Ganze werden geteilt.
> 3. *Die dritte Bruchsituation:* der Teil einer Gesamtheit wird als Bruchteil ausgedrückt.

b) Arten von innerer Gliederung: nach Phasen und Inhalten

Eine Gliederung wie die im obigen Beispiel in der Art einer „Klasseneinteilung" von Situationen oder von „Fallunterscheidungen" (häufig erst einfache, dann schwierige Fälle) nach logisch-mathematischen oder psychologisch-didaktischen Unterschieden ist sehr häufig in mathematischen Lehrtexten anzutreffen[7]. Ebenso typisch ist die Gliederung eines Erklärungskerns, einer Beweisidee oder einer „Aufgabenlösung" in Teilschritte nach einer zeitlich logischen Reihenfolge (vgl. z.B. die Gliederung unserer Erklärung der Prozentsatzberechnung in Abschnitt 2.5). Häufig erfolgen Gliederungen von Lehrtexten auch nach Phasen und Inhalten zugleich:

---

[7] Die dahinter stehenden Fragen lauten:
  – Was ist von der Mathematik her zu unterscheiden?
  Was ist vom Lernenden her zu unterscheiden?
  (An diesen zweiten Gliederungsaspekt wird zu wenig gedacht; vgl. auch Abschnitt 6.3.2a).

Eine Einführung oder Zusammenfassung wird beispielsweise zugleich durch einen inhaltlichen Schwerpunkt charakterisiert (z.B. „Einführung: wo braucht man Prozentrechnung?").
Beide Gliederungsarten sind wichtig.
Die Gliederung nach verschiedenen (häufig zeitlichen) Phasen[8] orientiert sich an Schemata (Ordnungsbegriffen), die den meisten Lesern bzw. Lernenden vertraut sind und diesen damit die Orientierung an einer (zeitlichen) Reihenfolge erleichtern. Die inhaltliche Gliederung ermöglicht eine genauere Orientierung, um was es geht, und ermöglicht die Orientierung an einem inhaltlichen „Gerüst". Es ist häufig zweckmäßig, die zeitliche und inhaltliche Gliederung in der Vororientierung bereits „vorzubereiten". Der allgemeine Rahmen wird so nach und nach durch genauere Ausführungen ausgefüllt („progressive Differenzierung" im Sinne von AUSUBEL, 1974; siehe Punkt d).
Je verständlicher die Überschriften gewählt sind (das heißt hier: je mehr sie am Vorwissen des Schülers orientiert sind), desto mehr kann eine Gliederung zugleich als Vororientierung dienen. Andernfalls ist die Gliederung weniger vorher als hinterher zum „Nachschlagen" geeignet.

c) Sichtbarmachen eines „roten Fadens"
Je mehr Unterpunkte folgerichtig miteinander verbunden sind, je mehr ein „roter Faden" sichtbar ist, desto eher kann eine Gliederung ihre Hilfsfunktion bei der Aufnahme eines neuen Lerninhalts erfüllen:
Bei einem längeren Text- bzw. Unterrichtsabschnitt wird man gut daran tun, den „Stand der Dinge" zusätzlich durch zusammenfassende und vorstrukturierende Hinweise zu verdeutlichen.
Hier ein Beispiel für solch ein „Zwischenresümee" aus einem Abschnitt zur Prozentsatzberechnung:

Bruchteile als Dezimalbrüche schreiben

(3. Schritt der Prozentsatzberechnung)

In einem **1. Schritt** der Prozentsatzberechnung haben wir **Anteile erkannt**, z. B. 200 von 480 Wählern. In einem **2. Schritt** haben wir **Anteile als Brüche** geschrieben, z. B.

$$200 \text{ von } 480 \text{ Wählern} = \tfrac{200}{480} \text{ der Wähler}$$

Jetzt wollen wir im **3. Schritt** die Bruchteile in Dezimalbrüche umwandeln.
(Im **4. Schritt** können wir die Dezimalbrüche dann auf Hundertstel runden und damit als Prozente schreiben).

Beispiel für Zwischenresümee aus: „Prozentrechnung" (ZECH 1996)

Im mündlichen Unterricht wird es sicherlich häufiger nötig sein, den „roten Faden" zu verdeutlichen, als in einem Lehrtext, weil sich der Schüler beim Lesen (eine gute Gliederung vorausgesetzt) durch Nachschlagen eher an der Gliederung orientieren kann.

d) Von „oben nach unten" oder von „unten nach oben" gliedern?
Es sei hier noch eine alte Streitfrage berührt, die Textforschung offenbar auch nicht beantworten kann (vgl. dazu z.B. von PATTEN, 1986):
Soll man die Inhalte eher von unten nach oben („bottom up") oder von oben nach unten („top down") gliedern? Von unten nach oben hieße etwa:

---

[8] Man denke z.B. auch an die sog. „Lernphasen" (vgl. z.B. ZECH, 1996[8]).

- vom Einfachen zum Komplexen
- vom Konkreten zum Allgemeinen
- vom Beispiel zur Regel
- vom Teil zum Ganzen

Von oben nach unten hieße jeweils das Umgekehrte. Für die „bottom up"-Strategie wird etwa die Lerntypenhierarchie von Gagné, 1969 (ein Aufbau von einfachen assoziativen Lerntypen hin zu komplexeren Lerntypen der Verbegrifflichung) angeführt, die sich im Mathematikunterricht vor allem darin auswirken würde, daß alle inhaltlichen Voraussetzungen, die bei einem neuen Lerninhalt zu machen sind, im Unterricht auch alle vorher gründlich zu behandeln sind. Man könnte sie auch als „Vorratsstrategie" bezeichnen; für den neuen Lerninhalt muß vorher alles geklärt sein! Für die „top down"-Strategie wird die Theorie „progressiver Differenzierung" von AUSUBEL (1974) angeführt: Diese propagiert eine Ausdifferenzierung von allgemeineren Begriffen zu spezielleren. Dies würde bedeuten, daß man im Mathematikunterricht immer nur von allgemeinen Ideen zu speziellen Inhalten fortschreitet. Man könnte sie auch als „Vorwärmstrategie" bezeichnen. Bevor ein Beispiel oder eine Detailaussage gemacht wird, wird immer das Allgemeine vorausgeschickt, das illustriert werden soll.

Eine reine „bottom up"-Strategie im Sinne GAGNÉS findet sich in realen Texten oder realem Unterricht genausowenig wie eine reine „top down"-Strategie im Sinne AUSUBELS. Sie wären beide auch wohl kaum durchzuhalten. Es gibt auch keinen Zwang, sich alternativ für das eine oder andere zu entscheiden: Wenn man sich der allgemeinen Vorstellung sinnvollen begriffsbildenden Lernens im Sinne von Abschnitt 2.4 anschließt, so lassen sich beide Strategien durchaus gut miteinander verbinden (und man tut es häufig ganz unreflektiert). Es kommt nämlich letztlich – wie später noch genauer diskutiert wird – im Unterricht auf eine enge Verschränkung von Allgemeinem und Konkretem an: Man bemüht sich, das Allgemeine schnell durch Beispiele zu verdeutlichen, oder man arbeitet an Beispielen möglichst auch das Allgemeine heraus. Das Ergebnis (ein Begriff mit verdeutlichtem wesentlichem Merkmal) wird dann häufig im Kopf des Lernenden kaum zu unterscheiden sein. Man entscheidet sich pragmatisch mal so, mal so, ohne daß man klar sagen kann warum. – (Das Vorgehen scheint vergleichbar mit möglichen Denkwegen beim Problemlösen: Man kann Probleme effektiv „von vorne nach hinten" oder „von hinten nach vorne" oder mit beidem im Wechsel lösen, ohne daß man genau weiß, wann man „umspringen" muß.)

Für den Mathematikunterricht bietet sich häufig an, im großen „vorzustrukturieren" mit allgemeinen alltagsnahen Begriffen und Gedanken oder vagen Vorbegriffen und Ideen, dann aber „der Reihe nach" (d.h. dem begrifflichen Aufbau von unten nach oben folgend) vorzugehen. Bei der Prozentsatzberechnung wird man z.B. – wie bereits in 2.5 angedeutet – vom allgemeinen Gedanken (Anteile in Prozenten ausdrücken) ausgehen und dann das Verfahren „Schritt für Schritt" erläutern. In der Geometrie kann man z.B. beim Thema „maßstäbliches Zeichnen" von einer allgemeinen Idee des Verkleinerns (Alltagsbeispiel: Kopieren; was passiert da eigentlich?) ausgehen und die Voraussetzungen bzw. Teilbegriffe (vom Einfachen zum Schwierigeren) „abarbeiten".

e) Schlußbemerkungen zu Gliederungsproblemen

Man sollte sich freilich im klaren sein, daß Gliederungsprobleme nicht immer so einfach zu lösen sind, wenn verschiedene inhaltliche Gliederungsgesichtspunkte zugleich berücksichtigt werden wollen (vgl. dazu z.B. Abschnitt 8.2.1).

Bei außermathematischen (z.B. mathematikdidaktischen) Lehrtexten scheint das Gliederungsproblem häufig schwieriger als bei mathematischen; dann nämlich, wenn sehr viele Teile (wie bei dieser gerade darzustellenden Unterrichtskonzeption) in sehr enger Wechselbeziehung zueinander stehen.

Für den Klassenunterricht stellt sich das Gliederungsproblem häufig auch noch komplexer dar als in Lehrtexten, weil im Klassenunterricht noch mehr Komponenten zu berücksichtigen sind – im Zusammenspiel von Lehrer, Schüler, Lehrtext und den entsprechend unterschiedlichen Unterrichts- und Sozialphasen.

Zum Schluß sei auch an die leidvolle Lehrerfahrung erinnert: Fehlende Voraussetzungen bei den Schülern können (und müssen!) häufig die „schönste" Gliederung einer Stunde zerstören. (Zur Unterrichtsgliederung vgl. auch Abschnitt 4.3.2.)

3.4.4 Zusammenfassung: Strukturierungsgesichtspunkte

Unter Strukturierungsgesichtspunkten werden hier die beiden Teilaspekte „Vorstrukturierung/Zielorientierung" und „Gliederung/Ordnung" verstanden.

Vorstrukturierung in Verbindung mit Zielorientierung (häufig auch kurz „Vororientierung" genannt) hat den Sinn, vororganisierende Hilfen für die Eingliederung in die vorhandene kognitive Struktur des Schülers zu bieten und ihm in möglichst vertrauten Allgemeinbegriffen den „Sinn" des Lerninhalts im Vorhinein zu verdeutlichen. Vorstrukturierungen sind nicht zu verwechseln mit der Aufzählung von Lernzielen oder Inhalten, bei denen häufig erst zu lernende Begriffe/Termini verwendet werden.

Der Aspekt „Gliederung/Ordnung" (manchmal auch kurz „Strukturierung" genannt) bezieht sich mehr auf den „laufenden" Text bzw. Unterricht. Je mehr Gliederungen allgemeinverständlich formuliert werden, desto eher sind sie zugleich zur Vororientierung geeignet. Für Gliederungen sind „äußere" und „innere" Gesichtspunkte wichtig.

Zu den äußeren Gesichtspunkten gehören Übersichtlichkeit und Klarheit (deutliche Abschnitte, Teilüberschriften, Numerierungen). Zu den inneren Gesichtspunkten gehört die inhaltliche Adäquatheit der äußeren Gliederung, eine begriffliche Gliederung in gut aufnehmbaren Teilschritten, logische Kohärenz usw. In der Mathematik besteht gelegentlich die Tendenz, nur sachlogisch zu gliedern, etwa im Sinne bloßer „Fallunterscheidungen", wie sie die Mathematik nahelegt. Man sollte jedoch stärker auch an „psychologische" Gliederungen denken, die Unterscheidungen vom Schüler her im Auge haben.

Auch an die (zusätzliche) Gliederung nach zeitlichen Phasen könnte man dabei denken. Wichtig für die Orientierung des Lernenden in einem längeren Lernprozeß ist vor allem die folgerichtige Verknüpfung von Unterpunkten („Wo stehen wir? Was haben wir bereits? Was folgt noch?").

Eine generelle Gliederung „von oben nach unten" (etwa vom Allgemeinen zum Konkreten) empfiehlt sich genausowenig wie eine solche von „unten nach oben". Es scheint im Sinne einer adäquaten Begriffsbildung vor allem auf eine enge Verquickung von Konkretem und Allgemeinem anzukommen; dabei ist die Reihenfolge dann nicht mehr so wichtig.

3.5 Beispiele

3.5.1 Vororientierung

Beispiele sind ein althergebrachtes Mittel zur Verdeutlichung von wesentlichen Gesichtspunkten, d.h. zur Begriffsbildung im weitesten Sinne, zur Herausarbeitung von etwas „Allgemeinem". (Dazu gehört nicht nur das, was man herkömmlich als „Begriff" bezeichnet, sondern auch eine „Regel", ein „Gesetz" oder „Verfahren") [9]. Es geht im folgenden nicht so sehr darum, daß überhaupt Beispiele in Lehrtexten und im Unterricht verwendet werden (das ist wohl überall der Fall), sondern wie sie verwendet werden. Hier ist auf einige Defizite gängiger Praxis (vor allem was Gegenbeispiele und verbale Hinweise zu Beispielen/Gegenbeispielen betrifft) hinzuweisen. Im übrigen sollen hier nur einige Hauptgesichtspunkte hervorgehoben werden. (Vgl. auch ZECH, 1996[8], Kapitel 9 bis 11 zum Lernen von Begriffen, Regeln und Verfahren.) Beispiele und Gegenbeispiele werden etwas unterschiedlich verwendet, je nachdem, ob sie zur Verdeutlichung von Begriffen wie Rechteck (definiert durch einen Oberbegriff und charakterisierende Merkmale), eine Regel (wie der des Erweiterns) oder eines Verfahrens (wie das der Prozentsatzberechnung) dienen. Es seien hier jedoch vor allem die übergreifenden Gesichtspunkte hervorgehoben.

3.5.2 Erläuterte Beispiele und Gegenbeispiele bei Begriffen

Wichtig bei der Vermittlung von Begriffen (im oben angegebenen engeren Sinne) über Lehrtexte und/oder mündlichen Unterricht sind gut ausgewählte Beispiele und Gegenbeispiele sowie damit eng verbundene sprachliche Erläuterungen.

a) Beispiele: Zur Verhinderung von Begriffsverengungen

Um zu verdeutlichen, was alles ein Rechteck ist, zeichnet man größere und kleinere Rechtecke mit verschiedenen Seitenverhältnissen (insbesondere auch Quadrate als Sonderfälle!) und Rechtecke in unterschiedlicher Lage (vgl. Abbildung aus dem Schülerheft „Geometrie 1", ZECH 1992).

Man variiert also Beispiele, indem man unwesentliche Merkmale (wie hier die Größe, das Seitenverhältnis, die Lage) variiert, die jemanden womöglich dazu verleiten könnten, das eine oder

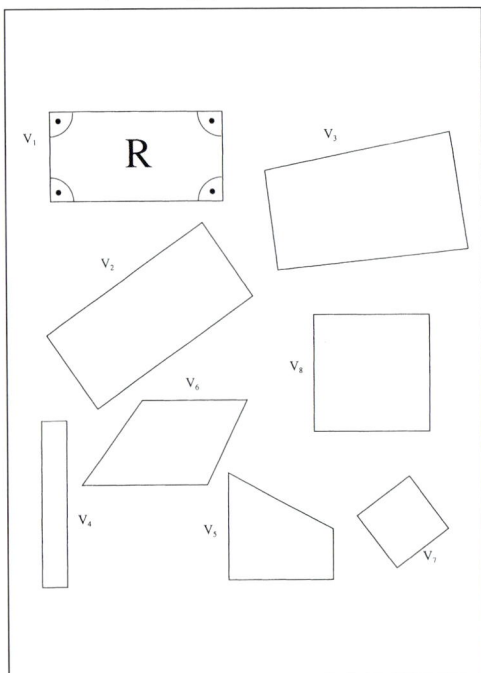

andere nicht für ein Rechteck zu halten. Wichtige Beispiele sind insbesondere solche, die nicht unbedingt dem Alltagsverständnis entsprechen (hier z.B. „schief" liegende Rechtecke und Quadrate). Durch Beispiele der bisher beschriebenen Art versucht man, eine sog. „Untergeneralisierung" des Begriffs zu verhindern; d.h., daß der Begriff nicht in unangemessener Weise verengt wird.

b) Gegenbeispiele:
Zur Verhinderung von Begriffserweiterungen

Gute Gegenbeispiele sind solche, die mehrere, aber nicht alle Merkmale des fraglichen Begriffes aufweisen. Gute Gegenbeispiele des Rechtecks sind mithin solche, die fast Rechtecke sind und im Alltagsverständnis u.U. als „Rechteck" bezeichnet würden (vgl. z.B. Beispiel V_3). Gegenbeispiele dienen dazu, eine sog. „Übergeneralisierung" des Begriffs zu verhindern; d.h., daß der Begriff in unangemessener Weise ausgeweitet wird.

Beispiele für den Begriff „Rechteck"

---

[9] Eine genauere Definition, was man unter diesen Termini zu verstehen hat, scheint hier nicht erforderlich (vgl. dazu etwa ZECH, 1996[8], Kapitel 9–11).

c) Sprachliche Hinweise: Zum gezielten Bewußtmachen von Begriffsmerkmalen

Neben den Beispielen und Gegenbeispielen selbst sind besonders die expliziten sprachlichen Hinweise zu den Beispielen und Gegenbeispielen entscheidend. Womöglich wird dadurch überhaupt erst deutlich bewußt, was die Beispiele zeigen sollen. Hier einige solcher gezielten Hinweise zu den Beispielen im Schülerheft „Geometrie 1":

> Wie ihr seht, können Rechtecke sehr verschieden aussehen. Wichtig ist nur, daß alle benachbarten Seiten senkrecht aufeinanderstehen. Es ist egal,
> – ob das Rechteck „gerade" oder „schief" liegt (auch das Viereck V_2 ist ein Rechteck!),
> – wie kurz oder lang die Seiten sind (auch das Viereck V_4 ist ein Rechteck!).

d) Besonders zu beachten: Abgrenzung gegen Alltagsverständnis und gezielte sprachliche Hinweise!

Der Gesichtspunkt „Abgrenzung vom Alltagsverständnis" ist im Blick auf die Grundvorstellung vom Lernprozeß (vgl. Abschnitt 2.4) besonders wichtig, weil die Begriffsbildung an die jeweils vorhandenen Vorstellungen anschließt. Diese häufig „falschen" Vorstellungen müssen jedoch im Unterricht modifiziert bzw. gezielt „ausgeräumt" werden. Man beachte dazu: Wie oft wird unter „Viereck" ein Rechteck oder gar Quadrat, werden Rechteck und Quadrat als „disjunkte" Begriffe verstanden und wird ein auf der Ecke stehendes Quadrat nicht als solches (an)erkannt! So wird auch häufig etwas im Alltag als Würfel bezeichnet, was in der Mathematik kein Würfel ist (Beispiel: „Zuckerwürfel"). Analoges gilt für viele andere geometrische Begriffe (z.B. Quader, Säule, Trapez; senkrecht, parallel u.a.). Leider werden aber gerade Beispiele und Gegenbeispiele, die besonders gut geeignet sind, den fraglichen Begriff vom Alltagsverständnis abzugrenzen, in der Schulbuch- und Unterrichtspraxis vernachlässigt. Unterrichts- und Zeichentradition sowie falsch verstandene ästhetische Aspekte (Stichworte: „An der Tafel (im Buch) darf nichts ‚Falsches' stehen"; „Schokoladenlage") können diesbezüglich eine angemessene Begriffsbildung verhindern. Was trotz vorhandener Beispiele oder Gegenbeispiele aber häufig dennoch versäumt wird, sind die expliziten sprachlichen Hinweise. Das geflügelte Wort „Ein Beispiel sagt mehr als tausend Worte" wird – so scheint es – gelegentlich doch mißverstanden; denn gemeint ist wohl nicht ein Beispiel ohne Worte, sondern ein Beispiel mit wenigen Worten (einer gezielten Erläuterung)! Dies leitet über zu einer letzten Bemerkung:

e) Lieber wenige, gut ausgewählte und kommentierte Beispiele als viele schlecht ausgewählte und unkommentierte!

Man kann sicher keine allgemeine Regel für die Anzahl nötiger Beispiele geben, weil bei jedem Begriff unterschiedlich viele Merkmale und Gesichtspunkte zu verdeutlichen sind. Wenige gut ausgewählte Beispiele bzw. Gegenbeispiele, die die charakteristischen Merkmale und möglichen Mißverständnisse zeigen und in entsprechender Weise gezielt erläutert werden, sind sicherlich besser als viele unerläuterte Beispiele, die zudem vielleicht noch schlecht ausgewählt sind. Man kann unter diesem Gesichtspunkt manchmal viele Beispiele einsparen!

3.5.3 Erläuterte Beispiele und Abgrenzungen bei Regeln und Verfahren

a) Anders- und doch gleichartige Hilfen bei anderen „Begriffsbildungen"

Die Art der Beispiele und der damit verbundenen sprachlichen Hinweise hat sich mit der Art der Verbegrifflichung sicherlich zu verändern, wenn man Analoges erreichen will wie zuvor bei der Verdeutlichung charakteristischer Begriffsmerkmale. Denken wir etwa an die Prozentsatzberechnung, so ist statt auf „Begriffsmerkmale" eher auf vorgeordnete Begriffe aufmerksam zu machen und statt auf die gleichzeitige Beachtung mehrerer Begriffsmerkmale auf die „logische" Verknüpfung von Lösungsschritten u.ä. Man hat es hier auch nicht mit „Gegenbeispielen" zu tun (oder besser: man nennt sie nicht so), sondern man spricht hier von „Kontrastierung" oder

„Abgrenzung" von anderen Aufgabentypen bzw. Anwendungsfällen. Im Prinzip geht es dennoch wieder um das gleiche: die Hervorhebung wesentlicher Gesichtspunkte anhand geeignet ausgewählter Beispiele und sprachlicher Hinweise! Zur näheren Erläuterung seien noch zwei weitere Beispiele (!) hinzugefügt.

b) Beispiel zur Verdeutlichung von Regeln: Erweitern und Kürzen von Brüchen

Es wurde früher schon gezeigt (vgl. Abschnitt 2.5), wie der Grundgedanke des Erweiterns an einer Beispielreihe verdeutlicht werden kann. Der Grundgedanke des Erweiterns wird später vertieft durch Variation der unwesentlichen Merkmale: Variation des Bruchs und der Erweiterungszahl. Dieser Grundgedanke sollte auch begrifflich verallgemeinernd formuliert werden im früher erläuterten Sinne: „Erweitern bedeutet Verfeinerung einer Einteilung: mehr, aber entsprechend kleinere Stücke." (Versprachlichung des „Kerns"!) Eine *Kontrastierung* (zugleich Begriffsverbindung!) gibt die Regel für das Kürzen:

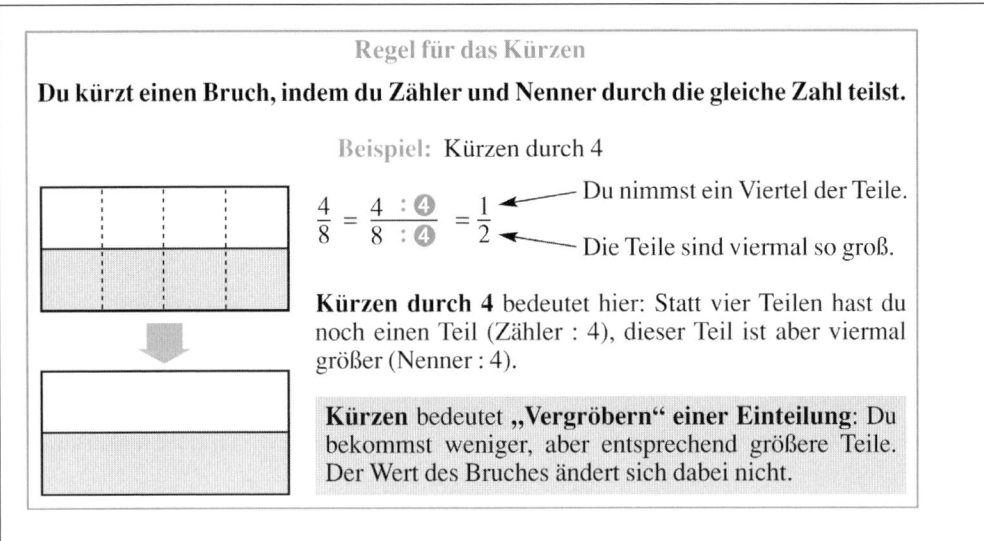

Aus:„Bruchrechnung 1" (WELLENREUTHER 1994)

Durch die „entgegengesetzten" Merkmale verdeutlichen sich Erweitern und Kürzen gegenseitig (vgl. später noch eine entsprechende „Zusammenfassung", Abschnitt 3.7.3 c).

Die Erklärung des Kürzens erfolgt wesentlich durch gezielte Erläuterung der Einzelmerkmale anhand eines Beispiels! Für das Verständnis scheint wichtig, daß der „Gegenbegriff" des Kürzens nicht einfach nur durch die Definition und das Beispiel auf der formalsymbolischen Ebene eingeführt wird, sondern *auf der gleichen anschaulichen Ebene mit der gleichen expliziten Verbalisierung* erfolgt (bis hin zur Explizierung des Grundgedankens).

c) Beispiel zur Verdeutlichung von Verfahren: Multiplikation natürliche Zahl mal Dezimalbruch

Die Erklärung des Verfahrens erfolgt wiederum durch die genaue sprachliche Erläuterung eines Beispiels, hier: Limonadenkauf für einen Kindergeburtstag.

„Eine Flasche Limonade kostet 1,35 €. Wieviel kosten 8 Flaschen?"

Zu rechnen ist 8 · 1,35 €. Wie ist das zu rechnen? Die Erklärung des Verfahrens sieht in unserem Schülerheft „Dezimalbruchrechnung 2" wie folgt aus:

a) Du multiplizierst ohne Berücksichtigung des Kommas:

$\underline{135 \cdot 8}$
1080

So wird das Ergebnis allerdings 100 mal zu groß:

$135 \cdot 8 = \boxed{100} \cdot 1{,}35 \cdot 8$

(Du hast praktisch in Cent statt in Euro gerechnet!).

Das obige Ergebnis ist also noch durch 100 zu teilen!

b) Du setzt das Komma an die richtige Stelle, indem du durch 100 teilst:

$1080 : 100 = 10{,}80$ (2 Stellen „abstreichen"!)

Beispiel eines Verfahrens aus: „Dezimalbruchrechnung 2" (ZECH 1996)

Die weitere Verdeutlichung des Verfahrens erfolgt an einem leicht variierten Beispiel (mit zwei-stelliger natürlicher Zahl und einem Dezimalbruch mit drei Dezimalen) mit analoger Verbalisie-rung. Typisch für das „Verständlichmachen" eines solchen Verfahrens ist nicht nur, wie früher bereits hervorgehoben wurde, die klare Aufgliederung in Teilschritte und deren verbale Begrün-dung, sondern die *verallgemeinernde Formulierung eines Grundgedankens* (vor oder nach weite-ren Beispielen):

Der **Grundgedanke** für die Multiplikation natürliche Zahl mal Dezimalbruch ist immer der gleiche:

a) **Erst wird ohne Komma gerechnet.** Dadurch wird das Ergebnis 10, 100, 1000 … mal so groß. Durch diese Zehnerzahl muss hinterher geteilt werden.

b) **Dann wird das Komma gesetzt:**
   Die Division durch die Zehnerzahl bedeutet, dass eine entsprechende Zahl von Stellen durch das Komma abgestrichen werden muss.

Aus: „Dezimalbruchrechnung 2" (ZECH 1996)

Erst durch die Formulierung eines von den Beispielen losgelösten Grundgedankens erfolgt die Ver-begrifflichung aus den Beispielen. Hier wiederholt sich das gleiche wie bei den Beispielen für das Rechteck auf höherer Ebene: Auch die verbalisierten Beispiele sollten nicht allein für sich stehen. Es sollte (wiederum verbal) deutlich gemacht werden, für welches „Allgemeine" sie stehen.

d) Folgerungen aus der diskutierten Verdeutlichung von Regeln und Verfahren

Für das Verständnis[10] kommt es wiederum nicht auf möglichst viele reine (Rechen-)Beispiele an. Ein solches „Einschleifen" fördert eher das assoziativ-mechanische Lernen (vgl. die Kritik der Hilfsschuldidaktik in Abschnitt 1.4.1). *Es kommt vielmehr auf das gute Erläutern von wenigen Bei-spielen und die bewußt geförderte Verallgemeinerung durch die Versprachlichung eines allgemei-nen Grundgedankens an.* Diese erschwert nicht das Verständnis, sondern erleichtert es. Die Verba-lisierung muß ja nicht unbedingt vom Schüler kommen, sondern kann auch von Lehrtext oder Lehrer geleistet werden.[11] Man sollte jedoch nicht auf eine solche Anregung zum Verallgemeinern (= Erfassen des Wesentlichen) verzichten.

---

[10] Es ist hier nicht die Rede vom „Geläufigmachen" von Regeln und Verfahren durch Übung (vgl. dazu Abschnitt 3.9.2!).

[11] Daß Verbalisierungen häufig über die Köpfe der Schüler hinweggehen, ja auch Schwierigkeiten schaffen können, wenn sie nicht angemessen sind, und Schülern allgemein schwerfallen, sei damit nicht bestritten!

3.5.4 Zusammenfassung: Beispiele

– Beispiele dienen der Verdeutlichung wesentlicher Merkmale von Begriffen, zur Erläuterung des Wesentlichen bei Regeln und Verfahren.

– Mehrere Beispiele können durch Variation unwesentlicher Merkmale dazu dienen, das Wesentliche von Begriffen, Regeln und Verfahren besser zu erkennen.

– Gegenbeispiele und Kontrastierungen können gleichfalls dazu beitragen, das Wesentliche besser zu erkennen, indem sie zeigen, was nicht zu dem Begriff gehört, die Grenzen des Begriffs damit deutlicher machen oder gegensätzliche Merkmale (und damit die Merkmale selbst) verdeutlichen.

– Das Erkennen des Wesentlichen kann durch sprachliche Hinweise zu den Beispielen und Gegenbeispielen entscheidend erleichtert werden.

– Beispiele und Gegenbeispiele, mit denen eine Abgrenzung vom Alltagsverständnis erfolgen kann, sind besonders wichtig, weil es sonst leicht zu „Mißverständnissen" kommen kann.

– Wenige gut ausgewählte und kommentierte Beispiele sind besser für das Verständnis als viele Beispiele allein.

– Bei Regeln und Verfahren kommt es nicht nur auf die sprachliche Erläuterung der Regel oder des Verfahrens und die Begründung von Teilschritten eines Verfahrens anhand von Beispielen an: Es ist besonders wichtig, den dahinterstehenden Grundgedanken zu verbalisieren.

3.6 Veranschaulichungen

3.6.1 Vororientierung

Die Wirksamkeit von Veranschaulichungen für den Lernprozeß gehört zu den lange unbezweifelten Grundannahmen der Pädagogik, Psychologie und Mathematikdidaktik. Ihre Sinnhaftigkeit sah man auch in neuerer Zeit gut begründet durch verschiedene miteinander „verwandte" kognitive Theorien (vgl. dazu im einzelnen z.B. ZECH, 1996 [8]): Veranschaulichungen wurden vor allem als wesentliche „Verinnerlichungsstufe" zwischen konkreter Handlung und abstraktem Begriff gesehen:
– als bildhafte Darstellung konkret-handelnder Erfahrung (AEBLI 1963),
– als „ikonische Darstellung", verstanden als eine Weise bildhafter Welterfahrung (BRUNER 1974),
– als modellhafte Verkleidung eines abstrakten Kerns (DIENES 1970),
– als unmittelbare und mittelbare Anschauung (LOMPSCHER 1972).
Zu den Veranschaulichungen nach Bruner gehören z.B. auch Diagramme, die logische Beziehungen verdeutlichen. Zu den Veranschaulichungen gehören nach DIENES z.B. auch solche mit konkreten Materialien (z.B. logischen Blöcken, Mehrsystemblöcken). Zur Veranschaulichung im Sinne von LOMPSCHER gehört z.B. eine Demonstration mit irgendwelchen Medien oder die Erinnerung an eigene Erfahrungen. Insgesamt ist damit etwa das abgedeckt, was sich ein Lehrer unter Veranschaulichung vorstellt. Die Diskussion wird indessen hier eingeengt auf bildhafte, zweidimensionale Darstellungen im Rahmen von Lehrtexten und deren Einsatz im Unterricht. Sie spielen in dem zu diskutierenden Unterricht die Hauptrolle.

Viele Überlegungen zu den hier angesprochenen Veranschaulichungen lassen sich auch auf den Umgang mit konkretem Material übertragen (vgl. Exkurs über operative Prinzipien im Abschnitt 3.9.5). Im folgenden seien nur Grundvorstellungen kognitiver Psychologie und Textwissenschaft zu bildhaften Darstellungen und wesentliche Bedingungen ihrer Wirksamkeit herausgearbeitet. Man hat diesbezüglich in den letzten Jahren eine differenziertere Sicht bekommen und muß einige Veranschaulichungen kritischer sehen. Es sei hier insbesondere auf WEIDENMANN (1988) hingewiesen. Solche Überlegungen sind auf den Mathematikunterricht anzuwenden und ihre Umsetzung an Beispielen aus unserem Projekt zu diskutieren (vgl. dazu auch ZECH, 1988 b und unabhängig davon LORENZ, 1992).

3.6.2 Die Grundvorstellung zur Aufnahme bildhafter Darstellungen

Grundsätzlich ist die Verarbeitung sprachlicher und bildhafter Information ähnlich zu verstehen. Auch das Lernen aus Bildern ist wesentlich ein aktiver Konstruktionsprozeß des Lernenden (vgl. Abschnitt 2.4). Dieser Prozeß geht über eine lediglich passiv registrierende Informationsaufnahme hinaus und beinhaltet eine mehr oder wenige bewußte Sinngebung durch den Lernenden (je nachdem, wie bewußt er Aufmerksamkeit und Gedanken den bildhaften Darstellungen zuwendet; darauf wird es didaktisch entscheidend ankommen!). Zusätzliche Lern- und Behaltensaspekte durch Verarbeitung von Bildern sind möglicherweise mit neurophysiologischen Untersuchungen in einen Zusammenhang zu bringen, die gezeigt haben, daß verbal-symbolische Informationen in der linken und räumlich-bildhafte Informationen in der rechten Hirnhälfte gespeichert werden.
Es ist plausibel, daß bei zweckmäßiger Verknüpfung der Information bei der Informationsaufnahme die beiden Hirnhälften so zusammenarbeiten, daß sich diese unterschiedlich aufgenommenen Informationsarten gegenseitig stützen und ergänzen.[12] Diese gegenseitige Stützung verbaler und bildhafter Information in geeigneter Weise vorzubereiten, ist ein weiterer zentraler didaktischer Gesichtspunkt.

3.6.3 Bildverstehen in pädagogisch-didaktischer Sicht

Empirische Untersuchungen zur didaktischen Wirksamkeit von Veranschaulichungen beziehen sich bisher vor allem auf Gebiete außerhalb der Mathematik. So gibt es z.B. Untersuchungen von JAGODZINSKA (1976) zu Veranschaulichungen im Biologieunterricht und Untersuchungen von PEEK (1978) zu Illustrationen von Geschichten. Die Untersuchungen von JAGODZINSKA und PEEK deuten darauf hin, daß Veranschaulichungen nur dann wirksam sind, wenn sie sich auf wesentliche Inhalte des Textes beziehen. Lediglich ausschmückende Bilder, die sich auf unwesentliche Dinge beziehen, erweisen sich nicht als lernwirksam. Dies konnte in einer eigenen Untersuchung zur Prozentsatzberechnung (WELLENREUTHER/ZECH, 1986) bestätigt werden: Texte, die lediglich illustrierende Bilder enthielten (z.B. ein Wahllokal neben der Darstellung von Wahlergebnissen oder das Bild aus einer Schwimmhalle zu einer Schwimmer-Nichtschwimmer-Aufgabe u.ä.) brachten keinen größeren Lernerfolg als Texte, die keine solchen Bilder enthielten.
Die sog. „motivierende Wirkung" von solchen rein dekorativen Elementen wird zweifellos häufig überschätzt: Zu viele Elemente dieser Art (bunte Fotografien, vielfarbige Darstellungen, Comicfiguren…) können sogar von wesentlichen Lerninhalten ablenken. (Unsere Schülerhefte gehen sehr sparsam damit um und verwenden lediglich zwei Farben.)

---

[12] Zum wissenschaftlichen Streit über die mentale Repräsentation und neurologische Lokalisierung dieser Informationsarten vgl. GARDNER 1989.

Es scheint ratsam, mit Bildern möglichst gezielt umzugehen; d.h., daß sie möglichst die Aufmerksamkeit auf inhaltlich bedeutsame Aspekte lenken: Sie können zur Vorstrukturierung mit eingesetzt werden (z.B. als Titelbilder; vgl. Abschnitt 3.4.2) oder zum Verdeutlichen typischer Anwendungssituationen (eher ausschnitthafte Darstellungen als überladene realistische Gesamtdarstellungen, Zeitungsausschnitte u.ä.):

Veranschaulichungen von Anwendungssituationen aus: „Prozentrechnung"
(ZECH 1996)

Nebenbei bemerkt: Solche „Ausschnitte der Wirklichkeit" können gut mit Aufgaben verbunden werden, für die man nicht viel Text braucht. (Vgl. solche Darstellungen auch im inhaltlichen Teil, z.B. in Abschnitt 5.3.10; 7.2.6; 7.3.7).
„Randfiguren" (Schüler, Comicgestalten o.ä.) sollten möglichst nicht irgendeinen „Unsinn" von sich geben, sondern können eingesetzt werden, um gezielt auf wesentliche Momente hinzuweisen. In dieser Weise ist z.B. der Schülerdialog zu der Erklärung des Erweiterns (Abschnitt 2.5) zu verstehen. Auch in der folgenden Darstellung aus unserem Schülerheft „Zinsrechnung" (ZECH 1995) sind die beiden Vögel im gleichen Sinne nicht einfach als Spaßvögel zu verstehen:

2.3 Vergleich von Sparformen

2.3.1 Zusammenstellung der Sparformen nach Sicherheit, Ertrag und Verfügbarkeit

Man kann kaum allgemein sagen, wo und wie Geld „am besten" anzulegen ist. Es kommt dabei näm-
lich mindestens auf *drei Gesichtspunkte* an, die sich leider nicht gleichzeitig optimal berücksichtigen
lassen (siehe die folgende Tabellenübersicht):
– *Sicherheit:* Wie sicher und mit welchem Risiko ist das Geld angelegt?
– *Ertrag:* Wieviel Zinsen bringt die Geldanlage?
– *Verfügbarkeit:* Wie leicht ist das angelegte Geld verfügbar?

„Bild" als Lenker der Aufmerksamkeit aus: „Zinsrechnung" (ZECH 1995)

Vielleicht ist so etwas gelegentlich geeignet, bei einem spröden Stoff die Aufmerksamkeit auf
wichtige Fakten zu lenken.[13] Auf die genauere theoretische Einordnung solcher Veranschaulichungen im Grenzbereich zwischen Bild und Sprache soll es hier nicht ankommen.

Die bisherigen – nicht unbedingt mathematikspezifischen – Erörterungen lassen sich in zwei
Sätze zusammenfassen:

1. Das Bild ist dann gut, wenn die interessantesten Merkmale auch die wichtigsten sind.
2. Es kommt darauf an, daß relevante Hinweise möglichst deutlich vermittelt werden.

3.6.4 Typische Veranschaulichungen im Mathematikunterricht

a) Eine Vorüberlegung zur Lernwirksamkeit von Veranschaulichungen
Es ist eigentlich selbstverständlich, aber angesichts eines häufig willkürlichen Einsatzes von Veranschaulichungen vielleicht doch nicht ganz überflüssig zu betonen, daß Veranschaulichungen nur
dann sinnvoll sind, wenn sie wirklich helfen, etwas besser zu verstehen. Von daher verbietet sich
der Einsatz von Veranschaulichungen in zwei Fällen:
1. Wenn das zu Lernende auch ohne Veranschaulichung verständlich oder deutlich genug
   scheint.
2. Wenn die Veranschaulichung schwieriger zu verstehen ist als das, was veranschaulicht werden soll. [14]
Veranschaulichungen werden im Mathematikunterricht vor allem zur Verdeutlichung von Begriffen bzw. von Begriffsbeziehungen (Zusammenhängen) eingesetzt. Wir diskutieren im folgenden
exemplarisch einige Veranschaulichungen und leiten hieraus allgemeine Gesichtspunkte ab.

---

[13] Ein wesentlicher Aspekt könnte auch darin liegen, eine gewisse Distanz zur „eigentlichen"
Darstellung zu schaffen (z.B. dadurch, daß eine solche „Randfigur" eine umgangssprachliche
Ausdrucksweise ermöglicht, die sich sonst ein „seriöser" Autor oder Mathematiker nicht gerne
erlaubt.
[14] Hierzu gehören z.B. Darstellungsversuche für die schriftliche Subtraktion in einigen
Grundschulbüchern.

b) Veranschaulichungen des Erweiterns

Kommen wir noch einmal auf Teile der Erklärung des Erweiterns (vgl. Abschnitt 2.5) zurück, um einige wichtige Gesichtspunkte von Veranschaulichungen hervorzuheben:

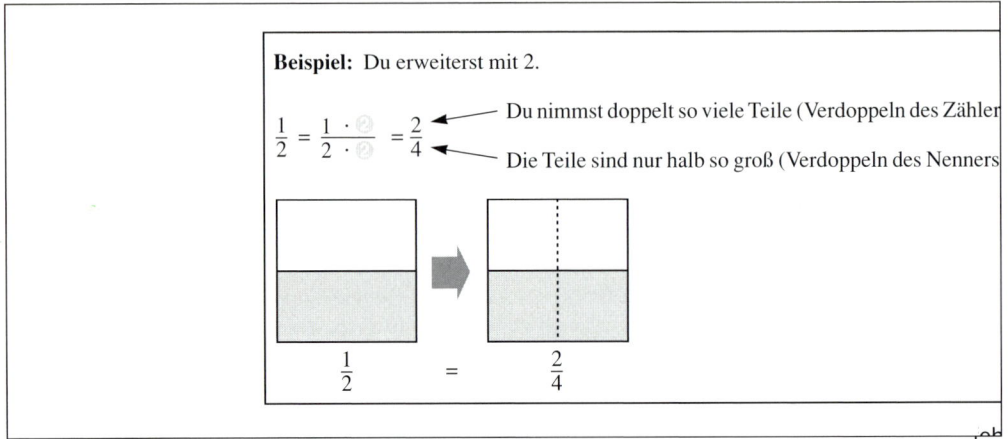

Veranschaulichung des Erweiterns aus: „Bruchrechnung 1" (WELLENREUTHER 1994)

Wichtig erscheint hierbei:
1. Eine einfache, ansonsten merkmalsarme Veranschaulichung, die das relevante Merkmal klar erkennen läßt.
2. Eine enge Koppelung der Veranschaulichung, verbaler Erläuterung und symbolischer Darstellung.

Daneben sei nochmals die Veranschaulichung aus einem Schulbuch gestellt, um die Gesichtspunkte weiter zu klären:

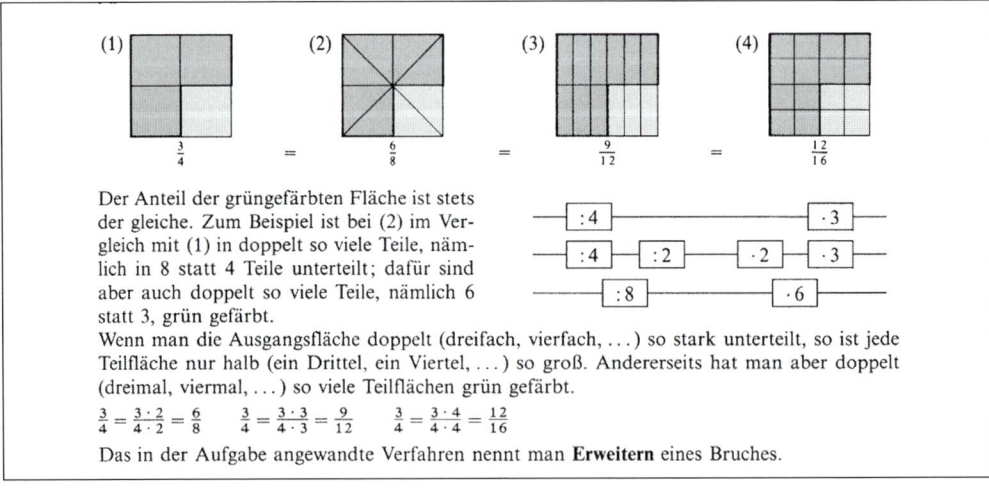

Veranschaulichung des Erweiterns in einem Schulbuch (GRIESEL / POSTEL 1988, S. 75)

Zu 1:
– Es wird in der 2. Darstellung vermutlich zu viel gleichzeitig variiert: die Erweiterungszahl, die Art der Einteilung und das Veranschaulichungsmittel.

– In dem dadurch gegebenen Vielerlei an Information ist das relevante Merkmal nicht klar erkennbar.[15]

Zu 2:
– Eine Zuordnung zwischen Veranschaulichung und verbaler Erklärung ist sehr erschwert, weil beide weitgehend entkoppelt sind. (Die Operatorendarstellung hängt ganz in der Luft.)
– Es ist nicht explizit gemacht, was z.B. eine Verdoppelung des Zählers einerseits und eine Verdoppelung des Nenners andererseits anschaulich bedeutet. Dadurch ist keine Brücke zwischen anschaulicher und symbolischer Ebene gegeben.

Allgemein sei hier schon – ähnlich wie beim sinnvollen Einsatz von Beispielen – hervorgehoben:

Es kommt für das Verständnis nicht auf möglichst große Variation der Veranschaulichung an, sondern eher auf eine gute sprachliche Erläuterung von wenigen prägnanten Veranschaulichungen und eine gute Koppelung zwischen der Anschauung und den abstrakten Darstellungen (auch in der räumlichen Anordnung!).

Man kann sich womöglich in ähnlicher Weise Veranschaulichungen sparen wie Beispiele (vgl. Abschnitt 3.5.2 e), indem man mehr Verallgemeinerung durch verbale Hinweise anregt. Dazu diene die folgende kurze Vor-Diskussion zur Veranschaulichung von Brüchen (vgl. im übrigen Abschnitt 6.2.1 b):

c) Veranschaulichungen des konkreten Bruchs $\frac{3}{4}$[16]

Zum Verständnis, was $\frac{3}{4}$ bedeutet, braucht man nur wenige Veranschaulichungsmittel:

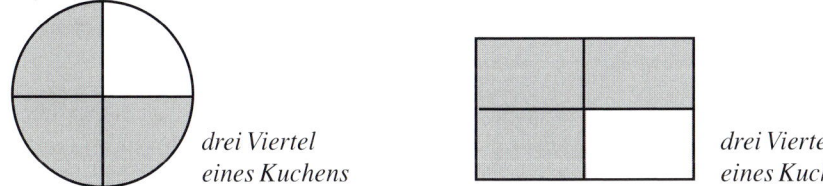

drei Viertel eines Kuchens   *drei Viertel eines Kuchens*

Hier genügt es im wesentlichen, die Erklärung zunächst in althergebrachter Weise an einem Kuchen zu verdeutlichen: „Ich teile einen Kuchen in vier gleiche Teile und nehme drei davon." Zur Generalisierung wird man vielleicht noch folgendes tun: Es kommt für die Gewinnung des Bruches nicht darauf an, wie der Kuchen aussieht. (Loslösung von einer bestimmten Form!)

Um den Bruchbegriff vom Kuchen zu lösen, könnte man dann vielleicht schon verbal auf ein „Ganzes" (eine gegebene Größeneinheit) verallgemeinern: einen ganzen Liter, eine ganze Stunde usw. Man „versteht" dann:

$\frac{3}{4}$ eines Ganzen bekommt man, wenn man ein Ganzes in vier gleiche Teile teilt und drei davon nimmt.

So ähnlich könnte man sich prinzipiell einen Abstraktions- und Verallgemeinerungsprozeß von einem typischen Beispiel her vorstellen.[17]

---

[15] Daß der „Kern" des Begriffs auch nicht deutlich formuliert wird, wurde in Abschnitt 2.5 schon hervorgehoben.
[16] Begriffserklärung in Abschnitt 6.1.4.
[17] Um nicht mißverstanden zu werden: Es geht hier nicht um einen Unterrichtsvorschlag für das sechste Schuljahr. Aus hier nicht zu diskutierenden Gründen sind auch noch andere Veranschaulichungsmittel angebracht (vgl. Abschnitt 6.2.1 b), aber man kommt vermutlich mit viel weniger als üblich aus!

Irgendein Ganzes wird man fortan durch Kreis oder Rechteck darstellen können. Will man dann das Erweitern erklären, wird man sich auf solch eine „typische Darstellungsform" als Verallgemeinerungsbasis beschränken können.

Es wird allgemein nicht nötig sein, zur Klärung mathematischer Zusammenhänge immer mit einer größeren Zahl von unterschiedlichen Beispielen und Veranschaulichungen zu arbeiten, wenn das Allgemeine, für das sie stehen, deutlich herausgearbeitet wird.

Es gilt allgemein vermutlich ähnliches wie bei den natürlichen Zahlen: Wenn der Begriff der Kardinalzahl erst einmal gewonnen ist durch eine grundlegende Abstraktion und Verallgemeinerung, so wird die Zahl prinzipiell immer durch Plättchen oder Kugeln dargestellt werden können, um weitere Gesetzmäßigkeiten für sie ableiten zu können, z.B.

Man braucht nicht mehr die Darstellung zu variieren, weil das Plättchen für irgendein Ding steht.

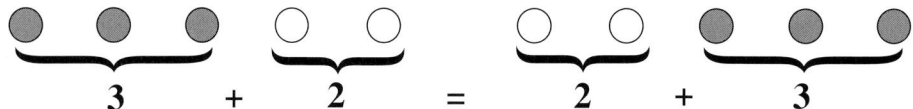

$$3 \quad + \quad 2 \quad = \quad 2 \quad + \quad 3$$

Man braucht dann prinzipiell nicht mehr „Häschen" und „Igel" oder auch nur unterschiedliche Klötze. Im Gegenteil: Die lenken nur vom Wesentlichen ab![18]

Ganz allgemein läßt sich vermutlich sagen:

Um einen mathematischen Zusammenhang zu klären, scheint es zweckmäßig, mit möglichst merkmalsarmem Material oder merkmalsarmen Veranschaulichungen zu arbeiten. Die Begründung liegt schlicht darin, daß das Augenmerk deutlicher auf den allgemeinen Zusammenhang gelenkt werden kann, wenn der Blick nicht zu sehr durch viele unwesentliche Merkmale abgelenkt wird.

Dieser wichtige Gesichtspunkt sei an einem weiteren Beispiel verdeutlicht.

d) Veranschaulichung der Bruchauffassung $\frac{5}{8} = 5 : 8$

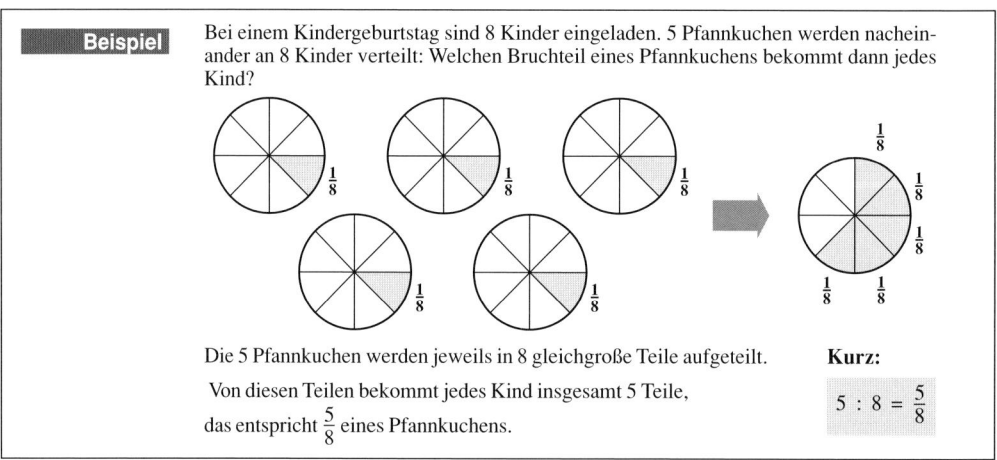

Beispiel Bei einem Kindergeburtstag sind 8 Kinder eingeladen. 5 Pfannkuchen werden nacheinander an 8 Kinder verteilt: Welchen Bruchteil eines Pfannkuchens bekommt dann jedes Kind?

Die 5 Pfannkuchen werden jeweils in 8 gleichgroße Teile aufgeteilt.
Von diesen Teilen bekommt jedes Kind insgesamt 5 Teile,
das entspricht $\frac{5}{8}$ eines Pfannkuchens.

Kurz:

$5 : 8 = \frac{5}{8}$

Aus: „Bruchrechnung 1" (WELLENREUTHER 1994)

Die Pfannkuchen werden zu Kreisen stilisiert und stehen damit zugleich wieder für andere Ganze (z.B. Pizzas, aber auch für irgendwelche anderen teilbaren Größen); eine Verallgemeinerung, die übrigens auch schon durch die „abstrakte" Schreibweise angeregt wird (vgl. auch Abschnitt 6.1.4):

$$\frac{5}{8} = 5 : 8 \quad \text{statt} \quad \frac{5}{8}\text{Kuchen} = 5 \text{ Kuchen} : 8$$

---

[18] Vgl. dazu auch die Veranschaulichung des Anteilbegriffs in Abschnitt 7.2.5 c.

e) Weitere Veranschaulichungsbeispiele aus der Bruch- und Prozentrechnung sowie der Behandlung von Größen

Die zuletzt erläuterte Art von Veranschaulichungen zur Klärung von Zusammenhängen mit Hilfe merkmalsarmer Flächenstücke (Kreis oder Rechteck) für das „Ganze" (irgendeine Größe) läßt sich durch all unsere Hefte zu Bruch- und Prozentrechnung verfolgen (vgl. z.B. die Veranschaulichungen zu den Bruchrechenregeln im Abschnitt 6.3 und die Darstellungen mit Hilfe des Prozentblattes[19]). Als Beispiel in diesem Sinne für die Verdeutlichung einer abstrakten Regel sei die *Veranschaulichung der Grundwertberechnung mit Hilfe von Prozentblättern* angeführt:

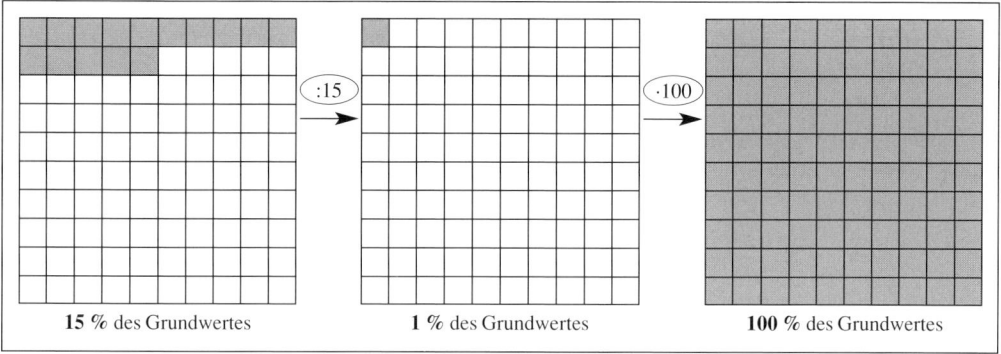

| 15 % des Grundwertes | 1 % des Grundwertes | 100 % des Grundwertes |

Aus: „Prozentrechnung" (ZECH 1996)

Besonders naheliegend sind flächige Veranschaulichungen natürlich bei der Behandlung der Flächengrößen. Es geht hier keinesfalls nur um die Schaffung einer richtigen Größenvorstellung (z.B. für mm^2, cm^2, dm^2), sondern durchaus auch um die Verdeutlichung abstrakter Zusammenhänge (vgl. z.B. die allgemeine Verdeutlichung der Umrechnungszahl 100 für benachbarte Flächeneinheiten in Abschnitt 5.3.5), wo es auf die „wahre Größe" nicht ankommt.

3.6.5 Didaktische Funktionen von Veranschaulichungen

Im Kern geht es bei Veranschaulichungen immer darum, relevante Informationen bildlich-geometrisch-graphisch zu verdeutlichen; ob es nun etwa um die Darstellung von Realitätsausschnitten, die Hervorhebung von Begriffsmerkmalen oder die Darstellung eines abstrakten Zusammenhangs geht.

Auf einige spezielle Möglichkeiten, die in den vorangegangenen Beispielen nicht angesprochen wurden, sei nurmehr kurz hingewiesen:

– Verdeutlichung von Arbeits- oder Konstruktionsschritten durch *Skizzen* oder *Bildfolgen;*

– Hervorhebung relevanter Daten in einer Sach- oder Konstruktionsaufgabe in *Situationsskizzen* oder *Planskizzen* als Lösungshilfen;

– Übersichtliche Zusammenstellung relevanter Daten in *Tabellen* (zu „Kurztabellen" in der Schlußrechnung zur Verdeutlichung eines Rechenweges oder als Lösungshilfe – vgl. Kapitel 8);

– Übersichtliche Verdeutlichung von Operationen durch *Operatorpfeile* (vgl. z.B. die Zinsfaktoren in Abschnitt 7.3.3);

– Zusammenfassung durch *Graphiken* (z.B. für die Berechnung von Tages- oder Monatszinsen; vgl. Abschnitt 3.7.3 e);

---

[19] Auch nur eine kleine Variante der Rechteckdarstellung!

– Übersichtliche Darstellung von Relationen und logischen Zusammenhängen mit Hilfe von *Pfeildiagrammen, Venn- und Hassediagrammen;*

– Darstellung von Produkten in *Strich- und Baumdiagrammen;*

– Darstellung von Handlungsabläufen in *Netzplänen.*

Literaturhinweise
zu einigen besonderen Möglichkeiten solcher Veranschaulichungen:
GRIESEL (1971), GRIESEL(1973), KAUTSCHITSCH (1988), ZECH (1996 [8]).

3.6.6 Verzahnung von Veranschaulichungen mit Sprache und expliziten Hinweisen des Lehrers

Auf die Bedeutung der Sprache für gezielte Hinweise auf relevante Merkmale und zur Anregung von Verallgemeinerungen wurde schon wiederholt hingewiesen. Eine Veranschaulichung, die über eine bloß dekorative Funktion hinausgehen soll, spricht in den seltensten Fällen für sich alleine. Es scheint sehr wichtig, das Veranschaulichungsmittel und die Veranschaulichung ggf. selbst deutlich zu erläutern, Text und Bild (auch räumlich) eng miteinander zu verbinden, damit es wirklich zu einer wechselseitigen Erhellung von Text und Bild kommt.

Darüber hinaus hat sich gezeigt, daß in diesem Zusammenhang der Lehrer häufig die wichtige Aufgabe hat, auf die durch eine Veranschaulichung gegebene Information explizit hinzuweisen; selbst, wenn dies durch den Text bereits getan wird.

Es sei hier an Ergebnisse eigener Lernexperimente erinnert (vgl. WELLENREUTHER/ZECH, 1986 und 1987 sowie WELLENREUTHER, 1988 und ZECH, 1988 b). Im ersten Experiment verglichen wir unter anderem die Wirkung von Texten zur Prozentrechnung ohne „didaktische" Veranschaulichungen [20] mit Texten mit solchen Veranschaulichungen und stellten entgegen unseren Erwartungen keine signifikanten Unterschiede hinsichtlich des Lernerfolgs fest. Dabei hatten wir (zunächst selbst noch nicht so sehr vertieft in die Theorie des Bildverstehens) „kurze" Veranschaulichungen in eher beiläufig begleitender Art verwendet (ohne nähere Erläuterung und fester Koppelung mit dem Text). Das sah dann etwa so aus:

Beispiel: Wahlergebnisse in einem Wahlbezirk

	CDU	SPD	FDP	zusammen
abgegebene Stimmen	240	192	48	480
Prozentanteile	50%	40%	10%	100%

50% CDU
40% SPD
1%→ 10% FDP

„Kurze" didaktische Veranschaulichung aus: „Probetext 1" (vgl. ZECH 1988 b, S. 62)

---

[20] Wir nannten seinerzeit Veranschaulichungen „didaktisch", falls sie nicht bloß ausschmückenden Charakter hatten. Wenn im folgenden wieder schlicht von Veranschaulichungen gesprochen wird, sind immer solche von didaktischem Charakter gemeint, die begrifflich Wesentliches verdeutlichen.

Nach unserem „Mißerfolg" versuchten wir, unsere Veranschaulichungen durch zusätzliche Erläuterungen zum Veranschaulichungsmittel und der Veranschaulichung selbst zu verbessern. Die „ausführliche" Form der obigen Veranschaulichung sah dann folgendermaßen aus:

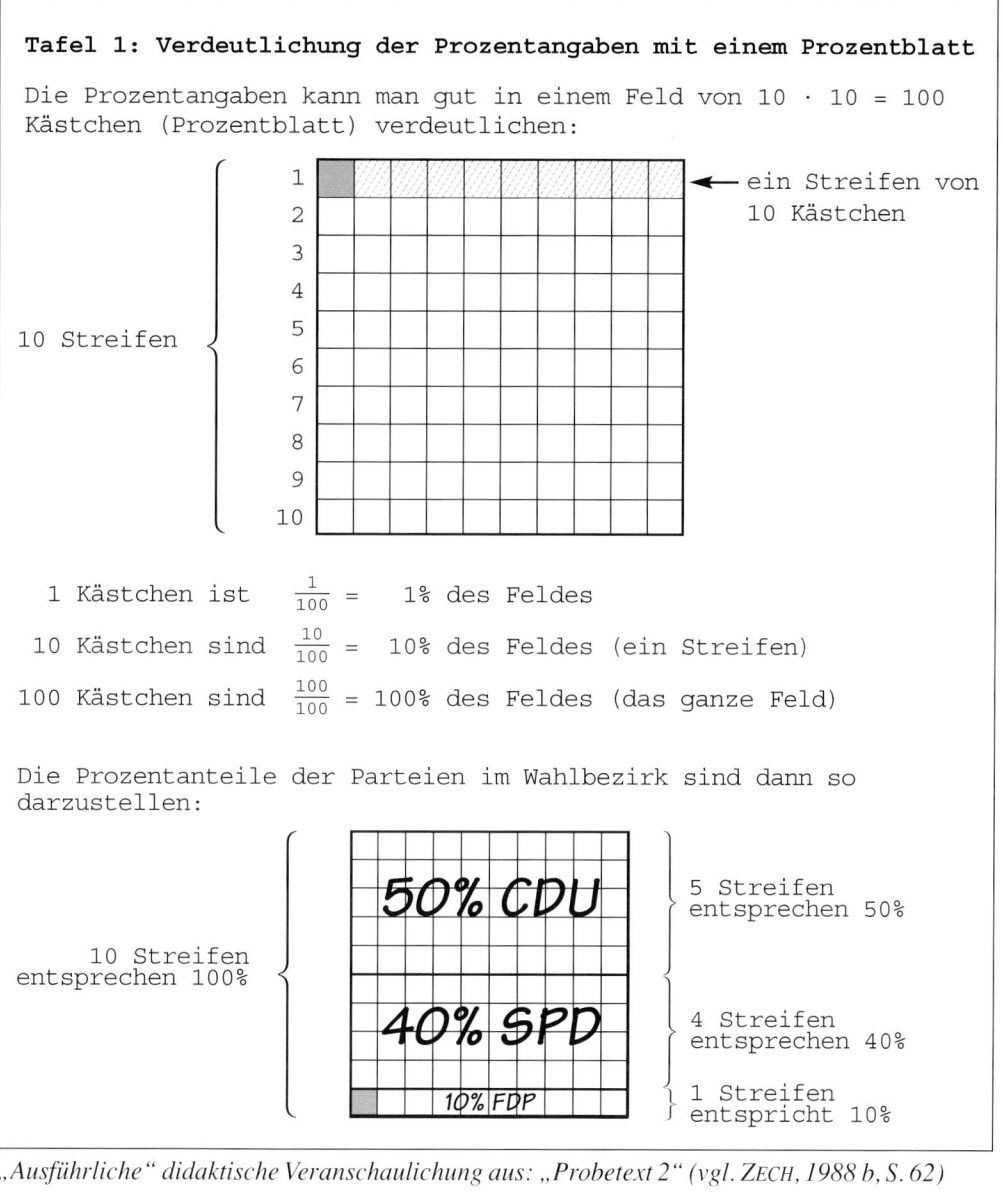

Tafel 1: Verdeutlichung der Prozentangaben mit einem Prozentblatt

Die Prozentangaben kann man gut in einem Feld von 10 · 10 = 100 Kästchen (Prozentblatt) verdeutlichen:

1 Kästchen ist $\frac{1}{100}$ = 1% des Feldes

10 Kästchen sind $\frac{10}{100}$ = 10% des Feldes (ein Streifen)

100 Kästchen sind $\frac{100}{100}$ = 100% des Feldes (das ganze Feld)

Die Prozentanteile der Parteien im Wahlbezirk sind dann so darzustellen:

„Ausführliche" didaktische Veranschaulichung aus: „Probetext 2" (vgl. ZECH, 1988 b, S. 62)

Trotz solcher Bemühungen stellten wir bei einem zweiten Lernexperiment wiederum keine signifikanten Unterschiede hinsichtlich des Lernerfolgs zwischen Textversionen mit und ohne solchen Veranschaulichungen fest.
Erst als wir bei den gleichen Veranschaulichungen in einem dritten Lernexperiment zusätzlich einen Lehrer einschalteten, der auch „nur" auf die Erläuterungen zu den Veranschaulichungen hinwies und sie in eigenen Worten wiederholte, erzielten wir einen „hochsignifikant" besseren Lernerfolg über die Erarbeitung der Textversion mit Veranschaulichungen im Vergleich zur Textversion

ohne Veranschaulichungen. Dies Ergebnis ist um so bemerkenswerter, als mit den Lehrern verabredet war, keine weiteren zusätzlichen Erläuterungen zu geben. Dies ist eines der sehr vielen Beispiele dafür, daß man auch bei stärker selbstlehrenden Unterrichtstexten auf den Lehrer nicht verzichten kann (vgl. Kapitel 4).

Was bewirkt hier eigentlich der Lehrer? Alltagsgewohnheiten der Schüler, z.B. Fernseh- oder Illustriertenbildern nur eine flüchtige Aufmerksamkeit zu schenken, scheinen es erforderlich zu machen, daß der Lehrer für eine stärkere Aufmerksamkeit für die Veranschaulichung und damit für eine intensivere „Bildverarbeitung" sorgt. Daneben scheint es wichtig, daß der Lehrer mehr Hilfen gibt, eine Veranschaulichung richtig zu verstehen. Dazu gehört eine zusätzliche Erläuterung des Veranschaulichungsmittels, Hilfen zum richtigen Lesen von Tabellen oder zum richtigen Deuten von den in Veranschaulichungen vorkommenden Verbindungsstrichen und Pfeilen (!), die in unterschiedlichen Veranschaulichungen sehr unterschiedlich zu deuten sind. (Man spricht hier gelegentlich vom „ABC der Anschauung".)

Darüber hinaus sollte der Lehrer wohl häufiger „modellieren" (vgl. Abschnitt 4.4), wie man mit einer Veranschaulichung sinnvoll umgeht, um so allmählich

– die Einstellung des Schülers zur Veranschaulichung zu verändern in der Richtung, daß dieser wichtige Information daraus erwartet;

– die Aufmerksamkeit für Veranschaulichungen zu schärfen, indem er Veranschaulichungen gezielt betrachtet mit Floskeln wie „Ich kann daraus erkennen, daß…";

– den Schüler dahin zu bringen, selbst auch stärker die Erklärung oder den Text zu einer Veranschaulichung zu suchen oder gar: daß dieser selbst eine gegebene Erklärung („Legende") zu ergänzen sucht, bis er „verstanden" hat;

– den Schüler dazu bringt, selbst Veranschaulichungen als Verständnis- und Problemlösungshilfen zu erzeugen.

(Diesen Komplex einmal genauer zu untersuchen und Trainingsprogramme dafür zu entwickeln, wäre eine wichtige Forschungsaufgabe!)

Insgesamt wird deutlich, daß auch eine „optimal" gestaltete Veranschaulichung nur unter bestimmten Bedingungen ihre lernfördernde Wirkung voll entwickeln kann. (Das gleiche gilt auch für den Lehrtext insgesamt!)

Der Leser, insbesondere der angehende Lehrer, sei aufgefordert, die in diesem Buch und in unseren Schülerheften oder sonstwo gegebenen Veranschaulichungen einmal kritisch daraufhin anzuschauen, wie und wodurch die erklärende Verbindung von Veranschaulichung und Text gegeben ist, wo und wie sie im mündlichen Unterricht wohl noch zu verbessern oder zu ergänzen wäre und was der Schüler zusätzlich (über den Einzelfall hinaus) zum Umgang mit Veranschaulichungen lernen könnte.

3.6.7 Zusammenfassung: Veranschaulichungen

1. Es geht hier vor allem um Veranschaulichungen im Rahmen von Lehrtexten, die sich auf wesentliche Inhalte beziehen und damit eine didaktische Erklärungsfunktion erfüllen. Von Bildern, die nur eine schmückende Beigabe sind, darf man i.a. keine besondere Lernwirksamkeit erwarten.

2. Damit Veranschaulichungen ihre didaktische Funktion erfüllen können, muß die Veranschaulichung so gestaltet werden, daß die relevanten Merkmale klar erkennbar sind. Das bedeutet, daß die Veranschaulichung nicht durch unwesentliche Details belastet werden sollte, die den „Beschauer" vom Wesentlichen ablenken.

3. Veranschaulichungen können im Mathematikunterricht dazu dienen, Anwendungssituationen ausschnitthaft deutlich zu machen oder auf Fakten bzw. Einzelmerkmale gezielt hinzuweisen (z.B. durch „Bilddialoge").

4. Veranschaulichungen werden im Mathematikunterricht besonders eingesetzt, Begriffe und abstrakte Zusammenhänge (Regeln, Sätze, Gesetze, Verfahren) zu verdeutlichen. Bei solchen Veranschaulichungen kommt es weniger auf viel Variation, sondern auf gezielte sprachliche Erläuterung an und eine enge Koppelung zwischen Veranschaulichung, Text und ggf. symbolischer Darstellung; auch durch eine entsprechende räumliche Nähe und klare Zuordnung.

5. Von besonderer Bedeutung sind verallgemeinernde Hinweise zu Veranschaulichungen. Auch aus diesem Grund sollten sie möglichst merkmalsarm gestaltet sein (man denke z.B. an die Kreis- oder Rechtecksdarstellung von konkreten Brüchen, die für beliebige Größen verwendet werden können).

6. Über die erläuterte Veranschaulichung hinaus scheinen zur optimalen Wirksamkeit folgende Einsatzbedingungen besonders wichtig:
   – Ggf. Erläuterung des Veranschaulichungsmittels selbst;
   – die Lenkung der Aufmerksamkeit auf das Veranschaulichungsmittel durch den Lehrer;
   – Lehrerhilfen für das Lesen und den selbständigen Umgang mit Veranschaulichungen.

Anmerkung

Es sei ergänzend angemerkt, daß man sich im Unterricht nicht etwa nur auf die hier diskutierten Veranschaulichungen beschränken sollte. Ein Beispiel ist u.a. die Veranschaulichung von geometrischen Körpern durch Modelle, z.B. bei der Volumenbestimmung von Quadern durch Ausfüllen mit Würfeln; vgl. Abschnitt 5.3.9. Hierzu ist u.a. darauf hinzuweisen, daß viele Schüler Schwierigkeiten beim „Lesen" von Schrägbildern haben.

3.7 Zusammenfassungen

3.7.1 Vororientierung

Es wurde schon in Abschnitt 2.4 hervorgehoben, daß Zusammenfassungen beim Lernen theoretisch von zentraler Bedeutung sind; daß sinnvolles Lernen im Grunde nichts anderes ist als ein laufendes Zusammenfassen. Unter „Zusammenfassung" versteht man in einem engeren Sinne die abstrakte Verdichtung von vorher Gelerntem resp. Gelesenem, gewöhnlich in sprachlicher Form. In einem weiteren Sinne ist jedoch alles Hervorheben von Wesentlichem (und sei es nur durch Überschriften oder Unterstreichungen) ein begriffliches Zusammenfassen. Insbesondere gehören die bereits diskutierten Aspekte des Vorstrukturierens (z.B. die Verdeutlichung eines „roten Fadens"), aber auch die Erläuterung von Wesentlichem an Beispielen oder Veranschaulichungen dazu. Schließlich wären auch alle Übersichten, Gegenüberstellungen, Verdichtungen von Lösungsstrategien (auch in Tabellen- oder sonstiger graphischer Form) dazuzurechnen.

Indessen scheint es aus theoretischen und unterrichtsmethodischen Gründen zweckmäßig, in der oben schon angedeuteten Art zwischen verschiedenen Zusammenfassungsformen zu unterscheiden (vgl. Abschnitt 3.7.3). Vor allem scheint es zweckmäßig, zwischen Vorstrukturierungen am Anfang und Zusammenfassungen am Ende eines Lernabschnitts zu unterscheiden.

Für Vorstrukturierungen verwendet man umgangssprachliche und bereits bekannte Begriffe, für Zusammenfassungen hingegen vor allem die neu erworbenen Begriffe, die man gegebenenfalls noch einmal verdeutlicht und in einen geschlossenen Zusammenhang bringt („integriert", ggf. auch abgrenzt).

Der übergeordnete Gesichtspunkt bleibt dabei freilich die kognitive Struktur des Lesers bzw. Lerners, aber die ist am Anfang eines Lernprozesses eben eine andere als am Ende eines Lernprozesses! Der Umstand, daß man auch bei Lehr-Lernforschungen nicht deutlich genug diesen Unterschied zwischen Vorstrukturierungen und Zusammenfassungen gemacht hat, scheint dazu beigetragen zu haben, daß Vorstrukturierungen (als vorangestellte Zusammenfassungen mißverstanden) „nichts gebracht" haben (vgl. MAYER, 1979).

Hingegen hat sich deutlich gezeigt, daß lernschwache Schüler von „guten" Zusammenfassungen[21] (vgl. Abschnitt 3.7.2) besonders profitieren. Der Erfolg von Zusammenfassungen ließ sich weniger stark bei gut strukturierten Texten zeigen (vgl. MANDL/TERGAN/BALLSTAEDT, 1982). Dies ist plausibel, da ja auch Zwischenüberschriften, Unterstreichungen u.ä. einen „zusammenfassenden Effekt" haben.

Im folgenden verdeutlichen einige Beispiele aus unseren Schülerheften allgemeine Gesichtspunkte für Zusammenfassungen.

3.7.2 Worauf ist bei Zusammenfassungen besonders zu achten?

Allgemein gesprochen ist bei Zusammenfassungen darauf zu achten, daß die wichtigsten Aspekte eines Lerninhalts deutlich und prägnant zum Ausdruck kommen, daß innere Zusammenhänge dabei angesprochen werden und daß trotz aller Verdichtung auch die Zusammenfassung[22] „verständlich" bleibt.

Es ist hier ein Gesichtspunkt nochmals besonders zu betonen und begründen, der bisher schon öfter eine Rolle gespielt hat: die Verbindung von Allgemeinem und Spezifischem.

Bisher wurde besonders der Gesichtspunkt betont, daß Spezifisches (Beispiele, Veranschaulichungen) mit Allgemeinem (gezielte Hinweise auf Wesentliches, Verallgemeinerbares) verbunden werden sollte, um die Begriffsbildung zu fördern. Jetzt ist umgekehrt besonders zu betonen, daß es genauso wichtig ist, das Allgemeine (die sprachliche Zusammenfassung) mit verdeutlichenden Beispielen und Veranschaulichungen zu verbinden.

Warum dies so bedeutsam ist, läßt sich kognitions- und texttheoretisch (vgl. etwa AUSUBEL, 1974 und van DIJK, 1978) gut begründen: Die natürliche Tendenz unseres Verstandes, Wesentliches zu erkennen suchen und begrifflich zusammenzufassen, wird damit erkauft, weniger „Abstraktes", wie Beispiele und Veranschaulichungen, zu „vergessen". Wir sind aufgrund dieser gewissermaßen als Ökonomieprinzip wirkenden natürlichen Tendenz, nicht in der Informationsflut zu ertrinken, umgekehrt in der Gefahr, die konkreten und anschaulichen Grundlagen unserer Begriffe zu verlieren. Dazu ist ein laufendes Gegensteuern gerade in didaktisch gewollten Zusammenfassungen und Wiederholungen (vgl. dazu Abschnitt 3.9) erforderlich. Im Grunde geht es hierbei um eine alte pädagogisch-didaktische Weisheit. Gerade Altmeister der Mathematikdidaktik wie BREIDENBACH und OEHL haben immer das „Wachhalten der Einsicht" gefordert, wenn sie es vielleicht auch mehr im Zusammenhang mit mündlichem Unterricht als mit Lehrtexten sahen.

Im Sinne dieses alten Prinzips erscheinen viele Zusammenfassungen in Mathematik-Schulbüchern zu abstrakt. Die Verbindung zur Anschauungsgrundlage wird bereits in ersten zusammenfassenden „Erklärungen" schnell abgebrochen (vgl. das folgende typische Beispiel bei GRIESEL/POSTEL 1988, S. 76):

Ein Bruch wird *erweitert*, indem man *zugleich* seinen *Zähler* und seinen *Nenner* mit derselben natürlichen Zahl (*Erweiterungszahl*) *multipliziert*.

Bei dem Erweitern eines Bruches erhält man wieder einen Bruch (Namen) für *dieselbe* Bruchzahl.

$$\frac{3}{4} = \frac{6}{8} = \frac{9}{12} = \frac{12}{16} = \frac{15}{20} = \cdots$$

---

[21] Es geht hier und im folgenden um Zusammenfassungen im engeren Sinne (am Ende eines Lernabschnitts).

[22] Daß eine Zusammenfassung ohne vorangegangene Lese- oder Lernphase verständlich ist, ist freilich zuviel verlangt!

Natürlich braucht ein leistungsstärkerer Schüler oder Erwachsener u.U. weniger Erinnerung an die Anschauungsgrundlage, weil er sie aufgrund guter verständnis-voller Verarbeitung während des vorangegangenen Lernprozesses eher wieder rekonstruieren kann und er gelernt hat, immer wieder selbst danach zu suchen[23]. (Aus vielfältiger Erfahrung, z.B. aus akademischen Prüfungen, weiß man, daß auch Erwachsene große Schwierigkeiten haben können, sich an die konkret-anschauliche Basis zu erinnern.) Insofern scheint es einerseits zweckmäßig, auch Zusammenfassungen im Unterricht immer wieder mit Beispielen und Anschauung zu verbinden und andererseits Schüler häufiger selbst Zusammenfassungen mit anschaulichen Beispielen geben zu lassen (vgl. auch Schluß 2b zu „metakognitivem" Lernen). Insofern seien für Schüler-Lehrtexte eher Zusammen-fassungen folgender Art vorgeschlagen: (Hier wird vorausgesetzt, daß Erweitern und Kürzen bereits jeweils getrennt erarbeitet wurden.)

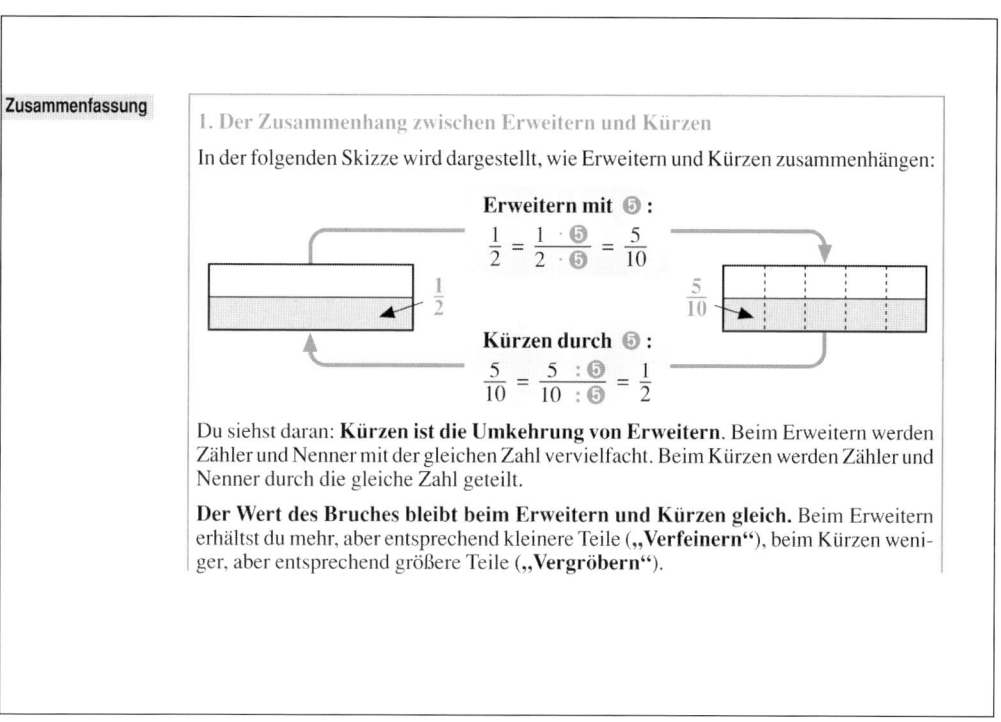

Aus: „Bruchrechnung 1" (WELLENREUTHER 1994)

An diesem Beispiel sei noch einmal auf folgende Momente hingewiesen, die bei der Gestaltung von Zusammenfassungen besonders wichtig scheinen:
– Die wesentlichen Merkmale sind in allgemeinerer und abstrakterer Form deutlich heraus-zuheben.
– An die Anschauungsgrundlage ist weiterhin deutlich zu erinnern anhand von Beispielen, Veranschaulichungen und Alltagsvorstellungen.
– Zwischen „verwandten" Begriffen ist möglichst ein Zusammenhang herzustellen (Gegen-überstellung und Integration).

---

[23] Auch der Autor dieses Buches vertraut darauf, weil er damit rechnet, daß die Leser bei Schwierigkeiten mit einer abstrakten Zusammenfassung die konkreten Beispiele nachschlagen werden. Ein Leser mit „Durchblick" (Experte) kann womöglich ganz auf die Zusammenfassung des Autors verzichten.

3.7.3 Didaktische Funktionen von Zusammenfassungen

Mit Hilfe von Zusammenfassungen kann man, abhängig von den jeweiligen Inhalten und Lernphasen, Wesentliches der Lerninhalte herausstellen.

a) „Zwischenzusammenfassungen" im Rahmen eines längeren Lernprozesses,

z.B. zur Klärung eines Zwischenstands wie bei der Prozentsatzberechnung (vgl. Abschnitt 3.4.3 c).

b) Zusammenfassungen von Beispielen zur Klärung wichtiger Einzelaspekte,

z.B.: wird unter der Überschrift „Verschiedene Flächen mit gleichem Flächeninhalt" folgende Aufgabe gestellt:

Ein Rechteck mißt 12 cm². Wieviel cm lang und wieviel cm breit kann es sein?
(Hinweis: Stellt euch mit Karopapier 12 kleine Quadrate mit 1 cm Seitenlänge her.)
Skizziert 3 Möglichkeiten.

Der anhand dieser Schülerskizzen zu vermittelnde Einzelaspekt wird sprachlich zusammengefaßt:

Beachte: Flächen mit gleichem Flächeninhalt können verschieden aussehen.

(Die Anschauungsgrundlage „Skizzen" und deren abstrakter Gehalt werden dadurch von selbst verbunden!)

c) Zusammenfassungen zur Verdichtung von Lösungsstrategien

Beispiel: Prozentsatzberechnung

Stellen wir uns vor, daß die Einzelschritte der Prozentsatzberechnung vorher ausführlich besprochen wurden. Dann könnten sie folgendermaßen (am Beispiel!) zusammengefaßt werden:

Beispiel 1: Von 28 Schülern sind 5 Schüler krank.
Wieviel Prozent der Schüler sind krank?

Lösungsschritte	Aufgabenlösung
(1) Anteile feststellen (siehe Abschnitt 1)	5 von 28
(2) Anteil als Bruch (siehe Abschnitt 2)	5 von $28 = \frac{5}{28}$
(3) Bruch als Dezimalbruch durch Division (siehe Abschnitt 3)	$\frac{5}{28} = 5 : 28 \approx 0,178\ldots$
(4) Dezimalbruch auf Hundertstel runden in Prozente schreiben (siehe Abschnitt 4)	$0,178 \approx 0,18 = \frac{18}{100} = 18\,\%$

Kurzform der Lösung (Mehr brauchst du nicht zu schreiben!):

5 von $28 = \frac{5}{28} = 5 : 28 \approx 0,18 = \frac{18}{100} = 18\,\%$

   (1)   (2)   (3)   (4)

Antwort: 18 % der Schüler sind krank.

Aus: „Prozentrechnung" (ZECH 1996)

Man beachte dabei:

- Nur im Falle, daß die Einzelschritte als solche weitgehend bekannt sind, kann eine ähnliche Darstellung der Aufgabenlösung zugleich als „Vorstrukturierung" dienen (vgl. Abschnitt 2.5).
- Häufig ist es angebracht, eine Lösungsstrategie (wie oben angedeutet) weiter zu verdichten. Von solchen Zusammenfassungen der Lösungsschritte und ihrer Verdichtung wurde in unseren Schülerheften häufig Gebrauch gemacht (z.B. bei der Flächen- und Rauminhaltsberechnung, den Bruchrechenregeln, den Regeln der Prozent- und Zinsrechnung; vgl. Teil II).

d) Zusammenfassungen zur Gegenüberstellung und Integration von Begriffen:
- Als Beispiel diente bereits die Zusammenfassung Erweitern/Kürzen im letzten Abschnitt.
- Ein typisches Beispiel ist auch die Gegenüberstellung von Längenmessung und Flächenmessung.

Hervorzuheben ist wieder die enge Verflechtung mit Beispiel und Anschauung:

2.4 Zusammenfassung und Test: Unterscheidung von Längenmaßen und Flächenmaßen

Zusammenfassung

Flächenmaße müssen von Längenmaßen unterschieden werden:

Längenmaße	Flächenmaße
1. Sie werden benutzt zur Messung von Seiten, Kanten, Umfängen (immer Linien!).	**1.** Sie werden benutzt zur Messung von Bodenflächen, Wandflächen, Platten (immer Flächen!).

Längenmaße	Flächenmaße
2. Maßeinheiten: cm, dm, m $1\,\text{m} = \mathbf{10}\,\text{dm}$ $1\,\text{dm} = \mathbf{10}\,\text{cm}$ Umrechnungszahl in die nächstkleinere Einheit: 10	**2. Maßeinheiten:** cm², dm², m² $1\,\text{m}^2 = \mathbf{100}\,\text{dm}^2$ $1\,\text{dm}^2 = \mathbf{100}\,\text{cm}^2$ Umrechnungszahl in die nächstkleinere Einheit: 100

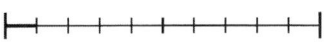

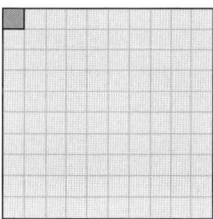

3. Umfang eines Rechtecks (U)

3. Flächeninhalt eines Rechtecks (F)

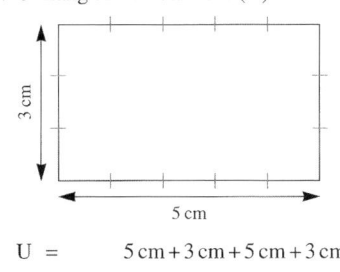

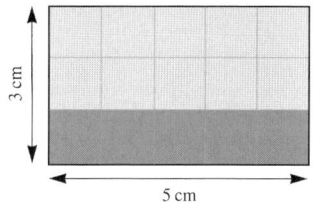

$U = 5\,\text{cm} + 3\,\text{cm} + 5\,\text{cm} + 3\,\text{cm}$ $ = 16\,\text{cm}$	$F = 3 \cdot 5\,\text{cm}^2$ $ = 15\,\text{cm}^2$
Der Umfang eines Rechtecks ist die **Summe der Seitenlängen**.	Der Flächeninhalt eines Rechtecks ist **Flächeninhalt eines Streifens** mal **Anzahl der Streifen**.

Aus: „Geometrie 2" (ZECH 1993)

e) Zusammenfassungen zur Integration von verwandten Lösungsstrategien

Auch ganze Lösungsstrategien werden häufig auf einer „höheren" Ebene zusammenfassend gegenübergestellt bzw. integriert. (Damit verbinden sich die Aspekte c) und d)!)
Beispiele:
- Flächenberechnung des Rechtecks/Rauminhaltsberechnung des Quaders
- Multiplikation natürliche Zahl mal Bruch/Bruch mal natürliche Zahl
- Addition/Subtraktion von Dezimalbrüchen
- Prozentwert- und Grundwertberechnung
- Berechnung von Tageszinsen/Monatszinsen

Das letzte Beispiel sei hier wiedergegeben, weil es zugleich die graphischen Möglichkeiten der Zusammenfassung verdeutlicht durch räumliche Nebeneinanderstellung:

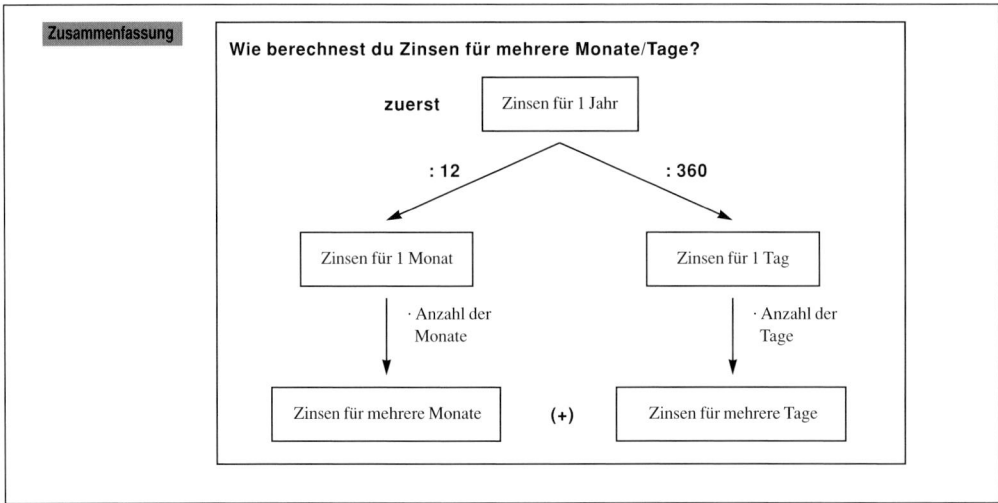

Aus: „Zinsrechnung" (ZECH 1995)

f) Zusammenfassungen als Zusammenstellungen und Übersichten

Eine bloße Zusammenstellung oder Übersicht im Sinne eines räumlichen Zusammenbringens[24] ist noch keine begriffliche Zusammenfassung, aber begünstigt zweifellos eine solche: Die räumliche/zeitliche Nähe erleichtert es, gemeinsame oder unterschiedliche Merkmale wahrzunehmen! Bereits bei den „Gegenüberstellungen" zum Erweitern/Kürzen und zu Längenmaßen/Flächenmaßen wurde davon Gebrauch gemacht, und natürlich hat auch die „Zusammenstellung" von Lösungsschritten dieses Moment der zeitlich/räumlichen Nähe. Im Grunde hat es jede Zusammenfassung, weil auf engem Raum etwas zusammengebracht wird, was vorher (oft über mehrere Seiten) verstreut war. So hat eine Zusammenfassung immer auch den Charakter einer Übersicht, in der u.U. viele Einzelbegriffe bzw. Aspekte zusammengetragen bzw. gegenübergestellt werden. Je zahlreicher solche Einzelelemente sind, desto weniger sie sprachlich explizit miteinander verbunden werden, desto eher wird man von einer bloßen „Zusammenstellung" sprechen. Trotzdem haben räumlich verdichtete Zusammenstellungen nach verschiedenen Gesichtspunkten zu einem Thema (häufig in Tabellenform) immer auch begriffsbildende, also zusammenfassende Bedeutung. Daneben haben sie, wie auch die bisherigen Zusammenfassungen, eine besondere Bedeutung zum schnellen Nachschlagen und für Wiederholungen (vgl. Abschnitt 3.9.2 d).

---

[24] In früherer Begriffsforschung (vgl. dazu z.B. GAGNÉ 1969) wurde diese die Begriffsbildung fördernde Bedingung (auch im Sinne zeitlicher Nähe) als „Kontiguität" bezeichnet.

Im folgenden wird eine Liste [25] zusammengestellt, in welchen Fällen übersichtliche Zusammenstellungen sinnvoll erscheinen:

1. Eine Zusammenstellung von mehreren nacheinander erarbeiteten Aspekten eines Themas bzw. nacheinander erfolgten Tätigkeiten eines komplexeren Vorgangs, die vorher einzeln besprochen bzw. ausgeführt wurden, z.B.:
   – *Eine Zusammenstellung der wichtigsten Arbeitsschritte*, die z. B. für das maßstäbliche Zeichnen und Einrichten eines Zimmers erforderlich sind.

	Wir fassen hier noch einmal kurz die wichtigsten Schritte zusammen, die für das maßstäbliche Zeichnen und Einrichten eines Zimmers nötig sind.
Zusammenfassung	1. Wahl eines geeigneten Maßstabs 2. **Ausmessen** des Zimmers und der Möbel (Eintragen der Maße in eine Skizze!) sowie **Umrechnen** der Maße für das maßstäblichene Zeichnen (Anlegen einer Tabelle!) 3. **Genaues maßstäbliches Zeichnen** des Zimmers und der Möbel (möglichst auf Millimeterpapier!) 4. **Ausschneiden der Möbel und Ausprobieren verschiedener Möbelstellungen** (Anlegen von Skizzen!)

Aus: „Geometrie 1" (ZECH 1992)

– *Eine Übersicht über unterschiedliche Aspekte eines Begriffs*; z.B.: die verschiedenen Bruchauffassungen (an ein und demselben Bruchbeispiel, mit Veranschaulichungen der entsprechenden Situation!)

$$\frac{3}{4} = 3 \cdot \frac{1}{4}; \qquad \frac{3}{4} = 3 : 4; \qquad \frac{3}{4} = 3 \text{ von } 4$$

(Vgl. auch Abschnitt 6.2.2.)

– *Eine Zusammenstellung von unterschiedlichen Verfahren mit gleichem Ziel*, z.B. für die Umwandlung von gewöhnlichen Brüchen in Dezimalbrüche (mit Beispielen!): über Erweitern/Kürzen, schriftliche Division, Taschenrechner (vgl. auch Abschnitt 6.4.3).
– *Eine Zusammenstellung unterschiedlicher Anwendungssituationen*; z.B. zur Addition bzw. Subtraktion des Prozentwerts (Mehrwertsteuer, Zinsen, Trinkgeld, Rabatt, Skonto) (vgl. auch Abschnitt 7.2.3).

2. Eine Zusammenstellung häufig verwendeter Objekte und Beziehungen, z.B.:
   – *Eine Zusammenstellung der wichtigsten gewöhnlichen Brüche bzw. Dezimalbrüche* (mit Veranschaulichung und typischer Anwendung; vgl. auch Abschnitt 6.2.1 und 6.4.1)
   – *Eine Zusammenstellung der wichtigsten Längen-, Flächen- und Raummaße* (mit Veranschaulichung der Umrechnungen; vgl. auch Abschnitt 5.3.4)
   Hier geht es durchaus auch um mechanisch-assoziatives Lernen (häufiges Wiederholen wie bei einer Vokabelliste).

---

[25] Auch eine „Liste" ist eine Zusammenstellung im eben erörterten Sinne!

g) Gesamtübersichten zu Themen, Bereichen und ganzen Stoffgebieten (Lernen als laufendes Zusammenfassen)

Das Zusammenfassen ist ein fortlaufender Vorgang, der auf unterschiedlichen Ebenen stattfindet. Zunächst wird z.B. ein Flächenmaß (sagen wir der Quadratmeter) erarbeitet und dies in einer Definition zusammengefaßt. Das gleiche geschieht mit anderen Flächenmaßen. Dann faßt man die Flächenmaße zusammen. Zugleich erarbeitet man die Flächenmessung z.B. des Rechtecks und faßt diese zusammen. Dann erfolgt vielleicht die Berechnung des Umfangs und man faßt dies begrifflich zusammen. Dann wiederum faßt man u.U. Längen- und Flächenmessung zusammen (vgl. die obige tabellarische Zusammenstellung!). Schließlich faßt man die gesamte Flächenberechnung zusammen. Dann folgt meist die Volumenberechnung. Dort faßt man in analoger Weise in mehreren Stufen zusammen. Am Ende faßt man Flächen- und Volumenberechnung zusammen.

Je größer der zusammenzufassende Bereich wird, desto schwieriger kann die Zusammenfassung werden, weil ja gewissermaßen Zusammenfassungen zusammengefaßt werden müssen. Sie sind dann in Gefahr, immer beispielsärmer und unanschaulicher zu werden. Dem kann man teilweise durch *Rückverweise* begegnen (vgl. unten die Zusammenfassung der Flächenberechnung aus „Geometrie 2"), teilweise durch *Beschränkung auf Hauptaspekte* (vgl. den Ausschnitt aus einer Gesamtzusammenfassung der „Prozentrechnung" auf der nächsten Seite) – oder durch beides. Man sollte aber die Beispielebene möglichst nicht verlieren!

4.3 Zusammenfassung und Test: Flächenmaße

Zusammenfassung

1. Die **Flächenmaßeinheiten** mm^2, dm^2, m^2, a, ha, und km^2 sind jeweils erklärt als die Größen von Quadraten mit der Seitenlänge 1 mm, 1cm, 1 dm, 1 m, 10 m, 100 m, 1 km. Merke dir anschauliche Beispiele für jede dieser Flächeneinheiten (siehe S. 26).

2. **Flächenmaße** sind gut zu unterscheiden von **Längenmaßen**. Flächenmaße benutzt man zur Angabe der Größe von Flächen, Längenmaße zur Angabe der Länge von Linien. Unterscheide entsprechend „Flächeninhalt eines Rechtecks" von „Umfang eines Rechtecks" (siehe S. 17).

3. Die **Umrechnungszahl** einer **Flächeneinheit** in die nächstkleinere ist **100**; die **Umrechnungszahl** einer **Längeneinheit** in die nächstkleinere ist **10**:

Flächenmaße			Längenmaße der zugehörigen Quadrat**seite**			
1 km^2	=	100 ha	1 km	(= $10 \cdot 100$ m)	=	**1000** m
1 ha	=	100 a	100 m			keine neuen
1 a	=	100 m^2	10 m			Längeneinheiten
1 m^2	=	100 dm^2	1 m	=	10 dm	
1 dm^2	=	100 cm^2	1 dm	=	10 cm	
1 cm^2	=	100 mm^2	1 cm	=	10 mm	

aber

Achtung! Ausnahme km

Hinweis: Beachte hierzu nochmals die letzten drei Seiten!

4. Die wichtigste **Regel zur Berechnung einer Flächengröße** (siehe auch S. 14):

Flächeninhalt eines Rechtecks = Flächeninhalt eines Streifens mal Anzahl der Streifen

---

Aus: „Geometrie 2" (ZECH 1993)

h) Schlußbemerkung: Zusammenfassungen von Zielen

Bei den vorgestellten Beispielen konnte sicherlich nur ein Teil von Zusammenfassungsarten und der damit verbundenen Zwecke erfaßt werden. Eine weitere wichtige Art von Zusammenfassung ist z.B. die Zusammenfassung im Sinne einer Zusammenstellung von Zielsetzungen. Ähnlich wie

Inhalt	Beispiele	Hinweise
Hauptaufgaben der Prozent- rechnung **in einfachen Fällen** (es geht um 10%, 25%, 50% und ähnlich einfache Anteile)	a) **Prozentwerte** berechnen: den Teil eines Grundwerts bestimmen **Beispiel:** *25 % von 120 Stimmen* $= \frac{1}{4}$ *von 120 Stimmen* $= 30$ *Stimmen*	Schreibe für 25% den Bruch $\frac{1}{4}$. Berechne *nicht* erst 1%!
	b) **Grundwerte** berechnen: Aus einem Teil eines Grundwerts den vollen Grundwert bestimmen **Beispiel:** *10 % eines Werts* = 45 €, d.h. $\frac{1}{10}$ eines Wertes = 45 € Der *volle Wert* beträgt also *450 €*	Schreibe für 10% den Bruch $\frac{1}{10}$. Berechne *nicht* erst 1% und dann 100%!
	c) **Prozentsätze** berechnen: Einen Anteil in Prozent ausdrücken **Beispiel:** 180 von 360 Stimmen = die Hälfte *= 50 Prozent*	Schreibe einen einfachen Bruchteil wie $\frac{1}{2}$ *direkt* als Prozentsatz (ohne weitere Umrechnung)!

Beachte: Diese einfachen Fälle der Prozentrechnung kannst du für das *überschlägige Rechnen* bei allen sonstigen Aufgaben der Prozentrechnung nutzen: Das ist das Wichtigste im Alltag! Die obigen Beispiele sind auch die Überschläge für die „krummeren" Aufgaben auf der nächsten Seite.

Aus: „Prozentrechnung" (ZECH 1996)

Vorstrukturierungen sollten Zusammenfassungen häufig (und zwar jetzt viel präziser als zu Beginn des Lernprozesses) mit Lernzielverdeutlichungen einhergehen. In unseren Schülerheften wurden häufig *Testaufgaben in Verbindung oder im Anschluß an Zusammenfassungen* formuliert: Jede Aufgabe macht somit einen wesentlichen Aspekt einer größeren Unterrichtseinheit deutlich. Auf diese Weise wiederholen sich die Aufgaben wie die Zusammenfassungen auf verschiedenen Ebenen des Lernprozesses – bis hin zu „Schlußtests" zu einem ganzen Schülerheft (vgl. auch Abschnitt 3.9.2).

3.7.4 Zusammenfassungen im Unterricht

Eine kritische Frage an den Autor könnte lauten: „Übertreiben Sie das nicht mit den Zusammenfassungen?" In der Tat spielen Zusammenfassungen in der bisherigen fachdidaktischen Diskussion und in der Schulpraxis eine vergleichsweise eher untergeordnete Rolle. Von „Begriffsvernetzungen", „Begriffsintegration" und dergleichen ist schlagwortartig jedoch häufiger die Rede. Man sieht jedoch wenig, wie solche Begriffsvernetzungen konkret bewerkstelligt werden. Was sind aber Begriffsvernetzungen im Grunde anderes als sinnvolle Zusammenfassungen? Was sind sinnvolle Zusammenfassungen letztlich anderes als sinnvolle „Wiederholungen"? [26]

Zusammenfassungen erscheinen (sowohl von der kognitiven Psychologie wie von der Textwissenschaft begründet) als eine zentrale didaktische Kategorie. Hierfür sollten den angehenden Lehrern möglichst konkrete Anregungen und Modelle für unterschiedliche Phasen und auf unterschiedlichen Ebenen eines längeren Lernprozesses gegeben werden. Der Autor glaubt allerdings nicht, in der Sache selbst neuartige Vorschläge zu machen. Gute Lehrer haben sich schon immer in der angedeuteten Richtung versucht.

Ein „Gegenbeispiel" scheint diesbezüglich aber eher das häufig praktizierte Führen eines Merk- und Regelheftes zu sein, in dem Begriffe und Regeln in abstrakter Form in „fachgemäßen" Formulierungen gesammelt werden. Auf drei Dinge käme es bei einem „Regelheft", das dann vermutlich auch besser „Zusammenfassungs-" oder „Wiederholungsheft" hieße, wohl an:

1. Die Formulierungen müßten neben der fachgerechten in stärkerem Maße schülergemäße, den „Kern" herausarbeitende Formulierungen benutzen.
2. Die abstrakten Formulierungen müßten möglichst stark mit konkreten Beispielen und Veranschaulichungen verknüpft werden.
3. Neben einer Sammlung von Begriffen, Regeln und Verfahren müßten die umfassenderen didaktischen Funktionen von Zusammenfassungen in reichem Maße berücksichtigt werden (z.B. Verbindung und Gegenüberstellung von Begriffen, Zusammenfassung von Anwendungssituationen, Übersichten zu größeren Teilgebieten; lernzielverdeutlichende Testaufgaben usw.).

Die Schüler werden in dem Maße solche Wiederholungshefte akzeptieren, wie sie Nutzen (z.B. beim Nachschlagen und bei der Vorbereitung von Klassenarbeiten) daraus ziehen können.

Über ein Problem muß man sich freilich im klaren sein: Begriffliche Zusammenfassungen müssen letztlich in den Köpfen der Schüler stattfinden. Zusammenfassungen durch Lehrtexte und Lehrer können nur, aber sollten auch Hilfen dazu geben.

Also bleibt es eine wichtige Aufgabe des Unterrichts, die Schüler auch immer wieder selbst Wesentliches herausfinden und versprachlichen zu lassen; unterstreichen zu lassen; typische Beispiele, Veranschaulichungen oder auch „Musterlösungen" suchen und aufschreiben zu lassen; Zusammenstellungen und Übersichten machen zu lassen usw. Im besten Falle gehört ein solches Zusammenfassen dann zum „geistigen Werkzeug" des Schülers (vgl. auch Schluß 2b).

3.7.5 Zusammenfassung: „Zusammenfassungen"

1. „Zusammenfassung" ist eine zentrale didaktische Kategorie, weil alles Begriffebilden, alles sinnvolle Lernen letztlich Zusammenfassen ist.

2. Zusammenfassen sollte vor allem nicht mit abstrakter Formulierung des Wesentlichen gleichgesetzt werden. Es sollte auch nicht mit am Vorwissen des Lesers/Lerners orientierten Vorstrukturierungen verwechselt werden.

---

[26] Zur Wiederholung gehört die Zusammenfassung als wichtiger Teilaspekt, aber sie erschöpft sich nicht darin (vgl. Abschnitt 3.9.2 d).

3. Zusammenfassungen sind Verdichtungen des vorher Gelernten, die bei ungeübten Lesern/Lernern möglichst immer mit Beispielen und Veranschaulichungen verbunden werden sollten. Damit wird der Tendenz zum Vergessen spezifischer Information entgegengearbeitet.

4. Zusammenfassungen haben immer auch den Aspekt der „Zusammenstellung": Dinge, die während des Lernprozesses mehr oder weniger auseinandergerissen waren, werden in eine deutliche räumliche und zeitliche Nähe gebracht. Dies wird einerseits durch sprachliche Verdichtung, vor allem aber auch durch Listen und Gegenüberstellungen (z.B. Graphiken und Tabellen) erreicht.

5. Zusammenfassungen haben unterschiedliche Funktionen als:
   – „Zwischenzusammenfassungen" d.h. die Klärung dessen, was man in einem längeren Lernprozeß schon weiß
   – Zusammenfassung von Teilaspekten während eines Lernprozesses (häufig unter einer Floskel wie „Beachte!")
   – Gegenüberstellung von Begriffen und Teilaspekten
   – Verdichtung von Lösungsstrategien bis hin zu Kurzfassungen und „Schlagworten"
   – Integration unterschiedlicher Lösungsstrategien
   – Zusammenstellung durchgeführter Arbeitsschritte zu einer Arbeitsanweisung
   – Übersicht über fachlich verwandte Situationen oder Verfahren und Anwendungssituationen
   – Zusammenstellung häufig verwendeter Brüche, Größen u.ä.
   – Zusammenfassung mehr oder weniger großer Stoffgebiete
   – Zusammenfassungen von Zielsetzungen durch Tests

6. Für Zusammenfassungen in der Schule ist besonders zu betonen:
   – nicht zu abstrakt gestalten (schülergemäße Formulierung des Kerns; Beispiele und Veranschaulichungen geben)
   – die breite Palette von Nutzungs- und Gestaltungsmöglichkeiten (wie unter 5 angedeutet) beachten
   – Schüler selbst zusammenfassen lassen [27)]

3.8 Zwischenzusammenfassung zur Unterrichtskonzeption: Elemente einer guten Erklärung

In den Abschnitten 3.2 bis 3.7 wurden die wesentlichen Gesichtspunkte für verständliche Erklärungen (sei es über Lehrtext oder Lehrer) entwickelt, die auf der nächsten Seite in einer Übersicht zusammengestellt sind.

Die erste Erklärung eines mathematischen Begriffs oder Verfahrens ist nichts anderes als die Ausdifferenzierung eines didaktischen Kerns, der in gleicher Weise die kognitive Struktur des Lesers/Lerners und die Fachstruktur berücksichtigt (vgl. Kapitel 2). Generelle Voraussetzung einer guten Erklärung (und auch der darauffolgenden Aufgabenphase) sind eine verständliche Sprache des Lehrtextes/Lehrers und die Motivation des Lesers/Lerners.

Am Anfang ist es besonders wichtig, dem Schüler den Sinn des zu Lernenden in dessen Sprache zu erklären und ihm eine Vororientierung zu geben. Diese Vororientierung ist dann in eine klare Gliederung auszudifferenzieren.

Während der Erklärung kommt es auf die Verdeutlichung des Wesentlichen besonders an. Dies geschieht vor allem anhand erläuterter Beispiele und erläuterter Veranschaulichungen. Die verbale

---

[27)] Hier wären genauere Forschungen wünschenswert; vgl. Schluß, Abschnitt 2.b.1.

	verständliche Sprache (3.2)	Motivation (3.3)	Strukturierung (3.4)	Beispiele (3.5)	Veranschaulichung (3.6)	Zusammenfassung (3.7)
besonders zu berück-sichtigen	deutliche Sprache, einfache Sprache	Sinnver-deutlichung, einfacher Einstieg	Vororien-tierung, klare Gliederung	Erläuterung, Abgrenzungen	Erläuterung des Wesentlichen, Erläuterung der Veranschaulichung	Hervorhebung des Wesentlichen Verbindung mit An-schauungsgrundlage
besonders zu vermeiden	unnötige Fach-terminologie	Mißerfolge lernschwacher Schüler	neue unverständ-liche Begriffe	Mißverständnisse durch Vorver-ständnis	verwirrende Viel-falt von Veran--schaulichungen	zu große Abstraktheit

Elemente einer guten Erläuterung

Erläuterung und Verallgemeinerung von gut ausgewählten Beispielen und Veranschaulichungen erfordert keine große Vielfalt [28]. Bei den Veranschaulichungen ist zu bedenken, daß sie selbst auch erklärt werden müssen. Neben der strukturierten Aufarbeitung wesentlicher Aspekte während des Lernprozesses ist deren begriffliche Zusammenfassung am Ende besonders wichtig. Darf man bei den Beispielen und Veranschaulichungen die sprachliche Hervorhebung des Wesentlichen nicht vergessen, so scheint bei den Zusammenfassungen (für Schüler) besonders wichtig, Beispiele und Anschauung nicht zu vergessen.

Sie können sich die Zusammenhänge ggf. auch anhand folgender Begriffe verdeutlichen, indem Sie diese zu Sätzen oder Diagrammen verbinden.

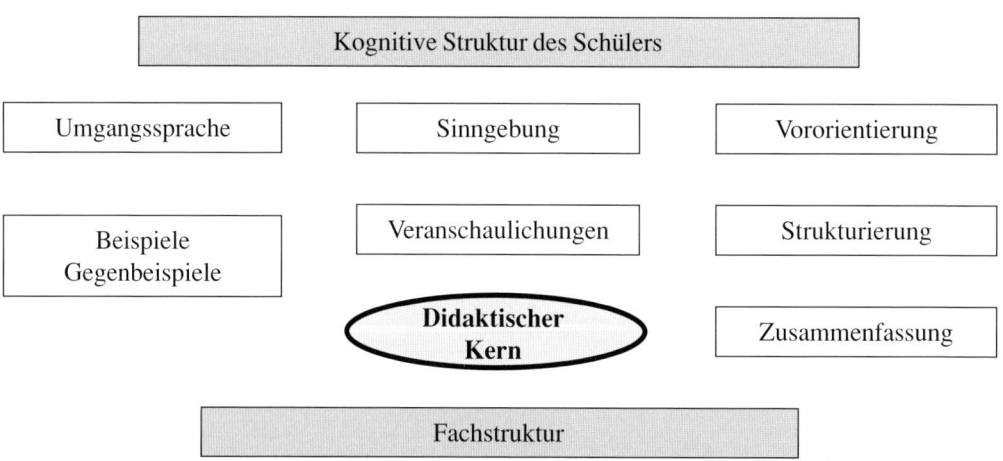

Der angehende Lehrer sei angeregt, sich die Elemente einer guten Erklärung nochmals an den Ein-gangsbeispielen (vgl. Abschnitt 2.5) „Erweitern/Kürzen" und „Prozentsatzberechnung" genauer zu vergegenwärtigen, Schulbücher nach diesen Gesichtspunkten zu analysieren und selbst ent-sprechende Erklärungen zu versuchen.

Die folgenden Abschnitte beschäftigen sich mit den Elementen der Unterrichtskonzeption, die auf Vertiefung und Anwendung des Gelernten zielen (Übungen, Wiederholungen, Anwendungen). Es geht dabei generell um die Gesichtspunkte für das Stellen von „Aufgaben": ein Feld, dem im Mathematikunterricht traditionell besondere Aufmerksamkeit gewidmet wird.

---

[28] Vgl. auch Abschnitt 3.9.5 c)!

3.9 Übungen, Wiederholungen, Anwendungen

3.9.1 Vororientierung

In den bisherigen Abschnitten dieses Kapitels standen das Erklären durch Lehrtext bzw. Lehrer und das sinnvolle rezeptive Lernen des Schülers im Vordergrund (was durchaus noch nichts über die genauere „Rollenverteilung" zwischen Lehrer, Lehrtext und Schüler aussagt, vgl. Kapitel 4!). Mit allen Mathematikdidaktikern und -lehrern teilen wir indessen die Überzeugung, daß einer Einführungsphase (bei einem Schülerbuch oder -heft wäre das der eigentliche Textteil) immer eine Phase der Übung, Wiederholung und Anwendung folgen sollte, in der sich der Schüler anhand von „Aufgaben" stärker selbst mit dem Gelernten auseinanderzusetzen hat, um das Gelernte „zum eigenen Besitz" zu machen.

Diese Aufgaben (im Schülerbuch oder -heft zum größten Teil in einem eigenen Aufgabenteil untergebracht) haben den Sinn, eingeführte Begriffe, Regeln oder Verfahren zu festigen, für eine gewisse „Geläufigkeit" zu sorgen und das Verständnis zu vertiefen. Die hier angesprochene Geläufigkeit ist nicht zu verwechseln mit gedankenloser Automatisierung, d.h. der Anspruch auf Verständnis wird nicht aufgegeben. Übung wird damit nicht in landläufigem Sinne des „Einschleifens" verstanden, aber auch nicht im Sinne falsch verstandener operativer Übungen (zur genaueren Abgrenzung vgl. den Exkurs in Abschnitt 3.9.5).

Zur Übung gehört daneben, die wichtigsten inner- und außermathematischen Anwendungen anzusprechen und den Komplexitätsgrad der Anwendungsaufgaben so weit zu steigern, wie das für echte Anwendungen in Alltag und Schule erforderlich ist. Es geht letztlich um die Gewährleistung von soviel schulischer Verständnis- und Anwendungsübung, daß ein „Transfer" mit Sinn und Verstand auf Alltags- und Lernsituationen gelingt (das eigentliche Ziel des Unterrichts!).[29] Dieses Ziel zu erreichen ist – zumal bei lernschwachen Schülern – nicht einfach, darf jedoch nicht aufgegeben werden, wenn der Unterricht nicht seinen Sinn verlieren soll. Es werden zwei Bedingungen besonders herausgestellt, die häufig vielleicht nicht genügend beachtet werden:

1. Das Verständnis muß bei den Übungen erhalten bleiben (in der Tradition als „Wachhalten der Einsicht" bezeichnet): Dazu scheint ein gestufter Übungsaufbau auf unterschiedlichen Lernebenen während eines langfristigen Lernprozesses erforderlich, der etwa den periodischen Zusammenfassungen entspricht (vgl. Abschnitt 3.7.4). Dabei sind immer wieder „Verständnisaufgaben" zu stellen, die auf den didaktischen Kern zurückführen.
2. Die Realsituation und die damit verbundenen Rechenschwierigkeiten müssen explizit im Unterricht berücksichtigt werden. Sie dürfen nicht aus falsch verstandenen „didaktischen Rücksichten" umgangen werden.

3.9.2 Der Aufbau von Übungen und Wiederholungen

a) Allgemeine Gesichtspunkte

Im folgenden wird unterschieden zwischen Übungsaufgaben im Anschluß an die Einführung eines Begriffs, einer Regel oder eines Verfahrens und Wiederholungsaufgaben zu mehreren zusammengehörigen Begriffen, Regeln oder Verfahren. Dahinter steht folgendes:

Berücksichtigt man die kognitive Unterrichtstheorie AUSUBELS (1974) und empirische Untersuchungen (z.B. DAHLKE 1974) scheint es geboten, im allgemeinen zunächst nur einen Begriff, eine Regel oder ein Verfahren durch Übung zu festigen – in gewissem Gegensatz zu einem übertriebenen operativen Prinzip gleichzeitiger Einführung zusammengehöriger Operationen.

---

[29] Für eine genauere Diskussion von Transferbedingungen vgl. ZECH, 1996[8], Kapitel 7.

Genauso wichtig wie die *Stabilisierung einer Aufgabenklasse* durch Übungsaufgaben scheint allerdings auch die spätere *Mischung ähnlicher Aufgabenklassen* (z.B. Flächen- und Umfangsberechnung für Rechtecke) in Wiederholungsaufgaben, die Übergeneralisierungen und „Verwechslungen" vermeiden helfen. (Dies hat eine ähnliche Funktion wie Gegenbeispiele bei der Erklärung von Begriffen!) –

Daneben scheint es angebracht, sich bei den Aufgaben, im Sinne von FÜRNTRATT (1978) und KLOEP (1985) mit leichten Aufgaben anfangend, um eine *allmähliche Steigerung des Schwierigkeitsgrades* (vgl. Abschnitt 1.4.2 a) zu bemühen, soweit er aufgrund von Komplexität (Anzahl der nötigen Operationen), Rechenschwierigkeit, Anzahl unwesentlicher Angaben u.ä. überhaupt einzuschätzen ist. (Zum Aspekt der „Rechenschwierigkeit" vgl. Abschnitt 3.9.3).

Eine genauere Einschätzung des Schwierigkeitsgrades ist (gerade bei den „Verständnisaufgaben", auf die es besonders ankommt) häufig nicht möglich und auch nicht nötig: Hauptgesichtspunkt ist, daß eine Aufgabe, mit der ein Schüler konfrontiert wird, nicht zu schwer für ihn ist (vgl. Abschnitt 3.3.2 b).

Eine umstrittene Frage ist die der Anzahl von Aufgaben, bei der auch unsere Unterrichtserprobungen keine Klarheit brachten. Es scheint, daß es bei den Aufgaben (ähnlich wie schon bei den Beispielen) *nicht so sehr auf die Quantität als auf die Qualität der Aufgaben und ihrer Behandlung* ankommt. Das will sagen: Zumindest solange es um Verständnis und hinreichende Generalisierung dieses Verständnisses geht, scheint es weniger auf die Anzahl der Aufgaben anzukommen als auf die Rückmeldung zu den Aufgaben und die Besprechung der Aufgaben (d.h. verständnis- und generalisierungsfördernde verbale Hinweise)[30]. Gelegentlich drängt sich der Verdacht auf, daß Lehrer das mangelnde Verständnis der Schüler durch eine eher mechanische Einübung mit Hilfe vieler Aufgaben wettzumachen suchen. Natürlich kann die Schnelligkeit der Aufgabenbearbeitung durch ein größeres Übungsangebot gefördert werden. Eine größere Schnelligkeit sollte aber erst auf der Grundlage von Verständnis angestrebt werden. Es ist allerdings nicht zu sehen, wie Verständnis nur durch mehr gleichartige Aufgaben gefördert werden kann.

b) Gestaltung erster Übungen

In der ersten Übungsphase nach einer Neueinführung beginnen wir meist mit Aufgaben, die den Beispielaufgaben des Lehrtextes recht ähnlich sind. Sie sind jedoch möglichst so modifiziert bzw. mit „Lücken" versehen, daß die Schüler bei mangelndem Verständnis genötigt sind, sich den Lehrtext noch einmal genauer anzusehen (ihn also zu wiederholen). Daneben werden häufig gezielt Einzelaspekte des Verständnisses angesprochen. Dies sei etwa an den ersten Übungsaufgaben zu der früher vorgestellten Erklärung des Erweiterns (Abschnitt 2.5) illustriert (vgl. nächste Seite).

Wichtig scheint hierbei, daß die Aufgaben sehr stark die Anschauungsgrundlage ansprechen und *nicht* gleich auf eine formale Ebene gebracht werden wie leider häufig üblich:
– „Erweitere folgende Brüche mit 2, 3, 5,…"
– „Mit welcher Zahl wurde erweitert?"
– „Ergänze: $\frac{2}{3} = \frac{?}{6}$ …" usw.

Selbstverständlich setzt dies eine entsprechend anschauliche Einführung voraus. Natürlich sollen zur Einübung des Verfahrens in einer späteren Übungsphase gegebenenfalls auch Aufgaben auf einer formalen Ebene, wie oben angedeutet, gestellt werden. Ein Verständnis können sie aber nicht ersetzen (und erforderlich scheinen sie auch nur, wenn die Schüler zu formaleren Verfahren des Vergleichs und der Addition von Brüchen vordringen; vgl. auch Abschnitt 6.2.3).

---

[30] Vgl. dazu auch bereits die Diskussion in Abschnitt 1.4!

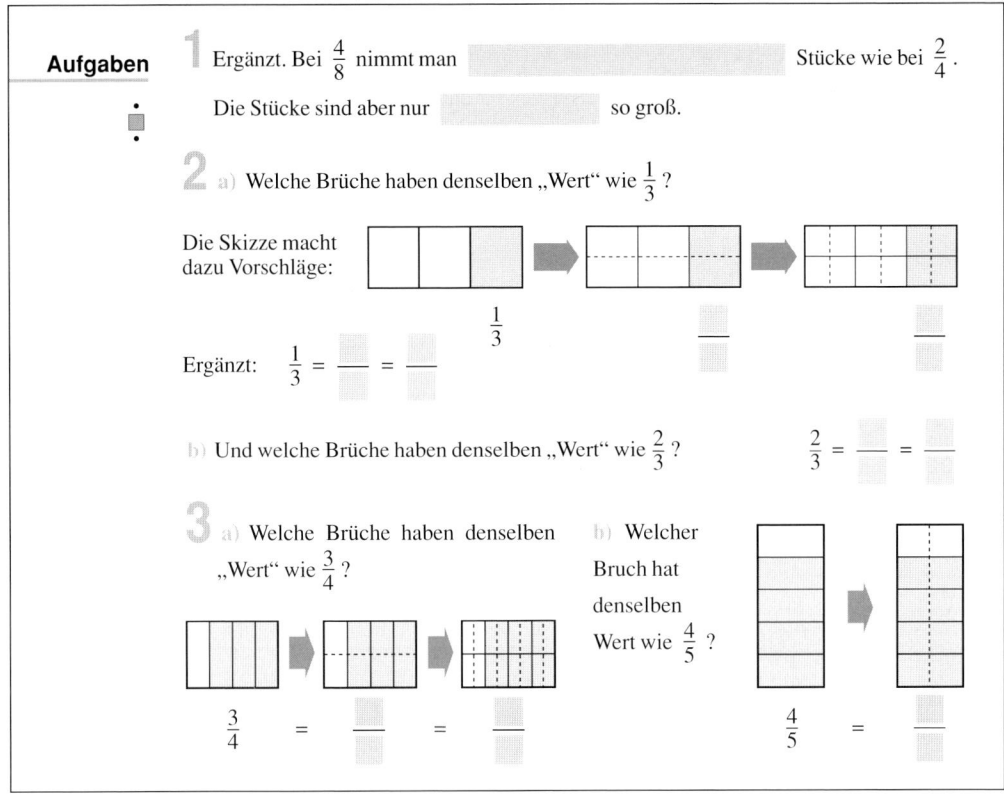

Aufgaben

1 Ergänzt. Bei $\frac{4}{8}$ nimmt man ▨ Stücke wie bei $\frac{2}{4}$.

Die Stücke sind aber nur ▨ so groß.

2 a) Welche Brüche haben denselben „Wert" wie $\frac{1}{3}$?

Die Skizze macht dazu Vorschläge:

Ergänzt: $\frac{1}{3} = \dfrac{}{} = \dfrac{}{}$ $\dfrac{1}{3}$

b) Und welche Brüche haben denselben „Wert" wie $\frac{2}{3}$? $\frac{2}{3} = \dfrac{}{} = \dfrac{}{}$

3 a) Welche Brüche haben denselben „Wert" wie $\frac{3}{4}$?

b) Welcher Bruch hat denselben Wert wie $\frac{4}{5}$?

$\dfrac{3}{4} = \dfrac{}{} = \dfrac{}{}$ $\dfrac{4}{5} = \dfrac{}{}$

Übungsaufgaben zum Erweitern aus: „Bruchrechnung 1" (WELLENREUTHER 1994)

c) Wachhalten der Einsicht

Das Bewußthalten der Verständnisgrundlage ist – wie schon in Abschnitt 3.7.2 herausgestellt wurde – eine notwendige durchgängige Zielsetzung des Unterrichts, weil sie sonst aufgrund der Mechanismen unseres Verstandes leicht verlorengeht. Das heißt: Auch in späteren Übungsphasen sollte, nachdem schon längst auf einer formaleren Ebene gearbeitet wurde, die Anschauungs- und Verständnisgrundlage (der didaktische Kern) wiederholt werden. Das erfordert:
– umgangssprachliche Formulierung des Grundgedankens,
– Erläuterung an einem Beispiel oder einer Veranschaulichung,
– Umsetzung einer formalen Darstellung in Zeichnung, Handlung oder Umgangssprache.
Diese Art von Aufgabenstellung wird jedoch in Schulbüchern wie im Unterricht häufig vernachlässigt. Dann darf man jedoch nicht klagen, daß den Schülern die Einsicht, die Anschauung, die konkrete Vorstellung der Unterrichtsinhalte nicht präsent bleibt. Das Übel scheint indessen schon darin zu liegen, daß mathematische Begriffe, Regeln und Verfahren, akademischer Tradition folgend, sehr schnell allgemein formuliert werden, allenfalls mit einem Beispiel auf der Ebene mathematischer Symbole, ohne weitere „Rückübersetzung"[31]. Auf dieser Basis wird denn auch meist wiederholt. In Aufgaben kommt die Anschauungs- und Verständnisgrundlage dann auch nicht mehr vor und im Test erst recht nicht (womit den Schülern unfreiwillig, aber endgültig signalisiert ist, daß es sich um etwas „weniger Wichtiges" handelt).

---

[31] Siehe auch die Bemerkungen zum Regelheft im Abschnitt 3.7.4.

Im folgenden soll das Wachhalten der Einsicht exemplarisch am Beispiel des Erweiterns von Brüchen in späteren Phasen der Bruchrechnung verfolgt und daran mögliche Arten von Aufgabenstellungen verdeutlicht werden, die das traditionelle Aufgabenrepertoire in Richtung Verständnis vielleicht ein wenig erweitern könnten [32].

1. Anschauliches Versprachlichen einzelner Begriffsmerkmale

„Was bedeutet die Multiplikation des Zählers bzw. des Nenners mit 3 jeweils für sich?"

2. Suchen von Fehlern und Berichtigen anhand von Skizzen

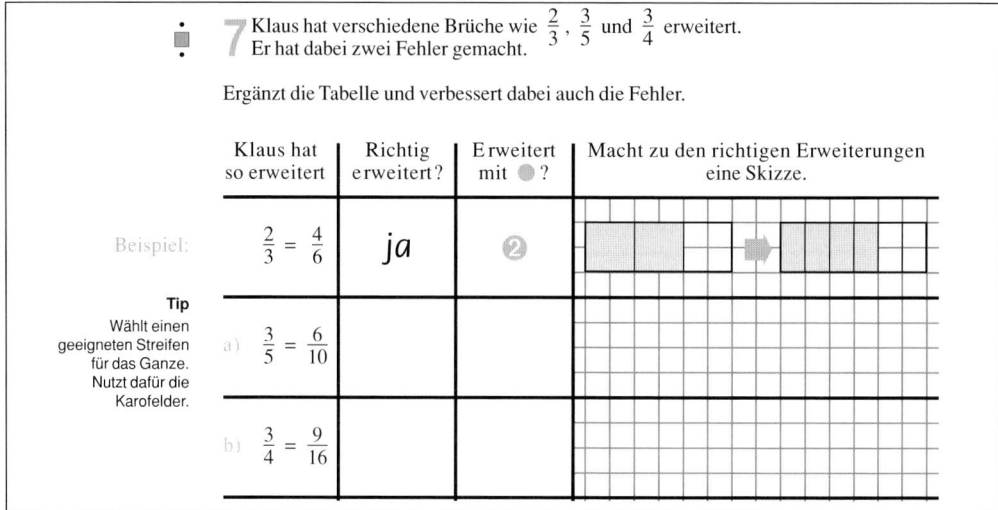

Ausschnitt aus einer Verständnisaufgabe aus: „Bruchrechnung 1"

3. Wiederholung des mathematischen Kerns am Beispiel und Verdeutlichen durch eine Skizze (im Rahmen eines Tests zum Erweitern und Kürzen; s. unten links)

4. Die anschauliche Darstellung eines Begriffsbeispiels in die mathematisch -symbolische Form bringen (ebenfalls im Rahmen eines Tests; s. unten rechts)

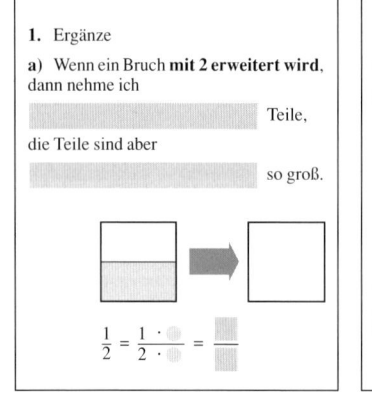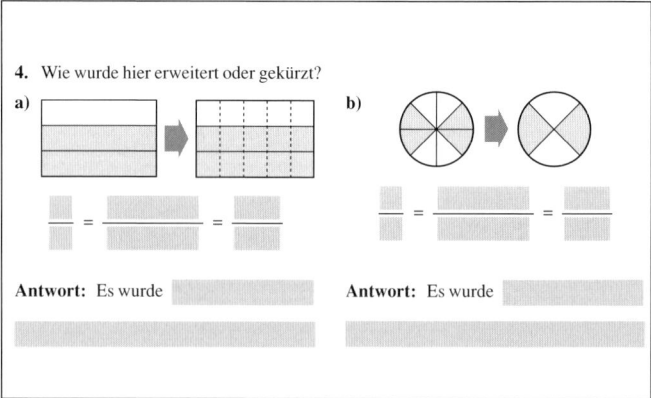

Verständnisaufgaben aus: „Bruchrechnung 1"

---

[32] Die folgenden Beispiele sind dem Schülerheft „Bruchrechnung 1" (WELLENREUTHER 1994) entnommen.

5. Die mathematisch-symbolische Form eines Begriffsbeispiels in eine anschauliche Darstellung übersetzen (im Rahmen einer Wiederholung)

Verständnisaufgabe aus: „Bruchrechnung 1"

Was hier an Verständnisaufgaben zum Wachhalten der Einsicht am Beispiel des Erweiterns von Brüchen angedeutet wurde, läßt sich in modifizierter Form auf viele andere Begriffe, Regeln und Verfahren der Bruchrechnung und anderer Stoffgebiete übertragen (vgl. Teil II dieses Buches).

d) Gestaltung von Wiederholungen

Nach der Einführung mehrerer zusammengehöriger Regeln (z.B. nach dem Erweitern, Kürzen und Vergleichen von Brüchen), nach der Behandlung ähnlicher Begriffe (z.B. der Flächen- und Raummaße) oder nach der Behandlung mehrerer Aufgabentypen innerhalb eines Bereichs (z.B. nach der Prozentwert-, Grundwert- und Prozentsatzberechnung), scheint es geboten, *Zusammenfassungen* durchzuführen (vgl. Abschnitt 3.7) und diese durch umfassende Wiederholungen zu ergänzen.

Dies scheint wichtig (wie bereits bei den Zusammenfassungen betont):
– zur Integration, d.h. der Verbindung der Begriffe und Verfahren;
– zur gegenseitigen Abgrenzung der Begriffe und Verfahren.

Wie eine Erklärung meist nicht für ein tieferes Verständnis ausreicht, sondern zusätzliche Aufgaben erfordert, so reicht eine Zusammenfassung meist nicht für eine tiefere Integration des Gelernten und erfordert nochmals neue Aufgaben. Deshalb sollte man keinesfalls aus Zeitgründen darauf verzichten, weil sonst eine ganz wesentliche Lernphase ausgelassen wird. Ähnliche Wiederholungen wurden zwar früher schon propagiert (z.B. bei OEHL 1965, wenn auch in einem speziellen Sinne[33]), aber es wird kaum genauer konkretisiert, wie solche Wiederholungen im einzelnen aussehen könnten.

Es wurde in unseren Schülerheften versucht, viele solcher Wiederholungen zu modellieren. Im zweiten Teil dieses Buches finden Sie genauere Hinweise dazu.

Hier seien nur einige *allgemeine* Hinweise zur Gestaltung dieser Wiederholungen gegeben:
1. Man beginne etwa mit einer tabellarischen Zusammenstellung der wichtigsten Begriffe und Verfahren mit Beispielen, gegebenenfalls auch mit grundlegenden Veranschaulichungen (siehe dazu Abschnitt 3.7.3f). Daran läßt sich bewußt machen, was das Wichtigste war, wo Gemeinsamkeiten und wo Unterschiede sind.
2. Anschließend lassen sich die diesbezüglichen Grundkenntnisse in einer Reihe kleinerer Beispiel- und Anwendungsaufgaben ansprechen.
3. Daneben kann man gezielte Verständnisaufgaben zu neuralgischen Punkten stellen.

---

[33] „Integration von einem Punkte, einer Idee aus".

4. Jetzt ist auch die Zeit für komplexere Anwendungsaufgaben, in denen sich mehrere alte und einige u.U. neue Anforderungen verbinden (wie sie sich z.B. durch die reale Alltagssituation eines Zeitungsprospekts stellt) [34].

5. Ein größeres Stoffgebiet kann man dann mit einem „repräsentativen" Gesamttest abschließen [35].

3.9.3 Rechenschwierigkeiten bei Anwendungsaufgaben mit realistischen Zahlen und deren Bewältigung mit Hilfe von Überschlägen und Taschenrechner

a) Das Problem

Anwendungsaufgaben werden ausführlich im inhaltlichen Teil II diskutiert. Die Rechenschwierigkeiten seien als ein wichtiges Teilproblem herausgegriffen, das sich lernpsychologisch letztlich vor allem als Transferproblem und weniger als eine Frage der Rechenfertigkeit darstellt. Insofern sind die Rechenschwierigkeiten nicht einfach ein Aspekt der Steigerung des Schwierigkeitsgrades von Aufgaben, weil sie mehr Rechenfertigkeit verlangen, sondern sind von großer konzeptioneller Bedeutung für die curriculare Gestaltung. Zunächst sei das Ziel klar herausgestellt:

Es geht darum, Zahlenwerte in Anwendungsaufgaben so realistisch wie möglich zu wählen, weil sonst eine Anwendbarkeit des Gelernten auf die Wirklichkeit nicht gewährleistet erscheint (vgl. z.B. OEVERING/TRAVERS 1973).

Insofern macht es keinen Sinn, sich bei lernschwächeren Schülern – wie es einer verbreiteten Tradition entspricht – auf „glatte" Zahlen zu beschränken und sie womöglich so zu wählen, daß Rechnungen einfach sind und „aufgehen", wenn man es in Wirklichkeit meist mit „krummen" Zahlen zu tun hat, die Rechnungen nicht einfach sind und meist nicht aufgehen.Das Problem ist jedoch leider auch nicht einfach mit dem Taschenrechner zu lösen, weil der lernschwächere Schüler bei schwierigeren Zahlen häufig gar nicht mehr weiß, was er überhaupt zu rechnen hat.

Die Schwierigkeit, die Rechenoperation zu erkennen, hängt indessen auch nicht nur mit den unvertrauteren Zahlen, sondern auch mit weniger vertrauten Konstellationen zusammen, in denen die Zahlen zueinander stehen (selbst, wenn die Zahlen als solche vertraut und die Rechenoperationen bekannt sind): Eine Aufgabe wie

„5 Freunde pflücken 12 kg Kirschen. Wieviel erhält jeder …?"

(Rechenoperation 12 : 5) fällt viel leichter als Aufgaben wie

„12 Personen essen 5 große Pizzen. Wieviel bekommt jeder …?"

(Rechenoperation 5 : 12).

Man vergleiche hierzu im einzelnen empirische Untersuchungen von WELLENREUTHER/ZECH (1990) und FISCHBEIN et.al. (1985). Hieraus läßt sich die allgemeine Vermutung ableiten:

Der Schüler erkennt die zur Lösung einer Sachaufgabe [36] erforderliche Rechenoperation um so schwerer, je weiter sich die betreffende Situation von vertrauten Zahlen und Modellen der Grundschule wegbewegt.

(Es scheint plausibel, daß die kognitive Struktur der Schüler durch die intensive Behandlung der natürlichen Zahlen und der Rechenoperationen mit ihnen in der Grundschule besonders geprägt ist.)

---

[34] Bei schwächeren Schülern sollte man sich dabei stärker auf Routineaufgaben beschränken (vgl. Abschnitt 3.9.3). Zu Zeitungsaufgaben vgl. auch Abschnitt 3.6.5 und 5.3.10.

[35] In unseren Schülerheften finden sich neben vielen Einzeltests zu Teilgebieten auch solche Gesamttests.

[36] Der Leser stelle sich hier grundsätzlich zunächst Routineaufgaben mit einer Rechenoperation (für Dezimalbrüche) vor.

b) Folgerungen

Im Blick auf lernschwache Schüler (ab 5. Schj.) ergeben sich aus der eben dargestellten Lage immerhin einige prinzipielle Überlegungen, wie den Rechenschwierigkeiten evtl. zu begegnen ist:

1. Der Schüler ist bei den Anwendungsaufgaben auch mit realistischen Zahlenwerten (meist Dezimalbrüchen!) zu konfrontieren.

2. Der Schüler ist dazu anzuleiten, die Aufgabe womöglich dadurch zu vereinfachen, daß er sie in eine auf natürliche Zahlen gerundete übersetzt und überschlägig zu lösen sucht. Das ist häufig nicht nur einfacher, sondern hat auch einen doppelten (praktischen und heuristischen) Wert:
   – Im Alltag reicht eine solche Rechnung häufig schon vollkommen aus. (Wir machen im Alltag zu allermeist solche Überschläge und verzichten auf die genaue Rechnung.)
   – Wenn der Schüler doch genau rechnen will, hilft ihm der Überschlag, die Rechenoperation zu erkennen

3. Im Falle der genauen Rechnung soll er im allgemeinen den Taschenrechner benutzen.
   Beispiel: 2,785 kg Äpfel kosten 6,24 DM.
                Wieviel kostet 1 kg?

Solch eine Aufgabe wirkt für Schüler zunächst bedrohlich. Im Alltag wird man sich (wenn überhaupt) meist nur für den ungefähren Kilogramm-Preis interessieren. Man wird sich also mit dem Überschlag begnügen:

> Ungefähr 3 kg kosten ungefähr 6 DM.
> Dann kosten also 1 kg ungefähr *6 DM : 3 = 2 DM.*

Wollen wir bzw. der Schüler genauer rechnen, so ist auch sofort klar, was zu rechnen ist:

> „Ich muß eben statt 6 DM 6,24 DM und statt 3 kg 2,785 kg nehmen,
> also *6,24 DM : 2,785* rechnen."

Diese (oder ähnliche) Rechnungen wird man selbst, also auch der Schüler, vernünftigerweise mit dem Taschenrechner durchführen.

Es ist klar (und wurde ja schon angedeutet), daß auch andere Schwierigkeiten als die der krummen Zahlen auftreten können. Trotzdem ergibt sich aus den obigen Überlegungen so etwas wie ein *Leitgedanke* nicht nur für die Dezimalbruchrechnung, sondern auch für die Prozent- und Schlußrechnung, der bei der Konzipierung der entsprechenden Teilgebiete im Teil II weiter auszuführen ist:

> *Man suche bei jedem Aufgabentyp nach einem Überschlag, der auf einen möglichst einfachen Rechengang (zahlen- und modellmäßig) zurückführt. Diese einfachen Fälle behandele man im Unterricht zuerst. Damit lassen sich danach alle schwierigen Fälle zumindest überschlägig rechnen (womit das Hauptziel „Alltagsbewältigung" für die lernschwachen Schüler erreicht wäre)[37].*

Häufig ist durch die Überschläge zugleich eine heuristische Hilfe für den genaueren Rechenweg oder zumindest für das Erkennen des Aufgabentyps gegeben.

Diese allgemeine Überlegung sei an dieser Stelle nur durch das *Beispiel Prozentwertberechnung* etwas weiter erhellt:

Es ist davon auszugehen, daß die Prozentsätze 10 %, 25 %, 50 %, 75 %, 100 % besonders einfache Überschläge erlauben, weil sie einfachen, besonders vertrauten Bruchteilen entsprechen.

Man wird also die Prozentwertberechnung mit der Berechnung von 10 %, 25 % … irgendeines „runden" Grundwerts beginnen. Wenn man dann zu dem allgemeinen (schwierigen) Fall mit 13 %, 27 % usw. übergeht, so ist von vornherein eine einfache überschlägige Rechnung möglich, und der

---

[37] Daß sich hieraus auch grundsätzliche Differenzierungsmöglichkeiten ergeben, wird später ausgeführt (vgl. Abschnitt 3.10.4 und Teil 2).

Aufgabentyp ist klar. Die schwächsten Schüler brauchten gar nicht einmal die genaue Rechnung für den allgemeinen Fall durchführen können und kämen doch mit den meisten Alltagsfällen hinreichend klar. (Bewältigen sie den Rechengang für den allgemeinen Fall, könnte man den Taschenrechner zur Ermittlung des genauen Ergebnisses erlauben.)

Um den Unterschied zu früheren „Schonkonzeptionen" für lernschwache Schüler noch einmal deutlich herauszustellen: Auch hier wird mit einfachen, glatten Rechnungen begonnen, aber nicht zur Bewältigung bestimmter Sonderfälle, über die man dann nicht mehr hinauskommt. Die einfachen Fälle sind vielmehr so gewählt, daß sie zugleich dienlich sind als Überschläge im allgemeinen Fall. Somit ist dann zumindest eine Konfrontation mit den schwierigeren „realistischen" Fällen und zumindest eine überschlägige Lösung möglich, die – wie gesagt – praktisch häufig ausreicht.

Zugleich werden hiermit die Überschläge stark aufgewertet (über eine häufig lieblose „Prüfungsfunktion" für das richtige, sprich genaue Ergebnis hinaus). *Der Überschlag hat einen ganz eigenständigen Wert und sollte viel mehr als ganz eigenes Unterrichtsziel akzeptiert werden!* Dies käme z.B. darin zum Ausdruck, daß für bestimmte Aufgaben nur Überschläge durchgeführt werden mit der Bemerkung: „Genauer brauchen wir das Ergebnis nicht. Das reicht für den Alltag völlig aus." Auch in Lernzielkontrollen und Klassenarbeiten sollten viel mehr (sinnvolle) reine Überschlagsaufgaben gestellt werden.[38] Auch dadurch würde für Schüler der eigenständige Wert von Überschlägen deutlicher betont.

Daneben sollte, wie angedeutet, auch der heuristische Wert von Überschlägen für das Aufgabenlösen stärker in den Vordergrund gestellt werden. Auf jeden Fall darf es nicht so aussehen, als sei das genaue Rechnen die eigentliche Mathematik und Überschläge eigentlich nur von dienender untergeordneter Bedeutung. (Zum heutigen Sinn des Rechnens vgl. Abschnitt 6.5.1.)

3.9.4 Zusammenfassung: Übungen, Wiederholungen, Anwendungen

1. Mit Übungen, Wiederholungen, Anwendungen wird der Komplex von vertiefenden Aufgaben beschrieben, der kleineren oder größeren Unterrichtseinheiten folgt und zur selbständigeren Bearbeitung durch die Schüler vorgesehen ist.

2. Übungen im Anschluß an die Einführung eines Begriffs, einer Regel oder eines Verfahrens dienen vor allem der Stabilisierung des Eingeführten und sollten im Schwierigkeitsgrad allmählich gesteigert werden (soweit abschätzbar).

3. Zunächst kommt es besonders auf die Sicherung des Verständnisses an. Deshalb sind gezielte „Verständnisaufgaben" wichtig, bevor die Geläufigkeit durch eine Reihe gleichartiger Aufgaben gesteigert wird. In Verständnisaufgaben sollte vor allem der didaktische Kern oder Teile davon und die anschauliche Grundlage angesprochen werden (vgl. die obigen Beispiele).

4. Das „Wachhalten der Einsicht" ist eine durchgängige Aufgabe aller Übungs- und Wiederholungsphasen. Dazu scheint es gut, vor allem folgende Bedingungen zu beachten:
   – Mathematische Begriffe, Regeln und Verfahren sollten (wie schon für Zusammenfassungen und das Regelheft empfohlen) nicht nur allgemein, sondern zugleich auch „konkret" wiederholt werden (mit Beispiel, Veranschaulichung, Erinnerung an den didaktischen Kern).
   – Man sollte daran denken, nicht nur am Anfang des Lernprozesses, sondern auch später immer wieder einmal Aufgaben zu stellen, die auf die Verständnisgrundlagen zielen.
   Zu den typischen Formen von Verständnisaufgaben zählen solche, die die anschauliche Bedeutung oder wesentliche Merkmale anhand von Skizzen und Beispielen verdeutlichen lassen, ein Verfahren oder Teilschritte davon begründen lassen, Fehler suchen, korrigieren und begründen lassen.

---

[38] Hierbei ist Wert darauf zu legen, daß der Rechenweg notiert wird.

– Verständnisaufgaben sollten auch Eingang in Tests und Klassenarbeiten finden, damit nicht ungewollt die mathematisch-symbolische Anwendungsebene (die häufig auch ohne Verständnis nach Gesetzen mechanischen Lernens zu bewältigen ist) einseitig betont wird.

5. Man sollte nicht vergessen, nach größeren Unterrichtseinheiten systematische Wiederholungen durchzuführen. Hier kommt es vor allem auf Integration, Gegenüberstellung, Vergleich, Abgrenzung durch Zusammenfassung und entsprechende Mischung von Aufgabentypen an. Für die Gestaltung von Wiederholungen wird etwa folgender Aufbau vorgeschlagen:
   – Tabellarische Zusammenstellung des Wichtigsten
   – Aufgaben, die sich gezielt auf das Wichtigste beziehen
   – Verständnisaufgaben zu neuralgischen Punkten
   – Komplexere Anwendungsaufgaben
   – Gesamttest

6. Auf der Ebene der Routineaufgaben zu wichtigen Alltags-Anwendungen des „bürgerlichen Rechnens" stellen Rechenschwierigkeiten ein durchgängiges Problem dar. Unter Rechenschwierigkeiten wird dabei einerseits das Problem, schwierige Zahlenrechnungen durchzuführen, verstanden, andererseits aber auch das Problem, die richtige Operation überhaupt zu finden. (Häufig verschränkt sich beides.)

7. Auch lernschwache Schüler müssen mit „realistischen" Zahlenwerten konfrontiert werden, weil sonst wenig Transfer auf den Alltag erwartet werden kann.

8. Die Rechenschwierigkeiten lassen sich nicht allein mit dem Taschenrechner lösen; denn es gilt: Der Schüler erkennt die zur Lösung der Sachaufgabe erforderlichen Rechenoperationen um so schwerer, je weiter sich die Situation von vertrauten Zahlen und Modellen wegbewegt. Daraus ergibt sich:

9. Es scheint heuristisch zweckmäßig, zahlen- und modellmäßig ungewohnte Aufgaben durch Überschlag auf einfachere, gewohnte Aufgaben zurückzuführen und damit auch die Ausgangsaufgabe leichter zu machen. Dies bietet sich um so mehr an, als die überschlägige Bewältigung bei vielen Alltagsaufgaben bereits ausreicht.

10. Wenn nur das Problem der schwierigen Zahlenrechnung übrigbleibt, so könnten es lernschwache Schüler meist mit dem Taschenrechner lösen (bessere Schüler häufig auch durch schriftliche Rechnung).

11. Curricular ergibt sich die Aufgabe, systematisch mit einfachen Fällen zu beginnen, die bei den schwierigen Aufgaben zugleich als Überschläge fungieren können.

12. Für den Unterricht ergibt sich aus alledem die Forderung, Überschlägen ein wesentlich größeres Gewicht zu geben. Dies könnte z.B. durch eigenständige Überschlagsaufgaben geschehen, die auch in Tests und Klassenarbeiten Eingang finden.

3.9.5 Exkurs: Operative Prinzipien

a) Vororientierung

Im Zusammenhang mit Übungen werden häufig sog. „operative Prinzipien" genannt (Stichwort: „Operative Übung"). Tatsächlich zielen die operativen Prinzipien auf den Unterricht insgesamt (Stichwort: „Operative Methode") und sind damit von allgemeiner konzeptioneller Bedeutung. Es wird darunter ein Bündel didaktischer Prinzipien verstanden, die aus Entwicklungs- und Lerntheorien von PIAGET/AEBLI, BRUNER/DIENES und GALPERIN/LOMPSCHER abgeleitet werden (vgl. ZECH 1996[8]). Manchmal werden sie in einseitiger Akzentuierung oder gar Verabsolutierung in den Mittelpunkt mathematikdidaktischer Theoriebildung gerückt (vgl. dazu z.B. die Kritik von DAHLKE (1981), ZECH (1979) und BAUER (1991):

Es gibt viele wichtige Aspekte des Mathematikunterrichts, die von den betreffenden Theorieelementen offensichtlich gar nicht oder zu wenig abgedeckt werden; z.B: Motivationsaspekte, genauere Transferbedingungen; die genauere Angabe von Lernbedingungen für Begriffs-, Regel- und Problemlösungslernen; theoretische Aspekte der Verständlichkeit und sinnvollen rezeptiven (einschließlich nachahmenden[39]) Lernens, die bewußt im Mittelpunkt dieses Buches stehen.

In diesem Rahmen können diese Theoriedefizite natürlich nicht explizit aufgewiesen werden. Es soll nur versucht werden, das beschriebene Erklärungs/Verständlichkeits- und Übungsmodell abzugrenzen gegen übertriebene Ausweitungen operativer Prinzipien. Insbesondere wird es darum gehen, einige Variationsprinzipien zu relativieren und die Rolle der Sprache besonders zu betonen (wie es für Beispiele und Veranschaulichungen früher bereits erläutert wurde).

b) Die Rolle von Handlungen/Variation der Darstellungsebenen

Von Verfechtern der operativen Methode wird die Bedeutung von konkreten Handlungen für den Lernprozeß häufig überbetont. Wesentliche Begriffsmerkmale können *auch* durch Handlungen (ähnlich wie durch Veranschaulichungen) deutlich gemacht werden. Das bedeutet aber noch längst nicht, daß die konkret-materielle Handlung im Unterricht (erst recht für die hier diskutierte Altersstufe) die Hauptsache ist. Dies sei an zwei Beispielen verdeutlicht, weil damit vielleicht verbreiteten Mißverständnissen ein wenig begegnet werden kann.

1. Beispiel: Erweitern von Brüchen

Wie früher (in Abschnitt 2.5) hervorgehoben, steckt hinter dem Erweitern „im Kern" die Verfeinerung einer Einteilung (letztlich also eine konkrete Handlung). Es kommt aber nicht darauf an, daß deshalb jeder Schüler konkret einen Kuchen oder ersatzweise eine Pappscheibe zerschneidet. Dieses (weitere) Einteilen durch Zerschneiden kann sich jeder Schüler anhand einer Skizze hinreichend gut vorstellen – und auch, daß beim Zerschneiden eines Bruchteils zwar mehr, dafür aber kleinere Stücke entstehen (ohne daß sich das Stück insgesamt verändert). Auf diese geistige Operation in der Vorstellung aufgrund einer dazu gegebenen verbalen Erläuterung kommt es an. Die konkrete Handlung ist also nicht entscheidend, sondern die durch Erläuterung vorgestellte Handlung und die dazu gegebenen expliziten Hinweise (z.B.: „Es werden doppelt so viele, aber halb so große Stücke").

2. Beispiel: Vergleichen von Brüchen

Wenn die Schüler „verstehen" sollen, daß $\frac{3}{4} < \frac{4}{5}$,

kommt es wiederum nicht darauf an, daß die Schüler die Brüche aus Pappe herstellen (oder z.B. aus fertigen Vierteln oder Fünfteln zusammenlegen) und daran „sehen", wie es sich verhält.

Es kommt vielmehr darauf an, daß die Schüler anhand einer vorgestellten Handlung (unterstützt durch eine Skizze wie hier neben) verstehen, daß beim Teilen in 5 gleiche Teile kleinere Stücke als beim Teilen in 4 gleiche Teile entstehen und deshalb im zweiten Falle weniger am Ganzen fehlt:

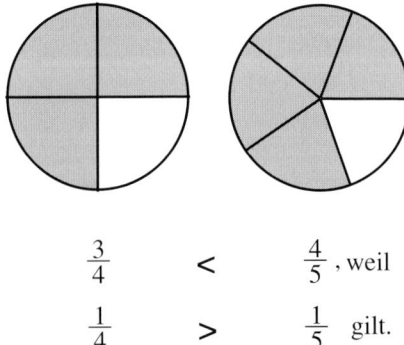

Für die schraffierten Brüche gilt:	$\frac{3}{4}$	$<$	$\frac{4}{5}$, weil
für die unschraffierten „Reststücke"	$\frac{1}{4}$	$>$	$\frac{1}{5}$ gilt.

---

[39] Vgl. dazu Abschnitt 4.4.

Für die Einsicht sind die in der Vorstellung vollzogenen geistigen Operationen und die nachvollzogenen Begründungen (und die dazu evtl. gegebenen verbalen Hinweise) entscheidend.

Man wird also z.B. der Misere der Bruchrechnung (vgl. Abschnitt 6.1.2) nicht hauptsächlich dadurch begegnen können, daß man für ein großes Materiallager (Stichwort: „Bruchkoffer") sorgt und die Schüler viel konkret handeln läßt. Dies allein kann noch nicht den besseren Lernerfolg (besseres Verständnis) garantieren.

Häufig kann die eigene Handlung die Vorstellung und wohl auch das Erinnerungsvermögen stützen. Häufig lenkt die Handlung aber auch vom Wesentlichen ab: den geistigen Operationen, die mit den Handlungen zu verbinden sind!

Um diese anzustoßen durch entsprechende gezielte Hinweise, ist ein Lehrer oder ein Lehrtext sehr wichtig. Es empfiehlt sich dabei als Veranschaulichungsmittel (ein Hilfsmittel, mehr nicht!) häufig eine einfache Skizze, die sich bereits auf wesentliche Momente konzentriert (vgl. Abschnitt 3.6). Dies hängt freilich auch mit dem Alter der Schüler zusammen. Im 5./6. Schuljahr kann man eher davon ausgehen, daß den Schülern entsprechende Handlungen so geläufig sind, daß man (etwa im Vergleich zur Grundschulzeit) mit genügend starken Vorstellungen rechnen darf, an die man erinnern kann.

Ob man eine konkrete Handlung zur Veranschaulichung einsetzt oder sich mit einer Zeichnung oder gar nur mit dem Wachrufen einer anschaulichen Vorstellung begnügt, wird letztlich auch vom jeweiligen Inhalt und von der „Lesbarkeit" einer Zeichnung abhängen (bzw. von den diesbezüglichen Lesefähigkeiten der Schüler). In der Bruchrechnung wird man auf konkrete Handlungen wohl häufiger verzichten können als in der Geometrie (vgl. auch die Anmerkung in Abschnitt 3.6.7).

Was hier nochmals für Handlungen diskutiert wurde, läßt sich auf alle konkreteren Darstellungsebenen (Veranschaulichungen, Beispiele) verallgemeinern:

Genausowenig wie im Unterricht die konkrete Handlung als solche didaktisch entscheidend ist, ist es auch nicht die bloße Veranschaulichung, sondern die Vorstellungen und geistigen Operationen (Verknüpfungen, Folgerungen), die besonders durch sprachliche Hinweise erzeugt werden (vgl. auch Abschnitt 3.6).

Vielleicht sollte man dementsprechend weniger von einer wünschenswerten „Variation der Darstellungsebenen" sprechen, sondern von einer *Verknüpfung oder Verzahnung der konkret-anschaulichen Grundlage mit der allgemeinen umgangs- und fachsprachlichen, begrifflichen Formulierung in beiden Richtungen.*

Bildlich sähe das so aus:

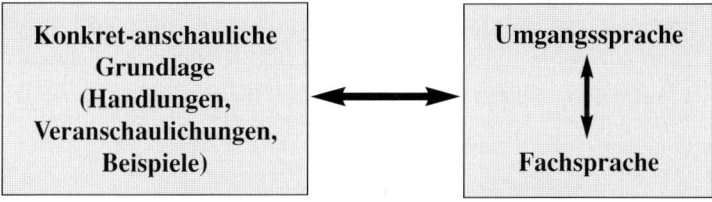

Der Terminus „Prinzip der Variation oder Darstellungsebenen" ruft anscheinend häufig zu sehr die Vorstellung hervor, man solle sich auf jeder Ebene (mehr oder weniger getrennt) bewegen und die Ebene häufiger wechseln. Doch ohne die jeweilige Verknüpfung mit der Sprache macht dies wenig „Sinn". Die Sprache ist also letztlich das entscheidende Medium. Es kommt mithin auch nicht so sehr darauf an, daß jede konkret-anschauliche Ebene im Unterrichtsprozeß vorkommt (jede dient eh nur zur Verdeutlichung wesentlicher Momente), sondern, daß das Wesentliche insgesamt genügend deutlich wird. Insofern ist auch der Wechsel zwischen den konkret-anschaulichen Ebenen von sekundärer Bedeutung.

c) Variation der Veranschaulichungsmittel/mathematische Variation

Schon im Rahmen des Abschnitts 3.6.4 wurde bereits herausgearbeitet, daß die Variation der Veranschaulichungsmittel kein Selbstzweck sein darf und der Wechsel des Veranschaulichungsmittels nur Sinn hat, wenn auf andere Weise ein wesentlicher Aspekt besser verdeutlicht werden kann. Das gleiche gilt für die sog. „mathematische Variation" (d.h. die Variation der Beispiele hinsichtlich unwesentlicher Merkmale): Man sollte nur solche Merkmale variieren, die zu Mißverständnissen führen könnten. Deshalb ist z.B. die Variation der Lage bei geometrischen Figuren wichtig, die Variation der Größe weniger (vgl. dazu Abschnitt 3.5).

Die Anwendungsbereiche eines Verfahrens sollte man nur so weit variieren, wie es für eine bestimmte Gruppe von Lernenden (z.B. lernschwacher Schüler) oder im Rahmen einer bestimmten Lernsituation (siehe dazu genauere Diskussion im inhaltlichen Teil) wirklich notwendig und sinnvoll erscheint. Es sei hier nur verdeutlichend darauf hingewiesen, daß man sich in der gewöhnlichen Bruchrechnung sicherlich weitestgehend auf kleine Zähler und Nenner bzw. „gängige" Brüche beschränken und auf künstliche Anwendungen verzichten kann. In der Schlußrechnung kann man sich bei lernschwachen Schülern weitgehend mit Menge-Preis-Situationen zufriedengeben.

Damit ist zugleich angedeutet, daß es aufgrund bewußter didaktischer Entscheidung möglich sein muß, eine gewisse fachbegriffliche Untergeneralisierung (hier für den Begriff „proportional") in Kauf zu nehmen.

d) Variation des Lösungswegs

Lösungswege zu variieren, ist sicherlich sinnvoll, um Schüler von starren Lösungsschemata abzubringen und sie daran zu hindern, solche Schemata gedankenlos anzuwenden (d.h. womöglich auch da, wo sie gar nicht anzuwenden sind)[40] und den gesunden Menschenverstand zu begraben. Insofern stellt die Variation eines Lösungswegs ein wichtiges Mittel für das Wachhalten der Einsicht dar. Das bedeutet jedoch nicht, daß man keine ökonomischen Standardwege mehr erklären oder propagieren dürfte und jeder Schüler „seinen eigenen Weg" gehen müßte. Im Gegenteil: Hier haben Lehrer und Lehrtexte eine wesentliche Aufgabe orientierender Lenkung.

e) Einbeziehung von Umkehroperation, Variation der gesuchten Größe/„Operative Gesamtbehandlung"

Dieser Gesichtspunkt ist vor allem in Verbindung mit der Variation und Kontrolle des Lösungswegs wichtig für das Kopf-Rechnen mit natürlichen Zahlen, wo die Operationen u.a. zur Probe vielfältig und sinnvoll miteinander verbunden werden können. Dies ist insbesondere relevant für Überschläge.

Dies rechtfertigt aber noch nicht, Umkehraufgaben „aus Prinzip" zu stellen, d.h. wo immer nur möglich – in der Erwartung, das „Gesamtsystem" werde dadurch beweglich, die Einzeloperation erst richtig verständlich und führe damit zu besseren Lernerfolgen. Der empirische Nachweis dafür steht aus. Hingegen darf man vermuten, daß man eine Einzeloperation oder einen einzelnen Aufgabentyp sehr wohl im Kern verständlich machen, d.h. die wesentlichen Merkmale herausarbeiten kann, auch ohne die Umkehrung oder einen „umgekehrten" Aufgabentyp durch Variation der gesuchten Größe unbedingt einzubeziehen.

Da eine unreflektierte Anwendung des operativen Umkehrprinzips sehr weitreichende Folgen haben kann, sei die obige Vermutung an Beispielen etwas genauer erläutert.

1. Beispiel: Flächeninhaltsberechnung des Rechtecks[41]

Wenn der didaktische Kern der Rechtecksflächenberechnung in der bereits von Breidenbach (1964) propagierten Form „Inhalt eines Streifens mal Anzahl der Streifen" oder ähnlich herausge-

---

[40] Zur Gefahr sog. „negativen Transfers" vgl. z. B. Zech 1996[8], Kapitel 7.
[41] Dies ist eines der klassischen Beispiele von Aebli (1963).

arbeitet werden soll[42], scheint es z.B. nicht erforderlich, Aufgaben zu stellen, in denen nach der Anzahl der Streifen gefragt wird. Solche Variationen führen womöglich nur dazu, daß man Aufgaben stellt, die praktisch weitgehend irrelevant sind und den lernschwachen Schülern unnötige Kopfschmerzen bzw. Frustrationen bereiten. Sie tragen damit nicht dazu bei, den didaktischen Kern der Flächeninhaltsberechnung zu verdeutlichen, sondern nehmen die Zeit, es vielleicht auf andere Weise besser zu tun. Z.B. scheint es sinnvoll, die „Lage der Streifen" zu variieren, um den Grundgedanken zu betonen:

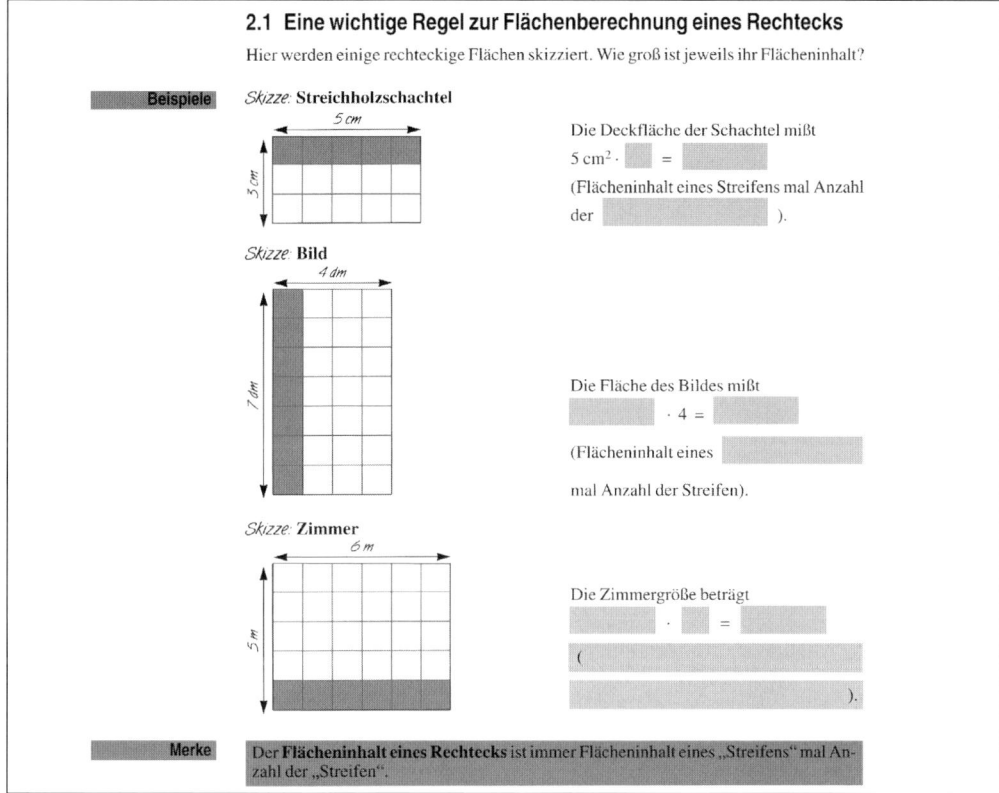

Aus: „Geometrie 2" (ZECH 1993)

Wie das folgende Beispiel zeigt, können die Konsequenzen einer „operativen Gesamtbehandlung" bzw. ihrer bewußten Verweigerung wesentlich folgenreicher sein.

2. Beispiel: Prozentrechnung/Zinsrechnung

Es scheint mit der Forderung nach „operativer Gesamtbehandlung" nicht gerechtfertigt, alle Schüler mit allen Typen von Aufgaben der Prozent- und Zinsrechnung zu konfrontieren. Nach Lage der Dinge muß man häufig froh sein, wenn die schwächsten Schüler den Typ „Prozentwertaufgaben" (z.B. Mehrwertsteuer- und Rabattberechnung) und damit den wichtigsten Aufgabentyp der Prozentrechnung beherrschen. Zur Verdeutlichung dieses Aufgabentyps braucht man nicht unbedingt Grundwert- und Prozentsatzberechnungen. Analoges gilt erst recht für die Zinsrechnung. Man kann somit viel Zeit sparen zugunsten der Verdeutlichung des Wichtigsten![43]

---

[42] Näheres dazu vgl. Abschnitt 5.3.6.

[43] Näheres dazu in den Abschnitten 3.10 und 7.3. Dort wird dann auch etwas zu den Lehrplananforderungen zu sagen sein.

f) Zusammenfassung: Operative Prinzipien

Der Exkurs „Operative Prinzipien" diente einer genaueren Abgrenzung und Präzisierung der Position zu Übungen/Anwendungen und der allgemeinen Konzeption zu Handlungen, Wechsel von Darstellungsebenen, Variation von Veranschaulichungsmitteln, Beispielen und Lösungswegen sowie zur curricularen Einbeziehung von Umkehrungen.

Es wurde wie folgt Stellung bezogen:

1. Handlungen spielen häufig eine wichtige Rolle zur Verdeutlichung wesentlicher Merkmale, aber keine Sonderrolle neben Veranschaulichungen und Beispielen, wenn den Schülern ab 5./6. Schuljahr die in Frage kommenden Handlungen (besonders in der Bruchrechnung, etwas weniger in der Geometrie) weitgehend vertraut sind. Die Handlungen an konkretem Material können dann häufig vom Wesentlichen eher ablenken. Als entscheidend wird für alle konkreten Veranschaulichungen (Handlungen, Skizzen, Beispiele) die Erzeugung entsprechender Vorstellungen und geistiger Operationen mit Hilfe sprachlicher Hinweise herausgestellt. Das entscheidende Medium ist also die Sprache. Es wird vorgeschlagen, das häufig mißverstandene operative Prinzip der Variation der Darstellungebenen durch ein Prinzip der Verzahnung der konkret anschaulichen Grundlage mit umgangs- und fachsprachlicher Formulierung der Begriffe, Regeln und Verfahren zu ersetzen.

2. Die Prinzipien der Variation der Veranschaulichungsmittel und der mathematischen Variation (zusammengefaßt: „Variation unwesentlicher Merkmale") sollten sehr vorsichtig angewandt werden: allgemein gesagt, nur so weit, wie es zur Erläuterung wesentlicher Merkmale unbedingt notwendig erscheint.

3. Die Variation von Lösungswegen erscheint zweckmäßig, solange auch optimierte Standardwege angeboten werden.

4. Die Einbeziehung von Umkehrfragestellungen und eine entsprechende Variation der gesuchten Größe sollte stärker an den Fähigkeiten der Schüler und an den curricularen Notwendigkeiten orientiert werden. Es wird die These vertreten, daß das Wesentliche einer Operation oder eines Aufgabentyps häufig auch ohne Übergang zu Umkehrfragestellungen genügend deutlich gemacht werden kann.

3.10 Differenzierungsgesichtspunkte

3.10.1 Vororientierung

„Differenzierung" bedeutet in der Didaktik soviel wie gezielte Berücksichtigung der individuellen Unterschiede zwischen den Schülern. Eine Lehrtext- und Unterrichtskonzeption, die sich möglichst stark an der vorhandenen kognitiven Struktur der Schüler orientiert, kommt nicht umhin, die individuellen Unterschiede gezielt zu berücksichtigen und dementsprechende „Differenzierungsvorschläge" zu entwickeln.

Es wurde bereits in Abschnitt 2.2 angedeutet, wie man sich eine Teillösung des Differenzierungsproblems vorstellen könnte („verständlichere Lehrtexte, damit sich der Lehrer um einzelne lernschwache Schüler besser kümmern kann").

---

[43] Näheres dazu in den Abschnitten 3.10 und 7.3.
   Dort wird dann auch etwas zu den Lehrplananforderungen zu sagen sein.

Diese Vorstellung sei jetzt weiter ausgebaut und begründet, indem wir
– das Problem der Differenzierung verdeutlichen,
– Gesichtspunkte der Differenzierung diskutieren und daraus das eigene Differenzierungskonzept entwickeln,
– inhaltliche Vorschläge zur Differenzierung andeuten,
– die besonderen Vorteile der Differenzierung über stärker selbstlehrende Schülermaterialien noch genauer herausarbeiten.

3.10.2 Das Problem der Differenzierung

Wie jeder weiß, unterscheiden sich die Schüler sehr stark in ihrer Leistungsfähigkeit und -bereitschaft. Diese Unterschiede hängen mit vielen Einzelfaktoren wie Intelligenz, Begabung, Vorwissen, Interesse, Lerntempo zusammen, um nur einige wichtige zu nennen. Alle diese Unterschiede kann kein Lehrtext, kein Unterricht voll berücksichtigen. Im Grunde brauchte man (mindestens) für jeden Schüler einen eigenen Lehrtext bzw. einen eigenen Lehrer, und selbst dies würde das Differenzierungsproblem nicht lösen; denn es setzte ja zumindest voraus, daß die individuellen Vorgaben genau erfaßt würden. Da aber stünde man vor einem unlösbaren Diagnoseproblem. Dies sollte man sich vor Augen führen, um sich hinsichtlich Differenzierung keine falschen Illusionen zu machen. Selbst wenn man nach Schulformen und innerhalb der Schulformen nach Leistungsgruppen differenziert hat, sind die Unterschiede innerhalb der Gruppen immer noch ziemlich groß, auch innerhalb der sog. „lernschwachen Schüler", die wir hauptsächlich im Blick haben.

Immer von neuem wird der Autor eines Lehrtexts wie der Lehrer dazu gezwungen, sich an einem Durchschnittsschüler zu orientieren, den es eigentlich gar nicht gibt. [44] Es ist daher wichtig, sich zunächst auf die Gesichtspunkte besonders zu konzentrieren, die für alle Schüler (mehr oder weniger) wichtig scheinen, wie das bisher versucht wurde. [45] Auf dieser Basis kann man dann überlegen, wie man individuelle Unterschiede zumindest grob berücksichtigen kann.

3.10.3 Gesichtspunkte der Differenzierung

Einige Vorschläge für Differenzierung im Mathematikunterricht findet man in einem Band von BAUERSFELD/OTTE/STEINER (1978). Innerhalb dieses Bandes finden sich recht umfassende Vorschläge von GRIESEL/POSTEL, die etwa folgende prinzipiellen Möglichkeiten der Differenzierung diskutieren; nämlich nach

(1) Themen
(2) Art der Anregung
(3) Art des methodischen Zugangs
(4) Grad der Komplexität
(5) Vorwissen
(6) Lernstufen
(7) Art der Verbalisierung/Grad der Formalisierung
(8) Grad der Reflexion

Diese Gesichtspunkte können hier nicht im einzelnen diskutiert werden. Deshalb nur ein paar Bemerkungen, die – wenn auch ein wenig pauschal – das eigene Differenzierungskonzept abgrenzen sollen:

---

[44] Vor der gleichen Schwierigkeit steht übrigens auch die Textverständlichkeitsforschung und die Unterrichtsforschung ganz allgemein.
[45] Tut man dies nicht, läuft man in Gefahr, aufgrund zu starker Komplexität handlungsunfähig zu werden.

Autoren von Lehrtexten und Lehrer scheinen überfordert, ein klares Differenzierungskonzept auf dieser Basis zu entwickeln. Sicherlich wird man z.B. hinsichtlich A, B und C-Kursen in einer Orientierungsstufe gewisse Unterschiede hinsichtlich (7), (8) machen wollen, aber dies läßt sich kaum genauer fassen.

Die Differenzierung nach (6) – gemeint sind dort vor allem die Darstellungsebenen – scheint nicht zweckmäßig, wenn man bedenkt, daß Handlungen, Veranschaulichungen und Beispiele – wie in 3.9.5 b) genauer angesprochen – eigentlich nur sporadische Verdeutlicher sind, die die Verbalisierung nicht ersetzen und keinesfalls nach Schwierigkeit geordnet werden können.

Die Differenzierungsgesichtspunkte (2) und (3) erscheinen ebenfalls unpraktikabel; der Lehrer müßte dazu viel mehr wissen, wie man nach Art der Anregung und dem methodischen Zugang sinnvoll differenzieren kann. (Die Fachdidaktik kann da kaum helfen.)

Bleiben also noch die Differenzierung nach (1), (4) und (5). Nach Vorwissen (5) kann man in der Praxis im Vorhinein selten Gruppen einteilen; dies erfordert genauere Diagnosen. Der Lehrer wird eher versuchen, Lücken während des Unterrichts aufzuspüren und Schüler mit bestimmten Schwierigkeiten ad hoc und von Fall zu Fall zusammenfassen. Nach Grad der Komplexität (4) wird er hingegen häufiger differenzieren (evtl. aufgrund von Sternchen bei Aufgaben oder ähnlichem im Lehrbuch oder nach eigener Einschätzung). Damit kommt aber meist keine stärkere stoffliche Differenzierung zustande. Im wesentlichen bleibt nur noch (1): die Differenzierung nach Themen. Hier gerät man indessen sehr schnell in einen unauflösbaren Widerspruch zwischen Individualisierung (das hieße jetzt Auswahl unterschiedlicher Themen!) einerseits und Chancengleichheit (das hieße doch wohl zumindest Themengleichheit!) andererseits:

Einesteils wäre es erforderlich, den Stoff für lernschwächere Schüler strikt zu beschränken, wenn sie in der gleichen Zeit wie die besseren etwas richtig lernen (verstehen und üben) sollen. Andernteils wäre es aber nötig, den lernschwächeren Schülern alles anzubieten, um die Durchlässigkeit nach oben zu wahren und damit ihre Chancen nicht zu gefährden.

Hier kommt man um eine klare Entscheidung nicht herum! Im folgenden wird dargestellt, welche Konsequenzen man aus diesem Dilemma ziehen sollte.

3.10.4   Skizzierung eines Konzepts inhaltlicher Differenzierung

Nach jahrelangen Beobachtungen, Erfahrungen und empirischen Untersuchungen zur gewöhnlichen Bruchrechnung und Dezimalbruchrechnung, zur Prozentrechnung und Schlußrechnung (z.B. WELLENREUTHER/ZECH 1990, ZECH/WELLENREUTHER 1992) haben wir die Überzeugung gewonnen, *daß das Allen-Alles-Anbieten-Wollen die eigentliche Gefahr darstellt für die lernschwächeren Schüler.* Sie lernen dann nämlich fast nichts mehr richtig und haben so natürlich die geringsten Chancen in der Schule wie im Leben (vgl. dazu insbesondere die Ergebnisse in Abschnitt 6.1.2).

Bisherige Differenzierungsvorschläge für „Fundamentum" und „Additum" fruchteten wohl deshalb so wenig, weil sie bei der Auswahl des Notwendigen vielleicht doch zu sehr an der Mathematik und zu wenig am (lernschwachen) Schüler orientiert waren.

Man müßte wohl viel radikaler das Lernangebot für die lernschwachen Schüler beschneiden, als das etwa in früheren Rahmenrichtlinien der alten Bundesländer (und – soweit bekannt – leider auch in den späteren der neuen Bundesländer) geschehen ist. [46]

---

[46] Dies gilt prinzipiell für lernschwache Schüler aller Schultypen,
  ob nun in gegliederter oder integrierter Organisationsform.

Zum Beispiel könnte auf das Rechnen mit gemeinen Brüchen (außer vielleicht für ganz einfache, anschaulich ohne weiteres nachvollziehbare Fälle) für lernschwächere Schüler des Hauptschulniveaus verzichtet werden. Erst so wird vermutlich eine bessere Berücksichtigung der im Alltag viel wichtigeren Dezimalrechnung möglich (vgl. Vorschlag in Abschnitt 6.7).

In der Prozentrechnung könnte man für lernschwächere Schüler auf die Berechnung von Grundwerten womöglich ganz verzichten und sich bei der Prozentsatzberechnung vielleicht auf Überschläge beschränken. Damit hätte die Berechnung von Prozentwerten, die im Alltag sicherlich am wichtigsten ist, eine bessere Chance (vgl. auch Abschnitt 7.2.1 b).

In der Zinsrechnung könnte man sich bei lernschwächeren Schülern u.U. ganz auf die Berechnung von Zinsen konzentrieren. So könnte man wenigstens auf einige praktisch wirklich wichtige Spar- und Kreditformen näher eingehen.

Insgesamt wird man den lernschwächeren Schülern wohl am meisten mit einer größeren Wirklichkeitsnähe dienen (und geringerer „theoretischer" Ausrichtung auf spätere Mathematik, die für diese Schüler ohnehin nicht „in Frage" kommt).[47] Das kann, wie früher hinsichtlich der Verwendung realistischer Zahlen (vgl. Abschnitt 3.9.3) und soeben bei der Zinsrechnung angedeutet, an einzelnen Punkten sogar eine gewisse Ausdehnung hinsichtlich des bisherigen Aufgabenangebots bedeuten.

In der Geometrie sollte man wegkommen von für Schüler uninteressanten, pseudoaxiomatischen Einführungen über Punkt, Strecke, Gerade, Winkel ebenso wie von einer überzogenen Behandlung von Abbildungen aus der „Abbildungsgeometrie" (wie Geradenspiegelung, Drehung, Verschiebung), die schwächere Schüler doch nie sachgemäß anwenden werden und zumindest in der Hauptschule von vornherein keine wesentliche Rolle spielen. Hingegen schiene es z.B. wichtig, daß Flächen- und Raumgrößen möglichst gründlich behandelt werden, damit in diesem Grundwissen nicht so große Defizite bestehen, wie es allenthalben zu beklagen ist (vgl. auch Abschnitt 5.3).

Wir kommen auf die inhaltlichen Differenzierungsvorschläge im zweiten Teil im einzelnen zurück.

3.10.5. Differenzierung durch stärker selbstlehrende Schülermaterialien

Diese Differenzierungsmöglichkeit, die GRIESEL/POSTEL (1978) gar nicht bedacht haben, scheint die wichtigste, wenn man sie zugleich mit inhaltlicher Themendifferenzierung der angedeuteten Art verbindet: So kann man sich wohl noch am besten auf die sehr unterschiedliche Leistungsfähigkeit und das sehr unterschiedliche Lerntempo (!) der einzelnen Schüler einstellen. BLOOM (1971) ist zu entnehmen, daß durch Individualisierung des Lerntempos ein großer Teil der sonst auftretenden Leistungsunterschiede und Lücken ausgeglichen werden kann. Deshalb hat man ja auch zeitweise das Heil im programmierten Unterricht und später (jedoch wenig ausgebaut) im Unterricht mit „optimierten" Lehrtexten gesucht (vgl. Kapitel 1). Es wurde früher (vgl. Abschnitt 1.4.2) bereits dargelegt, warum diese Ansätze jedoch aus anderen theoretischen Gründen unzulänglich bleiben mußten.

---

[47] Das klingt „konservativ", scheint aber schlicht „humaner".

3.10.6   Zusammenfassung: Differenzierungsgesichtspunkte

Eine Konzeption, die die Orientierung an der kognitiven Struktur der Schüler ernst nimmt, muß auch das Differenzierungsproblem ernst nehmen. Diskutiert man gängige Differenzierungsgesichtspunkte angesichts praktischer Möglichkeiten, so scheint eine Themendifferenzierung noch am erfolgversprechendsten.

Man kommt zu dem Schluß, daß für lernschwache Schüler inhaltlich wesentlich stärker differenziert werden muß, als das den meisten in Deutschland gültigen Rahmenrichtlinien entspricht.

Neben der Themendifferenzierung scheint die Individualisierung des Lernens vor allem durch stärker selbstlehrendes Material möglich.

Neben den früher bereits herausgearbeiteten Vorteilen, insbesondere dadurch, daß sich der Lehrer stärker um den einzelnen lernschwachen Schüler kümmern kann, wird die Differenzierung des Lerntempos als besonders relevant herausgestellt. Es ist zu hoffen, daß durch die Kombination von Themendifferenzierung einerseits und Differenzierungsmöglichkeiten aufgrund selbstlehrender Lehrtexte andererseits ein relatives Optimum an Differenzierung erreichbar ist, weil man auf diese Weise dem „Ideal" des Einzelunterrichts bei praktikablem Aufwand vielleicht noch am nächsten kommt.

4 Das Zusammenspiel von Lehrer, Lehrtext und Schüler

4.1 Vororientierung

Unsere Entwicklungsarbeit und die bisherigen Ausführungen haben sich auf die Erstellung eines adäquaten Lehrmaterials bzw. die Funktionen des Lehrers konzentriert, sofern er an die Stelle des Lehrmaterials tritt. Dabei wurden eine Reihe von Gesichtspunkten diskutiert, die gleichermaßen für die Lehrtextgestaltung und für jegliche Erklärungen und Übungen des Lehrers im Mathematikunterricht wichtig scheinen: Sprachgestalterische Gesichtspunkte ebenso wie Motivationsgesichtspunkte, Gesichtspunkte der Strukturierung und Verdeutlichung des Wesentlichen, Gesichtspunkte der Übung und Anwendung und schließlich auch der inhaltlichen Differenzierung. Es wird nun diskutiert, wie das Zusammenspiel von Lehrer, Lehrtext und Schüler im sozialen Kontext des Klassenunterrichts vorzustellen ist. Dabei wird ersichtlich, daß ein Lehrtext (und habe man sich noch so viel Mühe damit gemacht) den Lehrer und vor allem die Interaktion mit ihm und den Mitschülern nicht ersetzen kann. Das Mißverständnis liegt u.U. nahe, wenn dem Lehrtext eine stärker selbstlehrende Funktion gegeben werden soll; dies ja aber nur, um andere wesentliche Dimensionen des Unterrichts desto besser zum Tragen zu bringen! Der Lehrer wäre schon allein deshalb unverzichtbar, weil er dem Schüler einen angemessenen Umgang mit dem Lehrtext beizubringen hätte (was durchaus nicht „von selbst" gewährleistet ist), und natürlich ist er auch dann unersetzbar, wenn der Schüler wirklich größere Leseschwierigkeiten haben sollte. Davon abgesehen, hat der Lehrer aber eine Reihe weiterer wichtiger Funktionen im Blick auf Lehrtext und Schüler (vgl. Gesamtüberblick in Abschnitt 4.2 und nähere Darstellung in den Abschnitten 4.3 und 4.4). Daneben werden die Bedeutung des sozialen Lernens und entsprechende Sozialformen besonders herausgestellt (Abschnitt 4.5).

4.2 Die Rolle des Lehrers in Interaktion mit Lehrtext und Schüler (Überblick)

Der Lehrer ist hier besonders in seiner Vermittlungsfunktion zwischen Lehrtext und Schüler zu sehen. In diesem Rahmen nimmt er u.a. die Aufgabe wahr, das Lernen des Schülers über einen Text vorzubereiten, unterstützend zu begleiten und zu ergänzen durch:

(1) **Organisation (Planung und Durchführung des Unterrichts)**
Gliederung des Unterrichts, Bestimmung von Lese- und Übungsphasen (dazu Sozialformen), Einsatz weiterer Medien, Entscheidung von Differenzierungsmaßnahmen

(2) **Vororientierung und Strukturierung**
„Einstimmung", Motivation, Sinnerläuterung, Verdeutlichung des roten Fadens

(3) **Erklärungen und Modellierungen**
„Ersterklärungen", Modellierung von Algorithmen, heuristischen Verfahren, selbstkritischem Verhalten, psychomotorischen Verfahren und Arbeitstechniken

(4) **Methodische Einzelhilfen und allgemeine Verarbeitungshilfen**
Betonung des Wesentlichen, Hilfe bei Schwierigkeiten

(5) Rückmeldung und Lernkontrolle

Diagnose von Lücken, Korrektur und Besprechung von Tests

(6) Ergänzungen

Zusatzaufgaben für die leistungsschwächsten und leistungstärksten Schüler

Zusammengenommen bedeutet das also:

Über die Möglichkeiten des Lehrtexts hinaus wählt der Lehrer (evtl. in Interaktion mit den Schülern) Inhalte aus; paßt die Struktur des Lehrtexts dem vorgegebenen Zeitrahmen an; sorgt für ergänzende soziale Lernphasen; erklärt, bespricht, modelliert den Inhalt des Lehrtexts; gibt dem Schüler Hilfen im Umgang mit Lehrtext und Lösungsteil; gibt heuristische und inhaltliche Hilfen für das Lösen von Aufgaben; verstärkt viele Funktionen des Lehrtexts (von der Vororientierung über die Betonung des Wesentlichen während des Lernprozesses bis hin zur Zusammenfassung); gibt individuelle Hilfen und Rückmeldung, soweit sie der Lehrtext nicht geben kann; stellt – wenn nötig – zusätzliche Aufgaben außerhalb des Lehrtexts.

Damit dürfte die *Unentbehrlichkeit des Lehrers*, auch im Kontext mit einem „verständlichen Lehrtext", hinreichend dokumentiert sein!

Die meisten Lehreraufgaben stehen in einem durchaus traditionellen Rahmen; sie bekommen nur besondere Akzente durch das in Kapitel 3 besprochene Verständlichkeitskonzept und den besonders betonten Einsatz daran orientierter Lehrtexte.

Sie werden im nächsten Abschnitt (4.3) noch etwas genauer betrachtet.

Eine besondere Bedeutung innerhalb der Lehreraufgaben kommt den *Modellierungen* des Lehrers (orientiert an den Modellen des Lehrtexts) zu: z.B. das Vorführen von Verfahren, begleitet durch lautes Denken zu den Verfahren. Solche Modellierungen (eine besonders intensive Art von „Erklärung") werden im traditionellen Unterricht verhältnismäßig wenig genutzt. Ihr zusätzlicher Gewinn liegt vor allem in einer *systematischeren Nutzung nachahmenden Lernens,* die ein Lehrtext nicht bieten kann. Es wird dadurch eine doppelte, sich gegenseitig verstärkende Informationsverarbeitung ermöglicht. (Extraabschnitt 4.4!)

4.3   Akzente der traditionellen Funktionen des Lehrers

4.3.1 Organisation des Unterrichts

Im Rahmen seiner Vorbereitung kann sich der Lehrer genauer mit der Konzipierung des Unterrichts und seiner einzelnen Inhalte anhand dieses Buches und unserer Schülerhefte auseinandersetzen. Insbesondere wird er sich mit den Erklärungsmodellen und dem didaktischen Kern der Inhalte genauer vertraut machen.

Er hat zu entscheiden, ob und wie er zwischen verschiedenen Schülergruppen differenzieren wird, wann und wie er den Lehrtext einsetzt und in welcher Sozialform (Einzelarbeit, Partnerarbeit, Gruppenarbeit) die Aufgaben bearbeitet werden.[1]

Der Lehrer stellt auch die vorgeschlagenen Unterrichtsmittel bereit (oder stellt sie gemeinsam mit den Schülern her). Das Ausgangsmaterial bzw. die Anleitungen finden sich meist in den Schülerheften (z.B. für Bruchscheiben, Spielmaterialien).

Häufig wird sich der Lehrer auch um *reale Objekte* bemühen, soweit sie einer besseren Vorstellung oder einem realistischeren Gebrauch dienen als im Schülerheft gezeichnete (z.B. Fieberthermometer oder Meßbecher zum Skalenablesen in der Dezimalbruchrechnung). Auch die Beschaffung von geeigneten Demonstrationsobjekten gehört dazu (z.B. um durch Umgießen zu zeigen, daß ein „Dezimeterwürfel" genausoviel Rauminhalt hat wie ein Litergefäß)…

---

[1] Vorschläge findet er in den Schülerheften. Näheres dazu in Abschnitt 4.5!

4.3.2 Vororientierung/Strukturierung

Der Lehrer hat, besonders am Anfang einer Stunde, eine wichtige Funktion bei der Vorstrukturierung, Zielorientierung und Motivation des Unterrichts, die weit über die eines Lehrtexts hinausgeht. Besonders wichtig ist eine gute „Einstimmung" am Anfang eines größeren Teilgebiets, wie es etwa durch jeweils ein Schülerheft behandelt wird (z.B. Messen und maßstäbliches Zeichnen, Einführung von Flächen- und Raummaßen usw.).

Eine solche Einstimmung wird zwar im Schülerheft als „Einführung" modelliert: Der Lehrer kann sich davon anregen und sie die Schüler später auch lesen lassen, aber er kann aus intimer Kenntnis seiner Klasse viel direkter vorangegangenen Unterricht, Vorerfahrungen und spezielle Interessen der Schüler, die sich mit dem neuen Gebiet verbinden, mit eigenen Worten ansprechen.

Der Lehrer wird die Schüler zusätzlich in den Schülerheften blättern und Fragen dazu stellen lassen. Die Vororientierung ist freilich nicht nur im großen, sondern auch immer wieder im kleinen wichtig (vgl. Abschnitt 3.4.2):

Wichtig ist es vor allem, wie früher hervorgehoben, den Sinn neuer Inhalte (etwa in Anlehnung oder ergänzend zu den Schülerheften) zu erläutern. *Der Lehrer wird eigentlich nie mit einem bloßen Leseauftrag beginnen!*

Auch bei Übungsaufgaben geht es darum, ihren Sinn (das heißt z.B. ihre didaktische Funktion oder ihre Anwendungsbedeutung) deutlich zu machen. Das muß sicher häufiger geschehen, als das in unseren Schülerheften erfolgt ist.[2]

Im übrigen geht es nicht nur um Vororientierung, sondern auch um eine Bekanntgabe bzw. Aushandlung einer genaueren Gliederung der Unterrichtseinheiten, den angemessenen Wechsel zwischen Lese- und Übungsphasen und eine Absprache hinsichtlich der Sozialformen.

Eine kurze schriftliche Notierung der Arbeitsaufträge (Sozialform in Verbindung mit inhaltlicher Gliederung; vgl. Abschnitt 3.4.3 b) an der Tafel oder auf einem „Gruppenfahrplan" scheint bei längerer Selbstbeschäftigung der Schüler zweckmäßig.

Eine wichtige Aufgabe des Lehrers besteht bei der häufigen Zerstückelung des Unterrichts in Einzelstunden darin, die innere Logik immer wieder herzustellen, den roten Faden deutlich zu machen: Was haben wir bisher gemacht? Wo stehen wir? Was müssen wir noch machen? usw. (vgl. auch Abschnitt 3.4.3 c).

4.3.3 Methodische Einzelhilfen/Allgemeine Verarbeitungshilfen

Der Lehrer organisiert und strukturiert nicht nur den Unterricht, er erklärt und modelliert nicht nur (vgl. Abschnitt 4.4), sondern er hat die Schüler (insbesondere die lernschwachen) auch „laufend" zu unterstützen. Dazu muß er die Schüler während ihrer Arbeit mit den Heften genauer beobachten. Er wird sich nicht aufdrängen, weil die Schüler möglichst selbständig arbeiten sollen[3] und die Hilfen möglichst über die jeweilige Lernsituation hinausreichen sollen. Wenn sich der Lehrer bei der Bearbeitung von Aufgaben gemäß einem Prinzip der kleinsten Hilfe verhalten will, ist es vielleicht ganz hilfreich, sich an einer Taxonomie von Hilfen (vgl. ZECH 1996[8], Kapitel 11) zu orientieren[4]:

---

[2] Es ist entbehrlich, wenn der Kontext weitgehend klar ist und für sich selbst spricht.

[3] Zur Selbständigkeit als allgemeines Lernziel vgl. die Abschnitte 3.3 und 4.5!

[4] Diese Taxonomie wurde für anspruchsvolleren Problemlöseunterricht entwickelt, hat aber auch ihre Gültigkeit im bescheideneren Rahmen eines Unterrichts zur Vermittlung von Grundkenntnissen für lernschwache Schüler.

1. Motivationshilfen

2. Rückmeldungshilfen

3. Allgemein-strategische Hilfen

4. Inhaltlich orientierte strategische Hilfen

5. Inhaltliche Hilfen

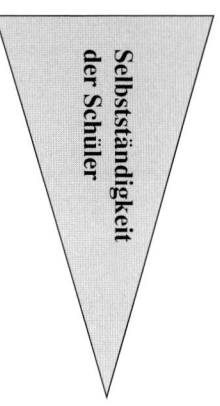

Die Hilfen bedeuten in diesem Zusammenhang etwa:

1. *Bloße Ermunterung:*
„Wenn du dir den Text genauer anschaust, wirst du schon alles verstehen!"

2. *Nur sagen, ob die Richtung der Lösung stimmt:*
„Du bist auf dem richtigen Wege", ohne irgend etwas Weiteres zu verraten.

3. *Nur an Arbeitstechniken und allgemeine Vorgehensweisen erinnern:*
„Denk an die Beispielaufgaben im Heft!"
„Mach doch mal einen Überschlag", „…eine Skizze".

4. *Nur an bestimmte Schritte einer Lösung erinnern:*
Bei der Prozentsatzberechnung z.B.:
„Du mußt erst den Anteil bestimmen",
„ … jetzt den Bruch in einen Dezimalbruch verwandeln",
„Schau noch mal die Beispielaufgabe im Heft an!"

5. *Teile der Lösung verraten:*
„Ich will dir mal zeigen, wie man den Anteil bestimmt",
„ … den Bruch in einen Dezimalbruch umrechnen kann",
„Ich rechne dir nochmal eine Aufgabe vor".

Um die vorgenannten Hilfen sinnvoll einsetzen zu können, wird der Lehrer bei seinen Rundgängen die Schüler nach ihren Schwierigkeiten fragen bzw. sich nach dem Stand einer Lösung erkundigen. Häufen sich bestimmte Schwierigkeiten der Schüler, wird sie der Lehrer für eine Gruppe oder die ganze Klasse aufgreifen und (u.U. an neuen Beispielen) klären.

Neben diesen methodischen Einzelhilfen hat der Lehrer sicherlich immer wieder gewisse (Text-) Verarbeitungshilfen zu geben. Seine *Hauptaufgabe* besteht diesbezüglich darin, *das im Lehrtext als wesentlich Hervorgehobene seinerseits besonders zu betonen.* Dabei wird er natürlich die Schüler durch Fragen beteiligen, damit sie sich möglichst selbst an das Wesentliche erinnern (für sich selbst zusammenfassen): „Was war wichtig? Erläutere an einem Beispiel!"

Es sei auch nochmals daran erinnert, daß es häufig erforderlich ist, daß der Lehrer *Veranschaulichungen des Lehrtexts genauer erläutert,* was z.B. bestimmte Pfeile bedeuten usw. (vgl. Abschnitt 3.7.3 d). Es ist also u.U. zweckmäßig, daß der Lehrer von wichtigen Veranschaulichungen Folien für die gemeinsame Besprechung in der Klasse herstellt. Er wird u.U. auch den *Umgang mit Veranschaulichungen modellieren* („Ich sehe mir die Veranschaulichung genauer an und entnehme ihr …"). Zugleich wird er die Schüler anleiten, sich bewußt mit Veranschaulichungen auseinanderzusetzen (d.h. wichtige Informationen darin zu suchen und sie nicht als belanglose Illustrationen anzusehen).

4.3.4 Rückmeldung und Lernkontrolle

Rückmeldungen und Lernkontrollen sind für den Schüler generell wichtig, damit er weiß, wo er im Lernprozeß steht, weiß, was er bereits kann und was er noch nicht kann bzw. wie er es richtig machen kann. Mündliche und schriftliche Lernkontrollen geben umgekehrt auch dem Lehrer Rückmeldung darüber, wo und wie seine Hilfen am besten anzusetzen sind.

Rückmeldung bekommt der Schüler vom Lehrer und seinen Mitschülern bis zu einem gewissen Grad „unorganisiert" durch die laufende Unterrichtsarbeit. Durch die *Lösungsteile* zu unseren Schülerheften wird sie gewissermaßen institutionalisiert. Dabei legen wir – im Gegensatz zu den häufig üblichen Lösungsteilen für Lehrer – viel Wert darauf, daß der Schüler nicht nur die richtigen Ergebnisse erfährt, sondern auch *Hinweise zum Lösungsweg* bekommt (u.U. sogar zu mehreren Lösungswegen).

Die Angabe der Lösungswege hat einerseits den Sinn, daß Schüler mit richtigen Lösungen zusätzliche Anregungen bekommen für andere oder einfachere Lösungen. Das kann zu einem *flexibleren Verhalten beim Aufgabenlösen* beitragen. Zumindest bekommen die Schüler aber Modelle für das *Aufschreiben einer Lösung.*

Andererseits hat die Angabe von Lösungswegen für Schüler mit falschen Lösungen den Sinn, daß sie den Stoff anhand erläuterter Lösungen wiederholen, also weitere Beispiele bekommen. Im übrigen können die Schüler von der Angabe der Lösungswege in ähnlicher Weise profitieren wie die Schüler mit richtigen Lösungen.

Allerdings muß man auch berücksichtigen, daß die angegebenen Lösungswege massivste „inhaltliche Hilfen" darstellen und – kommen sie zu früh – das Lernziel „Selbständigkeit" verfehlen. Deshalb ist es zweckmäßig, einige Verabredungen hinsichtlich eines richtigen Gebrauchs des Lösungsteils zu treffen und darüber zu wachen (vgl. dazu Abschnitt 4.5).

Unabhängig von den Rückmeldungen durch den Lösungsteil und den sporadischen Rückmeldungen durch Lehrer und Schüler, braucht der Schüler von Zeit zu Zeit eine umfassendere Rückmeldung hinsichtlich seines Kenntnisstands durch den Lehrer. Dazu dienen *Tests* zu geschlossenen Abschnitten unserer Lehrtexte (im Anschluß an Zusammenfassungen; vgl. Abschnitt 3.7.4).

Nach der Bearbeitung eines Tests nimmt sich der Lehrer die Schülerhefte (zumindest eine repräsentative Auswahl) zweckmäßig mit nach Hause, um seinerseits ein umfassendes Bild von den Schwierigkeiten der Schüler zu bekommen. Eine differenzierte Rückmeldung erfolgt einesteils durch die Korrektur des Lehrers, andernteils kann der Lehrer eine Besprechung der Fehler durchführen und sie durch eine Erläuterung der richtigen Lösungen anhand einer *Folie mit den Lösungen der Testaufgaben* (aus dem Lösungsteil) ergänzen.

Die Tests in unseren Schülerheften können als Vorbereitung der „Klassenarbeiten" mit ähnlichen Aufgaben betrachtet werden. Dadurch tritt die Rückmeldungsfunktion des Tests in den Vordergrund und weniger das angsterzeugende „Leistungsritual" (vgl. dazu Abschnitt 3.3).

Zwischen Lernkontrollen im Schülerheft, die wir als „Tests" bezeichnen, und den Klassenarbeiten kann der Lehrer versuchen, noch vorhandene Schwierigkeiten gezielt auszuräumen.

Wichtig sind allerdings Lernkontrollen nicht nur als Sammel-Diagnose gegen Ende eines Lernprozesses, sondern u.U. auch am Anfang des Lernprozesses zur Feststellung von Lücken hinsichtlich notwendiger inhaltlicher Voraussetzungen. Besonders wichtig wäre eine solche Voraussetzungsdiagnose z.B. in der Prozentrechnung, wo viele Voraussetzungen aus der Bruch-/Dezimalbruchrechnung eingehen. Solche Voraussetzungen (vgl. auch Abschnitt 7.2.1 e) wurden im Anhang des Schülerhefts „Prozentrechnung" (ZECH 1996) zusammengestellt [5].

Die Voraussetzungen werden zweckmäßig jeweils bei Bedarf nachgeholt. Eine geschlossene Wiederholung am Anfang eines neuen Gebietes ist aus Motivationsgründen selten zu empfehlen; sie scheint nur dann angebracht, wenn die Voraussetzungen insgesamt sehr lückenhaft sind.

4.3.5 Ergänzungen des Lehrers

Die inhaltlichen Ergänzungen des Lehrers zum Lehrtext werden meist in zusätzlichen Aufgaben für die schwächsten und die stärksten Schüler bestehen.

Für besonders schwache Schüler wird der Lehrer nach unseren Erfahrungen manchmal zusätzliche Übungsaufgaben benötigen, die er aber nach den Mustern des Schülerhefts relativ leicht ergänzen kann: Hier ist in erster Linie an etwas modifizierte Standardaufgaben (entsprechend den „Beispielen" im Text) zu denken. Man sollte sich aber gerade bei diesen Schülern der Gefahr bewußt bleiben, Automationen an die Stelle von Verständnis zu setzen (d.h. statt zusätzlicher Erklärung und kleineren Verständnisaufgaben einfach viele gleichartige Aufgaben zu stellen; vgl. Abschnitt 3.9.2 c).

Für die besten Schüler wird der Lehrer (bei ausgeschöpfter Themendifferenzierung) komplexere Aufgaben aus anderen Schulbuchwerken stellen können. Sie sollten freilich so gut ausgewählt sein, daß sie nicht wie eine zusätzliche „Strafarbeit" wirken. Daneben könnte die Differenzierung auch im sozialen Bereich liegen (d.h. etwa beim Einsatz besserer Schüler als Schülertutoren; vgl. Abschnitt 4.5 und Schluß 2 b).

4.4 Modellierungen

4.4.1 Theoretischer Hintergrund: Modellierend lehren, nachahmend lernen

Mit dem „Modellieren" wurden theoretische Vorstellungen eingeführt, die sehr alt sind und vermutlich für das Lehren und Lernen allgemein eine besonders große Bedeutung haben und vielleicht eine besonders geeignete Ergänzung zu selbständigerer Arbeit mit Lehrtexten sind. Es geht dabei um sog. nachahmendes Lernen oder Imitationslernen.

Es seien einige Gesichtspunkte entwickelt, zu denen einerseits die sozialkognitive Lerntheorie BANDURAS (1979), andererseits das Trainingsmanual zur Vermittlung kognitiver Fähigkeiten von LAUTH/HOLZHAUER/WEITENDORF (1983) angeregt hat.

An dieser Stelle ist ein wenig auf nachahmendes Lernen einzugehen, weil diese Art des Lernens in der Mathematikdidaktik, sofern man die Lerntheorie GALPERINS (vgl. z.B. GALPERIN/LEONTJEW 1972) hier nicht mit einordnen möchte, recht selten diskutiert wird. Häufiger wird Imitationslernen z.B. in der Sportdidaktik beachtet: Jemand macht etwas vor, andere machen es nach.

Nachahmendes Lernen ist uns aus dem Alltag vertraut, z.B., wenn jemand vormacht, wie man mit einem Werkzeug umgeht. Es gilt eigentlich seit altersher als eine besonders einfache, „mühelose" Lernform. In der Tat hat sie sich bei lernschwachen Schülern auch als besonders wirksam erwiesen (siehe weiter unten).

Dabei ist zu betonen, daß das Imitationslernen nicht einfach in einem bloßen „Nachäffen" besteht. Alltagserfahrungen wie auch Untersuchungen zeigen, daß der lernende „Beobachter" dabei eine eigenständige Verarbeitung vornimmt und „sinnverstehend" lernt – ähnlich wie bei rezeptiv sinn-

---

[5] Entsprechende Diagnosetests wurden im Rahmen unseres Projekts allerdings nicht entwickelt.

vollem Lernen bisheriger Art und bei Lernen aus Texten und bildlichen Darstellungen. Auch beim Imitationslernen ist besonders dann mit Sinnentnahme zu rechnen, wenn der „Beobachter" auf das am Modell zu Lernende besonders aufmerksam gemacht wird.

Im folgenden interessiert vor allem das bewußte Vormachen eines Modells (Lehrers), das sich selbst kommentiert, durch lautes Denken begleitet. Dies bezeichnet man als *kognitives Modellieren*.

Einschub zum einfachen Erklären:

Das kognitive Modellieren ist methodisch zu unterscheiden vom schlichten „Erklären", wenn der Lehrer das, was im Lehrtext steht, evtl. fragend-entwickelnd in eigenen Worten erklärt – u.U. mit vielen „Unterbrechungen": Rückfragen, ob der Schüler verstanden hat und kleinen Denkanstößen für den Schüler hinsichtlich des nächsten Schritts oder zur Anregung eigener Erkenntnis des Wesentlichen. Ein solches Erklären ist als Ersterklärung (vor der wiederholenden Erklärung durch den Lehrtext) häufig sehr wichtig. Worauf dabei besonders zu achten ist (von der Vororientierung bis zur Zusammenfassung), wurde im letzten Kapitel ausführlich besprochen. Es ist – wie zu sehen war – weitgehend identisch mit dem, worauf ein Lehrtextautor besonders zu achten hat. Die Möglichkeiten der Unterbrechung und der genauen Anpassung der Erklärung an die kognitive Struktur des Lernenden (samt der Möglichkeit, durch „gelenktes Entdecken" den Schüler beim Lernen stärker zu aktivieren und zu helfen) ist als die besondere Stärke und *didaktische Funktion der Lehrererklärung* anzusehen. (Demgegenüber besteht der Vorteil und die besondere *didaktische Funktion der Lehrtext-Erklärung* darin, daß der Schüler eine Lehrtexterklärung zum Nachdenken immer dann unterbrechen kann, wenn er es für nötig hält, und das Erklärte u.U. mehrmals nachlesen kann.)

Zurück zum kognitiven Modellieren als besonderer Form des gewollten prägnanten Vormachens, für das im nächsten Abschnitt ins einzelne gehende Beispiele gegeben werden:

Untersuchungen von GARTEN/LAUTH (1982) zeigen in einer klassenanalogen Versuchssituation den besonderen Nutzen des kognitiven Modellierens für lernschwache Schüler. Dabei machte der Lehrer den Schülern im einzelnen vor, wie man zweckmäßig an bestimmte Aufgaben herangeht. Im Endergebnis waren die Kinder aus dieser Versuchsgruppe einer Kontrollgruppe vergleichbarer Kinder, die entdeckenlassenden Unterricht bekamen, im Generalisieren solcher Aufgaben deutlich überlegen (ein bemerkenswertes Ergebnis!).

Wie ist die besondere Wirkung des kognitiven Modellierens zu verstehen?

Beim kognitiven Modellieren macht das Modell sonst verdeckt ablaufende Denkprozesse „sichtbar"; der Lernende kann sie beobachten und als „Selbstinstruktion" verinnerlichen.

Ein besonderer Vorteil des hier vorgestellten Unterrichtskonzeptes liegt vielleicht darin, daß es ermöglicht, Erklärung des Lehrtexts, Erklärung des Lehrers und Modellierung des Lehrers sehr eng aufeinander zu beziehen, insofern sie den gleichen Erklärungskern benutzen und sich gegenseitig stützen können:

Der Lehrtext liefert zunächst dem Lehrer das Grundmodell seiner Erklärung. Bei dieser Erklärung des Lehrers wird die geschlossene Erklärung des Lehrtexts in kleinere Teile zerlegt und für die jeweilige Lerngruppe „passend" aufbereitet.

Sie kann sodann wieder in geschlossener Form vom Lehrer – laut denkend – modelliert und damit auf andere Weise wiederholt werden. Danach kann der Schüler das, was der Lehrer erklärt und modelliert hatte, – nochmals in anderer Form – als Lehrtext-Erklärung nachlesen. Schließlich wiederholt er es abermals mit Hilfe von passenden Verständnisaufgaben. So wird das Lehr-Lernsystem Lehrer – Lehrtext – Schüler zu einem „mehrkanaligen" homogenen Verbund, wie er auf andere Weise schwer vorstellbar ist. (Es sei allerdings nicht verschwiegen, daß eine wesentliche Voraussetzung für das Funktionieren dieser Konzeption darin besteht, daß sich der Lehrer mit dem „Grundmodell" des Lehrtexts und mit der Grundkonzeption dieses Unterrichts weitgehend identifizieren kann; was u.a. mit diesem Buch angestrebt wird!)

4.4.2 Beispiele für Modellierungen

Im Mathematikunterricht eignen sich viele Denkvorgänge und Verhaltensweisen besonders zum Modellieren durch den Lehrer. Verhaltensweisen von relativ kurzer Dauer (z.B. das kritische Verhalten bei einer Aufgabenkontrolle) lassen sich häufig unmittelbar „demonstrieren". Längere Verfahren (z.B. das der Prozentsatzberechnung) wird man – wie oben bereits angedeutet – häufig erst „fragend-entwickelnd" erarbeiten und sie erst in einer späteren Lernphase (vor oder auch nach dem Nach-lesen der Schüler im Lehrtext) in verdichteter Form modellieren.

Im einzelnen sind folgende gute Gelegenheiten für das Modellieren[6]) zu vermuten, die an Beispielen aus den Klassen 5 bis 8[7]) verdeutlicht werden:

a) Modellieren von Algorithmen

Dazu zählen das Vorführen von
– Rechenverfahren mit Dezimalbrüchen,
– Lösungsverfahren für alle grundlegenden Aufgabentypen in Prozent- und Schlußrechnung.

Hierbei ist hervorzuheben, daß das Modellieren eines Verfahrens etwas ganz anderes ist als das knappe Zusammenfassen eines solchen Verfahrens, weil beim Modellieren zum Ausdruck gebracht wird, *was bei den einzelnen Schritten gedacht wird*. Machen wir uns das am *Beispiel der Prozentsatzberechnung* klar, zu der in Abschnitt 3.7.3 c bereits eine Zusammenfassung vorliegt. Das Modellieren des Lehrers würde vielleicht folgendermaßen aussehen:

„Ich muß offenbar einen Anteil in Prozente umschreiben …"

1. „Um den *Anteil der kranken Schüler* festzustellen, stelle ich zunächst fest, was der Teil und was das Ganze ist: 5 Schüler ist der Teil, 28 Schüler das Ganze.
   Ich schreibe also für den Anteil in der normalen Form: 5 von 28…"

2. „Jetzt ist der *Anteil erstmal als gewöhnlicher Bruch* zu schreiben. Dazu überlege ich:
   1 Schüler von 28 Schülern ist der 28. Teil, also $\frac{1}{28}$ der Klasse.
   5 Schüler sind also $\frac{5}{28}$ der Klasse, also 5 von 28 = $\frac{5}{28}$."

3. „ Den Bruch $\frac{5}{28}$ muß ich *jetzt als Dezimalbruch* schreiben.

   (Da muß ungefähr $\frac{5}{25} = \frac{1}{5} = 0,2$ herauskommen!)

   Zum genauen Rechnen dividiere ich 5 : 28 mit dem Taschenrechner… Vom Ergebnis schreibe ich aber nur drei Stellen hinter dem Komma auf, weil ich ja doch auf zwei Stellen runde, d.h. Hundertstel oder Prozente:
   $\frac{5}{28} = 5 : 28 = 0,178$
            (Das ist ungefähr 0,2 !)"

4. „Ich schreibe also weiter
   $0,178 \approx 0,18 = \frac{18}{100} = 18\,\%$.
   Ich weiß damit: 18 Prozent der Schüler sind krank."

---

[6]) Statt von „kognitivem Modellieren" wird im folgenden kurz von „Modellieren" gesprochen.
[7]) Es wäre u. E. gezielte Lernexperimente wert, die Wirkungen des Modellierens genauer zu untersuchen.

Diese Modellierung könnte etwa im Zusammenhang mit einer übersichtlichen Zusammenfassung erfolgen. Natürlich muß bzw. sollte eine Modellierung nicht immer so ausführlich sein. Auch hier können Teilüberlegungen „selbstverständlich" und damit u.U. überflüssig werden.

Andererseits können ausführliche Modellierungen vielleicht auch einem allzu automatischen Ablauf eines Algorithmus entgegenwirken. Unter Umständen wird man nur Teilschritte, bei denen die Schüler Verständnisschwierigkeiten haben, genauer modellieren.

b) Modellieren von heuristischen Verfahren

Der Lehrer macht z.B. vor, *wie man an eine Standard-Sachaufgabe der Dezimalbruchrechnung herangeht* (vgl. Abschnitt 6.5). Dazu schreibt er etwa folgende Schritte auf (siehe linke Seite der Tabelle) und spricht bzw. denkt laut zur jeweiligen Tätigkeit (in der Tabelle rechts):

Lehrer schreibt	Lehrer spricht
1. Wichtige Angaben unterstreichen	1. „Ich unterstreiche die Zahlen, die ich für die Rechnung brauche."
2. Passende Rechenoperation suchen	2. „Ich runde auf ganze Zahlen, damit ich die Rechenoperation besser erkennen kann."
3. Überschlag machen	3. „Ich mache einen Überschlag mit den ganzen Zahlen. Ich schreibe < Überschlag:> …"
4. Rechnung durchführen	4. „Ich rechne dann genau mit den gegebenen Zahlen. Ich schreibe < Rechnung:> …"
5. Rechnung überprüfen	5. „Ich prüfe, ob das Ergebnis stimmen kann, indem ich es mit dem Überschlag vergleiche."
6. Frage beantworten	6. „Ich schreibe < Antwort: > und beantworte die gestellte Frage."

Bei dieser Modellierung sind, wie es auch in der Praxis sein wird, nicht alle Aspekte und Feinheiten (z.B. hinsichtlich Überschlag und Kontrolle berücksichtigt. Man wird *Schwerpunkte setzen, – auch um die Modellierung übersichtlich zu halten!*

Wichtig ist, wie beim Beispiel zur Prozentsatzberechnung, daß der Lehrer nicht nur abstrakt die Schritte formuliert, sondern die Schritte wirklich *tut* und *laut* dazu sagt, was er dabei denkt (bzw. der Schüler denken sollte). Die Überlegungen sollte er in möglichst schlichter Schülersprache formulieren, damit der Schüler sie innerlich gut nachahmen kann: Das, was der Lehrer laut denkt, soll ja zur Selbstinstruktion des Schülers werden! Dabei empfiehlt es sich, den Schüler bei Übungsaufgaben häufiger selbst in dieser Weise laut denken zu lassen (eigentlich eine uralte, aber keineswegs antiquierte Methode, um Denk- und Handlungsvorgänge bewußt zu machen und zu verinnerlichen!).

c) Modellieren von selbstkritischem Verhalten

Modellieren ist nicht nur geeignet, den kognitiven, sondern auch den affektiven Bereich (Einstellungen, Bereitschaften) anzusprechen und zu fördern. Solche Modellierungen können u.U. sehr kurz sein und z.B. eine Modellierung wie unter b) ergänzen:

Der Lehrer modelliert *kritisches bzw. reflexives Verhalten*, z.B.

– beim Herangehen an eine Aufgabe:
  „Muß ich das übliche Verfahren wählen – oder kann ich vielleicht einfacher rechnen?"
– bei der Lösungskontrolle:
  „Kann das Ergebnis von der Sachsituation her in der Größenordnung stimmen?" Oder „Ist das Ergebnis in der vorliegenden Form sinnvoll angegeben? (Muß ich z.B. den ausgerechneten Geldbetrag auf zwei Stellen nach dem Komma – auf Pfennige – runden?).

d) Modellieren von psycho-motorischen Verfahren

Das Vormachen von Handlungen, die bestimmte Bewegungsabläufe beinhalten, und das begleitende „Erklären" (eigentlich wiederum ein lautes Denken) sind vom Alltag her vielleicht am meisten bekannt. Beispiele aus dem Mathematikunterricht sind:

– das zweckmäßige Anlegen eines Geodreiecks (allgemein: die Handhabung eines Zeichengeräts),
– das Auszählen von Rechenkästchen o.ä.,
– das Ablesen von dezimalen und nicht-dezimalen Skalen an Meßgeräten
  (vgl. Abschnitt 6.4.2 b),
– Anleitungen zum Basteln (z.B. von Pappmodellen in der Geometrie, von Bruchscheiben, …).

e) Modellieren von Arbeitstechniken

Dies ist ein Bereich, der von besonderer Bedeutung ist, wenn der Lehrer das Lesen von Lehrtexten stärker in den Unterricht einbeziehen will. Es geht z.B. um das Modellieren des Umgangs mit dem Lehrtext. Es seien einige Modellierungsmöglichkeiten im Rahmen des dargestellten Unterrichtskonzeptes angedeutet:

– Was mache ich bei Verständnisschwierigkeiten während des Lesens oder
  bei Schwierigkeiten während des Aufgabenlösens?
  Wie verwende ich den Lösungsteil? (Näheres dazu im nächsten Abschnitt!)
– Wie verwende ich den Lehrtext zur Wiederholung?
  (Stichworte: Inhaltsverzeichnis, Zusammenfassungen bzw. Gesamtübersicht,
  Beispielaufgaben im Text, Wiederholungsaufgaben, Testaufgaben).

4.5 Sozialformen der Schüler

4.5.1 Sozialformen unter der Perspektive sozialer Lernphasen und Ziele

Im Rahmen des Verbundes Lehrer – Lehrtext – Schüler ist natürlich auch die Art der Schülertätigkeit von besonderer Bedeutung. Dabei sind die Sozialformen der Partner- und Gruppenarbeit unter der doppelten Perspektive zu sehen: Sie sind einerseits gut für besseres kognitives Lernen (Stichwort: „soziale Lernphasen"), andererseits für besseres sozial-affektives Zusammenarbeiten und -leben (Stichwort: „soziale Ziele").

Es dürfte schon in den letzten Abschnitten klargeworden sein, daß ein Lehrtext auch im besten Falle nicht alle Schwierigkeiten bei allen Schülern auszuräumen vermag: Der Lehrtext muß wesentlich durch Erklärungen des Lehrers, durch Modellierungen, durch Lehrer – Schüler – Interaktion vorbereitet und ergänzt werden.

In der Übungs- und Anwendungsphase wird die eigene Schülertätigkeit (als Einzel-, Partner- und Gruppenarbeit) besonders wichtig: Das letzte Ziel des Unterrichts besteht ja letztlich darin, daß der Schüler das Gelernte selbständig anwenden kann. Zunächst geht es jedoch darum, die Zusammenarbeit der Schüler zu fördern, weil sie der Alleinarbeit in mehrfacher Hinsicht überlegen ist, der Selbständigkeit aber zugleich auch wieder zugute kommen kann. *Vorteile von Zusammenarbeit* liegen etwa in Folgendem:

(1) Wenn man mit eigenen Schwierigkeiten nicht fertig wird, kann man den anderen fragen.
(2) Wenn eine Sache mehrere Aspekte hat, kann man sie in Diskussion mit einem anderen u.U. besser gegeneinander abwägen.
(3) Man kann sich bei Zusammenarbeit gegenseitig kontrollieren.
(4) Zusammenarbeit kann bei Arbeitsteilung schneller zum Ziel führen.
(5) Es macht häufig zusammen einfach mehr Spaß als alleine.

Insofern die Zusammenarbeit zu einem besseren Verständnis und Lernerfolg verhilft, fördert sie potentiell aber auch die Selbständigkeit des einzelnen. Daneben hat die Zusammenarbeit der Schüler untereinander den Effekt, daß sie unabhängiger vom Lehrer macht und auch hierdurch die Selbständigkeit der Schüler fördert. Die Zusammenarbeit der Schüler darf man jedoch nicht übertreiben, weil sie auch zu neuer Abhängigkeit von anderen Schülern (d.h. Unselbständigkeit) führen kann. Insgesamt geht es also um eine dialektische Zielsetzung:

Zusammenarbeit ◄┈┈┈┈┈┈┈┈┈► **Selbständigkeit**

Beide Zielsetzungen sind für lernschwache Schüler besonders wichtig: die Zusammenarbeit, weil sie häufig zur Abkapselung neigen (vgl. Abschnitt 1.2.2) und somit die Vorteile der Zusammenarbeit nicht nutzen. Die Selbständigkeit aber ist wichtig, weil sie leicht zur Unselbständigkeit neigen, wenn sie alleine nicht klarkommen. (Man sollte hier vielleicht anmerken, daß Selbständigkeit und Zusammenarbeit auch wichtige soziale Zielsetzungen für leistungsstarke Schüler sind. Der Schwerpunkt sozialer Zielsetzungen sollte bei diesen Schülern in der „Hilfsbereitschaft" für die Schwächeren liegen. Insofern bietet es sich an, leistungsstärkere Schüler als Tutoren („Helfer") für die Schwächeren einzusetzen. Hierzu wäre u.a. eine gewisse Anleitung im Sinne eines Prinzips der minimalen Hilfe (vgl. Abschnitt 4.3.3) erforderlich. Leider konnten wir die Tutorentätigkeiten im Rahmen unseres Projektes nicht realisieren. Die Zielsetzungen „Selbständigkeit und Zusammenarbeit der Schüler" suchten wir im Rahmen unseres Projektes vor allem nach folgender Devise zu verbinden:

Soviel Selbständigkeit wie möglich, soviel Zusammenarbeit wie nötig und sinnvoll.

Die Förderung der Selbständigkeit ist in verständlicheren Lehrtexten mit Lösungshinweisen grundsätzlich angelegt (vgl. Abschnitt 2.2). Damit sie aber tatsächlich erreicht wird, sind einige Bedingungen zu erfüllen:

1. Dem Schüler muß gezeigt bzw. modelliert werden, wie man möglichst selbständig mit einem Lehrtext arbeiten kann.
2. Man muß genauer verabreden bzw. modellieren, was bei auftretenden Verständnisschwierigkeiten während des Lesens bzw. Schwierigkeiten während des Aufgabenlösens zu tun ist.

Hinsichtlich 1 ist dem Schüler zu zeigen, wie er z.B. mit Inhaltsverzeichnis, Register, Zusammenfassungen und Lösungsteil sinnvoll umgeht.

Hinsichtlich 2 ist zu verhindern, daß bei prinzipieller Einzelarbeit der Mitschüler der Lehrer bzw. der Lösungsteil zu früh befragt werden.

Dazu scheint es erforderlich, etwa folgendes zu *verabreden:*

– Bei Verständnisschwierigkeiten/Schwierigkeiten bei den Aufgaben wird **zunächst der Lehrtext selbst befragt** (z.B. dadurch, daß der Schüler noch einmal genauer nachliest oder sich eine Beispielaufgabe genauer anschaut).

- Kann die Schwierigkeit nicht geklärt werden, sollte der Schüler **einen Mitschüler fragen** (meist wird es der Tischnachbar sein).

- Wenn das auch nicht hilft, sollte der **Lehrer gefragt** werden (und der sollte eine möglichst kleine, vielleicht strategische Hilfe geben; vgl. Abschnitt 4.3.3).

- Der **Lösungsteil** sollte vom Lehrer verwaltet und **möglichst spät zugänglich gemacht** werden. Der Lehrer gibt ihn nur an Schüler weiter, wenn er selbst stärkere inhaltliche Hilfe geben müßte.

4.5.2 Wann welche Sozialform bei Aufgaben?

Bei den Aufgaben sollten sich die Schüler die Vorteile der Zusammenarbeit (vgl. Abschnitt 4.5.1) gezielt zunutze machen. Damit solche Gelegenheiten vielleicht besser genutzt werden, haben wir sie in den Schülerheften entsprechend zu kennzeichnen versucht:

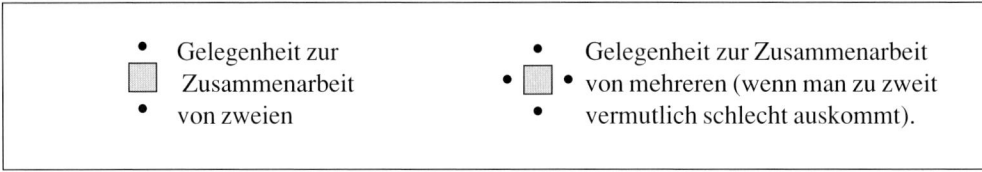

In jedem Fall sollte man aber prüfen, ob Partner- und Gruppenarbeit wirklich erforderlich sind. Indessen sind einem häufigen Wechsel, etwa zwischen Einzel- und Partnerarbeit, unterrichtsorganisatorische Grenzen gesetzt: Man wird immer einige Aufgaben auf einmal (z.B. seitenweise) einer bestimmten Sozialform zuweisen, um nicht zu viel Leerlauf bzw. Durcheinander zu bekommen. Bei den vorgeschlagenen Tests wird man sich u.U. unterschiedlich verhalten: Erscheinen die Aufgaben relativ einfach, kann Einzelarbeit angebracht sein, weil der Lehrer so das beste Bild von den restlichen Schwierigkeiten einzelner Schüler bekommt. Erscheinen die Aufgaben noch recht schwierig, ist eher Partnerarbeit angesagt (vgl. Abschnitt 3.3.2: Vorbereitung von Klassenarbeiten). Letztlich hängt die Sinnhaftigkeit von Einzel-, Partner- oder Gruppenarbeit immer von der jeweiligen Lernsituation (Voraussetzungen, Lernphasen) ab, kann also kaum unabhängig davon bestimmt werden.

Unter diesem Vorbehalt können folgende Vorschläge zum Geometrieunterricht im 5. Schuljahr u.U. sinnvolle Beispiele für Partner- bzw. Gruppenarbeit sein.

Partnerarbeit unter Aspekt 1 (Schwierigkeit)
Die Schüler sollen bei verschiedenen Vierecken in verschiedenen Lagen (darunter auch Fast-Beispielen) entscheiden, ob Quadrate vorliegen.

Partnerarbeit unter Aspekt 2 (Kontrolle)
Die Schüler sollen bei einem Fachwerkhaus unterschiedliche geometrische Formen identifizieren. Sie kontrollieren sich anschließend gegenseitig.

Partnerarbeit unter Aspekt 3 (Mehrere Aspekte einer Sache)
Diskussion darüber, wie man einen rechten Winkel am besten mit einem Geodreieck überprüft.

Partnerarbeit unter Aspekt 4 (Arbeitsteilung)
Mehrere ähnliche Maßstabsumrechnungen sind für eine Zeichnung zu machen.

Gruppenarbeit unter Aspekt 1 (Schwierigkeit / Lösungsvielfalt)
Es sollen mehrere Möglichkeiten herausgefunden werden, durch verschiedenes Zusammenlegen von Räumen, die Fläche einer Wohnung zu berechnen.

Gruppenarbeit unter Aspekt 4 (Arbeitsteilung)
Es sollen mehrere Wände und das Dach für ein Hausmodell maßstabsgerecht hergestellt werden. Gruppenarbeit bietet sich vor allem bei komplexeren Sachaufgaben an (vgl. Teil II des Buches).

4.6 Zusammenfassung: Das Zusammenspiel von Lehrer, Lehrtext und Schüler

Die folgende Graphik gibt eine Übersicht über den Verbund Lehrer/Lehrtext/Schüler nach dem Konzept des Projekts TELEMA/STÜTZPFEILER, in den (statt der früheren Lehrerhefte) dieses Buch als zusätzliche Informationsquelle für den Lehrer einbezogen wird. Die Pfeile bringen die Verbindung zwischen den Teilen des Lehr-Lern-Systems zum Ausdruck:

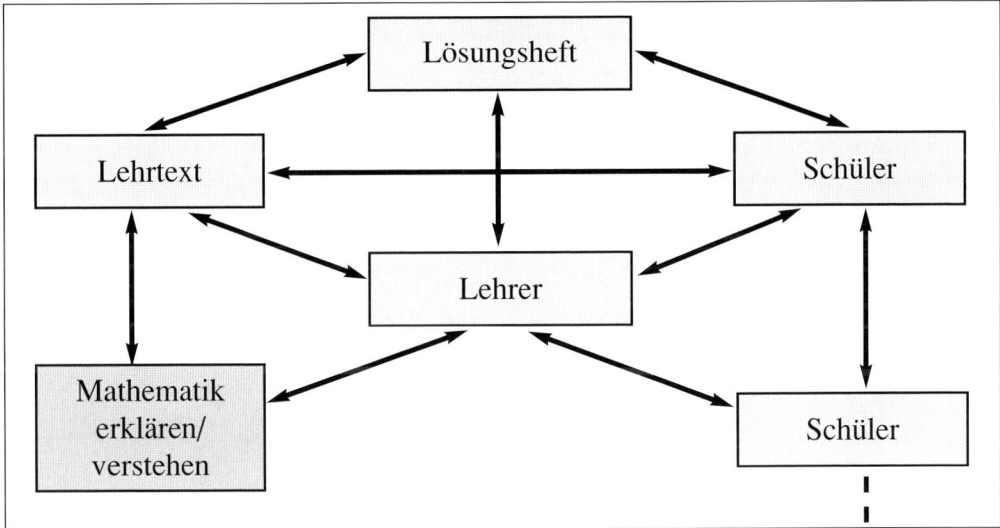

Das Lehr–Lernsystem Stützpfeiler

Trotz der stärker selbstlehrenden Funktion des Lehrtexts hat der Lehrer sehr vielfältige Aufgaben, so daß er nach diesem Unterrichtskonzept vermutlich mindestens genauso viel zu tun hat wie im gewohnten Unterricht. Es sei nochmals an die Aufgaben erinnert:

– Organisation	– Modellierung
– Vororientierung	– Einzelhilfen
– Strukturierung	– Lesehilfen
– Erklärung	– Rückmeldung/Lernkontrollen
– Ergänzungen zur Differenzierung	

Diese allgemeinen Lehrerfunktionen werden in konzeptions-spezifischer Weise herausgefordert: Die organisatorische Hauptaufgabe des Lehrers besteht darin, in enger Verbindung mit Lehrtext/Lösungsheft und ggf. diesem Buch den Unterricht vorzubereiten und mit den Schülern genauer abzusprechen. Hinsichtlich Vororientierung, Strukturierung und Erklärung hat er die entsprechende Funktion wie der Lehrtext wahrzunehmen, nur auf eine stärker der jeweiligen Unterrichtsgruppe und dem Rhythmus des Unterrichts angepaßte Weise. Der Lehrer bereitet damit gleichzeitig die Nacharbeit mit dem Lehrtext vor.

Die Erklärungen des Lehrtexts werden meist fragend – entwickelnd vorbereitet und durch Modellierungen, d.h. ein durch lautes Denken begleitetes Vormachen, ergänzt. Modellierungen auf der Basis der im Lehrtext gegebenen Erklärungen nutzen in besonderer Weise das einfache nachahmende Lernen und kommen den lernschwachen Schülern entgegen. Als besonders geeignet für Modellierungen werden herausgestellt:

– Algorithmen
– heuristische Verfahren
– selbstkritisches Verhalten
– Arbeitstechniken

Modellierung ist mehr als abstraktes Aufzählen wichtiger Punkte; es ist ein konkretes Verhalten, das dem Schüler auch wirklich Nachahmung ermöglicht. Wenn der Lehrer also z.B. den Umgang mit dem Lehrtext modelliert, wird er nicht einfach sagen, worauf es ankommt, sondern den Umgang mit dem Heft regelrecht „simulieren".

Wenn die Schüler Aufgaben lösen, hat der Lehrer hauptsächlich die Aufgabe, Einzelhilfen nach dem Prinzip der kleinsten Hilfe zu geben, die die Selbständigkeit der Schüler möglichst respektieren (vgl. Abschnitt 4.3.3).

Auch bei Rückmeldungen über das Lösungsheft hat der Lehrer darauf zu achten, daß die Schüler keine unnötig starken Hilfen durch zu frühes Nachsehen und „Abschreiben" bekommen. (Andererseits ist es aber auch wichtig für die Schüler, mit den Lösungsheften zu arbeiten, um Anregungen für andere Lösungen und Modelle für das Aufschreiben einer Lösung zu bekommen.)

Von der Schülerseite her werden vor allem die Sozialformen (Alleinarbeit, Partnerarbeit, Gruppenarbeit) in Verbindung mit den sozialen Zielen (Selbständigkeit, Zusammenarbeit) diskutiert. Angesichts dessen, daß (zumindest) bei lernschwachen Schülern wegen ihrer naturgegebenen Hilfsbedürftigkeit möglichst große Selbständigkeit das Ziel sein muß, andererseits aber Zusammenarbeit ihre besonderen Vorteile (letztlich auch für die Selbständigkeit) hat, wird die Devise „Soviel Selbständigkeit wie möglich, soviel Zusammenarbeit wie nötig" ausgegeben.

Um möglichst viel Selbständigkeit bei der Einzelarbeit der Schüler zu gewährleisten, scheint es zweckmäßig, eine Hierarchie der Hilfsinstitutionen aufzustellen:
Text befragen < Mitschüler fragen < Lehrer fragen < Lösungsheft befragen

Für die Partner- und Gruppenarbeit werden folgende Vorteile herausgestellt:
– Leichtere Lösungen von schwierigen Aufgaben
– Diskussionsmöglichkeiten bei mehreren Aspekten
– Gegenseitige Kontrolle
– Arbeitsteilung bei umfangreicheren Aufgaben

Diese Vorteile der Zusammenarbeit werden zugleich als Auswahlkriterium für Partner- und Gruppenarbeit gewählt (vgl. Beispiele in Abschnitt 4.5.2).

II. GESTALTUNG DER EINZELNEN UNTERRICHTSINHALTE

Vorbemerkungen zur Gestaltung dieses Teils

Im folgenden werden einige grundlegende Inhalte des Mathematikunterrichts der Klassen 5 bis 8 etwas genauer methodisch-didaktisch diskutiert. Dies sind die Inhalte, für die Schülerhefte im Rahmen des Projekts TELEMA bzw. STÜTZPFEILER MATHEMATIK entwickelt wurden.

Dabei soll vor allem fünf Anliegen entsprochen werden:

1. Die Gesamtkonzeption für die einzelnen Teilgebiete ist (besonders unter den Aspekten „Alltagsnähe" und „lernschwache Schüler") zu verdeutlichen.
2. Der mathematikdidaktische Kern der in den einzelnen Teilgebieten einzuführenden Begriffe und Verfahren ist herauszuarbeiten.
3. Die „neuralgischen Punkte", d.h. die Stellen, wo mit besonderen Schwierigkeiten gerechnet werden muß, sind zu diskutieren.
4. Die Differenzierungsmöglichkeiten innerhalb der einzelnen Teilgebiete sind genauer zu verdeutlichen.
5. Den Lehrern, die mit den Schülermaterialien arbeiten, sind aufgrund bisheriger Erprobungserfahrungen einige praktische Tips zu geben.

Es sei noch eine *darstellungstechnische Bemerkung* hinzugefügt:

Bei den folgenden Kapiteln tritt an die Stelle einer Vororientierung jeweils die Darstellung der allgemeinen Konzeption. Auf Zusammenfassungen der einzelnen Kapitel wird verzichtet, weil das Wesentliche hier außer in der vorangestellten Allgemeinkonzeption vor allem in vielen unterrichtsmethodischen Details zu sehen ist. Im übrigen sei auf die Gesamtzusammenfassung der wichtigsten Aussagen im Schlußkapitel verwiesen.

Zu den Einsatzmöglichkeiten für die im folgenden diskutierten Schülerhefte

Der Leser, vor allem der praktizierende Lehrer, sei vorweg auf Einsatzmöglichkeiten und Zielgruppen der Hefte hingewiesen, weil das bei der folgenden Diskussion mitbeachtet werden sollte: Die Hefte des 5./6. Schuljahres (Geometrie 1 und 2; Bruchrechnung 1 und 2; Dezimalbruchrechnung 1 und 2) dienen dem differenzierten Einsatz für alle Schüler dieser Jahrgänge, soweit sie z.B. eine Orientierungsstufe (wie in Niedersachsen) besuchen.

Die Hefte des 7./8. Schuljahres (Prozentrechnung, Zinsrechnung, Schlußrechnung) sind für den differenzierten Einsatz in der Hauptschule (oder eine entsprechende Schülergruppe in der Gesamtschule) gedacht.

Das Heft zur Zinsrechnung ist auch, wenn nicht sogar vorwiegend, in der Realschule einzusetzen. Alle Hefte sind wohl auch zur Unterstützung von lernschwachen Schülern in Realschule und Gymnasium geeignet. Alle Hefte (außer der Zinsrechnung) sind in wesentlichen Teilen auch in Schulen für Lernbehinderte einsetzbar (hier allerdings mehr als Modelle für den Lehrer denn als selbstlehrendes Material). Insgesamt ist an folgende Einsatzmöglichkeiten der Hefte zu denken:

– Als Alternative zum Schulbuch in den für die jeweiligen Schulformen ausgewiesenen Gebieten für Orientierungsstufen, Haupt-, Real- und Gesamtschulen;
– als Ergänzung zum Schulbuch (z.B. für Freiarbeit);
– als Grundlage von Förderunterricht für lernschwache Schüler aller Schulformen;
– als Material für selbständiges Arbeiten besserer Schüler.

5 Geometrie im 5./6. Schuljahr

5.1 Konzeption eines anwendungsorientierten Geometrieunterrichts

Die hier vertretene Konzeption von Geometrieunterricht ist nicht in erster Linie an einer Fachsystematik orientiert; sie beginnt also nicht – für die Schüler wenig motiviert – mit „grundlegenden" Begriffen wie Gerade, Strecke, Strahl, Winkel …, wie man das teilweise in Schulbüchern findet (vgl. Beispiele auf der nächsten Seite). Sie ist hingegen stark an alltagsnahen Qualifikationen ausgerichtet:

In „Geometrie 1" (ZECH 1992) geht es letztlich etwa darum, Wohnungsgrundrisse lesen und zeichnen zu können (eine Qualifikation, die z.B. bei der Einrichtung eines eigenen Zimmers oder einer eigenen Wohnung nützlich ist).

In „Geometrie 2" (ZECH 1993) geht es letztlich z.B. darum, bei der Renovierung einer Wohnung mit Flächen- und Raummaßen sinnvoll umgehen zu können.

Von solchen Endqualifikationen ausgehend, wurde sozusagen „rückwärts" ein systematischer Weg überlegt, der zu einem „projektartigen" Unterricht hinführt, in dem diese Qualifikationen in direkter Anwendung angesprochen sind.

Ein krasser Gegensatz von Systematik einerseits und betonter Anwendungsorientierung andererseits wird damit vermieden. Es ist darin eine Möglichkeit zu sehen, auch lernschwächere Schüler auf sachte Weise zu hinreichend komplexen Alltagssituationen zu führen[1], damit sie später auch in der Lage sind, das Gelernte in ähnlichen Situationen anzuwenden. (Nebenbei gesagt: „Projektorientierter Unterricht" wird wohl auch bei leistungsstärkeren Schülern nur dann wirklich effektiv werden können, wenn er in analoger Weise systematisch vorbereitet wird.)

Die „Kunst" eines solchen Unterrichtsaufbaus scheint vor allem darin zu liegen, die „Zwischenziele" nicht zu eng an das Endziel zu knüpfen, ohne sie auch wieder zu sehr auszuweiten:

Die in das (vorläufige) Endziel eingehenden Begriffe und Verfahren sollten einesteils so gründlich und „sinnvoll" entwickelt werden, daß sie ihren Nutzen auch in weiteren Alltags- und Lernsituationen entfalten können (m.a.W.: Sie sollen hinreichend stabil und verallgemeinerungsfähig sein). Andernteils dürfen Zwischenziele nicht so ausgeweitet werden, daß der Weg zum Endziel nicht mehr erkennbar ist. Dies sei am Beispiel der „Geometrie 1" verdeutlicht :

Beim Zeichnen von Grundrissen sind das Zeichnen von Rechtecken (und damit der Rechtecksbegriff) und der Maßstabsbegriff sicherlich notwendige Voraussetzungen. Nun gilt einerseits ein *„Prinzip des minimalen Ballasts"*: Beim Rechteck sollte man sich in dem angedeuteten Anwendungskontext nicht in einer weitgespannten Viereckslehre und/oder der Behandlung des Winkelbegriffs sowie anspruchsvollen Konstruktionstechniken verlieren. Beim Maßstab sollte man sich entsprechend nicht in einem geographisch orientierten Kurs des Landkartenlesens verlieren.

Daneben gilt andererseits ein *„Prinzip hinreichender Stabilisierung und Generalisierung"*: Rechtecks- und Maßstabsbegriff sollten soviel Einbettung und Vertiefung erfahren, daß man in anderen Situationen (z.B. in „Geometrie 2" bei der Flächenmessung) sinnvoll auf ihnen aufbauen kann.[2] Im einzelnen bedeutet das für das Unterrichtskonzept zur Geometrie: Das Rechteck wird als Viereck genauer definiert, das Quadrat als Sonderform des Rechtecks. Auf die Behandlung

---

[1] Hinsichtlich dieser grundlegenden Transferbedingung sei erinnert an die Diskussion für den arithmetischen Bereich in Abschnitt 3.9.3.

[2] Ein derartiges bewußtes Ausbalancieren der beiden genannten Prinzipien für größere Teile des Currriculums wäre wohl eine wichtige Aufgabe der Fachdidaktik. Andernfalls bleibt die „Curriculumspirale" ein mehr oder weniger willkürliches Aufgreifen des gleichen Stoffs auf verschiedenen „Ebenen".

Schulbuchbeispiele zur fachsystematischen Einführung in die Geometrie

3 Grundbegriffe der Geometrie I

Gerade Linien

3.1 Strecke und Gerade

1. Irmela und Jürgen bereiten ein Beet im Gemüsegarten vor. Wozu benötigen sie die Schnur?

2. Nenne weitere Beispiele aus deiner Umwelt, wie gerade Linien erzeugt oder gezeichnet werden.

3. a) Falte ein Blatt Papier mehrmals.
b) Zeichne die Faltlinien farbig aus.
Benutze dazu ein Lineal oder Geodreieck.

Beim Falten entstehen **gerade Linien.**

4. Versuche aus freier Hand, fünf gerade Linien zu zeichnen. Überprüfe, ob die Linien gerade sind.

5. Untersuche, welche der Punkte auf einer geraden Linie liegen.

6. Übertrage die Punkte in dein Heft.
a) Zeichne durch den Punkt A mehrere gerade Linien.
b) Zeichne eine gerade Linie durch die Punkte B und C.
c) Kannst du eine gerade Linie zeichnen, die durch alle drei Punkte geht?

49

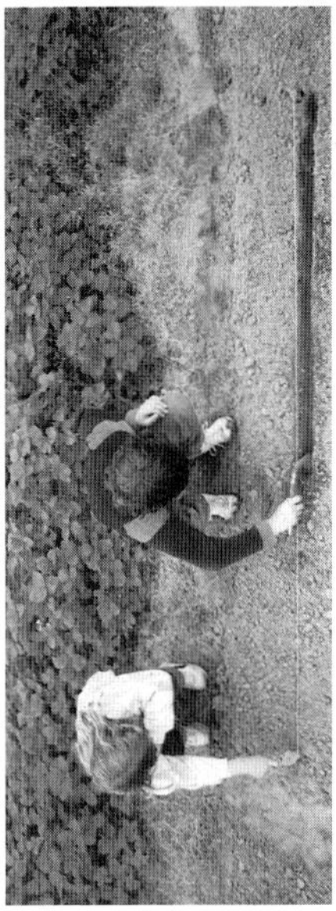

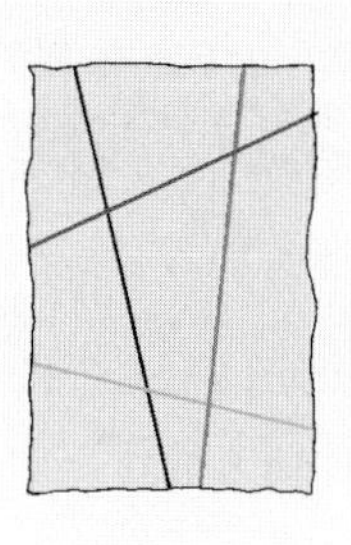

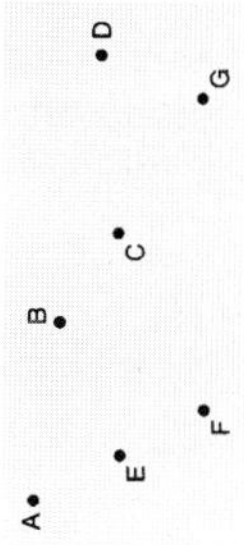

Beispiel 1 aus Mathematik 5, Westermann 1984

B Körper, Figuren und Linien

1 Die bunte Welt der Körper

1. Sortiere die Bausteine nach gemeinsamen Eigenschaften!

▲ Bild B 1

Wir unterscheiden:
Kugeln Kegel Pyramiden Quader Würfel Zylinder

▲ Bild B 2

2. Ordne die Bausteine aus Bild B 1 diesen Gruppen zu!
Welche Körper kannst du nicht einordnen?

3. Fertige in deinem Heft eine Tabelle nach folgendem Muster an!

Kugel	Kegel	Pyramide	Quader	Würfel	Zylinder

a) Ordne die nachstehenden Gegenstände in diese Tabelle ein:
Konservendose; Schultüte; Seifenblase; Streichholzschachtel; Würfelzucker; Milchpackung; unangespitzter Bleistift; Ziegelstein; rot-weiß geringelte Hüte für Fahrbahnmarkierungen; gerade Drahtstücke; Schallplatte; Ball; Trichter!
b) Suche nach weiteren passenden Gegenständen!

4. Forme Quader, Würfel, Kugeln, Zylinder und Kegel aus Knetmasse!

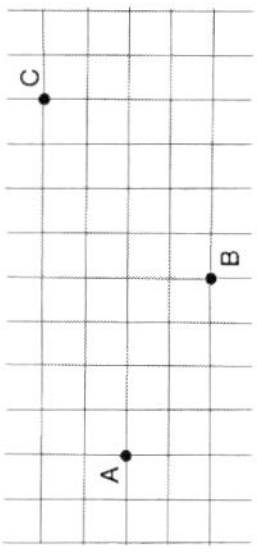

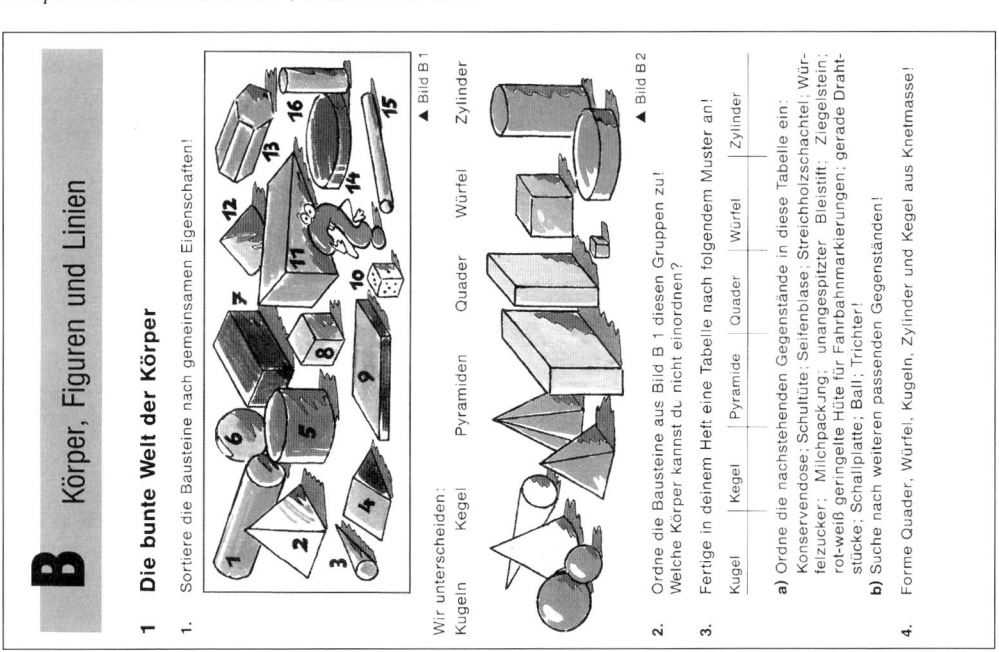

Beispiel 2 aus Mathematik 5, Volk und Wissen 1993

anderer Vierecksformen wie Parallelogramm oder Trapez wird hier verzichtet. Der rechte Winkel (besser gesagt: das „Aufeinander-Senkrecht-Stehen zweier Geraden") wird hier anhand konkreter Modelle eingeführt (siehe Abschnitt 5.2.2). Der Winkelbegriff wird als solcher noch gar nicht thematisiert. Der Maßstabsbegriff wird nur hinsichtlich der Grundidee und für ausgewählte Maßstäbe (1 : 100, 1 : 10, 1 : 20) genauer diskutiert, die hier für das maßstäbliche Zeichnen günstig erscheinen. Eine *allgemeine Bemerkung* sei dem hier propagierten Geometrielehrgang noch vorangestellt: Grundschullehrerinnen finden im folgenden vielleicht Vorerfahrungen der Schüler aus der Grundschule zu wenig berücksichtigt. Es schien uns indessen besser, von keinen solchen ausdrücklich auszugehen, da sie nach unseren Feststellungen, wenn überhaupt, häufig nur in sehr geringem Maße vorhanden sind.

5.2 Messen und maßstäbliches Zeichnen
(„Geometrie 1" der Reihe STÜTZPFEILER)

5.2.1 Zielsetzung und Gliederung von „Geometrie 1"

In dieser einführenden Geometrieeinheit geht es – wie bereits angedeutet – wesentlich um „Lesen und Zeichnen von Seiten- und Grundrissen" und um eine Vermittlung von Fähigkeiten und Fertigkeiten, die in mehr oder weniger unmittelbarem Zusammenhang zu dieser Alltagsqualifikation stehen (vgl. auch die Vororientierung für Schüler auf S. 43 ff. in Abschnitt 3.4.2).

Die folgende Diskussion gliedert sich nach den Abschnitten des Schülerhefts „Geometrie 1" (ZECH 1992):

1. Erkennen von Rechtecken
2. Zeichnen von Rechtecken
3. Maßstäblich zeichnen
4. Bauen eines Hausmodells
5. Lesen eines Wohnungsgrundrisses
6. Grundrißzeichnung und Umgestaltung eines Klassenzimmers
7. Einrichten bzw. Umgestalten eines eigenen Zimmers

5.2.2 Erkennen von Rechtecken

Das Rechteck wird als besonders häufige Form zunächst an Fachwerkhäusern, später im Klassenraum und in der sonstigen Umwelt (vertreten durch einen Warenhauskatalog) erkannt, ohne daß es gleich näher definiert wird. Das heißt: „Rechteck" wird – wie häufig bereits auf der Grundschule – lediglich über Beispiele als konkreter empirischer Begriff eingeführt.

Dieser Rechtecksbegriff reicht zunächst auch vollkommen aus für das „Erkennen" in der Umwelt. Doch, wenn man später Rechtecke genauer zeichnen will (z.B. Türen und Fenster), ist es sinnvoll, sich etwas genauer zu verständigen. Die schülerorientierte Erklärung lautet hier so:

1.4 Woran ist ein Rechteck genauer zu erkennen?

Ein **Rechteck** ist immer ein Viereck; es hat 4 Ecken und 4 „Seiten" (gerade Begrenzungslinien).[3]
Es ist jedoch ein **besonderes Viereck**; in **allen** 4 Ecken stehen die Seiten **„senkrecht"** aufeinander wie bei einer Postkarte.

Stehen zwei Seiten senkrecht aufeinander, kennzeichnet man die Ecke mit einem Bogen und einem Punkt darin (wie rechts angedeutet).

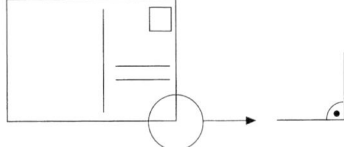

[3] Der Begriff „Seite" wird gegenüber häufig flächigen Vorstellungen aus der Umgangssprache (z.B. „Heftseite", „Schrankseite") abgegrenzt. Der Begriff „Gerade" als nach beiden Seiten (!) unbegrenzte gerade Linie wird übrigens, weil hier unmotiviert, gar nicht eingeführt.

Aus: „Geometrie 1"

Das Senkrechtstehen wird also vorläufig eingeführt über das prototypische Beispiel eines „Repräsentanten".

Wie der Begriff „Rechteck" mit Hilfe von Beispielen und Gegenbeispielen (verbunden mit sprachlichen Hinweisen) weiter zu vertiefen ist, wurde bereits in Abschnitt 3.5.2 des allgemeinen Teils genauer ausgeführt.

Als weitere Prototypen des Begriffs „senkrecht" werden die folgenden am Geodreieck eingeführt (vgl. Kennzeichnung bei O und S in der nachfolgenden Skizze):

Damit haben die Schüler zwei weitere Möglichkeiten, das Aufeinander-Senkrechtstehen gerader Linien zu überprüfen. Für etwas bessere Schüler könnte das Geodreieck nicht nur als Prüfinstrument, sondern auch als Zeicheninstrument für zueinander senkrecht stehende gerade Linien eingeführt werden. Damit sind die Schüler beim späteren Zeichnen nicht immer auf Karopapier und Millimeterpapier angewiesen (vgl. den folgenden Abschnitt).

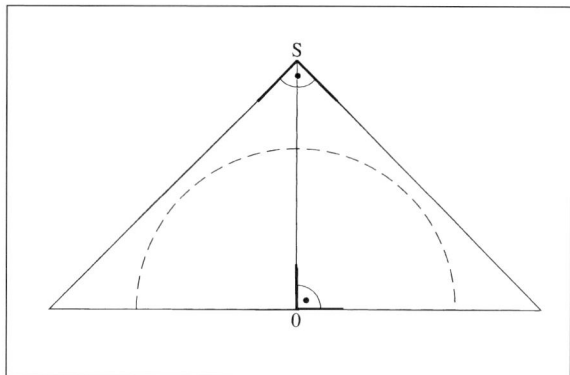

5.2.3 Zeichnen von Rechtecken

Eine Konstruktion „rechter Winkel" (und damit des Rechtecks) mit Hilfe eines Winkelmessers oder gar eines Zirkels wäre hier nicht angebracht, weil dazu die theoretische Basis in Richtung Winkelbegriff oder Achsensymmetrie erweitert werden müßte (was hier zu weit ab führen würde; siehe Abschnitt 5.1).

Das Zeichnen von Rechtecken mit Hilfe von Karopapier oder Millimeterpapier auf der Basis weiterer Prototypen zueinander senkrecht stehender gerader Linien ist hingegen eine verbreitete Kulturtechnik, von der die Schüler zunächst selbstverständlichen und intensiven Gebrauch machen sollten. Zudem kommt man ja beim Zeichnen von Strecken bestimmter Länge häufig gut ohne Verwendung einer Zentimeter-Millimeter-Skala mit dem bloßen Abzählen von Kästchen aus (was die Schüler bei dieser Gelegenheit auch lernen sollten).

Beim Abzählen der Kästchen haben lernschwächere Schüler gelegentlich gewisse Schwierigkeiten, weil sie verleitet werden, Linien abzuzählen. „Zentimetermarken" nach je zwei Kästchen oder Pünktchen in der Mitte der Kästchen (sie brauchen bald nur noch angedeutet zu werden) helfen dabei:

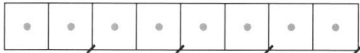

Eine wichtige Voraussetzung ist hier – vor allem im Hinblick auf das spätere maßstäbliche Zeichnen – die Wiederholung der aus der Grundschule bekannten Längenmaße (Millimeter, Zentimeter, Dezimeter, Meter).

Dabei ist jedoch nicht nur das Umrechnen und die Kommaschreibweise[4] zu üben, sondern auch die Vorstellungsgrundlage wachzurufen; etwa anhand eines Zollstocks bzw. durch Schätzen und Messen von Gegenständen im Klassenzimmer.

---

[4] Besondere Schwierigkeit: 1,2 m = 1 m 2 dm = 1 m 20 cm , aber 1 m 2 cm = 1,02 m!

Wie weit die Schüler eine solche Wiederholung brauchen, sollte man gegebenenfalls durch ein paar kleine Aufgaben vorher testen.[5]

5.2.4 Maßstäbliches Zeichnen

Die Idee des maßstäblichen Verkleinerns kann man gut an den Verkleinerungen mit einem Fotokopierer klarmachen:

Aus: „Geometrie1"
(für dieses Buch im ganzen verkleinert![6])

Hier ist eine Streichholzschachtel in **wirklicher** Größe.	Daneben folgen **zwei Verkleinerungen** der Streichholzschachtel.	
Hier stimmt jede Seitenlänge mit der wirklichen Seitenlänge überein.	Links wurde jede Seite auf die **Hälfte** verkleinert.	Rechts wurde jede Seite auf den **vierten Teil** verkleinert.
Man sagt: Die Streichholzschachtel ist im **Maßstab 1 zu 1** dargestellt.	Die Streichholzschachtel wurde im **Maßstab 1 zu 2** verkleinert.	Die Streichholzschachtel wurde im **Maßstab 1 zu 4** verkleinert.
Man schreibt „**Maßstab 1 : 1**".	„**Maßstab 1 : 2**"	„**Maßstab 1 : 4**"

Für den Maßstab 1 : 2 (Sprechweise: 1 zu 2) ist z.B. hervorzuheben:
„Hier wird jede Seite auf die Hälfte verkleinert."
Der Schüler muß wissen, daß es dabei auf die Seitenlängen, nicht auf die Größe der Flächen ankommt. Die Fläche schrumpft bei der Verkleinerung im Maßstab 1 : 2 auf ein Viertel[7].

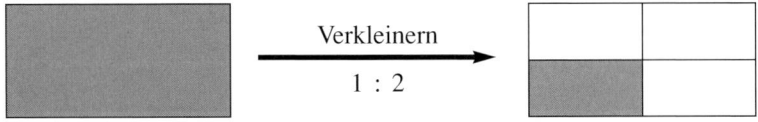

Anfangs sollte neben einfachen Maßstabszeichnungen (etwa im Maßstab 1 : 2 oder 1 : 4) *das Ablesen von wirklichen Maßen aus einer maßstäblichen Zeichnung* im Vordergrund stehen; denn letzteres ist im allgemeinen einfacher. Man nehme dazu z.B. die maßstäbliche Zeichnung einer Hausfront im Maßstab 1 : 100 vor (vgl. Abb. nächste Seite).

Der Maßstab 1:100 kommt bei Bauzeichnungen besonders häufig vor und ist zudem auch einfach zu deuten:

in der Zeichnung	in der Wirklichkeit
1 cm	100 cm = 1 m
1 mm	100 mm = 1 dm
1,1 cm	1 m 1 dm = 1,1 m

„Zentimeterangaben gehen in Meterangaben über".

---

[5] Vergleiche Übungs- und Testaufgaben im Schülerheft „Geometrie 1".
[6] Das gilt auch für die weiteren maßstäblichen Zeichnungen aus dem Schülerheft!
[7] Dies wird in „Geometrie 2" vertieft (vgl. Abschnitt 5.3.6).

Aus: „Geometrie 1“ (Original im Maßstab 1 : 100)

Die Schüler können aus der Zeichnung z.B. die Höhe des Hauses, der Tür, der Fenster entnehmen. Danach können die Schüler versuchen, selbst eine einfache Seitenansicht eines Hauses zu zeichnen. Dabei scheint es zweckmäßig, die Schüler an die im folgenden noch häufiger anzuwendende Verfahrensfolge zu gewöhnen:
– Skizze zeichnen mit vorgesehenen Maßen
– Umrechnen der wirklichen Maße in die Maße der Zeichnung (Tabelle)
– Genaue Zeichnung
Der *Unterschied zwischen Skizze und maßstäblicher Zeichnung* ist besonders zu betonen:
Die Skizze kann man aus „freier Hand“ zeichnen. Sie braucht der späteren Zeichnung nur grob ähnlich zu sein. Die wirklichen Maße sind aber deutlich einzutragen.

Für die maßstäbliche Zeichnung sind folgende *technische Abreden*[8] zweckmäßig:
– Umrißlinien sollten dicker gezeichnet werden als die „Maßpfeile“.
– Die Maßpfeile sollten nicht zu dicht an die Umrißlinie gesetzt werden.
– Die Umrißlinien sollten deutlichkeitshalber durch dünne Maßlinien begrenzt werden.

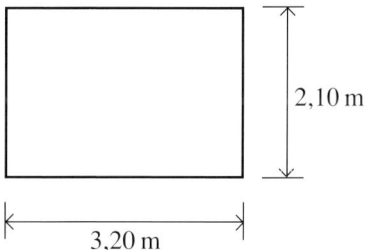

Die *maßstäbliche Zeichnung* sollte demgegenüber (natürlich) möglichst genau sein. Beim Maßstab 1 : 100 macht 1 mm in der Zeichnung immerhin 10 cm in der Wirklichkeit aus! Die Anforderung des gut gespitzten Bleistifts läßt sich von daher gut begründen.

---

[8] Die technischen Abreden könnten vom Lehrer übrigens im Sinne von Abschnitt 4.4 gut modelliert werden.

5.2.5 Bauen eines Hausmodells

Das Bauen eines kleinen Hausmodells aus Karton kann einen ersten Höhepunkt dieses Geometrielehrgangs darstellen: Die Schüler stellen arbeitsteilig die Teile des Modells her: die Hausseiten und das Dach. Zum Schluß wird alles zusammengesetzt. Da müssen die Schüler schon genau arbeiten, damit alles auch zusammenpaßt. Sie haben somit eine vorzügliche Selbstkontrolle.

Die Pläne für die einzelnen Hausteile werden vorgegeben. Als Beispiel diene die Planskizze für die Vorderwand samt Arbeitshinweisen aus dem Schülerheft „Geometrie 1".

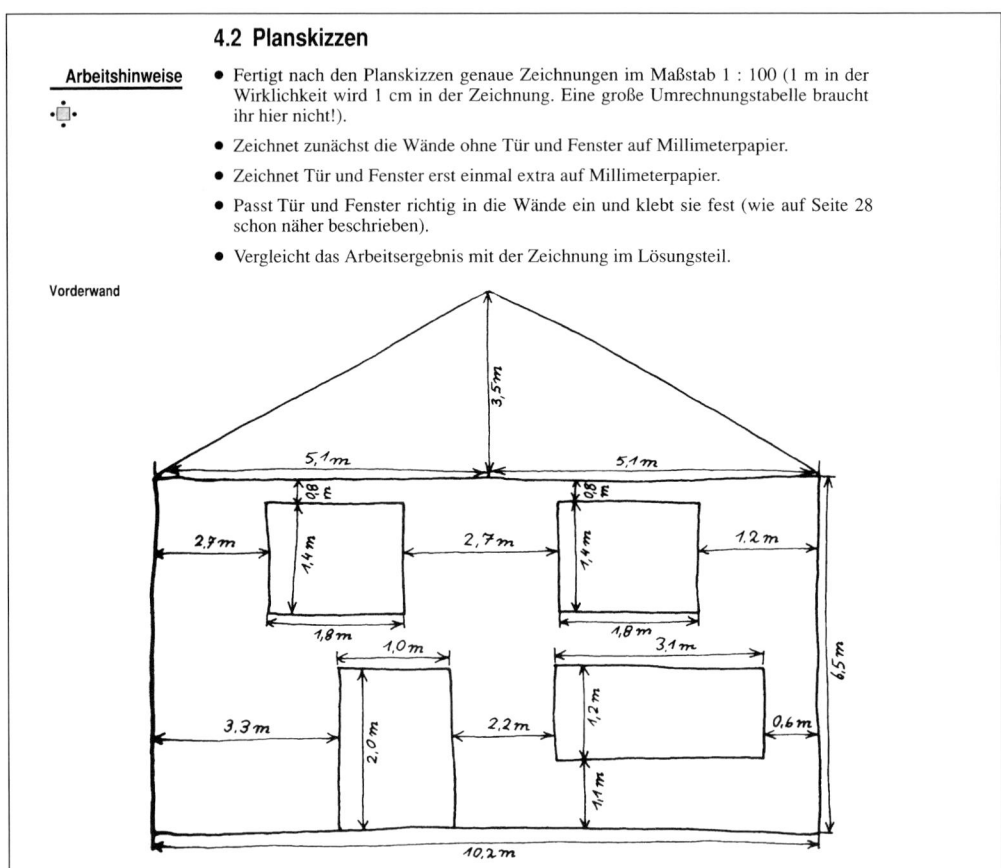

Wenn die Schüler nach solchen Planskizzen die genauen Zeichnungen angefertigt und das Hausmodell zusammengebaut haben und alles paßt, können sie wirklich stolz darauf sein, – und sie sind es auch, wie die Erprobungen zeigten. Auch lernschwache Schüler kamen nach den angedeuteten Vorbereitungen – manchen Unkenrufen zum Trotz – gut damit klar.

Gerade solche etwas komplexeren Werke, die lernschwache Schüler hauptsächlich und „sichtbar" auf sich selbst zurückführen können, können dazu beitragen, ihr geschwächtes Selbstvertrauen zu stärken (vgl. Abschnitt 3.3).

Ein paar *Bemerkungen zur Differenzierung* seien hinzugefügt: Bei u.U. schon etwas älteren Schülern einer Lernbehinderten-Schule kann man gegebenenfalls auf die für jüngere Schüler meist recht attraktive „Bastelaufgabe" verzichten und an ihrer Stelle das Lesen eines Wohnungsgrundrisses (ebenfalls im Maßstab 1 : 100) setzen; vgl. den folgenden Abschnitt! Jüngere Schüler hingegen können das Lesen eines Wohnungsgrundrisses u.U. später nachholen.

5.2.6 Lesen eines Wohnungsgrundrisses

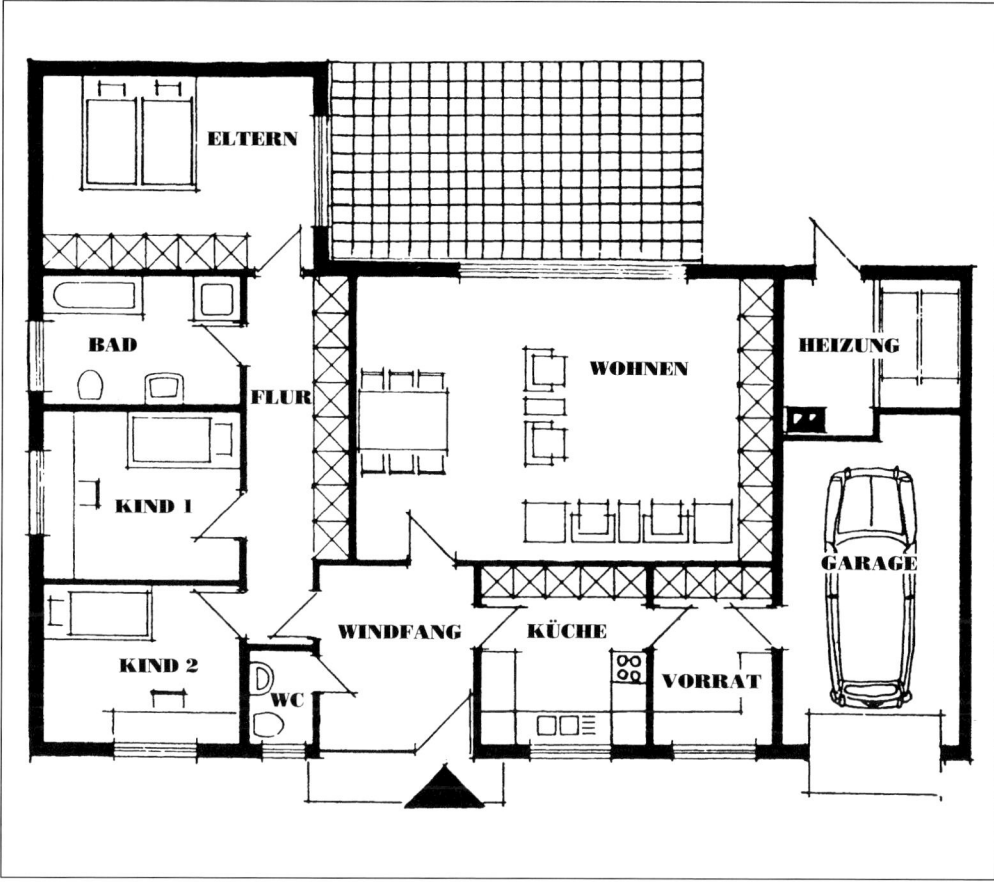

Aus: „Geometrie 1" (Original im Maßstab 1 : 100)

Anhand eines Wohnungsgrundrisses im Maßstab 1 : 100 (vgl. Abb.) lassen sich durchaus schülergemäße Fragen stellen, z. B.:

– Wie lang und breit sind die Betten[9] im Kinderzimmer?

– Könnte man ins Kinderzimmer noch ein weiteres Bett hineinstellen, ohne daß es im Weg steht?

– Das andere Kinderzimmer soll renoviert werden. Könnte man alle Möbel dieses Zimmers vorübergehend im ersten Kinderzimmer unterbringen?

– Wäre Platz genug, auf der Terrasse eine Tischtennisplatte von 2,75 m Länge und 1,53 m Breite aufzustellen, so daß sich die Spieler noch genügend bewegen können?

– …

Auf diese Weise merken die Schüler, wie nützlich ein Wohnungsgrundriß ist: Man kann viele Fragen des Alltags damit beantworten, – ohne z.B. Möbel rücken zu müssen![10]

---

[9] Die üblichen Symbole für die Möbel erfassen die Schüler sehr schnell.

[10] Bessere Schüler können auch gut selbst solche Fragen stellen.

5.2.7 Grundrißzeichnung und Umgestaltung eines Klassenzimmers

Am Beispiel des Klassenzimmers oder eines anderen allgemein zugänglichen Raumes kann nun erstmals praktiziert werden, wie man beim Zeichnen und Neu-Einrichten eines Raums vorgeht:

1. Wahl eines geeigneten Maßstabs
2. Ausmessen des Raums und der Möbel; Eintragen der Maße in eine Skizze
3. Umrechnung der Maße für das maßstäbliche Zeichnen; Eintragen in eine Tabelle
4. Genaues maßstäbliches Zeichnen des Zimmers und der Möbel auf Millimeterpapier
5. Ausschneiden der Möbel und Ausprobieren verschiedener Möbelstellungen; evtl. Anlegen entsprechender Skizzen
6. Verwirklichung der besten Möbelstellung

Ein ähnliches Vorgehen praktizieren wir alle, wenn wir eine neue Wohnung beziehen und überlegen, ob und wie unsere Möbel am besten hineinpassen.

Daß das Umgestaltungs- bzw. Einrichtungsproblem zunächst am Klassenzimmer gestellt wird, hat vor allem zwei Gründe:

– Man kann eine große „Klassenaktion" daraus machen. Hier ist eine echte gemeinsame Aufgabe, bei der das Interesse vieler Schüler angesprochen wird und sie sich vermutlich gerne gegenseitig helfen.
– Die Wahl eines großen und zugleich sehr einfachen Maßstabs 1 : 10 ermöglicht eine Zeichnung auf ein großes Packpapier o.ä., was für Zwecke gemeinsamer Diskussion besonders geeignet ist.

So können nicht nur soziale Ziele verfolgt werden: Lernschwache Schüler können durch Einfachheit des Zugangs und bereitwillige Hilfe der anderen besonders profitieren. Hat man nur leistungsstärkere Schüler, kann man sich den „Umweg" über das Klassenzimmer u.U. auch ersparen und gleich mit dem nächsten Abschnitt beginnen:

5.2.8 Einrichten bzw. Umgestalten eines eigenen Zimmers

Hier wird man vorgehen wie beim Klassenzimmer, aber eher den Maßstab 1 : 20 wählen, damit die Zeichnung gut auf ein DIN A4-Blatt paßt. Im Sinne der Endqualifikation ist jetzt zudem möglichst selbständiges Arbeiten der Schüler anzustreben. Im Anbetracht dessen, daß nicht alle Schüler bereits ein eigenes Zimmer haben, wird man auch ein anderes Zimmer nehmen können. Als Alternative wurde auch ein Wettbewerb „Wir suchen das schönste Zimmer" mit Erfolg erprobt: Um für alle Schüler gleiche Bedingungen zu haben, werden Raumart und Anzahl der Einrichtungsgegenstände und deren Abmessungen sowie der Maßstab 1 : 20 vorgegeben. Nach der maßstäblichen Zeichnung des Wunschzimmers werden die Pläne im Klassenzimmer ausgestellt und hinsichtlich ihrer Vor- und Nachteile diskutiert. Die sachliche Richtigkeit wird dabei mitkontrolliert.

5.2.9 Rückblick auf die Unterrichtssequenz

Zugegeben: Dies ist eine etwas unkonventionelle Einführung in eine praktische Geometrie. Sie scheint manchmal nicht so recht im Einklang mit den Rahmenrichtlinien zu stehen.[11]

---

[11] Es sei denn, man orientiert sich, was engagierte Lehrer gerne tun, mehr an den allgemeinen Zielen der Richtlinien und weniger an den Stoffkatalogen.

Es werden indessen viele Ziele verfolgt, die im Geometrieunterricht und darüber hinaus wichtig sind:

– Erstes Präzisieren geometrischer Begriffe (Rechteck, Maßstab, Grundriß, …)
– Umrechnen von Maßen
– sauberes Zeichnen und Basteln
– räumliches Vorstellungsvermögen
– Lesen und Anwenden von Grundrissen

Das Besondere der Konzeption liegt aber vielleicht darin, daß hier versucht wird, Anwendungsorientierung und Fachsystematik sowie Lehrtextgestaltung schülernah in Einklang zu bringen; Gesichtspunkte, die sonst eher isoliert voneinander verfolgt werden.

Neuerdings wird nun wieder viel von „handlungsorientiertem“ Unterricht gesprochen (vgl. z.B. JANKE/MEYER, 1991): ein Unterricht, der u.a. selbständigere alltagsorientiertere Schülerprojekte propagiert (ähnlich wie schon der „projektorientierte Unterricht“). Reiht man sich hier ein?

Nicht unbedingt, zumal das hier vertretene Unterrichtskonzept über längere Strecken „lehrer- und lehrtextorientiert“ bleibt. Entscheidend ist aber doch wohl, daß bestimmte Ziele (inbesondere auch für den Alltag wichtige Qualifikationen)[12] erreicht werden. Es besteht ein wenig die Gefahr, daß allgemeine Unterrichtswegweiser wie „Projektorientierung“ oder „Handlungsorientierung“, die sehr sympathische Ziele signalisieren, zu Schlagworten gerinnen, die einer sorgfältigen Aufarbeitung der damit verbundenen Probleme eher im Wege stehen.

Die Probleme heißen u.a.:
– Schaffung einer hinreichenden Ausgangsbasis,
  damit es (zumal für lernschwache Schüler) nicht zu komplex wird;
– Schaffung von Materialien, mit denen Schüler selbständiger umgehen können;
– Anleitung der Schüler zu selbständigerem Arbeiten.
Werden diese „Voraussetzungen“ nicht beachtet, stehen die schönsten „Projekte“ in Gefahr, die Schüler zu überfordern.[13]

Anmerkung:
Solche Bedingungen wurden bereits auch früher schon im Sinne besserer Schülerorientierung von Schulpädagogen (vgl. EINSIEDLER/HÄRLE, 1978[3]) formuliert. Sie müssen aber, zumindest was die Materialien betrifft, in stärkerem Maße von Fachdidaktikern eingelöst werden.

5.2.10 Orientierungen für den praktizierenden Lehrer hinsichtlich Unterrichtszeit und Lernsequenzen

Der Unterricht des vollständigen Heftes „Geometrie 1“ erfordert für einen Durchschnittsschüler der 5. Klasse ca. 30 Unterrichtsstunden.

Entsprechend den jeweils zu machenden Voraussetzungen sind folgende Unterrichtssequenzen (Kapitelketten) denkbar. Zugleich sind damit nochmals einige Differenzierungsmöglichkeiten angedeutet:

---

[12] Wozu neben kognitiven Zielen durchaus auch sozial-affektive Ziele gehören (vgl. Abschnitt 4.5)!
[13] Auf ein vielleicht typisches Beispiel solcher Überforderung kommen wir im Abschnitt „Zinsrechnung“ zurück.

Grundform	1	2	3	4	5	6	7
Variation 1		2	3	4	5	6	7
Variation 2		2	3		5	6	7
Variation 3		2	3		5	6	
Kurzformen	2	3	4				
	2	3				6	

Es sei nochmals an die *Kapitelinhalte* erinnert:
1 Erkennen von Rechtecken
2 Zeichnen von Rechtecken
3 Maßstäblich zeichnen
4 Bauen eines Hausmodells
5 Lesen eines Wohnungsgrundrisses
6 Grundrißzeichnung eines Klassenzimmers
7 Einrichten bzw. Umgestalten eines eigenen Zimmers

5.3 Flächen- und Raummaße
("Geometrie 2" der Reihe STÜTZPFEILER)

5.3.1 Zielsetzung und Gliederung zu „Geometrie 2"

In der Unterrichtseinheit „Geometrie 2" (ZECH 1993) geht es um den *verständigen Umgang mit Flächen- und Raummaßen*. Dazu gehört vor allem zweierlei:

1. *Die Entwicklung einer möglichst anschaulichen Vorstellung*
   – von den wichtigsten Maßeinheiten,
   – des Zusammenhangs zwischen zwei benachbarten Einheiten,
   – von der Bestimmung des Flächeninhalts von Rechtecken und des Rauminhalts von Quadern.

2. *Die Behandlung der wichtigsten Anwendungen der Flächen- und Rauminhaltsmessungen,* vor allem im Wohnungsbereich.

Die Gliederung der folgenden Abschnitte orientiert sich weniger als bei „Geometrie 1" an der Gliederung des Schülerhefts, sondern mehr an den oben genannten Zielsetzungen, um manche übergreifenden Gesichtspunkte zwischen den Abschnitten über Flächenmaße und denen über Raummaße besser verdeutlichen zu können. Die Konzeption ist insgesamt stärker an traditionellen Vorgehensweisen orientiert. Die Heranführung lernschwächerer Schüler an etwas komplexere Alltagssituationen im Wohnungsbereich spielt aber wieder eine besondere Rolle. Auf umfassendere Differenzierungsvorschläge wird bei diesem „Fundamentum" verzichtet: Hier wird im Schülerheft lediglich eine gewisse Differenzierung der Aufgaben nach Schwierigkeit vorgenommen, auf die hier kaum einzugehen ist.

5.3.2 Einführung der Flächenmaße

Es ist eigentlich naheliegend, die Flächenmessung wegen ihrer starken Anwendungsbezüge anwendungsnah einzuführen. Um so mehr ist man erstaunt, in Schulbüchern Einführungen wie die folgende über „Kästchen-Rechtecke" zu finden:

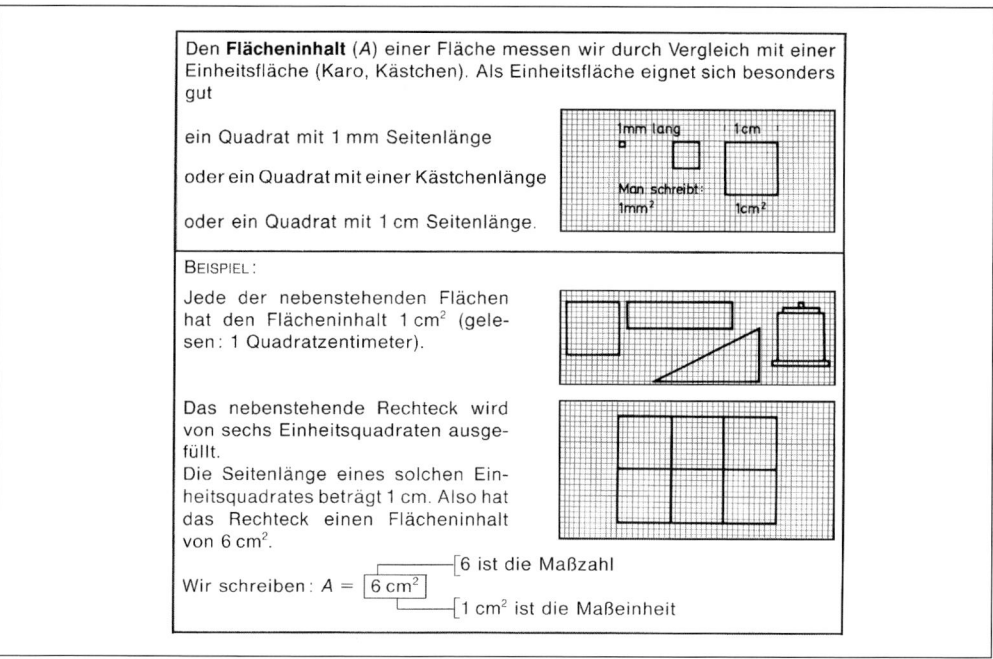

Den **Flächeninhalt** (A) einer Fläche messen wir durch Vergleich mit einer Einheitsfläche (Karo, Kästchen). Als Einheitsfläche eignet sich besonders gut

ein Quadrat mit 1 mm Seitenlänge

oder ein Quadrat mit einer Kästchenlänge

oder ein Quadrat mit 1 cm Seitenlänge.

BEISPIEL:

Jede der nebenstehenden Flächen hat den Flächeninhalt 1 cm² (gelesen: 1 Quadratzentimeter).

Das nebenstehende Rechteck wird von sechs Einheitsquadraten ausgefüllt.
Die Seitenlänge eines solchen Einheitsquadrates beträgt 1 cm. Also hat das Rechteck einen Flächeninhalt von 6 cm².

Wir schreiben: $A =$ 6 cm² ———[6 ist die Maßzahl
———[1 cm² ist die Maßeinheit

Aus: Mathematik 5, VOLK UND WISSEN 1993

Diese Einführung der Flächenmessung ist fachlich korrekt, aber sie scheint doch etwas „künstlich" und „trivial".

Demgegenüber sei etwa folgender Einstieg vorgeschlagen, der gleich den Quadratmeter als das verbreitetste Flächenmaß in den Vordergrund stellt:

1.1 Wir messen Flächen mit Quadratmetern (m²)

Stell dir vor, du willst ein Zimmer mit quadratischen Platten (1m lang, 1 m breit) auslegen. Das Zimmer sieht in einer verkleinerten Zeichnung (Grundriss) folgendermaßen aus:

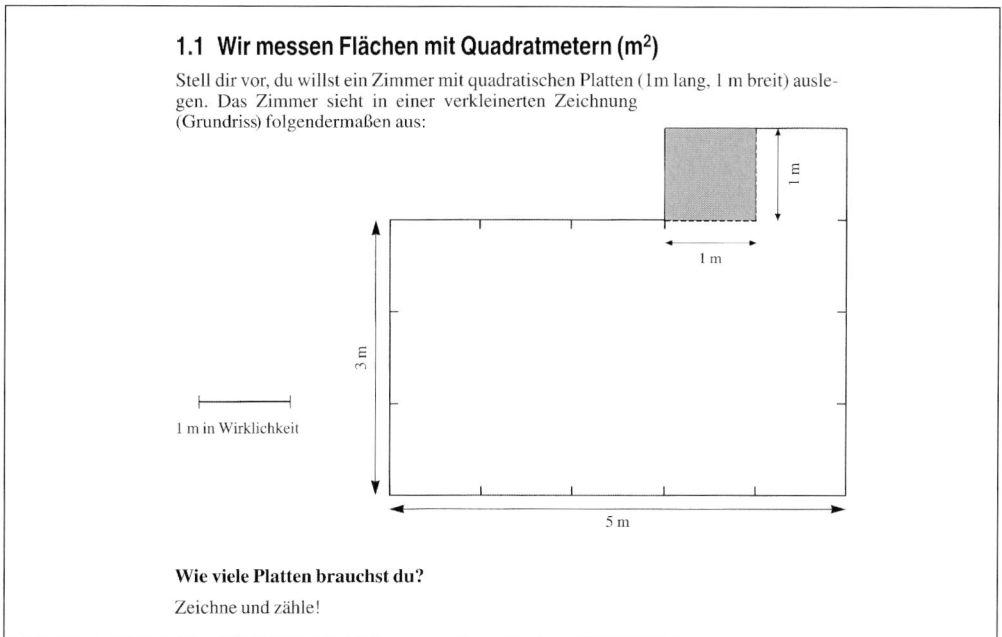

Wie viele Platten brauchst du?

Zeichne und zähle!

Aus: „Geometrie 2" (ZECH 1993)

Dazu ist anzumerken:

Genausowenig, wie man zur Verdeutlichung des „Meßprinzips" mit willkürlichen Einheiten wie Rechenkästchen anfangen muß, scheint es unbedingt erforderlich, hier mit konkreten Handlungen anzufangen (z.B. mit dem Auslegen der Tischfläche mit „Dezimeterquadraten": Zum Auslegen einer Fläche [14] haben die Schüler (z.B. durch Kartenlegen oder Beobachtung von Plattenlegern) so viele Vorerfahrungen, daß man getrost mit dem Grundriß eines Zimmers beginnen kann (vgl. Abschnitt 3.9.5 b). Dies gilt erst recht, wenn den Schülern Maßstabszeichnungen von „Geometrie 1" her vertraut sind. (Man kann sich in dieser Unterrichtseinheit maßstäbliches Zeichnen noch wiederholt zunutze machen. Damit erscheint deren Behandlung in „Geometrie 1" curricular sinnvoll.)

An die obige Aufgabe schließt sich folgende *Erklärung des Quadratmeters* an:

Damit hast du die Größe der Bodenfläche in Quadratmetern ausgemessen; denn ein **Quadratmeter** ist der Flächeninhalt (die Flächengröße) eines Quadrats von 1 m Seitenlänge. Für Quadratmeter schreibt man meist m². (In Zeitungen findet man manchmal auch die Schreibweise qm).

Skizze:
(Zeichnung ohne Berücksichtigung der wahren Größe)

$1 m^2$

Aus: „Geometrie 2"

Danach sollten die Schüler allerdings ein Quadrat der Seitenlänge 1 m aus Packpapier oder ähnlichem ausschneiden und damit Flächen im Klassenzimmer (Tafelfläche, Fensterfläche, Türfläche, …) ausmessen mit der schlichten Frage: „Wieviel Quadratmeter ist das groß?"

(Diese Handlungen dienen weniger der Verinnerlichung des Meßvorgangs als der Stärkung von Größen- und Raumvorstellung. Der Meßvorgang wird vielleicht schon durch die Zeichnung und die damit gegebene Erinnerung an das Auslegen hinreichend deutlich. Es wird nochmals an Abschnitt 3.9.5 b erinnert!)

Jetzt interessiert auch die *Größe der Bodenfläche des Klassenzimmers*, aber natürlich werden die Schüler nicht das Klassenzimmer mit „Meterquadraten" [15] auslegen (oder eines wiederholt anlegen), weil das viel zu unbequem und unübersichtlich wäre. Lieber werden die Schüler das Klassenzimmer maßstäblich auf ein „Quadratmeter-Gitter" aufzeichnen und die Anzahl der überdeckten Quadrate feststellen.

Indem die Schüler darüber diskutieren, wie man die Quadrate am einfachsten zählt (erst eine Reihe, dann die Anzahl der Reihen), ist die Regel der Flächenmessung des Rechtecks bereits vorbereitet.

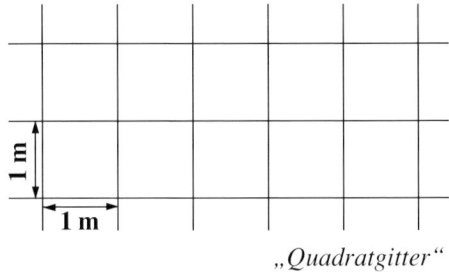

„Quadratgitter"

Da die Schüler schon erlebt haben, daß beim Ausmessen mit Meterquadraten „Restflächen" übrigbleiben, werden zur Ausmessung von kleineren Flächen kleinere Maßeinheiten eingeführt (dm², cm²), die durch Quadrate von 10 cm bzw. 1 cm Länge anhand von Zeichnungen, Kacheln und Mosaiksteinchen „vorgestellt" werden.

---

[14] Solche Handlungen können für schwächere Schüler eine sinnvolle zusätzliche Hilfe sein.
[15] Zum Terminus „Meterquadrat" vgl. den nächsten Abschnitt!

5.3.3 Zwischenbemerkungen zur Unterscheidung von Maßen und ihren „Repräsentanten"[16]

Auf der prinzipiell notwendigen Unterscheidung beispielsweise von dem Flächenmaß „Quadratmeter" und dem Quadrat von 1m Seitenlänge (von BREIDENBACH, 1969 ganz treffend als „Meterquadrat" bezeichnet) wird manchmal in übertriebener Weise „herumgeritten".

Es genügt wohl, den didaktischen Kern dieser Unterscheidung für die Flächenmaße etwa so herauszuarbeiten:[17]

> „Flächen, die den gleichen Flächeninhalt haben, können ganz verschieden aussehen. Insbesondere muß eine Fläche, die den Flächeninhalt einer Flächeneinheit hat (z. B. von einem Quadratzentimeter) nicht quadratisch sein."

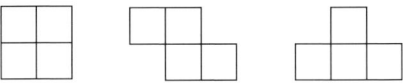

Entsprechendes gilt für Längen- und Raummaße. Wenn man den Unterschied zwischen Maßen und ihren Repräsentanten kennt, wird man auch eine etwas laxere, weil häufig bequemere Sprechweise gestatten dürfen, die nicht immer konsequent diesen Unterschied macht.

(Wie man von Seite a = 5 cm spricht statt Seite a mit l (a) = 5 cm, darf man z.B. auch mal „Quadratmeter" sagen, wenn man eigentlich „Meterquadrat" meint.)

5.3.4 Gesamtübersicht zu den Flächenmaßen

Die Einführung der Flächenmaße braucht hier nicht im einzelnen weiterverfolgt werden. Man wird den Schülern später eine Gesamtübersicht der wichtigsten Flächenmaßeinheiten etwa folgender Art geben:[18]

Eine **Gesamtübersicht über die Flächeneinheiten** gibt folgende Tabelle:

Flächenmaße	Schreibweise	Flächeninhalt eines Quadrats von	Beispiele (zum Merken)
Quadratmillimeter	mm^2	1 mm x 1 mm*)	Kästchen auf dem Millimeterpapier
Quadratzentimeter	cm^2	1 cm x 1 cm	Daumennagel
Quadratdezimeter	dm^2	1 dm x 1 dm	Fliese (Kantenlänge 10 cm)
Quadratmeter	m^2	1 m x 1 m	halbe Wandtafel
Ar	a	10 m x 10 m	Klassenzimmer
Hektar	ha	100 m x 100 m	2 Fußballplätze
Quadratkilometer	km^2	1 km x 1 km = 1000 m x 1000 m	Grenze auf einer Wanderkarte oder einem Stadtplan 1 km^2 in deiner Umgebung ab!

*) „1 mm x 1 mm" ist eine Kurzschreibweise für 1 mm Länge und 1 mm Breite

Aus: „Geometrie 2"

---

[16] „Repräsentanten" von Maßen sind Objekte, die diese Maße haben.

[17] Eine formale Definition wie „Das Flächenmaß 1cm^2 ist die gemeinsame Eigenschaft aller Flächen, die „zerlegungsgleich" sind, erscheint deshalb im 5. Schuljahr nicht erforderlich.

[18] „Quadrat von 1mm x 1mm" ist eine etwas laxe, aber bequeme Alltagsschreibweise.

Besonders wichtig sind die „Beispiele zum Merken": Prototypen, die den Schülern einprägsam eine Grundvorstellung für die Flächeneinheiten vermitteln. Sie sollten gelegentlich regelrecht „abgefragt" werden! – Das bedeutet natürlich nicht, daß die Flächeneinheiten alle für gleich wichtig zu halten sind: mm^2, cm^2, dm^2 führt man eigentlich mehr aus systematischen Gründen ein; a, ha, km^2 benutzt man viel häufiger, z.B. zur Angabe von Feld-, Wald- und Landgrößen. Die Hauptsache ist aber auch hier, eine angemessene Größenvorstellung dafür zu haben. Im übrigen sollte man vor allem die „Umrechnungen" von benachbarten Flächeneinheiten kennen (vgl. dazu die Abschnitte 5.3.5 und 5.3.10).

Die Bedeutung einer seltener verwendeten „Zwischeneinheit" wie den „Morgen" wird man später auch nachschlagen dürfen.

5.3.5 Umrechnungszahl 100 zwischen benachbarten Flächenmaßeinheiten

Den Zusammenhang zwischen benachbarten Maßeinheiten macht man zunächst an Quadratmeter, -dezimeter, -zentimeter klar, weil er sich hier auch vorstellungsmäßig am besten verfolgen läßt. Anschaulich formulierte Fragestellungen können hier etwa lauten:

– Wieviel Mosaiksteinchen von $1\ cm^2$ kann man auf einer Kachel von $1\ dm^2$ unterbringen?
– Wieviel Fliesen von $1\ dm^2$ passen auf $1\ m^2$ Wandfläche?

Den Zusammenhang zwischen $1 dm^2$ und $1 cm^2$ wird man vielleicht noch an einer Zeichnung wahrer Größe, den zwischen m^2 und $1 dm^2$ vielleicht besser nur an einer *Skizze* wie folgender verdeutlichen:

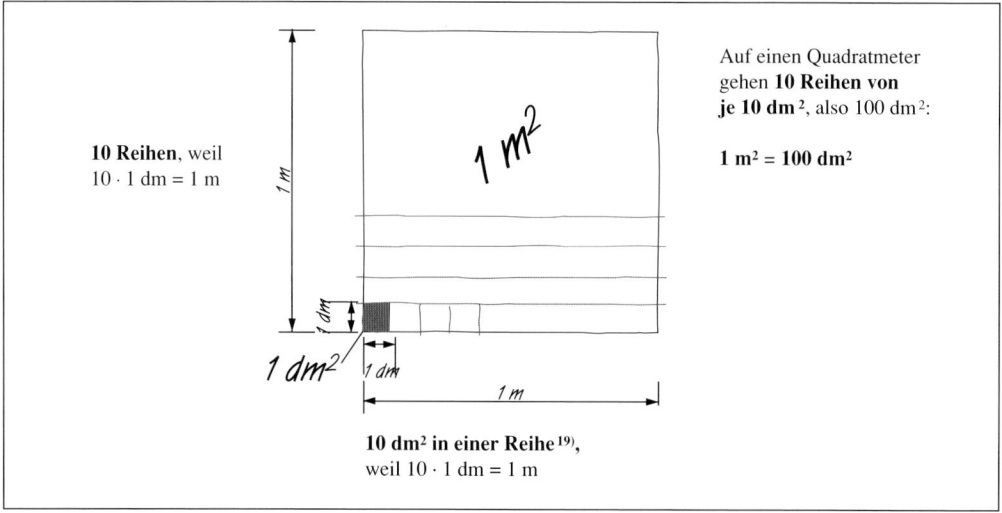

Die andeutende, das Wesentliche hervorhebende, erläuterte und vom Lehrer verdeutlichte Skizze läßt den Zusammenhang vermutlich besser erkennen als eine maßstäblich schöne Zeichnung! [20]

---

[19] Zu dieser Ausdrucksweise vgl. Abschnitt 5.3.4.
[20] Vgl. dazu Abschnitt 3.6.

Später wird man *generalisierend herausarbeiten:*

Da die Seitenlängen der quadratischen Vertreter von Maßeinheit zu Maßeinheit immer auf das Zehnfache wachsen, bekommen wir „im Prinzip" immer die gleiche Skizze wie auf der vorhergehenden Seite:

An die Stelle von dm² tritt nur die kleinere Maßeinheit (das kleinere Quadrat), an die Stelle von m² die nächstgrößere Maßeinheit (das größere Quadrat).

Der allgemeine Zusammenhang lautet also:

> **1 Flächeneinheit**
> **= 100 der nächst**
> **kleineren Flächeneinheit**

Der didaktische Kern der Umrechnungszahl 100 lautet entsprechend:
Wenn die Seite des größeren Quadrats 10mal so lang ist wie die Seite des kleineren, so enthält das größere Quadrat 10 · 10 = 100 kleinere Quadrate (vgl. Abb.).

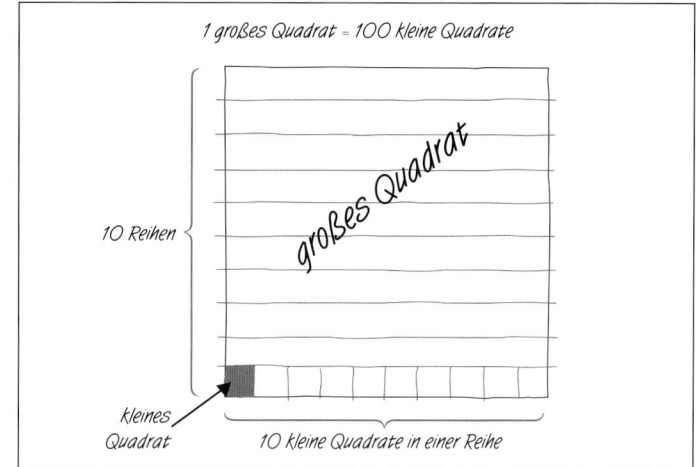

1 großes Quadrat = 100 kleine Quadrate

großes Quadrat

10 Reihen

kleines Quadrat

10 kleine Quadrate in einer Reihe

Die Schüler sollten also nicht einfach auswendig wissen: „Die Verwandlungszahl bei benachbarten Flächenmaßen heißt 100", sondern diesen anschaulichen Hintergrund erläutern können (an einer Skizze mit zwei Quadraten wie oben).

5.3.6 Die Regel zur Berechnung der Rechtecksfläche

Nehmen wir an: Die Schüler haben inzwischen in mehreren Situationen erfahren (was ihnen im übrigen häufig schon von Produktsituationen der Grundschule geläufig ist[21]):
Die Anzahl der Platten bzw. Kacheln (m² bzw. dm²) einer rechteckigen Bodenfläche bzw. Wand bestimmt man am leichtesten dadurch, daß man die Anzahl der Platten bzw. Kacheln einer Reihe mit der Anzahl der Reihen multipliziert.
Auch, daß 1 m² = 100 dm² und 1 dm² = 100 cm², haben sie nach diesem Muster erkannt.
Auf dieser Basis wird man den *Kern der Flächenberechnung* des Rechtecks am Beispiel etwa wie folgt herausstellen:

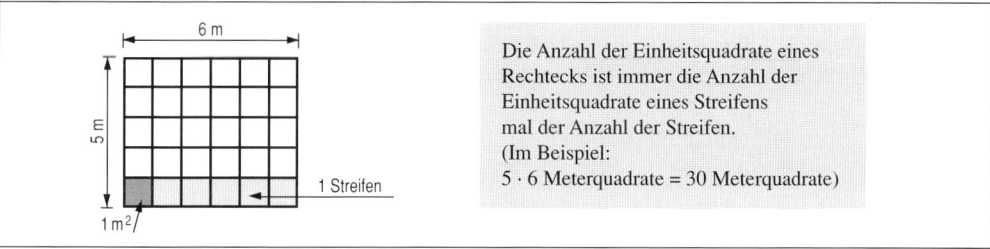

6 m

5 m

1 Streifen

1 m²

Die Anzahl der Einheitsquadrate eines Rechtecks ist immer die Anzahl der Einheitsquadrate eines Streifens mal der Anzahl der Streifen.
(Im Beispiel:
5 · 6 Meterquadrate = 30 Meterquadrate)

---

[21] Beispiele: Anzahl der Kinoplätze = Anzahl der Plätze einer Reihe mal Anzahl der Reihen
Anzahl der Kästchen im Hunderterfeld = 10 mal 10 Kästchen

Etwas abstrakter formuliert, ergibt sich daraus die *Flächeninhaltsregel* in der BREIDENBACHschen Form (1964):

> „Der Flächeninhalt des Rechtecks ist immer Flächeninhalt eines Streifens mal Anzahl der Streifen (im Beispiel $5 \cdot 6 \, \text{m}^2 = 30 \, \text{m}^2$).“

Dazu läßt sich auch noch die *Maßzahlregel* formulieren:

> „Maßzahl des Flächeninhaltes = Maßzahl der einen Seite mal Maßzahl der anderen Seite, wenn man entsprechende Einheiten (z.B. m, m²) benutzt (im Beispiel $5 \cdot 6 = 30$).“

Die Vorstellungsgrundlage sollte in der Form der Seite 125, zumindest aber in der BREIDENBACH-schen Form wachgehalten werden.[22] Sie wird bei der Volumenberechnung analog erweitert und kann als prototypisches Beispiel für „Messen" schlechthin fungieren. Die obige Maßzahlformulierung sollte demgegenüber zurücktreten. Die Formulierung Länge mal Breite sollte (ganz im Sinne BREIDENBACHs) vorerst ganz vermieden werden: Bei $5 \, \text{m} \cdot 6 \, \text{m}$ läßt sich mit dem Multiplikator 5 m zunächst kein Sinn verbinden.

Die spätere Formulierung

> „Flächeninhalt des Rechtecks = Länge mal Breite"

ist indessen – im Gegensatz zu der noch von BREIDENBACH vertretenen Ansicht – nichts prinzipiell Anrüchiges, sondern eben eine weitere mathematische Formalisierung.

Man erklärt, daß man zum richtigen Ergebnis kommt, indem man z.B. 5 m mal 6 m so berechnet, als wenn lauter Zahlen multipliziert werden:

$$5 \, \text{m} \cdot 6 \, \text{m} = 5 \cdot \text{m} \cdot 6 \cdot \text{m} = 30 \, \text{m}^2$$

(Die Potenzschreibweise m² für m·m wird dabei analog verwendet wie bei $3^2 = 3 \cdot 3$)

Diese Formalisierung, die im Grunde nichts anderes als eine Definition für die Multiplikation von Längen ist, sollte erst dann erfolgen, wenn die Regel später auch auf Bruchzahlen als Maßzahlen ausgedehnt wird (vgl. auch Abschnitt 6.5.5).

5.3.7 Flächenmaße im Wohnungsbereich

Der Umgang mit Flächenmaßen im Wohnungsbereich wird als wichtiger Anwendungsbereich besonders herausgestellt. Im Heft „Geometrie 2" geschieht das mit Hilfe einer Rahmengeschichte von drei Auszubildenden, die gemeinsam eine Dreizimmerwohnung beziehen und diese renovieren wollen (vgl. Wohnungsgrundriß auf der nächsten Seite).

Die Einbettung der Aufgabenstellungen in eine Rahmengeschichte hat den Vorzug, daß sich die Schüler in stärkerem Maße in den Kontext einleben können und sich mit handelnden Personen (hier mit den Auszubildenden) identifizieren können. Dies stellt (vgl. auch BECK, 1985) eine günstigere Motivations- und Sachgrundlage für die Aufgabenbearbeitung dar als eine Reihe isolierter und verstreuter Aufgaben, wie das in Schulbüchern häufig der Fall ist (und was wohl auch nicht ganz zu vermeiden ist).

---

[22] Ersichtlich ist die Form auf S. 125 noch (be-)greifbarer. Zur operativen Übung der Flächeninhaltsregel vgl. auch Abschnitt 3.9.5 e.

Der eine oder andere könnte (ähnlich wie bei dem Projekt „Einrichtung eines eigenen Zimmers" in Geometrie 1) geneigt sein, mit solch einer komplexen Anwendungssituation in die Flächenmessung überhaupt einzusteigen. Es ist aber wieder zu bedenken, daß hier wie dort sorgfältige begriffliche Vorarbeit der beschriebenen Art geleistet werden sollte, damit die Sache nicht zu sehr auseinanderläuft und lernschwächere Schüler auf der Strecke bleiben.

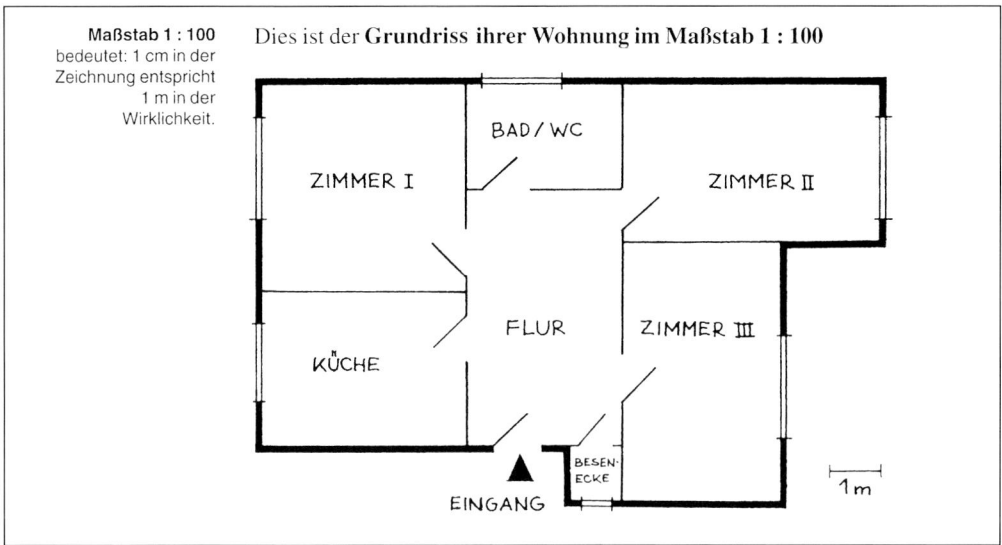

Aus: „Geometrie 2" (Original im Maßstab 1:100)

Der abgebildete Wohnungsgrundriß dient als Grundlage für eine Reihe von Aufgabenstellungen folgender Art:

- Wie groß sind die Zimmer, … ist die Wohnung?
- Was kostet die Wohnung im Vergleich …?
  (Hieran kann der Quadratmeterpreis als Vergleichsbasis diskutiert werden, aber auch andere nichtmathematische Gesichtspunkte wie Lage, Renovierungsbedürftigkeit, Wohnungsschnitt)
- Wieviel m² sind in der Küche (Höhe 2m) zu streichen?
- Wieviel Farbe wird gebraucht, wenn man für 10 m² 1kg Latexfarbe benötigt?
- Wieviel Tapetenrollen werden für das Tapezieren der Zimmer I und II benötigt?
  (Eine Tapetenrolle ist 10 m lang und 50 cm breit.)
- Was kostet das Auslegen des Flurs mit Teppichboden?
- Reicht das vorhandene Geld für das Fliesen des Bades?

(Die Aufgaben werden im Schülerheft näher präzisiert.)[23]
Es werden dabei übrigens weitere Vorteile dieser Art von Aufgabenstellung deutlich:
- Es sind kürzere Formulierungen möglich, weil man sich immer auf dieselbe Wohnung bezieht.
- Der weitere sinnvolle Umgang mit Wohnungsgrundrissen wird geübt.

An der alltagsnahen, aber doch schon etwas schwierigeren Frage nach der *Anzahl der nötigen Tapetenrollen* sei angedeutet, wie sich lernschwächere Schüler einer solchen Aufgabe auf anschaulichem Wege nähern können:

---

[23] Ähnliche Aufgaben können zusätzlich auch von den Schülern selbst formuliert werden.

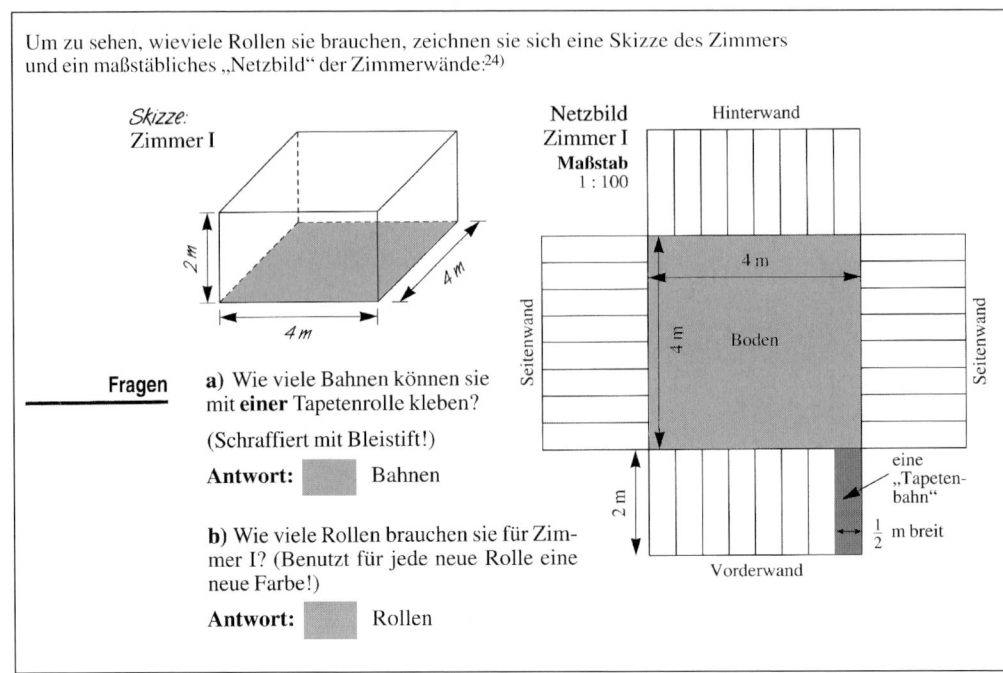

Um zu sehen, wieviele Rollen sie brauchen, zeichnen sie sich eine Skizze des Zimmers und ein maßstäbliches „Netzbild" der Zimmerwände:[24)]

Skizze:
Zimmer I

2 m

4 m

4 m

Netzbild Hinterwand
Zimmer I
Maßstab
1 : 100

Seitenwand

4 m

4 m Boden

2 m

Seitenwand

Vorderwand

eine „Tapeten-bahn"

$\frac{1}{2}$ m breit

Fragen **a)** Wie viele Bahnen können sie mit **einer** Tapetenrolle kleben?

(Schraffiert mit Bleistift!)

Antwort: [   ] Bahnen

b) Wie viele Rollen brauchen sie für Zimmer I? (Benutzt für jede neue Rolle eine neue Farbe!)

Antwort: [   ] Rollen

Aus: „Geometrie 2" (Original des Netzbildes im Maßstab 1 : 100)

Anmerkung:
Das hier verwendete „Netzbild" sollte vom Lehrer anschaulich vorbereitet werden durch das Netzbild irgendeiner Schachtel, das durch Aufschneiden und Ausbreiten auf einer ebenen Fläche gewonnen wird. („Netze geometrischer Körper" könnte bei anderer Gelegenheit als eigenes Thema und als Grundlage der Herstellung dieser geometrischen Körper aufgegriffen werden!)

5.3.8 Unterscheidung der „Dimensionen"

Zwischen der Behandlung der Flächenmaße einerseits und der Raummaße andererseits sei hier ein leidiges Problem angesprochen, das beide betrifft:
Viele Unterrichtserfahrungen zeigen, daß es bei den Schülern immer wieder zu Verwechslungen zwischen Längen-, Flächen- und Raummaßen kommt, insbesondere zwischen Umfang und Flächeninhalt. Dies scheint indessen ein Symptom für eine mangelnde Vorstellungsgrundlage und fehlende Gegenüberstellungen[25)] zu sein. Eine bessere Unterscheidung erreicht man durch (hier nur kurz aufgelistete) Maßnahmen in unterschiedlichen Phasen des Unterrichts, die häufig auch miteinander zu kombinieren sind:

a) *Aufzeigen von Längen, Flächen- und Rauminhalten an einem Objekt (z.B. Zigarrenkiste).*

b) *Gegenüberstellung der Dimensionen durch Handlungen:* Linien kann man „entlangfahren", Flächen kann man „bestreichen", Räume kann man „ausfüllen".

[24)] Im Sinne eines reichlichen Rechnens wird von Fenstern abgesehen.
[25)] Zum Gesichtspunkt „Gegenüberstellung" vgl. auch Abschnitt 3.7.3 c.

c) *Gegenüberstellung der Einheiten:*

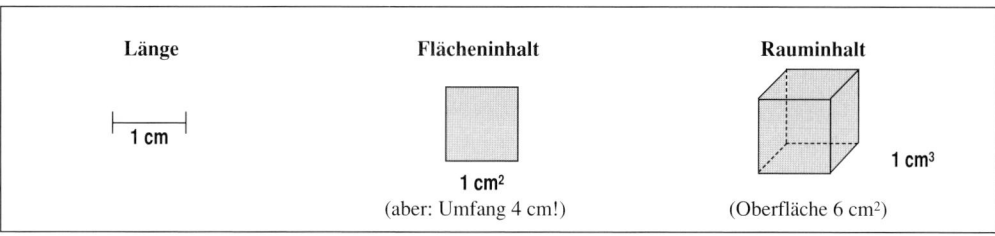

Länge	Flächeninhalt	Rauminhalt
⊢ 1 cm ⊣	1 cm^2 (aber: Umfang 4 cm!)	1 cm^3 (Oberfläche 6 cm^2)

d) *Gegenüberstellung prototypischer Anwendungssituationen:*

Mit *Längenmaßen* mißt man Linien oder Kanten (Beispiel: Länge einer Fußboden-leiste).	Mit *Flächenmaßen* mißt man Flächen (z. B. Bodenflächen eines Zimmers).	Mit *Raummaßen* mißt man z. B. Hohlräume (Beispiel: Kisten-inhalt).

e) *Gemischte Aufgaben*[26], *in denen Längen, Flächen- und Rauminhalte gemeinsam vorkommen.*
   Ein Beispiel:

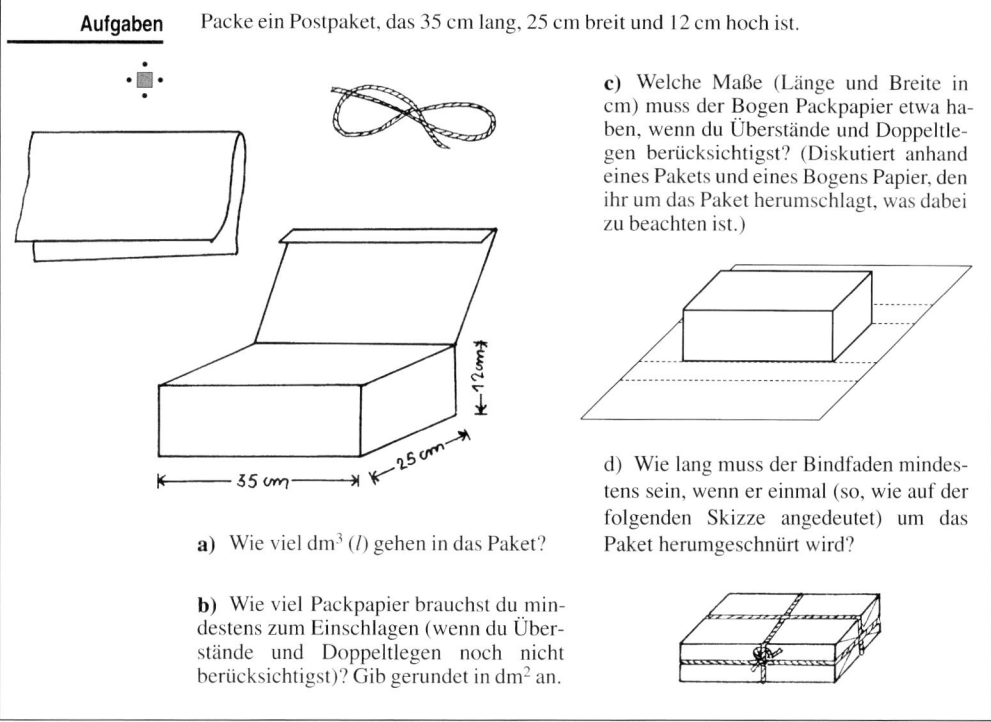

Aufgaben Packe ein Postpaket, das 35 cm lang, 25 cm breit und 12 cm hoch ist.

a) Wie viel dm^3 (*l*) gehen in das Paket?

b) Wie viel Packpapier brauchst du min-destens zum Einschlagen (wenn du Über-stände und Doppeltlegen noch nicht berücksichtigst)? Gib gerundet in dm^2 an.

c) Welche Maße (Länge und Breite in cm) muss der Bogen Packpapier etwa ha-ben, wenn du Überstände und Doppeltle-gen berücksichtigst? (Diskutiert anhand eines Pakets und eines Bogens Papier, den ihr um das Paket herumschlagt, was dabei zu beachten ist.)

d) Wie lang muss der Bindfaden mindes-tens sein, wenn er einmal (so, wie auf der folgenden Skizze angedeutet) um das Paket herumgeschnürt wird?

Aus: „Geometrie 2"

---

[26] Vgl. auch 3.9.2 d.

f) Hinsichtlich der *Unterscheidung von Flächeninhalt und Umfang* kann man an *Prototypen* wie Bodenfläche und Fußbodenleiste (siehe d) oder Grundstücksfläche und Zaunlänge anschließen und sie in gemischten Aufgaben berechnen lassen.

g) Den Unterschied zwischen Flächeninhalt und Umfang wird man zusätzlich noch dadurch betonen: *Zwei Flächen gleichen Flächeninhalts können verschiedenen Umfang haben.* Mit anderen Worten: Der Flächeninhalt ist nicht durch den Umfang der Fläche bestimmt.

Beispiel:

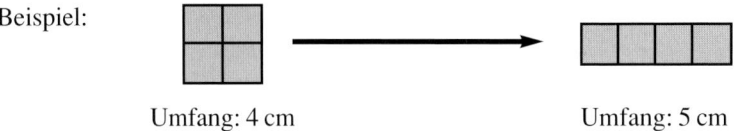

Umfang: 4 cm   Umfang: 5 cm

h) Hinsichtlich des Terminus „Umfang" sollte man betonen, daß dies ein Fachwort ist und man sich dabei *von umgangssprachlich naheliegenden Flächen- und Raumvorstellungen freimachen* muß. (Bei „Umfang" darf man z.B. nicht an den „massigen Körper" eines Menschen, sondern sollte an die Länge seines Hosengürtels denken, der ihn „umfängt"!)

5.3.9 Messung des Rauminhalts

Im 5./6. Schuljahr beschränkt man sich üblicher Weise auf die Volumenberechnung des Quaders. Viele didaktische Fragestellungen sind bei der Volumenberechnung des Quaders ähnlich wie bei der Flächenberechnung, was man sich bei der unterrichtlichen Gestaltung zunutze machen kann. [27] Im folgenden wird der Gedankengang der unterrichtlichen Behandlung nur kurz angedeutet:

a) Einführung: Exemplarische Volumenbestimmung von Kisten mit Dezimeterwürfeln

Statt Boden- und Wandflächen zu messen, wird jetzt beispielsweise der Rauminhalt von Umzugskisten (ersatzweise Bananen- und Apfelsinenkisten) bestimmt.

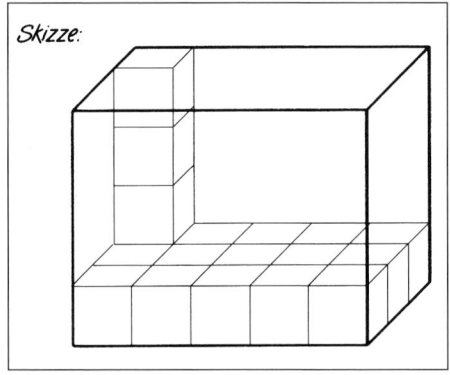

Skizze:

Dabei nehmen die Schüler selbstgebastelte „Dezimeterwürfel" zu Hilfe. Einige solcher Würfel sind zeichnerisch in einer solchen Kiste dargestellt: Es genügt vollkommen, die Kisten bei einer entsprechenden konkreten Handlung – so wie hier angedeutet – nur teilweise mit Dezimeterwürfeln auszufüllen. Dies hat den Vorteil, daß eher ein systematisches Überlegen erforderlich wird, wie viele Dezimeterwürfel jeweils in die Kisten hineinpassen.

Aus: „Geometrie 2"

Die Strategie des Auszählens wird letztlich als *Merkregel für die Bestimmung des Rauminhalts einer Kiste* formuliert.

(Der Lehrer kann hier gegebenenfalls natürlich auch auf den Terminus „Quader" zurückgreifen):

Anzahl der (Einheits-)Würfel in einer Kiste	=	Anzahl der Würfel in einer Schicht mal Anzahl der Schichten

---

[27] Man sollte hier jedoch nicht zu sehr auf den selbständigen Transfer der Schüler bauen (siehe weiter unten).

Dabei gilt in direkter Analogie zum Zählen der Dezimeterquadrate auf einem Tisch:

$$\begin{matrix} \text{Anzahl der Würfel} \\ \text{in eine Schicht} \end{matrix} = \begin{matrix} \text{Anzahl der Würfel in einer Reihe} \\ \text{mal Anzahl der Reihen} \end{matrix}$$

Zusammengenommen gilt damit:

$$\begin{matrix} \text{Anzahl der Würfel} \\ \text{in einer Kiste} \end{matrix} = \begin{matrix} \text{Anzahl der Würfel in einer Reihe} \\ \text{mal Anzahl der Reihen mal Anzahl der Schichten} \end{matrix}$$

Dies ist der didaktische Kern der später formalisierten Regel[28]:

$$\text{„Rauminhalt eines Quaders} = \text{Länge} \cdot \text{Breite} \cdot \text{Höhe“}$$

Für die Anwendungen (siehe weiter unten) genügt vorläufig die *Maßzahlformulierung:*

$$\begin{matrix} \text{Maßzahl des} \\ \text{Rauminhalts} \\ \text{eines Quaders} \end{matrix} = \begin{matrix} \text{Maßzahl der Bodenfläche} \\ \text{mal Maßzahl der Höhe} \end{matrix} = \begin{matrix} \text{Maßzahl der Länge} \\ \text{mal Maßzahl der Breite} \\ \text{mal Maßzahl der Höhe} \end{matrix}$$

(falls die Kantenlängen und der Rauminhalt in entsprechenden Einheiten gegeben sind; zum Beispiel: m, m^3).

Der Lehrer sollte die Schüler wiederholt nach den Entsprechungen zwischen der Bestimmung des Rauminhalts eines Quaders und der Bestimmung des Flächeninhalts eines Rechtecks fragen und damit den „Transfer" zwischen beiden anregen.

b) Vorstellungsgrundlage für die Raummaße *l, ml* und ihre Umrechnung

Im Anschluß an ein Umfüllexperiment, wie in der nebenstehenden Abbildung angedeutet, wird betont, daß man *anstelle von dm^3 auch „l"* schreiben kann.[29] Durch eigenes Experimentieren sollten die Schüler auch herausfinden, wie viele Kaffeetassen in eine Literkanne, wie viele Liter Wasser in einen Eimer, wie viele Eimer (Liter) Wasser in eine Badewanne passen. Damit können die Schüler ihr Vorstellungsvermögen ähnlich stützen wie mit den „Musterexemplaren" für die Flächeneinheiten. Praktisch wichtig ist auch die kleinere Einheit „Milliliter" (*ml*)[30].

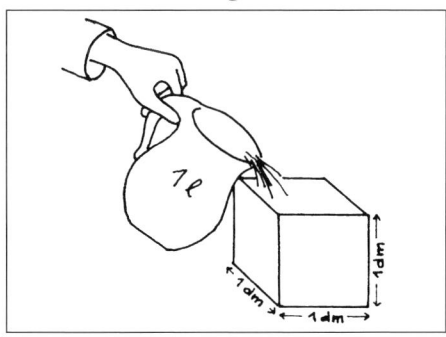

Damit wird beispielsweise der Rauminhalt von Arzneifläschchen, Cremedosen, aber auch Flüssigkeitsmengen bei Kochrezepten und der Rauminhalt von Konserven angegeben. Hier könnten die Schüler zur Stützung ihrer Vorstellungsgrundlage wieder selbst Messungen (z.B. mit Meßbechern aus der Physik) durchführen. Durch ein weiteres Umfüllexperiment werden die Schüler u.U. auch die Identität von $1\ ml = 1\ cm^3$ bestätigen.

---

[28] Die Formalisierung erfolgt analog zur Formalisierung bei der Berechnung des Rechteckflächeninhalts.

[29] Der altertümliche Terminus „Hohlmaß" ist entbehrlich!

[30] Milliliter heißt bekanntlich wörtlich „tausendstel Liter"; das scheint den Schülern aber recht wenig bekannt zu sein: Hauswirtschaftslehrerinnen klagen häufig über die geringe Vertrautheit mit der Einheit Milliliter!

Die Beziehung 1 dm³ = 1000 cm³ (bzw. $1l$ = 1000 *ml*) werden die Schüler anhand der nebenstehenden Veranschaulichung oder anhand eines entsprechenden Modells einsehen.

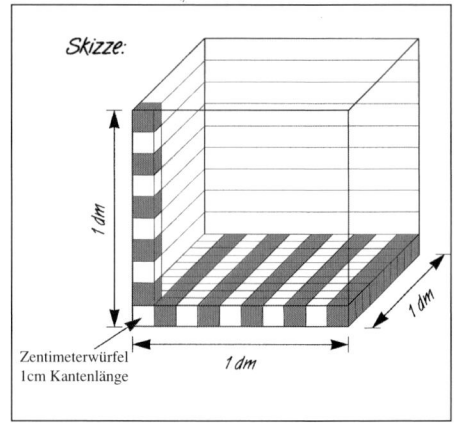

c) Einfache Anwendungen der Raummaße

Nur ein paar Fragen, die sich im Alltag stellen:
- Wieviel Liter sind ein Viertel Kubikmeter Sand?
- Ein Mensch atmet 24000 *l* Luft in 12 Stunden. Wie groß könnte ein Zimmer mit diesem Luftvolumen sein?
- Welche Länge, Breite, Höhe könnte ein Holzhaufen von 2 m³ Rauminhalt haben?
- Wie kann man eine Gas- oder Wasserrechnung (Verbrauch in m³) überprüfen?

Aus: „Geometrie 2"

5.3.10 Gemischte Anwendungsaufgaben zu Längen-, Flächen- und Raummaßen

Ein Beispiel für eine gemischte Anwendungsaufgabe wurde bereits mit der Postpaket-Aufgabe in Abschnitt 5.3.8 vorweggenommen. Andere solche Aufgaben ergeben sich leicht aus Geschäftsanzeigen folgender Art:

Billiger bauen und renovieren
Hier finden Sie das ganze Angebot zum Bauen und Renovieren, denn heute wird nur dort gekauft, wo Preis und Qualität auch *wirklich* stimmen!

Zu 1
Latex-Fassadenfarbe
»Meisterklasse«, seidenglänzend, scheuerbeständig nach DIN 53778, für strapazierfähige, pflegeleichte Innen- und Außenanstriche

2,5 Liter **19,00**
5 Liter **29,00** 10 Liter **49,-**

Fassadenfarbe
»Meisterklasse«, scheuerbeständig nach DIN 53778, hochdeckend, sehr weiß, matt, abgasresistent

5 Liter **25,90** 10 Liter **45,-**

Zu 2
Kantholz
Kiefer grün, extrem haltbar, ganzseitig gehobelt, 7 × 7 cm oder 9 × 9 cm dick, 240 – 360 cm lang. **3²⁶**

Preisbeispiel: **7 x 7 cm, 240 cm lang**

Rauhspund
Kiefer grün, extrem haltbar, einseitig gehobelt, mit Nut und Feder, 19 × 96 mm, 200 und 300 cm lang m² **5⁶⁰**

Aufgaben

1 a) Was sparst du, wenn du einen 10-Liter-Eimer Latex-Fassadenfarbe kaufst statt die gleiche Menge Farbe in 5-Liter-Eimern oder gar in 2,5-Liter-Eimern?

b) Was sparst du, wenn du einen 10-Liter-Eimer Fassadenfarbe statt zwei 5-Liter-Eimern nimmst?

2 a) Was bedeuten die Angaben
7 × 7 cm oder 9 × 9 cm dick
bei dem Angebot für Kantholz?

b) Das Kantholz im Preisbeispiel ist 240 cm lang. Rechne um, wie viel m und cm das sind.

Aus: „Geometrie 2"

Anmerkung:

Diese Art von „Zeitungs-Aufgaben", die sich in analoger Weise häufig in den hier diskutierten Heften finden (vgl. Hinweise im Abschnitt 3.6.2), haben ersichtlich einen mehrfachen didaktischen Sinn, der sich aus ihrem Realitätscharakter ergibt:
– Sie erlauben eine „natürliche Mischung" der Aufgaben.
– Sie konfrontieren die Schüler mit
  · realistischen Zahlen
  · (vom Unterricht her) ungewohnten Schreibweisen und Angaben
  · einer Fülle von Informationen, aus denen die relevanten erst herauszusuchen sind.
– Sie tragen insgesamt zur allgemeinen Zielsetzung bei, mit Informationsmaterial aus dem Alltag sinnvoll umzugehen.

Im folgenden sei kurz auf zwei weitere Formen gemischter Aufgaben im Bereich der Flächen- und Raummaße eingegangen:

a) Untersuchung funktionaler Abhängigkeiten zwischen Längen einerseits und Flächen- und Rauminhalten andererseits

1. *Veränderung des Flächeninhalts eines Rechtecks in Abhängigkeit von der Seitenlänge*

Das Schrumpfen einer Rechtecksfläche auf den vierten Teil bei Halbierung der Seitenlänge erleben die Schüler z.B. anhand folgender Aufgabe, die zugleich an Abschnitt 5.2.4 anschließt:

2 Verkleinere die folgende rechteckige Zeichnung im Maßstab 1 : 2. (Im Maßstab 1 : 2 verkleinern bedeutet alle **Seitenlängen** halbieren.) Wie verändert sich der Flächeninhalt? [31]

Zeichnung in wahrer Größe:

4 cm

6 cm

Für lernschwache Schüler kann man den Sachverhalt durch doppeltes Falten eines Bogens Papier zusätzlich verdeutlichen. Dies sei in folgender Skizze angedeutet:

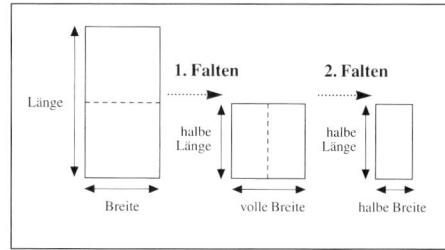

Länge — 1. Falten — 2. Falten

halbe Länge — halbe Länge

Breite — volle Breite — halbe Breite

Aus: „Geometrie 2"

Das gleiche Verfahren läßt sich natürlich umkehren und führt zu der Erkenntnis:
Werden Länge und Breite eines Rechtecks verdoppelt, so vervierfacht sich die Fläche.
Bessere Schüler können den Sachverhalt verallgemeinern auf andere multiplikative Veränderungen der Seitenlängen:
Wird die Länge eines Rechtecks z.B. verdoppelt und die Breite verdreifacht, wird der Flächeninhalt $(2 \cdot 3 =)$ 6 mal so groß sein usw.

---

[31] Diese Frage kann später auf andere Maßstäbe übertragen werden und vertieft damit den Maßstabsbegriff aus Geometrie 1.

2. *Veränderungen des Rauminhalts in Abhängigkeit von der Seitenlänge*

Frage: Wie verändert sich der Rauminhalt eines Kastens bei der Verdoppelung von Länge, Breite und Höhe? (Der Einstieg zu dieser Fragestellung könnte die umgekehrte, die Schüler stärker provozierende Frage sein: Wie verändern sich die Maße einer 2-Liter-Milchpackung im Vergleich zu einer 1-Liter-Milchpackung?)

Die Einsicht, daß sich der Rauminhalt bei Verdoppelung der Seiten verachtfacht, kann auch für schwache Schüler leicht anhand einer schrittweisen Verdoppelung der Seiten mit Hilfe von Streichholzschachteln gewonnen werden:

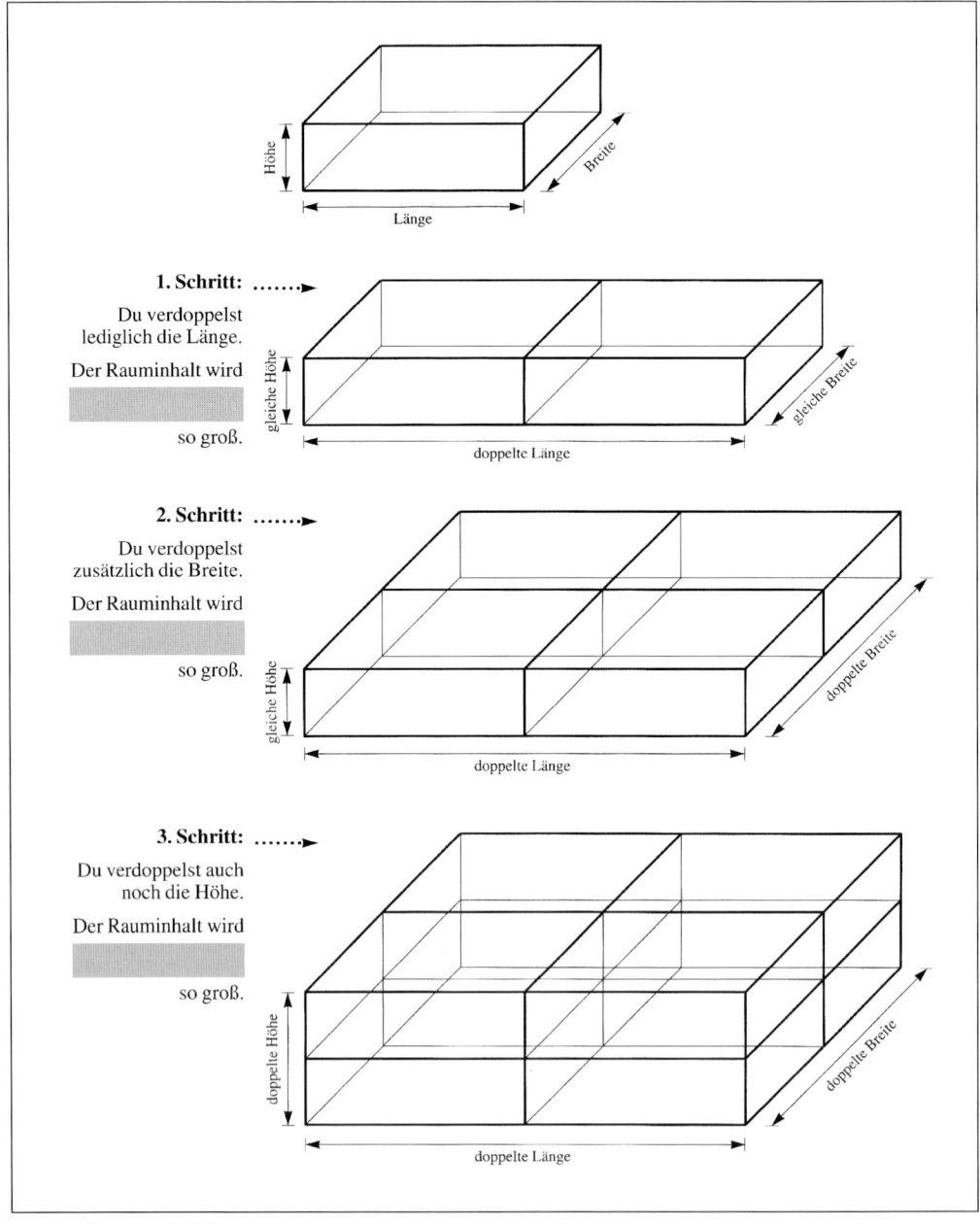

Aus: „Geometrie 2"

Bessere Schüler können den Sachverhalt wiederum verallgemeinern:
Wird die Länge eines Quaders z.B. verdoppelt, die Breite verdreifacht, die Höhe vervierfacht, wird der Rauminhalt $(2 \cdot 3 \cdot 4 =)$ 24 mal so groß usw.

b) Umrechnungsaufgaben für Längen-, Flächen- und Raummaße

Diese Art von Aufgaben wird häufig übertrieben, indem sehr viele praktisch irrelevante Aufgaben gestellt werden (z.B. Umrechnungen von dm^2 in mm^2 u.ä.). Umrechnungsaufgaben, die man im Alltag häufig braucht, kommen demgegenüber eher zu kurz.

Hier ein paar Beispiele für im Alltag häufiger vorkommende:

1. *Umrechnungsaufgaben für Längenmaße*

   – Lattenlängen werden häufig in Zentimetern angegeben. Man möchte wissen (weil man es sich so besser vorstellen kann), wieviel m und cm das sind.

   Beispiel: 357 cm   =   m   cm?

   – Länge und Breite von Fensterscheiben werden meist in Millimetern angegeben. Man möchte aus dem gleichen Grund wie oben wissen, wieviel m, cm, mm das sind.

   Beispiel: 1248 mm =   m   cm   mm?

2. *Umrechnungsaufgaben für Flächenmaße*

   – Die Größe von Grundstücken wird häufig in m^2, a, ha oder km^2 angegeben. Man möchte die Maße ineinander umrechnen, um sie gegebenenfalls besser vergleichen zu können:

   Einige Beispiele:

   3 a   = m^2;   5 ha =   a = m^2?

   500 ha = km^2;   20 000 m^2 =   a =   ha

   20 km^2=   ha =   Morgen?

3. *Umrechnungsaufgaben für Raummaße*

   – Farbmengen im „Literbereich" werden häufig in Millilitern angeboten. Man möchte aus Anschaulichkeitsgründen die Angaben in Litern wissen.

   Beispiel: 1500 ml =   *l*   *ml*?

   – Öl wird häufig auch bei großen Mengen in Litern angegeben. Wasserverbrauch wird hingegen in m^3 angegeben. Daher stellen sich Aufgaben wie

   7250 *l* = m^3;   20 m^3 =   *l*?

Zwischen Geometrie

Aus dem Innentitel: „Geometrie 2" (ZECH 1993)

und Bruchrechnung

Aus dem Innentitel: „Bruchrechnung 1"
(WELLENREUTHER 1994)

kurz Luft holen!

Jetzt folgt ein langes und leidiges Kapitel …

6 Bruchrechnung

6.1 Zur Behandlung der Bruchrechnung insgesamt

6.1.1 Gesamtübersicht

Die Bruchrechnung bildete aufgrund ihrer besonderen Problematik einen Schwerpunkt des Projekts TELEMA und soll daher auch in diesem Buch breiter als andere Themen diskutiert werden. Es wurden dazu vier Schülerhefte entwickelt, die als Grundlage für eine detailliertere Darstellung der Bruchrechen-Konzeption in den Abschnitten 6.2 bis 6.5 dienen. Eine Bestandsaufnahme zur Bruchrechnung am Ende des 6. Schuljahrs ist Anlaß für den nächsten Abschnitt (6.1.2) zur Misere der Bruchrechnung im Unterricht. Im Abschnitt 6.1.3 werden vor diesem Hintergrund einige wesentliche Gesichtspunkte einer Gesamtkonzeption zur unterrichtlichen Behandlung der Bruchrechnung dargestellt. Dieser Abschnitt dient zugleich als Vororientierung für die nächsten Abschnitte zur methodischen Gestaltung der Bruch- und Dezimalbruchrechnung. In Abschnitt 6.1.4 wird eine kurze Charakterisierung des mathematischen Hintergrundes für diesen Lehrgang versucht. Nach der Darstellung des Lehrgangs wird in Abschnitt 6.6 über einige Gesamtergebnisse diesbezüglicher Unterrichtserprobungen berichtet. Es schließen sich Vorschläge zu einer neuen Stoffverteilung für die Einzelinhalte der Bruchrechnung an.

6.1.2 Die Misere der Bruchrechnung

Daß die Behandlung der Bruchrechnung (schwerpunktmäßig meist im 6. Schuljahr) ihre besondere Problematik hat, ist seit langem bekannt und Mathematiklehrern, die sie zu unterrichten haben, oft schmerzlich bewußt. Es sei zunächst auf Untersuchungen von PADBERG hingewiesen, die in dessen „Didaktik der Bruchrechnung" (1989) zusammengefaßt sind, ohne die Ergebnisse näher zu referieren. PADBERG hat vor allem die wichtigsten Fehlertypen beim Rechnen mit Brüchen genauer herausgearbeitet. Hier nur ein paar Beispiele für häufige Fehler, um die Art der Fehler zu verdeutlichen:

1 a) $\frac{2}{3} + \frac{1}{4} = \frac{3}{7}$		**4 a)** $0{,}45 < 0{,}238$		
b) $\frac{3}{5} + 6 = \frac{3+6}{5}$		**b)** $0{,}23 = \frac{23}{10}$		
2 a) $\frac{5}{7} \cdot \frac{3}{7} = \frac{5 \cdot 3}{7}$		**5 a)** $3{,}48 + 4{,}2 = 7{,}50$		
b) $4 \cdot \frac{1}{7} = \frac{4}{28}$		**b)** $0{,}45 + 7 = 0{,}52$		
3 a) $\frac{9}{10} : \frac{3}{10} = \frac{3}{10}$		**6 a)** $5{,}6 \cdot 0{,}1 = 5{,}6$		
		b) $0{,}4 \cdot 0{,}2 = 0{,}8$		
b) $2 : \frac{2}{3} = \frac{2:2}{3} = \frac{1}{3}$		**7 a)** $5 : 0{,}1 = 0{,}5$		
		b) $0{,}36 : 0{,}9 = 4$		

Wie später bei den eigenen Untersuchungen, zeigte sich, daß solche Fehler nicht etwa nur bei (zukünftigen) Hauptschülern gehäuft auftreten, sondern zu einem hohen Prozentsatz auch bei Realschülern und Gymnasiasten.

Es erübrigt sich, die Fehlerbeispiele genauer zu analysieren (vgl. dazu PADBERG, 1989). Die hier zusammengetragenen Fehlerbeispiele spiegeln durchweg eine falsche Anwendung unverstandener Regeln bzw. die Anwendung falscher selbst zurechtgelegter Regeln („Fehlerstrategien") wider.

Was sich die Schüler wohl dabei gedacht haben, ist – wenn man sich ein wenig in die Ergebnisse vertieft – häufig recht gut nachzuvollziehen. Dies ist allerdings nicht die entscheidende Frage; sie lautet vielmehr:

Wie sollte man auf solche Fehler reagieren?

Man könnte versucht sein zu glauben, daß die Regeln eben besser geübt werden müßten, vor allem mit solchen Aufgaben wie den obigen, bei denen solche Fehler vorkommen. Da – wie bei den Aufgaben 1b), 2b), 3b) besonders häufig Fehler gemacht werden, in denen (echte) Brüche mit natürlichen Zahlen verknüpft werden, kommt man vielleicht auch auf den Gedanken, die natürlichen Zahlen besser als $\frac{6}{1}$; $\frac{4}{1}$; $\frac{2}{1}$ usw. zu schreiben (sie mithin in die Bruchzahlen „einzubetten") und auf „Sonderfälle" wie $4 \cdot \frac{1}{7} = \frac{1}{7} + \frac{1}{7} + \frac{1}{7} + \frac{1}{7}$ zu verzichten zugunsten weniger Regeln für den „allgemeinen" Fall: $4 \cdot \frac{1}{7} = \frac{4}{1} \cdot \frac{1}{7} = \frac{4 \cdot 1}{1 \cdot 7} = \frac{4}{7}$

Solche Reaktionen scheinen indessen problematisch, da hiermit kein besseres Verständnis erreicht wird, sondern nur ein besseres Funktionieren auf der syntaktischen Ebene. Ein besseres Verständnis schiene eher möglich, wenn man auf inhaltliche Vorstellungen (z.B. entsprechend der oben angedeuteten Addition) zurückginge. Bei einem Rechnen von $4 \cdot \frac{1}{7}$ nach der allgemeinen Regel könnte man eher mangelndes Verständnis vermuten.

Es hat erst dann Sinn, sich um Verbesserungen der syntaktischen Regelanwendung zu bemühen, wenn die Regeln selbst besser verstanden sind und eine bessere Grundvorstellung für Brüche und ihre Operationen erreicht ist. Genau hieran aber hapert es, wie die verheerenden Ergebnisse eigener Untersuchungen zu ganz einfachen Verständnisaufgaben zeigen (siehe Tafel nächste Seite).

Es seien zur Bewußtmachung einzelne Ergebnisse hervorgehoben:

Beispiel 1: Klaus ißt eine halbe Pizza und eine viertel Pizza. Wieviel ißt er insgesamt?
Diese Frage wurde lediglich von 77 % des A-Kurses, 51 % des B-Kurses und 32 % des C-Kurses richtig beantwortet.

Beispiel 2: Es ist ein zu einem Viertel gefülltes Litermaß mit „0,25 l" zu bezeichnen.
Diese Anforderung wird von 78 % des A-Kurses, 32 % des B-Kurses und 19 % des C-Kurses bewältigt! (Dies, nachdem die Aufgabenstellung sogar zuvor am Beispiel 0,5 l geklärt wurde!)

Beispiel 3: 250 g = ? kg; 1,25 h = ? min
Die Umrechnung von Gramm in Kilogramm wird nur von 77 % des A-Kurses, 43 % des B-Kurses und 21 % des C-Kurses bewältigt.
Bei der immerhin durch viele Handwerkerrechnungen aufgeworfenen Umrechnung von Stunden in Minuten sind es gar nur noch 9 % (A-Kurs), 6 % (B-Kurs) und 0 % (C-Kurs) richtige Antworten!

Deutlicher ist die Misere der Bruchrechnung am Ende des 6. Schuljahres kaum noch zu belegen. Die hier zutage tretenden eklatanten Mängel in der Verständnisgrundlage der Bruchrechnung haben wahrscheinlich vielfältige Ursachen.

Dazu zählen sicherlich auch der umfangreiche Stoffkanon der Bruchrechnung, die große fachliche Komplexität der Bruchrechnung[1], das junge Alter der Schüler und das diesbezüglich offenbar knappe Zeitbudget im 6. Schuljahr (so zumindest in Niedersachsen).

Obwohl nach unseren Erhebungen durchschnittlich etwa 27 Wochen des 6. Schuljahres (entsprechen $\frac{3}{4}$ des Schuljahrs) Bruchrechnung unterrichtet werden, scheint es doch zu wenig: Für die gewöhnliche Bruchrechnung werden ca. 21,5 Wochen aufgewandt, für die Dezimalbruchrechnung nur ca. 5,5 Wochen.

---

[1] Vgl. dazu Abschnitt 6.1.4.

Empirische Belege Gewöhnliche Bruchrechnung

(ZECH/WELLENREUTHER 1992)[2]

Beispiele für Verständnisaufgaben	Prozentangaben richtiger Lösungen		
	A- (N = 51)	B- (N = 78)	C-Kurs (N = 41)
Bruchverständnis			
$\frac{7}{10}$ eines Waldes ist abgebrannt, welcher Bruchteil … nicht?	96	75	41
Vater trinkt bei einer Party 6 Gläser Bier mit je $\frac{1}{5}$ l. Wieviel l Bier hat er getrunken?	71	57	20
Erweitern – Kürzen			
Vervollständigen einer Zeichnung, um das Erweitern mit 2 darzustellen.	41	14	5
Auswahl der Antwort bei drei Alternativen: „Beim Kürzen bekommt man weniger Teile, aber größere Teile" usw.	37	43	21
Rechenoperationen			
Klaus ißt eine halbe Pizza und eine viertel Pizza. Wieviel … insgesamt?	77	51	32
Ein Läufer ist $2\frac{1}{2}$ Runden auf einer 400-m-Bahn gelaufen. Wieviel m …?	32	16	17
Wieviel Probegläschen von $\frac{1}{8}$ l Inhalt kann man aus einer 2-l-Flasche abfüllen?	40	28	7

Empirische Belege Dezimalbruchrechnung

(WELLENREUTHER/ZECH 1990)

Aufgabenbereiche/Beispiele		Prozentangaben richtiger Lösungen		
		A- (N = 228)	B- (N = 129)	C-Kurs (N = 114)
Ablesen von Meßbecher-Füllungen	1/4 l	88	69	42
	0,25 l	78	32	19
Umwandlung Bruch ⟷ Dezimalbruch	3/4 = ?	75	38	21
	0,75 = ?	94	90	54
Umrechnung von Größenangaben	250 g = ? kg	77	43	21
	1,25 h = ? min	9	6	0
Ablesen von Dezimalbrüchen an Skalen		79	57	35
Multiplikation und Division mit Zehnerpotenzen	100 · 1,035	74	33	4
	44,5 : 100	66	37	2

---

[2] Die hier mitgeteilten Ergebnisse gehen auf eine Einzelauswertung des Kollegen Wellenreuther im
Rahmen der dort dargestellten Untersuchung zur Bruchrechnung zurück.

Das macht deutlich, daß die Lehrer gegen Ende des Schuljahrs so in Druck geraten, daß für die Dezimalbruchrechnung kaum noch viel Zeit übrigbleibt. Das erklärt u.a., daß auch die Ergebnisse in der insgesamt einfacher einzuschätzenden Dezimalbruchrechnung ähnlich schlecht sind wie in der gewöhnlichen Bruchrechnung. Offenbar fühlen sich viele Lehrer aber auch vor der Dezimalbruchrechnung so getrieben, daß ein langsamer Aufbau einer Verständnisgrundlage (wie er etwa für lernschwache Schüler erforderlich wäre) nicht möglich ist. Vor allem fehlt es aber offenbar auch an geeigneten verständnisorientierten Erklärungsmodellen und Aufgaben in Schulbüchern (vgl. u.a. Abschnitt 2.7).

Schließlich wird bei der Behandlung der Bruchrechnung viel traditioneller Ballast mitgeschleppt. Zum Beispiel vertut man u.U. viel Zeit durch schriftliches Rechnen mit praktisch irrelevanten Brüchen wie $\frac{47}{256}$ bei den Rechenoperationen oder bei deren Verwandlung in Dezimalbrüche. Der Taschenrechner darf aufgrund der Richtlinien häufig nicht eingesetzt werden.

Man versucht womöglich auch, das häufig durchaus bemerkte schlechte Verständnis sinnwidrig durch um so mehr Einschleifübungen für unverstandene Regeln auszugleichen (siehe weiter oben und Abschnitt 3.9.2). Dabei kommen dann auch sinnvolle Anwendungsaufgaben zu kurz. Letztlich sind damit – wie dargestellt – nicht einmal die allerwichtigsten Grundlagen gesichert.[3]

Dies verlangt u.E. radikale Maßnahmen wie kaum irgendwo sonst in bezug auf eine neue Stoffverteilung (siehe Abschnitt 6.7), eine bessere Differenzierung (siehe Abschnitt 6.1.3), eine stärkere Betonung der Dezimalbruchrechnung (schon allein wegen ihrer großen praktischen Relevanz), die Vermeidung unnötiger Rechenschwierigkeiten und vor allem die Stärkung der Verständnisgrundlage. Und nicht zuletzt braucht man für alles ein geeignetes Lehr- und Lernmaterial!

6.1.3 Essentials für eine Neukonzeption der Bruchrechnung

Die folgenden Essentials (einige zentrale wurden im letzten Abschnitt schon angedeutet) sind als einzelne Forderungen für eine effektive Behandlung der Bruchrechnung nicht neu. Nichtsdestoweniger scheint man bisher nicht versucht zu haben, sie vollständig und konsequent in einem Bruchrechenlehrgang zu berücksichtigen. Sie sind durch die vorausgegangenen oder früheren Ausführungen begründet und sollen die Orientierungspunkte für die nachfolgend näher auszuführenden Inhalte darstellen:

1. *Eine starke Konzentration der Bruchrechnung auf das, was die Schüler in Alltag und Schule tatsächlich brauchen:*
   - weitgehende Beschränkung auf einfache gewöhnliche Brüche
   - weitgehender Verzicht auf das Rechnen mit gewöhnlichen Brüchen für lernschwache Schüler
   - Betonung der Dezimalbruchrechnung
   - frühzeitiger Einsatz des Taschenrechners bei schwierigen Rechnungen

2. *Eine wesentlich stärkere Betonung der Verständnisgrundlage:*
   - Erläuterung des didaktischen Kerns der Konzepte an konkret-handelnden und zeichnerischen Darstellungen von Brüchen und Bruchoperationen sowie eine weitgehende Verankerung der Konzepte in Anwendungssituationen
   - gezielte Verständnisaufgaben und Vermeidung zu mechanischen Rechnens (Wachhalten der Verständnisgrundlage)

---

[3] Viele sachliche und psychologische Schwierigkeiten der Bruchrechnung, die z.B. in der Neigung der Schüler begründet sind, unzulässige Übertragungen von den natürlichen Zahlen auf die Bruchzahlen vorzunehmen, werden in den Abschnitten 6.2 und 6.3 näher diskutiert.

Aus diesen Grundsätzen heraus ergab sich für die Reihe STÜTZPFEILER eine Aufteilung der Bruchrechnung in 4 Teile:

Heft 1: Grundlagen der Bruchrechnung

Heft 2: Rechnen mit Brüchen

Heft 3: Grundlagen der Dezimalbruchrechnung

Heft 4: Das Rechnen mit Dezimalbrüchen

In Heft 1 und 3 geht es jeweils um eine breite Verständnisgrundlage für Brüche und Dezimalbrüche ohne die Rechenoperationen. Heft 2 ist so konzipiert, daß man bei lernschwächeren Schülern weitgehend darauf verzichten und gleich zu Heft 3 übergehen kann. Hierin ist (wie in Abschnitt 3.10.4 bereits angedeutet) die *wichtigste Differenzierungsmaßnahme* zu sehen:

Die Rechenoperationen für gemeine Brüche werden in der Algebra, Gleichungslehre und Wahrscheinlichkeitsrechnung für bessere Schüler gebraucht, nicht jedoch für schwächere Schüler, die nicht damit in Berührung kommen. Wie der Fachmann weiß, braucht man die Rechenoperationen für gemeine Brüche auch nicht für die Erklärung der schriftlichen Rechenoperationen für Dezimalbrüche. Genauer gesagt: Man braucht sie nur in einer sehr trivialen Form, die sich unmittelbar aus einem elementaren Bruchverständnis ergibt und keine explizite Behandlung (womöglich mit Regeln) erfordert. (Näheres vgl. Abschnitt 6.1.5.)

Die lernschwächeren Schüler können sich somit wesentlich länger bei den Verständnisgrundlagen der Bruchrechnung und bei der praktisch wichtigeren Dezimalbruchrechnung aufhalten. Im folgenden sei zunächst der fachliche Hintergrund für die gewöhnliche Bruchrechnung (Heft 1 und 2) skizziert.[4]

6.1.4 Der mathematische Hintergrund des hier vertretenen methodischen Konzepts der gewöhnlichen Bruchrechnung

Die mathematischen Hintergründe der Bruchrechnung sind so vielfältig, daß man auch in einer Methodik wie dieser nicht umhinkommt, etwas dazu zu sagen:

Da es um eine anwendungsnahe, formale Aspekte möglichst vermeidende oder zumindest zurückdrängende Einführung geht, kommen bestimmte sonst diskutierte Einführungen der Bruchzahlen über äquivalente Zahlenpaare oder die Lösung linearer Gleichungen oder eine methodenreine Einführung über Operatoren von vornherein nicht in Frage. Solche Zugänge sollten allenfalls einer späteren Windung der „Curriculumspirale" in höheren Gymnasialklassen vorbehalten bleiben.

Ebenso verbieten sich von daher prinzipiell auch stärker methodisch als fachlich orientierte sinnentleerte Einführungen von Regeln über Gleichungsketten nach dem sog. „Permanenzprinzip". Sie können gelegentlich eine Unterstützungsfunktion dabei haben, bereits auf Vorstellungsgrundlage eingeführte Definitionen zusätzlich plausibel zu machen.[5]

Als Hintergrund der hier vertretenen methodischen Konzeption dient ein gemischter Größen/ Operator-Ansatz, der im folgenden hinsichtlich einiger wesentlicher Aspekte angedeutet wird. Auf eine ins einzelne gehende Entfaltung der Begriffe und Regeln sowie Beweise auf der Basis der Axiome eines Größenbereichs wird verzichtet und dazu auf PADBERG (1989) und hinsichtlich einiger weiterer Vertiefungen auf KIRSCH (1970) und GRIESEL (1973) verwiesen.

---

[4] Die folgenden Abschnitte 6.1.4 und 6.1.5 können von dem mathematisch weniger geübten Leser zunächst übersprungen werden, sind aber für ein tieferes Verständnis der Bruchrechnung wichtig.

[5] Zu den genannten alternativen Zugängen vgl. z.B. PADBERG (1989).

a) Begriffliche Grundlagen: Brüche als Größen und Operatoren

Als *konkreter* Bruch (vgl. „erste Bruchauffassung" in Abschnitt 6.2.2) wird bezeichnet:

$\frac{m}{n}$ (E) $\underset{\text{def}}{=}$ (E : n) · m   mit n, m ∈ ℕ und E Element eines divisiblen [6] Größenbereichs

(zu lesen m n-tel von E).

Die konkreten Brüche der Form $\frac{m}{1}$ (E) sind die „ganzzahligen Vielfachen" der Größe E.

Die konkreten Brüche der Form $\frac{1}{n}$ (E) sind die n-ten Teile der Größe E („Stammbrüche"). [7]

Die Größeneinheit E kann man sich vorstellen als Größeneinheit im üblichen Sinne wie 1 m, 1 m², 1 *l*, 1 kg; sie kann aber auch irgendeine andere ausgewählte Größe (z.B. irgendeine Länge) sein. Da ein „Größenbereich" in der Mathematik letztlich axiomatisch nur durch bestimmte Gesetzmäßigkeiten bzw. Eigenschaften definiert ist, hat er noch andere „Modelle" als die vertrauten Größenbereiche.

„*Größen*" in diesem Sinne können z.B. auch Strecken, Flächenstücke (z.B. Kreise und Rechtecke) und Körper (z.B. Quader oder Kuchen [8]) sein, d.h. das, was man sonst als „Repräsentanten" üblicher Größen bezeichnet. Diese Repräsentanten müssen nur gewisse Bedingungen (wie z.B. „Quasidisjunktheit") erfüllen, und die Rechenoperationen müssen in geeigneter Weise interpretiert werden (die Vervielfachung z.B. als ein „mehrfaches Hintereinandersetzen"); vgl. dazu GRIESEL (1973).

Die ausgezeichnete Größe E (z.B. irgendeine Längen-, Flächen- oder Volumeneinheit, eine bestimmte Strecke, eine Kreisfläche oder ein Kuchen) wurde in der traditionellen Bruchrechendidaktik und wird auch in diesem Lehrgang als *„Ganzes"* bezeichnet.

Bezeichnet man $\frac{m}{n}$ (E) als „konkreten Bruch", so kann man den Operator, der die Größe E in die Größe $\frac{m}{n}$ (E) überführt, als *„Bruchoperator"* oder auch als *„Bruchzahl"* bezeichnen. Die bloße Schreibfigur „$\frac{m}{n}$" wird hingegen als *„Bruch"* bezeichnet.

Der Bruch $\frac{m}{n}$ ist deshalb sehr wohl zu unterscheiden von der Bruchzahl, die durch $\frac{m}{n}$ bezeichnet wird.

Beispiel: $\frac{3}{4}$ kg [andere Schreibweise für $\frac{3}{4}$ (1 kg)] ist zu verstehen als „konkreter Bruch" nach der o.a. allgemeinen Definition. Dies stimmt überein mit der Sprechweise „drei Viertel Kilogramm"!

Die Schreibfigur $\frac{3}{4}$ ist als „Bruch" zu verstehen, die für die spezielle Vorschrift „erst : 4, dann · 3" steht. Der Bruch $\frac{3}{4}$ ist zu unterscheiden von dem Bruch $\frac{6}{8}$. Als unterschiedliche Schreibfiguren bezeichnen sie jedoch den gleichen „Bruchoperator" (die gleiche „Bruchzahl"); denn sie führen – angewandt auf die gleiche Ausgangsgröße E – zur selben Endgröße $\frac{3}{4}$ kg = $\frac{6}{8}$ kg.

Wenn man in der Mathematik also $\frac{3}{4}$ = $\frac{6}{8}$ schreibt, meint man nicht die Gleichheit von zwei Brüchen, sondern die Gleichheit der durch $\frac{3}{4}$ bzw. $\frac{6}{8}$ bezeichneten Bruchzahlen. Man sagt dafür in der traditionellen Bruchrechendidaktik, daß sie *„den gleichen Wert haben"* (eine Ausdrucksweise, die in unserem Lehrgang ebenfalls verwendet wird).

---

[6] Das besagt, daß es zu jeder Größe E einen „n-ten Teil" gibt.

[7] Im Alltag findet man teilweise auch die Schreibweise mit schrägem Bruchstrich. Sie ist schreibtechnisch manchmal einfacher, kann aber rechentechnisch Nachteile hinsichtlich der Übersichtlichkeit haben. Im Unterricht sollte sie deshalb vermieden werden.

[8] Man muß sie dazu allerdings, insbesondere hinsichtlich ihrer beliebigen „Teilbarkeit", idealisieren.

Hat man den „konkreten Bruch" definiert wie oben, so erkennt man (in der Mathematik aufgrund der Axiome für einen divisiblen Größenbereich, im Unterricht des 6. Schuljahrs – siehe Abschnitt 6.2 – aufgrund anschaulicher Argumentation):

$$\frac{m}{n} (E) = (E : n) \cdot m = (E \cdot m) : n^{9)}$$

Es ist also gleichgültig, in welcher Reihenfolge man die Operatoren : n und · m ausführt. Dies ist der Hintergrund für die sog. „zweite Bruchauffassung":

$$\frac{m}{n} (E) = (E \cdot m) : n.$$

Beispiel: $\frac{3}{4}$ eines Pfannkuchens = (3 · ein Pfannkuchen)[10] : 4 = 3 Pfannkuchen : 4

Im Unterricht schreibt man – unter Fortlassung der „Benennung" – bald nur noch kurz:

$$\frac{3}{4} = 3 : 4 \quad \text{bzw.} \quad 3 : 4 = \frac{3}{4}$$

Damit wird, fachlich gesehen, ein wichtiger Schritt über die konkreten Brüche hinaus vollzogen. Zunächst meint man damit nur: Das, was für die Pfannkuchen gilt, gilt auch für beliebige Ganze (divisible Größen). Indem man aber durch die Gleichung $3 : 4 = \frac{3}{4}$ einer Division natürlicher Zahlen, die bisher nicht definiert war, einen Sinn gibt (und allgemein $m : n = \frac{m}{n}$ definiert), erweitert man die Menge der natürlichen Zahlen zu einem divisiblen Größenbereich mit E = 1.

Von jetzt an macht es Sinn, die Zahl 1 nicht nur als Abstraktion von anderen Größeneinheiten, als „Ganzes" zu bezeichnen: $\frac{m}{n}(1) = (1 : n) \cdot m$. Die natürlichen Zahlen selbst können danach (mit n = 1) als spezielle konkrete Brüche verstanden werden, nämlich als Vielfache (1 · m) der Einheit 1. Man kann jetzt aber auch eine beliebige andere Anzahl zum „Ganzen" machen. Dies ist der Fall, wenn man sich – wie es in Anwendungsfällen häufig vorkommt – für Bruchteile von Anzahlen einer Menge interessiert:

$$\frac{2}{3} \text{ von } 17 \underset{\text{def}}{=} (17 : 3) \cdot 2$$

In engem Zusammenhang damit steht auch, „Anteile" (verstanden als Verhältnis der Anzahlen einer Teilmenge zu einer Gesamtmenge) als Bruchteile auszudrücken:

$$5 \text{ von } 8 = \frac{5}{8} \quad \text{(„dritte Bruchauffassung"; vgl. Abschnitt 6.2.2).}$$

Dies ist gleichwertig mit der Aussage

$$\frac{5}{8} \text{ von } 8 = 5 \quad \text{(vgl. auch Abschnitt 6.3.2).}$$

Man beachte hierbei jedoch, daß das „von" in beiden Fällen unterschiedlich verstanden wird: Im ersten Fall steht mathematisch eine Division, im zweiten Fall eine Multiplikation dahinter. Dies dürfte auch didaktisch gewisse Schwierigkeiten bereiten (vgl. auch Abschnitt 6.3.4 d).

b) Rechenoperationen für Bruchzahlen

Es ist von der Einführung der Brüche als „konkrete Brüche" und den Anwendungen her naheliegend, die *Addition von Brüchen* im Sinne der Addition von Größen einzuführen. Zudem besteht hier

---

9) Die Variablen, die mit m, n (später auch mit anderen kleinen lateinischen Buchstaben) bezeichnet werden, stehen immer für natürliche Zahlen 1, 2, 3, …; E für eine „divisible" Größe (Element eines divisiblen Größenbereichs).

10) Es spielt hier keine Rolle, ob man den „Vervielfacher" vor oder hinter die Größe schreibt; $n \cdot E \underset{\text{def}}{=} E \cdot n$!

bei der Addition „gleichnamiger" Brüche eine starke Analogie zur vertrauten Addition natürlicher Zahlen (vgl. auch Abschnitt 6.3.1). Die Addition ungleichnamiger Brüche wird sodann in altbekannter Weise durch Hauptnennerbildung auf die Addition gleichnamiger Brüche zurückgeführt. Wir beschränken uns auf die *Definition der Addition gleichnamiger Brüche*:

$$\frac{a}{b}\,(E) + \frac{c}{b}\,(E) = \frac{a+c}{b}\,(E)$$

Das Ganze E wird im Unterricht meist nicht mitgeschrieben. Dadurch hat man praktisch eine Definition für Bruchoperatoren (Bruchzahlen) durchgeführt[11]:

$$\frac{a}{b} + \frac{c}{b} \underset{\text{def}}{=} \frac{a+c}{b}$$

Die *Multiplikation einer natürlichen Zahl mit einer Bruchzahl* wird (wiederum in vertrauter Analogie zur Multiplikation natürlicher Zahlen) über die fortgesetzte Addition von konkreten Brüchen eingeführt (vgl. auch Abschnitt 6.3.2):

$$\mathbf{n} \cdot \frac{a}{b}\,(E) \underset{\text{def}}{=} \underbrace{\frac{a}{b}\,(E) + \frac{a}{b}\,(E) + \dots + \frac{a}{b}\,(E)}_{\text{n Summanden}} = \overbrace{\frac{a+a+\dots+a}{b}}^{\text{n Summanden}}\,(E) = \frac{\mathbf{n} \cdot \mathbf{a}}{\mathbf{b}}\,(\mathbf{E})$$

Vergleiche Beispiel in Abschnitt 6.3.2 b!

Ebenso einfach definiert man als „Gegenstück" die *Division eines konkreten Bruchs durch eine natürliche Zahl*, indem man an Verteilensvorstellungen aus dem Bereich der natürlichen Zahlen anschließt (vgl. auch Abschnitt 6.3.3):

$$\frac{a}{b}\,(E) : \mathbf{n} \underset{\text{def}}{=} \frac{a}{\mathbf{n} \cdot b}\,(E)$$

Vergleiche Beispiel in Abschnitt 6.3.3 c!

Der Übergang zur Definition für Bruchzahlen durch „Weglassen des Ganzen" erfolgt jeweils ebenso, wie oben für die Addition dargestellt.

Bei den übrigen Fällen der Multiplikation und Division im Bereich der Bruchzahlen wird es problematischer:

Bei der *Definition der Multiplikation von Brüchen* empfiehlt es sich, weder von einer reinen Größenauffassung noch von einer reinen Operatorenauffassung der Brüche auszugehen, weil beides keine anschaulichen und anwendungsnahen Zugänge für Schüler zuläßt. Wir entscheiden uns deshalb für einen gemischten Ansatz. Den ersten Faktor fassen wir als Operator, den zweiten als Größe auf und definieren

$$\frac{a}{b} \cdot \frac{c}{d} \quad \text{über} \quad \frac{a}{b} \text{ von } \frac{c}{d}\,(E) = a \cdot \left(\frac{c}{d}\,(E) : b\right)$$

(Das „von" steht hier statt einer Klammer um $\frac{c}{d}\,(E)$!)

Dabei greifen wir schrittweise auf die Multiplikation und Division konkreter Brüche mit bzw. durch natürliche Zahlen zurück[12]:

$$\frac{c}{d}\,(E) : b = \frac{c}{b \cdot d}\,(E) \quad \text{und} \quad a \cdot \frac{c}{b \cdot d}\,(E) = \frac{a \cdot c}{b \cdot d}\,(E)$$

Damit bekommen wir $\frac{a}{b}$ von $\frac{c}{d}\,(E) = \frac{a \cdot c}{b \cdot d}\,(E)$ und von daher

$$\frac{a}{b} \cdot \frac{c}{d} \underset{\text{def}}{=} \frac{a \cdot c}{b \cdot d}$$

---

[11] Die Unabhängigkeit der Definition von der Wahl der Repräsentanten (d.h. der speziellen Brüche, die für die Bruchzahlen stehen) wird im Unterricht nicht problematisiert, weil für die Schüler „selbstverständlich".

[12] Zur Motivation und unterrichtlichen Gestaltung dieses Ansatzes vgl. Abschnitt 6.3.4. Man verfolge die Ableitung hier an einem Beispiel.

Die *Division zweier Bruchzahlen* führen wir über eine Enthaltenseinsvorstellung von einem konkreten Bruch in einem anderen ein. (Man könnte auch sagen: über das Messen einer Größe an einer gleichartigen.) Diese Einführung erfolgt in Analogie zur Einführung der Division von natürlichen Zahlen über das Modell des Aufteilens („Wie oft ist eine Teilmenge in der Gesamtmenge enthalten?")[13]:

$\frac{a}{b}$ (E) : $\frac{c}{d}$ (E)   wird erklärt über die Schritte

(1) $\frac{a}{b}$ (E) : E = $\frac{a}{b}$

(2) $\frac{a}{b}$ (E) : $\frac{1}{d}$ (E) = d $\cdot \frac{a}{b} = \frac{d \cdot a}{b}$

(3) $\frac{a}{b}$ (E) : $\frac{c}{d}$ (E) = $\frac{d \cdot a}{b} : c = \frac{d \cdot a}{c \cdot b}$

Deshalb definieren wir für Bruchzahlen:

$$\frac{a}{b} : \frac{c}{d} \underset{\text{def}}{=} \frac{d \cdot a}{c \cdot b}$$

Bei der Definition der Multiplikation und Division gibt es jetzt „Überschneidungen" mit den Definitionen für $n \cdot \frac{a}{b}$ und $\frac{a}{b} : n$. Man zeigt in altbekannter Weise, daß bei der „Einbettung" durch $n = \frac{n}{1}$ nach den allgemeinen Definitionen das Gleiche herauskommt wie bei der vorgezogenen speziellen Definition (vgl. Abschnitt 6.3.4 d).

c) Vergleich von Bruchzahlen
Der Vergleich von Bruchzahlen erfolgt über den Vergleich von konkreten Brüchen.

$\frac{a}{b} < \frac{c}{d} \underset{\text{def}}{\Longleftrightarrow} \frac{a}{b}$ (E) $< \frac{c}{d}$ (E) $\underset{\text{def}}{\Longleftrightarrow}$ Es gibt $\frac{e}{f}$, so daß gilt: $\frac{a}{b}$ (E) $+ \frac{e}{f}$ (E) $= \frac{c}{d}$ (E)

Diese Definition hat den einfachen Vorstellungshintergrund: Ein konkreter Bruch ist kleiner als ein anderer, wenn ihm ein gewisses „Stück" hinzugefügt werden muß, um zu dem anderen zu kommen. Dies steht letztlich hinter der unterrichtlichen Behandlung in Abschnitt 6.2.4.

d) Didaktische Schlußbemerkungen
In den Abschnitten 6.2 und 6.3 wird dargestellt, was von dem vorstehend angedeuteten fachlichen Hintergrund im Unterricht explizit gemacht wird. Einige Grundentscheidungen seien hier vorweg formuliert (das eine oder andere wurde bereits angesprochen):

1. Die Größe E, die für beliebige divisible Größen steht, wird wie in der traditionellen Bruchrechendidaktik mit dem die Unterschiede nivellierenden neutralen Ausdruck „das Ganze" belegt. Er kann den Abstraktionsprozeß in Richtung „Bruchzahlen" unterstützen.

2. Die Benennung mit dem Ganzen erfolgt selten explizit; sie würde von den Schülern häufig nur als „umständlich" empfunden. Die Benennung erfolgt vor allem dann, wenn der „neue" Größencharakter der natürlichen Zahlen betont werden soll („3 Ganze").

3. Der Operatoraspekt wird häufig durch Formulierungen wie „$\frac{3}{4}$ von …" zum Ausdruck gebracht, ohne daß von „Bruchoperator" explizit gesprochen wird.

---

[13] Zur Motivation und unterrichtlichen Gestaltung dieses Ansatzes vgl. Abschnitt 6.3.5! Man verfolge die Ableitung hier wiederum an einem Beispiel.

4. Der Begriff „Bruchzahl" wird auch mehr beiläufig verwendet (z.B. beim Erweitern und Kürzen, beim Vergleich von konkreten Brüchen, bei der Einführung der Rechenoperationen), aber doch inhaltlich vorbereitet (durch das Weglassen der Einheit, die Betonung der „Gleichwertigkeit" unterschiedlich geschriebener Brüche, durch die Problematisierung der Einführung von Rechenoperationen für Brüche).

5. Zwischen „Bruch", „konkretem Bruch", „Bruchoperator", „Bruchzahl" wird im unterrichtlichen Sprachgebrauch nicht konsequent unterschieden:
Man gibt den hingeschriebenen Brüchen – je nach Situation – einen bestimmten Sinn und wechselt die Aspekte (ähnlich wie schon bei den natürlichen Zahlen). Dies wird auch bei der anschließenden Darstellung unseres Lehrgangs „simuliert".

6. Da der Anwendungsaspekt im Vordergrund steht, treten „Einbettungsaspekte" und algebraische Aspekte sowie der rein syntaktische Umgang mit den Bruchzahlen in den Hintergrund.

6.1.5 Der mathematische Hintergrund der hier vertretenen methodischen Konzeption der Dezimalbruchrechnung

a) Allgemeine Überlegung zur Wahl des Zugangs

Wie der Leser weiß, kann man jeden gemeinen Bruch mit beliebiger Genauigkeit in einen abbrechenden Dezimalbruch verwandeln (vgl. auch Abschnitt 6.4.3). Dies ermöglicht letztlich, alle Rechenoperationen für gemeine Brüche entsprechend auch als Rechenoperationen für Dezimalbrüche durchzuführen. Das mathematisch einfachste wäre es zweifellos, die Rechenoperationen für Dezimalbrüche möglichst direkt auf die Rechenoperationen für gemeine Brüche zurückzuführen, und dies wird auch häufig als Grundlage für den Schulunterricht empfohlen (vgl. PADBERG, 1989). Es scheint didaktisch jedoch nicht unbedingt zweckmäßig:

– Will man lernschwächeren Schülern grundsätzlich das langwierige und für sie wenig ergiebige Kapitel „Rechnen mit gemeinen Brüchen" ersparen (vgl. Abschnitt 6.1.3), muß man natürlich einen Rückgriff darauf vermeiden (soweit sich das Rechnen nicht quasi unmittelbar aus dem Bruchverständnis und alten Vorstellungen für natürliche Zahlen ergibt).[14]
– Auch für leistungsstärkere Schüler, für die die gewöhnliche Bruchrechnung zur Verfügung steht, scheint der Zugang über die alten Bruchrechenregeln nicht günstig, weil sie das Verständnis der schriftlichen Rechenverfahren für Dezimalbrüche, worum es in der Dezimalbruchrechnung wesentlich geht, nicht fördern, sondern eher davon ablenken (Beispiele weiter unten).

Es wird also ein methodischer Weg vorgeschlagen, der natürlich erscheint: Das ist der Weg über die altvertrauten Regeln des Dezimalsystems, die bei dessen Erweiterung auf die Dezimalbrüche für diese offensichtlich auch gelten. Dies hat zudem den guten Sinn, daß damit auch die Einsicht in das schriftliche Rechnen mit natürlichen Zahlen vertieft wird.
Der Rückgriff auf die gewöhnliche Bruchrechnung beschränkt sich weitgehend auf einfache Fälle wie die Addition/Subtraktion gleichnamiger Brüche, die Multiplikation/Division eines Bruchs mit bzw. durch natürliche Zahlen, die aufgrund des Bruchverständnisses und auf der Basis einer quasi-kardinalen Schreibweise wie „6 Hundertstel" (in der Stellenwerttafel 6 h) unmittelbar verständlich sind.

---

[14] Zur weiteren Stoffreduktion, die sich daraus ergibt, vgl. Abschnitt 6.7.

Die alten Bruchrechenregeln haben für die stärkeren Schüler dann nur noch die Funktion einer zusätzlichen Bestätigung. Die Regeln für die gemeinen Brüche und für die Dezimalbrüche stehen in Einklang miteinander.

Der fachliche Hintergrund der Dezimalbruchrechnung wird im folgenden teilweise nur mit ein paar beschreibenden Bemerkungen anhand einzelner Beispiele angedeutet. Im übrigen sei auf die methodische Durchführung in Abschnitt 6.5 verwiesen.

b) Einführung der Dezimalbrüche

Die Dezimalbrüche werden eingeführt als spezielle konkrete Brüche mit Kommaschreibweise.

Beispiel: $2,134\,\text{m} \underset{\text{def}}{=} 2\,\text{m} + \frac{1}{10}\,\text{m} + \frac{3}{100}\,\text{m} + \frac{4}{1000}\,\text{m} = (2 + \frac{1}{10} + \frac{3}{100} + \frac{4}{1000})\,\text{m}$

Von daher leiten wir für den Operator (die Maßzahl) $2,134$ ab:

$$2,134 = 2 + \frac{1}{10} + \frac{3}{100} + \frac{4}{1000} = 2 + \frac{134}{1000} \quad \text{bzw.} \quad \frac{2134}{1000}$$

Jeder Dezimalbruch kann letztlich als besondere Schreibweise für einen Bruch mit einer Zehnerpotenz im Nenner verstanden werden. Für dieses Verständnis braucht man keinen Rückgriff auf eine formale Additionsregel ungleichnamiger Brüche (vgl. Abschnitt 6.4.1). Man argumentiert anschaulich an Skalen, erinnert sich an das Erweitern und versteht durch Argumentation mit den kleinen Bruchteilen des konkreten Bruchs:

$\frac{1}{10}\,\text{m} = 1\,\textbf{Dezi}\text{meter} = 10\,\textbf{Zenti}\text{meter} = \frac{10}{100}\,\text{m};$

$\frac{1}{100}\,\text{m} = 1\,\textbf{Zenti}\text{meter} = 10\,\textbf{Milli}\text{meter} = \frac{10}{1000}\,\text{m}$ usw.

An der Stellenwerttafel kommt das Verständnis durch das „Bündelungsprinzip" dazu:

E	z	h	t
2	1	3	4

$1\,\textbf{z} = 10\,\textbf{h}; \qquad 1\,\textbf{h} = 10\,\textbf{t}; \qquad 1\,\textbf{z} = 100\,\textbf{t}; \dots$

c) Addition und Subtraktion von Dezimalbrüchen

Die Addition von Dezimalbrüchen (entsprechend die Subtraktion) wird in einfachen Fällen des mündlichen Rechnens durch direkten Rückgang auf die Bedeutung der Dezimalbrüche durchgeführt; z.B.

$$0,32 + 0,03 = \frac{32}{100} + \frac{3}{100} = \frac{35}{100} = 0,35$$

Natürlich könnte man eine Addition wie $4,58 + 3,7$ auf die Addition gemeiner Brüche zurückführen; z.B.

(1) $4,58 + 3,7 = \dots = 4\frac{58}{100} + 3\frac{7}{10} = 7 + \frac{58}{100} + \frac{7}{10} = 7 + \frac{58}{100} + \frac{70}{100} = \dots$ usw.

Es erscheint indessen naheliegender, an das stellenweise Addieren von früher anzuschließen:

(2)

	E	z	h
	4 ,	5	8
+	3 ,	7	
	8 ,	2	8

Hier wird im wesentlichen nur das unproblematische Addieren kleinzahliger gleichnamiger Zehnerbrüche gebraucht und das Bündelungsprinzip ($7\,\textbf{z} + 5\,\textbf{z} = 1\,\textbf{E} + 2\,\textbf{z}$). Natürlich benutzt man hier unausgesprochen das Assoziativ- und das Kommutativgesetz für Brüche, wie aus der Schreibweise $(4\,\textbf{E} + 5\,\textbf{z} + 8\,\textbf{h}) + (3\,\textbf{E} + 7\,\textbf{z})$ hervorgeht, aber dies wird als „selbst-verständlich" nicht problematisiert. – Die Ableitung (1) hat für das schriftliche Verfahren Bestätigungs-, aber kaum zusätzlichen Erklärungswert.

d) Multiplikation und Division eines Dezimalbruchs mit Zehnerpotenzen

Wir gehen für alles weitere von den Gesetzmäßigkeiten der Multiplikation und Division eines Dezimalbruchs mit Zehnerpotenzen aus, die im Bündelungsprinzip des Stellenwertsystems unmittelbar angelegt sind.

Beispiel:
$$10 \cdot 2,134 = 10 \cdot (2\,\mathbf{E} + 1\,\mathbf{z} + 3\,\mathbf{h} + 4\,\mathbf{t})$$
$$= 2\,\mathbf{Z} + 1\,\mathbf{E} + 3\,\mathbf{z} + 4\,\mathbf{h}$$
$$= 21,34$$

Kerngedanke: Bei der Multiplikation mit 10 werden aus Einern Zehner, aus Zehnteln Einer, aus Hundertsteln Zehntel, usw.

Auf der Basis des elementaren Vervielfachens einer Größe (und einer selbst-verständlichen Anwendung des Distributivgesetzes) wird die grundlegende „Kommaverschiebungsregel" für die Multiplikation mit 10 abgeleitet.

Aus mehrfacher Anwendung der Multiplikation mit 10 ergeben sich die Regeln für die Multiplikation mit beliebigen Zehnerpotenzen. Entsprechend erfolgt die Division eines Dezimalbruchs durch 10 (bzw. durch 100, 1000, …) als Umkehrung des Vervielfachens mit 10 (also letzlich auf der Basis des elementaren Verteilens).

Daraus ergeben sich die bekannten Regeln für die Division durch beliebige Zehnerpotenzen.

e) Die Multiplikation von Dezimalbrüchen

Der Definitionshintergrund für die Multiplikation zweier Dezimalbrüche ist zunächst die *Multiplikation einer natürlichen Zahl mit einem Dezimalbruch* gemäß

$$n \cdot \frac{a}{10^k} = n \cdot (a : 10^k) = (n \cdot a) : 10^k$$

Beispiel: $\quad 5 \cdot 3,47 = (5 \cdot 347) : 100$

Statt mit 3,47 zu multiplizieren, multipliziert man erst mit der hundertmal größeren Zahl 347 und gleicht dies durch anschließende Division durch 100 wieder aus. Dabei braucht man also nicht auf die allgemeine Definition für natürliche Zahl mal Bruch gemäß

$$n \cdot \frac{a}{10^k} = \frac{n \cdot a}{10^k} = (n \cdot a) : 10^k$$

zurückzugreifen; sie erweist sich aber mit der obigen Definition verträglich.

Die Multiplikation natürliche Zahl mal Dezimalbruch wird also rechnerisch auf die Multiplikation natürlicher Zahlen und die Division durch eine Zehnerpotenz zurückgeführt. Die Definition für die *Multiplikation Dezimalbruch mal Dezimalbruch* ist aus folgendem Beispiel abzulesen:

Beispiel: $\quad 5,754 \cdot 3,47 \underset{\text{def}}{=} (5754 \cdot 3,47) : 1000$

$$= [\,(5754 \cdot 347) : 100\,] : 1000$$

Allgemein: $\quad \dfrac{a}{10^k} \cdot \dfrac{b}{10^l} \underset{\text{def}}{=} (a \cdot \dfrac{b}{10^l}) : 10^k$

$$= [(a \cdot b) : 10^l\,] : 10^k$$

$$= (a \cdot b) : 10^{l+k} = \frac{a \cdot b}{10^{l+k}}$$

Die Multiplikation Dezimalbruch mal Dezimalbruch wird also rechnerisch wieder auf eine Multiplikation von natürlichen Zahlen und die Division durch eine Zehnerpotenz zurückgeführt. Man rechnet, als wenn das Komma gar nicht da wäre und dividiert zum Ausgleich durch die Faktoren, die man gebraucht hat, um das Komma zu beseitigen (Motivation und nähere Erläuterung vgl. Abschnitt 6.5.4 b).

Im übrigen wird deutlich, daß die Multiplikationsregel für Dezimalbrüche zum gleichen Ergebnis führt wie die Multiplikationsregel für gemeine Brüche. Die letztlich an vertrauten Stellenwert- regeln orientierte Erklärung können jedoch auch bessere Schüler unmittelbarer nachvollziehen als eine formal erscheinende Erklärung mit Hilfe der Multiplikationsregel für gemeine Brüche:

$$\frac{5\,754}{1000} \cdot \frac{347}{10} = \frac{5\,754 \cdot 347}{1000 \cdot 10}$$

Diese alte Multiplikationsregel müßte ja selbst erst wieder (etwa im Sinne des „Von-Ansatzes"; vgl. Abschnitt 6.1.4) nachvollzogen werden.

Anmerkung: Der „Von-Ansatz" ist den Dezimalbrüchen (ohne „Übersetzung" in die alte Bruch- schreibweise) übrigens wesensfremd und auch aus diesem Grunde hier nicht günstig.

Der Alltagssprachgebrauch kennt „$\frac{3}{4}$ von", aber nicht „0,75 von"!

Die Dezimalbrüche werden als Multiplikatoren von vornherein eher wie natürliche Zahlen als Viel- fache empfunden und verwendet. Produkte wie 5,754 · 3,47 können dementsprechend auch von Sachsituationen her leichter gedeutet und verstanden werden:

Wenn 1 kg 3,47 DM kostet, dann kosten 5,754 kg das „5,754fache", d.h. 5,754 · 3,47 DM.

(Analog zu: Wenn 1kg 3 DM kostet, kosten 5 kg das 5fache, d. h. 5 · 3 DM.)

Es ist auch inhaltlich klar, was es bedeuten würde, wenn wir zunächst ohne Komma mit 5 754 kg und einem Kilopreis von 347 DM rechnen würden …

f) Die Division von Dezimalbrüchen

Ganz ähnlich wie bei der Multiplikation verhält es sich bei der Division, für die (ihrer Funktion als Umkehroperation der Multiplikation entsprechend) von vornherein von den natürlichen Zahlen her „verlängerte" Verteilens- und Enthaltenseinsvorstellungen sowie frühere Erfahrungen des schrift- lichen Dividierens genutzt werden können. Was bringt da folgende formale Ableitung über die Divisionsregel für gemeine Brüche für das Verständnis der unmittelbar anschließenden schriftli- chen Division?

$$\begin{aligned} 0,&28 : 0,7 &&&&= 0,4, \quad \text{da} \\ \frac{28}{100} &: \frac{7}{10} &&= \frac{28 \cdot 10}{100 \cdot 7} &&= \frac{4}{10} \end{aligned}$$

Die Division von Dezimalbrüchen wird also auf der oben angedeuteten, besser nachvollziehbaren Grundlage in zwei Schritten durchgeführt:

1. *Die Division durch eine natürliche Zahl* wird auf der Vorstellungsgrundlage des Verteilens durchgeführt. (Dies ist für einfache Fälle des mündlichen Rechnens wie für das schriftliche Rechnen vorteilhaft.) Beim schriftlichen Dividieren wird das auf Zehntel, Hundertstel, … erweiterte alte Divisionsverfahren benutzt (vgl. Abschnitt 6.4.3).

2. *Die Division durch einen Dezimalbruch* wird auf die Division durch eine natürliche Zahl zurück- geführt. Dividend und Divisor werden so mit der gleichen Zehnerpotenz multipliziert, daß das Komma im Divisor verschwindet.

Beispiel: 3,4 : 1,25 = 340 : 125

Hier kann man zur Begründung günstig sowohl mit Verteilens- wie mit Enthaltenseinsvor- stellungen operieren (vgl. Abschnitt 6.5.4).

Fachlich stehen zwei Gesetzmäßigkeiten für divisible Größen E dahinter:

(1) $E : n = (m\,E) : (m \cdot n)$ und

(2) $E_1 : E_2 = (m\,E_1) : (m\,E_2)$.

6.2 Grundlagen der Bruchrechnung
(Bruchrechnung 1 der Reihe STÜTZPFEILER)

Vorbemerkung: Mit „Grundlagen der Bruchrechnung"[15] wird all das bezeichnet, was zu einem soliden Bruchverständnis gehört: eine anschauliche Vorstellung der wichtigsten Brüche, Kenntnis der genauen Bedeutung der Brüche (Zähler, Nenner), ein Verständnis der wichtigsten Bruchauffassungen (als Grundlage für Anwendungssituationen sowie die spätere Dezimalbruch- und Prozentrechnung), ein Verständnis des Erweiterns und Kürzens von Brüchen (verschiedene Schreibweisen für „gleichwertige" Brüche) und das Vergleichen von Brüchen (vor allem zur Vertiefung des Bruchverständnisses). Dazu gehören schließlich die wichtigsten Anwendungen der Brüche im Alltag.

Die „Grundlagen" könnte man auch als den Bereich der Bruchrechnung bezeichnen, in dem man oder soweit man ohne formalisierte „Regeln" (allerdings mit einem tieferen Bruchverständnis) auskommt. Hierzu könnte man auch noch die Addition und Subtraktion gleichnamiger Brüche sowie die Multiplikation von Brüchen mit natürlichen Zahlen und die Division von Brüchen durch natürliche Zahlen rechnen: Sie werden allerdings aus systematischen Gründen in Abschnitt 6.3 mitdiskutiert.

6.2.1 Einführung der Brüche

a) Erste Einführung und Schreibweise der Brüche

Man geht am besten aus von häufig vorkommenden konkreten Brüchen des Alltags, die die Schüler auch von der Grundschule her bereits kennen: ein halber Kuchen, zwei Drittel einer Klasse, drei Viertel Kilogramm Zucker, zweieinhalb Runden, …

(Die Schreibweise $\frac{1}{2}$; $\frac{2}{3}$; $\frac{3}{4}$; $2\frac{1}{2}$ wird zunächst ohne tiefere Erörterung übernommen.)

Hieraus ergibt sich ganz natürlich, daß die Brüche eine notwendige Ergänzung der natürlichen Zahlen darstellen, um Teile eines Ganzen bezeichnen zu können.

Eine erste vorsichtige Verallgemeinerung des Bruchbegriffs von konkretem Bruch zur Bruchzahl wird durch den Hinweis vorbereitet, daß das „Ganze" recht unterschiedlich sein kann: ein konkreter Gegenstand, eine bestimmte Anzahl, eine bestimmte Größe, …

Was bei der Einführung des Bruchbegriffs gegenüber den bisherigen Brüchen und deren Erklärung von der Wortbedeutung her (z.B. „ein Viertel ist der vierte Teil" usw.) hinzukommt, ist die *genauere Klärung der Schreibweise*. Die genaue Erklärung, was der „Zähler" und der „Nenner" bedeutet und was eine Veränderung des einen oder anderen bewirkt, ist keineswegs trivial; es ist grundlegend wichtig für jedes weitere Verständnis (z.B. von Erweitern/Kürzen, Vergleichen, aber auch Multiplizieren/Dividieren mit natürlichen Zahlen). Es empfiehlt sich also (und wohl nicht nur für schwächere Schüler und entgegen den üblichen Schulbuchdarstellungen), die Termini Zähler und Nenner getrennt nacheinander einzuführen und zu variieren.

Dementsprechend wird mit den „Stammbrüchen" $\frac{1}{2}$; $\frac{1}{3}$; $\frac{1}{4}$; $\frac{1}{5}$ usw. begonnen, von denen alle anderen Brüche „abstammen":

Der *Nenner* gibt die Anzahl der (gleich großen) Teile an, in die das Ganze geteilt wird. Er benennt die Art oder Sorte der Brüche: Drittel, Viertel, Fünftel usw. Wichtig ist vor allem die klare Erkenntnis, daß die Bruchteile kleiner werden, wenn der Nenner größer wird (etwas, was dem Vorverständnis entgegensteht, daß etwas, was mit einer größeren Ziffer bezeichnet wird, größer wird!).

---

[15] In den Abschnitten 6.2 und 6.3 ist mit „Bruch" immer der „gemeine" (bzw. „gewöhnliche") Bruch gemeint.

Der *Zähler* zählt demgegenüber die Anzahl der Teile:

$\frac{1}{5}$; $\frac{2}{5}$; $\frac{3}{5}$; … oder: **ein** Fünftel; **zwei** Fünftel; **drei** Fünftel;… in sog. „quasikardinaler Schreibweise" (entsprechend ein Apfel, zwei Äpfel, drei Äpfel, …).

In der quasikardinalen Schreibweise (zugleich auch unsere Sprechweise!) klingt die unterschiedliche Bedeutung von Zähler und Nenner deutlich an[16], was bei der formalen Schreibweise verlorengeht. Veranschaulichung, Sprech- und Schreibweise ist im Wechsel und in enger Verbindung miteinander zu verwenden (vgl. auch Abschnitt 3.9.5 b):

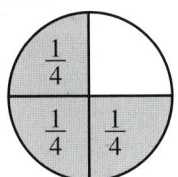 $\frac{3}{4}$ (drei Viertel)

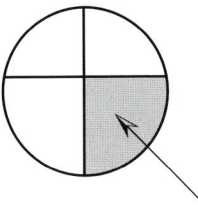

In *Abgrenzung von der Umgangssprache* (vgl. Abschnitt 3.5.2 d) ist besonders zu betonen, daß die Teile, in die das Ganze geteilt wird, gleich groß sein müssen.

Im Alltag bezeichnet man solch ein Stück häufig als Viertel, nicht jedoch in der Mathematik!

b) Veranschaulichung von Brüchen

Auf die Frage, welche Veranschaulichungen man für Brüche wählen und wie man sie variieren sollte, wurde grundsätzlich bereits in den Abschnitten 3.6.4 und 3.9.5 b eingegangen. (Stichworte: merkmalsarme Veranschaulichungen und nur soviel Variation und Handlung wie nötig!)

Es seien jetzt einige spezielle Gesichtspunkte im Detail ergänzt. Am Anfang empfiehlt sich besonders das „Tortenmodell": Drittel, Viertel, Sechstel, Achtel sind einfache und – bis auf die Sechstel[17] – auch häufiger vorkommende Brüche, als *Segmente des Kreises* leicht zu zeichnen, sehen immer gleich aus[18] und prägen sich dadurch als Standardformen in ihrer relativen Größe zur ganzen Kreisfläche und zueinander gut ein. Dabei sollte man den Kreis aber immer weniger als Abbild einer Torte und immer mehr als *Prototyp eines Ganzen* erscheinen lassen und ihm eine unterschiedliche Bedeutung unterlegen: z.B. als Geldmenge, eine Klasse, eine Stunde, …

Die Veranschaulichung der Brüche durch *Rechtecke* („Urbild": Schokolade) löst die Fixierung auf bestimmte Kreissegmente. Man verwendet sie am besten für Brüche, die am Kreis nicht gut darstellbar sind; z.B. Fünftel oder Zehntel oder auch mal Siebtel (Mehrwertsteuer von 15 % als ungefährer einfacher Bruchteil!).

Besonders einfach wird die Veranschaulichung auf Karopapier.

Hier ist lehrreich, daß zwei unterschiedliche Brüche auch „gleich aussehen" können, wenn sie sich auf verschiedene Ganze beziehen. Damit ist genauer herauszuarbeiten, daß ein Bruch die *Beziehung eines Teils zu einem Ganzen* darstellt.

$\frac{2}{5}$

$\frac{2}{7}$

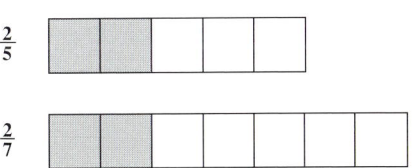

Zudem kann man in der Rechteckdarstellung die Form des Ganzen variieren. Die Ganzen sind im allgemeinen nicht mehr einander ähnlich.

---

[16] Dies werden wir uns für besseres Verständnis auch später, z.B. beim Vergleich und bei der Addition gleichnamiger Brüche, häufiger zunutze machen.

[17] Die Sechstel eignen sich immerhin gut zur Gewinnung von Dritteln.

[18] Sie sind, auch im Sinne der Mathematik, einander „ähnlich".

Das ==Rechteck== kann jetzt als *weiterer Prototyp eines Ganzen* verwendet werden, dem man verschiedene Bedeutungen unterlegen kann (Kuchen, Feld, Liter, aber auch Bevölkerung, Verdienst, usw.). Eine stärkere Variation über Kreise und Rechtecke hinaus scheint zunächst kaum erforderlich, solange keine weiteren wesentlichen Aspekte hinzukommen, die eine andere Veranschaulichung nötig machen (vgl. Abschnitt 3.6.4 c). Weitere Darstellungsmöglichkeiten, die von

Standarddarstellungen wie 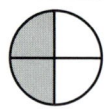 oder 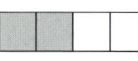 abweichen,

wird man vielleicht nur anzudeuten brauchen, z.B. andere Form oder andere Anordnung der Teile:

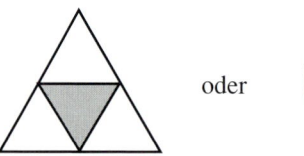 oder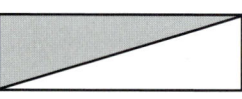

Wenn man an spätere Anwendungen und späteren Unterricht denkt (z.B. Meßskalen, Anordnung der Brüche auf dem Zahlenstrahl, Dezimalbrüche), scheint noch die Veranschaulichung durch *Strecken* bzw. *Skalen* oder Skalen in Verbindung mit Rechtecken (Seitenansichten von Meßzylindern) sinnvoll:

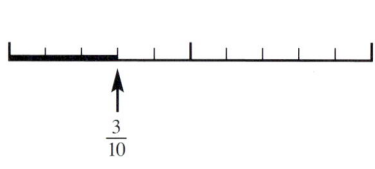 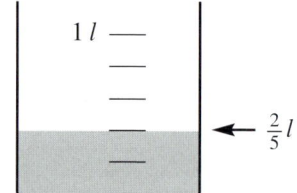

Solche Beispiele scheinen auch zweckmäßig, die Unabhängigkeit des Bruchbegriffs von der Dimension zu betonen. Das Beispiel mit dem „Gefäßüberstand" regt die Schüler an, darüber nachzudenken, was hier das Ganze ist.

Veranschaulichungen von $\frac{1}{4}$ l, $\frac{1}{2}$ l, $\frac{3}{4}$ l genauso wie von $\frac{1}{4}$ kg, $\frac{1}{2}$ kg, $\frac{3}{4}$ kg an Skalen, in Verbindung mit den Umwandlungen in die kleinere Einheit und umgekehrt, sind von den Anwendungen im Alltag her besonders nützlich (vgl. auch den späteren Abschnitt 6.4.1 f).

Diese ganz ==fundamentalen==
==Maßangaben== werden im
Unterricht anscheinend
häufig vernachlässigt
(vgl. die Untersuchungs-
ergebnisse in Abschnitt 6.1.2).

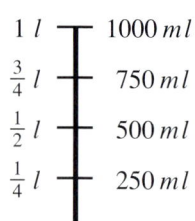 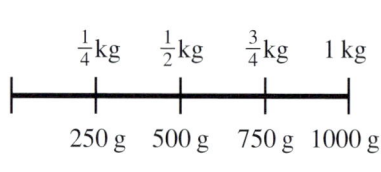

c) Bruchteile von irgendwelchen Größen (Längen, Preisen, Massen, Volumina, …)

Es ist jetzt zu verallgemeinern auf beliebige Größen als „Ganze" und alle denkbaren Bruchteile:

$$\frac{m}{n} \text{ irgendeiner Größe} = (\text{Größe} : n) \cdot m$$

Damit ist das, was im nächsten Abschnitt als „1. Bruchsituation" bezeichnet und wovon am häufigsten Gebrauch gemacht wird, auf die allgemeinste Form gebracht. Man wird sich natürlich nach wie vor um *sinnvolle Beispiele* bemühen:

$\frac{3}{4}$ h = (1 h : 4) · 3 = 45 min

$\frac{7}{10}$ l = (1 l : 10) · 7 = 700 ml

$\frac{15}{100}$ von 500 DM = (500 DM : 100) · 15 = 75 DM   (Hintergrund der Prozentwertberechnung!)

d) Die häufigsten Brüche

Besinnt man sich darauf, welche Brüche im Alltag wohl am häufigsten vorkommen, so scheinen es etwa folgende zu sein: *Halbe, Drittel, Viertel, Fünftel, Achtel, Zehntel, Hundertstel.*
Diese Brüche werden offenbar besonders gerne zur groben Angabe oder Schätzung von Bruchteilen bzw. Anteilen[19] benutzt. Ein Halb, Viertel, Achtel werden zudem beim Einkauf oder für Auszeichnungszwecke benutzt. Zehntel werden vor allem als Maßzahlen bei Getränken verwendet oder dienen zumindest als Hintergrund für die entsprechenden Dezimalbrüche. (Früher benutzte man interessanterweise auch Zwanzigstel zur Angabe von Gläsergrößen!) Hundertstel sind natürlich vor allem Hintergrund für „von Hundert-" und Prozentangaben.
Um diese Brüche sollte die Einführung in die Bruchrechnung der Hauptschule hauptsächlich kreisen, besonders auch die Anwendungen (vgl. dazu Abschnitt 6.2.5).

e) Übungen zur Darstellung von Brüchen

Für Übungen zur Darstellung der einfachsten[20] Brüche und zum Erkennen von Beziehungen zwischen den Brüchen scheint die sog. „Bruchscheibe" besonders geeignet. Es handelt sich dabei um zwei Kreisscheiben, mit deren Hilfe man Brüche durch Gegeneinanderdrehen derselben einstellen kann. (Auf der nächsten Seite finden Sie die Herstellungsanleitung für Schüler aus dem Heft „Bruchrechnung 1".)
Das Arbeitsmittel „Bruchscheibe" ist nicht nur geeignet, Brüche darzustellen, sondern regt die Schüler auch zum Vergleichen von Brüchen an und bereitet das Erweitern und Kürzen von Brüchen vor. Einige ganz elementare Aufgabenstellungen seien kurz angedeutet:

1) Stelle ein (zeige): $\frac{1}{8}$; $\frac{2}{8}$; $\frac{3}{8}$; ...; $\frac{8}{8}$ (entsprechend Zehntel, Zwölftel).

2) Stelle nacheinander ein: $\frac{3}{8}$; $\frac{7}{10}$; $\frac{9}{12}$, ...

3) Wieviel Achtel, Zehntel, Zwölftel ergibt ein Halbes? (Lies ab; erkläre, warum!)

4) Wie kannst du andere einfache Brüche einstellen? $\frac{1}{3}$; $\frac{1}{4}$; $\frac{1}{5}$; $\frac{1}{6}$; ...?

  (Welche Beziehungen erkennst du daraus? *Beispiel:* $\frac{1}{3} = \frac{2}{6}$; $\frac{1}{3} = \frac{4}{12}$)

5) Stelle ein: $\frac{2}{3}$; $\frac{3}{4}$; $\frac{5}{6}$; ... Welche Beziehungen kannst du jetzt erkennen?

6) Welcher der Brüche $\frac{2}{3}$; $\frac{3}{4}$; $\frac{5}{6}$ ist der größte? (Begründe an der Bruchscheibe!)
Die wichtigsten Bruchdarstellungen und Beziehungen können durch Übertragung der Einteilung von der Bruchscheibe auf kleine gezeichnete Kreise „festgehalten" werden, z. B.:

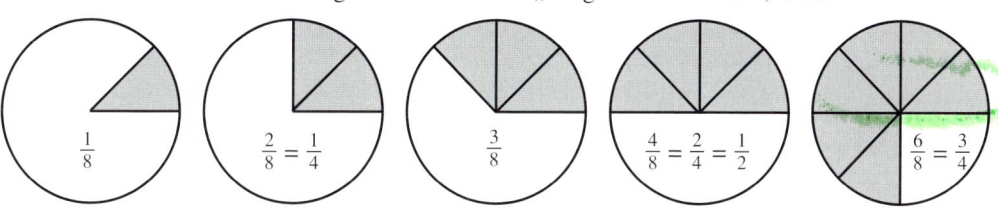

---

[19] Vgl. auch die „3. Bruchsituation" und das „Kürzen nach Überschlag" in den folgenden Abschnitten.
[20] hinsichtlich kleiner Zähler und Nenner sowie Vorstellbarkeit!

Eine Bruchscheibe herstellen und damit arbeiten

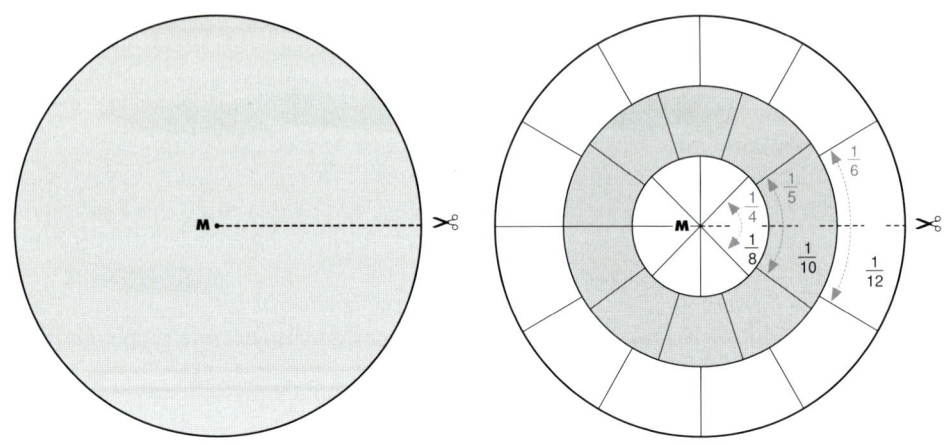

- ➜ Schneide die beiden Scheiben aus.
- ➜ Schneide sie an der Markierung (✂°) vom Rand bis zum Mittelpunkt (**M**) ein.
- ➜ Füge sie bei den Schnittstellen so zusammen:

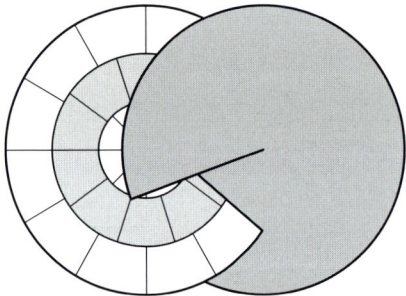

Fertig! Nun kannst du verschieden große Bruchteile herstellen, indem du beide Scheiben gegeneinander drehst.

Eine Scheibe enthält Einteilungen. Sie soll dir helfen, einige Brüche genau einzustellen:

Im inneren Kreis „Achtel", im mittleren (grauen) Ring „Zehntel" und im äußeren Ring „Zwölftel". Die „Zwölftel-Einteilung" erinnert dich bestimmt an das Ziffernblatt einer Uhr.

Überlege: Wie können die Zwölftel dir helfen, Drittel, Viertel und Sechstel einzustellen?

1. Beispiel: $\frac{2}{12} = \frac{1}{6}$ 2. Beispiel: $\frac{5}{8}$

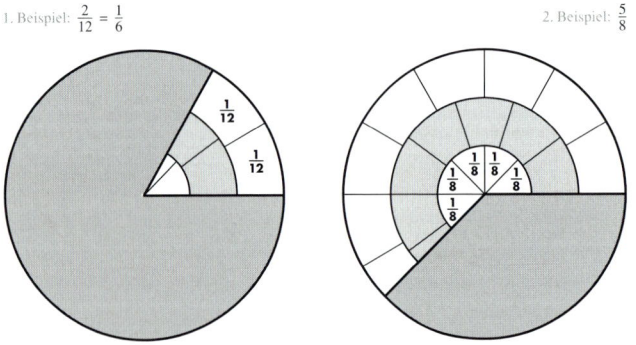

Aus: „Bruchrechnung 1" (WELLENREUTHER 1994)

6.2.2 Bruchsituationen bzw. -auffassungen

Zur weiteren begrifflichen Vertiefung der Brüche gehört die Herausarbeitung von 3 Situationen, in denen Brüche im Alltag auftreten. (Man spricht häufig auch von sog. „Bruchauffassungen", meint das aber meist mehr fach- als anwendungsorientiert.)

1. Bruchsituation: Bruchteile eines Ganzen

„Ein Ganzes wird in gleiche Teile aufgeteilt, und mehrere Stücke davon werden genommen." Dies ist die im Alltag häufigste Bruchauffassung und stellt im Unterricht gewissermaßen die Grundsituation und Ausgangsdefinition für Brüche dar: in ihrem Sinne werden gewöhnlich auch alle Maßangaben interpretiert (vgl. vorherigen Abschnitt).

Beispiel: Eine Pizza wird in 4 gleichgroße Teile geteilt. Inge bekommt 3 dieser Teile. Welchen Bruchteil der Pizza bekommt sie?

Hier wird $\frac{3}{4}$ eines Ganzen verstanden als $(1 \text{ Ganzes} : 4) \cdot 3$

Kurz notiert: $\frac{3}{4} = (1 : 4) \cdot 3$ oder $\frac{3}{4} = 3 \cdot \frac{1}{4}$ [21]

2. Bruchsituation: Bruchteil als Teil mehrerer Ganzer

„Mehrere Ganze werden in gleiche Teile geteilt."
Dies entspricht einer nicht sehr häufigen, aber „theoretisch" sehr wichtigen Alltagssituation.

Beispiel: 3 Pizzen werden an 4 Kinder gerecht verteilt. Wieviel von einer Pizza bekommt jedes Kind?

Hier wird $\frac{3}{4}$ eines Ganzen verstanden als $(3 \cdot 1 \text{ Ganzes}) : 4$

Kurz notiert: $\frac{3}{4} = 3 : 4$

Nach dieser Auffassung kann man jeden Bruch als Quotienten natürlicher Zahlen schreiben und umgekehrt. Damit kann man jetzt jeder Division natürlicher Zahlen einen Sinn geben (vgl. Abschnitt 6.1.4).
Die Restschreibweise der Grundschule wird entbehrlich; z.B. gilt $8 : 5 = 1\frac{3}{5}$. Daß man umgekehrt jeden Bruch als Quotienten natürlicher Zahlen schreiben kann, wird z.B. wichtig bei der Prozentsatzberechnung, wenn man Anteile als Brüche schreibt (vgl. 3. Bruchsituation) und diese durch Dividieren in Dezimalbrüche verwandelt [22] und auf Hundertstel rundet (vgl. Abschnitt 7.2.5).

3. Bruchsituation: Bruchteil als Anteil

„Der Teil einer Gesamtheit (ein „Anteil") wird als Bruchteil ausgedrückt."
Dies ist eine in den Anwendungen häufige Alltagssituation, die in der Prozentrechnung ebenfalls wichtig wird (siehe oben).

Beispiel: 3 von 4 Kindern einer Familie sind krank. Welcher Bruchteil der Kinder ist das?

Hier wird $\frac{3}{4}$ verstanden als 3 von 4.

Die letzten beiden Bruchsituationen werden im Unterricht leider stark vernachlässigt, obwohl sie im Alltag bzw. im späteren Unterricht von großer Bedeutung sind.

---

[21] Zum „Weglassen" des Ganzen und der theoretischen Bedeutung vgl. Abschnitt 6.1.4.
[22] Dies allein ist schon wichtig für jede Übersetzung von Aufgaben mit gewöhnlichen Brüchen in Aufgaben mit Dezimalbrüchen und deren Weiterbearbeitung mit schriftlicher Rechnung oder dem Taschenrechner (vgl. Abschnitt 6.4.3).

Die 3. Bruchsituation ist zudem für Schüler gegenüber den ersten beiden psychologisch eine ganz neue Situation, weil es nicht mehr um Teile von „kompakten" Ganzen geht, sondern von Mengen, die aus mehreren getrennten Elementen bestehen. Sie erfordert also eine besondere Bewußtmachung und Übung. (Genaueres zum Anteilbegriff im Rahmen der Prozentsatzberechnung in Abschnitt 7.2.5.)

Anmerkung: Dieser Gesichtspunkt, daß eine von den Anwendungen her neue psychologische Situation mit den Schülern besonders herausgearbeitet (und zunächst getrennt geübt) werden muß vor einer „begrifflichen Vereinigung", ist aus der Grundschule vom „Verteilen" und „Aufteilen" als unterschiedlichen Divisionssituationen bekannt: Er wird aber gerade in der Bruchrechnung zu selten berücksichtigt. Im Bruchrechenlehrgang wird er insbesondere bei der Multiplikation und Division noch zu beachten sein.

6.2.3 Erweitern und Kürzen von Brüchen

a) Ergänzende Aspekte des Kürzens

Das Erweitern und Kürzen wurde bereits im allgemeinen Teil hinsichtlich „didaktischem Kern" (in Abschnitt 2.4), hinsichtlich des Aspekts „Verständnisaufgaben" (in Abschnitt 3.9.2 c) exemplarisch angesprochen. Daran ist jetzt anzuschließen.

Es wurde herausgestellt, daß der Kern einer entsprechenden Erklärung beim Erweitern im „Verfeinern einer Einteilung" und entsprechend beim Kürzen im „Vergröbern einer Einteilung" zu sehen ist. Auf weitere Merkmale einer solchen Erklärung (Verdeutlichung am Beispiel in enger Verbindung mit Veranschaulichung und sprachlicher Erläuterung) wurde in Kap. 3 ausführlich eingegangen.

Es seien einige Aspekte des Kürzens ergänzt, die früher noch nicht angesprochen wurden:

Analog wie beim Erweitern, das nicht als „Vergrößern" mißverstanden werden darf, sollte beim Kürzen das durch die Umgangssprache nahegelegte Mißverständnis eines „Verkleinerns" ausdrücklich ausgeräumt werden. Nach der Erklärung sind auch hier wieder u.a. Verständnisaufgaben folgender Art wichtig:

– Zeige an einer Zeichnung, was das Kürzen von $\frac{6}{8}$ durch 2 bedeutet.

– Was bedeutet das Dividieren des Zählers durch 2, was das Dividieren des Nenners durch 2?

– Warum bleibt der Wert des Bruchs beim Kürzen gleich?

Da Zähler und Nenner beim Kürzen beide kleiner werden, geht es beim Kürzen letztlich um eine *möglichst einfache Schreibweise* der Brüche, d.h. ein Schreiben der Brüche mit möglichst kleinen Zahlen. Dabei geht es dann auch um ein *zweckmäßiges rechen-technisches Verfahren.*

Die Verfahren werden den Schülern nebeneinander zur Diskussion gestellt:

(1) $\frac{24}{36} = \frac{12}{18} = \frac{6}{9} = \frac{2}{3}$ („Kürzen in mehreren Schritten")

(2) $\frac{24}{36} = \frac{2}{3}$ („Kürzen in einem Schritt")

Wie wurde jeweils gekürzt? Welche Vorteile bzw. Nachteile hat die eine oder andere Methode?

Das erste Verfahren ist u. U. sicherer. (Division durch kleine Zahlen!)

Das zweite Verfahren ist u. U. schneller, wenn man die größte Zahl, die in Zähler und Nenner enthalten ist, schnell findet. (Ein zweckmäßiges Verfahren besteht z. B. darin, die in der kleineren Zahl enthaltenen Teiler von „oben" durchzugehen, ob sie auch in der größeren Zahl enthalten sind.)

Beide Verfahren sind zu tolerieren. Das erste Verfahren ist u. U. eher rechenschwachen, das zweite rechenstarken Schülern zu empfehlen.

Sinnvoll ist häufig ein „Kompromiß-Verfahren": Man kürzt durch eine größere Zahl, die man leicht als einen Teiler von Zähler und Nenner erkennt. Wenn es nicht der größte Teiler war, kürzt man eben nochmals:

(3) $\frac{24}{36} = \frac{4}{6} = \frac{2}{3}$

Die Teilbarkeitslehre als solche mit ggT-Suche (gar mit Hilfe von Primfaktorzerlegungen) ist hier jedenfalls völlig entbehrlich – zumal wenn man sich ohnehin auf Brüche mit relativ kleinen (oder zumindest runden [23]) Nennern beschränkt: dies ist auch von den Anwendungen her geboten!

Anmerkung: Die Teilbarkeitslehre ist ein methodisch und mathematikdidaktisch reizvolles Teilgebiet der Arithmetik mit vielen kreativen Möglichkeiten für bessere Schüler [24]. Sie ist insofern ein geeignetes Feld für Differenzierungsangebote. In der Dezimalbruchrechnung wird man beim Umwandlungsproblem von gemeinen Brüchen in Dezimalbrüche (vgl. Abschnitt 6.4.3) auch gerne auf diesbezügliche Kenntnisse besserer Schüler zurückgreifen. Für schwächere Schüler kann man die Teilbarkeitslehre aber vielleicht auf einfache Teilbarkeitsregeln beschränken.

b) Anwendungen des Erweiterns und Kürzens

Auch beim Erweitern und Kürzen von Brüchen sollte man sich vor allem an den Anwendungen orientieren. Das Erweitern hat zusätzlich den innermathematischen Aspekt, nützlich für das systematische Vergleichen und das Addieren/Subtrahieren von ungleichnamigen Brüchen mit Hilfe von Hauptnennerbildung zu sein (was für schwächere Schüler allerdings beides nicht erforderlich scheint). Das Erweitern hat im übrigen vor allem den Anwendungssinn, das Schreiben einfacher Brüche wie Halbe, Viertel, Fünftel, Zehntel als Prozente (d.h. Hundertstel) vorzubereiten. Daß man viele Anteile im täglichen Leben durch Umschreiben in Hundertstel oder Prozente vergleicht, sollte man ruhig direkt in Aufgaben des Erweiterns (vgl. nächste Seite) ansprechen.

Anwendungsaspekte des Kürzens sind besonders bei folgenden Gelegenheiten zu sehen:

1. Monate werden häufig als Zwölftel eines Jahres ausgedrückt (man denke etwa an die Zinsrechnung).
   „Drücke 2; 3; 4; 6; 8; 9; 10; 15; 20 Monate als möglichst einfachen Bruchteil eines Jahres aus."

2. $1 \text{ g} = \frac{1}{1000}$ kg; $1 \text{ ml} = \frac{1}{1000}$ l.
   „Drücke 100 g (ml); 200 g (ml); 250 g (ml); 400 g (ml); 500 g (ml); 750g (ml) als möglichst einfachen Bruchteil eines Kilogramms (Liters) aus."

3. Ein in Schulbüchern fast völlig übersehenes wichtiges Anwendungsfeld ist das „*überschlägige Kürzen*" in Alltagssituationen.
   „In einer Gemeinde haben von 2 658 Wählern 878 SPD gewählt. Wie groß ist der ungefähre Anteil der SPD-Wähler?" (Vgl. Beispiele im Heft „Bruchrechnung 1", WELLENREUTHER 1994.)

   Eine im Alltag häufig anzuwendende Strategie lautet:
   – Anteil als Bruch schreiben (vgl. 3. Bruchsituation),
   – den Bruch dann so „runden", daß man ihn leicht kürzen kann.

   Angewandt auf die Aufgabe bedeutet das: 878 von 2 658 = $\frac{878}{2\,658} \approx \frac{1000}{3000} = \frac{1}{3}$
   (Dies ist eine sinnvolle Vorbereitung auf überschlägige Prozentsatzberechnung.)
   Bei dem Überschlag sollte man auch auf das eher gleichsinnige Verändern von Zähler und Nenner (analog zum Kürzen und Erweitern) für eine i. a. bessere Näherung eingehen.

---

[23] Siehe weiter unten zum „überschlägigen Kürzen"!
[24] Zur methodischen Gestaltung der Teilbarkeitslehre vgl. z.B. HATTIG u.a. (1975).

11 Bestimmt den jeweiligen Bruchteil und erweitert auf Hundertstel (Prozente).

	Aussage	Bruchteil, der erweitert wird	Prozent-angabe
Beispiel	Die Hälfte aller Wähler sind Frauen.	$\dfrac{1}{2} = \dfrac{1 \cdot \boxed{50}}{2 \cdot \boxed{50}} = \dfrac{50}{100}$	$\boxed{50}$ %
a)	Zwei von fünf Haushalten besitzen einen Videorecorder.	$\dfrac{2}{5} = \underline{\quad\quad} = \underline{\quad}$	%
b)	In diesem Wahlbezirk hat jeder Vierte die Grünen gewählt.	$\dfrac{1}{4} = \underline{\quad\quad} = \underline{\quad}$	%
c)	Drei von vier Wahlberechtigten sind dieses Mal zur Wahl gegangen.	$\dfrac{3}{4} = \underline{\quad\quad} = \underline{\quad}$	%
d)	Drei von zehn Jugendlichen sind hier arbeitslos.	$\underline{\quad} = \underline{\quad\quad} = \underline{\quad}$	%
e)	In diesem Land haben vier von fünf Mädchen eine Lehrstelle bekommen.	$\underline{\quad} = \underline{\quad\quad} = \underline{\quad}$	%

Aus: „Bruchrechnung 1"

6.2.4 Vergleichen von Brüchen

a) Vergleichen von Brüchen auf Verständnisgrundlage

Traditionell wird das Vergleichen von Brüchen als eine Hauptanwendung für das Erweitern betrachtet. Man sollte hier allerdings – wie bereits angedeutet – etwas anders gewichten. Es wäre methodisch nicht zweckmäßig, für das Vergleichen von Brüchen geradewegs auf das Suchen eines gemeinsamen Nenners mit Hilfe des Erweiterns oder gar auf ein formalisiertes Hauptnennerverfahren zuzusteuern.

Das Vergleichen von Brüchen sollte nicht als Selbstzweck betrachtet werden und auch keine bloße Vorbereitung auf die Hauptnennerbildung für das Addieren und Subtrahieren ungleichnamiger Brüche sein, das für lernschwache Schüler ohnehin entbehrlich erscheint.Der Hauptsinn des Vergleichens von Brüchen ist in einer Vertiefung des Bruchbegriffs selbst zu sehen. Dementsprechend kommt es vor allem auf die „einfachen Vergleiche" an, die ohne Hauptnennerbildung durchzuführen sind. Dabei sind folgende Fälle zu unterscheiden, die man im Unterricht vielleicht am besten mit dem Torten- bzw. Kreismodell veranschaulicht. („Welches Stück ist größer?")

Der fachdidaktische Kern des Vergleichs läßt sich auf sprachliche Weise wie folgt verdeutlichen:

1. Fall: gleiche Nenner, ungleiche Zähler (z.B. $\frac{3}{4}$; $\frac{2}{4}$)

> „Je mehr gleichgroße Stücke, desto größer ist der Bruchteil." (1. Bruchsituation)

2. Fall: gleiche Zähler, ungleiche Nenner (z.B. $\frac{2}{3}$; $\frac{2}{4}$)

> „Wenn eine gleiche Anzahl von Pfannkuchen (hier 2) auf mehr Leute (hier 4 statt 3) verteilt wird, bekommt jeder weniger." (2. Bruchsituation)

3. Fall: *ergänzen zum Ganzen* (z.B. $\frac{4}{5}$; $\frac{2}{3}$)

„Wenn vom Ganzen der kleinere Teil fehlt, ist der Bruchteil größer."

4. Fall: *mehr oder weniger als die Hälfte* (z.B. $\frac{5}{8}$; $\frac{2}{5}$)

„Wenn der erste Bruchteil größer und der zweite Bruchteil kleiner ist als die Hälfte, dann ist der erste Bruchteil der größere."

Wenn die Schüler in diesem Sinne argumentieren durch Rückgang auf den anschaulichen Kern (ohne Berufung auf eine „Regel"), gehen sie damit zugleich zurück auf die genaue Bedeutung von Zähler und Nenner im Zusammenhang mit grundlegenden Bruchsituationen und zeigen somit eigentliches Bruchverständnis. Man könnte auch sagen: Hier zahlt sich eine gute Verständnisbildung für Zähler, Nenner und Bruchsituation bei der Einführung der Brüche aus. Auch schwächere Schüler lernen auf dieser Basis argumentieren (die schwächsten zumindest auf der Basis der beiden ersten und wichtigsten Fälle). Zusätzliche Hilfen bei den beiden Hauptfällen gibt die Betonung der quasikardinalen Sprech- und Schreibweise: *„Zwei* Zehntel sind weniger als *drei* Zehntel" und der Rückgang auf die *Wortbedeutung* der Brüche: Viertel heißt „der vierte Teil", Fünftel der „fünfte Teil". Trotz allem kann dem Lehrer der tiefverwurzelte Trugschluß von Schülern (vgl. Abschnitt 6.2.1) begegnen: „Je größer der Nenner, desto größer der Bruch." (Oder auch: „Wenn Zähler und Nenner beide größer sind, dann muß der Bruch größer sein.")
Solch eine Situation wurde im Heft „Bruchrechnung 1" in eine provozierende Bildaufgabe folgender Art gekleidet:

Warum denkt Peter hier falsch?

Solche Trugschlüsse sollten möglichst beispielgebunden durch argumentativen Rückgang auf die Verständnisgrundlage, keinesfalls durch das bloße Nennen der „richtigen" Regel, widerlegt werden!

b) Vergleich und Ordnung der Brüche auf dem Zahlenstrahl

Wenn man Brüche miteinander vergleicht, wird man natürlich daran denken, daß man sie auch allein durch (u. U. genaueres) Zeichnen vergleichen kann. Nur sollte man beachten, daß damit noch nicht ein tieferes Verständnis gewährleistet ist. Deshalb sollte man nicht unbedingt damit anfangen. Bei dem Vergleich von Brüchen mittels Zeichnung ist natürlich wichtig, sie auf das *gleiche Ganze* (denselben Kuchen) zu beziehen. Die Darstellung am Kreis könnte freilich schwierig werden. Einfacher ist es hier, z.B. auf eine geeignete Darstellung mit Karostreifen zurückzugehen. Dies könnte dann überleiten zu Darstellung und *Vergleich auf dem Zahlenstrahl*. Das Ganze ist hier eine „Einheitsstrecke":

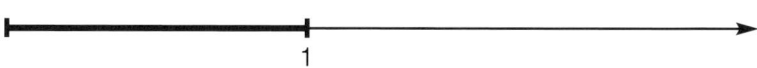

Wählt man die Einheitsstrecke geschickt (z.B. längs 20; 24 oder 30 Kästchen auf Karopapier oder längs 100 Millimeterkästchen auf Millimeterpapier), so kann man sehr viele Brüche leicht miteinander vergleichen (im letzten Falle z.B. $\frac{4}{5}$; $\frac{7}{10}$; $\frac{65}{100}$; $\frac{13}{20}$).

Der Bruch, dessen „Endmarke" auf dem Zahlenstrahl weiter rechts liegt, ist der größere.

Natürlich sollten bei dem Vergleich immer wieder Brüche dabei sein, die den gleichen Wert haben, bzw. man fragt: „Welche Brüche könnten an derselben Endmarke stehen?"

Man könnte (aber muß nicht) bei dieser Gelegenheit den Terminus „Bruchzahl" einführen: Eine bestimmte Bruchzahl steht für alle „gleichwertigen" Brüche, die durch Kürzen auf eine gemeinsame und nicht mehr kürzbare Grundform gebracht werden können und den gleichen Punkt auf dem Zahlenstrahl bezeichnen. Damit wird der Begriff „Bruchzahl" erläutert und eine spätere Definition vorbereitet. (Auf eine genaue Definition kommt es aber im 6. Schuljahr sicherlich nicht an!)

c) Vergleich durch Erweitern auf einen gemeinsamen Nenner

Auch auf den Vergleich von zwei (oder mehreren) Brüchen durch Erweitern auf einen gemeinsamen Nenner sollte man durchaus nicht verzichten, aber er kann ein wesentlich geringeres Gewicht bekommen und sollte vor allem nicht zu formal gehandhabt werden:

1. *Wenn der eine Nenner im anderen enthalten ist* (wie z.B. im Falle $\frac{3}{4}$; $\frac{7}{8}$), kann man leicht vergleichen durch Erweitern auf den größeren Nenner.

2. *Wenn der eine Nenner nicht im anderen enthalten ist* (wie z.B. im Falle $\frac{2}{3}$; $\frac{5}{8}$), wird der größere Nenner so lange vervielfacht ($1 \cdot 8$; $2 \cdot 8$; $3 \cdot 8$) – bis der kleinere Nenner in einem Vielfachen des größeren Nenners (hier 24) enthalten ist.

   Diesen „kleinsten gemeinsamen Nenner"[25], in dem beide Nenner enthalten sind, nennt man bekanntlich „Hauptnenner".

   Zu diesem Hauptnenner kann man beide Brüche erweitern (hier $\frac{2}{3} = \frac{16}{24}$; $\frac{5}{8} = \frac{15}{24}$) und dann vergleichen …

Was ist bei diesem Verfahren wichtig, was weniger wichtig?

Wichtig ist der Gedanke, nach einem gemeinsamen Nenner zu suchen, wenn der Vergleich nicht einfacher zu haben ist (siehe weiter unten).

Weniger wichtig ist es, unbedingt den kleinsten zu finden (z.B. im Falle der Nenner 4 und 10):

Das Produkt ist ja auf jeden Fall ein gemeinsamer Nenner. Den Schülern erscheint das gelegentlich einfacher, auch wenn sie vielleicht mit etwas größeren Zahlen rechnen müssen; denn sie brauchen den Hauptnenner nicht zu „suchen"!

Das Hauptnenner-Verfahren braucht nur bei den Schülern etwas mehr eingeübt werden, die später auch ungleichnamige Brüche addieren und später Algebra-Unterricht bekommen sollen.Für das Vergleichen von Brüchen alleine (und der damit angestrebten Vertiefung des Bruchbegriffs) ist es wichtiger, daß die Schüler sich *vor der Anwendung des Hauptnennerverfahrens fragen, ob es überhaupt notwendig ist, es anzuwenden.* Bei genauerem Hinsehen kommt man häufig ohne dieses aus:

Auch in den obigen Beispielen ($\frac{3}{4}$; $\frac{7}{8}$) bzw. ($\frac{2}{3}$; $\frac{5}{8}$) merken pfiffige Schüler schnell, daß man den ersten Vergleich auch über die Ergänzung zum Ganzen hätte durchführen können und daß man beim zweiten Vergleich $\frac{2}{3}$ nur auf $\frac{6}{9}$ hätte erweitern brauchen und dann gesehen hätte, daß bei $\frac{6}{9}$ weniger am Ganzen fehlt als bei $\frac{5}{8}$; denn $\frac{3}{9} < \frac{3}{8}$ … (Wenn der Schüler so weit kommt, ist das Lernziel „Bruchverständnis" erreicht!)

Das Vergleichen von Brüchen ist ein geeignetes Feld für das Bewußtmachen der in der gesamten Mathematik und im Alltag nützlichen Strategie:

„Bevor du ein allgemeineres, vielleicht mühsameres Verfahren anwendest, frage dich zuerst, ob es nicht vielleicht einfacher geht!"

Dies ist zugleich eine gute Gelegenheit für Modellierung durch den Lehrer (vgl. Abschnitt 4.4.2 c).

---

[25] Für Schüler, die vorher entsprechende Teilbarkeitslehre hatten, wird man natürlich den Terminus „kg V" aufgreifen.

d) Anwendungsbeispiele für das Vergleichen von Brüchen

Zuletzt seien noch ein paar sinnvolle Anwendungsfälle angedeutet, in die man z.T. bereits Beispiele in früheren Phasen des Bruchvergleichs kleiden wird:

1. Vergleich von Kuchenstücken
2. Vergleich von $\frac{7}{10}$ l-Flaschen mit $\frac{3}{4}$ l-Flaschen
3. Vergleich von Erbteilen (?)
4. Vergleich von Anteilen (z.B. Sporturkunden in zwei Klassen); wiederum zugleich eine Vorbereitung auf die Prozentsatzberechnung!

Es darf ggf. natürlich auch auf die nützliche weitere (innermathematische) Anwendung bei der Addition/Subtraktion von Brüchen hingewiesen werden!

e) Übungen zum Vergleichen von Brüchen

Für Übungszwecke sei auf ein Kartenspiel „Leben und Tod" hingewiesen, das ganz ähnlich zu spielen ist wie das bekannte Gesellschaftsspiel mit Skatkarten. Hier wird indessen mit „Bruchkarten" gespielt und deren Wert verglichen. [26]

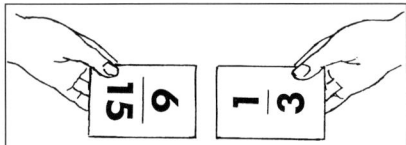

6.2.5 Gemischte Verständnis- und Anwendungsaufgaben

Nach den bis dahin behandelten Inhalten zur Einführung und begrifflichen Vertiefung der Brüche und vor den Rechenoperationen für Brüche bzw. den Dezimalbrüchen ist sicherlich eine Wiederholung im Sinne von Abschnitt 3.9.2 d angebracht, um das Bisherige in „gemischter Form" zu konsolidieren und zu vertiefen. Es seien im folgenden einige Aufgabentypen angedeutet, die Schwerpunkte einer solchen Übungsphase sein könnten:

a) Die zeichnerische Darstellung von Bruchteilen

Hier wird man einesteils die grundlegenden Veranschaulichungen an Kreis, Rechteck, Zahlenstrahl für die häufigsten Brüche wiederholen (erkennen und skizzieren lassen!), andernteils an etwas stärkeren Variationen die bisher erreichte Begriffsverallgemeinerung prüfen (vgl. auch Abschnitt 3.5.2 a und b):

– eine evtl. Untergeneralisierung
 z.B. durch folgende Aufgabenart:
 „Welcher Bruchteil ist schraffiert?
 (obere Darstellung)

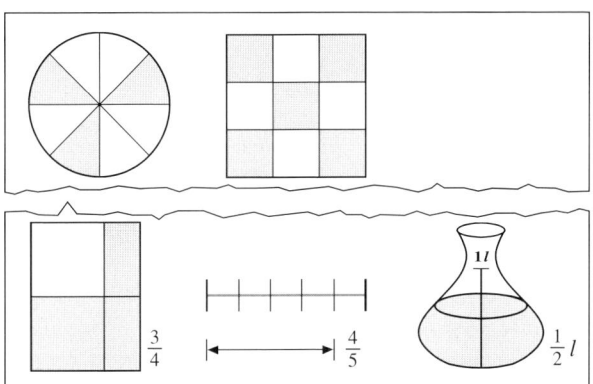

– eine evtl. Übergeneralisierung
 z.B. durch folgende Aufgabenart:
 „Welche Veranschaulichungen
 sind richtig, welche falsch?"
 (untere Darstellung)

Aus: „Bruchrechnung 1"

---

[26] Das Spiel wird im Schülerheft „Bruchrechnung 1" genauer dargestellt.

Da bei der Einführung der Brüche die Brüche kleiner 1 leicht bevorzugt werden, wird man bei der Darstellung auf dem Zahlenstrahl, die hier besonders leicht darstellbaren Brüche größer 1 („gemischte Zahlen") stärker berücksichtigen:

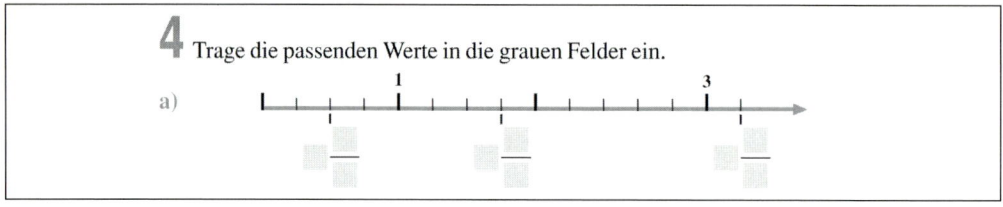

Aus: „Bruchrechnung 1"

b) Erweitern/Kürzen, Vergleichen von Brüchen

Es sei zunächst erinnert an die frühere exemplarische Darstellung zum Wiederholen und Wachhalten der Verständnisgrundlage des Erweiterns (vgl. Abschnitt 3.9.2 c). Für das Kürzen und den begrifflichen Zusammenhang zum Erweitern (vgl. die Zusammenfassung in Abschnitt 3.7.2) gilt Entsprechendes.

Beim Vergleich von Brüchen wird man die am Bruchbegriff orientierten anschaulichen Vergleichsmethoden nochmals besonders betonen (zumal, wenn zuletzt die Hauptnennermethode stärker geübt wurde); vgl. Abschnitt 6.2.4 a. Etwas bessere Schüler wird man zusätzlich durch stärker „innermathematisch" orientierte Fragestellungen anregen wie:

– Nenne 3 Brüche zwischen $\frac{1}{2}$ und $\frac{3}{4}$.

– Welcher Bruch liegt auf dem Zahlenstrahl in der Mitte von $\frac{1}{2}$ und $\frac{3}{4}$?

c) Gemischte Anwendungsaufgaben

Wichtig scheint hier zunächst eine Wiederholung der Umrechnung von Größen, die im Alltag besonders häufig gebraucht werden, z.B. die Umrechnung von einfachen Bruchteilen (Halbe, Viertel, Achtel):

– Kilogramm $\longrightarrow$ Gramm (und umgekehrt)
– Pfund[27] $\longrightarrow$ Kilogramm (und umgekehrt) (?)

– $\frac{1}{2}$ km = ? m;   2500 m = ? km

– $\frac{3}{4}$ h = ? min;   15 min = ? h

Nach den Testerfahrungen (vgl. Abschnitt 6.1.2) können solche Aufgaben nicht einfach genug sein. Daneben scheint es darauf anzukommen, *möglichst echte Anwendungssituationen mit gewöhnlichen Brüchen* anzusprechen. Bekanntlich sind echte Sachsituationen mit gewöhnlichen Brüchen viel seltener als mit Dezimalbrüchen. Man sollte aber möglichst der Versuchung widerstehen, Sachsituationen mit Dezimalbrüchen „umzuschreiben" in solche mit gewöhnlichen Brüchen. Dies fängt schon bei den Umrechnungsaufgaben an. In Schulbüchern findet man immer wieder Aufgaben folgender Art:

$\frac{2}{5}$ m = ? cm; $\frac{7}{20}$ kg = ? g; $\frac{5}{6}$ h = ? min

Solche Umrechnungen hat man im Alltag nie durchzuführen!
„Anwendungsaufgaben" lauten entsprechend nicht selten wie folgt:

---

[27] In Einzelhandelsgeschäften und auf dem Lande immer noch häufig verwendet, wenn auch nicht mehr „amtlich"!

„Ein Heimwerker bietet aus Verschnittresten $\frac{2}{5}$ m² und $\frac{3}{8}$ m² Holzplatten an, beide zu gleichem Preis. Welche Plattensorte ist preiswerter?"

Oder: Man formuliert umgeschriebene Prozentwertaufgaben wie:

„In der Bundesrepublik Deutschland leben ... Menschen. Davon leben $\frac{9}{20}$ in Großstädten, $\frac{31}{100}$ in Klein- und Mittelstädten, $\frac{6}{25}$ auf dem Lande. Wieviel Menschen ...? "

Dies spiegelt ein wenig die allgemeine Verlegenheit auf dem Anwendungsfeld der Brüche wider. In welchen Sachsituationen (außerhalb der Rechenoperationen) kommen wirklich gewöhnliche Brüche vor? Es sei versucht, halbwegs echte Situationen anzudeuten (in einer Richtung, in die man sich vielleicht stärker bewegen sollte):[28]

1. Bei gegebenem Kilopreis einer Ware nach dem Preis für $\frac{3}{4}$ kg; $2\frac{1}{2}$ kg zu fragen.

2. Mehrere Personen essen eine bestimmte Menge Kuchen (Fleisch, ...). Wieviel wird durchschnittlich gegessen? (Man schätzt grob für die nächste Party bzw. das nächste Klassenfest!)

3. Ungefähre Anteile (z.B. von Ferientagen in verschiedenen Ländern) bestimmen und vergleichen.

4. Ungefähre Bruchteile (z.B. des Monatseinkommens für Essen, Wohnung, ... bzw. des Taschengeldes für Süßigkeiten, Kino, Kassetten, ...) bestimmen.

5. Einfache Bruchteile (Halbe, Drittel, Viertel, Fünftel, Zehntel; vgl. Abschnitt 6.2.1) einer Anzahl von Leuten, von Flächen, von Geldbeträgen, ... bestimmen.

Andernfalls sollte man vielleicht lieber ungeniert „nackte" Übungsaufgaben oder interessantere innermathematische Fragen stellen, als sie „einzukleiden". Dies scheint für Schüler überzeugender.

6.3 Rechnen mit Brüchen
(Bruchrechnung 2 der Reihe STÜTZPFEILER)

Vorbemerkungen: Es sei noch einmal an die Essentials der Gesamtkonzeption erinnert (vgl. Abschnitte 6.1.3): Das Rechnen mit (gemeinen) Brüchen ist nur als *Differenzierungsangebot für leistungsstärkere Schüler* gedacht. In Abschnitt 6.7 wird später überlegt, was vielleicht auch lernschwächeren zum Rechnen mit Brüchen vermittelt werden könnte, soweit es auf einer einfachen Anschauungsgrundlage und einem tieferen Bruchverständnis (womöglich ohne Regeln) vermittelt werden könnte (vgl. auch die Vorbemerkung zu Abschnitt 6.2).

Beim Rechnen mit Brüchen haben offenbar auch bessere Schüler schon größere Schwierigkeiten (vgl. bereits Abschnitt 6.1.2). Hier sei ergänzend auf eine größere Untersuchung von PADBERG (1986) in 28 Realschulklassen hingewiesen. Danach ergibt sich u.a.:

– Nur durchschnittlich ca. 50 % der Schüler lösen Aufgaben vom Typ „natürliche Zahl plus Bruch" richtig (genauso wenig wie bei dem umgekehrten „Bruch plus natürliche Zahl").

– Nur knapp 60 % der Schüler lösen Aufgaben vom Typ „natürliche Zahl mal Bruch" richtig. (Nur knapp 40 % sind es bei dem umgekehrten „Bruch mal natürliche Zahl".) Dabei ist zu berücksichtigen, daß diese Aufgaben als besonders einfach hinsichtlich der damitzu verbindenden Vorstellungsgrundlage eingeschätzt werden dürfen (siehe weiter unten) und auch zahlenmäßig einfach waren.

– Keiner (!) der Realschüler konnte eine beispielgebundene Erklärung für die Multiplikations- oder Divisionsregel für Brüche geben (gleichgültig, nach welcher Methode die Regeln eingeführt worden waren).

---

[28] Einige Aufgaben in dieser Richtung findet man im Schülerheft „Bruchrechnung 1" (WELLENREUTHER 1994).

Zusätzlich sei nur noch erinnert an Ergebnisse eigener Untersuchungen (vgl. Abschnitt 6.1.2) hinsichtlich allereinfachster Anwendungsaufgaben: Es würde offensichtlich nicht zu so wenigen richtigen Lösungen kommen, wenn eine bessere Vorstellungsgrundlage da wäre. Daher ist überdeutlich, daß man auch bei den besseren Schülern die Vorstellungsgrundlage wesentlich verbessern muß.

Aufgaben zu:	$\frac{1}{2} + \frac{1}{4}$	$2\frac{1}{2} \cdot 400$	$2 : \frac{1}{8}$
Richtige Lösungen im A-Kurs	77%	32%	40%

6.3.1 Addition und Subtraktion von Brüchen

Eine gute Vorstellungsgrundlage für die Addition/Subtraktion von Brüchen ermöglicht sicherlich das Tortenmodell: Hier kann unmittelbar an die Grundvorstellung des Zusammenlegens bzw. Wegnehmens für das Addieren bzw. Subtrahieren natürlicher Zahlen angeschlossen werden.

a) Addition/Subtraktion von Brüchen mit gleichem Nenner [29]
Der Lehrer wird mit der Addition etwa anhand folgender Aufgabe beginnen:

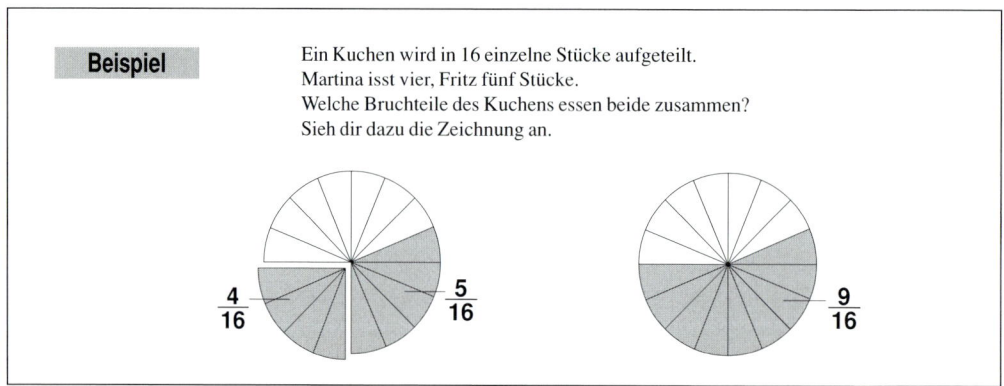

Beispiel

Ein Kuchen wird in 16 einzelne Stücke aufgeteilt.
Martina isst vier, Fritz fünf Stücke.
Welche Bruchteile des Kuchens essen beide zusammen?
Sieh dir dazu die Zeichnung an.

$\frac{4}{16}$ $\frac{5}{16}$ $\frac{9}{16}$

Aus: „Bruchrechnung 2"

Durch Zusammenzählen der Stücke stellt der Schüler fest:
„Es sind 4 Stücke + 5 Stücke = 9 Stücke oder 4 Sechzehntel + 5 Sechzehntel = 9 Sechzehntel."
(Durch die „quasikardinale" Schreibweise wird die Grundvorstellung des Addierens aus der Grundschule besonders betont!)
Auf entsprechende Weise versteht der Schüler die Subtraktion gleichnamiger Brüche.
Wichtig ist – wie in der ganzen übrigen Bruchrechnung – daß jetzt nicht gleich auf die „Regelebene" übergegangen wird, sondern ähnliche Aufgaben gelegt bzw. gezeichnet werden und dazu (wie oben) gesprochen bzw. geschrieben wird. [30]

---

[29] Der Terminus „gleichnamig" ist im Unterricht entbehrlich (vgl. Abschnitt 3.2.3).
[30] Es empfiehlt sich prinzipiell, eine Regel erst dann zu formulieren, wenn Schüler sie „unausgesprochen" offenbar schon benutzen.

Das Rechnen mit „gemischten Zahlen" sollte man entsprechend begleiten. Nebenstehend ein Beispiel zur Subtraktion aus dem Schülerheft „Bruchrechnung 2". Anschließend wird man die Schüler das Vorgehen auf der Vorstellungsebene beschreiben lassen [31].

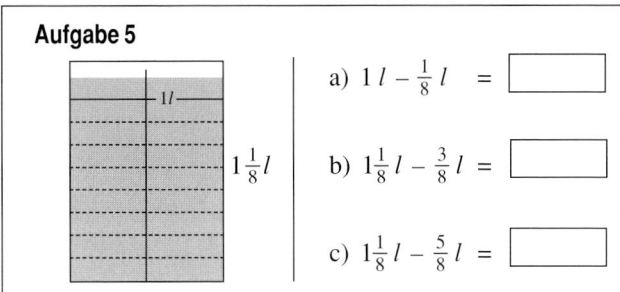

Beispiel: $1\frac{1}{8} l - \frac{3}{8} l = ?$

„Wenn ich von $1\frac{1}{8} l$ zunächst $\frac{1}{8} l$

wegnehme (abgieße), dann muß ich von dem restlichen Liter noch $\frac{2}{8} l$ abgießen.

Da $1 l = 8$ Achtel Liter ist, erhalte ich 8 Achtel l − 2 Achtel l = 6 Achtel l.

$\frac{6}{8} l$ ist aber dasselbe wie $\frac{3}{4} l$ (an der Einteilung oben abzulesen)."

b) Addition von Brüchen mit verschiedenem Nenner

Der Übergang zu Brüchen mit verschiedenem Nenner könnte etwa so aussehen:

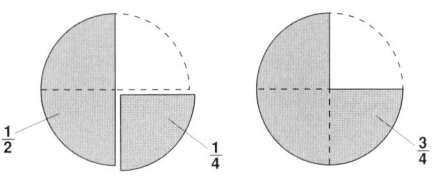

Beispiel 1: Stelle dir vor, von einem Geburtstag seien noch ein halber und ein viertel Kuchen übrig.
Welcher Bruchteil eines Kuchens ist insgesamt übrig geblieben?

Aus: „Bruchrechnung 2"

Die bildliche Darstellung zeigt das Ergebnis! Wie kann man rechnen? $\frac{1}{2} + \frac{1}{4} = \frac{2}{4} + \frac{1}{4} = \frac{3}{4}$
Die hinter dem Rechnen steckende Idee lautet:
Nur Brüche einer „Sorte" kann man leicht zusammenfassen. Das heißt, man muß die Brüche erst auf den gleichen Nenner bringen. Die Tendenz, Brüche wie natürliche Zahlen zu behandeln, ist oft trotz Anschauungsgrundlage sehr stark.
Es empfiehlt sich, ausdrücklich zu betonen, daß nicht etwa gilt: $\frac{\text{Zähler plus Zähler}}{\text{Nenner plus Nenner}}$ ($\frac{1}{2} + \frac{1}{4} \neq \frac{2}{6}$)

Dies sollte aber wiederum nicht mit einem bloßen Hinweis auf die „richtige Regel" korrigiert werden, sondern besser mit der Verständnisfrage: „*Warum* kann das nicht sein?"

Beispiel 2: $\frac{1}{3} + \frac{1}{4} = ?$ [32] Wie finden wir hier den gemeinsamen Nenner?

Selbst wenn das Hauptnenner-Suchen vom Bruchvergleichen schon bekannt ist, wird man zur Festigung der Vorstellungsgrundlage noch einmal anschaulich ansetzen: Was bedeutet „gemeinsamer Nenner" anschaulich? Beidemal ist das Ganze in gleichgroße Teile zu teilen.
Hier sei eine zweckmäßige Rechteckdarstellung vorgeschlagen (siehe nächste Seite):

---

[31] Es sei nochmals an die enge Verzahnung der verschiedenen Darstellungsebenen (vgl. Abschnitt 3.9.5 b) erinnert.
[32] Hier wird man nicht gewaltsam eine Einkleidung suchen. Man kann die Aufgabe als „innermathematisches Problem" stellen!

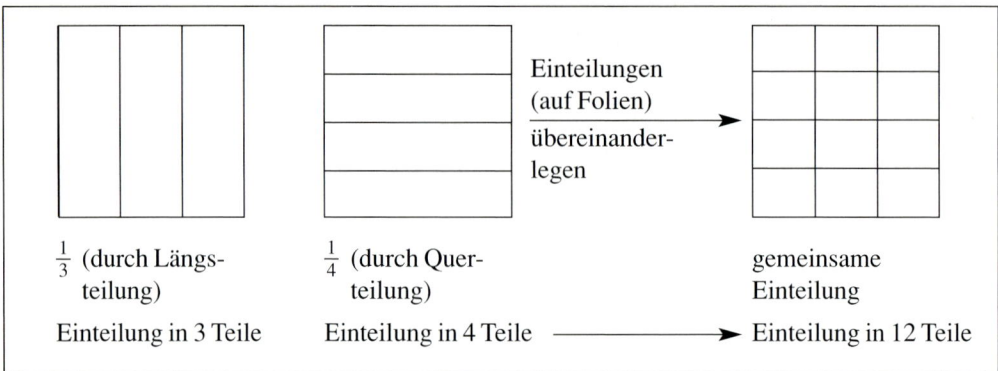

$\frac{1}{3}$ (durch Längs-
teilung)

Einteilung in 3 Teile

$\frac{1}{4}$ (durch Quer-
teilung)

Einteilung in 4 Teile

Einteilungen
(auf Folien)
übereinander-
legen

gemeinsame
Einteilung

Einteilung in 12 Teile

Nun wird die Einteilung bei den gegebenen Bruchteilen durch Strichelung zur gemeinsamen Einteilung ergänzt: Was bedeutet die Strichelung (vgl. Abschnitt 6.2.3)?

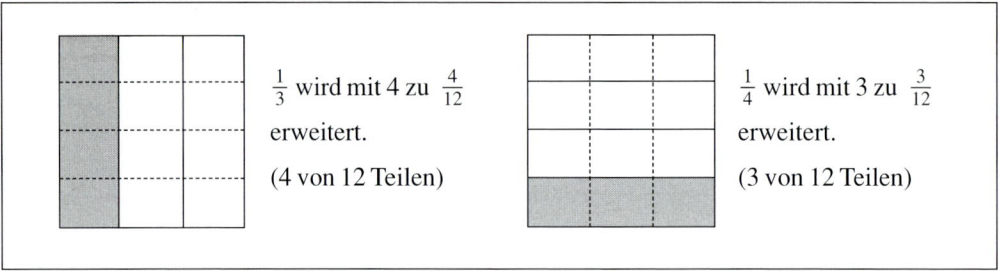

$\frac{1}{3}$ wird mit 4 zu $\frac{4}{12}$
erweitert.
(4 von 12 Teilen)

$\frac{1}{4}$ wird mit 3 zu $\frac{3}{12}$
erweitert.
(3 von 12 Teilen)

Jetzt kann man zusammenfassen:

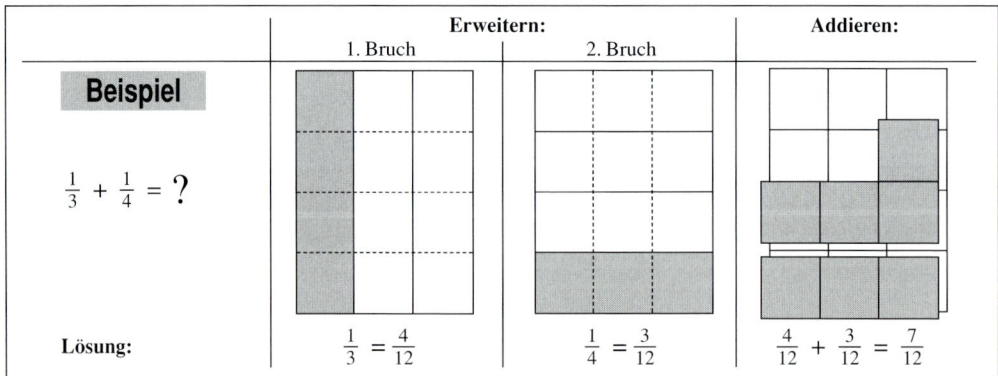

Beispiel	Erweitern:		Addieren:
	1. Bruch	2. Bruch	
$\frac{1}{3} + \frac{1}{4} = ?$			
Lösung:	$\frac{1}{3} = \frac{4}{12}$	$\frac{1}{4} = \frac{3}{12}$	$\frac{4}{12} + \frac{3}{12} = \frac{7}{12}$

Der Lehrer *modelliere* den ganzen Prozeß im Sinne von Abschnitt 4.4 und lasse die Schüler bei ähnlichen Aufgaben etwa wie folgt dazu sprechen:

1. Ich stelle die beiden Brüche mit einer horizontalen und einer vertikalen Einteilung dar.[33]

2. Ich suche einen gemeinsamen Nenner der Brüche: Ich finde ihn durch Übereinanderlegen der beiden Einteilungen. Er heißt …

3. Die neue Einteilung bedeutet für den ersten Bruch ein Erweitern mit …,
für den zweiten Bruch ein Erweitern mit … auf den gemeinsamen Nenner.

4. Ich fasse die beiden Brüche mit gleichem Nenner zusammen und erhalte …

---

[33] Da es nur auf den Gedankengang ankommt, genügen dazu natürlich Freihandskizzen, und auf den genauen Wortlaut kommt es auch nicht an!

Der Leser wird das vielleicht etwas übertrieben finden, es wurde hier wohl auch etwas „überspitzt", aber „eine Anschauungsgrundlage zu bilden" erfordert – wie die Testergebnisse zeigen – wahrscheinlich auch eine größere didaktische Anstrengung, als häufig angenommen wird. (Insbesondere wird hier u.U. deutlich, wie genau ein Veranschaulichungsmittel erklärt werden muß; vgl. Abschnitt 3.6.6.)

Die vorgestellte Modellierung entspricht in der Formalisierung einer Hauptnennerbildung durch Multiplikation der Einzelnenner.

Der allgemeine Fall der Hauptnennerbildung könnte dann wohl auch hier wie beim Bruchvergleich (vgl. Abschnitt 6.2.4) durchgeführt werden.

c) Übung und Anwendung der Addition / Subtraktion von Brüchen

Zur *Einübung* des Verfahrens für die Addition bzw. Subtraktion ungleichnamiger Brüche braucht man sicherlich eine Reihe „nackter" Zahlenaufgaben, die nicht alle in sinnvolle Anwendungen verpackt werden können, da man sonst nicht über Halbe, Drittel, Viertel... hinauskäme (vermutlich etwas zu wenig Variation, um eine größere Geläufigkeit des Verfahrens zu erreichen, wie man sie u.U. in der Algebra braucht).

Um die Übungen interessanter zu gestalten, kann man ein Spiel wie die „magische Eins" einsetzen. Hierbei wird mit zwei Würfeln gewürfelt: Die kleinere Augenzahl ist als Zähler, die größere als Nenner zu nehmen. Jeder Schüler darf so oft würfeln, wie er möchte. Ziel jedes Spielers ist es, mit der Summe seiner „Würfelbrüche" möglichst nahe bei der 1 zu landen. (Dadurch ist zugleich wiederholend der Vergleich von Brüchen angesprochen!). Das Spiel ist gut in Gruppen von 3 bis 4 Schülern zu spielen (vgl. auch das Heft „Bruchrechnung 2").

Soweit man *Anwendungsaufgaben* stellt, sollte man freilich möglichst „ehrlich" dabei bleiben (vgl. Abschnitt 6.2.5). Die Aufgaben könnten etwa folgender Art sein (vgl. auch Heft „Bruchrechnung 2"):

1. – Ein Rucksack wird mit $\frac{1}{2}$ kg Brot, $\frac{1}{8}$ kg Butter, $\frac{3}{4}$ kg Salami und $1\frac{1}{2}$ kg Obst gepackt. Wieviel wiegt der Proviant?

 – Der Rucksack wiegt $1\frac{3}{4}$ kg. Wird das vom Bergführer empfohlene Gesamtgewicht von 6 kg überschritten?

 – Für die erste Teilstrecke der Bergroute werden $1\frac{1}{4}$ Stunden benötigt, für die zweite etwa $1\frac{1}{2}$ Stunden, für die dritte ca. $\frac{3}{4}$ Stunden.
 Wieviel Zeit erfordert die Bergroute insgesamt?

2. – Ein Schüler braucht Geld für eine Klassenfahrt. Die Hälfte davon zahlen die Eltern, ein Drittel hat er gespart. Der Rest wird von der Oma bezahlt. Wie groß ist der Anteil der Oma?

 – Wer zahlt wieviel, wenn die Klassenfahrt 240 DM kostet?

6.3.2 Die Multiplikation von Bruchzahlen mit natürlichen Zahlen

a) Didaktische Begründung für (zwei) separate Definitionen für die Multiplikation mit natürlichen Zahlen

Wir haben schon in Abschnitt 6.1.4 darauf hingewiesen, daß es aus Anschauungs- und Anwendungsgründen mathematisch zweckmäßig erscheint, zwischen der Multiplikation „natürliche Zahl mal Bruchzahl" und „Bruchzahl mal Bruchzahl" (d.h. insbesondere auch Bruchzahl mal natürliche Zahl) zu unterscheiden[34]. Dementsprechend macht es auch keinen didaktischen Sinn, die Unterschiedlichkeit der Situationen bei den Fällen „natürliche Zahl mal Bruchzahl" und „Bruchzahl mal

---

[34] Es steht damit außerhalb der Diskussion, die Multiplikation von Bruchzahlen durch eine einzige formale Definition einzuführen.

natürliche Zahl" durch eine formaldefinitorische Gleichsetzung (etwa mit der Forderung: „Das Kommutativgesetz soll weiter gelten.") zu überspielen.

Es ist sogar sinnvoll, die Multiplikation „Bruchzahl mal natürlicher Zahl" (als Sonderfall von „Bruchzahl mal Bruchzahl") im Unterricht vorweg zu behandeln, weil hier meist wiederum besondere Anwendungssituationen vorliegen (siehe Abschnitt c), die Unterscheidung der beiden unterschiedlichen Definitionszugänge dadurch am besten nachzuvollziehen ist und der analoge, aber komplexere allgemeine Fall besser vorbereitet ist.

Wir unterscheiden also zunächst die Fälle: $n \cdot \frac{a}{b}$ und $\frac{a}{b} \cdot n$.

b) Die Multiplikation „natürliche Zahl mal Bruchzahl"

„Multiplizieren" heißt hier wie bei den natürlichen Zahlen, einen Summanden mehrfach („fortgesetzt") zu addieren: Wie also   „$3 \cdot 5$"

$$5 + 5 + 5 \text{ bedeutet,}$$

soll nun   „$3 \cdot \frac{2}{5}$"   gleichermaßen $\frac{2}{5} + \frac{2}{5} + \frac{2}{5}$ bedeuten.

In allgemeiner Form:

Der erste Faktor gibt an, wie oft der zweite Faktor als Summand zu nehmen ist.

Diese Erklärung wird durch ein Anwendungsbeispiel wie das folgende nahegelegt:

An einem heißen Sommertag trinkst du drei volle Becher Limonade (Inhalt jeweils $\frac{2}{5}$ l).
Wieviel hast du dann insgesamt getrunken? Sieh dir folgende Zeichnung an:

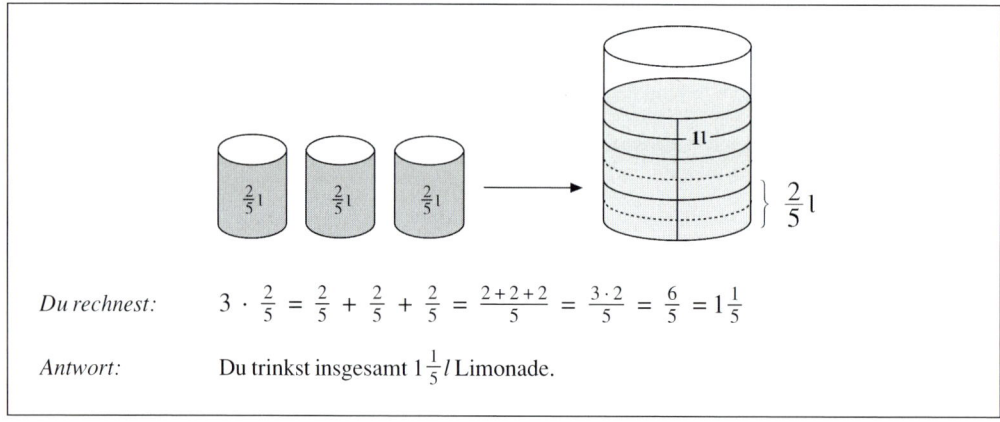

Du rechnest: $3 \cdot \frac{2}{5} = \frac{2}{5} + \frac{2}{5} + \frac{2}{5} = \frac{2+2+2}{5} = \frac{3 \cdot 2}{5} = \frac{6}{5} = 1\frac{1}{5}$

Antwort: Du trinkst insgesamt $1\frac{1}{5}$ l Limonade.

Aus: „Bruchrechnung 2"

Diese „Erklärung" der Multiplikation als fortgesetzte Addition ist zugleich die Grundlage bzw. „Lösungsidee" für weitere ähnliche *Aufgaben* (vgl. auch Schülerheft „Bruchrechnung 2").

– Fünfmal in der Woche trinkt Herr Müller zum Kantinenessen einen halben Liter Milch …
– Eine Kiste enthält 12 Dreiviertel-Liter-Flaschen Apfelsinensaft …

Die Regel für die Multiplikation natürliche Zahl mal Bruch („Multiplikation des Zählers") sollte gar nicht besonders betont werden. Sie stellt sich bei den Anwendungsaufgaben mehr oder weniger von selbst ein, sofern dabei nur die Vorstellungsgrundlage wachgehalten wird – etwa in folgender Form: „Einen Bruch kann ich dadurch malnehmen, daß ich die Anzahl der Stücke (den Zähler) malnehme".

Um späteren Verwechslungen vorzubeugen, wird es zweckmäßig sein, den *Unterschied zwischen der Multiplikation eines Bruches und dem Erweitern eines Bruches* zu betonen (und zwar nicht nur auf formaler, sondern auch auf anschaulicher Basis):

Multiplikation mit 3   *Erweitern mit 3*

            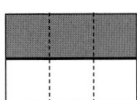

$3 \cdot \frac{1}{2} = 1\frac{1}{2}$ „Wert" vervielfacht sich $\frac{3 \cdot 1}{3 \cdot 2} = \frac{3}{6} = \frac{1}{2}$ „Wert" bleibt gleich
　　　　　　　　(mehr Stücke!)   (mehr, aber kleinere Stücke!)

c) Die Multiplikation „Bruchzahl mal natürliche Zahl"

Die Multiplikation kann man hier nicht mehr – in Übereinstimmung mit bisheriger Sinngebung –
als fortgesetzte Addition gleicher Summanden erklären:

Was soll „$\frac{3}{4}$ mal eine natürliche Zahl" bedeuten?

Die Bedeutung wird wieder über eine *Anwendungssituation* erschlossen:

　„Ein Läufer läuft $2\frac{1}{2}$ mal um eine 400 m lange Stadionbahn.
　Wieviel Meter ist er dann gelaufen?"

Lösungsweg: $2\frac{1}{2}$ mal 400 m = 2 mal 400 m + $\frac{1}{2}$ „mal" 400 m …

Hieraus erkennt der Schüler, daß $\frac{1}{2}$ mal sinnvoll als $\frac{1}{2}$ von (bzw. die Hälfte von) gedeutet werden
kann.

Entsprechend wäre bei $2\frac{3}{4}$ Runden = $2\frac{3}{4} \cdot$ 400 m

　　　　　　　　$\frac{3}{4}$ *mal* als $\frac{3}{4}$ *von* zu deuten.

Ähnlich wird das $3\frac{1}{4}$ fache irgendeiner Größe (Länge, Preis, Gewicht, …) analog zum „3fachen"

verstanden als $3\frac{1}{4}$ mal = 3mal + $\frac{1}{4}$ mal im Sinne von 3mal + $\frac{1}{4}$ von.

Es liegt hier wieder nahe, $\frac{1}{4}$ *mal* als $\frac{1}{4}$ *von* zu verstehen.

Damit erscheint hinreichend motiviert, allgemein *„Bruch mal"* als *„Bruch von"* zu erklären.
Der Transfer erfolgt leicht auf weitere Aufgaben wie diese (vgl. auch Schülerheft „Bruchrechnung 2"):

　– Ein Sportler stemmt das $3\frac{1}{4}$ fache seines Körpergewichtes von 64 kg …

　– 1 kg Schweinefleisch kostet 9 DM. Wieviel kostet $2\frac{3}{4}$ kg?

d) Unterschiedlichkeit der Situation, Gleichheit des Ergebnisses bei den bisher eingeführten
　 Multiplikationen

Daß man beispielsweise bei $5 \cdot \frac{3}{4}$ kg im Sinne fünffacher Addition von $\frac{3}{4}$ kg und

　　　　　　$\frac{3}{4} \cdot 5$ kg im Sinne $\frac{3}{4}$ von 5 kg

zum gleichen Ergebnis kommt, erscheint den Schülern auf der geschilderten Anschauungsbasis
durchaus nicht selbstverständlich. (Vielleicht sollte man zunächst sogar unterschiedliche neue
Multiplikationspunkte setzen und · und : nur für die bereits bekannten Operationen verwenden.)
Dann sehen die (besseren) Schüler die Gleichheit so ein:

$5 \times \frac{3}{4} = \cdots = \frac{5 \cdot 3}{4} = (5 \cdot 3) : 4$ Deshalb:

$\frac{3}{4} \odot 5 = \frac{3}{4}$ von $5 = (5 : 4) \cdot 3$ $5 \times \frac{3}{4} = \frac{3}{4} \odot 5$

Die Schüler merken, daß sie letztlich dasselbe rechnen müssen:
Daß „erst durch 4, dann mal 3" auf dasselbe hinausläuft wie „erst mal 3 und dann durch 4" kennen
sie von der 1. und 2. Bruchsituation (vgl. Abschnitt 6.2.2).

Hervorzuheben ist: sie brauchen hier nicht formal, sondern können inhaltlich an konkreten Brüchen (wie vorher angedeutet) argumentieren.

Wichtiger, als die Gleichheit der beiden Ergebnisse einzusehen und nach einer Regel zu rechnen, scheint für die Schüler zunächst aber, daß sie die *Unterschiedlichkeit* der Situation sehen, und da sollte die Rechnung sogar unterschiedlich aussehen!

Es empfiehlt sich deshalb, zusammenfassend und zugleich kontrastierend [35] zwei unterschiedliche Multiplikations-Situationen mit gleichem Ergebnis gegenüberzustellen, etwa in folgender Weise:

	Multiplikation „natürliche Zahl mal Bruchzahl"	Multiplikation „Bruchzahl mal natürliche Zahl"
Beispiele	$5 \cdot 3\frac{1}{2} = ?$	$3\frac{1}{2} \cdot 5 = ?$
Anwendungs-aufgaben	An jedem Werktag (Montag bis Freitag, also 5 mal) hat Gerd einen Schulweg von $3\frac{1}{2}$ km. Wie lang ist sein Schulweg in der Woche?	Gerd springt 5 m weit. Ein Känguruh springt $3\frac{1}{2}$ mal soweit wie Gerd Wie weit springt das Känguruh?
Rechnung	$5 \cdot 3\frac{1}{2} = 5 \cdot \frac{7}{2} = \frac{5 \cdot 7}{2}$ $= \frac{35}{2} = 17\frac{1}{2}$	$3\frac{1}{2} \cdot 5 = 3 \cdot 5 + \frac{1}{2}$ von 5 $= 15 + \frac{5}{2} = 17\frac{1}{2}$
Antwort	Gerds Schulweg ist in der Woche insgesamt $17\frac{1}{2}$ km lang.	Ein Känguruh springt $17\frac{1}{2}$ m weit.

Aus: „Bruchrechnung 2"

6.3.3 Division von Bruchzahlen durch natürliche Zahlen

a) Vorbemerkung: „Division durch n" bedeutet dasselbe wie „ $\frac{1}{n}$ von"

Die Division von Brüchen durch natürliche Zahlen wird an dieser Stelle eingeführt, weil ein enger Zusammenhang zwischen Operatoren wie $\frac{1}{3} \cdot$ im Sinne von $\frac{1}{3}$ **von** einerseits und **: 3** andererseits besteht.

Sie bewirken (und bedeuten damit) das gleiche! Neu ist eigentlich nur, daß der Operator $\frac{1}{3}$ **von** bzw. **: 3** nicht nur auf natürliche Zahlen angewandt wird, sondern auch auf Brüche.

Vororientierend kann man die Schüler darauf stoßen, daß man einen Bruch durch „Teilen" dadurch verkleinern kann, daß man den Zähler verkleinert oder den Nenner entsprechend vergrößert.

Entsprechend sind bei der Division durch natürliche Zahlen zwei Fälle zu unterscheiden:

Im 1. Fall ist der Zähler durch die natürliche Zahl teilbar wie bei $\frac{6}{8}$: 3. Dann verkleinert man entsprechend den Zähler.

Im 2. Fall ist der Zähler nicht durch die natürliche Zahl teilbar wie bei $\frac{1}{4}$: 3. Dann muß man den Nenner entsprechend vergrößern. Das etwa sollte sich auch bei den Schülern als Grund-

---

[35] Vgl. Abschnitt 3.7.3 c.

idee festsetzen. In beiden Fällen kann man an das Grundschulmodell des Verteilens anschließen. Dies geht im 1. Fall noch unmittelbarer. Deshalb wird man mit diesem einfachen Fall beginnen.

b) 1. Fall: Der Zähler ist durch die natürliche Zahl teilbar

Fragen wir also zunächst: Wie ist z.B. $\frac{6}{8} : 3$ zu klären?

Dazu gehe man etwa von folgender „Anwendungssituation" aus:

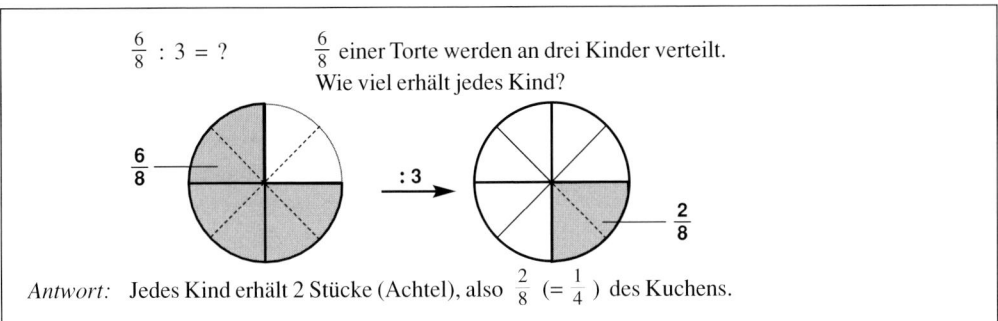

$\frac{6}{8} : 3 = ?$ $\frac{6}{8}$ einer Torte werden an drei Kinder verteilt.
Wie viel erhält jedes Kind?

$\frac{6}{8}$: 3 $\frac{2}{8}$

Antwort: Jedes Kind erhält 2 Stücke (Achtel), also $\frac{2}{8}$ $(= \frac{1}{4})$ des Kuchens.

Aus: „Bruchrechnung 2"

Hilfreich ist hier auch wieder die *quasikardinale Schreibweise*: 6 Achtel : 3 = 2 Achtel.

Eine formale Regel sollte in den Hintergrund treten. Man wird eher, am Kern orientiert, so formulieren: „Einen Bruch kann ich dadurch teilen, daß ich die Anzahl der Bruchstücke (also den Zähler) teile".

Die Schüler werden wiederum in der Lage sein, die Einführungssituation auf ähnliche Verteilungssituationen, zunächst nur mit anderen Zahlen, dann mit anderen Größen zu übertragen (vgl. Schülerheft „Bruchrechnung 2"):

– Eine Flasche mit $\frac{6}{10}$ l Saft wird gleichmäßig auf drei Gläser verteilt ...

– Für die Zentralheizung eines Mietshauses werden $4\frac{1}{2}$ m³ Öl getankt.
Die Kosten werden auf drei Mietparteien verteilt ...

c) 2. Fall: Der Zähler ist nicht durch die natürliche Zahl teilbar

Beispiel 1: $\frac{1}{4} : 3 = ?$ (Zähler = 1)

Anwendungssituation: Ein Viertel Kuchen wird unter drei Freundinnen „gerecht verteilt":
Wieviel bekommt jede Freundin?

Hier kann man nicht wie im 1. Fall vorhandene Stücke verteilen, sondern wird das eine vorhandene Stück in mehrere (hier drei) gleiche Stücke zerteilen (und diese Teilung in einer Skizze wie folgt auf den ganzen Kuchen ausdehnen):

Ein Viertel heißt: das Ganze : 4.

Skizze

Dies Viertel : 3 bedeutet also:
das Ganze in 3 mal so viele Teile teilen, also
statt in 4 in 3 mal 4 Teile, also 12 Teile.
Etwas formaler geschrieben, aber ebenso mit
der Skizze in Zusammenhang gebracht:

$\frac{1}{12}$

$\frac{1}{4} : 3 = (1:4) : 3 = 1 : 12 = \frac{1}{12}$

Antwort: Jede Freundin bekommt also $\frac{1}{12}$ des Kuchens.

Dies scheint der direkteste Zugang zur Division. Man könnte indessen das weitere Einteilen des Kuchens auch als Erweitern mit 3 interpretieren:

$\frac{1}{4} = \frac{3}{12}$ und das anschließende Verteilen als $\frac{3}{12} : 3 = \frac{1}{12}$.

Das explizite Erweitern bringt aber leicht ein unnötig formales Moment in die Operation. (Nicht so bei einem tieferen Verständnis des Erweiterns!)

Das Verallgemeinerbare läßt sich am Beispiel auch so herausheben:

,,Teilen eines Bruches durch 3 bedeutet, das Ganze in 3mal soviele Teile teilen (also den Nenner mit 3 malnehmen).''

Man vermeide aber wiederum eine zu formale Regel!

Beispiel 2: $\qquad \frac{3}{4} : 5 = ?$ (Zähler $\neq$ 1)

Anwendungssituation: $\frac{3}{4}$ einer Erbschaft wird auf 5 Erben gerecht verteilt.

Welchen Bruchteil der Erbschaft bekommt jeder der 5 Erben?

Von *einem* Viertel bekommt jeder $\frac{1}{4} : 5 = (1 : 4) : 5 = \frac{1}{20}$.

Von *drei* Vierteln bekommt also jeder $3 \cdot \frac{1}{20} = \frac{3}{20}$.

Man erkennt nun auch leicht, daß man im Sinne der 2. Bruchsituation deuten kann:

$\frac{3}{4} : 5 = (3 : 4) : 5 = 3 : (4 \cdot 5) = 3 : 20 = \frac{3}{20}$

Ein Teilen des Bruchs durch 5 bedeutet also entsprechend wie beim 1. Beispiel: Es ist in 5mal so viele Teile zu teilen (also der Nenner mit 5 malzunehmen).

d) Die Verbindung des 1. Falls (b) mit dem 2. Fall (c)

Da es bei der „Lösung des 2. Falls'' offenbar auf die Art des Zählers gar nicht ankommt, muß auch im 1. Fall (Zähler durch die natürliche Zahl teilbar) wie zuletzt im 2. Fall argumentierbar sein:

$\frac{6}{8} : 3 = \frac{6}{3 \cdot 8} = \frac{6}{24} = \frac{1}{4}$

Die Schüler stellen fest: Das geht zwar auch, aber $\frac{6}{8} : 3 = \frac{6 : 3}{8} = \frac{2}{8} = \frac{1}{4}$ ist etwas einfacher!

Zuletzt landet man bei der wichtigen Erkenntnis, die anfangs schon angedeutet war:

,,Wenn die *Division des Zählers* durch eine Zahl überhaupt möglich ist, muß sie auf das gleiche Ergebnis führen wie die *Multiplikation des Nenners* mit der gleichen Zahl.''

Beispiel: $\qquad \frac{6 : 3}{8} = \frac{6}{3 \cdot 8}$

Beides bewirkt eine Verkleinerung des Bruches auf den dritten Teil:

Anzahl der Teile : 3 (links); Größe der Teile : 3 (rechts).

Man beachte: Eine Erklärung wird für den Schüler durch inhaltlich-anschauliche (nicht durch formal-rechnerische) Argumentation verständlich und begreifbar. Entscheidend ist nicht unbedingt immer ein „Bildchen'' (es hilft häufig!). Es muß durch die Erläuterung (meist am Beispiel) eine verallgemeinerbare Vorstellung hervorgerufen werden (vgl. auch Abschnitt 3.6.6).

e) Verständnisaufgaben

– Welche Division wird dargestellt?

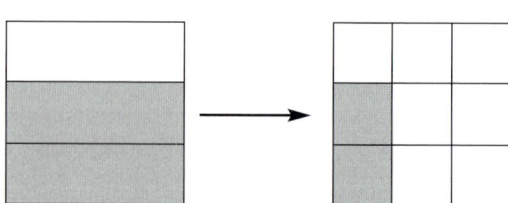

- Mache eine passende Zeichnung zu $\frac{1}{2} : 3 = \frac{1}{6}$.

- Wie dividierst du zweckmäßig $\frac{3}{4} : 3$; $\frac{5}{4} : 2$?
  In welchem Falle verkleinerst du die Anzahl der Teile, in welchem die Größe der Teile?

- Warum darfst du bei $\frac{5}{4} : 2$ nicht den Nenner dividieren?
  Was würde das anschaulich bedeuten?

- Mache eine Zeichnung zum Kürzen von $\frac{3}{6}$ mit 3. (Vergleiche mit der Zeichnung zu $\frac{3}{6} : 3$.)

6.3.4 Die Multiplikation von Brüchen mit Brüchen

a) Die Erklärung

Wir schließen jetzt an die Erklärung der Multiplikation für „$\frac{3}{4}$ mal 400 m" als „$\frac{3}{4}$ von 400 m" in Abschnitt 6.3.3 an:
Es kann nur sinnvoll sein, „$\frac{3}{4}$ mal" auch dann als „$\frac{3}{4}$ von"
zu deuten, wenn es sich nicht um eine „glatte" Anzahl von Metern handelt. Entsprechendes gilt auch für Beispiele, wenn es sich nicht um ein glattes Gewicht oder einen glatten Preis handelt.
Man erklärt also: **„Bruch mal Bruch" soll allgemein „Bruch von Bruch" bedeuten.**

Beispiel: $\frac{3}{4} \cdot \frac{2}{5} = \frac{3}{4}$ von $\frac{2}{5} = $?

Eine „*Bruch von Bruch*"-Anwendungssituation dazu (vgl. Schülerheft „Bruchrechnung 2"):
„Bauer Erdmann hat auf $\frac{2}{5}$ der gesamten Ackerfläche Kartoffeln angebaut. $\frac{3}{4}$ des Kartoffelfeldes werden mit Frühkartoffeln bepflanzt. Welcher Bruchteil der gesamten Ackerfläche ist mit Frühkartoffeln bepflanzt?"

Lösungsansatz:　Der Bauer hat $\frac{3}{4}$ von $\frac{2}{5}$ der gesamten Ackerfläche mit Frühkartoffeln

bepflanzt. Wie ist $\frac{3}{4}$ von $\frac{2}{5}$ der gesamten Ackerfläche zu berechnen? [36]

Antwort:　So wie $\frac{3}{4}$ von irgendeiner Größe immer zu berechnen war:

$\frac{3}{4}$ von einer Größe = (die Größe : 4) · 3.

Da die Größe jetzt ein Bruch ist, müssen wir
(1) den Bruch erst durch die Zahl 4 teilen und
(2) den sich ergebenden Bruch mit 3 malnehmen.

Beide Teiloperationen (Division „Bruch durch natürliche Zahl" und „Bruch mal natürliche Zahl" [37]
sind bereits bekannt; vgl. Abschnitte 6.3.2 und 6.3.3.

Also bedeutet $\frac{3}{4}$ von $\frac{2}{5}$

(1) Teile $\frac{2}{5}$ *durch 4*:　$\frac{2}{5} : 4 = \frac{2}{5 \cdot 4} = \frac{2}{20}$　$\frac{1}{4}$ von $\frac{2}{5}$!

(2) Das Ergebnis *mal 3*:　$\frac{2 \cdot 3}{20} = \frac{6}{20} = \frac{3}{10}$　$\frac{3}{4}$ von $\frac{2}{5}$!

Antwort auf die gestellte Aufgabe:

Der Bauer hat $\frac{3}{10}$ der gesamten Ackerfläche mit Frühkartoffeln bepflanzt.

---

[36] Dies kann Hand in Hand gehen mit einer Veranschaulichung im Sinne von Abschnitt c.

[37] Bzw. „natürliche Zahl mal Bruch"; aber darauf kommt es im Ergebnis jetzt nicht mehr an: Wir haben den Zähler zu multiplizieren (vgl. Abschnitt 6.3.3 d).

Aus der Ausrechnung erkennt man aufgrund bisherigen Wissens ganz allgemein:
$\frac{3}{4}$ von irgendeinem Bruch bedeutet „(Bruch : 4) · 3" und damit eine Multiplikation seines Nenners mit 4 und seines Zählers mit 3.

Somit ergibt sich am Beispiel:

$$\frac{3}{4} \cdot \frac{2}{5} = \frac{3}{4} \text{ von } \frac{2}{5} = \frac{2 \cdot 3}{5 \cdot 4}$$

„Das Produkt zweier Brüche bekommt man durch Multiplikation der Zähler bzw. Nenner."
Was ist damit gewonnen?
Wenn irgendeine „Bruch von Bruch"-Situation wie hier bzw. „Bruch mal Bruch"-Situation analog zu den Beispielen in Abschnitt 6.3.2 vorliegt, braucht man nur die Brüche nach der Regel „Zähler mal Zähler, Nenner mal Nenner" zu multiplizieren, um zum Ergebnis-Bruch zu kommen. (Man beachte hierzu jedoch den Unterabschnitt d!)

b) Anwendungssituationen und Übungen für die Multiplikationsregel
Einige typische Beispiele (vgl. auch Schülerheft „Bruchrechnung 2"):

– $\frac{2}{3}$ aller Wahlberechtigten gingen zur Wahl. Die beiden großen Parteien bekamen $\frac{3}{4}$ der abgegebenen Stimmen. Welcher Bruchteil der Wahlberechtigten hat die großen Parteien gewählt?

– Ein Händler schätzt: 4 von 5 verkauften Rädern sind Herrenräder, 9 von 10 haben eine Gangschaltung. Welcher Bruchteil der Räder sind Herrenräder mit Gangschaltung?

– Ein Sportler stemmt das $3\frac{1}{4}$ fache seines Körpergewichts von $64\frac{1}{2}$ kg …

– 1kg kostet 9,45 DM (etwa $9\frac{1}{2}$ DM); wieviel kosten etwa $2\frac{3}{4}$ kg?[38]

Da das Rechnen als solches keine besonderen Schwierigkeiten aufwirft, braucht man hier nicht allzu viele reine Zahlenaufgaben zur Einübung. Um so wichtiger sind hier Verständnis und Integration des Neuen:

c) Verständnisklärungen und -aufgaben
Zunächst scheint es auch hier wieder wichtig, die Anschauungsgrundlage zu stärken:

– Wie ist bespielsweise $\frac{3}{4} \cdot \frac{2}{5} = \frac{3}{4}$ von $\frac{2}{5} = \frac{2 \cdot 3}{5 \cdot 4}$ darzustellen?

Man wählt dazu zweckmäßig wieder eine Rechteckdarstellung (bei der grobe Skizzen, evtl. auf Karopapier, als Hilfsmittel, genügen):

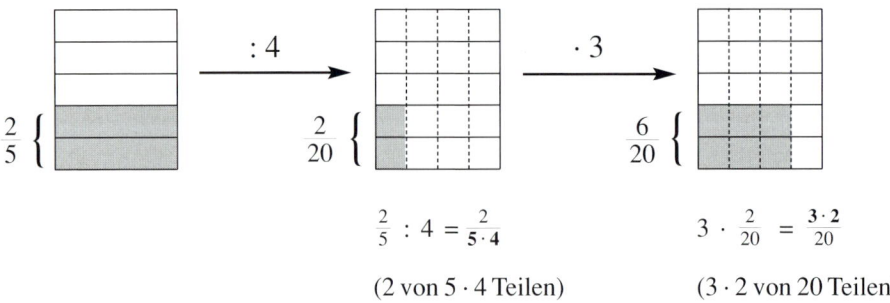

$$\frac{2}{5} : 4 = \frac{2}{5 \cdot 4} \qquad\qquad 3 \cdot \frac{2}{20} = \frac{3 \cdot 2}{20}$$

(2 von 5 · 4 Teilen) (3 · 2 von 20 Teilen)

Hier sieht der Schüler nochmals deutlich, was „$\frac{3}{4}$ von" bedeutet und wie die Regel „Nenner mal Nenner" und „Zähler mal Zähler" zustande kommt!

---

[38] Wie ersichtlich, kommt man hier schon in den Bereich der Dezimalbruchrechnung. Mit gemeinen Brüchen wird man allenfalls bei genaueren Überschlägen rechnen (vgl. dazu auch Kapitel 8).

– Die Schüler sollten ähnlich einfache „Bruch von Bruch-Situationen" an Rechteckskizzen erläutern.

– Sie sollten dabei z.B. auch sehen, warum $\frac{3}{4}$ von $\frac{2}{5}$ = $\frac{2}{5}$ von $\frac{3}{4}$
(d.h. am Beispiel erkennen, daß das Kommutativgesetz der Multiplikation gilt!)

– An Skizzen wie oben sollen die Schüler auch anschaulich bewußt erleben, weshalb bei der Multiplikation mit „echten" Brüchen (kleiner als 1) der Ergebnisbruch kleiner als der Ausgangsbruch sein muß. (Dies ist eine neue Situation gegenüber der Multiplikation natürlicher Zahlen, bei der das Produkt immer größer ist als beide Faktoren und muß deshalb ausdrücklich bewußt gemacht werden; vgl. Abschnitt 3.5.2 b!)
Der Schüler sieht, was hier eigentlich dahintersteht:
„Ein echter Bruchteil irgendeiner Größe muß immer kleiner sein als die Größe!"

d) Integration bzw. Trennung von Regeln und Situationen

Der Schüler soll Zusammenhänge zwischen Regeln erkennen, zugleich aber auch die zu verschiedenen Regeln gehörenden Situationen unterscheiden können (vgl. Abschnitt 3.7.2).
Sie sollen z.B. folgende *Zusammenhänge* erkennen (an Beispielen, nicht in der folgenden abstrakten Schreibweise):

– „$\frac{1}{n} \cdot$" bedeutet soviel wie „$\frac{1}{n}$ von" oder „:n"!

– Die Multiplikationsregeln für $n \cdot \frac{a}{b}$ und $\frac{a}{b} \cdot n$

ordnen sich ein in die allgemeine Multiplikationsregel:

$$n \cdot \frac{a}{b} = \frac{n}{1} \cdot \frac{a}{b} = \frac{n \cdot a}{b} \qquad \frac{a}{b} \cdot n = \frac{a}{b} \cdot \frac{n}{1} = \frac{a \cdot n}{b}$$

– Andererseits sollen sich die Schüler auch weiterhin daran erinnern, welche typischen Situationen hinter Produkten wie $5 \cdot \frac{3}{4}$ und $\frac{3}{4} \cdot 5$ stehen. (Zum Beispiel: Wieviel Liter sind in fünf $\frac{3}{4}$ l–Flaschen enthalten? Oder: Eine 5 l-Korbflasche ist noch zu $\frac{3}{4}$ gefüllt ...).

Die Schüler sollten daran gewöhnt werden, solche Aufgaben nach wie vor inhaltlich interpretierend zu lösen und nicht einfach formal nach der allgemeinen Multiplikationsregel:

$$5 \cdot \frac{3}{4} l = \overbrace{\frac{3}{4} l + \frac{3}{4} l + ... + \frac{3}{4} l}^{5 \text{ Summanden}} = \frac{5 \cdot 3}{4} l = ...$$

$$\frac{3}{4} \cdot 5 l = \frac{3}{4} \text{ von } 5 l = (5 l : 4) \cdot 3 = \frac{5}{4} l \cdot 3 = ...$$

Erfolgen die „Einbettungen" der Regeln mit $5 = \frac{5}{1}$ usw. zu formal, gehen leicht die inhaltlichen Grundvorstellungen verloren.

– Überhaupt sollten die Schüler zu Bruchrechenaufgaben entsprechende Situationen nennen, insbesondere zu Bruchprodukten wie $\frac{2}{3} \cdot \frac{4}{5}$. Andernfalls besteht die Gefahr, daß gerade der für die Schüler neue Definitionszusammenhang zwischen Multiplikation und „von" verlorengeht.

– Es sollte übrigens auch durch deutliche Gegenüberstellung die mathematisch unterschiedliche Bedeutung des „von" herausgearbeitet werden (vgl. Abschnitt 3.5.2 b):

„von" im Sinne von *Subtraktion*	„von" im Sinne von *Multiplikation*	„von" im Sinne von *Division*
3 *von* 5 Gästen sind gegangen.	Etwa $\frac{3}{5}$ *von* 200 Einwohnern sind katholisch.	3 *von* 5 Menschen unter 20 Jahren sind im Sportverein.
Wieviel sind noch da?	Wie viele Einwohner sind das?	Welcher Bruchteil ist das?

6.3.5 Die Division durch Brüche

a) Das Problem der Erklärung; Alternativen?

Die Division durch Brüche hat Mathematiklehrern und -didaktikern immer ganz besondere Kopfschmerzen bereitet. Gerade hier werden besonders viele methodische Wege vorgeschlagen. Dabei kommt bei genauerem Hinsehen für eine anschauliche und anwendungsorientierte Einführung eigentlich nur ein Weg wirklich in Frage. Da formale Wege (z.B. über Gleichungsketten, über die Umkehroperation oder gar über Doppelbrüche; vgl. PADBERG, 1989) nach Vorüberlegungen (vgl. Abschnitt 6.1.5) ohnehin ausscheiden, bleiben grundsätzlich nur zwei Wege, die an vertraute Grundvorstellungen des Dividierens anschließen: das Verteilen und das Enthaltensein (Messen).

Das Verteilen auf Personen, das der Division „Bruch durch natürliche Zahl" zugrunde liegt, scheidet indessen aus, da man ja schlecht etwas z.B. an $2\frac{1}{2}$ Personen verteilen kann. Man könnte aber für die Division Größe durch Bruchzahl an eine erweiterte Vorstellung des Verteilens anschließen, wie sie folgendem „Schluß auf die Einheit" entspricht:

$2\frac{1}{2}$ kg (= $\frac{5}{2}$ kg) ... kosten 6 DM. Wieviel kostet 1 kg?[39]

Entsprechend der Argumentation
„Ein halbes kg kostet den fünften Teil von fünf halben kg; ein ganzes kg kostet doppelt soviel wie ein halbes kg" kostet also 1 kg (6 DM : 5) · 2 entsprechend $\frac{2}{5}$ · 6 DM.

Mit dem Hinweis, daß wir bei ganzzahligen Vielfachen eines Kilogramms den Preis für 1 kg immer mittels Division durch die Anzahl der Kilogramm bekommen haben, ließe sich die „Kehrwertregel" in der Form „: $\frac{5}{2}$" bedeutet soviel wie „· $\frac{2}{5}$" relativ schnell und leicht erklären. Hier wird auch deutlich, daß die zu teilende Größe (ob ganzzahlig oder nicht) grundsätzlich unverändert in die Rechnung eingeht. Auf dieser Verständnisgrundlage wird schon klar, daß nicht etwa – wie es einem häufigen Schülerfehler entspricht – der Kehrwert des Dividenden zu nehmen ist.

Trotzdem ist das „Verteilungsmodell" eher als Ergänzung anzusehen:
Der allgemeine Fall „Bruch durch Bruch" (für gemeine Brüche)[40] läßt sich kaum in überzeugenden Alltagsbeispielen wiederfinden. Dies scheint eher gegeben bei dem „Enthaltenseinsmodell". Es ist (zumindest im Literbereich) häufiger üblich, konkrete (gemeine) Brüche aneinander zu messen:

Zur Einführung der Division von Brüchen werden also Fragen folgender Art diskutiert:
Wie oft ist der Inhalt eines kleinen Gefäßes (Glas, Becher, Tasse, ...) in dem eines größeren Gefäßes (Flasche, Faß, Kanne, ...) enthalten?
Es ist zu hoffen, damit eine einigermaßen tragfähige Vorstellungsgrundlage zu schaffen.

b) Der Weg zur „Kehrwertregel"

Sicherlich sollte man wieder nicht zu schnell auf die „Regel" zusteuern, sondern sich erst mit der Verständnisgrundlage (hier der Enthaltenseinsvorstellung) vertraut machen: das Umsetzen der Enthaltenseinsvorstellung in eine Divisionsaufgabe (und umgekehrt) sowie das Sammeln von „Erfahrungen" (z.B. in der Richtung, daß der Quotient – entgegen bisheriger Gewohnheit – größer werden kann als die Ausgangsgröße). Zur Stützung der Vorstellung veranschaulichen wir mit idealisierten Meßbechern (vgl. die folgenden Beispiele aus dem Schülerheft „Bruchrechnung 2").[41]

Beispiel 1: $1\frac{1}{2} l : \frac{1}{4} l = ?$

Anwendungssituation: Wieviel $\frac{1}{4}$ l-Becher kannst du mit einer $1\frac{1}{2}$ l-Korbflasche füllen?

---

[39] Der Preis wird gewissermaßen auf eine Anzahl von Kilogramm „verteilt".
[40] Grundsätzlich anders verhält es sich hier für Dezimalbrüche; vgl. Abschnitt 6.5.4.
[41] Zur nochmaligen Klärung des Zusammenhangs Enthaltensein – Division wähle man zunächst ganzzahlige Beispiele.

Die folgenden Lösungsschritte könnten, wie angedeutet, an der nebenstehenden Skizze verfolgt und durch eine mathematische Notation begleitet werden:

1. Wie oft geht $\frac{1}{4}$ l in 1 l?

$$1\,l : \frac{1}{4}\,l = 4$$

2. Wie oft geht $\frac{1}{4}$ l in $\frac{1}{2}$ l?

$$\frac{1}{2}\,l : \frac{1}{4}\,l = 2$$

3. Wie oft geht $\frac{1}{4}$ l in $1\frac{1}{2}$ l?

$$1\frac{1}{2}\,l : \frac{1}{4}\,l = 6$$

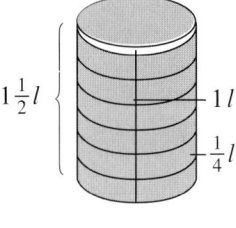

Beispiel 2: $2 : \frac{2}{5} = ?$ (Wir lassen die Liter weg!$^{42)}$)

Anwendungssituation: Wie viele $\frac{2}{5}$-l-Gläser kann man mit einer 2-l-Limonadenflasche füllen?

Entsprechende Überlegungen führen zu:

$$1 : \frac{1}{5} = 5$$

$$2 : \frac{1}{5} = 10$$

$$2 : \frac{2}{5} = 5$$

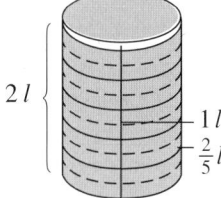

Allgemeine Erkenntnisse:
– Je größer die Flasche („die Ausgangsgröße"), desto größer die Anzahl der Gläser („das Ergebnis").
– Je größer das Glas (der Bruch, durch den geteilt wird), desto kleiner das Ergebnis.

Nach solchen ersten Einführungsbeispielen wird man etwas stärker systematisieren. Zuerst könnte vielleicht die „Teilregel" für die Division durch Stammbrüche bewußt gemacht (nicht zum Auswendiglernen formuliert) werden:

Beispiel 3: Ein Faß enthält 10 l Olivenöl. Wie viele $\frac{1}{2}$ l ($\frac{1}{4}$ l; $\frac{1}{5}$ l) -Flaschen können damit gefüllt werden?

Die Schüler erkennen an solchen Beispielen:
Die Division durch einen Stammbruch läuft auf die Multiplikation mit dem Nenner hinaus!

Anschlußfrage: Wie sähe es bei $\frac{3}{4}$ l -, $\frac{2}{5}$ l - Flaschen aus?
„Dann müßte das Ergebnis (Anzahl der Flaschen!) entsprechend kleiner sein; man müßte durch den Zähler teilen!"
Damit ist die allgemeine Regel bereits vorbereitet. Es sollte aber zunächst an einigen Beispielen inhaltlich anschaulich argumentiert werden – ohne Formulierung und Anwendung einer allgemeinen Regel. Die Sachverhalte sollten möglichst einfach und gut vorstellbar bleiben. Solche Beispiele könnten vielleicht sein (vgl. Schülerherheft „Bruchrechnung 2"):

– Ein Imker hat $3\frac{1}{2}$ l Honig geschleudert. Er füllt den Honig in $\frac{2}{5}$ l -Gläser. Wie viele Gläser kann er damit füllen?

– In einer Apotheke werden $\frac{3}{4}$ l Salbe angerührt. Diese Salbe soll in kleine Dosen mit $\frac{7}{100}$ l umgefüllt werden. Wie viele Dosen werden damit gefüllt?

---

42) Das Weglassen der Liter sollte nicht einfach aus Bequemlichkeitsgründen erfolgen, sondern verallgemeinernd interpretiert werden: $\frac{1}{5}$ ist 5 mal in einem Ganzen enthalten. „$\frac{1}{5}$ ist *doppelt* so oft in *zwei* Ganzen enthalten. $\frac{2}{5}$ ist *halb* so oft in *zwei* Ganzen enthalten."

Auf der Basis einer solchen Vorstellungsgrundlage, die u.U. auch mit nicht ganz realistischen Beispielen erkauft wird, kann man nun vielleicht zur *Ableitung der Divisionsregel* übergehen. Es sei dazu etwa folgendes **Erklärungsmodell** vorgeschlagen:

Beispiel: $2\frac{1}{2}$ l Saft sollen in $\frac{3}{4}$-l-Flaschen umgefüllt werden.

Wie viele $\frac{3}{4}$-l-Flaschen erhält man?

Aufgabe: $\qquad 2\frac{1}{2} : \frac{3}{4} = \frac{5}{2} : \frac{3}{4} = ?$

1. Schritt: $\qquad \frac{5}{2} : \frac{1}{4} = \frac{5}{2} \cdot \mathbf{4} = \frac{5 \cdot \mathbf{4}}{2} \ (= 10)$

($\frac{1}{4}$ l ist viermal so oft in $\frac{5}{2}$ l enthalten wie 1 l)

2. Schritt: $\qquad \frac{5}{2} : \frac{3}{4} = \frac{5 \cdot 4}{2} : \mathbf{3} = \frac{5 \cdot 4}{2 \cdot \mathbf{3}} \ (= 3\frac{1}{3})$

($\frac{3}{4}$ l = 3 $\cdot$ $\frac{1}{4}$ l ist nur ein Drittel so oft in $\frac{5}{2}$ l enthalten wie $\frac{1}{4}$ l)

Antwort: $\qquad$ Man erhält $3\frac{1}{3}$ Flaschen.

Welche Regel verbirgt sich dahinter?

Wir fassen beide Schritte zusammen:

$\frac{5}{2} : \frac{3}{4} = (\frac{5}{2} \cdot \mathbf{4}) : \mathbf{3} = \frac{5 \cdot 4}{2 \cdot 3} = \frac{5}{2} \cdot \frac{4}{3}$

Eine **Division durch** $\frac{3}{4}$ entspricht einer **Multiplikation mit dem „Kehrbruch"** $\frac{4}{3}$!

Anmerkung: Wirkt die vorangehende formalisierte Ableitung der Divisionsregel immer noch etwas verwirrend, versuche man es nochmals mit einer sprachlich anschaulichen Formulierung des Kerns:

1. Werden $2\frac{1}{2}$ l in kleinere Flaschen (etwa $\frac{1}{4}$ l-Flaschen statt 1 l-Flaschen) abgefüllt, bekommt man mehr Flaschen (hier 4 mal soviel).

2. Wird in dreimal so große Flaschen (hier in $\frac{3}{4}$ l-Flaschen statt $\frac{1}{4}$ l-Flaschen) abgefüllt, bekommt man entsprechend weniger Flaschen (hier den dritten Teil).

Insgesamt ergeben sich also $(2\frac{1}{2} \cdot 4) : 3 \qquad \frac{3}{4}$ l-Flaschen.

c) Übungs-, Anwendungs- und Verständnisaufgaben

Das Üben der Regelanwendung kann sich bei solch schrittweiser und auf Verständnis angelegter Regeleinführung vielleicht auf relativ wenige reine Zahlenaufgaben beschränken. Die Schüler können jetzt auch entsprechende Anwendungsaufgaben zeitweise ruhig ohne schrittweise Argumentation wie bisher lösen. Sie sollen ja durchaus auch den Vorteil der bloßen Regelanwendung (ohne stets von neuem zu überlegen) erleben. Auf dem etwas formaleren Niveau dürfte nun eine gelegentliche *Probe durch Multiplikation* am Platze sein, wie sie die Schüler schon von der Grundschule kennen. Für unser obiges Musterbeispiel würde sie etwa lauten:

„Wenn $\frac{3}{4}$ l $3\frac{1}{3}$ mal in $2\frac{1}{2}$ l enthalten sind, dann muß $3\frac{1}{3} \cdot \frac{3}{4}$ $l = 2\frac{1}{2}$ l sein.

Tatsächlich gilt $\frac{10}{3} \cdot \frac{3}{4} = \frac{5}{2}$!

Für *Verständnis und Anwendung* muß freilich auch weiterhin einiges getan werden.
Einige Möglichkeiten:

1. Die Schüler könnten z.B. versuchen, sich (in Partnerarbeit) gegenseitig noch einmal die Divisionsregel zu erklären; an einem einfachen Beispiel analog zum Musterbeispiel.

2. Sie sollten erkennen und ebenfalls an weiteren einfachen Beispielen neu durchdenken, warum auch beim „*Schluß auf die Einheit*" die erforderliche Division nach der „Kehrwertregel" durchgeführt werden kann (vgl. das Eingangsbeispiel zu diesem Abschnitt).

3. Sie sollen bei neuen Schlüssen auf die Einheit auch wieder die Regel direkt anwenden (u.U. wieder mit der zugehörigen Multiplikationsprobe). Beispiele dafür könnten etwa sein:

– Ein Mofa braucht $3\frac{1}{2}$ l für 100 km. Wie weit fährt es mit einem Liter?

– Während eines Orientierungslaufes ist ein Schüler in $2\frac{1}{4}$ Stunden $8\frac{1}{2}$ km gelaufen.

Wie viele km ist er bei gleichmäßigem Tempo in einer Stunde gelaufen?

d) Integration verschiedener Divisionsregeln

1. Zunächst sollte der *Zusammenhang zur Division „Bruch durch natürliche Zahl"* (vgl. Abschnitt 6.3.3) hergestellt werden. Er ergibt sich durch die formale Eingliederung der Regel

$\frac{a}{b} : n = \frac{a}{b \cdot n}$ mittels $n = \frac{n}{1}$ in die allgemeine Kehrwertregel

$\frac{a}{b} : \frac{n}{1} = \frac{a}{b} \cdot \frac{1}{n} = \frac{a}{b \cdot n}$ (an Beispielen!)

2. Entsprechend kann man auch die *Division $m : n$ zweier natürlicher Zahlen* in die allgemeine

Divisionsregel „einbetten" durch $\frac{m}{1} : \frac{n}{1} = \frac{m}{1} \cdot \frac{1}{n} = \frac{m}{n} = m : n$

3. Der eben hergestellte Zusammenhang zu früheren Divisionen sollte noch lange nicht besagen, daß die Schüler bei Anwendungsaufgaben nur noch nach der allgemeinen Regel verfahren. Im Gegenteil: Sie sollten Anwendungssituationen des Verteilungstyps „$\frac{a}{b} : n$" nach wie vor inhaltlich interpretierend lösen, möglichst im Sinne eines *wiederholten Verstehens* [43] von $\frac{a}{b} : n = \frac{a}{b \cdot n}$, also nicht in gedankenloser Anwendung dieser Regel, geschweige denn einer noch allgemeineren (vgl. Beispiele in Abschnitt 6.3.3).

4. Eine gewisse Gegensteuerung zu übertriebener formaler Integration und gedankenloser Regelanwendung könnte auch die „Umkehrfragestellung" bewirken, die Schüler zu nur mit Ziffern vorgegebenen Divisionstermen selbst typische Anwendungssituationen nennen zu lassen. So wird der Zusammenhang zwischen dem reinen Zahlenrechnen und den Anwendungen und der damit gegebenen Vorstellungsgrundlage gefestigt.

6.3.6 Gemischte Anwendungs- und Verständnisaufgaben zur Bruchrechnung

Wie der Leser schon allein an der Anzahl der in diesem Buch für die bisherige Bruchrechnung aufgewendeten Seiten erkennen kann, sammelt sich in der Bruchrechnung vieles an, was verstanden werden muß, was verwechselt werden kann, was weiter gefestigt und integriert werden muß. Hier ist eine „Generalwiederholung" gewiß angebracht. Dazu dienen einige inhaltliche Hinweise im Sinne der allgemeinen Gesichtspunkte im Abschnitt 3.9.2:

a) Zusammenstellen der wichtigsten Begriffe und Verfahren
Zu jedem Begriff und Verfahren werden – unter Vermeidung zu formaler Formulierungen – ein einfaches Beispiel, eine Skizze und ein paar Stichworte gegeben, die für das Verständnis wichtig sind.

Zum Beispiel:

Aus:
„Bruchrechnung 2"

Verfahren mit Stichworten dazu	Beispiele	Veranschaulichungen
Erweitern Der Wert des Bruchs bleibt gleich	$\frac{3}{4} = \frac{3 \cdot 2}{4 \cdot 2} = \frac{6}{8}$	$\frac{3}{4}$ $\qquad$ $\frac{6}{8}$

---

[43] Wie wir in Abschnitt 6.3.3 gesehen haben, ist dazu ja „nur" ein tieferes Bruchverständnis nötig!

Die Verfahren, die unterschiedlichen Situationen entsprechen, sollten auch jetzt noch auseinandergehalten und nicht formal integriert werden. Zum Beispiel:

Verfahren mit Stichworten dazu	Beispiele	Veranschaulichungen
Multiplikation **Natürliche Zahl • Bruch** „Vervielfachen“, „mehrfach hintereinander addieren“	Herr Müller trinkt 3 Gläser Orangensaft zu jeweils $\frac{2}{5}$ l. Wie viel Orangensaft trinkt er insgesamt? $3 \cdot \frac{2}{5} = \frac{2}{5} + \frac{2}{5} + \frac{2}{5} = \frac{3 \cdot 2}{5} = \frac{6}{5}$ Antwort: Herr Müller trinkt insgesamt $1\frac{1}{5}$ l Orangensaft.	

Aus: „Bruchrechnung 2 “

b) Typen von Verständnis- und Anwendungsaufgaben

1. Ein erster wichtiger Aufgabentyp wäre das Zusammenstellen der Verfahren, der Beispiele und Stichworte unter Mithilfe der Schüler selbst (vgl. Abschnitt 3.7.4).

2. Dann wird man die Verfahren gegenüberstellen und vergleichen (verbinden und gegenseitig absetzen!):
   – Erweitern/Multiplikation von natürlicher Zahl mit Bruch/
           Multiplikation von Bruch mit natürlicher Zahl/
           Multiplikation von Bruch mit Bruch
   – Entsprechendes für Kürzen und Division
   – Multiplikation von Bruch mit Bruch/Division von Bruch durch Bruch
           (Umkehrungen)
   – Rechenoperationen für natürliche Zahlen/Rechenoperationen für Bruchzahlen
           (Fortsetzungen, Einbettungen, Gleichungsketten)

3. Aufgaben zur Veranschaulichung von bestimmten Verfahren und Rechenoperationen (Skizzen genügen!). Zum Beispiel für:

   $\frac{2}{3}$ mit 2 erweitern $\frac{2}{3}$ mit $\frac{3}{4}$ vergleichen $\frac{2}{5} + \frac{3}{5}$ $3 \cdot \frac{2}{5}$

   $\frac{3}{4} \cdot 100$ $\frac{4}{5} \cdot \frac{2}{3}$ $1\frac{1}{2} : \frac{1}{4} \ldots$

4. Das Umgekehrte: Skizzen vorgeben; Frage: Was stellen sie dar? (Vgl. Beispiele in Abschnitt 3.9.2 c)

5. *Fehler*, wie die am Anfang des Abschnitts 6.1.2 dokumentierten, unter richtig gerechneten Aufgaben herausfinden sowie *begründen* (und u.U. veranschaulichen) lassen, warum man so nicht rechnen kann. (Nicht mit der Angabe richtiger Regeln zufriedengeben!)

6. Einfache gemischte Anwendungsaufgaben vom Grundtyp formulieren. Rechenoperation dazu nennen (und ausführen) lassen und umgekehrt ...

7. – Beispiele für Aufgaben aller Art angeben lassen, wo das Ergebnis gegenüber dem Ausgangsbruch größer wird (kleiner wird, gleichbleibt).
– Beispiele für Aufgaben, bei denen – das Produkt kleiner wird, – der Quotient größer wird
gegenüber dem Ausgangsbruch (Überwinden der Grundschulmodelle!).

8. *Rechengesetze* für die Addition und Multiplikation an Beispielen überprüfen und (anschaulich)
begründen lassen.(Diese Aufgaben haben keine Priorität!)

9. *Komplexere Anwendungsaufgaben* (z.T. auch mit größeren Zahlen und mehreren Bruchoperationen). Häufig empfiehlt es sich, in einem Anwendungskontext etwas länger zu verweilen (vgl.
Abschnitt 3.3). Ein Beispiel aus dem Bereich „Obsternte":

---

1. Bei der Johannisbeerernte

a) Tina und ihre Schwester Sabine helfen bei
der Ernte. Tina pflückt $2\frac{2}{5}$ kg, Sabine
pflückt $2\frac{1}{4}$ kg Johannisbeeren.
Wer hat mehr geerntet?

b) Insgesamt werden von Tina, Sabine und ihren
Eltern 24 kg Johannisbeeren gepflückt. Zwei
Drittel davon werden an ein Obstgeschäft ver-
kauft.
Wie viel kg Johannisbeeren sind das?

c) Von den verbliebenen 8 kg Johannisbeeren
werden $3\frac{1}{2}$ kg eingefroren, die übrigen
Beeren werden zu Saft verarbeitet.

Wie viel kg Johannisbeeren können zu Saft
verarbeitet werden?

d) Aus 1 kg Johannisbeeren kann man $\frac{2}{3}$ l Saft
auspressen.
Wie viel Liter Saft erhält man aus $4\frac{1}{2}$ kg
Beeren?

e) Der Saft wird mit Zucker aufgekocht und zu
Gelee verarbeitet. Aus dem ausgepressten
Saft hat man $2\frac{1}{2}$ l Gelee erhalten.

Dieses soll in $\frac{1}{4}$ l- Gläser abgefüllt werden.
Wie viele Gläser kann man damit füllen?

Aus: "Bruchrechnung 2"

Sinnvolle Aufgaben für das Rechnen mit gewöhnlichen Brüchen findet man z.B. in folgenden
Bereichen (vgl. Beispiele in dem Schülerheft Bruchrechnung 2):

– *Haushalt* (Ausgabenteile, Aufteilungen in der Familie, Rezepte, ...)
– *Schule* (Anteile in Klassen und Schulen, von entliehenen Büchern, ...)
– *Leben auf der Erde* (Flächen- und Einwohneranteile, Gewichts- und Längenverhältnisse bei
Tieren; ein weiteres Anwendungsfeld für das überschlägige Kürzen!).

c) Übungsaufgaben zur Einübung der Regeln

Bewußt wurden wieder Verständnis- und Anwendungsaufgaben in den Vordergrund gestellt. Es ist
zu erwarten, daß solche Aufgaben letztlich auch bei reinen Zahlenaufgaben, in denen nur nach
Regeln zu rechnen ist, zu besseren Ergebnissen führen:

– Die Schüler lernen natürlich auch bei Verständnis- und Anwendungsaufgaben, nach Regeln zu
rechnen.
– Da die Schüler bewußter, mit mehr Verständnis rechnen lernen, werden sie sich weniger unsin-
nige Fehlerstrategien (vgl. Abschitt 6.1.2) zurechtlegen.
– Wenn die Schüler ein tieferes Bruchverständnis bekommen, brauchen sie letztlich *weniger
Regeln*. Sie werden sich nicht für jeden „selbstverständlichen" Fall eine Extraregel merken müs-

sen (und sie im entscheidenden Moment verwechseln); z.B. für das einfache Vergleichen von Brüchen, für das Addieren gleichnamiger Brüche, für das Vervielfachen bzw. für das Teilen eines Bruchs durch eine natürliche Zahl. [44)]

Darüber hinaus bleibt ein gewisses Maß an „reinen" Übungsaufgaben (in gemischter Form) nötig, um die „Geläufigkeit" zu sichern. Dafür erfordert es nicht allzuviel Phantasie bei der Aufgabenstellung. Wahrscheinlich ist es jedoch zweckmäßig, selbst solche *Übungsphasen* (zumal bei Fehlern) zu *unterbrechen* und zu fragen: Was bedeutet das eigentlich? Warum kann das nicht richtig sein?

Auch sollte man besonders wachsam bleiben bei *unnötigen Einbettungen in die allgemeine Regel* durch das Setzen von $n = \frac{n}{1}$ in einfachen Fällen. Dies dürfte meist ein Signal dafür sein, die Anschauungsgrundlage wieder wachzurufen.

Ein besonderes Augenmerk sollte man auch auf *Aufgaben mit gemischten Zahlen* richten. Sie werden bei den Rechenübungen im Anschluß an die Einführung häufig vernachlässigt. (Sie ergeben sich eher bei Anwendungen; vgl. dazu bereits Abschnitt 6.2.5) Hier sind häufig auch *alternative Rechenwege* zu diskutieren.

Als letztes sei wieder ein *Spiel* (für 2 bis 4 Spieler) angedeutet, das geeignet scheint, das bloße Rechnen etwas interessanter zu gestalten. Es nennt sich „Brüche-Mix":

Das Spiel besteht aus 32 Bruchkarten, z.B. $\boxed{\frac{3}{4}}$ oder $\boxed{\frac{2}{5}}$.

Dazu kommen „Ereigniskarten" mit einem Rechenzeichen. Zu jeweils zwei aufgedeckten Bruchkarten zieht jeder Spieler eine Ereigniskarte. Derjenige Spieler, der das größte (richtige) Ergebnis bekommt, erhält einen Punkt ...

Bei den Ereigniskarten sind auch noch „Jokerkarten", die es den Spielern erlauben, sich die Rechenoperation auszusuchen ...

(Auf die im Schülerheft „Bruchrechnung 2" ursprünglich vorgesehenen Spielvorlagen mußte leider verzichtet werden.)

6.4 Grundlagen der Dezimalbruchrechnung
(Dezimalbruchrechnung 1 der Reihe STÜTZPFEILER)

Vorbemerkungen: Vom Standpunkt der praktischen Bedeutung ist die Dezimalbruchrechnung sicherlich als der zentrale Teil der Bruchrechnung anzusehen. Insofern fällt es auch nicht schwer, die Schüler für die Dezimalbruchrechnung von den Anwendungen her zu motivieren.

Überall begegnen uns schließlich Dezimalbrüche als Preis-, Gewichts-, Temperatur-, Längen-, Flächen- und Volumenangaben. Trotzdem kommt die Dezimalbruchrechnung teils durch unglückliche Konzipierung der Richtlinien (u.a. zu starke Gewichtung der gewöhnlichen Bruchrechnung), teils wohl auch wegen Unterschätzung ihrer Schwierigkeiten durch die Lehrer, im Unterricht zu kurz und wird ähnlich schlecht verstanden und rechenmäßig beherrscht wie die gewöhnliche Bruchrechnung (vgl. Abschnitt 6.1.2).

Es scheint erforderlich, der Dezimalbruchrechnung eine ähnlich breite Verständnisgrundlage zu geben wie der gewöhnlichen Bruchrechnung (vgl. Abschnitt 6.2) und dies auch in den Richtlinien zu berücksichtigen (vgl. Abschnitt 6.7).

Ähnlich wie in der gewöhnlichen Bruchrechnung sollte längere Zeit gar nicht mit den Dezimal-

---

[44)] Dies ist letztlich auch eine Antwort auf den etwaigen Einwand, daß bei der Multiplikation und Division zu viele Fälle unterschieden werden (insbesondere durch das Vorziehen einfacher Fälle) und für die Schüler verwirrend wirken könnte.

brüchen gerechnet, sondern nur anschaulich und verständnisbildend mit ihnen umgegangen werden. Dazu zählen wir u.a. eine genauere Diskussion der *dezimalen Schreibweise* in den Alltagsbeispielen (unter Betonung ihrer Bedeutung als *Maßzahlen*), die Veranschaulichung der Dezimalbrüche (vor allem an *Meßskalen*), das praktisch bedeutungsvolle *Runden und Vergleichen* von konkreten Dezimalbrüchen als „Größenangaben". Schließlich sollte auch die intensive Beschäftigung mit der „Umwandlung" von gewöhnlichen Brüchen in Dezimalbrüche und umgekehrt dazugehören.

Zunächst einmal ist das Erfassen von Dezimalbrüchen als „wirkliche" Brüche (zum Beispiel 0,5 als $\frac{1}{2}$ und 0,25 als $\frac{1}{4}$) ein Schlüssel für die Vorstellungsgrundlage. Darüber hinaus ist aber umgekehrt die *Umwandlung von gewöhnlichen Brüchen in Dezimalbrüche* von großer praktischer Bedeutung. Sie macht Vergleichen, Runden und Rechnen mit gewöhnlichen Brüchen prinzipiell entbehrlich zugunsten des Umgangs mit Dezimalbrüchen.

Das macht es letztlich auch möglich, daß man bei lernschwächeren Schülern auf das Rechnen mit gewöhnlichen Brüchen weitgehend verzichten kann (vgl. dazu Abschnitt 6.4.4 und 6.5.5). Schließlich ist die *Umwandlung von Brüchen in Dezimalbrüche* aber auch theoretisch interessant, d.h. ausbaufähig für bessere Schüler (eine lohnende Gelegenheit zur Differenzierung; vgl. Abschnitt 6.4.3). *Methodisch* wird es im folgenden u.a. besonders darauf ankommen, die Dezimalbrüche gegenüber dem unreflektierten Gebrauch in der Grundschule abzugrenzen (Komma als Trennmarke zwischen größeren und kleineren Einheiten) und die Schüler von voreiligen Verallgemeinerungen von Erfahrungen mit natürlichen Zahlen abzuhalten („Je mehr Stellen eine Zahl hat, desto größer ist sie", „Nullanhängen bedeutet Multiplikation mit 10" usw.; vgl. auch die typischen Fehler in Abschnitt 6.1.2).

6.4.1 Einführung der Dezimalbrüche

a) Das Problem der ersten Einführung

Häufig werden Dezimalbrüche anhand von scheinbar vertrauten Preis- und Gewichtsangaben wie 3,25 DM und 2,257 kg eingeführt. Es scheint indessen, daß dies für eine Ersteinführung gar nicht so günstig ist, weil hier die Deutung des Kommas als bloße „Sortentrennungsmarkierung" von der Grundschule her allzu geläufig und damit eingefahren ist. Dadurch wird das Charakteristische des Dezimalbruchs wie der Bruchcharakter, die fortgesetzte Zehnerteilung und die dezimale Stellenschreibweise leicht überdeckt. Die damit unzulänglich korrigierte Vorstellungsgrundlage der Grundschule wirkt, zusammen mit der Tendenz zur falschen Generalisierung von den natürlichen Zahlen her, in fataler Weise nach in Aufgabenbearbeitungen wie 0,45 < 0,238 oder 3,48 + 4,2 = 7,50. PADBERG (1989) spricht hier von einer sog. „Komma-Trenn-Fehlerstrategie", die offenbar nicht so leicht zu überwinden ist: Die Schüler verhalten sich so, als wenn sie es vor und hinter dem Komma in gleicher Weise mit natürlichen Zahlen zu tun haben. Es ist daher anzunehmen, daß es besser ist, mit nicht zu sehr vertrauten Dezimalbrüchen zu beginnen, die gleichwohl in wichtigen Anwendungssituationen verwendet werden.

Zudem ist es vielleicht auch ratsam, die Dezimalbrüche mit ein, zwei und drei Stellen hinter dem Komma *getrennt* nacheinander einzuführen, denn dadurch wird eine zu starke Häufung der Schwierigkeiten am Anfang (wie mehrere Stellenwerte, Problem der Nullen, zu viele unterschiedliche Größen und Veranschaulichungen, Einprägen wichtiger Dezimalbrüche) vielleicht am besten vermieden.

Trotzdem scheint es zur Vororientierung (vgl. Abschnitt 3.4.2) u.U. zweckmäßig, die *Idee der fortgesetzten Verfeinerung von Meßskalen mit Hilfe von Dezimalbrüchen* in allgemeiner Form vorwegzunehmen. Dazu könnte die Erläuterung an einer Graphik folgender Art (siehe nächste Seite) nützlich sein [45]:

---

[45] Genauere Besprechung erst im Rahmen von Abschnitt 6.4.2 b.

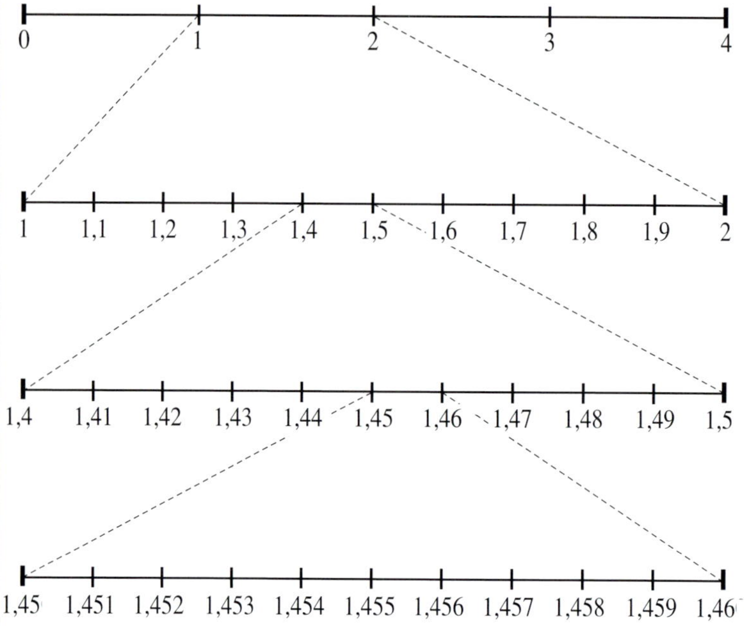
0 1 2 3 4
1 1,1 1,2 1,3 1,4 1,5 1,6 1,7 1,8 1,9 2
1,4 1,41 1,42 1,43 1,44 1,45 1,46 1,47 1,48 1,49 1,5
1,45 1,451 1,452 1,453 1,454 1,455 1,456 1,457 1,458 1,459 1,46

Das Ganze zwischen zwei benachbarten natürlichen Zahlen, z.B. zwischen 1 und 2, wird in 10 Teile, also **Zehntel** eingeteilt.

Ein Zehntelschritt, z.B. zwischen 1,4 und 1,5 wird durch weitere Einteilung in 10 Teile, in **Hundertstel** aufgeteilt.

Ein Hundertstelschritt, z.B. zwischen 1,45 und 1,46 wird durch weitere Einteilung in 10 Teile, in **Tausendstel** aufgeteilt.

(Man könnte so weiter fortfahren)

Wenn du in dieser Weise die Einteilung auf dem Zahlenstrahl verfeinerst, kannst du jeden beliebigen Dezimalbruch darauf eintragen.

Aus: „Dezimalbruchrechnung 1" (ZECH, 1995)

Man betrachtet wiederholt immer kleiner werdende Abschnitte des Zahlenstrahls gewissermaßen mit dem Vergrößerungsglas und kommt so zu einer immer feineren Zehnerteilung. Jede neue Vergrößerung macht eine weitere „Dezimale" sichtbar.
Bei solch einer Vororientierung wird man zugleich betonen, daß es sich bei den Dezimalbrüchen (früher häufig mißverständlich „Dezimalzahlen" genannt) nicht um neue Zahlen, sondern nur um eine neue Schreibweise für Brüche (Zehntel, Hundertstel, Tausendstel, ...) handelt.
Es sei angemerkt: Auch im folgenden werden Skalen mit Zehnereinteilung als natürliches Hauptveranschaulichungsmittel verwendet, zumal das Ablesen von Dezimalbrüchen an Skalen auch im Alltag eine große Bedeutung hat (vgl. Abschnitt 6.4.2).

b) Dezimalbrüche mit einer Dezimalen

Wir beginnen also „konkret" mit *Dezimalbrüchen mit nur einer Stelle hinter dem Komma:*

Beispiele:

ZUM FORSTHAUS 1,5 km
0,2 l
NORD MILCH 0,5 l
0,7 l
38,4 Grad

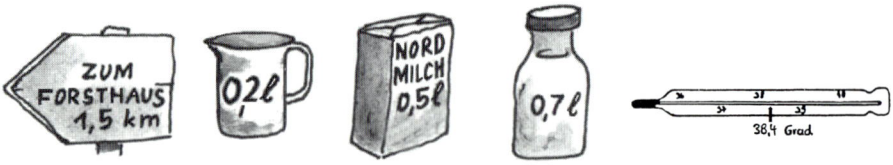

Durch eine genaue Erläuterung in einer stilisierten Vergrößerung der Temperaturskala verstehen die Schüler, daß die erste Stelle nach dem Komma Zehntel bedeutet[46]:

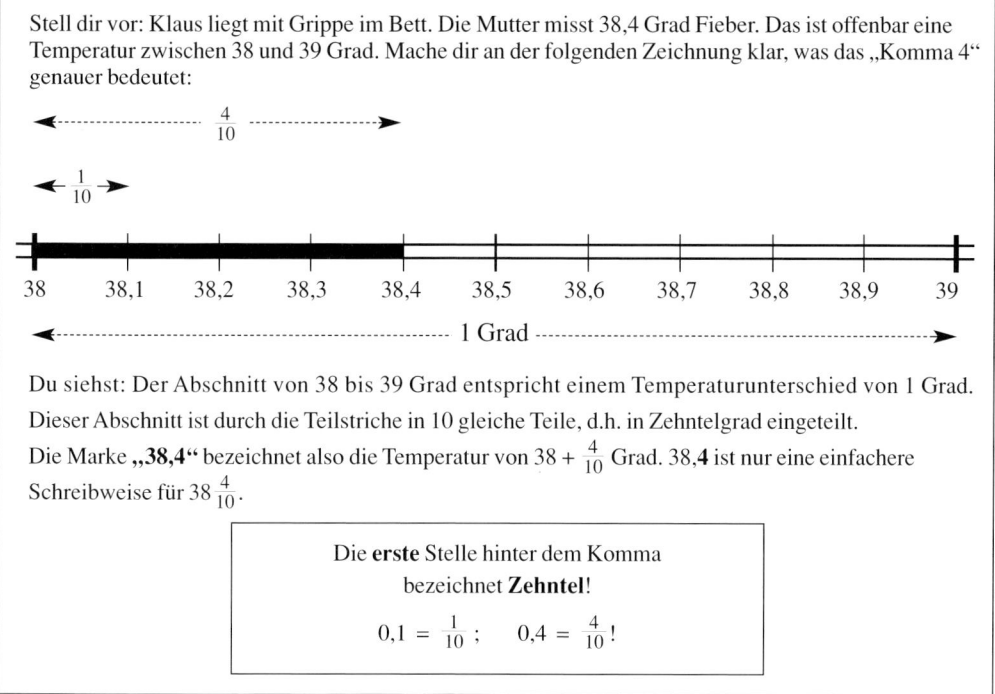

Stell dir vor: Klaus liegt mit Grippe im Bett. Die Mutter misst 38,4 Grad Fieber. Das ist offenbar eine Temperatur zwischen 38 und 39 Grad. Mache dir an der folgenden Zeichnung klar, was das „Komma 4" genauer bedeutet:

Du siehst: Der Abschnitt von 38 bis 39 Grad entspricht einem Temperaturunterschied von 1 Grad.

Dieser Abschnitt ist durch die Teilstriche in 10 gleiche Teile, d.h. in Zehntelgrad eingeteilt.

Die Marke „38,4" bezeichnet also die Temperatur von $38 + \frac{4}{10}$ Grad. 38,4 ist nur eine einfachere Schreibweise für $38\frac{4}{10}$.

> Die **erste** Stelle hinter dem Komma
> bezeichnet **Zehntel**!
>
> $0,1 = \frac{1}{10}$; $0,4 = \frac{4}{10}$!

Aus: „Dezimalbruchrechnung 1"

Dies wird nun auf andere Größeneinheiten übertragen:

Beachte:

0,1 km	0,1 m	0,1 cm
= **100** m	= **10** cm	= **1** mm

Damit wird zugleich versucht, die Sortentrennungsvorstellung von vornherein zu durchkreuzen:
0,1 heißt nicht einfach 1 der kleineren Einheit!

Ein anderes Mißverständnis der Schüler besteht gelegentlich darin, die Dezimale für den Nenner eines Stammbruchs zu halten. Man kann die Schüler also z.B.

durch $0,2 = \frac{1}{2}$ und $0,5 = \frac{1}{5}$ provozieren und sie darüber diskutieren lassen.

c) Dezimalbrüche mit 2 Dezimalen
Bei den Dezimalbrüchen mit 2 Stellen hinter dem Komma wird die Idee der Verfeinerung einer Meßskala erstmals angewandt (s. Abbildung auf der nächsten Seite):

---

[46] Wir geben diese Veranschaulichung hier zur Verdeutlichung zweier allgemeiner Gesichtspunkte (vgl. Abschnitt 3.6.4):
   – Die didaktische Veranschaulichung, an der etwas erklärt werden soll, ist *kein* Abbild der Realität, sondern häufig ein stilisierter (d.h. auf das Wesentliche reduzierter) Ausschnitt.
   – Veranschaulichung und Erläuterung sind möglichst stark zu verknüpfen.

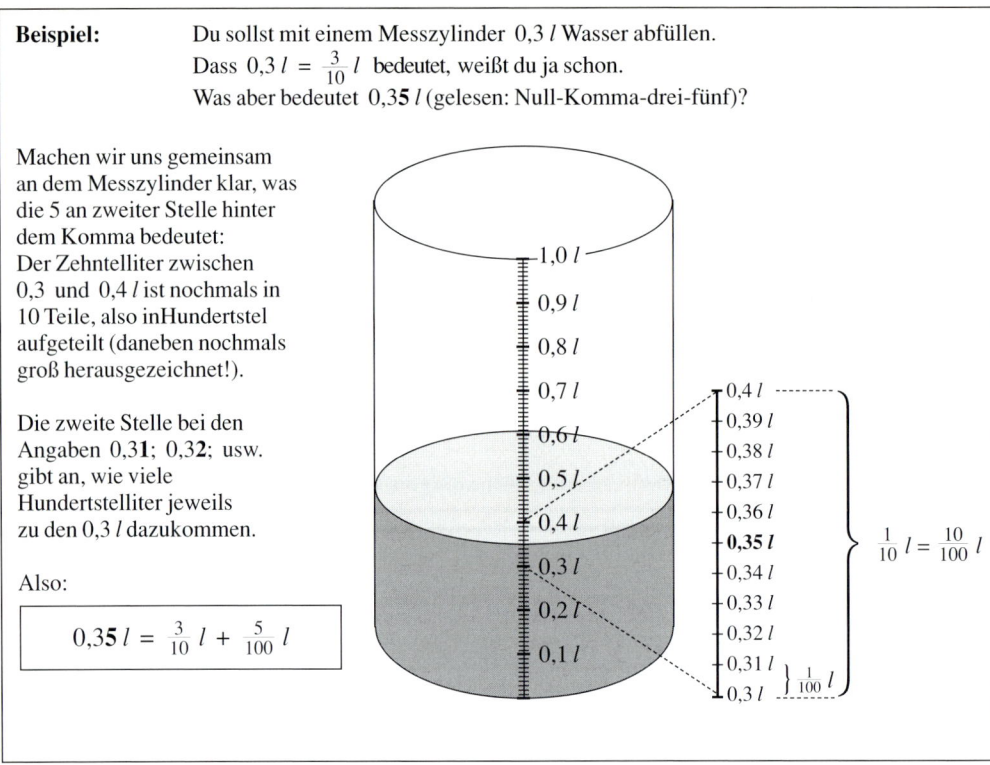

Beispiel: Du sollst mit einem Messzylinder 0,3 *l* Wasser abfüllen.
Dass $0{,}3\,l = \frac{3}{10}\,l$ bedeutet, weißt du ja schon.
Was aber bedeutet 0,35 *l* (gelesen: Null-Komma-drei-fünf)?

Machen wir uns gemeinsam an dem Messzylinder klar, was die 5 an zweiter Stelle hinter dem Komma bedeutet:
Der Zehntelliter zwischen 0,3 und 0,4 *l* ist nochmals in 10 Teile, also inHundertstel aufgeteilt (daneben nochmals groß herausgezeichnet!).

Die zweite Stelle bei den Angaben 0,3**1**; 0,3**2**; usw. gibt an, wie viele Hundertstelliter jeweils zu den 0,3 *l* dazukommen.

Also:

$$0{,}35\,l = \frac{3}{10}\,l + \frac{5}{100}\,l$$

Aus: „Dezimalbruchrechnung 1"

Durch Erweitern wird geklärt, daß die beiden Stellen hinter dem Komma *zusammengenommen* Hundertstel bedeuten (was aufgrund der Bedeutung der einzelnen Stellenwerte von vornherein *nicht* selbstverständlich ist).
Von daher leitet man dann z.B. die wichtigsten Dezimalbrüche mit 2 Dezimalen ab:

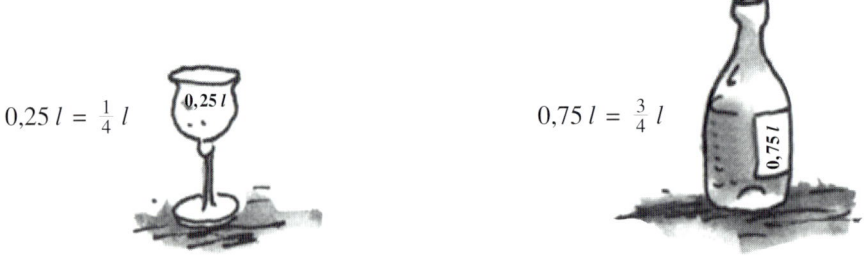

$0{,}25\,l = \frac{1}{4}\,l$ 0,25 *l*
$0{,}75\,l = \frac{3}{4}\,l$ 0,75 *l*

Die Bedeutung und Größenvorstellung für 0,25 *l* und 0,75 *l* prägt sich an prototypischen Alltagsbeispielen wie „Weinglas" und „Saftflasche" vielleicht am besten ein (vgl. auch solche prototypischen Beispiele für die Flächenmaße in Abschnitt 5.3.4).
Mit dem inzwischen entwickelten Verständnis für Dezimalen können jetzt auch die vertrauten Längen- und Preisangaben vermutlich besser analysiert werden, z.B.:

1,56 m =	1 Meter	5 **Dezi**meter *Zehntel*	6 **Zenti**meter *Hundertstel*

Besondere Schwierigkeiten bei den Dezimalbrüchen mit 2 Dezimalen scheinen die Schüler bei Zeitangaben zu haben; einerseits wegen der Sortentrennungsvorstellung und andererseits wegen der Umrechnungszahl 60 (vgl. Abschnitt 6.1.2). Vielleicht sind aber gerade deshalb Beispiele wie 0,25 h = 15 min besonders günstig, um falsche Vorstellungen auszuräumen!

d) Zwischenbemerkung zum Lesen von Dezimalbrüchen

Es sei hier kurz die Frage angesprochen, wie Dezimalbrüche zu lesen bzw. zu sprechen seien. Diese Frage wird in der methodischen Diskussion manchmal überbetont (vgl. PADBERG, 1989): Es wird dringend empfohlen, die *Stellen hinter dem Komma getrennt zu lesen*, um späteren Fehlleistungen wie 0,5 < 0,13 vorzubeugen. Nun ist wohl wahr, daß die Schüler bei Getrenntlesen der Ziffern nicht so leicht zu solchen Fehlleistungen *provoziert* werden. Das Verständnis verbessert sich dadurch allerdings nicht, weil eine solche Lesart ja nur etwas Syntaktisches, Äußerliches ist und nichts mit dem „Sinn" zu tun hat! Für das Verständnis ist vielmehr entscheidend, daß der Schüler *weiß*, was 0,5 *bedeutet* und *was* 0,13 *bedeutet*. Wenn er das wirklich verstanden hat, wird er letztlich weniger Fehler machen, als wenn er die Ziffern nur schön getrennt spricht. Man sollte die Ziffern also getrennt sprechen lassen (das mag dann auch eher an ihre Bedeutung erinnern), sollte sich aber davon allein nicht zu viel versprechen.

Unverzichtbar ist hingegen das *Mitlesen eingeschobener Nullen* wegen 0,5 ≠ 0,05 usw. (vgl. Näheres dazu weiter unten im Abschnitt h).

e) Dezimalbrüche mit 3 Dezimalen

Jetzt kann man die Schüler z.B. konfrontieren mit der Frage:

$$0{,}213 \text{ kg} = \tfrac{2}{10} \text{ kg} + \tfrac{1}{100} \text{ kg} + \tfrac{3}{1000} \text{ kg} ? \dots$$

Sie werden bestätigen, daß dies

$$= \tfrac{200}{1000} \text{ kg} + \tfrac{10}{1000} \text{ kg} + \tfrac{3}{1000} \text{ kg}$$

$$= \tfrac{213}{1000} \text{ kg} = \dots = 213 \text{ g sind.}$$

Hieran erkennen sie zugleich, *daß die drei ersten Stellen nach dem Komma zusammengenommen Tausendstel bedeuten.*

Es sei kurz an weitere *Anwendungssituationen für Dezimalbrüche mit 3 Dezimalen erinnert:*

1. Eine weniger vertraute Anwendungssituation als die Kilogrammangaben sind die *Meterangaben mit 3 Dezimalen*, die u.U. auch jetzt noch (in einer etwas fortgeschrittenen Lernphase) zur Einführung besser geeignet sind als die Kilogrammangaben.
   Solche Maßangaben verwenden beispielsweise Glaser für ihre Scheiben, denen es im wahrsten Sinne des Wortes „auf den Millimeter" ankommt. Die sprachliche Bedeutung von „Millimeter" wäre eine Verständnishilfe für die dritte Dezimale.
   Milli bedeutet bekanntlich soviel wie Tausendstel: 1 mm = 0,001 m.

2. Sehr häufig verwendet man im Alltag *Milliliterangaben* (vgl. Abschnitt 5.3.9). Hier verwendet man allerdings weniger die dezimale Schreibweise mit *l*; es stellt sich eher die Frage, *ml*-Angaben dezimal mit *l* bzw. als (gemeiner) Bruchteil eines Liters zu schreiben, um aufgrund des vertrauteren Bezugs zum Liter eine bessere Vorstellung von der Menge zu bekommen.
   Beispiel: Eine Farbdose ist mit 2 500 *ml* ausgezeichnet.
   Man überlegt: $2500 \, ml = \dots 2{,}5 \, l = 2\tfrac{1}{2} \, l$ (vgl. auch Abschnitt 5.3.10 b).

3. Eine analoge, aber im Alltag sehr viel seltenere Anwendungssituation ist durch *Milligrammangaben* gegeben (z.B. Vitaminangaben).

4. Schließlich sei auf die *Kubikmeterangaben* mit drei Dezimalen hingewiesen: Öl oder Gas wird häufig in m^3 geliefert bzw. abgelesen. Man möchte wissen, wieviel (vertrautere) Liter das sind.

f) Bedeutung der Dezimalbrüche mit 1; 2; 3 Dezimalen

Die Dezimalbrüche mit bis zu 3 Dezimalen sind sicherlich die wichtigsten im Alltag. (Dollarkurse sieht man meist in DM mit 4 Dezimalen angegeben; aber das zählt bereits zu den Ausnahmen!). Es scheint sinnvoll, das diesbezüglich Wichtigste in einer für Schüler einprägsamen Form zusammenzufassen (vgl. Abschnitt 3.7):

Die wichtigsten Dezimalbrüche übersieht man gut an einer Skala von 0 bis 1:

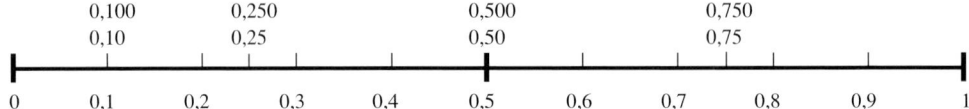

(Die Bedeutung der Endnullen wird systematisch in Abschnitt h) angesprochen!)

Diese Dezimalbrüche begegnen uns als Maßzahlen von Größen überall im Alltag: auf Schildern, Etiketten von Waren, Trinkgläsern usw. Dabei sind auch die Umrechnungsbeziehungen in die nächst kleinere Einheit (und umgekehrt) sowie die Bedeutung und Vorstellung als Bruch wichtig. Die Gleichheiten, die an folgenden Skalen zum Ausdruck kommen, stützen zugleich die Größenvorstellung und die Anschauungsgrundlage für die wichtigsten Brüche:

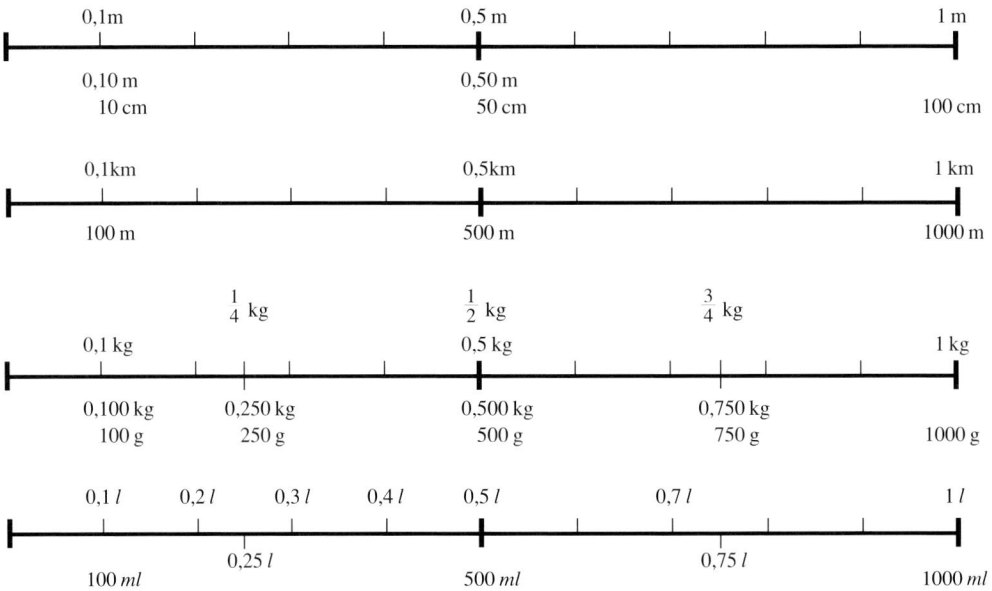

g) Erweiterung des Dezimalsystems

Nach der Einführung konkreter Dezimalbrüche mit ein, zwei, drei Dezimalen ist der Boden bereitet für eine weitere Verallgemeinerung und Abstraktion zu allen dezimal geschriebenen Bruchzahlen durch eine Erweiterung des Dezimalsystems mit Hilfe einer *„Stellenwerttafel"*. Gesetzmäßigkeiten für Dezimalbrüche werden nun aber nicht nur auf einer formalen Zahlenebene eingesehen, sondern können bei Bedarf auch auf der Ebene der konkreten Dezimalbrüche mit ein, zwei, drei Dezimalen verdeutlicht werden.

Die Stellenwerttafel ermöglicht eine Reihe weiterer grundlegender Einsichten, Vertiefungen und Übungen zum Dezimalbruchbegriff, die später auch für das Rechnen wichtig werden:

1. Zunächst macht die Stellenwerttafel die Erweiterung des Dezimalsystems und die *„Einbettung"* der natürlichen Zahlen in die dezimal (mit Komma) geschriebenen Bruchzahlen deutlich:

		:10		:10		:10		:10		:10		:10		:10	
	Tausender T	Hunderter H	Zehner Z	Einer E	Zehntel z	Hundertstel h	Tausendstel t	Zehn-tausendstel zt
natürliche Zahl	1	9	8	8				
gemischte Zahl				4	2	3	7	
echter Dezimalbruch				0	1	5	6	4

Der Doppelstrich steht in der Stellenwerttafel (gut sichtbar) für das Komma.

Hier bieten sich zunächst einige *Übungen zur Schreibweise* an:

– Darstellungen in der Stellenwerttafel in Kommaschreibweise übersetzen und umgekehrt.

– Dezimalbrüche als Summe von ..., Hundertern, Zehnern, Einern, Zehnteln, Hundertsteln, Tausendsteln, ... schreiben und auf den Nenner des kleinsten „Stufenbruchs" zusammenfassen;

z.B. $0,1564 = \frac{1}{10} + \frac{5}{100} + \frac{6}{1000} + \frac{4}{10\,000} = \ldots = \frac{1564}{10\,000}$

(Verallgemeinerung der für 2 und 3 Dezimalen gewonnenen Erkenntnis)

– In Fortsetzung dazu: Dezimalbrüche als gemeine Zehnerbrüche schreiben lassen und umgekehrt.

2. Wichtig erscheinen *Übungen an der Stellenwerttafel, die die fortlaufende „Zehnerbündelung"* *betonen* und damit die schriftlichen Rechenoperationen vorbereiten und speziell als Vorstellungsgrundlage für die Multiplikation und Division mit Zehnerpotenzen dienen. Dazu legt der Schüler etwa ein Zahlenkärtchen in die Stellenwerttafel:

T	H	Z	E	z	h	t	zt
					3		

– Nun wird er das Zahlenkärtchen verschieben – nach links, nach rechts, um eine Stelle, um zwei Stellen. Wie hat sich der Wert des Kärtchens verändert? Warum?
(Gut geeignet für Partnerarbeit: gegenseitige Kontrolle, Diskussion!)

– Die Schüler können „Gedankenexperimente" (analog zu früheren Grundschulübungen) etwa folgender Art mit „Steinchen" in der Stellenwerttafel durchführen:

E	z	h	t
	□	□ □	□ □ □

Wieviel Steinchen müßte man statt eines Steinchens in der Zehntelspalte in die Hundertstelspalte legen bzw. statt eines Steinchens in der Zehntelspalte und zwei Steinchen in der Hundertstelspalte in die Tausendstelspalte ...?
(Ein neuer Zugang für die früher durch Erweitern gewonnene Einsicht,

daß $0,12 = \frac{12}{100}$ und $0,123 = \frac{123}{1000}$)

h) Wirkung und Bedeutung der Nullen

An der Stellenwerttafel läßt sich auch besonders gut die Wirkung bzw. Bedeutung der Nullen in der dezimalen Schreibweise diskutieren, die – wenn nicht gut verstanden – bei lernschwächeren Schülern leicht zu Unsicherheiten und Fehlern führen. Die Diskussion erfolgt zweckmäßig an zwei Stellenwerttafeln nebeneinander (durch Kontrastierung; vgl. Abschnitt 3.5.2):

Tafel 1:	**Es werden *Endnullen angehängt***		
E	**z**	**h**	**t**
0	5		
0	5	0	
0	5	0	0

Endnullen hinter dem Komma können hinzugefügt oder weggelassen werden:

$$0{,}5 = 0{,}50 = 0{,}500$$

Tafel 2:	**Es werden *Nullen eingeschoben***		
E	**z**	**h**	**t**
0	5		
0	0	5	
0	0	0	5

Eingeschobene Nullen dürfen hingegen **nicht** weggelassen werden:

$$0{,}5 \neq 0{,}05 \neq 0{,}005$$

Aus: „Dezimalbruchrechnung 1"

Die Erklärung kann unmittelbar aus der Stellenwerttafel abgelesen werden, aber auch in Parallele zu entsprechenden Beziehungen zwischen entsprechenden Zehnerbrüchen verstanden werden:

$$\boxed{0{,}5} \;=\; \boxed{0{,}50} \;=\; \boxed{0{,}500} \quad \Bigg| \quad 0{,}5 \neq 0{,}05 \neq 0{,}005,$$

$$\frac{5}{10} = \frac{5 \cdot 10}{10 \cdot 10} = \frac{50}{100} = \frac{50 \cdot 10}{100 \cdot 10} = \frac{500}{1000} \quad \Bigg| \quad \text{weil} \quad \frac{5}{10} \neq \frac{5}{100} \neq \frac{5}{1000}$$

Das *Anhängen einer Endnull* kann als *Erweitern mit 10* verstanden werden und **nicht** etwa – wichtig für das Ausräumen falscher Vorstellungen – als Multiplikation mit 10 wie im Bereich der natürlichen Zahlen.

Auch die Rückerinnerung an die konkreten Brüche bietet sich an:

$$\mathbf{0{,}5}\,\text{kg} = \tfrac{1}{2}\,\text{kg} = 500\,\text{g} = \mathbf{0{,}500}\,\text{kg}$$

$$0{,}5\,\text{kg} = 500\,\text{g}; \text{ aber } 0{,}005\,\text{kg} = 5\,\text{g usw.}$$

Entsprechende „Begründungsübungen" an neuen Beispielen vertiefen das Verständnis der Schüler; zum Beispiel durch Fragen, folgender Art:

- Welche Nullen darfst du bei den Dezimalbrüchen
  0,800 ; 1,070 ; 10,003 ; 3,50
  weglassen, welche nicht? Begründe warum.
- Warum ist $0{,}3 \neq 0{,}03$; $0{,}13 \neq 0{,}013$; $0{,}1 \neq 0{,}001$?

6.4.2 Verwendung von Dezimalbrüchen: Messen, Vergleichen, Runden

a) Bedeutung dieses Lernabschnitts

Dieser Lernabschnitt stellt eine Vertiefung der Dezimalbrüche mit einer weiteren Annäherung an die Alltagspraxis dar. Im Mittelpunkt dieses Abschnitts steht das Messen (hier ganz banal als „Ablesen von Skalen" verstanden). „Vergleichen" heißt in diesem Zusammenhang, eine Kleiner-Größer-Beziehung zwischen Meßergebnissen (bei gleicher Maßeinheit) herstellen. „Runden" kann in diesem Rahmen als gröberes Messen bzw. als Anpassung des Meß- oder Rechenergebnisses an die praktischen Bedürfnisse verstanden werden.

b) Ablesen von Dezimalbrüchen an Skalen

Zunächst steht das Ablesen von Dezimalbrüchen an abstrakten Skalen („Stücken des Zahlenstrahls") im Vordergrund, das im vorigen Abschnitt auf konkreter Basis an Skalen mit dezimaler Einteilung bereits vorbereitet wurde. Dies führt auf die Grundidee der fortgesetzt feineren Skaleneinteilung zurück (vgl. Abschnitt 6.4.1 a). Es sollte jetzt das *Ablesen von Dezimalbrüchen („Skalenständen") an dezimalen Skalen mit unterschiedlichen Feineinteilungen* geübt werden:

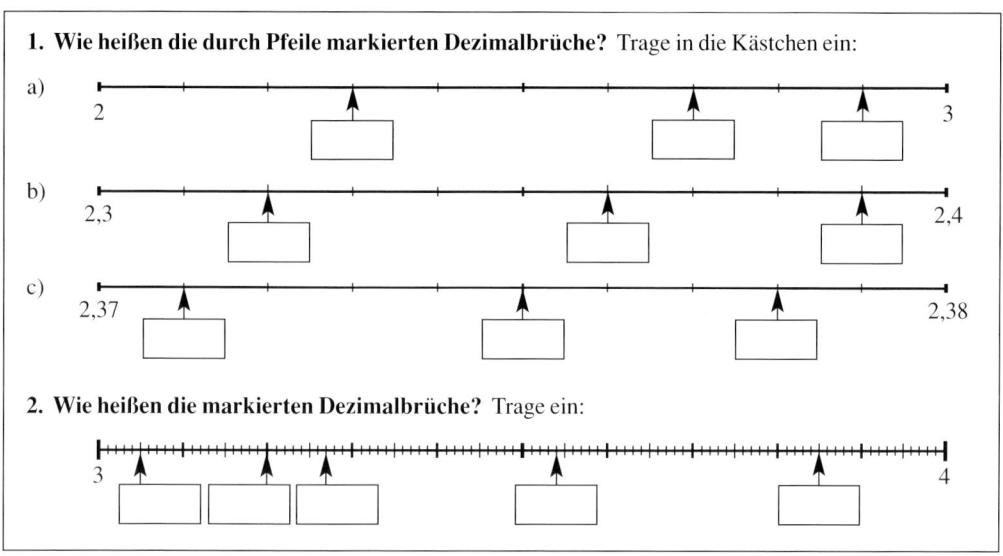

Aus: „Dezimalbruchrechnung 1"

Das Verständnis läßt sich vertiefen durch die Umkehrfragestellung:
– Gegeben ein Dezimalbruch ...: Zwischen welchen natürlichen Zahlen, Dezimalbrüchen mit 1;2;3 Stellen liegt er?
– Mache dazu Skizzen der entsprechenden Skalenabschnitte.

Vom Standpunkt der Alltagsanwendungen ist daneben das *Ablesen von nicht-dezimalen Skalen* (z.B. an Radio und Meßgeräten) wichtig. Es wird in Schulbüchern bisher viel zu wenig berücksichtigt (vgl. auch VOLLRATH, 1980). Ein kleines Beispiel:

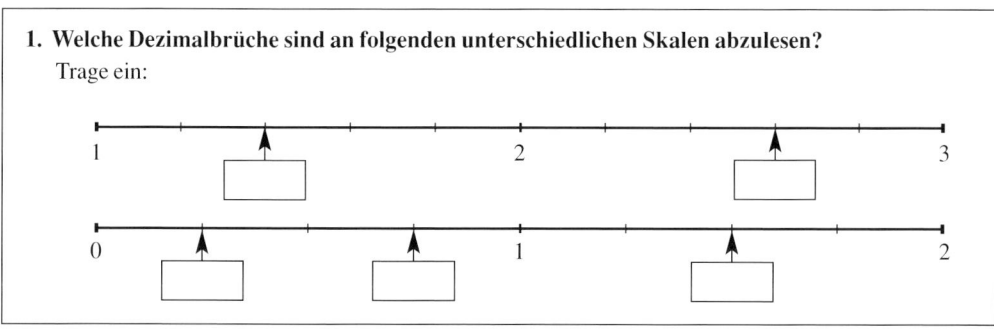

Aus: „Dezimalbruchrechnung 1"

Die *Idee* des Ablesens von Dezimalbrüchen an nicht-dezimalen Skalen besteht darin, daß man sich jeweils eine dezimale Einteilung hinzudenkt. Dies könnte man mit Schülern simulieren, indem man zunächst die gegebene Skala zu einer Skala mit Zehnereinteilung ergänzt. Für Demonstrationszwecke könnte man auch Folien am Tageslichtprojektor verwenden: Die entsprechende Zehnereinteilung wird über die gegebene Skala gelegt. (Übrigens auch wieder eine gute Gelegenheit zum Modellieren durch den Lehrer; vgl. Abschnitt 4.4.)

Eine sinnvolle Vorübung könnte auch das Ablesen an nichtdezimalen Skaleneinteilungen im Bereich ganzzahliger Maßzahlen sein (z.B. das Ablesen von Millilitern an entsprechend skalierten Meßbechern).

c) Der Vergleich von Dezimalbrüchen

Der Übergang zum Vergleich von Dezimalbrüchen ist ganz zwanglos. Der praktische Vergleich erfolgt einfach durch Eintragen in eine Skala:

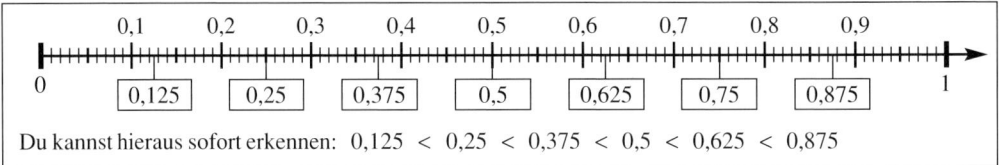

Du kannst hieraus sofort erkennen: 0,125 < 0,25 < 0,375 < 0,5 < 0,625 < 0,875

Aus: „Dezimalbruchrechnung 1"

Dabei ist es wichtig, noch einmal deutlich bewußt zu machen, daß die Anzahl der Dezimalen *nicht* maßgeblich ist für die Größe der Dezimalbrüche (vgl. die „Fehlerstrategie" in Abschnitt 6.1.4.).

Das Getrenntlesen der Ziffern hilft hier zusätzlich, voreilige Schlüsse zu vermeiden (vgl. Abschnitt 6.4.1 d). Es sollte auch an die Skalierung für konkrete Brüche erinnert werden, wo das Auffüllen „restlicher" Stellen durch Nullen die Größenangabe in der nächstkleineren Einheit und damit auch die Größenunterschiede deutlich sichtbar macht.

Dies leitet über zum allgemeinen „theoretischen" Vergleich von Dezimalbrüchen ohne Zuhilfenahme einer Skalierung. Auf der angedeuteten Vorstellungsgrundlage für den Vergleich konkreter Dezimalbrüche wie 0,125 kg und 0,5 kg scheint der Vergleich von Dezimalbrüchen über das „Auffüllen der Endnullen" verständlicher als das häufig propagierte ziffernweise (eher formal vollzogene) Vergleichen im Sinne einer „lexikographischen" Ordnung[47]: Die Schüler werden die Begründung für das „Auffüllen der Nullen" leichter rekonstruieren können. Es sei deshalb folgendes *Erklärungsmodell* vorgeschlagen:

Vergleich von Dezimalbrüchen durch Umwandeln in gleichnamige Zehnerbrüche

a) *Vergleich bei gleich vielen Dezimalen*
(z.B. Vergleich von 0,23 und 0,74)
$$0,23 \ < \ 0,74 \,, \quad \text{weil} \quad \frac{23}{100} < \frac{74}{100}$$

b) *Vergleich bei unterschiedlich vielen Dezimalen*
(z.B. Vergleich von 0,5 mit 0,75 und 0,125)
Diese Dezimalbrüche kannst du durch Anhängen von Endnullen auf eine gleiche Anzahl von Stellen hinter dem Komma bringen, ohne daß sich der Wert verändert:
$$0,125 \ < \ 0,5 \ < \ 0,75 \,, \quad \text{weil} \quad 0,125 \ < \ 0,500 \ < \ 0,750$$
$$\frac{125}{1000} \ < \ \frac{500}{1000} \ < \ \frac{750}{1000}$$

---

[47] Das lexikographische Ordnen hat unabhängig von der Dezimalbruchrechnung bei Lexika, Telefonbüchern, Sachverzeichnissen eine große Bedeutung, sollte aber besser dort geübt werden.

Die Schüler sollten den Vergleich von Dezimalbrüchen an vielen Beispielen nach diesem Modell *mit Begründung* durchführen. Dabei hat der Lehrer darauf zu achten, daß die Begründung beispielsweise für 0,44 < 0,68 nicht einfach durch 44 < 68,

sondern durch 44 *Hundertstel* < 68 *Hundertstel* gegeben wird,

weil er sich sonst leicht in Richtung der schon angesprochenen Fehlerstrategie

0,75 < 0,125, weil 75 < 125 bewegt.

Flankierende Verständnisaufgaben könnten von folgender Art sein:
– Nenne einen Dezimalbruch mit einer Stelle (zwei, drei Stellen) hinter dem Komma, der zwischen (beispielsweise) 0,375 und 0,5 liegt.
– Nenne zu gegebenem Dezimalbruch (z.B. 0,573) „benachbarte" Dezimalbrüche mit einer bzw. zwei Dezimalen. (Damit wird das Runden bereits vorbereitet!)

Vielleicht ist es auch zweckmäßig, Extrembeispiele besonders herauszustellen (vgl. Abschnitt 3.5.2 a), wie etwa durch folgende „Bildaufgabe":

Aus: „Dezimalbruchrechnung 1"

d) Runden von Dezimalbrüchen

Ein verständiges Operieren mit Dezimalbrüchen im Alltag erfordert viel Überschlagsrechnen (vgl. Abschnitt 3.9.3 und 6.5.5). Ein Teilaspekt davon ist das sinnvolle Runden – je nach Bedarf z.B. auf ein, zwei, drei Stellen hinter dem Komma. Man rundet immer dann, wenn eine genauere Angabe nicht sinnvoll erscheint. Danach richtet sich auch die Genauigkeit des Rundens.

Es bietet sich an, an das Runden natürlicher Zahlen auf Tausender, Hunderter, Zehner (z.B. bei Einwohnerzahlen, Geldbeträgen, Angaben von irgendwelchen Längen) anzuschließen, also an das, was der Schüler schon weiß (vgl. Abschnitt 2.4).

Zum Beispiel rundet man eine Einwohnerzahl meist auf Tausender: 24732 ≈ 25000.

Maßgeblich für das Auf- oder Abrunden auf eine bestimmte Stelle ist immer die nachfolgende Stelle: Hier wurden z.B. 7 Hunderter zum nächsten Tausender aufgerundet.

So ist es bei den in das Zehnersystem unserer Zahldarstellung eingefügten Dezimalbrüchen auch. Die *allgemeine Rundungsregel* für Dezimalbrüche läßt sich daher für die Schüler evtl. schon vorweg formulieren:

> Wird auf eine bestimmte Anzahl von Stellen hinter dem Komma gerundet, so entscheidet die nachfolgende Ziffer, wie gerundet wird.
> Ist sie eine 0, 1, 2, 3 oder 4 wird abgerundet; ist sie eine 5, 6, 7, 8 oder 9, wird aufgerundet. (Wird auf „Ganze" gerundet, kommt es auf die Zehntel an ...)

Diese (im Grunde alte) Regel wäre nun mit neuen Beispielen, Sinn und Anschauung zu füllen. (Es sei hier an Abschnitt 3.4.3 d erinnert!) Ein paar Hinweise.

Bei Überschlägen im Alltag (z.B. beim Einkaufen) ist das Runden von Dezimalbrüchen auf natürliche Zahlen besonders häufig (z.B. auf ganze kg oder DM; wenn dabei aus rechnerischen Gründen auch nicht immer die Rundungsregel genau verwendet wird). Damit befindet man sich nämlich wieder im vertrautesten Rechenbereich (vgl. auch Abschnitt 3.9.3).

Möchte man etwas genauere Überschläge, rundet man gelegentlich auch auf eine Stelle hinter dem Komma, d.h. auf Zehntel (oder auf Viertel; vgl. Kapitel 8).

Das Runden auf zwei Stellen nach dem Komma (Hundertstel) ist neben dem Runden auf Ganze oder Zehntel sicherlich das häufigste. Man erinnere sich dabei vor allem an zwei Typen von Anwendungssituationen:

– Beim Rechnen mit Geldbeträgen wird im Ergebnis meist auf Pfennige genau
   (d.h. Hundertstel DM) gerundet.
– Zur Berechnung von Prozentsätzen werden in Dezimalbrüche umgerechnete Anteile
   auf Hundertstel gerundet (vgl. Kapitel 7).

Es seien noch ein paar Bemerkungen zu *Veranschaulichung und Schwierigkeiten* des Rundens hinzugefügt.

Die allgemeine Idee des Rundens läßt sich gut an Skizzen von Skalen verdeutlichen.

Beispiel: Runden von 6,237 auf Hundertstel

Skizze:

6,23   6,237 → 6,24

Alles, was links von der Mitte liegt, wird abgerundet.
Alles, was auf der Mitte oder rechts davon liegt,
wird aufgerundet: $6,237 \approx 6,24$

Eine gewisse Verständnisschwierigkeit besteht darin, daß man beim Runden (im wesentlichen) nur auf die nächste Stelle zu achten braucht. Dies kann man an einer Skizze wie der obigen gut verdeutlichen: Nehmen wir an, der Dezimalbruch hieße 6,2379. Dann würde selbst diese 9 an der nächsten Stelle die Markierung für den Dezimalbruch nicht einmal um einen der markierten Striche nach rechts verschieben. Es kann sich also an der Rundung auf zwei Stellen nichts ändern. Auch der Hinweis auf die Analogie bei den natürlichen Zahlen könnte helfen: Beim Runden auf Tausender können nur die Hunderter, aber nicht mehr Zehner eine wesentliche Rolle spielen ...

Eine eher technische Schwierigkeit der Schüler beim Runden scheint darin zu liegen, sich im Falle von sehr vielen Dezimalen (wie sie sich später beim Rechnen mit dem Taschenrechner leicht ergeben) auf die „entscheidende" Stelle zu konzentrieren. Hier kann man den Schülern empfehlen, die Stellen, auf die es nicht ankommt, durchzustreichen bzw. die Stelle, auf die es beim Rechnen ankommt, zu unterstreichen. Etwa so: $27,153\overline{7}\cancel{82} \approx 27,15$

(Bei späteren Taschenrechnerergebnissen empfiehlt es sich, gegebenenfalls erst gar nicht so viele Stellen hinzuschreiben.)

6.4.3 Die Umwandlung gemeiner Brüche in Dezimalbrüche

a) Einordnung und Motivation

Das Umwandeln von Dezimalbrüchen in gemeine (Zehner-)Brüche gehört zum Grundverständnis der Dezimalbrüche (vgl. Vorbemerkung 6.4.1). Das Umgekehrte ist den Schülern bis dahin nur (z.B. von den elementaren Größenumwandlungen; vgl. 6.4.1 f) für ausgezeichnete Brüche vertraut,

zum Beispiel: $\frac{1}{4} = 0,25$ $\frac{1}{2} = 0,5$ $\frac{3}{4} = 0,75$.

Der Schüler macht von der Umwandlung in dieser Richtung Gebrauch, wenn er z.B. $\frac{3}{4}$ kg einer Ware im Supermarkt kaufen soll: Welche Dezimalbruchangabe muß dann auf dem Etikett stehen? Die Frage der Umwandlung gewöhnlicher Brüche in Dezimalbrüche wird für ihn allgemein aber erst dann unter praktischer Perspektive interessant, wenn er die gewöhnlichen Brüche für das Rechnen (mit dem Taschenrechner) durch Dezimalbrüche ersetzen kann (vgl. Abschnitt c).

b) Die Umwandlung über Zehnerbrüche

Die Umwandlung der Zehnerbrüche selbst in Dezimalbrüche ergibt sich fast unmittelbar aus der Definition der Dezimalbrüche (vgl. Abschnitt 6.4.1).

Zum Beispiel: $\qquad \frac{4}{10} = 0{,}4 \qquad \frac{13}{100} = 0{,}13 \qquad \frac{225}{1000} = 0{,}225$

Insofern ist es für den Schüler die naheliegendste Strategie, gewöhnliche Brüche, die nicht Zehnerbrüche sind, in solche zu verwandeln und die Zehnerbrüche dann in Dezimalbrüche. Vom Erweitern auf den Nenner Hundert (zu Prozenten) ist ihm das Verfahren schon teilweise bekannt:

Er erinnert sich an $\frac{1}{20} = \frac{5}{100}$ und ergänzt jetzt $\frac{5}{100} = 0{,}05 \ldots$

Die Umwandlung erscheint ihm im weiteren aber nur dann einfach, wenn leicht zu erkennen ist, daß der Nenner des umzuwandelnden Bruchs in 10; 100; 1000 enthalten ist.

Beispiel: $\qquad \frac{3}{5} = \frac{3 \cdot 2}{5 \cdot 2} = \frac{6}{10} = 0{,}6$

$\qquad\qquad \frac{7}{25} = \frac{7 \cdot 4}{25 \cdot 4} = \frac{28}{100} = 0{,}28$

$\qquad\qquad \frac{9}{200} = \frac{9 \cdot 5}{200 \cdot 5} = \frac{45}{1000} = 0{,}045$

c) Umwandlung durch Division

Bei dem Versuch, $\frac{5}{8}$ geeignet zu erweitern, gibt der Schüler vielleicht schon auf. So ist ein allgemeines Verfahren, das sicher zum Ziel führt, motiviert. Hier wird i.a. der Lehrer darauf hinweisen müssen, daß bekanntlich

$$\frac{5}{8} = 5 : 8 \quad \text{(vgl. 2. Bruchsituation in Abschnitt 6.2.2)}$$

und eine schriftliche Division von 5 : 8 „automatisch" zu dem gesuchten Dezimalbruch führt. Die schriftliche Division von 5 : 8 ist ganz analog zur schriftlichen von 5000 : 8 durchzuführen: Wurden seinerzeit nacheinander die Tausender und dann die übriggebliebenen Hunderter, Zehner und Einer durch 8 geteilt, so werden jetzt die verbleibenden Zehntel, Hundertstel, Tausendstel, ... geteilt. Der Lehrer führt das am besten erst einmal vor im Sinne einer Modellierung (vgl. Abschnitt.4.4.2 a)[48]. Hier sozusagen die Erinnerung daran im Schülerheft:

```
  5,000            : 8 = 0,6 2 5   Du teilst zuerst die Einer,
 −0
  5 0 Zehntel      : 8              danach die Zehntel,
 −4 8
    20 Hundertstel : 8              danach die Hundertstel,
   −1 6
     40 Tausendstel : 8             danach die Tausendstel.
    − 4 0
      00            Also ist = 5 : 8 = 0,625   (Kontrolle durch Überschlag: $\frac{5}{8} \approx \frac{4}{8} = \frac{1}{2} = 0{,}5$ !)
```

Aus: „Dezimalbruchrechnung 1"

---

[48] Das laute Denken und Kommentieren dazu ist hier sehr wichtig; wir brauchen es aber wohl nicht näher auszuführen!

Damit ist das allgemeine Verfahren für die Umwandlung gemeiner Brüche in Dezimalbrüche *durch (schriftliche) Division* gewonnen. Auf eine größere Fertigkeit der Schüler bei der von früher her fortgesetzten schriftlichen Division sollte man hier jedoch keinen übertriebenen Wert legen. Es genügen einfachere Divisionen für Übungszwecke (wie z.B. zur Umwandlung von $\frac{17}{40}$ oder $\frac{45}{150}$).[49] Allgemein wird man hier später den Taschenrechner benutzen.

Schwächeren Schülern wird man vielleicht von vornherein die *Benutzung des Taschenrechners* anstelle der schriftlichen Division gestatten.

Die Schüler sollten sehen, daß natürlich auch die Verwandlung von Vierteln, Fünfteln, Zwanzigsteln ... in Dezimalbrüche, die sie zuvor durch Erweitern durchführten, auch durch schriftliche Division oder Division mit dem Taschenrechner möglich ist.

Ebenso wird man die Schüler die Umwandlung von Dritteln, Sechsteln, Neunteln, ... versuchen lassen. Bei der schriftlichen Division werden die Schüler bemerken, daß sie hier prinzipiell zu keinem Ende, aber zu einer beliebig guten „Näherung" kommen.

Es wird z.B. (auf drei Stellen gerundet) notiert:

$$\frac{1}{3} \approx 0{,}333 \qquad \frac{1}{6} \approx 0{,}167 \qquad \frac{1}{9} \approx 0{,}111$$

Auch an der Umwandlung von Brüchen wie $\frac{1}{7}$ oder $\frac{4}{13}$ durch schriftliche Division wird man einige gute Rechner sich versuchen lassen, aber generell bei ähnlichen Aufgaben zur Zeitersparnis lieber den Taschenrechner erlauben. Es ist dann immer noch eine gute Gelegenheit, das Runden (z.B. auf zwei Stellen) zu üben, wie man es später z.B. in der Prozentrechnung braucht:

$$\frac{1}{7} = 1 : 7 = 0{,}14\underline{2}8571 \approx 0{,}14$$

$$\frac{4}{13} = 4 : 13 = 0{,}30\underline{7}6923 \approx 0{,}31$$

d) Ein praktisches Beispiel für die Nützlichkeit der Umwandlung

Die Schüler sollen erste Erfahrungen sammeln, daß die Verwendung von Dezimalbrüchen häufig einfacher und bequemer ist als der Umgang mit gemeinen Brüchen.

Beispiel: In einer Klasse von 22 Schülern sind 14 Mädchen, in einer anderen Klasse von 31 Schülern 20 Mädchen. Wo ist der Anteil der Mädchen größer?

Lösungsansatz: Wir müssen $\frac{14}{22}$ und $\frac{20}{31}$ miteinander vergleichen. Das würde nach dem Hauptnennerverfahren für gewöhnliche Brüche schon ziemlich umständlich (weshalb seinerzeit solche Aufgaben gar nicht erst gestellt wurden!). Das wird jedoch durch Umwandlung der Brüche $\frac{14}{22}$ und $\frac{20}{31}$ in Dezimalbrüche durch Division mit dem Taschenrechner sehr einfach. Beim Runden auf drei Stellen hinter dem Komma ergibt sich: $\frac{14}{22} \approx 0{,}636 \ldots \quad \frac{20}{31} \approx 0{,}645 \ldots$

Antwort: In der zweiten Klasse ist der Anteil der Mädchen größer.

Damit ist ein erster kleiner „Höhepunkt" erreicht. Weiter sollte man mit schwächeren Schülern hier sicher nicht gehen.

Nachbemerkung: Der kundige Leser sieht natürlich, daß die Schüler „unversehens" nahe an die Prozentsatzberechnung herangeführt werden. Sie haben bereits alle notwendigen Voraussetzungen, da ja auch das Runden auf zwei Dezimalen und die Prozentschreibweise gezielt vorbereitet sind. Es wird im Rückblick deutlich: Die Bruchrechnung wurde bewußt auf die Prozentrechnung hin angelegt (vgl. Abschnitt 6.1.3 und Kapitel 7).

---

[49] Wenn die Schüler merken, daß es bei $\frac{17}{40}$ wie schon bei $\frac{5}{8}$ auch durch Erweitern gegangen wäre, macht das nichts!

e) Abbrechende und nicht abbrechende Dezimalbrüche

Mit leistungsstärkeren Schülern, die am besten auch schon etwas mehr Teilbarkeitslehre hatten (nicht unbedingt Hauptschule), kann man beim Kapitel „Umwandlung von gemeinen Brüchen in Dezimalbrüche" noch etwas weiter gehen (wohl die Hauptmöglichkeit der Differenzierung im Bereich „Grundlagen der Dezimalbruchrechnung"). Diese besseren Schüler könnten sich mit einer theoretisch reizvollen Fragestellung auseinandersetzen, für die sie durch die Vorerfahrungen mit $\frac{1}{3}$, $\frac{1}{6}$, $\frac{1}{9}$ u.a. „vorgewärmt" sind:

Bei welchen Brüchen bricht das Divisionsverfahren eigentlich ab und bei welchen nicht?
Wann bekommen wir einen genau angebbaren Dezimalbruch (mit einer bestimmten Anzahl von Stellen hinter dem Komma) und wann nicht?
M. a. W.: Wir stellen die Frage nach den „*abbrechenden*" und „*nicht abbrechenden*" Dezimalbrüchen. Es ist ein früher Versuch eines echten mathematischen Argumentierens auf abstrakterer Ebene. Im Schülerheft „Dezimalbruchrechnung 1" wird eine schülergemäße Aufbereitung dieser Frage mit geringem terminologischen Aufwand versucht (vgl. Abschnitt 3.2.3), die den Schülern viele Aktivitäten erlaubt. Sie sei im folgenden kurz skizziert:
Zunächst werden – den bisherigen Erfahrungen entsprechend – zwei Sorten von Dezimalbrüchen gegenübergestellt.

„abbrechende Dezimalbrüche"	„nicht abbrechende Dezimalbrüche"
zum Beispiel $\frac{3}{8}$; $\frac{17}{40}$; $\frac{3}{4}$; $\frac{4}{5}$; $\frac{2}{25}$	zum Beispiel $\frac{2}{3}$; $\frac{1}{7}$; $\frac{1}{9}$
lassen sich zu Brüchen mit einer Zehnerpotenz im Nenner erweitern.	lassen sich *nicht* zu Brüchen mit einer Zehnerpotenz im Nenner erweitern.
Die Nenner (z.B. 8; 4; 5) lassen sich auf 10; 100; 1000 vervielfachen.	Die Nenner (z.B. 3; 7; 9) lassen sich *nicht* auf 10; 100; 1000 vervielfachen.
Der Nenner *muss* ein Teiler einer Zehnerpotenz sein!	Der Nenner darf *kein* Teiler einer Zehnerpotenz sein!

Die Schüler untersuchen dann in Gruppenarbeit (vgl. Abschnitt 4.5.2), welche Nenner für die Umwandlung in abbrechende Dezimalbrüche im einzelnen in Frage kommen. Dabei setzen sie sich mit folgenden Aufgabenstellungen auseinander:

- Gebt die Teiler von 10 100 1000 ... an.
- Gebt neue Beispiele für Brüche, die sich auf die Nenner 10 100 1000 bringen lassen.
- Schreibt die Brüche als Zehntel, Hundertstel, Tausendstel und als Dezimalbrüche.
- Gebt neue Beispiele für Brüche, die sich auf keinen der bisherigen Nenner, aber auf den Nenner 10000 bringen lassen und schreibt sie als Dezimalbrüche ...

Danach wird das Augenmerk auf Nenner gerichtet, die bisher noch nicht dabei waren, z.B. 175. Die Frage spitzt sich folgendermaßen zu:

- *Kann $\frac{8}{175}$ als abbrechender Dezimalbruch geschrieben werden?*
- Warum kann der Taschenrechner uns nicht helfen?
- Können wir die evtl. äußerst mühsame Prüfung durch schriftliche Division vermeiden?

Wir müssen untersuchen, ob 175 in einer der Zehnerpotenzen 10000, 100000 usw. enthalten sein kann. Dazu zerlegen wir 175 „so weit wie möglich", d.h. in Primfaktoren. Sodann vergleichen wir die Primfaktorzerlegung mit der von anderen möglichen Nennern und Zehnerpotenzen:

Zerlegung möglicher Nenner	Zerlegung von Zehnerpotenzen
$175 = 5 \cdot 35 = 5 \cdot 5 \cdot 7$ $125 = 5 \cdot 25 = 5 \cdot 5 \cdot 5$ $110 = 10 \cdot 11 = 2 \cdot 5 \cdot 11$ $\vdots$	$100 \ = 10 \cdot 10 = 2 \cdot 5 \cdot 2 \cdot 5$ $\ = 2 \cdot 2 \cdot 5 \cdot 5$ $1000 \ = 10 \cdot 10 \cdot 10$ $\ = \ 2 \cdot 5 \cdot 2 \cdot 5 \cdot 2 \cdot 5$ $\ = \ 2 \cdot 2 \cdot 2 \cdot 5 \cdot 5 \cdot 5$ $\vdots$

„Wer merkt etwas?"

Der Nenner 175 kann in keiner Zehnerpotenz enthalten sein, weil der Faktor 7 in keiner der Zehnerpotenzen enthalten sein kann („Da gibt es nur 2er und 5er !")[50] …
Also kann $\frac{8}{175}$ nicht als abbrechender Dezimalbruch geschrieben werden! Bei dem Nenner 125 ist es offenbar leicht möglich, beim Nenner 110 wieder nicht usw.
Die Schüler vertiefen die Erkenntnis durch Primfaktorzerlegungen weiterer Zehnerpotenzen und verallgemeinern …
Sie untersuchen andere Nenner, untersuchen Brüche wie $\frac{3}{75}$; $\frac{13}{400}$; $\frac{1}{120}$ mit Hilfe der Primfaktorzerlegung und schreiben sie als abbrechenden Dezimalbruch, „wenn es geht" …
In ähnlicher Weise läßt sich halb entwickelnd, halb entdeckend eine andere Frage sehr gut diskutieren, die sich den Schülern bei „Verwandlungsversuchen" durch schriftliche Division ebenfalls von selbst stellt: „Warum wiederholen sich bei den nicht abbrechenden Dezimalbrüchen bestimmte Ziffern immer wieder?" (Angesichts dieser „Kernfrage" sind Termini wie „Periode", „reinperiodisch", „gemischtperiodisch" und auch weitere Untersuchungen dazu vielleicht weniger wichtig!)[51]
Damit haben auch die besseren Schüler noch „Höhepunkte", die das Kapitel „Grundlagen der Dezimalrechnung" sinnvoll abrunden. Die schwächeren Schüler sind derweil vielleicht längst bei der Wiederholung (vgl. nächsten Abschnitt).

6.4.4 Gemischte Anwendungs- und Verständnisaufgaben

Bevor man mit den Rechenoperationen für Dezimalbrüche beginnt, scheint es zweckmäßig, nach Einführung, Messen, Vergleichen, Runden, Umwandeln von Dezimalbrüchen erst wieder eine Konsolidierungsphase einzuschalten. Hier wiederum einige Hinweise, die besonders auf Anwendung und Verständnis zielen:

1. Zunächst sollte man vielleicht noch einmal die wichtigsten Dezimalbrüche mit 1 bis 3 Dezimalen und ihre Bedeutung als gemeine Brüche wiederholen (nicht nur „auswendig" sagen lassen!), z.B. Hundertstel: $\quad 0{,}05 = \frac{5}{100} = \frac{1}{20}$; $\quad 0{,}025 = \frac{25}{100} = \frac{1}{4}$ …

2. Welche Wirkung haben Nullen (Endnullen, eingeschobene Nullen)?
Erläutere an Beispielen wie 0,2; 0,20; 0,02; …

---

[50] Natürlich wird hier die Eindeutigkeit der Primfaktorzerlegung als „selbstverständlich" vorausgesetzt!
[51] Zur unterrichtlichen Aufarbeitung der genannten Frage vgl. im einzelnen das Schülerheft „Dezimalbruchrechnung 1" (ZECH 1995).

3. Wie kann man Dezimalbrüche wie 0,2; 0,05; 0,25; 0,125 veranschaulichen?

Neben der Skalendarstellung sollte man auch an frühere Veranschaulichungsmöglichkeiten für Brüche erinnern, die inzwischen vielleicht etwas in den Hintergrund gedrängt wurden (z.B. Kreis, Rechteck, Hundersteltafel). Damit wird noch einmal betont: Dezimalbrüche sind nichts anderes als in besonderer Weise geschriebene Brüche. (Eine gute Gelegenheit, auch die verschiedenartigsten Schreibweisen zu wiederholen!)

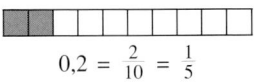

$$0,2 = \frac{2}{10} = \frac{1}{5}$$

$$= 2 \text{ von } 10 \text{ Kästchen}$$

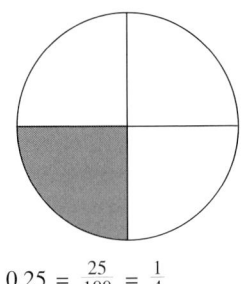

$$0,25 = \frac{25}{100} = \frac{1}{4}$$

$$0,05 = 5 \text{ Hundertstel} = 5\%$$

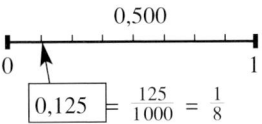

$$0,125 = \frac{125}{1000} = \frac{1}{8}$$

4. Rechne in die nächstkleinere Einheit um:

0,5 cm; 0,5 m; 0,5 *l*; 0,5 h   Was zeigt dir das?

Hier sollten sich noch einmal eine ganze Reihe Umrechnungsaufgaben anschließen, beginnend mit einer „Rekonstruktion" der Skalen in Abschnitt 6.4.1 f. Sodann sollte man auch Dezimalbrüche über 1 nicht vergessen (z.B. 2,75 kg = ...) und auch Größen, die früher vielleicht weniger angesprochen wurden (z.B. 0,5 m^2 = ... ; 10 min 30 s = ...).
Falsche Ergebnisse diskutieren, richtige begründen lassen!

5. Skalenablesungen, auch an nicht-dezimalen Skalen, durchführen und *begründen* lassen. Zum Beispiel:

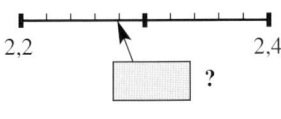

(Wie weit ist es von einem Teilstrich zum nächsten?)

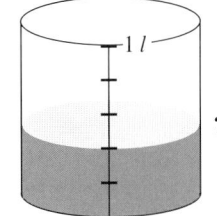

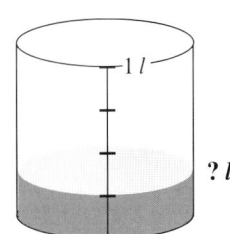

6. Vergleiche und Rundungen von Dezimalbrüchen durchführen und *begründen* lassen:
   – Beim Vergleich besonders auch unterschiedlich viele Dezimalen nehmen (z.B. 0,3 < 0,175?)
   – Beim Runden mehr Dezimalen anbieten, als gebraucht werden
     (Taschenrechnersituation: 0,1560341 auf Hundertstel runden!).

7. Von besseren Schülern könnte man auch Umwandlungsfragen begründen lassen:

– Die Umwandlung eines gemeinen Bruchs (z.B. $\frac{7}{40}$) in einen Dezimalbruch.

– Warum z.B. der Bruch $\frac{7}{12}$ nicht als abbrechender Dezimalbruch zu schreiben ist.

– Wie es passieren kann, daß sich bei einem nicht abbrechenden Dezimalbruch immer wieder die gleiche Ziffer bzw. Ziffernfolge wiederholt.

8. Eine „Integrationsfrage": Welche Möglichkeiten gibt es, die Brüche $\frac{7}{12}$ und $\frac{8}{18}$ zu vergleichen? Welches ist die einfachste?

9. Fehlersuche und damit verbundene Verständnisfragen:

–Warum ist hier *nicht* 2,1 dargestellt?

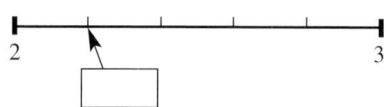

– Warum ist $0,5\text{ m} \neq 5\text{ cm}$?

– Warum ist $0,25\text{ h} \neq 25\text{ min}$; $0,25\ l \neq 0,25\ ml$?

– Warum kann $0,125\text{ m}$ *nicht* 125 cm sein?

– Gegeben $0,4$; $0,135$; $0,32$
Warum ist 0,4 der größte und nicht der kleinste dieser Dezimalbrüche?

– ...

– Warum ist das Komma falsch gesetzt?

$$\frac{2}{9} = 2,000\ldots : 9 = 0,022\ldots$$
$$\underline{18}$$
$$20$$
$$\underline{-18}$$
$$20$$

10. Übungsspiel

Wer nach einem sinnvollen Übungsspiel im Bereich „Grundlagen der Dezimalbruchrechnung" fragt, sei etwa auf ein „Brüchememory" zum Identifizieren und Einprägen von wichtigen Zuordnungen einfacher gemeiner Brüche und Dezimalbrüche hingewiesen. Das Spiel wird wie das bekannte Gesellschaftsspiel mit „Bruchkarten" gespielt:
Die Pärchen, die man hier ablegen kann, sind Karten wie

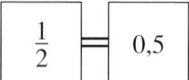 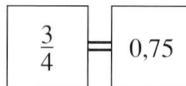

(Genaue Vorlage für die Karten und Spielregeln im Schülerheft „Dezimalbruchrechnung 1")

6.5 Rechnen mit Dezimalbrüchen
(Dezimalbruchrechnung 2 der Reihe STÜTZPFEILER)

6.5.1 Vorüberlegungen zur methodischen Konzeption

Im Mittelpunkt dieses Abschnitts stehen die schriftlichen Rechenverfahren für Addition, Subtraktion, Multiplikation und Division von Dezimalbrüchen. Ihre praktische Bedeutung wird herausgestellt, – ohne den Blick davor zu verschließen, daß im Alltag heutzutage, soweit es um genaues Rechnen geht, meist mit *elektronischen Rechnern*, insbesondere Taschenrechnern, gerechnet wird. (Das gleiche gilt übrigens bereits für das Rechnen mit natürlichen Zahlen.) Um so mehr kommt es also darauf an, die mit der Dezimalbruchrechnung verbundene Zielsetzung etwas genauer zu reflektieren. Es wird nicht mehr so sehr auf sichere und schnelle Rechenfertigkeit ankommen[52]; desto mehr aber auf ein *Verständnis der Rechenoperationen und Algorithmen.* Nach wie vor sollte es ein Ziel allgemeinbildenden Unterrichts sein, das Zustandekommen einer im Alltag häufig vorkommenden Rechnung verständlich zu machen. Dabei kommt es nicht darauf an, genauer zu verstehen, wie ein elektronischer Rechner arbeitet (das können wir bei vielen anderen Geräten des Alltags auch nicht mehr), sondern zu verstehen, wie er gearbeitet haben könnte. Im Grunde geht es nur mehr darum, mathematische Algorithmen (d.h. Verfahren, die nach genau definierten Regeln ablaufen und daher prinzipiell von Maschinen übernommen werden können) zu verstehen. Die schriftlichen Rechenverfahren für Dezimalbrüche (in Fortsetzung entsprechender Verfahren für natürliche Zahlen) sind dafür beste Beispiele.

Im Unterricht kommt es dementsprechend darauf an, Gesichtspunkte schneller formaler Bewältigung (wie z.B. die mechanische Anwendung von sog. Kommasetzungsregeln) zurückzudrängen zugunsten einsichtigen Handelns und Begründens (z.B. *warum* eine bestimmte Kommasetzungsregel gilt). Die Einübung des schriftlichen Rechnens sollte weniger betont, dafür beispielsweise das mündliche verständnisorientierte Rechnen, das überschlägige Rechnen und das sinnvolle Runden stärker in den Vordergrund gestellt werden. Daß das überschlägige Rechnen mit Dezimalbrüchen einen ganz eigenständigen Wert im Alltag hat und zudem einen hohen heuristischen Wert, wurde bereits im Abschnitt 3.9.3 deutlich herausgestellt. Auf Gesichtspunkte zweckmäßigen Überschlagens wird im Abschnitt 6.5.6 etwas genauer eingegangen.

Hinsichtlich des mündlichen Rechnens ist vor allem auch sein didaktischer Wert für die *Überprüfung des Verständnisses* beim Operieren mit Dezimalbrüchen herauszustellen: Die Antwort auf mehrere Fragen wie „Was ergibt 5,6 · 0,1?" und deren Begründung sagt u.U. mehr aus zum Verständnis als eine langwierige schriftliche Rechnung.

Zum *mathematischen Hintergrund der methodischen Konzeption* sei an Abschnitt 6.1.5 erinnert.

6.5.2 Addition und Subtraktion von Dezimalbrüchen

a) Schwierigkeiten und Hilfen

Die *schriftliche Addition* von Dezimalbrüchen wird im Alltag wohl am häufigsten beim Überprüfen irgendwelcher Rechnungen angewendet. Die Schüler haben damit meist keine besonderen Schwierigkeiten, solange die Summanden gleich viele Dezimalen haben und „stellengerecht" *sauber untereinander* geschrieben werden. Zum besseren Verständnis ist den Schülern jetzt nur bewußt zu machen (und das geschieht am besten anhand einer Stellenwerttafel), daß jetzt z.B. Hundertstel bzw. Zehntel genauso addiert und (durch „Übertrag") gebündelt werden wie vorher z.B. Zehner bzw. Hunderter ... (Man lasse die Schüler zunächst etwa sprechen:

$$6 \text{ Hundertstel} + 8 \text{ Hundertstel} = 14 \text{ Hundertstel}$$
$$= 4 \text{ Hundertstel} + 1 \text{ Zehntel usw.)}$$

Wenn die Summanden *verschieden* viele Dezimalen haben oder die Summanden *nicht gut untereinander* geschrieben sind (man denke an manche handgeschriebene Kellnerrechnung!), haben die Schüler schon eher Schwierigkeiten. Nun kommen diese Fälle zwar seltener vor, sind für ein klares Verständnis aber um so wichtiger, weil hier die Bedeutung der Stellenwerte besonders relevant

---

[52] Auf rechentechnische Schwierigkeiten bei den schriftlichen Rechenoperationen für Dezimalbrüche, die weitgehend denen bei natürlichen Zahlen entsprechen, gehen wir deshalb hier nicht ein: vgl. etwa PADBERG, 1986.

wird. Um diese Bedeutung deutlich bewußt zu machen, kann man die Schüler mit falschen Rechnungen provozieren: [53]

$$
\begin{array}{rl}
 & 4,25\,\text{kg} \quad \text{Äpfel} \\
+ & 12,5\,\text{kg} \quad \text{Kartoffeln} \\
+ & 0,914\,\text{kg} \quad \text{gelbe Rüben} \\
\hline
 & 6,144\,\text{kg} \quad \text{insgesamt}
\end{array}
$$

Eine schlecht geschriebene Gasthausrechnung könnte den gleichen Effekt hervorrufen (zumal, wenn der Ober sich zu seinen Gunsten „verrechnet" hat).[54] Hier sei an die wichtige Funktion von Gegenbeispielen erinnert (vgl. Abschnitt 3.5.2 b).

Eine gewisse technische Hilfe zum stellengerechten Untereinanderschreiben (und u.U. auch zum Wachhalten der Einsicht) ist das Ergänzen von Endnullen, um ggf. überall gleich viele Stellen hinter dem Komma zu haben. Dies ist zudem auch hilfreich bei der schriftlichen Subtraktion.

Beispiel: Eine Kiste mit Apfelsinen wiegt 7,5 kg (mit Kiste). Die Kiste allein wiegt 0,234 kg. Wieviel wiegen die Apfelsinen ohne Kiste?

Rechnung:
$$
\begin{array}{r}
7,500 \\
- \; 0,234 \\
\hline
7,266
\end{array}
$$
   Überschlag: *7,5 kg – 0,2 kg = 7,3 kg*

(Der Überschlag zum Überprüfen von Ergebnissen läßt sich bei solchen etwas „ungewöhnlichen" Aufgaben übrigens auch ganz gut motivieren!)

Die schriftliche Subtraktion bereitet den Schülern (schon wenn die Summanden nur natürliche Zahlen sind) häufig größere Verständnisschwierigkeiten. Hier scheint es deshalb sinnvoll, noch etwas weiter auf die Verständnisgrundlagen zurückzugehen: Dazu eignet sich zunächst vielleicht ein einfaches Beispiel mit natürlichen Zahlen, das man dann — bei gleichen Ziffern — zu einem Beispiel mit Dezimalbrüchen modifiziert; denn dadurch werden die Gemeinsamkeiten besonders betont. Die beiden Aufgaben mögen heißen:

$$
\begin{array}{r}
273 \\
- 138 \\
\hline
\end{array}
\qquad \text{bzw.} \qquad
\begin{array}{r}
2,73 \\
- 1,38 \\
\hline
\end{array}
$$

Dabei muß der Schüler vor allem verstehen, daß sich eine Differenz nicht verändert, wenn man beide Glieder der Differenz um den gleichen Betrag vergrößert.

Den Sachverhalt kann man gut bildlich verdeutlichen:

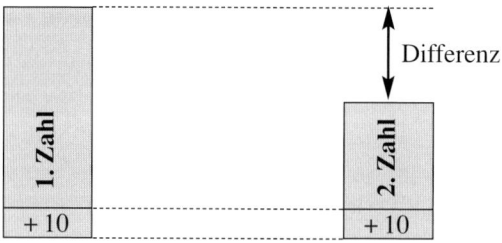

Die Differenz beider Zahlen bleibt gleich, wenn man beide Zahlen um 10 (um 1 Zehntel oder einen anderen Betrag) erhöht.

---

[53] Wenn die Schüler selbst so etwas produzieren, um so besser; immerhin sind sie das „rechtsbündige" Untereinanderschreiben von den natürlichen Zahlen her gewohnt.

[54] Damit wäre ein zumindest ganzzahliger Überschlag bei solchen Rechnungen auch gleich motiviert.

Dazu kann man auch folgendermaßen argumentieren:[55]
„Wenn du 273 DM (2,73 DM) hast und 138 DM (1,38 DM) ausgibst, hast du im Ergebnis genau so viel, als wenn du 10 DM (10 Pf) mehr hast und 10 DM (10 Pf) mehr ausgibst.
Daher ist 273 - 138 = 283 - 148 (bzw. 2,73 - 1,38 = 2,83 - 1,48)."
Nun dürfte die schriftliche Subtraktion anhand der Stellentafel leicht zu erklären sein:

	H	Z	E
	2	7	3 (+10)
−	1	3 (+1)	8
	1	3	5

	E	z	h
	2 ,	7	3 (+10)
−	1 ,	3 (+1)	8
	1 ,	3	5

Insgesamt sollte man hinsichtlich des schriftlichen Rechnens einerseits die *Gemeinsamkeiten* zum Rechnen mit natürlichen Zahlen und andererseits die zwischen Addition und Subtraktion besonders hervorheben (vgl. Abschnitt 3.7.3 c), die sich allesamt aus der „Oberhoheit" des Stellenwertsystems ergeben:
- Dezimalbrüche stellengerecht („Komma unter Komma") untereinanderschreiben;
- Endnullen (hinter dem Komma) ergänzen, soweit zweckmäßig;
- stellenweises Rechnen wie bei den natürlichen Zahlen (Komma im Endergebnis nicht vergessen!).

b) Gemischte Anwendungs- und Verständnisaufgaben
Die Anwendungsaufgaben für die Addition und Subtraktion von Dezimalbrüchen ergeben sich recht zwanglos aus Alltag und Sport, z.B. bei
- Einkaufssituationen (z.B. Rechnungsbeträge, Wechselgeld)
- Haushalt und Bank (Einnahmen, Ausgaben)
- Leistungsvergleich (z.B. Gesamtzeiten, Zeitunterschiede)
- Belastungsproblemen (z.B. Gesamtbelastungen, Überschreitung von zulässigen Belastungen)

Natürlich sollte nicht nur schriftlich gerechnet werden, sondern auch mündlich (vgl. Abschnitt 6.5.1) – bei einfacheren Aufgaben, bei Überschlägen.
Zum Wachhalten des Dezimalbruchverständnisses dienen Aufgaben wie $0,38 + 0,2$ oder $0,55 - 0,5$ und die Begründung richtiger oder falscher Ergebnisse. Hinsichtlich der Verständnisüberprüfung beim schriftlichen Rechnen sind vor allem Aufgaben mit unterschiedlich vielen Stellen bzw. Dezimalen geeignet (siehe oben), die Erläuterung einer schriftlichen Rechnung oder die Begründung von Fehlern.
Ein Aufgabentyp, der sich bei anderen Rechenoperationen wiederholen sollte, betrifft die *Brücke zwischen gewöhnlicher Bruchrechnung und Dezimalbruchrechnung* (siehe dazu auch bereits Abschnitt 6.2.4): die Wiederholung von Aufgaben, die früher bereits zum Rechnen mit gewöhnlichen Brüchen gestellt wurden, in die Dezimalbruchrechnung zu übersetzen. Für die Addition/Subtraktion könnte man z.B. an die Proviantaufgabe aus Abschnitt 6.3.1 denken.
Diejenigen, die gewöhnliche Bruchrechnung hatten, können nun die unterschiedlichen Rechnungsweisen vergleichen, und diejenigen, die gewöhnliche Bruchrechnung nicht hatten, sehen, daß sie alle Aufgaben, die jene früher gelöst hatten, jetzt auch lösen können. Dies dürfte für das Selbstbewußtsein der lernschwächeren Schüler sehr wichtig sein. Dabei ist zu betonen, daß – grundlegende Routineaufgaben vorausgesetzt – auch keinerlei Überforderung der lernschwächeren Schüler zu befürchten ist. Echte Anwendungsaufgaben mit gemeinen Brüchen verwenden meist nur einfache Brüche, die leicht in Dezimalbrüche zu übersetzen sind.

---
[55] Die Argumentation ist hier aus Platzgründen verdichtet.

6.5.3 Die Multiplikation und Division von Dezimalbrüchen mit Zehnerpotenzen

a) Sinn und Kern

Diese Spezialfälle sind die Grundlage für die schriftliche Multiplikation und Division überhaupt (vgl. Abschnitt 6.5.1). Davon lassen sich auch die Schüler (bei dem Schülerheft „Dezimalbruchrechnung 2" z.B. durch Vorausblättern) überzeugen. Im übrigen akzeptieren sie diese Spezialfälle auch gern als besonders einfache Fälle, zumal wenn sie sogar schon Vorerfahrungen haben (vgl. Übungsbeispiele in Abschnitt 6.4.1).

Für die Multiplikation und Division mit Zehnerpotenzen ist wiederum die Multiplikation mit 10 von zentraler Bedeutung, weil sich hieraus jede andere Multiplikation und Division mit einer Zehnerpotenz durch mehrfaches Ausführen dieser Operation hintereinander und die Umkehrungen dazu ergibt. Statt formaler Kommaverschiebungsregeln sollte als Verständniskern in den Vordergrund gestellt werden: *Die Verzehnfachung eines Dezimalbruchs bewirkt die Verzehnfachung des Stellenwerts jeder Ziffer.* Die Verzehnfachung des Stellenwerts jeder Ziffer wird aber gerade durch die Verschiebung des Kommas um eine Stelle nach rechts bewirkt. (Das gleiche wird bei den natürlichen Zahlen durch Anhängen einer Null bewirkt.)

Auf der oben hervorgehobenen Verständnisgrundlage lassen sich die Kommaverschiebungsregeln jederzeit ableiten (vgl. die Verständnisaufgaben weiter unten).

b) Einstieg und Übungen

Der Einstieg kann im Unterricht mit einer *Anwendungsaufgabe* erfolgen:

> „Der Hausmeister einer Schule verkauft in der Pause Joghurtbecher
> für 0,83 DM das Stück. Wieviel Geld bringt ihm der Verkauf von
> 10 (100; 1 000) Joghurtbechern ein?" ...

Die Ergebnisse und die allgemeine Erkenntnis (siehe oben) können die Schüler letztlich aus folgender Stellenwerttafel ablesen, die Schritt für Schritt entwickelt werden sollte:

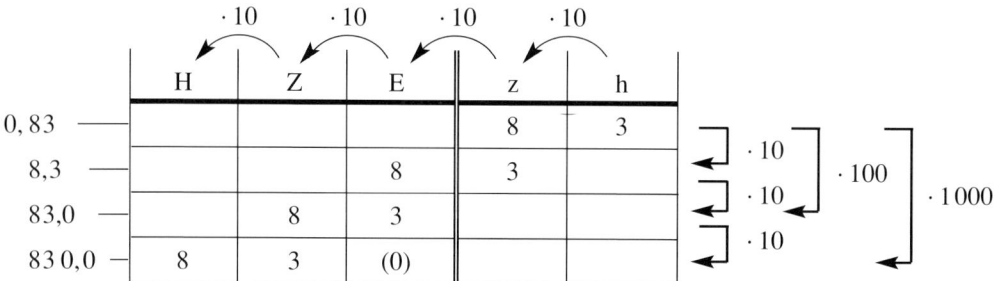

Der Stellenwert *jeder* Ziffer des Dezimalbruchs verzehnfacht sich von einer Zeile zur nächsten. Dadurch verzehnfacht sich auch der Wert der insgesamt dargestellten Zahl. Die Ziffern wandern bei jeder Multiplikation mit 10 in der Stellentafel um eine Stelle nach links, das Komma um eine Stelle nach rechts!

Eine gewisse Schwierigkeit bedeutet es für die Schüler, daß die Ziffern in der Stellenwerttafel nach links „wandern", das Komma innerhalb der Ziffernkombination aber nach rechts. Die Schüler sollen sich aber nicht an links und rechts orientieren, sondern daran, was jeweils dadurch bewirkt wird (siehe Verständniskern).

Groborientierung hier: der Dezimalbruch muß bei jeder Multiplikation mit 10 größer werden!
Entsprechend wird die Division von Dezimalbrüchen durch 10, 100, 1 000 besprochen; z.B. anhand folgender Aufgabe:

Ein Barren Gold (1 000 g) ist 17 246,50 DM wert. Wieviel sind 100 g (10 g, 1 g) davon wert? ...
Die Ergebnisse und die allgemeine Erkenntnis können die Schüler wiederum aus einer Stellenwerttafel ablesen, die Schritt für Schritt zu entwickeln ist (also nicht gleich in ihrer ganzen Komplexität dasteht):

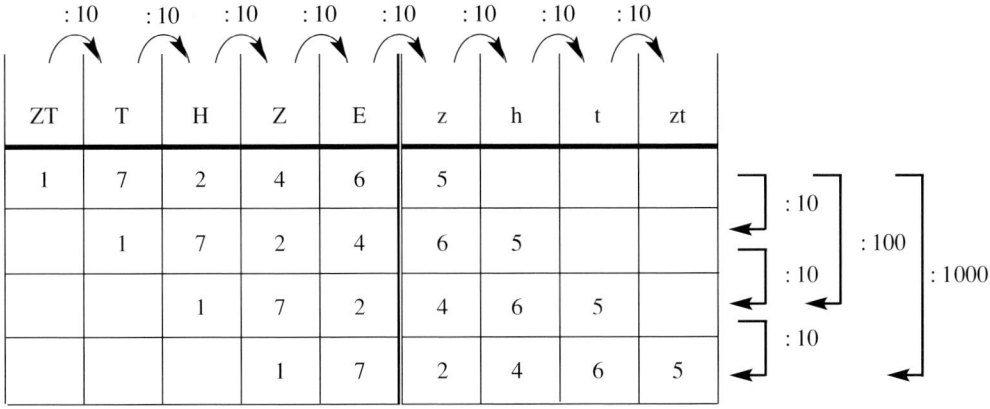

	: 10	: 10	: 10	: 10	: 10	: 10	: 10	: 10		
ZT	T	H	Z	E	z	h	t	zt		
1	7	2	4	6	5					: 10
	1	7	2	4	6	5			: 10	: 100
		1	7	2	4	6	5		: 10	: 1000
			1	7	2	4	6	5	: 10	

Die Ziffern wandern bei jeder Division durch 10 in der Stellenwerttafel um eine Stelle nach rechts, das Komma innerhalb der Ziffernkombination um eine Stelle nach links!

Beachte: Der Dezimalbruch muß bei jeder Division durch 10 kleiner werden.

Um das Verständnis für die im weiteren so wichtige Multiplikation und Division mit Zehnerpotenzen zu vertiefen, empfehlen sich weitere *Übungen an der Stellenwerttafel* folgender Art:

---

4. Schneide dir Blättchen mit den Ziffern 0 bis 6 in der Größe der Felder in der hier aufgezeichneten Stellenwerttafel.

Lege nacheinander folgende Dezimalbrüche in die Stellenwerttafel:

a) 4,5   b) 0,3   c) 12,6

Jeden dieser Dezimalbrüche sollst du mit 10; 100 und 1000 multiplizieren und durch 10, 100 und 1000 dividieren.

Verschiebe die Ziffern jeweils entsprechend in der Stellenwerttafel und notiere anschließend das Ergebnis mit Komma.

Achte genau darauf, wie sich die Stellung des Kommas verändert.

Stellenwerttafel für Dezimalbrüche

	Zehn-tausender ZT	Tausender T	Hunderter H	Zehner Z	Einer E	Zehntel z	Hun-dertstel h	Tau-sendstel t	Zehn-tausendstel zt
Ausgangs-zahl									
· 10									
· 100									
· 1000									
: 10									
: 100									
: 1000									

Aus: „Dezimalbruchrechnung 2" (ZECH 1996)

Erst nach solch intensiven Übungen sollten die Schüler Aufgaben zur Multiplikation und Division von Dezimalbrüchen mit 10; 100; 1000; ... ohne Stellenwerttafel, aber mit der daraus gewonnenen Verständnisgrundlage berechnen. Wenn die Schüler dann immer noch Fehler wie $7,60 \cdot 10 = 7,600$ oder $7,6 : 10 = 76$ machen, gehe man sofort wieder zur Stellenwerttafel zurück und bespreche daran die Fehler.

6.5.4 Die Multiplikation „natürliche Zahl mal Dezimalbruch" und „Dezimalbruch mal Dezimalbruch"

a) Natürliche Zahl mal Dezimalbruch

Man beginnt die Multiplikation zweckmäßig mit dem Sonderfall natürliche Zahl mal Dezimalbruch: Einmal, weil man es hier mit den einfachsten multiplikativen Sachsituationen zu tun hat, die an die Grundvorstellung der Multiplikation als fortgesetzter Addition anschließen (strukturgleich zu den Situationen zur Multiplikation natürliche Zahl mal gemeiner Bruch; vgl. Abschnitt 6.3.2). Zum andern ist es hier rechentechnisch die einfachere Vorstufe für die allgemeine Multiplikation von Dezimalbrüchen: Im Falle „Dezimalbruch mal Dezimalbruch" ist das hier praktizierte Verfahren nur doppelt (auf beide Faktoren statt nur auf einen) anzuwenden.

Beispiel: „Eine Flasche Limonade kostet 1,35 €.
8 Flaschen kosten ... $8 \cdot 1,35$ €.
Wie kann man rechnen?"

   a)   **Du multiplizierst ohne Berücksichtigung des Kommas:**

$$\frac{135 \cdot 8}{1080}$$

So wird das Ergebnis allerdings hundertmal so groß:

$135 \cdot 8 = \boxed{100 \cdot}\ 1,35 \cdot 8$

(Du hast praktisch in Cent statt in Euro gerechnet!).
Das obige Ergebnis ist also noch durch 100 zu teilen!

   b)   **Du setzt das Komma an die richtige Stelle,** indem du durch 100 teilst:

$1080 : 100 = 10,80$ (2 Stellen „abstreichen"!)

Antwort: 8 Flaschen Limonade kosten 10,80 €.

Aus: „Dezimalbruchrechnung 2" [56)]

b) Dezimalbruch mal Dezimalbruch

Das Erklärungsmodell für den allgemeinen (schriftlichen) Fall „Dezimalbruch mal Dezimalbruch" sieht am Beispiel nun wie folgt aus [57)]:

Beispiel: 1 kg Paprika kostet 3,54 €, 2,5 kg Paprika kosten $2,5 \cdot 3,54$ €.

[56)] Kommutativ- und Assoziativgesetz werden hier bewußt nicht unnötig problematisiert.
[57)] Siehe dazu auch die grundsätzliche Überlegung in Abschnitt 6.1.5.

Aus: „Dezimalbruchrechnung 2" [58]

Zur *Überprüfung des Ergebnisses* (insbesondere für die richtige Setzung des Kommas) sollte vor oder nach der Rechnung ein Überschlag durchgeführt werden!

Aus weiteren Rechnungen nach diesem Vorbild (mit Variation der Dezimalenzahl) „erwächst" die allgemeine *Abstreichregel:*

Wenn bei der Multiplikation zweier Dezimalbrüche der eine Dezimalbruch n Dezimalen, der andere m Dezimalen hat, sind beim Ergebnis n + m Stellen (von hinten) „abzustreichen".

Die Regel ist nun an weiteren Beispielen zu üben. Die Schüler sollten sie aber (besonders bei auftretenden Kommafehlern) immer wieder einmal im Sinne des obigen Erklärungsmodells begründen!

Für die Schüler, die die Multiplikation gewöhnlicher Brüche nicht kennenlernten, ist auf andere Weise als seinerzeit (weil der Von-Ansatz nicht zur Verfügung steht; vgl. Abschnitt 6.3.4), plausibel zu machen, warum das Produkt kleiner als seine Faktoren werden kann. Hier hat man im wesentlichen zwei Möglichkeiten:

1. Man gibt eine inhaltliche Interpretation (z.B. mit Preisen für 0,875 kg gegenüber dem Preis für 1 kg).

2. Man präsentiert Aufgabenreihen, bei denen sich ein Faktor stets auf den zehnten Teil verkleinert, zum Beispiel

$$0,2 \quad \cdot \ 4 \quad = 0,8 \qquad 1,5 \cdot 6 \quad = 9$$
$$0,2 \quad \cdot \ 0,4 = 0,08 \qquad 1,5 \cdot 0,6 = 0,9$$

Natürlich wird man auch beides sinnvoll miteinander verbinden, indem man Aufgabenreihen der obigen Art inhaltlich, z.B. an einer Menge-Preis-Situation, interpretieren läßt. Hiermit ist zugleich angedeutet, daß man für solche Verständnisklärungen (natürlich) keine schriftliche Multiplikation braucht.

Im gleichen Rahmen kann man auch dem Mißverständnis begegnen, daß man auf der rechten Seite des Kommas zu rechnen hätte wie mit natürlichen Zahlen (vgl. Abschnitt 6.1.2):

$$2 \cdot 4 = 8 \text{ aber } 0,2 \cdot 0,4 = 0,08$$

Hier treffen also gleich zwei typische Verständnisschwierigkeiten der Dezimalbruchrechnung zusammen. (Wir kommen darauf im nächsten Abschnitt nochmals zurück.)

---

[58] Die Multiplikation ohne Komma kann natürlich auch inhaltlich interpretiert werden. Hier z.B. so: Bei 10facher Menge und 100fachem Kilopreis wäre der Gesamtpreis 1000 mal zu hoch ...

6.5.5 Die Berechnung des Flächeninhalts von Rechtecken und des Rauminhalts von Quadern

Wesentliches Ziel dieses Lernabschnitts ist es, den Schülern die Einsicht zu vermitteln, daß Flächeninhalte von Rechtecken und Rauminhalte von Quadern auch dann über die Multiplikation der Seitenmaßzahlen berechnet werden können, wenn die Maßzahlen Dezimalbrüche sind. Dies ist zunächst keineswegs selbstverständlich, weil dieser Sachverhalt früher ja nur für den Fall natürlicher Zahlen als Maßzahlen abgeleitet wurde (vgl. Abschnitt 5.3):

a) Die Berechnung von Rechtecksflächen

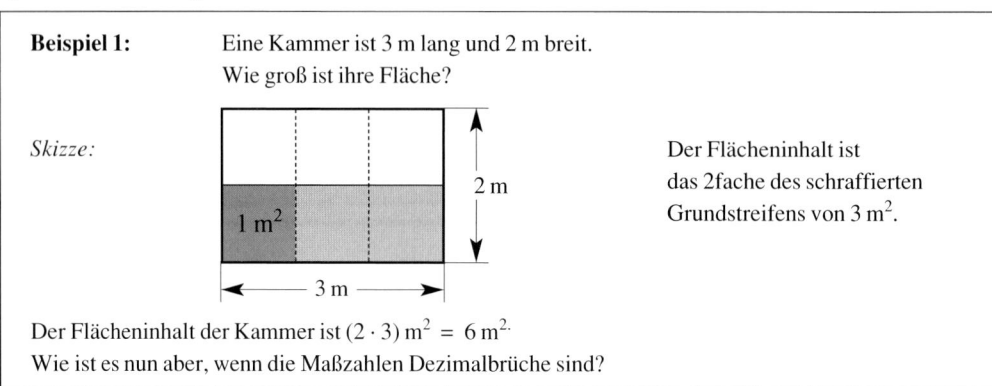

Beispiel 1:   Eine Kammer ist 3 m lang und 2 m breit.
Wie groß ist ihre Fläche?

Skizze:

Der Flächeninhalt ist das 2fache des schraffierten Grundstreifens von 3 m².

Der Flächeninhalt der Kammer ist $(2 \cdot 3)$ m² $= 6$ m².
Wie ist es nun aber, wenn die Maßzahlen Dezimalbrüche sind?

Aus: „Dezimalbruchrechnung 2"

Die Klärung der offenen Frage erfolgt vielleicht am günstigsten an einem leicht modifizierten Beispiel:

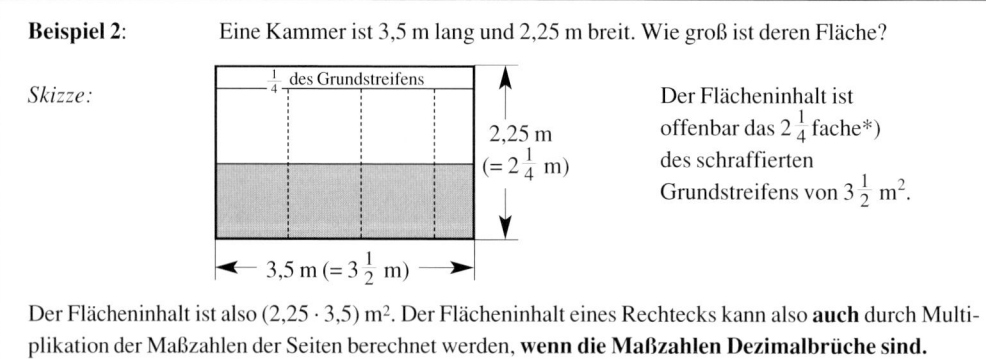

Beispiel 2:   Eine Kammer ist 3,5 m lang und 2,25 m breit. Wie groß ist deren Fläche?

Skizze:

$\frac{1}{4}$ des Grundstreifens

2,25 m $(= 2\frac{1}{4}$ m$)$

$3,5$ m $(= 3\frac{1}{2}$ m$)$

Der Flächeninhalt ist offenbar das $2\frac{1}{4}$ fache*) des schraffierten Grundstreifens von $3\frac{1}{2}$ m².

Der Flächeninhalt ist also $(2,25 \cdot 3,5)$ m². Der Flächeninhalt eines Rechtecks kann also **auch** durch Multiplikation der Maßzahlen der Seiten berechnet werden, **wenn die Maßzahlen Dezimalbrüche sind.**
*) Das Doppelte plus $\frac{1}{4}$ des Grundstreifens.

Aus: „Dezimalbruchrechnung 2" [59]

Nun wird man die Schüler in Ergänzung früherer Aufgaben auch Wohnungsflächen, Grundstücksflächen und dergleichen mit Dezimalbrüchen als Maßzahlen berechnen lassen.
Es bleibt nur zu erinnern, daß die Maßzahl der Rechtecksfläche *nur dann* das Produkt der Seiten-Maßzahlen ist, wenn sich die Einheiten entsprechen (z.B. Angabe beider Seiten in Metern, der Flächeninhalte in Quadratmetern).

---

[59] Die gewonnene Erkenntnis kann zusätzlich dadurch bestätigt werden, daß man auf kleinere Einheiten überwechselt (3,5 m = 350 cm; 2,25 m = 225 cm) und nach der Multiplikation der natürlichen Maßzahlen von der Einheit cm² auf die Einheit m² zurückgeht. Dies entspricht dem „Rechnen ohne Komma" mit anschließendem „Abstreichen" von Stellen.

b) Rechtecksflächen zur Veranschaulichung von Produkten aus Dezimalbrüchen

Wir kommen jetzt noch einmal auf die Aufgabe $0,2 \cdot 0,4$ aus dem letzten Abschnitt zurück. Wenn man 0,2 und 0,4 als Maßzahlen von Rechtecksseiten nimmt, kann man auch anschaulich verstehen, warum

$0,2 \cdot 0,4 = 0,08$ ($\frac{8}{100}$!)

d.h. das Produkt kleiner ist als die Faktoren.

Man betrachte dazu nebenstehende Zeichnung.

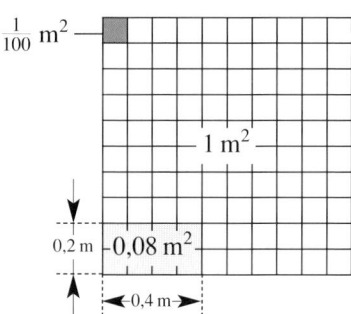

Anmerkung: Rechtecke wurden – in etwas anderer Weise – bereits zur Versanschaulichung der Multiplikation gewöhnlicher Brüche (vom „Von-Ansatz" her) verwendet. Den daran beteiligten Schülern kann man jetzt den Zusammenhang deutlich machen:

$$0,2 \cdot 0,4 \, \text{m}^2 = \frac{2}{10} \cdot \frac{4}{10} \, \text{m}^2 = \frac{2}{10} \, \text{von} \, \frac{4}{10} \, \text{m}^2 = \frac{8}{100} \, \text{m}^2$$

(vgl. Abschnitt 6.3.4 c).

c) Die Berechnung des Rauminhalts von Quadern

Für die Berechnung von Quadervolumen gilt ganz Entsprechendes wie für die Berechnung von Flächeninhalten.
Wie sieht es aus, wenn die Maßzahlen von Länge, Breite und Höhe Dezimalbrüche sind?

Beispiel:

Eine Kiste ist

55 cm = 5,5 dm lang,
35 cm = 3,5 dm breit,
45 cm = 4,5 dm hoch.

Wie groß ist der Rauminhalt dieser Kiste? Wir überlegen nun anhand folgender Skizzen:

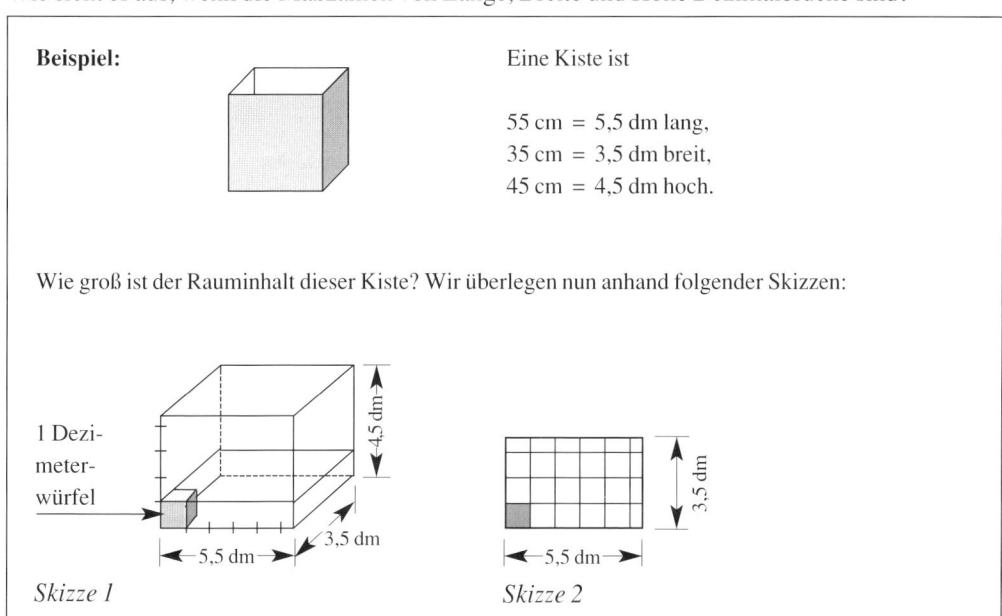

Skizze 1   Skizze 2

Aus: „Dezimalbruchrechnung 2"

Man kann mit den Schülern anhand der Skizzen auf Seite 209 in drei Schritten überlegen:

1. *Wie viele Dezimeterwürfel passen auf den Boden der Kiste?*
   Offenbar so viele, wie Dezimeterquadrate auf die Bodenflächen passen (Auf Bruchteile von Quadraten passen ebensolche Bruchteile von Würfeln (siehe Skizze 2).

2. *Wie viele Bodenschichten passen in die 4,5 dm hohe Kiste?*
   Offenbar so viele, wie die Maßzahl der Höhe angibt (siehe Skizze 1).

3. *Wie viele Dezimeterwürfel passen also in die Kiste?*
   Die Anzahl der Dezimeterwürfel einer Schicht mal Anzahl der Schichten: $(5,5 \cdot 3,5) \cdot 4,5$.

Dieses Beispiel kann man offensichtlich verallgemeinern: Die Maßzahl des Rauminhalts eines Quaders kann durch Multiplikation der Maßzahlen von Länge, Breite und Höhe berechnet werden, auch wenn die Maßzahlen Dezimalbrüche sind (bei sich entsprechenden Einheiten).

Für schwächere Schüler kann man die Überlegungen auch durch Plausibilitätsüberlegungen abkürzen, daß der Rauminhalt entsprechend größer werden muß, wenn man die Seiten über ganze Längeneinheiten hinaus verlängert. Man kann natürlich auch auf kleine Maßeinheiten ausweichen (im obigen Beispiel auf cm), um ganze Seitenmaßzahlen zu bekommen, das Volumen auf die alte Weise ausrechnen und feststellen, daß bei der größeren Maßeinheit (im Beispiel dm) durch Multiplikation der Dezimalbrüche und Umwandlung der dm^3 in cm^3 das gleiche herauskommt. (Dies kann auch sonst zur zusätzlichen Bestätigung genommen werden; vgl. Anmerkung in Abschnitt b).

6.5.6 Die Division von Dezimalbrüchen durch natürliche Zahlen und durch Dezimalbrüche

a) Die Division durch eine natürliche Zahl

Die Division von Dezimalbrüchen durch natürliche Zahlen ist der zentrale Fall der Division, weil auch die Division durch Dezimalbrüche über die Multiplikation von Dividend und Divisor mit einer geeigneten Zehnerpotenz darauf zurückgeführt werden kann. Darüber hinaus hat die Division Dezimalbruch durch natürliche Zahl auch von den Anwendungen her eine eigenständige Bedeutung (klassische Verteilungssituation; Schluß vom Preis einer größeren Stückzahl auf den Stückpreis; Mittelwertbildung).

Beispielaufgabe: „4 Schüler verdienen bei dem Verkauf auf einem Flohmarkt zusammen 73,52 DM. Sie wollen das Geld in gleichen Beträgen unter sich aufteilen. Wieviel bekommt jeder?"

Das schriftliche Rechnen erfolgt genau nach dem bereits in Abschnitt 6.4.3 für die Division natürlicher Zahlen besprochenen Divisionsverfahren:

```
  Z E  z h            Z E  z h
  7 3, 5 2    : 4 = 1 8,3 8
 − 4
  ‾‾
  3 3   (E)   : 4  ←
 − 3 2
  ‾‾‾
   1 5  (z)   : 4  ←
  − 1 2
   ‾‾‾
    3 2  (h) : 4  ←
   − 3 2
    ‾‾‾
    0 0
```

Das Komma ist im Ergebnis zu setzen, bevor die Zehntel geteilt werden!

Antwort:
Jeder Schüler
bekommt 18,38 DM.

Durch Überschlag (hier 80 DM : 4 = 20 DM) überzeugt man sich davon, ob man das Komma richtig gesetzt hat.

Es ist zum Wachhalten der Einsicht in das Divisionsverfahren zu empfehlen, in mehreren Aufgaben in der angedeuteten Art zu verdeutlichen, was an welcher Stelle jeweils mit welchem (Teil-) Ergebnis geteilt wird, sowie dabei die Kommasetzung im Ergebnis ganz bewußt und begründet zu vollziehen.

Natürlich sollte man nicht nur schriftlich rechnen lassen: Es wäre auch bewußt zu machen, daß ja im Rahmen des Divisionsverfahrens viele kleine Divisionen von Dezimalbrüchen durch natürliche Zahlen (erleichtert durch die Schreibweise) durchgeführt werden.

Beispiele für verständnisförderndes Kopfrechnen bzw. Aufschreiben:
- 0,6 : 2 = 6 Zehntel : 2 = 3 Zehntel = 0,3
- 4,8 : 12 = 48 Zehntel : 12 = 4 Zehntel = 0,4
- 0,12 : 4 = 12 Hundertstel : 4 = 3 Hundertstel = 0,03
- Jemand rechnet 0,18 : 6 = 0,3.   Warum ist das falsch? ... Macht die Probe! ...

Weitere Anwendungssituationen
- 3 kg Orangen kosten 4,95 DM. Was kostet 1 kg?
  (Besser: Wieviel ist dabei für 1 kg zu bezahlen?) [60]
- Eine Klassenfahrt mit Bus soll für 23 Schüler 793,96 DM kosten? Was hat *ein* Schüler zu bezahlen?
- 6 Semmelknödel kosten 2,49 DM ...
- 12 Flaschen Mineralwasser kosten 3,99 DM ...
- Berechnung von Notendurchschnitten
- Berechnung von Mittelwerten bei Sportleistungen oder für Punktwerte von Wertungsrichtern.

b) Die Division durch Dezimalbrüche

Die Division durch Dezimalbrüche wird auf die Division durch natürliche Zahlen zurückgeführt. Dabei bekommt der Sachverhalt besondere Bedeutung, daß ein Quotient gleichbleibt, wenn man Dividend und Divisor mit der gleichen Zahl multipliziert. Daß man sich dies im Alltag auch unreflektiert zunutze macht, kann man den Schülern an einem Beispiel folgender Art deutlich machen und hat damit zugleich das allgemeine Verfahren motiviert:
- 2,5 kg Porree wurden für 2,79 DM angeboten. Was kostet 1 kg?

Lösungsansatz:

Man überlegt: 1kg würde 2,79 DM : 2,5 kosten, aber durch 2,5 kann man nicht teilen.

Man sucht also die Division durch 2,5 zu vermeiden. Wie kann man das machen?

Zum Beispiel: 2,5 kg kosten 2,79 DM,   also 5 kg kosten 5,58 DM,   also 1 kg kostet 5,58 DM : 5 ...
Was hat man getan?

Man sucht, auf eine ganzzahlige Anzahl von kg zu kommen, um durch eine natürliche Zahl dividieren zu können!

Darin steckt der Kern des allgemeinen Verfahrens: Hat man durch einen Dezimalbruch zu dividieren, multipliziert man erst beide Glieder des Quotienten so, daß man nur noch durch eine natürliche Zahl zu teilen braucht. Es kommt also alles darauf an, daß der Schüler diesen Grundgedanken wirklich versteht. Dazu gehört wesentlich die Erkenntnis, „daß das Ergebnis einer Divisionsaufgabe gleichbleibt, wenn man beide Zahlen mit der gleichen Zahl malnimmt". Man hat hier mehrere Möglichkeiten der Erklärung, die sich gegenseitig stützen und ergänzen und für die Vertiefung des Verständnisses stärker genutzt werden sollten:
- Man kann – wie oben angedeutet – mit Menge-Preis-Situationen argumentieren. (Dahinter steht ein allgemeines „Verteilungsmodell"; vgl. Abschnitt 6.3.5 a).
- Man kann zusätzlich an die ursprüngliche Verteilungssituation der Grundschule erinnern (6 Brötchen verteilt an 2 Leute entspricht 12 Brötchen verteilt an 4 Leute).

---

[60] Vgl. dazu auch Abschnitt 8.2.3.

– Man kann an das Erweitern, interpretiert mit der „2. Bruchsituation" (Abschnitt 6.2.2) erinnern (3 Pizzen verteilt an 4 Leute = 6 Pizzen verteilt an 8 Leute).
– Man kann schließlich, nun wieder von Dezimalbrüchen ausgehend, mit der Enthaltenseinsvorstellung der Division (vgl. Abschnitt 6.3.5) argumentieren (0,5 l sind in 2 l sooft enthalten wie 1l in 4 l oder 5 l in 20 l usw.).

Auf diesem allgemeinen Hintergrund ist jetzt nur noch klarzumachen, daß das *Multiplizieren der gegebenen Dezimalbrüche mit 10; 100; 1000 ...* im allgemeinen das einfachste Verfahren ist, um den „zweiten Dezimalbruch" (Divisor) zu einer natürlichen Zahl zu machen: Es ist dann ja nur noch eine Kommaverschiebung der beiden Dezimalbrüche erforderlich. Dies ergibt sich schnell aus einigen Zahlenbeispielen:

Division durch Dezimalbruch	Multiplikation *beider* Zahlen mit Zehnerzahl	Division durch natürliche Zahl (gleiches Ergebnis)
71,564 : 1,2	· 10	715,64 : 12
94,3 : 0,15	· 100	9430 : 15
2 : 0,125	· 1000	2000 : 125
3,865 : 4,5	· 10	38,65 : 45

Es bleibt jetzt verallgemeinernd festzustellen:
– Ist durch einen Dezimalbruch mit einer (zwei, drei) Stellen hinter dem Komma zu teilen, sind beide Dezimalbrüche zweckmäßig mit 10 (100; 1000) malzunehmen.
– Ziel des Multiplizierens ist es, den Divisor in eine natürliche Zahl zu verwandeln. Es ist nicht erforderlich, daß auch der Dividend eine natürliche Zahl ist.

c) Verständnis- und Anwendungsaufgaben
Da sich das Verständnis der Division durch einen Dezimalbruch wesentlich auf das gleichsinnige Verändern der Divisionsaufgabe bezieht, wird man insbesondere hierzu Verständnisfragen an einfache, anschaulich interpretierbare Aufgabenstellungen anschließen:

– Begründe $3 : 2 = 6 : 4 = 12 : 8 = 1\frac{1}{2}$ anhand eines Beispiels aus dem Alltag.
– $2\,l : 0{,}4\,l = ... =$ (Formuliere Enthaltenseinsaufgaben, bei denen das gleiche herauskommt.)
– Erkläre das Ergebnis mit der „Regel" und inhaltlich mit Litern:
  $5 : 0{,}1 = 50; \quad 5 : 0{,}01 = 500; \quad 5 : 0{,}001 = 5000$

Die letzte Aufgabe ist zugleich geeignet, dem Schüler bewußt zu machen und zu verstehen (vgl. bereits Abschnitt 6.3.5):

1. Bei der Division durch Dezimalbrüche kleiner als 1 wird das Ergebnis größer als die Ausgangszahl.

2. Je kleiner der Dezimalbruch, durch den geteilt wird, desto größer das Ergebnis.

Auch „Glatteisaufgaben" bieten sich wieder an:
$$0{,}6 : 0{,}2 = 0{,}3 \; ; \; 0{,}56 : 0{,}8 = 0{,}7?$$
(Das eine ist richtig, das andere falsch. Warum?)

Welche Typen von *Anwendungsaufgaben* bieten sich an?
Man könnte sagen: Im Prinzip alle Aufgaben aus Abschnitt 6.3.5, wenn sie mit Dezimalbrüchen geschrieben werden (eine weitere Gelegenheit für vertiefendes „Wiederholen" leistungsstärkerer Schüler und aufbauendes „Nachholen" der leistungsschwächeren!):

Aufgaben mit „Schluß auf die Einheit":
- Ein Mofa verbraucht für 110 km 3,5l. Wie weit fährt es mit einem Liter?
- Berechnung von Preisen für 1 kg (insbes. auch Preisvergleich!).

Enthaltenseinsaufgaben:
- Ein Bowlegefäß mit 4,5 *l* Apfelbrause wird in „Schoppen" von 0,25 *l* ausgeschenkt ...
- Ein Weintank enthält 1000 *l* Wein. Wieviel 0,75 *l*-Flaschen kann der Winzer abfüllen? usw.

Wie angedeutet, kann man hier größtenteils bei zahlenmäßig einfachen Aufgaben bleiben, bei denen man sinnvoll schriftlich rechnen kann und das Verfahren als solches im Vordergrund bleibt. Bei der Berechnung von Kilogramm-Preisen dürfte meist der Taschenrechner angebracht sein. Man könnte sich hier aber auch grundsätzlich auf rechentechnisch einfache Aufgaben beschränken und Taschenrechner-Aufgaben in das Kapitel „Schlußrechnung" verschieben (vgl. Abschnitt 8.2).

6.5.7 Gemischte Verständnis- und Anwendungsaufgaben zum Rechnen mit Dezimalbrüchen

a) Wiederholung mit Verständnisaufgaben

In einer festigenden und integrierenden Gesamtwiederholung zu den Rechenoperationen wird es besonders darauf ankommen, die Gemeinsamkeiten und die Unterschiede zum Rechnen mit natürlichen Zahlen herauszuheben. Dazu wird man sich zunächst (ähnlich wie bei den gemeinen Brüchen; vgl. Abschnitt 6.3.6) eine Übersicht über die Verfahren mit Beispielen und Stichworten zusammenstellen. Dabei empfiehlt es sich, zwischen schriftlichem und mündlichem Rechnen zu unterscheiden, um bewußt zu lassen, daß man auch im Bereich der Dezimalbrüche *nicht alles schriftlich rechnet*.

Besonders ist nochmals auf die „Fallen" hinzuweisen, die sich gerade beim mündlichen Rechnen durch die Verführung stellen, wie mit natürlichen Zahlen zu rechnen:

$$0,37 + 0,4 = 0,77 \ (nicht\ 0,41)$$
$$0,13 - 0,1 = 0,03 \ (nicht\ 0,12)$$

Hinweis: Vermeide hier Fehler durch Ergänzen von Endnullen (in Gedanken)! Gehe gelegentlich auf entsprechende Zehnerbrüche zurück.

Das *Multiplizieren und Dividieren mit Zehnerpotenzen* sollte nicht mechanisch, sondern mit Verständnis vollzogen werden. Der Verständniskern sollte hier etwa in folgender Weise bewußt bleiben: $0,37 \cdot 10 = 3,7...$

Beim Malnehmen mit 10 werden aus Hundertstel Zehntel, aus Zehntel Einer usw.

Das Malnehmen mit 100 bzw. mit 1000 heißt zweimal (dreimal) hintereinander mit 10 malnehmen. Beim Dividieren wäre der Kern entsprechend hervorzuheben. Im übrigen ist auch beim mündlichen Multiplizieren und Dividieren auf Fallen bei Aufgaben wie den folgenden nochmals hinzuweisen:

- $3 \cdot 0,6 = 1,8 \ (nicht\ 0,18)$.
  Beachte: $3 \cdot 0,6 = 3 \cdot 6$ Zehntel!

- $0,2 \cdot 0,3 = 0,06 \ (nicht\ 0,6)$.
  Beachte: $0,2 \cdot 0,3 = (2 \cdot 3) : 100$!

- $0,27 : 9 = 0,03 \ (nicht\ 0,3)$.
  Beachte: $0,27 : 9 = 27$ Hundertstel : 9!

Wichtig scheint gerade beim mündlichen Rechnen, jeweils mit „Bedeutungen", nicht einfach mit Regeln zu argumentieren (auch nicht mit Regeln für gemeine Brüche).

Bei den *schriftlichen Rechenoperationen* wird man zusammenfassend vielleicht auf folgendes (immer an Beispielen!) besonders hinweisen:

- *Schriftliche Addition und Subtraktion*
  Stellenweises Rechnen wie bei natürlichen Zahlen, bei unterschiedlich vielen Dezimalen End-nullen ergänzt denken!
- *Schriftliche Multiplikation*
  Erst wie mit natürlichen Zahlen rechnen. Dann mit Division durch Zehnerpotenz ausgleichen!
- *Schriftliche Division*
  Wird durch einen Dezimalbruch dividiert, Division mittels „Erweitern" durch eine gleichwerti-ge Division durch eine natürliche Zahl ersetzen. Die Division eines Dezimalbruchs durch eine natürliche Zahl erfolgt wie früher durch stellenweises Dividieren. (Bevor die Zehntel dividiert werden, Komma im Ergebnis setzen!)

b) Weitere Verständnisaufgaben

Neben der gemeinsamen verdichtenden Wiederholung an Beispielen kommt es natürlich besonders darauf an, weitere Aufgaben zum mündlichen und schriftlichen Rechnen zu stellen, die die vorge-nannten Schwierigkeiten und den Verständniskern der verschiedenen Verfahren besonders berück-sichtigen:

- Aufgaben zum mündlichen Rechnen, wie oben angedeutet, insbesondere auch zur Multiplika-tion und Division mit Zehnerpotenzen.
  Dabei wird man Verständnisaufgaben aus früheren Abschnitten auch modifizieren; z.B.:
  Warum ist $5{,}6 \cdot 0{,}1 \neq 5{,}6$; $3{,}8 \cdot 0{,}01 \neq 0{,}38$?
  (Hier kann man auch mit Überschlägen oder mit „Vergleichsaufgaben" argumentieren!)
- „Reihenaufgaben", die das Verständnis vor allem durch Erkennen „funktionaler Abhängig-keiten" fördern, wie z.B. Multiplizieren und Dividieren des gleichen Dezimalbruchs mit 10; 100; 1000; ...
  - Multiplizieren des gleichen Dezimalbruchs (z.B. 0,3) mit 1; 2; 3; ...; 9; 10.
  - Dividieren mehrerer Dezimalbrüche (z.B. 0,1; 0,7; 0,75) durch die gleiche Zahl (z.B. 2 oder 5).
  - Gegenüberstellungen von Multiplikations- und Divisionsreihen mit gleichen Zahlenwerten, z.B. $20 \cdot 0{,}4$; $2 \cdot 0{,}4$; $0{,}2 \cdot 0{,}4$
                   $20 : 0{,}4$; $2 : 0{,}4$; $0{,}2 : 0{,}4$
- Aufgaben zur schriftlichen und mündlichen Subtraktion mit unterschiedlich vielen Dezimalen.
- An einfachen Aufgaben des Typs „natürliche Zahl mal Dezimalbruch" den Grundgedanken der schriftlichen Multiplikation erläutern lassen.
- An einfachen Aufgaben des Typs „Dezimalbruch durch natürliche Zahl" den Grundgedanken der schriftlichen Division erläutern lassen.
- Bei der Division durch einen Dezimalbruch an einfachen Beispielen das „Verwandeln" in eine Division durch eine natürliche Zahl erklären lassen.

c) Ein Übungsspiel

Mehr am Rande sei wieder darauf hingewiesen, wie man das „gemischte bloße Zahlenrechnen" auf einfache und sich selbst kontrollierende Weise durch ein *Übungsspiel*[61] fördern kann:

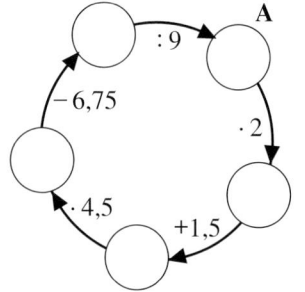

Der Rechenkreis
Setze bei A irgend-einen Dezimal-bruch ein (z.B. 0,75) und verfahre nach Vorschrift.
Nach einem Umlauf kommst du wieder bei der Ausgangszahl an. (Selbstkontrolle!)[62]

Aus: „Dezimalbruchrechnung 2"

---

[61] Es sei daran erinnert, daß es bei den Übungen nicht auf schwierige Zahlen mit vielen Dezimalen ankommt (vgl. Abschnitt 6.5.1).

[62] Der Lehrer mache sich durch Aufstellen einer entsprechenden Gleichung für die Anfangszahl X klar, wie er weitere solcher Rechenkreise „konstruieren" kann.

d) Anwendungsaufgaben

Folgende Arten von Anwendungsaufgaben kommen etwa in Frage:

1. *Komplexere Anwendungsaufgaben im Rahmen eines Kontextes*, wie in Abschnitt 6.3.6 bereits vorgestellt: Eine Modifikation liegt u.a. darin, daß jetzt Größenangaben mit gemeinen Brüchen und Dezimalbrüchen gemischt vorkommen, wie man das im Alltag auch häufiger antrifft. Gemeine Brüche sind gegebenenfalls in Dezimalbrüche umzuwandeln. Dadurch erübrigt sich wieder (insbesondere für lernschwächere Schüler) prinzipiell das Rechnen mit gemeinen Brüchen. Bessere Schüler können zu Kontrolle und Vergleich auch den umgekehrten Weg über die gemeinen Brüche gehen[63]. Zur Illustration diene hier noch einmal eine Aufgabe aus dem ergiebigen Ernte-Kontext:

---

1. Bei der Johannisbeerernte

a) Tina und ihre Schwester Sabine helfen bei der Ernte. Tina pflückt 2,4 kg, Sabine pflückt 2,25 kg Johannisbeeren. Wer hat mehr geerntet? Wieviel mehr?

b) Insgesamt wurden von Tina, Sabine und ihren Eltern 24 kg Johannisbeeren gepflückt. Zwei Drittel davon werden an ein Obstgeschäft verkauft. Wieviel kg Johannisbeeren sind das?

c) Von den verbliebenen 8 kg Johannisbeeren werden $3\frac{1}{2}$ kg eingefroren, die übrigen Beeren werden zu Saft verarbeitet. Wieviel kg Johannisbeeren können zu Saft verarbeitet werden?

d) Aus 1 kg Johannisbeeren kann man 0,4 l Saft auspressen. Wieviel Liter Saft erhält man aus 4,5 kg Beeren?

e) Der Saft wird mit Zucker aufgekocht und zu Gelee verarbeitet. $2\frac{1}{2}$ l Gelee hat man aus dem ausgepressten Saft erhalten. Dieses soll in $\frac{1}{4}$ l-Gläser abgefüllt werden. Wie viele Gläser kann man damit füllen?

Aus: „Dezimalbruchrechnung 2"

2. *Aufgaben rund um das Einkaufen* (früher getrennt zugeordnet; jetzt aus der Situation heraus gemischt):
   - Zusammenstellen eines Einkaufszettels nach Angebot eines Supermarktes in der Zeitung; Überschläge, wieviel der Einkauf kostet und wie schwer er wird; Reicht ein Hundertmarkschein? Kann einer die Sachen alleine tragen?
   - Preisberechnungen (mit Schlüssen von Stück- und Kilopreisen auf größere Mengen und umgekehrt)[64].
   Hier bieten sich u.U. auch kleine „Projekte" an, z.B. „Grillparty" oder „Klassenfest" mit den dabei erforderlichen Kostenberechnungen (einschließlich Preisvergleichen).

3. *Aufgaben rund um die Wohnung*
   Hier können viele Aufgaben aus Kapitel 5 („Geometrie 1" und „2") neu aufgegriffen und ergänzt werden; jetzt mit Dezimalbrüchen als Maßzahlen. Dazu gehören Berechnungen von Flächen- und Rauminhalten, Mietpreisen, Vergleich von Mietpreisen; Berechnung von Nebenkosten und Gesamtkosten, Renovierungskosten, ... Maßstabsumrechnungen, ..., Gebührenberechnungen (bzw. -überprüfungen) für Strom, Gas, Telefon, ...

---

[63] Es bietet sich im übrigen auch an, teils mit gewöhnlichen Brüchen, teils mit Dezimalbrüchen zu rechnen.
[64] Näheres dazu in Kapitel 8!

e) Differenzierter Einsatz des Taschenrechners

Wenn das schriftliche Rechnen im Rahmen der Dezimalbruchrechnung an einfacheren Beispielen hinreichend verstanden und geübt wurde (mehr im Sinne einer Vertiefung als im Sinne größerer Geläufigkeit), sollte man den Taschenrechner bei schwierigeren Zahlen und komplexeren Aufgaben „freigeben", – so wie es der Alltagssituation letztlich entspricht; z.B. bei größeren Einkäufen oder bei umfangreichen Flächen- und Volumenberechnungen (wie unter den Punkten 2 und 3 des Abschnitts d angedeutet).

Schwächeren Schülern sollte man die schriftliche Division (außer vielleicht bei ganz einfachen Aufgaben) grundsätzlich ersparen, den Taschenrechner also entsprechend früher zulassen. Die schriftliche Division durch Dezimalbrüche mit drei und mehr Ziffern (wie sie ja z.B. meist schon bei der Berechnung von Kilogrammpreisen erforderlich ist) darf der Lehrer u.E. auch den besseren Schülern (wie sich selbst) ersparen.

Der Taschenrechner ist jedoch nicht nur als „Rechenknecht" sinnvoll einzusetzen. Er kann z.B. auch ganz nützlich sein, das Gefühl für Größenordnungen beim Dezimalbruchrechnen zu schärfen. Das gilt insbesondere, was die „Wirkung" von ungewohnten Faktoren wie 0,8; 0,99; 1,125 usw. betrifft. Eine Möglichkeit, auf spielerische Weise hier Erfahrungen zu sammeln (und sicher auch eine Gelegenheit, darüber nachzudenken), scheint das **Taschenrechner-Spiel „Faktor finden"** von LANGE/MEISSNER (1980) zu sein. Man könnte es auch als „Toreschießen mit Zahlen" bezeichnen: Ein Zahlentor (gebildet z.B. aus dem Zahlenintervall von 1 500 bis 1 550) soll „getroffen" werden mit Hilfe von Taschenrechnermultiplikationen.

Zunächst wird irgendeine Zahl (z.B. 18) vorgegeben und die Schüler versuchen abwechselnd mit einer vorher abzuschätzenden Taschenrechnermultiplikation möglichst nahe an das Zahlentor zu kommen, um es schließlich zu treffen. Das Taschenrechnerspiel kann gut von je zwei Schülern gespielt werden (vgl. auch das Schülerheft „Dezimalbruchrechnung 2").

6.5.8 Überschlägiges Rechnen mit Dezimalbrüchen

a) Vorbemerkungen

Auf die alltägliche und didaktische Bedeutung von Überschlägen wurde bereits in Abschnitt 3.3.3 hingewiesen: Überschlagsrechnung ist keineswegs nur eine unwesentliche Zutat zum „eigentlichen Rechnen", sondern ein wesentliches Ziel des Mathematikunterrichts. Trotzdem wird das Überschlagsrechnen von Lehrern und auch Schulbüchern häufig vernachlässigt; manchmal vielleicht auch, weil man glaubt, dies sei so einfach, daß es keiner gezielten Unterrichtung bedarf.

Schüler wissen selten, wie sie Überschläge sinnvoll durchführen sollen bzw. sie verwechseln es einfach mit dem Runden. Im Anhang des Schülerheftes „Dezimalbruchrechnung 2" wurde eine detailliertere Darstellung versucht. Die dortige Darstellung kann dem Lehrer und dem Schüler einesteils zur laufenden Orientierung während der Behandlung der Dezimalbruchrechnung, andernteils als Grundlage einer geschlossenen Gesamtwiederholung des überschlägigen Rechnens dienen. Dazu gehört ein gesonderter Test (zugleich ein Beispiel dafür, wie man überschlägiges Rechnen gezielt in Lernkontrollen berücksichtigen und damit zugleich die Wichtigkeit dieses Ziels den Schülern gegenüber unterstreichen kann). In den folgenden Abschnitten wird nun kurz auf einige grundsätzliche Gesichtspunkte des überschlägigen Rechnens hingewiesen:

Bei der Behandlung des überschlägigen Rechnens kann man ein wenig differenzieren. Schwächeren Schülern gibt man vielleicht nur ein paar gröbere Gesichtspunkte. Stärkere Schüler bekommen u.U. etwas detailliertere Gesichtspunkte für gelegentlich wünschenswerte genauere Überschläge („Näherungen"), im folgenden mit * gekennzeichnet.

b) Allgemeine Gesichtspunkte der Überschlagsrechnung

Zunächst sollte man den Schülern den Unterschied zwischen „überschlägigem Rechnen" und „Runden auf eine bestimmte Stelle" deutlich machen:

Runden	Überschlagsrechnen
Runden auf eine bestimmte Stelle erfolgt immer **nach bestimmten Regeln** (vgl.„Dezimalbruch-rechnung 1", Abschnitt 2.4). Maßgeblich ist die folgende Stelle.	Überschlagsrechnen erfolgt **nicht** nach festen Regeln. Man beachtet dabei vor allem, dass man **bequem im Kopf** rechnen kann. Man rechnet häufig nur mit Zahlen, die ungefähr bei den gegebenen Zahlen liegen.
Beispiel: Runden auf Hundertstel! $3,785 \, € \approx 3,79 \, €$	**Beispiel:** Überschlag für eine Multiplikation $2 \cdot 2,38 \, m \approx 2 \cdot 2,50 \, m = 5 \, m$

Aus: „Dezimalbruchrechnung 2"

Bei Überschlägen zu größeren Rechnungen (z.B. für eine Autoreparatur) wird man zur gröberen Überprüfung u.U. nur die Stellen vor dem Komma berücksichtigen oder läßt kleinere Beträge ganz weg. In anderen Fällen macht man den Überschlag vielleicht so, daß man immer etwas nach oben „rundet".[65] Dies ist z.B. der Fall, wenn man feststellen will, ob man für einen größeren Einkauf noch genügend Geld hat oder ob die Belastung für ein Auto nicht zu groß wird.

* Man wird auch darauf aufmerksam machen, daß man bei genaueren Überschlägen u.U. auch auf die Rechenart und die Größe der eingehenden Beträge und die dadurch bedingten möglichen Fehler achtet:

Multiplikation mit kleinerem Betrag	Multiplikation mit größerem Betrag
$2 \cdot 1,15 \, € = 2,30 \, €$ $\approx 2 \cdot 1 \, € = 2 \, €$ (Fehler durch Überschlag: $0,30 \, €$!)	$1,5 \cdot 30 \, € = 45,00 \, €$ $\approx 2 \cdot 30 \, € = 60 \, €$ (Fehler durch Überschlag $15,00 \, €$!)

Aus: „Dezimalbruchrechnung 2"

Als *grobe Richtschnur* für Überschläge könnte man ausgeben, *auf die erste gültige Stelle zu runden*. Das bedeutet z.B. $17\,258,58 \approx 20\,000$
$$0,0048 \approx 0,005 \quad \text{usw.}$$
In der Praxis wird man indessen häufig prüfen müssen, wie weit diese Faustregel sinnvoll ist und sich flexibler verhalten (wie weiter oben schon angedeutet).
Im folgenden werden ein paar Beispiele[66] für verschiedene Rechenoperationen herausgegriffen, um deutlich zu machen, wie es u.U. zweckmäßig sein *kann* zu reagieren.

c) Überschlägiges Addieren und Subtrahieren

Beim überschlägigen Addieren und Subtrahieren kann man häufig mit den Stellen vor dem Komma (den ganzzahligen Beträgen) rechnen oder *rundet etwa auf Ganze* oder „runde Beträge", mit denen man gegebenenfalls gut weiterrechnen kann:
$$2,70 \, DM + 4,98 \, DM + 1,50 \, DM \approx 10 \, DM$$

---

[65] Wenn man den Terminus „Runden" im alltäglichen Sinne verwendet, meint man eigentlich meist „Überschlagen". Man sollte jedenfalls deutlich unterscheiden zwischen „Runden" und „Runden auf eine bestimmte Stelle".

[66] Wir verzichten im folgenden auf die Angabe der Sachsituationen, auf die es im Einzelfall häufig ankommen wird (siehe oben), deuten mit Größenangaben allenfalls an, welche Situation vielleicht hinzugedacht werden könnte.

* Bei genaueren Überschlägen für Aufgaben, in denen auch Dezimalbrüche kleiner 1 vorkommen, wird man beim Überschlag u.U. auch eine Stelle nach dem Komma berücksichtigen:

$$7,5 \, \text{kg} - 0,234 \, \text{kg} \approx 7,5 \, \text{kg} - 0,2 \, \text{kg} \approx 7,3 \, \text{kg}$$
(für eine Preisberechnung vielleicht eher $\approx 7,25 \, \text{kg}$!)

d) Überschlägiges Multiplizieren
– *Natürliche Zahl mal Dezimalbruch*

Hier wird man den Dezimalbruch in Einkaufssituationen häufig zur nächsten ganzen Zahl (bei größeren Zahlen auf eine geltende Ziffer) runden:

$$8 \cdot 2,35 \, \text{DM} \approx 8 \cdot 2 \, \text{DM} = 16 \, \text{DM}$$

Bei Dezimalbrüchen unter 1 wird man häufig auf eine gültige Ziffer oder vielleicht auf Viertel runden: $\qquad 12 \cdot 0,375 \, \text{kg} \approx 12 \cdot 0,4 \, \text{kg} = 4,8 \, \text{kg}$ (oder $\approx 12 \cdot 0,5 \, \text{kg} = 6 \, \text{kg}$)

– *Dezimalbruch mal Dezimalbruch*

Auch hier wird man meist auf ganze Zahlen bzw. auf eine geltende Ziffer runden:

$$2,5 \cdot 3,54 \, \text{DM} \approx 3 \cdot 4 \, \text{DM} = 12 \, \text{DM}$$
$$0,213 \cdot 0,048 \approx 0,2 \cdot 0,05 = 0,01$$

* Will man etwas genauer überschlägig multiplizieren, gilt der Grundsatz, den einen Faktor etwas größer und dafür den anderen etwas kleiner zu machen. Dann gleichen sich (i.a.) die Fehler beim Runden etwas aus: $2,5 \cdot 3,54 \approx 3 \cdot 3 = 9$

e) Überschlägiges Dividieren
Beim Dividieren ist der allgemein beim Runden geltende Gesichtspunkt besonders wichtig:
„Runde so, daß du gut (im Kopf) weiterrechnen kannst!"

– *Division Dezimalbruch durch natürliche Zahl*

Man rundet den Dezimalbruch so, daß die Division leicht auszuführen ist:

$$347,34 : 12 \approx 360 : 12 = 30$$
$$0,0795 : 3 \approx 0,09 : 3 = 0,03$$

– *Division Dezimalbruch durch Dezimalbruch*

Man rundet den Divisor erst auf eine natürliche Zahl. Hierzu wird man häufig nicht auf das „Erweitern" des Quotienten mit einer Zehnerpotenz zurückgreifen (unnötig große Zahlen!):

$$5,79 \, \text{DM} : 2,5 \approx 6 \, \text{DM} : 3 = 2 \, \text{DM}$$

* Beim Runden macht man (i.a.) einen kleineren Fehler, wenn man beide Dezimalbrüche vegrößert (ähnlich wie beim Erweitern) oder beide Dezimalbrüche verkleinert (ähnlich wie beim Kürzen). Man würde alternativ also eher

$$5,79 : 2,5 \approx 5 : 2 = 2,5 \text{ runden als } \approx 6 : 2 = 3.$$

f) Nachbemerkung
Wie vorstehend angedeutet, wird man im Unterricht versuchen, ein paar Anhaltspunkte für Überschläge zu geben. Man sollte jedoch vermeiden, das überschlägige Rechnen zu stark reglementieren zu wollen. Was sinnvoll ist, ist immer wieder von der Sachsituation bzw. vom Rechenbereich abhängig[67] und von dem konkreten Zahlenmaterial. Um die Flexibilität der Schüler für möglichst einfaches Rechnen zu bewahren oder womöglich weiterzuentwickeln, ist es sicherlich wichtig, immer wieder nach alternativen Möglichkeiten zu fragen.

---

[67] Man beachte z.B. etwas spezifischere Überlegungen in der Prozentrechnung (Kapitel 7) oder der Schlußrechnung (Kapitel 8).

6.6 Zur Evaluation der Bruchrechnungskonzeption im Rahmen des Projekts TELEMA

a) Anlage der Untersuchung

Die in diesem Kapitel dargestellte Konzeption zur Bruch- und Dezimalbruchrechnung, die im Rahmen der im ersten Teil dieses Buches dargestellten allgemeinen Unterrichtskonzeption steht, wurde im Schuljahr 1989/90 durch einen Langzeitversuch mit mehreren Klassen (2 B-Kursen und 2 C-Kursen des 6. Schuljahrs) in Göttingen und Umgebung erprobt.

Dem Unterricht lagen die Hefte „Grundlagen der Bruchrechnung" (Abschnitt 6.2), „Grundlagen der Dezimalbruchrechnung" (Abschnitt 6.4) und „Rechnen mit Dezimalbrüchen" (Abschnitt 6.5) einschließlich Lösungsheften zugrunde. Auf Bitte der unterrichtenden Lehrer wurde in leistungsschwächeren Kursen daneben – entgegen der hier vertretenen Konzeption – eine reduzierte Fassung[68] des Heftes „Rechnen mit Brüchen" (Abschnitt 6.3) eingesetzt, um den Rahmenrichtlinien für die Orientierungsstufe in Niedersachsen zu genügen. Zur Lehrerinformation dienten zusätzlich Lehrerhefte zu jedem Schülerheft, in denen die Konzeption jeweils kurz dargestellt wurde mit methodischen Einzelhinweisen.

Der Unterricht wurde von den Versuchsleitern in ca. 14tägigem Abstand besucht, um zu sehen, inwieweit tatsächlich im Sinne des Konzepts unterrichtet wurde. (Dies war weitgehend der Fall; wozu sicherlich die häufige gemeinsame Diskussion und frühere Arbeit von Versuchslehrern mit Heften des Projekts TELEMA sowie zeitweilige Mitarbeit bei der Entwicklung der Bruchrechenhefte beitrug.)

Es wird hier nur kurz über die Ergebnisse der kognitiven Tests im Rahmen der „summativen" Evaluation Mitte und Ende des Schuljahrs 1990 berichtet. (Für genauere Angaben hinsichtlich der vorangegangenen „formativen" Evaluation, zur Durchführung des Versuchs und den Problemen einer solchen summativen Evaluation sei verwiesen auf ZECH/WELLENREUTHER, 1992.)

Als Kontrollgruppen (KG) zu den Versuchsgruppen (VG) dienten 8 B- und C-Kurse, die nach dem eingeführten Schulbuch (Mathematik heute 6) unterrichtet wurden. Die äußeren Bedingungen waren in etwa vergleichbar, insbesondere was soziale Zusammensetzung und Unterrichtszeit betrifft.

Es wurden durchschnittlich 17 Wochen Bruchrechnung und 6 Wochen Dezimalbruchrechnung unterrichtet.

Nach der Behandlung der gewöhnlichen Bruchrechnung und noch einmal nach der Dezimalbruchrechnung wurde in den Versuchs- und Kontrollgruppen jeweils ein größerer Test durchgeführt mit jeweils 4 Teiltests zu allen wesentlichen Abschnitten des Lehrgangs, die sich über 2 Schulstunden erstreckten. Einige Verständnis- und Anwendungsaufgaben sind durch die tabellarischen Zusammenstellungen in Abschnitt 6.1.2 angedeutet[69]. Die einfachen Routineaufgaben zu Erweitern/Kürzen, Vergleichen von Brüchen, Vergleichen und Runden von Dezimalbrüchen sowie zu den Rechenoperationen für Brüche und Dezimalbrüche kann sich der Leser wohl auch so ganz gut vorstellen.

b) Ergebnisse

Es seien hier nur kurz die Gesamtergebnisse des Vergleichs zwischen Versuchs- und Kontrollgruppen bei den C-Kursen (also den lernschwächsten Schülern) betrachtet:

---

[68] Dazu gehörte die Darstellung der Addition und Subtraktion von Brüchen, die Multiplikation von Brüchen mit natürlichen Zahlen und die Division von Brüchen durch natürliche Zahlen.

[69] Die dort mitgeteilten Einzelergebnisse stammen von den Kontrollgruppen und von zusätzlichen A-Kursen, die für eine Bestandsaufnahme insgesamt in die Untersuchung mit einbezogen wurden.

Vergleich gewöhnliche Bruchrechnung	C-Kurs	
	VG (N = 35)	KG (N = 50)
I. Umwandeln von Maßen, Skalen ablesen	62 %	34 %
II. Erweitern, Kürzen, Vergleichen	72 %	62 %
III. Rechnen mit Brüchen	37%	21 %
IV. Sachaufgaben	53 %	23 %
	59 %	39 %

Vergleich Dezimalbruchrechnung

	VG (N = 35)	KG (N = 50)
I. Umwandeln Brüche <--> Dezimalbrüche, Maßumwandlungen, Ablesen von Skalen	36 %	26 %
II. Runden, Vergleichen	41 %	29 %
III. Rechnen mit Dezimalbrüchen	34 %	26 %
IV. Sachaufgaben (nur Ansatz, Überschlag)	39 %	28 %
	37 %	28 %

Hervorzuheben ist dabei folgendes:

1. In der *gewöhnlichen Bruchrechnung* haben die Versuchsklassen insgesamt deutlich besser abgeschnitten als die Kontrollklassen: Der Unterschied ist besonders deutlich beim *Umwandeln von Maßen* (Aufgaben wie $\frac{3}{4}$ m = ? cm) und beim *Skalenablesen* (Bestimmen von Einfüllungen in Meßbechern) und bei ganz einfachen Anwendungsaufgaben.
(Beispiel: $\frac{2}{3}$ einer Klasse von 24 Schülern können schwimmen. Wieviel Schüler sind das?)
U.a. diese Unterschiede sind ein Indiz für das bessere Bruchverständnis der Versuchsschüler, das wir vor allem auf den Unterricht mit unserem Schülerheft „Bruchrechnung 1" zurückführen.

2. Selbst beim *Rechnen mit gewöhnlichen Brüchen* haben die Versuchsklassen deutlich besser abgeschnitten, obwohl hier (wie erläutert) ein verkürztes Unterrichtsprogramm durchgeführt wurde und die Versuchsklassen einige der Aufgabentypen im Unterricht gar nicht „gehabt" hatten. Dies ist vermutlich zurückzuführen auf ein besseres inhaltliches Verständnis, z.B. bei Aufgaben wie $4 \cdot \frac{2}{5} = ?$ oder $\frac{1}{5} : 2 = ?$

3. Auch in der *Dezimalbruchrechnung* haben die Versuchsklassen besser abgeschnitten als die Kontrollklassen, wenn auch nicht so deutlich wie in der gewöhnlichen Bruchrechnung. Der Unterschied ist relativ deutlich bei den Verständnisgrundlagen der Dezimalbruchrechnung, die den Versuchsschülern mit dem Schülerheft „Dezimalbruchrechnung 1" vermittelt wurden: beim Umwandeln von Dezimalbrüchen in gewöhnliche Brüche und umgekehrt, Umrechnen von Maßangaben, Ablesen von Skalen, Runden und Vergleichen. Bei keinem Teiltest haben die Versuchsklassen schlechter abgeschnitten als die Kontrollklassen. Daß die Unterschiede in der Dezimalbruchrechnung geringer sind als in der gewöhnlichen Bruchrechnung, ist vermutlich u.a. darauf zurückzuführen, daß die Dezimalbruchrechnung in den Versuchsgruppen ähnlich schnell und unvollständig am Ende des Schuljahrs (z.T. schon nach den Zeugniskonferenzen) behandelt werden mußte wie in den Kontrollgruppen.

c) Folgerungen

Einige wesentliche Folgerungen wurden in den Essentials des Abschnitts 6.1.3 bereits vorweggenommen. Eine stärkere Verständnis- und Anwendungsorientierung der Bruchrechnung, wie sie hier im einzelnen vertreten wurde, scheint unbedingt erforderlich. Die hier dargestellte Konzeption ist diesbezüglich schon eine Weiterentwicklung und Pointierung der Konzeption, wie sie in früheren Schüler- und Lehrerheften des Projekts TELEMA zum Ausdruck kam:

Auch die TELEMA-Autoren erkannten sich in manchen Punkten als immer noch zu traditions-verhaftet (was z.B. Regelformulierung und -anwendung beim Vergleich von Brüchen und den Rechenoperationen für Brüche betrifft, die Verwendung unnötiger Veranschaulichungsmittel und ungewöhnlicher gemeiner Brüche, manche Pseudoanwendung und einiges mehr).

Auf jeden Fall müßte der Stoff für lernschwache Schüler wohl noch viel entschiedener reduziert werden, als es (z.T. gegen die erklärte Absicht) in den Versuchsgruppen der Fall war[70]: Für die lern-schwächsten Schüler (C-Kurs), vielleicht aber auch für Schüler des B-Kurses, sollte man wohl stär-ker auf die Standardverfahren und entsprechende Regelformulierungen beim Vergleichen von Brüchen, Addieren und Subtrahieren gleichnamiger Brüche, Multiplizieren und Dividieren gemei-ner Brüche mit bzw. durch eine natürliche Zahl (Vervielfachen und Verteilen) verzichten; auf den Rest der Bruchrechenoperationen für gemeine Brüche sowieso (vgl. Abschnitt 6.1.4). Auch beim schriftlichen Rechnen (z.B. beim Umwandeln von gemeinen Brüchen in Dezimalbrüche durch Dividieren und beim Dividieren von Dezimalbrüchen, vielleicht auch schon beim Multiplizieren von Dezimalbrüchen), sollte man lernschwächere Schüler durch Zulassung des Taschenrechners noch mehr vom Rechnen entlasten.

Eine eindeutige Folgerung ist hinsichtlich des zeitlichen Rahmens zu ziehen; auch wenn man in der angedeuteten Art für lernschwächere Schüler noch weiter reduzieren mag.

Man kommt bei allen Schülern des 6. Schuljahrs mit dem üblichen zeitlichen Rahmen von ca. 17 Wochen Bruchrechnung plus ca. 6 Wochen Dezimalbruchrechnung (immerhin etwa $\frac{3}{4}$ eines Schul-jahrs) ganz offensichtlich nicht hin.

Selbst bei einer besseren Nutzung der Unterrichtszeit wird die Dezimalbruchrechnung am Ende des Schuljahrs häufig zu kurz kommen. Eine zeitliche Entzerrung der Bruchrechnung scheint unbe-dingt erforderlich! Hier setzen die Überlegungen im nächsten Abschnitt an.

6.7 Eine neue stoffliche Verteilung der Bruchrechnung?

Der Vorschlag, die Bruchrechnung zu entzerren und der Dezimalbruchrechnung mehr Gewicht zu geben, ist nicht neu. Es geht im Grunde schon nicht mehr darum, *daß* entzerrt werden muß (dazu sind die Ergebnisse hinsichtlich Zeitverteilung und Lernerfolg zu eindeutig!), sondern nur noch darum, *wie* entzerrt werden soll. Die Frage der Entzerrung, die zugleich als Frage der besseren Berücksichtigung der Dezimalbruchrechnung erscheint, wird häufig mit der Frage verquickt, ob die Dezimalbruchrechnung nicht vielleicht vor der gewöhnlichen Bruchrechnung oder gleichzei-tig mit ihr behandelt werden sollte. Die Frage des Beginns bzw. der Gleichzeitigkeit muß freilich etwas differenzierter gestellt und diskutiert werden, weil man sonst leicht bei Scheinlösungen lan-det. Es sei versucht, etwas näher darauf einzugehen und dabei eine eigene Vorstellung für eine ande-re Stoffverteilung zu entwickeln.

Es scheint jedenfalls geboten, mit den gemeinen Brüchen zu beginnen, weil es zunächst darum gehen muß, eine Bruchvorstellung zu entwickeln (wenn man nicht gleich mit formalem Operieren beginnen will). Die Entwicklung einer Bruchvorstellung geht mit Brüchen kleinerer „Nenner" offenbar einfacher als mit Brüchen größerer „Nenner", – gleichgültig, wie man die Brüche schrei-ben mag: Brüche mit kleinerem Nenner lassen sich besser veranschaulichen, herstellen und somit vorstellen. Der Kreis ist am Anfang, wie deutlich wurde (vgl. Abschnitt 6.2.1), ein besonders geeig-netes Veranschaulichungsmittel. Er kommt aber für Zehnerteilungen und damit für eine ursprüng-liche Veranschaulichung von Dezimalbrüchen nicht in Frage. Begriffe wie Zähler und Nenner

---

[70] Zumindest in einem für das 6. Schuljahr vorgegebenen Rahmen wie in Niedersachsen (vgl. dazu auch die Konsequenzen im nächsten Abschnitt).

(d.h. die Anzahl der Teile, in die man teilt und wieviel man davon nimmt) lassen sich übersichtlicher an Beispielen mit kleinen Zahlen verdeutlichen; auch die Variation der Beispiele ist einfacher (der Nenner von Dezimalbrüchen variiert gleich in Zehnerpotenzen). Auch die verschiedenen Aspekte des Bruchbegriffs ließen sich mit den Dezimalbrüchen kaum entwickeln: Wie schwer das schon bei der 1. Bruchauffassung wäre, wurde oben aufgezeigt. Bei den anderen Bruchaspekten sähe es noch schlechter aus:

2. Bruchauffassung: $0,7 = 7 : 10$ oder ähnliches wäre kaum zu veranschaulichen.

3. Bruchauffassung: $0,7 = 7$ von 10 ? − Anteile werden im Alltag vorzugsweise durch gemeine Brüche ausgedrückt.

Operatoraspekt: $0,7 \, l = 0,7$ von $1 \, l$ ginge schon gegen den Sprachgebrauch.

Dabei wäre, wie dargestellt, auch die 2. und 3. Bruchauffassung für eine frühzeitige Vorbereitung der Prozentrechnung und der Operatoraspekt für die Umwandlung von Größenangaben besonders wichtig ...

Es scheint auch nicht zweckmäßig, die Dezimalbrüche parallel zu den gemeinen Brüchen einzuführen, wie gelegentlich vorgeschlagen wird. Wie wohl durch die Darstellung in diesem Buch deutlich wurde, erfordert die sorgfältige Klärung des Verständnisses sowohl bei den gemeinen Brüchen als auch bei den Dezimalbrüchen eine Klärung vieler, durchaus unterschiedlicher Aspekte, so daß eine frühzeitige Mischung (vergleichbar mit zu frühzeitiger Mischung verschiedener Aufgabentypen) für eine Stabilisierung des neuen Lerninhalts ungünstig erscheint.

Sind die gemeinen Brüche aber erst einmal sorgfältig eingeführt (etwa im Sinne von Abschnitt 6.2.1), ist es nicht zwingend, auch gleich das Rechnen mit gemeinen Brüchen folgen zu lassen – für die schwächeren Schüler ohnehin nicht, wie dargelegt wurde, aber auch für die besseren Schüler nicht, weil das Rechnen mit gemeinen Brüchen grundsätzlich wenig als Grundlage für das Rechnen mit Dezimalbrüchen geeignet erscheint (vgl. Abschn.6.1.5) und auf jeden Fall nicht unbedingt erforderlich ist.

Also könnte man für *alle Schüler nach Einführung der gemeinen Brüche die Einführung der Dezimalbrüche* folgen lassen (etwa im Umfang von Abschnitt 6.4.1). Es könnte aber sinnvoll sein, die gewöhnliche Bruchrechnung für schwächere Schüler vor der Dezimalbruchrechnung erst zum Abschluß zu bringen: Hierzu gehörte für sie ja vielleicht nur noch die Addition/Subtraktion gleichnamiger Brüche, die Multiplikation natürliche Zahl mal Bruch und die Division Bruch durch natürliche Zahl auf anschaulicher Basis (ohne Regeln). Dies wäre, wie früher dargestellt wurde, eigentlich nicht mehr als eine Vertiefung des Bruchbegriffs.

Eine *Differenzierung* zwischen schwächeren und besseren Schülern könnte beim *Vergleich gemeiner Brüche* einsetzen (Hauptnennerverfahren nur noch für letztere!). Diese würde sich bei der Addition und Subtraktion ungleichnamiger Brüche fortsetzen.

Es würde sich also evtl. anbieten, nach der *Addition und Subtraktion von gemeinen Brüchen, mit den Dezimalbrüchen zu beginnen* und dann gleich das Rechnen mit Dezimalbrüchen (vollständig) für alle folgen zu lassen. Dabei dürften dann in Sachsituationen neben Dezimalbrüchen auch ruhig gemeine Brüche auftauchen (vgl. Abschnitt 6.5.7 d). Das schadet nichts, weil ja auf jeden Fall mit den Mitteln der Dezimalbruchrechnung gerechnet werden kann (oder ohne Regeln auf der Grundlage eines elementaren Bruchverständnisses). Danach könnte dann noch die *Multiplikation und Division gemeiner Brüche kommen* sowie *algebraische Aspekte* (Rechengesetze, Gleichungen), Zahlenerweiterungsaspekte (Einbettungsfragen), – vor allem zur Vorbereitung späterer Mathematik. Nimmt man nun alles zusammen, so könnte man sich gut folgende **neue Stoffverteilung der Bruchrechnung** vorstellen [71]:

---

[71] Ob sie so oder ähnlich u.U. bereits in einem Bundesland erprobt wurde oder wird, entzieht sich der Kenntnis des Autors.

5. Schuljahr: – *Anschauliche Grundlagen der Bruchrechnung* über gemeine Brüche (insbes. über einfache Brüche im Alltag wie Halbe, Drittel, Viertel, ...) *Größenumrechnungen* zu Bruchteilen von Kilogramm, Liter, ...

– *Anschauliche und anwendungsnahe Vertiefung des Bruchbegriffs:* Bruchauffassungen bzw. -situationen

$$\frac{3}{4} \text{ von; } \quad \frac{3}{4} = 3 : 4; \quad \frac{3}{4} = 3 \text{ von } 4 \quad \text{(Anteilsbegriff!)}$$

– *Erweitern und Kürzen;* überschlägiges Kürzen für bessere Schüler (für schwächere Schüler evtl. später mit Taschenrechnerdivision und Runden im Rahmen der Dezimalbruchrechnung)

6. Schuljahr: – *Vergleich von Brüchen*

für schwächere Schüler:	für bessere Schüler:
nur einfache Vergleiche zur Vertiefung des Bruchbegriffs	auch Hauptnennerverfahren

– *Addition und Subtraktion von Brüchen*

für schwächere Schüler:	für bessere Schüler:
nur gleichnamige Brüche	auch ungleichnamige Brüche

– *Multiplikation / Division* natürliche Zahl mal Bruch Bruch durch natürliche Zahl (für alle Schüler)

– *anschauliche Grundlagen der Dezimalbruchrechnung* Dezimalbrüche als Maßzahlen von Größen Dezimalbrüche in der Stellenwerttafel Ablesen von Skalen, Vergleichen, Runden

– *Umwandlung gemeiner Brüche in Dezimalbrüche*

für schwächere Schüler:	für bessere Schüler:
evtl. nur mit Taschenrechner	auch mit schriftlicher Division; theoretische Fragen der Umwandlung

– *Rechenoperationen für Dezimalbrüche*

für schwächere Schüler:	für bessere Schüler:
Division (evtl. auch Multiplikation) mit Taschenrechner	alle schriftlichen Rechenverfahren (ohne große Rechenschwierigkeiten); sonst Taschenrechner

(überschlägiges Rechnen für alle Schüler)

7. Schuljahr: – *Multiplikation und Division gemeiner Brüche* (allgemeine Multiplikations- und Divisionsregeln)*

– *Algebraische Aspekte der Bruchzahlen* Einbettungsfragen, Rechengesetze, Gleichungen* (* nur für bessere Schuler

7 PROZENT- UND ZINSRECHNUNG

7.1 Zielsetzung und Inhalt

Prozent- und Zinsrechnung sind wichtige spezielle Anwendungsgebiete der Bruchrechnung. (Deshalb ist es schon bei der Behandlung der Bruchrechnung wichtig, diese Anwendungen angemessen vorzubereiten; vgl. Abschnitt 6.1.3 und 7.2.1).

Die Behandlung von Prozent- und Zinsrechnung in der Schule ist vor allem durch ihre Verwendung im Alltag gerechtfertigt und sollte daher auch wesentlich dadurch bestimmt sein. Das bedeutet: Der Unterricht sollte weniger durch innermathematische Erwägungen und Formalismen bestimmt sein und auch nicht durch eine Überziehung didaktischer Prinzipien (vgl. Abschnitt 3.9.5 e), sondern durch Prioritäten, die durch die tatsächlichen Anwendungen gesetzt sind. Es kommt also inbesondere *nicht* darauf an, alle möglichen Aufgabentypen zu berücksichtigen, die es aufgrund der in diese Rechenbereiche eingehenden Variablen gibt und diese mehr oder weniger gleichwertig operativ „durchzuixen". Eine solche Behandlung wird – vielleicht sogar unbeabsichtigt – durch stoffdidaktische Analysen wie die von HOLLMANN (1975) nahegelegt.

Man sollte also die besonders praxisrelevanten Aufgabentypen deutlich stärker gewichten und auf manches, zumal wenn es um Differenzierung geht, vielleicht auch ganz verzichten (vgl. Abschnitt 3.10.4).

Auf der anderen Seite bedeutet das, zumindest was die Spar- und Kreditformen in der Zinsrechnung betrifft, über eine rein mathematische Behandlung hinauszugehen zugunsten fachübergreifender Zielsetzungen (zweckmäßiges und kritisches Spar- und Kreditverhalten); eventuell in Zusammenarbeit mit Kollegen des Fachbereichs Arbeit – Wirtschaft – Technik.

Den oben genannten Gesichtspunkten entspricht die nachfolgende methodische Diskussion; wichtige Anwendungssituationen, alltagsrelevante Methoden und Differenzierungen werden besonders diskutiert, und bei den Spar- und Kreditformen wird auch ein wenig auf fachübergreifende Zielsetzungen einzugehen sein.

7.2 Prozentrechnung
(Heft „Prozentrechnung" der Reihe STÜTZPFEILER)

7.2.1 Das methodische Gesamtkonzept der Prozentrechnung

a) Allgemeine Gesichtspunkte

Die Prozentrechnung wird hier vor allem unter Berücksichtigung lernschwächerer Schüler der Sekundarstufe 1 (7. Klassen der Haupt- und Realschule) diskutiert.

Im Gegensatz zum Beginn der Prozentrechnung in vielen Schulbüchern (wo man zur „Motivierung" häufig mit dem relativ schwierigen prozentualen Vergleich anfängt), sei eine Einführung der Prozentrechnung vorgeschlagen, in der zunächst einiges für die Grundlegung des Verständnisses getan und noch wenig gerechnet wird (vgl. auch den Anfang der Bruchrechnung und den der Dezimalbruchrechnung). Es geht dabei zu allererst um das Verständnis von Prozentangaben, wie sie uns überall begegnen. Veranschaulichungen auf „Prozentblättern" dienen einer möglichst guten Vorstellungsgrundlage. Ganz einfache „Prozentwertberechnungen" (noch vor Einführung entsprechender Terminologie) werden zur Vertiefung des Verständnisses für Prozentangaben vorweggenommen. Dabei spielen die Prozentangaben 10 %, 25 %, 50 %, 75 %, die einfachen vertrauten

Bruchteilen entsprechen, eine besondere Rolle [1], die sie später bei der Einführung der verschiedenen **Aufgabentypen** und allen Überschlägen behalten. Sie dienen einesteils dazu, die Aufgabentypen zunächst **an einfachen Beispielen** zu verstehen:

– „Prozentwerte" berechnen heißt gewöhnlich [2], den Teil eines Grundwerts (Hundertstelbruch eines Ganzen) zu bestimmen.
  Einfaches Beispiel: 10 % von 500DM berechnen heißt $\frac{10}{100}$ von 500 DM zu bestimmen.

– „Grundwerte" berechnen heißt gewöhnlich [2], von einem Teil des Grundwerts (Hundertstelbruch eines Ganzen) auf den Grundwert (das Ganze) zu schließen.
  Einfaches Beispiel: Man schließt von 80 DM = 25 % bzw. $\frac{1}{4}$ eines Grundwerts auf den vollen.

– „Prozentsätze" berechnen heißt gewöhnlich, den Teil eines Grundwerts in Prozenten (Hundertsteln) auszudrücken.
  Einfaches Beispiel: 600 von 800 Leuten = $\frac{600}{800}$ bzw. $\frac{3}{4}$ der Leute als 75 % der Leute zu bestimmen.

Andernteils ermöglichen die genannten einfachen Prozentsätze in allen anderen Fällen, leicht Überschläge zu machen, z.B.

$$23\% \text{ von } 190\,\text{DM} \approx 25\% \text{ von } 200\,\text{DM}$$
$$= \tfrac{1}{4} \text{ von } 200\,\text{DM} = 50\,\text{DM}.$$

Solche Überschläge haben neben der häufig im Unterricht im Vordergrund stehenden Vorausbestimmung des ungefähren Ergebnisses (hinterher meist zur „Probe" zu benutzen) vor allem folgende Bedeutung (vgl. auch Abschnitt 3.9.3):
– Die Überschläge selbst sind der „Hauptanwendungsfall" im Alltag (also wesentliches Unterrichtsziel).
– Die Überschläge (sozusagen die Zurückführung schwieriger Fälle auf einfache Fälle) dienen dazu, bei den schwierigen Fällen den Aufgabentypus und damit die Lösung leichter zu erkennen (haben also eine wesentliche didaktische Funktion).

b) Differenzierungsmöglichkeiten
Man hat verschiedene Differenzierungsmöglichkeiten, die sich letztlich alle nach Lernziel und -inhalt unterscheiden.
1. Man kann nach *Aufgabentyp* differenzieren:
   Welchen Aufgabentypus soll der Schüler überhaupt bewältigen?
2. Man kann nach *Art der Aufgabenbewältigung* differenzieren:
   Soll der Schüler nur Überschläge machen können oder auch ein allgemeines Verfahren lernen?
3. Man kann nach *Rechenhilfsmitteln* unterscheiden:
   Soll der Schüler bei Anwendung eines allgemeinen Verfahrens den Taschenrechner benutzen dürfen oder auch einen Rechenalgorithmus anwenden lernen?

Diese Möglichkeiten werden nun ein wenig konkreter diskutiert. Die Hauptmöglichkeit der Differenzierung besteht wohl in der Auswahl und Gewichtung der Aufgabentypen (nicht nur, aber vor allem auch im Sinne der oben genannten 3 Haupttypen zu verstehen). Dann kann man nach den anderen Möglichkeiten weiterdifferenzieren. Für die schwächsten Schüler muß und kann es vielleicht genügen, Prozentangaben zu verstehen, d.h. insbesondere auch, sie runden und in einfache

---

[1] Dazu gehört ergänzend auch die Prozentangabe 100% und später gelegentlich $33\tfrac{1}{3}$ % und $66\tfrac{2}{3}$ %.
[2] Von Prozentsätzen über 100% kann man zunächst einmal absehen.

Bruchteile übersetzen können (vgl. Abschnitt 7.2.2) und Prozentwerte berechnen können (zumindest überschlägig) – für die häufigsten Anwendungssituationen (Mehrwertsteuer, Jahreszinsen, Preisnachlaß; vgl. Abschnitt 7.2.3). Für etwas bessere Schüler bieten sich vielleicht Zusatzabschnitte zu Prozentangaben über 100 % und Prozentwertberechnungen mit nicht-ganzzahligen Prozentsätzen an.

Zur Differenzierung eignet sich im übrigen hauptsächlich die Grundwert- und die Prozentsatzberechnung: Am ehesten streichen kann man sicherlich die Berechnung von Grundwerten, da sie im Alltag relativ selten vorkommt (vgl. Abschnitt 7.2.4). Sollen die Schüler nicht ganz darauf verzichten, kann man sich mit den einfachen Fällen, d.h. mit 10 %, 25 % usw. als gegebenen oder darauf zu rundenden Prozentsätzen (d.h. im wesentlichen Überschläge) begnügen. Auch bei der etwas wichtigeren Prozentsatzberechnung, die aber relativ viele Voraussetzungen aus der Bruchrechnung erfordert (vgl. Abschnitt 7.2.5) könnte man sich bei schwächeren Schülern auf die einfachen Fälle (Anteile sind $\frac{1}{4}$, $\frac{1}{2}$ usw. und Runden auf diese Bruchteile) beschränken.

Kann man sich bei den schwächeren Schülern ohnehin auf einfache Fälle (bzw. Rückführung auf sie durch Runden) beschränken, ist die gründliche Behandlung der einfachen Fälle auch für die besseren Schüler wichtig, denn auch sie sollen auf jeden Fall überschlägig rechnen lernen. Auch sie können sich nur so ein flexibles Grundverständnis bewahren und ein zu rigides Rechnen nach standardisierten Methoden vermeiden. Es sollte z.B. nicht dazu kommen, daß die Schüler zur Berechnung von 25 % eines Wertes „geteilt durch 100, mal 25" rechnen.

c) Erklärungsansätze und Reihenfolge der Aufgabentypen

Im folgenden werden die vorzuschlagenden Erklärungsmodelle für die Grundtypen der Prozentrechnung angedeutet, die in den Abschnitten 7.2.3 bis 7.2.5 genauer dargestellt werden. Daraus leitet sich zunächst eine gewissen Schwierigkeitsabschätzung und die Reihenfolge einer Behandlung im Unterricht ab. Im darauffolgenden Abschnitt werden dann die von anderer Seite angebotenen Alternativen diskutiert.

1. *Berechnung von Prozentwerten*

– Im einfachen Falle (10%, 25%, ... oder darauf gerundeten Prozentsätzen) ist die Prozentwertberechnung die Berechnung des einfachen Bruchteils ($\frac{1}{10}$, $\frac{1}{4}$, ...) eines Ganzen (Grundwerts).

– Im allgemeinen Falle (z.B. 14%) wird der Prozentsatz gemäß der 1. Bruchauffassung (vgl. Abschnitt 6.2.2) in zwei Schritten berechnet:

  (1) Erst auf 1 Prozent ($\frac{1}{100}$) des Grundwerts schließen;

  (2) dann (z.B.) auf 14 Prozent ($\frac{14}{100}$) des Grundwerts.

2. *Berechnung von Grundwerten*

– Im einfachen Falle (10%, 25%, ... oder darauf gerundeten Prozentsätzen)
  Schluß von einem einfachen Bruchteil ($\frac{1}{10}$, $\frac{1}{4}$ ...) des Grundwerts auf den vollen Grundwert.

– Im allgemeinen Fall (z.B. 14%) wird wieder gemäß „Schlußrechnungsschema"[3] geschlossen:
  (1) Von (z.B.) 14% auf 1% des Grundwerts;
  (2) Von 1% auf den vollen Grundwert (100%).

---

[3] Die Schlußrechnung muß deshalb nicht vor der Prozentrechnung behandelt werden. Von Schlußrechnung dieser einfachen Art (vgl. auch Abschnitt 8.2.4) macht man ja z.B. auch bereits in der gewöhnlichen Bruchrechnung häufig Gebrauch, wenn man den Bruchteil irgendeiner Größe berechnet (vgl. 6.2.1c).Durch das Schema wird die Schlußweise nur bewußter gemacht.

3. *Berechnung von Prozentsätzen*

– Im einfachen Falle (ein Anteil läßt sich als einfacher Bruchteil wie ($\frac{1}{10}$, $\frac{1}{4}$ ...) ausdrücken oder darauf runden) ist der Bruchteil sofort als bereits bekannter Prozentsatz auszudrücken.

– Im allgemeinen Falle (gegeben ist z.B. ein Anteil wie 17 von 64) ist der entsprechende Bruchteil (z.B. $\frac{17}{64}$) durch Division in einen Dezimalbruch zu verwandeln und dieser auf einen Hundertstelbruch zu runden.

Der einfachste Aufgabentyp ist offenbar die Prozentwertberechnung: im Grunde nichts anderes als die Berechnung des Bruchteils einer Größe; was den Schülern von der gewöhnlichen Bruchrechnung schon geläufig ist (bzw. sein sollte). Die Grundwertberechnung ist die direkte Umkehrung dazu: von dem Bruchteil einer Größe auf das Ganze schließen (was bei natürlichen Anwendungen der Bruchrechnung kaum vorkommt). Die Grundwertberechnung erscheint deshalb schwieriger, zumal die Operation nicht wie bei der Prozentwertberechnung durch einen Bruch unmittelbar vorgegeben ist. Die allgemeine Prozentsatzberechnung ist offensichtlich der schwierigste Aufgabentyp der Prozentrechnung, weil hier die meisten Voraussetzungen aus der Bruchrechnung eingehen (siehe Teil d dieses Abschnitts). Die hier propagierte Art der Berechnung des Prozentsatzes scheint noch die verständlichste im Sinne eines allgemeinen Verständlichkeitskonzepts (vgl. Abschnitt 2.2), weil sie ohne zusätzlichen Aufwand unmittelbar an die Grundvorstellungen der Bruchrechnung anschließt. (Diskussion unter Teil d) dieses Abschnitts!)

Aus der engen Beziehung zwischen Prozentwert- und Grundwertberechnung einerseits und die größere Schwierigkeit der Prozentsatzberechnung andererseits ergibt sich die Reihenfolge der Behandlung im Unterricht: erst Prozentwert-, dann Grundwert- und schließlich Prozentsatzberechnung.

d) Andere Erklärungsansätze

Im folgenden wird zu begründen versucht, warum andere Erklärungsansätze im Kern weniger elementar sind als die oben angedeuteten und daher für den Unterricht weniger in Frage kommen.

Als grundsätzliche Alternative mit einem in sich geschlossenen Konzept bietet sich die sog. *Operatormethode* an. Ihr Hauptnachteil ist wohl darin zu sehen, daß die den Grundaufgabentypen entsprechenden Fragestellungen erst in ein von außen herangetragenes Berechnungsschema zu übersetzen sind. So werden aus mehr oder weniger vertrauten und damit „natürlichen" Fragestellungen der Bruchrechnung „künstliche" Operatorfragestellungen gemacht, die zudem stark an eine bestimmte Terminologie gebunden werden.

Das fragliche Operatorschema lautet:

$$\text{Grundwert} \xrightarrow{\text{Prozentoperator}} \text{Prozentwert}$$

1. Prozentwertberechnung

Aus „Bruchteil von irgendeiner Größe bestimmen" wird:

„Um den Prozentwert zu bestimmen, ist der Prozentoperator auf den Grundwert anzuwenden".

Wo liegt eigentlich der Unterschied zum oben vorgetragenen Ansatz?

Betrachten wir ein *Beispiel:*

Es sind 15 % Mehrwertsteuer eines Rechnungsbetrages von 80 DM zu berechnen.

Schließt man sich wie oben direkt an die Bruchrechnung an, kann man sofort beginnen. Man braucht kein Operatorschema und prinzipiell keine besondere Terminologie[4].

---

[4] Termini wie Grundwert, Prozentwert, Prozentsatz können bei der Einführung in die Prozentrechnung eine durchaus untergeordnete Rolle spielen.

Schließt man sich der Operatormethode an, heißt es erst einmal Begriffe zuzuordnen, die gegebenen Daten umzuordnen, um das Schema dann anwenden zu können:

$$\text{Grundwert: 80 DM, Prozentoperator: } 15\% = \tfrac{15}{100}$$

$$\text{Schema: } 80\,\text{DM} \xrightarrow{\ \tfrac{15}{100}\ } \text{Prozentwert?}$$

Es wird also mit der Operatormethode ein wirklich unnötiger Aufwand getrieben, der vom einfachen Kern der Sache eher ablenkt.

Wenn nur klar ist, daß ein Bruchteil von etwas zu berechnen ist (und dies ist klar durch $15\% = \tfrac{15}{100}$) [5], braucht man das weitere nicht mehr.

2. Grundwertberechnung

Statt im Sinne elementarer Bruchrechnung schlicht zu sagen:
„Es wird von einem Bruchteil auf das Ganze geschlossen" heißt es in der Sprache der Operatormethode etwa:
„Zur Bestimmung des Grundwerts ist der Gegenoperator zum Prozentoperator auf den Prozentwert anzuwenden."
Wohl gemerkt, man muß hier immer genau identifizieren: Was ist der Grundwert, was der Gegenoperator, was der Prozentwert usw.? Dann ordnet man in das Schema ein, zum Schluß rechnet man.
Man überlege einmal, was das bei folgendem *Beispiel* bedeutet:
Jemand spendet 2% seines Gehalts für ein Entwicklungshilfeprojekt; das sind 100 DM. Wie hoch ist das Gehalt?
Man merkt dabei, wie hinderlich die Operatormethode für ein natürliches Verständnis wirkt:

$$\text{Grundwert} \underset{\tfrac{100}{2}}{\overset{\tfrac{2}{100}}{\rightleftharpoons}} 100\,\text{DM}$$

Schlichtes Bruchverständnis vorausgesetzt, würde man sagen: $2\% = \tfrac{2}{100} = \tfrac{1}{50}$

Der fünfzigste Teil des Gehalts ist 100 DM ...
(Oder vielleicht auch 2% ... sind 100 DM; 1% ... sind 50 DM; 100% ... sind 5000 DM.)
Bei Verständnis der Sachsituation wird sich Alltagsdenken in solchen einfachen Sätzen, aber sicherlich nicht in einem Operatorschema ausdrücken, in das man hier auch noch „von hinten" einsteigt. (Wie handhabt man so etwas eigentlich im Kopf?)

3. Prozentsatzberechnung

Beispiel: 23 von 135 Schülern einer Hauptschule sind krank.
Wieviel Prozent sind das?

Statt im Sinne schlichten Bruchverständnisses zu sagen: „Ein Anteil soll in Hundertstel ausgedrückt werden," (und daran weiter zu überlegen) fragt man in der formalen Sprache der Operatormethode: „Gesucht ist der Prozentoperator, der einen Grundwert in einen Prozentwert überführt."

Schema zur Lösung obiger Aufgabe: $135 \xrightarrow{\ ?\ } 23$

Hier geht gleich mehreres „gegen den Strich".
Man fragt nach einem „Operator, der den Grundwert ...", obwohl der Prozentwert als „Teil", für den man sich interessiert, doch der natürliche Ausgangspunkt wäre. Zudem wird der gegebene Anteil

---

5) Das Bruchverständnis braucht man letztlich auch bei der Operatormethode. Was ist also gewonnen?

(Beziehung eines Teils zu einem Ganzen) in unnatürlicher Weise auseinandergerissen und durch den Operator in eine „Dynamik" zwischen seinen Bestandteilen gebracht, die niemand bei einem Anteil empfindet.

Wegen dieser ganzen „Unnatürlichkeit" des Ansatzes gegenüber einem einfachen Bruchverständnis ist schwer vorstellbar, daß jemand im Alltag mit diesem Operatorschema arbeitet.

Insofern ist das Operatorschema für einen ersten, möglichst verständlichen Zugang zu elementaren Fragestellungen der Prozentrechnung und als Berechnungshilfe vermutlich wenig geeignet. (Damit sei nicht bestritten, daß es zu späterer Zeit u.U. nützlich sein kann zur graphischen Verdeutlichung und Integration der Aufgabentypen vom „höheren" Standpunkt. Auch als Rechenhilfe können Operatorschemata bei anderer Gelegenheit nützlich sein (vgl. Abschnitt 7.2.3).

Da die Prozentsatzberechnung mit Recht als besonders schwierig gilt, seien zwei weitere Wege betrachtet, die jedoch auch weniger geeignet erscheinen. Wir diskutieren sie kurz an dem obigen Beispiel der kranken Hauptschüler. Beide gehen von einem gemeinsamen Grundansatz aus:

> 135 Schüler sind 100 % der Hauptschüler
> 23 Schüler sind dann wieviel Prozent?

(1) Der eine Weg geht über einen *Dreisatz*:

> 135 Schüler sind 100 % der Hauptschüler ...
> 1 Schüler ist 100 % : 135 ...
> 23 Schüler sind 23 mal soviel ...

(2) Der andere Weg ist der über eine *Enthaltenseinsvorstellung*:

> Wie oft sind 23 Schüler in 135 Schülern enthalten?
> Durch diesen Faktor ist dann 100 % zu teilen; da der gesuchte Prozentsatz ebensooft in 100 % enthalten ist wie 23 Schüler in 135 Schülern.

Zu 1: Der erste Weg scheint etwas künstlich, weil „100 %" in die Aufgabe hineingetragen werden, die ursprünglich gar nicht „da" sind.[6] Es ist naheliegender, direkt nach dem Bruchteil zu fragen, den ein Schüler vom Ganzen ausmacht ($\frac{1}{135}$) und dann nach dem, den 23 Schüler ausmachen ($\frac{23}{135}$)

Zu 2: Der zweite Weg erscheint nicht weniger künstlich:
Anstatt von dem „gegebenen" Bruchteil auszugehen, wird erst ein Operator gesucht (er wird hier nur nicht so bezeichnet), der auf 100 % anzuwenden ist.

Es bleibt daher bei dem Vorschlag des direkten Weges, der an die durch die Sachsituation nahegelegte Bruchvorstellung anschließt:

23 von 135 Schülern = $\frac{23}{135}$ = 23 : 135 = ...

Noch zwei ergänzende Bemerkungen:

1. Selbst wenn man die verschiedenen Methoden nur nach rechentechnischen Gesichtspunkten betrachten würde, könnte man gegenüber der vorgeschlagenen kaum etwas gewinnen. Die rechentechnische Schwierigkeit (23 : 135) hat man bei der Operatormethode genauso. Sie wird bei dem „Dreisatzweg" ersetzt durch 100 % : 135 und eine zusätzliche Multiplikation mit 23. Bei dem „Enthaltenseinsweg" wird sie ersetzt durch 135 : 23 (was bei algorithmischem Rechnen vielleicht etwas angenehmer wäre als 23 : 135; dafür hat man dann noch eine Division 100 % durch Dezimalbruch!)

---

[6] Ein gewisser Vorteil dieser Methode mag vielleicht darin gesehen werden, daß man alle drei Grundaufgaben mit Dreisatz lösen könnte; aber auch der Dreisatz ist kein Selbstzweck!

2. Andere formale Wege, die man sonst noch findet, kommen aus grundsätzlichen Erwägungen als Erstzugänge nicht in Frage:

– Ein Weg etwa über die Ableitung einer „Formel":

Prozentsatz von Grundwert = Prozentwert bzw.

Prozentsatz · Grundwert = Prozentwert, d.h.

Prozentsatz = Prozentwert : Grundwert

– Die Berechnung über ein (vielleicht sogar gemeinsam erstelltes *Computer-Programm*, bei dem nur noch gesagt werden muß, welches die gegebenen Variablen sind und welches die gesuchte ist"

Solche Wege sind für die Schüler letztlich keine geeigneten „Erklärungen", sondern „Tunnelwege", weil sie auf Dauer nicht verständlich nachvollziehen können, wie sie zum Ergebnis gekommen sind. Die gedanklichen Schritte des Weges, die von einer begrifflichen Interpretation der Anwendungssituation über einen Ansatz und von dort schließlich zur Lösung führen, sollten für den Schüler (zumindest bei Erstzugängen für Grundaufgaben wie hier) in möglichst hohem Umfange erhalten bleiben. Wird der Situation hingegen ein fertiges mathematisches Werkzeug übergestülpt und dessen genaue Handhabung vergessen, steht der Schüler der nächsten Situation leicht „hilflos" gegenüber. Ein inhaltlich verstandener und mehrmals gegangener Weg ermöglicht hingegen (eher) eine Rekonstruktion des Verstandenen. Die Rekonstruktion wird um so eher gelingen, je näher sich die Erklärung an elementaren Grundvorstellungen orientiert (vgl. Abschnitt 2.5).

e) Verwendung von Voraussetzungen aus der Bruchrechnung

Voraussetzung für eine erfolgreiche Bewältigung der Prozentrechnung sind einige wichtige Grundkenntnisse aus der Bruchrechnung. Sie seien im folgenden samt der dazu nötigen Rechnungen hervorgehoben. Dies geschieht allerdings nur andeutungsweise und verdichtet anhand einzelner Beispiele, – und nur so weit, daß der Unterrichtende daraus konkreter überblicken kann, was vom Schüler dabei erwartet wird bzw. zu erarbeiten wäre. (Zugleich wird angedeutet, wie die Prozentrechnung in der Bruchrechnung „aufgeht"!)[7]

Verstehen von Prozentangaben

⟶ *Verständnis des Bruchbegriffs*

(1. Bruchauffassung: $\frac{15}{100}$ = 15 Hundertstel)

… = 0,15 ⟶ Dezimalbruchverständnis

Berechnung von Prozentwerten

⟶ *Bruchteile von Größen bestimmen*:

$$\frac{3}{4} \text{ von } 460,50 \text{ DM} = (460,50 \text{ DM} : 4) \cdot 3$$

(Hier: $\frac{81}{100}$ von 250 Einwohnern = (250 : 100) · 81)

Berechnung von Grundwerten

⟶ *Von Bruchteilen auf ein Ganzes schließen*:

$\frac{1}{4}$ eines Ganzen = 25,30 DM   ⟹ 1 Ganzes = 4 · 25,30 DM

(Hier: $\frac{15}{100}$ eines Ganzen = 69 DM   ⟹ 1 Ganzes = (69 : 15) · 100)

---

[7] Eine solche verdichtete und integrierende Aufstellung könnte u.U. auch für Schüler nach Behandlung der Prozentrechnung interessant sein (vgl. Abschnitt 3.7.3 f).

Berechnung von Prozentsätzen

—▶ *Anteile als Hundertstel ausdrücken:*

$$10 \text{ von } 40 = \frac{10}{40} = \frac{1}{4} = \frac{25}{100}$$

(Gebraucht wird also 3. Bruchauffassung, Kürzen, Erweitern)

$$23 \text{ von } 135 = \frac{23}{135} = 23 : 135 = 0{,}177\ldots \approx 0{,}18$$

(Gebraucht wird also auch 2. Bruchauffassung, Runden von Dezimalbrüchen)

Aus den angedeuteten Rechenoperationen erkennt man, daß die Multiplikation und Division von Dezimalbrüchen (insbesondere mal und geteilt durch 100) in vielfältiger Form gebraucht wird. Für das Überschlagsrechnen braucht man das Überschlagsrechnen für Dezimalbrüche und das Erkennen ungefährer Anteile („überschlägiges Kürzen"):

$$23 \text{ von } 135 = \frac{23}{135} \approx \frac{25}{125} = \frac{1}{5}$$

Viele dieser insgesamt nicht geringen Voraussetzungen aus der Bruchrechnung müssen rechtzeitig gesichert werden. Sonst werden die Schüler leicht überfordert in der Prozentrechnung. Da die Prozentrechnung ja letztlich Bruchrechnung ist, haben die Schüler „im Prinzip" außer Schreibweisen und ein paar neuen Termini (die auch noch fast entbehrlich sind) nichts eigentlich Neues zu lernen. In dem hier dargestellten Bruchrechenlehrgang wurden bewußt die in der Prozentrechnung erforderlichen bzw. wünschenswerten Voraussetzungen bereits besonders betont, sogar hinsichtlich Schreibweise $\frac{15}{100} = 15\%$, aber vor allem auch Erweitern auf Hundertstel, Anteile als Brüche schreiben, überschlägiges Kürzen, Brüche als Quotienten schreiben, Dezimalbrüche auf Hundertstel runden usw. Dadurch kann man gewiß die Prozentrechnung entlasten.

Häufig sind jedoch die notwendigen Voraussetzungen (nicht zuletzt aufgrund unglücklicher Rahmenbedingungen oder unzweckmäßiger Schwerpunktsetzung im 6. Schuljahr) nur sehr unvollständig da, wie empirische Untersuchungen Ende des 6. Schuljahrs allzu deutlich zeigen (vgl. Abschnitt 6.1.2.). Solange keine einschneidenden Konsequenzen (vgl. Abschnitt 6.7) gezogen werden, ist es nur realistisch – wie es häufig versucht wird –, eine umfangreiche Wiederholung der Bruchrechnung einzuplanen. Deshalb wurden auch in dem Heft „Prozentrechnung" wichtige Grundkenntnisse der Bruch- und Dezimalbruchrechnung für gezielte Wiederholungen zusammengestellt.

Sind die Lücken der Schüler nicht gar zu groß, ist wohl eine zur Prozentrechnung parallel geführte Wiederholung die zweckmäßigere Art, die nötigen Vorkenntnisse zu sichern, weil sie so häufig besser zu motivieren ist. Sollten größere Lücken vorliegen, so kann auch ein geschlossener Wiederholungskurs angebracht sein. Auch hier wird man aber bereits Querverbindungen zur Prozentrechnung suchen, um deutlich zu machen, wo und wozu die Bruchrechnung in der Prozentrechnung gebraucht wird. (Im Heft „Prozentrechnung" wurde durch Hinweise vorne im Text und im Anhang versucht, beiden Formen der Wiederholung gerecht zu werden.)

Zum Schluß noch eine *Bemerkung zur Bewältigung der rechentechnischen Voraussetzungen:*
Wenn es nicht mehr so sehr um die Algorithmen der Dezimalbruchrechnung geht, sollte man zugunsten einer Konzentration auf den gedanklichen Gehalt (dazu gehören auch die Überschläge!) in der Prozentrechnung verstärkt von dem Taschenrechner Gebrauch machen – allerdings nicht für die häufige Multiplikation und Division mit 100!
(Vgl. im übrigen dazu bereits die Abschnitte 3.9.3 und 6.5.1.)

7.2.2 Einführung in die Prozentrechnung

a) Was die Prozentangaben im Alltag bedeuten

Es ist sicherlich wichtig, den Schülern am Anfang der Prozentrechnung einzuschärfen, daß „Prozent" tatsächlich nichts anderes als „Hundertstel" bedeutet, also 20% und $\frac{20}{100}$ wie auch 0,02 nur verschiedene Schreibweisen für ein und denselben Bruch sind. Mit diesem Wissen können die Schüler nun sofort versuchen, alle möglichen Prozentangaben aus dem Alltag zu deuten, z.B.

> 50% Ermäßigung,
> 15% Mehrwertsteuer,
> 45% Wählerstimmen,
> 38% Alkohol.

Die Prozentangaben werden als Hundertstel geschrieben und gegebenenfalls gekürzt. Prozentangaben, die besonders einfache Bruchteile bedeuten, werden herausgestellt:

10%	20%	25%	50%	75%	100%
$\frac{1}{10}$	$\frac{1}{5}$	$\frac{1}{4}$	$\frac{1}{2}$	$\frac{3}{4}$	$\frac{1}{1}$

Den Zusammenhang zwischen 100% und „hundertprozentig" der Alltagssprache wird man herstellen: *100% bedeutet das „Ganze".*
– Ein Saal ist „hundertprozentig" besetzt, bedeutet ...
– Jemand hat seine Sache „hundertprozentig" erledigt.

Im übrigen werden diese einfachen „Prozentsätze"[8] hinsichtlich ihres Operatoraspekts vertieft, indem sie gleich auf einfache Größen aus vertrauten Alltagssituationen angewandt werden.

Dadurch wird auch ihre „Bedeutung" bewußter:
– Was heißt 50% Ermäßigung bei 10 DM Eintritt?
– Was bedeutet 15% Mehrwertsteuer bei einem Preis von 100 DM?
– Was sind 100% von 170 Plätzen?

(Von „Prozentwertberechnung" wird hier noch nicht gesprochen!)

Die Bedeutung von 100% wird weiter vertieft durch die Frage nach der „Ergänzungsmenge":
– 75% der Plätze sind belegt. Wieviel Prozent der Plätze sind nicht belegt?

b) Veranschaulichungsmittel

Die Bruchbedeutung von „Prozenten" wird durch „alte" Veranschaulichungsmittel betont:

Kreisdarstellung

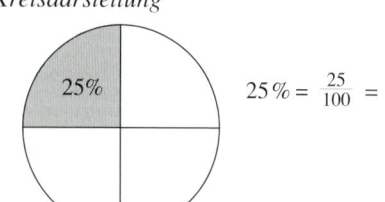

$25\% = \frac{25}{100} = \frac{1}{4}$

Streifendarstellung

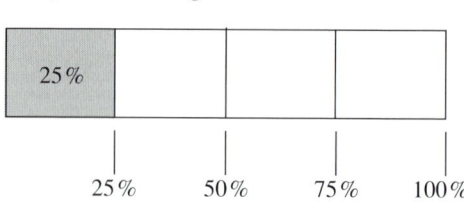

---

[8] Es ist mißlich, daß unter „Prozentsatz" nach früherer Tradition manchmal nur der Zähler des Hundertstelbruchs verstanden wird. Das schafft unnötige Verwirrung und erschwert die Einordnung der Prozentrechnung als „Hundertstelrechnung" in die Bruchrechnung.

Vorzugsweise wird jetzt aber das „Prozentblatt" als Veranschaulichungsmittel verwendet, weil man auf ihm die Hundertstel unmittelbar sehen und leicht darstellen kann: zur genaueren Erläuterung des Prozentblattes für Schüler vgl. Abschnitt 3.6.6.

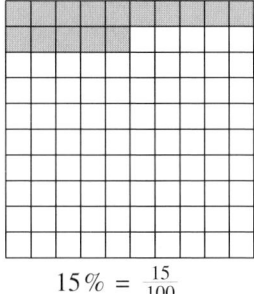

$$15\% = \frac{15}{100}$$

Das Prozentblatt hat keine besondere Relevanz im Alltag (hier werden meist Kreis- oder Streifendarstellungen verwendet). In dieser Einführung geht es aber noch nicht um eine praktisch bedeutsame „Veranschaulichungsfertigkeit" (die bei der Kreisdarstellung recht viel zusätzlichen Aufwand mit Winkelberechnungen erfordert), sondern lediglich um eine gute Vorstellungsbasis.

c) Weitere Vertiefungen: Prozentangaben über 100% und nicht ganzzahlige Prozentangaben

Sowohl die Prozentangaben über 100% wie die nicht ganzzahligen Prozentangaben bedeuten eine Erweiterung des bisherigen Verständnisses („Prozentangaben bezeichneten *Teile* eines Ganzen", „*Prozentzahlen*" waren die Zähler von Hundertstelbrüchen, also „*ganzzahlig*").
Prozentangaben über 100% wie 150%, 200%, 300% begegnen uns im Alltag häufig bei der Beschreibung von „Zuwächsen":
– Er verdient 150% von dem, was er früher verdiente.
– Mit dem Kopierer kann man bis auf 150% vergrößern.

Eine Schwierigkeit für die Schüler bedeutet es, daß man Zuwächse auf über 100% sprachlich sehr unterschiedlich ausdrücken kann. Folgende Ausdrücke bedeuten z.B. das gleiche:

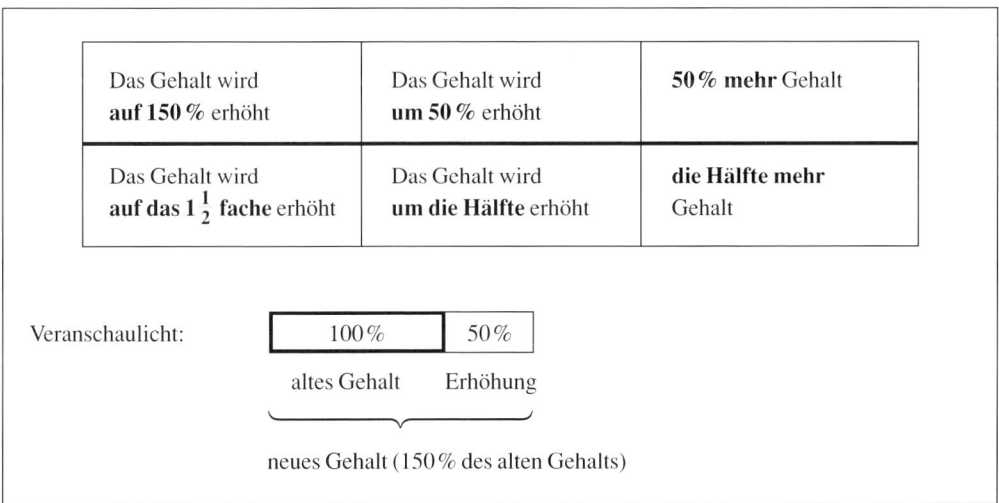

Aus: „Prozentrechnung" (ZECH 1996)

Das stets Gleiche, das hier immer wieder anders ausgedrückt wird, wird durch die Veranschaulichung darunter betont. Die Ausdrucksweisen sind an mehreren Beispielen zu üben; denn hier haben auch viele Erwachsene ihre Schwierigkeiten!
Nicht ganzzahlige Prozentangaben sind bei genauerem Hinschauen viel häufiger, als man zunächst vielleicht denkt:

Fast alle Wahlergebnisse werden z.B. durch Prozentangaben mit einer Dezimalen veröffentlicht [9]. Sie bereiten gedanklich-anschaulich kaum Schwierigkeiten, da diese (z.B. 12,3 %) wie Maßangaben (z.B. 12,3 °C) empfunden und gedeutet werden. Im Grunde handelt es sich hier natürlich um eine neue Schreibweise für Dezimalbrüche mit mehr als zwei Dezimalen bzw. „entsprechende" gemeine Brüche (z.B. steht 12,3% für 0,123 bzw. $\frac{123}{1000}$).

Auch Zinssätze werden meist mit Hilfe von gemeinen Brüchen oder mit ein bis zwei Dezimalen angegeben, z.B. mit $7\frac{1}{2}$ % oder 8,25 %. (Daß die erste Dezimale hier Tausendstel und die zweite Zehntausendstel bedeutet, also daß 8,25 % für 0,0825 steht, ist zunächst und auch in der Prozentwertberechnung von untergeordneter Bedeutung, da die Schüler ihrem „Größenempfinden" entsprechend meist : 100 · 8,25 rechnen werden!)

Bei dieser Gelegenheit wird man natürlich auch den im Alltag häufig benutzten Prozentsatz $33\frac{1}{3}$ % für $\frac{1}{3}$ als „dritten Teil von 100%", etwa anhand folgender Kreisdarstellung einführen:

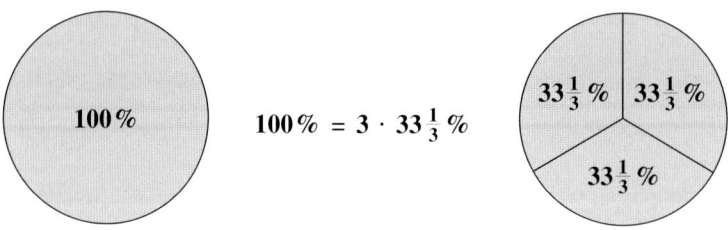

d) Eine Anwendungssituation am Ende der Einführung

An einer Tabelle zu den letzten Wahlen, die ja meist auch die Wahlergebnisse von vorhergehenden Wahlen wiederholen, läßt sich bereits viel Alltagsumgang mit Prozentangaben üben:

Ergebnisse der Bundestagswahlen						
	Bundestagswahl 1990 Zweitstimmen		Bundestagswahl 1994 Zweitstimmen		Bundestagswahl 1998 Zweitstimmen	
Wahlberechtigte	60 436 600		60 396 272		60 762 751	
Abgegebene Stimmen	46 955 900		47 743 597		49 947 087	
Ungültige Stimmen	540 100		639 021		638 575	
Beteiligung in %	77,8		79,1		82,2	
CDU b.z.w.	17 056 366	36,7	16 089 491	34,2	14 004 908	28,4
CSU	3 301 734	7,1	3 427 128	7,3	3 324 480	6,7
SPD	15 545 400	39,5	17 141 319	36,4	20 181 269	40,9
FDP	5 123 200	11,0	3 257 864	6,9	3 080 955	6,2
Die Grünen	1 788 200	3,8	———	—	———	—
B 90/Grüne	559 200	1,2	3 423 091	7,3	3 301 624	6,7
PDS	1 129 600	2,4	2 067 391	4,4	2 515 454	5,1
Sonstige	1 952 100	4,2	1 698 292	3,5	2 899 822	5,8

In diesem Zeitungsausschnitt findet ihr die Prozentanteile der Parteien mit einer Stelle hinter dem Komma angegeben (Das Zeichen % fehlt).

Aus: „Prozentrechnung"

---

[9] Vgl. die Wahlergebnisse unter Punkt d).

Mögliche Fragestellungen:
– Welcher einfache Bruchteil entfällt auf diese und jene Partei ...?
– Wieviel Prozent hat diese oder jene Partei (bezogen auf die jeweils gültigen Stimmen) zuge-
  nommen (abgenommen)? Welchem Bruchteil entspricht das
– Wieviel Prozent hatte diese oder jene Partei im Durchschnitt der letzten drei Wahlen? Usw.
(Es ist allerdings zu gestehen, daß der Wahlkontext bei einigen Schülern nicht gut „ankommt".)

7.2.3 Prozentwertberechnung

a) Einfache Prozentwertberechnung
Der allgemeinen Konzeption entsprechend (vgl. Abschnitt 7.2.1), wird mit der Berechnung von
10 %, 20 %, 25 %, ... eines Ganzen begonnen. Dabei spielen die Termini „Prozentsatz", „Grundwert" und „Prozentwert" eine untergeordnete Rolle, weil man diese Termini zum Aufgabenlösen
nicht braucht (vgl. Abschnitt 7.2.1). Die Aufgaben werden nicht nach allgemeinem Schema (z.B.
erst 1 %, dann 10 %, ...) gerechnet, sondern mit $\frac{1}{10}$ von ..., $\frac{1}{5}$ von ..., $\frac{1}{4}$ von ... usw.
Um die Schüler an das überschläge Rechnen mit diesen einfachen Bruchteilen zu gewöhnen,
bekommen sie auch Aufgaben für Prozentsätze wie 11 %, 24 % oder 45 % in folgender anwendungsbezogener Art:
– 11 % von 200 Wählern ... Wieviel Wähler sind das ungefähr?
– 24 % von 410 Schülern ... Wieviel Schüler sind das ungefähr?
– 45 % Kakao bei einer 200-g-Tafel ... Wieviel Gramm sind das ungefähr?

Daneben ist besonders die Proportionalität [10] zwischen Grundwert und Prozentwert (bei festem Prozentsatz) und zwischen Prozentsatz und Prozentwert (bei festem Grundwert) zu betonen, um diese
funktionale Abhängigkeit des Prozentwerts von Grundwert und Prozentsatz bewußt zu machen.
Dazu dient beispielsweise das Ausfüllen und genauere Betrachten einer Tabelle folgender Art:

Prozentsatz / Grundwert	1 %	10 %	20 %	50 %	75 %	100 %	200 %
a) 100 €							
b) 240 €							
c) 600 €							
d) 1000 €							

Aus: „Prozentrechnung"

Um die fraglichen Zusammenhänge ausdrücken zu können, sind übrigens die Termini Grundwert,
Prozentwert und Prozentsatz nützlich und werden dabei sinnvoll mitgeübt:
Die Schüler sollen aufgrund eines klaren Gefühls für die Proportionalität zu Schlüssen wie den fol-
genden angeregt werden:

[10] Eine explizite Behandlung des Begriffs „proportional" (vgl. auch Abschnitt 8.2.5 a) ist dazu natürlich
nicht erforderlich; siehe die Beispiele.

„15% von X liegt zwischen 10% von X und 20% von X" bzw.

„15% von X = 10% von X + 5% von X" bzw.

„5% von X ist die Hälfte von 10% von X" usw.

(Hier hilft natürlich auch die quasikardinale Schreibweise der Prozentsätze: „15 liegt zwischen 10 und 20!") Folgende Tabelle fordert speziell diese Schlüsse besonders heraus bzw. verdeutlicht sie:

Grundwert	5%	10%	15%	20%
200 DM	10 DM	20 DM	30 DM	40 DM

Auf dieser Basis wird man z.B. die *Mehrwertsteuer von 15%* überschlägig oft dadurch berechnen, daß man zunächst (etwa) 10% berechnet und dann (etwa) die Hälfte addiert.

b) Allgemeine Prozentwertberechnung

Einstiegsfrage: Wie hat man die Mehrwertsteuer genau zu berechnen, wenn sie bei 16% liegt? Was sind z.B. 16% von 250 DM?

Hier ist einerseits die quasikardinale Schreib- bzw. Sprechweise 16% = 16 Prozent und andererseits der Rückgang auf den Hundertstelbruch (16% von ... = $\frac{16}{100}$ von ...) zu nutzen:

„$\frac{16}{100}$ von" bedeutet „erst : 100, dann · 16" (1. Bruchauffassung!)

Man schließt also erst auf $\frac{1}{100}$, dann auf $\frac{16}{100}$ bzw. erst auf 1%, dann auf 16%.

Für bessere Schüler mag es zweckmäßig erscheinen, direkt an die Bruchrechnung – entsprechend dem obigen Rahmen – anzuschließen oder womöglich gemäß „$\frac{16}{100}$ von = 0,16 mal" gleich mit dem entsprechenden Dezimalbruch zu multiplizieren (sicherlich die eleganteste Lösung).

Für schwächere Schüler scheint es jedoch – entsprechend der quasikardinalen Auffassung des Prozentsatzes – am suggestivsten, das Verfahren in zwei Schritten zu formulieren, die den beiden elementaren Rechenschritten entsprechen:

Erst 1% von 250 DM $= \frac{1}{100}$ von 250 DM = 250 DM : 100 = 2,50 DM;

dann 16% von 250 DM $= 16 \cdot 2,50$ DM = 40,00 DM

Allgemeiner für den Schüler formuliert:

1. Du berechnest 1% des Grundwerts (Grundwert **im Kopf** durch 100 teilen)

2. Du nimmst mit der Anzahl der gefragten Prozente mal
   (schriftlich oder mit Taschenrechner)
   Überschlag mit einfachem Prozentsatz zur Kontrolle![11]

Dieses Verfahren sollte der Lehrer unter deutlicher Angabe der Schritte an mehreren Beispielen gemeinsam mit den Schülern einüben und gelegentlich auch regelrecht modellieren bzw. modellieren lassen (vgl. Abschnitt 4.4).

---

[11] Im obigen Beispiel: 16% von 250 DM ≈ 20% von 250 DM = $\frac{1}{5}$ von 250 DM = 50 DM

c) Aufgaben/typische Anwendungssituationen

Als Aufgaben bieten sich zunächst diejenigen zur genaueren Rechnung an, die vorher nur näherungsweise gelöst wurden (siehe Teil a):

11% von 150 Wählern   = ...?

24% von 410 Schülern   = ...?

45% von 200g Kakao   = ...?

Vor allem kommt es aber darauf an, systematisch die typischsten Anwendungssituationen im Alltag anzusprechen. Dazu gehören:

– *Die Berechnung von prozentualen Zuschlägen und den um die Zuschläge erhöhten Grundwerten* (z.B. Mehrwertsteuer bzw. Warenpreis + Mehrwertsteuer oder Jahreszinsen bzw. Kontostand + Jahreszinsen)
Die *Mehrwertsteuer* (16% des Warenpreises) wird man nach dem allgemeinen Verfahren („erst : 100, dann · 16") berechnen (siehe oben). Parallel dazu wird man jetzt meist Preise mit Mehrwertsteuer berechnen (in zwei Schritten: „Erst Mehrwertsteuer, dann Preis + Mehrwertsteuer"). Hier wird man bessere Schüler vielleicht auch schon auf die Rechenmöglichkeit „Preis · 1,16" hinweisen (vgl. Abschnitt 7.3.3).

– *Die Zinsberechnungen für ein Jahr* ordnen sich hier ganz zwanglos ein. Man braucht nicht bis zur „Zinsrechnung" damit zu warten. Auch wird man parallel zur Berechnung der Zinsen den Kontostand nach einem Jahr (zumindest in zwei Schritten: "erst Zinsen, dann Kontostand") berechnen. Man sollte aber im Rahmen der Prozentrechnung wohl keine weitergehende Zinsrechnung (vgl. Abschnitt 7.4) treiben, um die Prozentrechnung nicht unnötig zu überfrachten.

– *Die Berechnung von prozentualen Nachlässen und den um die Nachlässe verminderten Grundwerten* (z.B. Skonto bzw. Warenpreis – Skonto oder Rabatt bzw. Warenpreis – Rabatt)
Hier gelten die entsprechenden Gesichtspunkte wie bei Zuschlägen.

– *Die Promillewertberechnung*
Als kleine Erweiterung kann man hier auch ein wenig „Promillerechnung" einbeziehen. Ein paar Berechnungen von Promillewerten dürften genügen; z.B. vom Alkoholgehalt im Blut bei Grenze der Fahrtüchtigkeit sowie einige Prämienberechnungen bei Bauspar- und Versicherungsverträgen. Auf weitere Aufgabentypen der Promillerechnung analog zu denen der Prozentrechnung kann man später getrost verzichten, weil sie keine besondere Bedeutung für den Alltag haben.

7.2.4 Grundwertberechnung

Die Grundwertberechnung ist von untergeordneter Bedeutung, weil sich hierfür recht wenig echte Anwendungssituationen finden lassen und ist deshalb von vornherein als „Differenzierungskapitel" zu betrachten.
Wenn man die Berechnung von Grundwerten behandelt, sollte man (gemäß Abschnitt 7.2.1) zunächst wieder an Anwendungsaufgaben mit einfachen Prozentsätzen die Struktur dieser Aufgaben deutlich machen:
Den Schluß von einem Bruchteil eines Ganzen (Prozentwert) auf das Ganze (Grundwert).

Beispiel:	„Der Finderlohn für einen Ring beträgt 45 DM. Das sind 10% des Ringwertes. Welches ist der Ringwert?"
Lösungsansatz:	„Von einem Zehntel des Ringwerts ist durch Multiplikation mit 10 auf den vollen Ringwert zu schließen."

Ähnlich leicht schließen die Schüler bei anderen Aufgaben von einfachen Bruchteilen (wie 1%, 5%, 20%, ...) eines Grundwerts auf den vollen Grundwert.

Im allgemeinen Fall der Grundwertberechnung schließen die Schüler am besten analog wie bei der Prozentwertberechnung.

Beispiel:	„Der Finderlohn (45 DM) beträgt 15% des Ringwerts. Welches ist der Ringwert?"
Lösungsansatz:	„Wir kennen 15% des Ringwerts. Wir berechnen 1. 1% des Ringwerts 2. 100% des Ringwerts."

Daraus läßt sich für die Schüler folgende *allgemeine Strategie* formulieren:

Schreibe dir zunächst heraus, wieviel Prozent des Grundwerts bekannt ist,

z.B.: 15% des Grundwerts = 45 DM.

Dann berechne

1) **1 %** (teile durch die Anzahl der Prozente!)

2) **100 %** (nimm mit 100 mal!)

Aus: „Prozentrechnung"

Es sei auch an die Veranschaulichung dieser Strategie mit Hilfe einer Prozentblattdarstellung in Abschnitt 3.6.4 e erinnert. Im übrigen sind ein paar mögliche Anwendungssituationen hervorzuheben:

– Schluß von Jahreszinsen auf Einzahlung vor Jahresfrist

– Schluß von einem Preisnachlaß auf ursprünglichen Preis

– Schluß von ermäßigtem Preis (bzw. Sonderpreis) auf normalen Preis
  (bzw. ursprünglichen Preis):

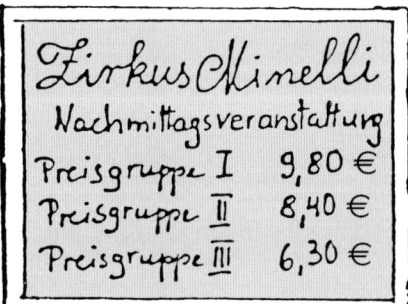

Die Nachmittagspreise betragen 70% der Abendpreise. Wie hoch sind die Abendpreise?

Aus: „Prozentrechnung"

7.2.5 Prozentsatzberechnung

a) Vorbemerkungen

Die Prozentsatzberechnung ist zweifellos der fachlich und didaktisch anspruchsvollste Aufgabentyp der Prozentrechnung. Auf die allgemeinen und speziellen Erklärungsprobleme der Prozentsatzberechnung wurde bereits in den Abschnitten 2.4, 3.4.3 und 3.7.3 d des 1. Teils sowie den Abschnitten 7.2.1 c und 7.2.1 d genauer eingegangen. Deshalb sei auch hier noch einmal an die Differenzierungsvorschläge in Abschnitt 7.2 b erinnert.

Wie früher bereits erläutert, schließt der allgemeine Erklärungsvorschlag unmittelbar an eine Grundvorstellung der Bruchrechnung an (Anteil als Bruchteil; vgl. Abschnitt 6.2.2) und die Umwandlung eines gewöhnlichen Bruchs in einen Dezimalbruch (vgl. Abschnitt 6.4.3). Auch das anschließende Runden des Dezimalbruchs auf zwei Stellen hinter dem Komma (vgl. Abschnitt 6.4.2 d) und das Umschreiben in einen Hundertstelbruch (vgl. Abschnitt 6.4.1 c) sollte im Idealfalle alles aus der Dezimalbruchrechnung bekannt sein. Da die genannte Bruchauffassung und die Dezimalbruchrechnung erfahrungsgemäß im Schuljahr zuvor häufig zu kurz kommen, ist hier wahrscheinlich in besonders starkem Maße eine Wiederholung von Teilen der Bruchrechnung nötig (vgl. Abschnitt 7.2.1 d) [12].

b) Die einfachen Fälle der Prozentsatzberechnung

Der allgemeinen Konzeption entsprechend (vgl. Abschnitt 7.2.1 a), beginnen wir mit den „einfachen Fällen".

Beispiel: „Etwa 60 von 240 Wählern eines Wahlbezirks haben CDU gewählt. Wieviel Prozent sind das?"

Lösungsansatz: (möglichst direktes Erkennen eines einfachen Bruchteils):

„60 von 240 Wählern = $\frac{1}{4}$ der Wähler = 25 % der Wähler

Etwas formaler: 60 von 240 = $\frac{16}{240}$ = $\frac{1}{4}$ "

Die Schüler sollen den entsprechenden Ansatz verwenden, wenn sie einen Prozentsatz überschlägig bestimmen wollen; wenn es oben z.B. nicht 60 von 240, sondern 53 von 235 Wählern wären. Hier einen einfachen Bruchteil zu erkennen, ist indessen schon gar nicht mehr so einfach, denn es wird ja nicht nur ein regelhaftes Runden, sondern ein gewisses überschlägiges Kürzen benötigt (vgl. Abschnitt 6.2.3). Es sollten Anteile ungefähr als $\frac{1}{10}$; $\frac{1}{4}$; $\frac{1}{2}$; $\frac{3}{4}$ erkannt und von daher unmittelbar in Prozentangaben übersetzt werden. Dies muß sicherlich intensiv geübt werden, scheint aber auch lohnend.

Es ist ein im Alltag häufig verwendetes Verfahren, das im Unterricht offenbar bisher viel zu selten geübt wird. Es leuchtet auch ein, daß es gerade für diese überschlägige Form der Prozentsatzbestimmung, die letztlich zu einer Kopfrechenform werden sollte, gut ist, die mehrfach erwähnten Prozentsätze für einfache Bruchteile auswendig zu wissen:

$\frac{1}{10}$ = 10 %; $\frac{1}{4}$ = 25 %; $\frac{3}{4}$ = 75 % usw. (hier in umgekehrter Version!).

Bei den mündlichen Übungen wird man gestuft vorgehen:

Zunächst gibt man Anteile vor, bei denen der Teil in der Gesamtheit glatt aufgeht, der Bruchteil also leicht zu erkennen ist: 18 von 36; 12 von 48; 10 von 50 usw.

Dann wird man größere Zahlen wählen; dann Zahlen, wo man durch Runden leicht einen glatten Anteil findet: 43 von 123; 27 von 123; 12 von 123 usw.; dann Zahlen, wo es weniger leicht ist, adäquat zu runden ...

---

[12] Realistischerweise ist trotz gewisser Veränderungstendenzen in jüngster Zeit nicht davon auszugehen, daß sich ein Curriculum, das schon so viele Jahre besteht, in kurzer Zeit entscheidend (etwa im Sinne der Vorschläge in Abschnitt 6.7) verändert.

Daneben sind in diesem Zusammenhang andere Typen von Aufgaben wichtig:

– *Die Schüler sollten die häufig anzutreffenden „Von Hundert-Angaben" als Prozentangaben* [13] *erkennen.*

  „Man wird also auch solche Aufgaben wie 20 von 100, 85 von 100 usw. einstreuen. Die Schüler sollten sich auch durch kleine Aufgaben wie die folgenden nicht blöffen lassen: Von 100 Schülern können 30 Schach spielen. Wieviel Prozent sind das?"

– *Die Schüler sollten bereits mit kleinen Zahlen ausgedrückte Anteile („Verhältnisse") in Prozent-sätze übersetzen können* (vgl. dazu bereits Abschnitt 6.2.3!):

  „2 von 5 Haushalten besitzen einen Videorecorder.
  In einem Wahlbezirk hat jeder Vierte [14] die Grünen gewählt.
  3 von 10 Jugendlichen sind arbeitslos.
  Wieviel Prozent sind das jeweils?"

c) Beliebige Fälle der Prozentsatzberechnung (schriftliche bzw. Taschenrechner-Aufgaben)

Bei früheren Lernexperimenten zur Prozentrechnung (vgl. WELLENREUTHER/ZECH, 1986 und 1987) war festzustellen, wie wichtig die sorgfältige Behandlung der Einzelschritte zur Prozent-satzberechnung ist. (Die ersten beiden Schritte sind auch bereits für Teil b) relevant!)

1. Schritt: *Anteile erkennen*

Schon dieser Schritt ist sehr wichtig, weil die unterschiedlichen sprachlichen Formulierungen der Anteile den Schülern deutliche Schwierigkeiten bereiten.

Statt „200 von 480 Wählern" kann es z.B. auch heißen: „Von 480 Wählern haben 200 ..." oder „Bei 480 Wählern insgesamt ..." oder: „Es sind 480 Wähler. Es haben ..."

Die Schüler müssen deutlich darauf hingewiesen werden, daß es auf die Reihenfolge der Zahlen und die sprachliche Ausdrucksweise *nicht* ankommt (vgl. Abschnitt 3.5.2 d):

Man hat es (i.a.) immer mit einem „Teil" zu tun, der auf eine „Gesamtheit" bezogen wird.

Es empfiehlt sich, im Unterricht „*Teil*" und „*Gesamtheit*" zunächst einmal getrennt hinzu-schreiben (**Teil:** 200 SPD-Wähler; **Gesamtheit:** 480 Wähler) und den **Anteil** dann zunächst immer in der Standardform „200 von 480" (*erst* Teil, *dann* Gesamtheit) aufschreiben zu lassen.

Es ist dabei wichtig, sorgfältig *zwischen Teil* (200) und *Anteil* (200 von 480) *zu unterscheiden.* Dies verdeutlicht man am besten dadurch, daß man ein und denselben Teil auf verschiedene Gesamtheiten bezieht [15]:

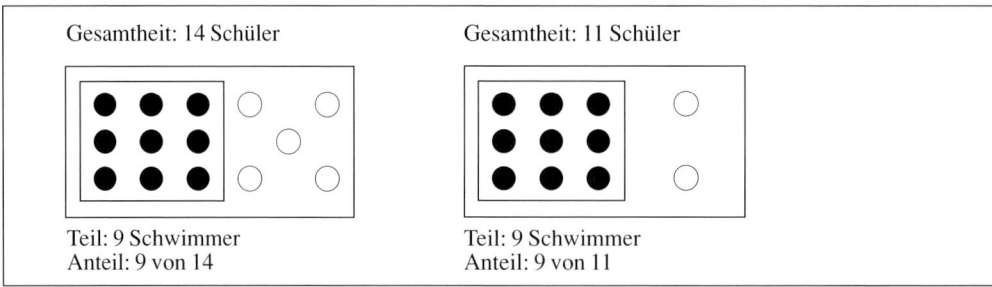

Aus: *„Prozentrechnung"*

---

13) Prozent heißt ja wörtlich eigentlich gar nicht Hundertstel, sondern „von Hundert" (v. H.).
14) Man beachte, daß „Stammbruch-Anteile" häufig auch in den Form „Jeder Zweite, Dritte, Vierte, ..." ausgedrückt werden.
15) Zur Gestaltung der Veranschaulichung vgl. Abschnitt 3.6.7.

2. Schritt: *Anteile als Bruchteile schreiben*
Auch dies ist (nochmals) erklärungsbedürftig.

Beispiel: „9 von 14 Schülern einer Klasse können schwimmen.
Welcher Bruchteil ist das?"

Man verdeutlicht 9 von $14 = \frac{9}{14}$ am besten an Hand einer kleinen Veranschaulichung, mit der man

die Verbindung zur vertrauten 1. Bruchfassung herstellt; $\frac{9}{14}$ eines Ganzen = (Ganzes : 14) · 9.

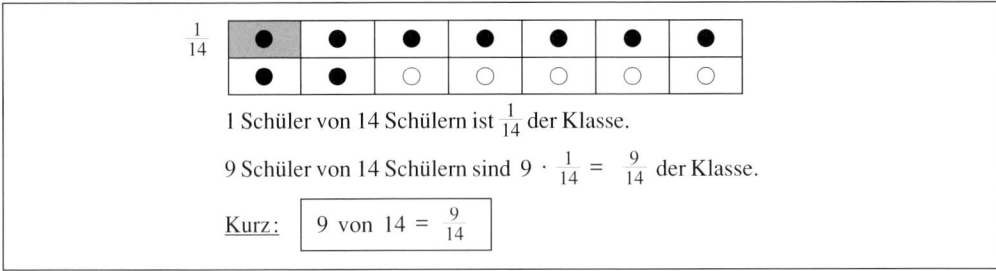

1 Schüler von 14 Schülern ist $\frac{1}{14}$ der Klasse.

9 Schüler von 14 Schülern sind $9 \cdot \frac{1}{14} = \frac{9}{14}$ der Klasse.

Kurz: | 9 von 14 = $\frac{9}{14}$ |

Aus: „Prozentrechnung"

3. Schritt: *Bruchteile als Dezimalbrüche schreiben*
Dieser Schritt beinhaltet die (nochmalige) Erklärung zweier Teilschritte:
– Bruch als Divisionsaufgabe schreiben (vgl. Abschnitt 6.2.2)
– Divisionsaufgabe ausrechnen (vgl. Abschnitt 6.4.3b).

4. Schritt: *Dezimalbrüche als Prozente schreiben*
Hier ist aus der Dezimalbruchrechnung aufzugreifen:
Einen Dezimalbruch kann man in Hundertstel (Prozente) umformen, indem man ihn auf zwei Stellen hinter dem Komma rundet (vgl. Abschnitt 6.4.2 d).
Bei diesem Schritt ist auf zwei Schülerfehler besonders zu achten:
– Wenn der Dezimalbruch nur eine Stelle hinter dem Komma hat (z.B. 0,4), schreiben die Schüler gern 4% als Ergebnis.
– Wenn der Dezimalbruch schon ungerundet nur zwei Dezimalen aufweist (z.B. 0,75), sind die Schüler leicht geneigt, 0,75 = 0,75% zu schreiben.

Dies dürften gute Gelegenheiten sein, auf die *feste Bedeutung* von Dezimalbrüchen und Prozentzeichen sowie auf die *Wirkung von Nullen* bei Dezimalbrüchen (0,4 ≠ 0,04; aber 0,4 = 0,40; vgl. Abschnitt 6.4.1 b) intensiv hinzuweisen.

5. Schritt: *Die Prozentsatzberechnung als Zusammenfassung der vier vorhergehenden Schritte*
(Vgl. Abschnitt 3.7.3 d.)

d) Anwendungsaufgaben
Bei den Aufgaben sollte man sich zunächst stärker auf Standardsituationen der Prozentsatzberechnung beschränken, deren Lösung „lediglich" die zuvor beschriebenen Schritte beinhaltet. Die „klassischen Vergleichssituationen" mit begrifflicher Unterscheidung zwischen „absolutem" und „relativem" Vergleich sollte man etwas zurückstellen, da sie für schwächere Schüler doch schon recht komplex erscheinen.
Man wird also mit einfachen Beispielen beginnen, bei denen typischerweise *Prozentanteile von Teilmengen mit bestimmten Eigenschaften in bezug auf eine Gesamtmenge* zu berechnen sind:

- „Von 20 Schülern sind 13 evangelisch ...
- In einer Schule sind 546 Schüler. Davon sind 310 Mädchen ...
- 354 von 497 Wahlberechtigten haben gewählt ...
- In einer Kiste sind 40 Birnen. 9 davon sind faul ...
  Wieviel Prozent sind das jeweils?"

Folgender Aufgabentyp ist dann schon etwas schwieriger: *Erhöhung oder Ermäßigung von Preisen sollen in Prozent angegeben werden*. Dabei sind sie als Prozentwerte jedoch meist nur indirekt durch die Preise vorher/nachher gegeben; z.B.:
- Ein Fernseher wurde von 420 DM auf 294 DM herabgesetzt. Wieviel Prozent sind das?

Manche Schüler sind sich dabei auch unsicher, ob der alte oder der neue Preis als Grundwert anzusehen ist (gewöhnlich ist es der alte Preis). Man kann solche Aufgaben zunächst dadurch vereinfachen, daß man die Ermäßigung (bzw. Erhöhung) und den Bezugswert explizit angibt.

Bei allen bisherigen Aufgaben sollte man den Prozentsatz auch wieder überschlägig (im Sinne von Teil b) bestimmen lassen. Danach wären etwa die Vergleiche einzuordnen, mit denen man vor allem in höheren Schulen häufig die Prozentrechnung beginnt. Sie sind gut geeignet für Partnerarbeit, weil es hier etwas zu diskutieren gibt:

□   7. Vergleich zweier Klassen!

Beim Sportfest haben von den 25 Schülern der Klasse 8a 12 eine Urkunde erhalten;
bei der Klasse 8b waren es 11 von 20 Schülern. Welche Klasse hatte den größeren Erfolg?

> Klarer Fall! **Wir**, denn wir haben mehr Urkunden!

> Nein, **wir**! Denn bei uns hatte eine größerer Anteil der Klasse Urkunden!

Heinz aus der Klasse 8a   *Klaus aus der Klasse 8b*
Diskutiert die Situation! Vergleicht dann!

Aus: „Prozentrechnung"

Hinsichtlich des absoluten und relativen Vergleichs wird man sich zunächst durchaus mit einem intuitiven Erfassen des Unterschieds begnügen. Es hilft dabei den Schülern, zwischen „Teil" und „Anteil" zu unterscheiden (vgl. Teil c, 1. Schritt): Im Falle der Klasse 8a ist der Teil größer, aber der Anteil kleiner. (Das macht die Situation diskussionswürdig!) Man kann den Vergleich letztlich auch auf die einfache Formel bringen:

„Absoluter" Vergleich: Vergleich durch Differenz;
„Relativer" Vergleich: Vergleich durch Bruchteil (Quotient).

Anmerkung: Die Aufgabe ist zufällig auch durch Erweitern zu lösen; dies ist aber allgemein bei solchen Vergleichen nicht der Fall. Es erscheint übrigens als eine „Schwäche" einiger Einführungen, daß man die Prozentsatzberechnung mit solchen im Grunde untypischen „erweiterungsfähigen" Prozentsatzaufgaben beginnt, um sie für die Schüler einfacher zu machen.

7.2.6 Gemischte Anwendungs- und Verständnisaufgaben zur Prozentrechnung

a) Besondere Akzente

Selbst, wenn im Sinne der Differenzierungsvorschläge nur ein gewisser Teil der gesamten Prozentrechnung behandelt wurde, ist eine Wiederholung mit gemischten Aufgaben, soweit sie sich eben auf das Durchgenommene beziehen, sicherlich angebracht: einesteils, um unterschiedliche Aufgabentypen besser unterscheiden zu lernen, und andernteils, um eine bessere Beweglichkeit und Integration des Gelernten zu erreichen (vgl. Abschnitt 3.9.2). Dazu kann man wieder ein vielseitiges Trainingsangebot einsetzen: von einer Erstellung einer Übersicht zum Wichtigsten und Aufgaben dazu (worauf man sich bei den schwächsten Schülern u.U. beschränken kann) – über Fehlersuche und Verständnisfragen für die etwas besseren, Wiederholung wichtiger Anwendungssituationen, komplexere Aufgaben anhand von Zeitungsausschnitten – bis hin zur Durchführung größerer Arbeitsvorhaben. Der Lehrer sollte versuchen, für seine Schüler sehr gezielt eine sinnvolle Auswahl zu treffen.

Auf einige Aspekte sei besonders hingewiesen:

– Die wichtigen Prozentangaben wie $10\% = \frac{1}{10}$, $25\% = \frac{1}{4}$, $50\% = \frac{1}{2}$ usw., die oft für Überschläge bei allen Aufgabentypen genutzt werden, sollten die Schüler nun unbedingt auswendig wissen. Man sollte dazu alle möglichen Schreibweisen (u.U. unter stärkerer Einbeziehung der Dezimalbrüche [16]) nebeneinanderstellen und wechselnde Lücken füllen lassen, etwa in folgender Art:

Prozentangabe	Hundertstelbruch	gekürzter Bruch	Dezimalbruch
25 %	?	$\frac{1}{4}$	?

– Die Grundtermini der Prozentrechnung „Prozentsatz", „Grundwert" und „Prozentwert" werden zur Kennzeichnung der Aufgabentypen nun stärker in den Vordergrund treten. Besonders zu betonen, weil von Schülern häufig verwechselt:

> Prozent**satz** ist eine Prozentangabe;
> Prozent**wert** ist ein Teil des Grundwerts (mit gleicher „Benennung").

– Die *einfachen Fälle der Prozentrechnung* sind nach der Erarbeitung der allgemeinen Verfahren noch einmal besonders zu betonen und von jenen abzugrenzen:

- *Prozentwerte berechnen*
  Beispiel: 25% von 120 Stimmen = ?
  (Setze für 25% den Bruch $\frac{1}{4}$. Berechne *nicht* erst 1%!)
- *Grundwerte berechnen*
  Beispiel: 10%, d.h. $\frac{1}{10}$ eines Wertes = 45 DM. Welches ist der volle Wert?
  (Berechne *nicht* erst 1% und dann 100%!)
- *Prozentsätze berechnen*
  Beispiel: 120 von 360 Stimmen. Wieviel Prozent sind das?
  (Schreibe einen einfachen Bruchteil wie $\frac{1}{3}$, den du leicht erkennen kannst, direkt als Prozentsatz – ohne weitere Umrechnungen!)

– Bei den *allgemeinen Verfahren* wird man jetzt im Sinne der Integration *das Gemeinsame besonders betonen* und sie noch *weiter verdichten:* Für die Berechnung des Prozentwerts und des Grundwerts würde es z.B. heißen: *Berechne erst 1%!* Die früheren vier Schritte der Prozentsatzberechnung werden jetzt z.B. zwei:

1. Schreibe den Anteil als Bruchteil!
2. Schreibe den Bruchteil als Prozente!

---

[16] Zum Beispiel zur schnelleren Einschätzung von Dezimalbrüchen als Prozentangaben bei Prozentsatzberechnungen.

b) Verständnisaufgaben

1. Eine erste Art von Verständnisaufgaben könnte darin bestehen, bei einer Reihe von Aufgaben einfach einmal zu fragen: „Würdet ihr die Aufgaben *im Sinne eines einfachen Falls rechnen oder nach dem allgemeinen Verfahren?"*

2. Wichtig werden jetzt auch Verständnisübungen *zur Unterscheidung der Aufgabentypen:*
Man lege also den Schülern eine Liste von Aufgaben vor und frage sie: „Wonach ist gefragt: Prozentwert, Grundwert oder Prozentsatz?"
Mit solchen Verständnisübungen wird man natürlich auch die jeweiligen *Verfahrensübungen* verbinden: – Rechnet aus nach dem einfachen Verfahren!
            – Gebt eine überschlägige Antwort!
              (Anwendung eines vereinfachten, d.h. einfach gemachten Verfahrens)
            – Rechnet genau aus nach dem allgemeinen Verfahren!

3. Auch *kleine Verständnisfragen* quer durch die Prozentrechnung bieten sich wieder an (vgl. Entsprechendes bei der Bruch- und Dezimalbruchrechnung!). *Kleine Begründungen* (insbes. bei Fehlern) spielen eine besondere Rolle. Zur Diskussion in *Partnerarbeit* gut geeignet:

1. Warum ist $\frac{1}{5} \neq 5\%$?	5. Ein Schüler bekommt heraus: „78% von 2500 Plätzen = 2730 Plätze" Warum kann das nicht richtig sein?
2. Warum ist $\frac{1}{3} = 33\frac{1}{3}\%$? (Macht eine kleine Zeichnung dazu!)	6. Wo liegt der Fehler bei folgender Rechnung: „60% von 120 Schülern $= \frac{120}{60} = \frac{2}{1} = 200\%$" ?
3. Warum ist $0,1 = 10\%$?	7. Jemand sagt: „Die Bevölkerung unserer Gemeinde ist in den letzten vierzig Jahren von ca. 1500 Einwohnern auf ca. 3000 Einwohner gewachsen, also um ca. 200%".
4. Warum ist $0,25 \neq 0,25\%$?	Wo liegt der Fehler?

Aus: „Prozentrechnung"

c) Anwendungsaufgaben

Prozentwertaufgaben sollten ihrer Bedeutung entsprechend nochmals besonders herausgestellt werden. Dazu dient auch eine etwas allgemeinere Form integrierender Rückschau:

Beachte, dass bei den Anwendungen der Prozentrechnung mal Beträge dazuzuzählen und mal Beträge abzuziehen sind! Setze das richtige Rechenzeichen (+ oder –) und die fehlenden Begriffe ein.

Einkauf	Warenpreis	Mehrwertsteuer	=	Endpreis
Sparkasse	Einzahlung		=	
Gasthaus	Rechnungsbetrag		=	
Verkauf	Rechnungsbetrag	Skonto	=	
Räumungsverkauf	ausgezeichneter Preis		=	Endpreis

Aus: „Prozentrechnung"

Zeitungsausschnitte können in vielfältiger Weise dazu anregen, über „Prozentaufgaben im Alltag" nachzudenken (vgl. auch Abschnitt 3.6.3). Obwohl häufig komplexerer Natur, findet man hier durchaus auch ganz einfache Aufgaben (oder zumindest Teilaufgaben) für schwächere Schüler.

Hier drei Beispiele aus dem Schülerheft „Prozentrechnung":

Beispiel 1.

<table>
<tr><td>

TOTAL-AUSVERKAUF
wegen altersbedingter Geschäftsaufgabe
vom 29. Juli bis 10. August 2002

DAMEN- UND HERRENSCHUHE
30% • 50% • 70% reduziert

</td><td>

Was bedeuten diese Angaben
für ein Paar Schuhe, das vorher
(ca.) 100 € gekostet hat?

</td></tr>
</table>

Beispiel 2.

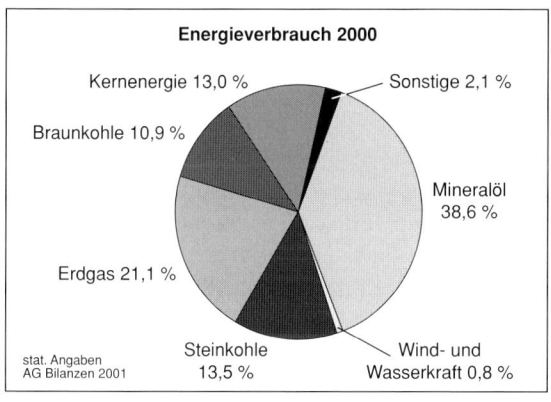

a) „Übersetze" die Prozentangaben in möglichst einfache (ungefähre) Angaben mit gewöhnlichen Brüchen.

b) Ist folgende Behauptung aufgrund der Angaben gerechtfertigt: „Etwa 1/3 unserer Energie wird durch Kernenergie gedeckt"?

Beispiel 3.

 6. Betrachtet genauer folgende „Schaubilder" und diskutiert sie in der Klasse!

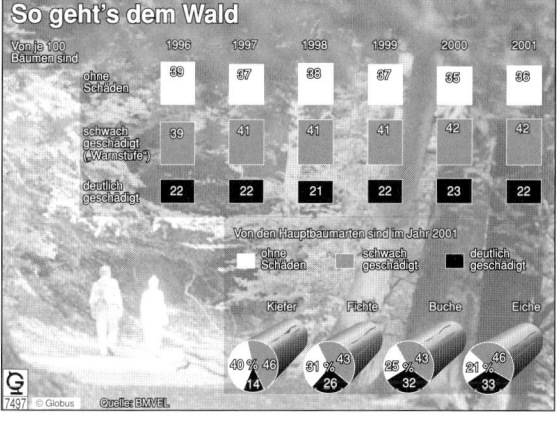

Anregungen für die Diskusion:

a) Welcher ungefähre Bruchteil des Waldes war 1996 deutlich bzw. schwach bzw. nicht geschädigt, welcher ungefähre Bruchteil in den folgenden Jahren 1998 und 2001?

b) Bei welchen Baumarten ist der Anteil geschädigter Bäume besonders groß? (Welche Aussagen lassen sich für jeweils 100 Bäume dieser Baumarten machen?)

c) Versuche, neuere Zahlen zum Waldschaden zu bekommen und vergleiche sie mit den früheren.

Schlußbemerkungen zu den Zeitungsausschnitten:
Zeitungsausschnitte der hier abgebildeten Art verlieren natürlich leicht an Aktualität. Der angehende Lehrer mag aber angeregt werden, solche Zeitungsausschnitte zu sammeln und (u.U. auch mit Hilfe der Schüler) zu aktualisieren.[17] Gedruckte Unterrichtsmaterialien sind meist überfordert, immer für den neuesten Stand zu sorgen.

Die Auswertung und Diskussion von Zeitungsausschnitten zur Prozentrechnung könnte durch eine Sammelaktion von Beginn der Prozentrechnung an vorbereitet werden und den „krönenden Abschluß" der Prozentrechnung darstellen.[18]

7.3 Zinsrechnung
(Heft „Zinsrechnung" der Reihe STÜTZPFEILER)

7.3.1 Unterrichtskonzept der Zinsrechnung

Im Gegensatz zur Prozentrechnung wird die Zinsrechnung in stärkerem Maße für bessere Schüler der Sekundarstufe 1 diskutiert. (Das Heft „Zinsrechnung"[ZECH 1995] scheint am besten dem Realschulniveau zu entsprechen.) Die Zinsrechnung, wie sie hier diskutiert wird, ist keiner bestimmten Klasse zuzuordnen, sondern als eine Gesamtdarstellung für die Klassen 7, 8, 9 zu verstehen.

Es wird versucht, zwischen stärker mathematischen Zielsetzungen und den Erfordernissen des Alltags zu vermitteln. Das bedeutet, teilweise über den engeren Rahmen des Mathematikunterrichts hinauszugehen (vgl. Abschnitt 7.1):

– Der Unterrichtsinhalt beschränkt sich weitgehend auf *Zinsberechnungen*, da diese einerseits den im Alltag weitaus wichtigsten Aufgabentyp repräsentieren, andererseits aber auch ausreichend erscheinen, um (mit einer gewissen Verständnisgrundlage aus der Prozentrechnung) Fragen nach Zinssatz, Kapital und Zeit im Rahmen von Spar- und Kreditformen zu verstehen bzw. stellen zu können. Im Alltag werden solche Fragen weitgehend durch Experten (z.B. Berater bei Sparkassen und Banken) hinreichend zuverlässig beantwortet. Es wird also bewußt darauf verzichtet, alle möglichen Aufgabentypen der Zinsrechnung zu behandeln, wie es im traditionellen Mathematikunterricht üblich ist (vgl. dazu auch Abschnitt 7.1).

– Auf der anderen Seite wird stärker auf *einzelne Spar- und Kreditformen* eingegangen, auf unterschiedliche Verzinsungsformen und Fragen des „Effektivzinssatzes", die im Alltag wichtig sind, aber im traditionellen Mathematikunterricht zu kurz kommen.
   Bei allem Bemühen um Praxisbezug wird zugunsten eines Grundverständnisses jedoch auf genauere Bankmodalitäten verzichtet, z.B. für die tagesgenaue Zinsberechnung, wie es bei der Ausbildung im Bankgewerbe wichtig ist.

---

[17] Darstellungen zur Waldschadensbilanz findet man z.B. fast jährlich.
   (Es gibt hier regelmäßige Berichte der Bundesregierung.)
[18] Zeitungsausschnitte können leicht fotokopiert und über Folien mit dem Tageslichtprojektor demonstriert werden!

– Vor allem geht es auch stärker um *praktische Verhaltensweisen* beim Sparen und Kreditaufnehmen vom „Verbraucherstandpunkt" aus. Es geht also nicht einfach um die Berechnung von Zinsen, sondern um möglichst effektives Sparen über das weitgehend überholte Sparbuchsparen hinaus (z.B. mit Sparbriefen, Finanzierungsschätzen, Bundesschatzbriefen und anderen Wertpapieren).
  Bei den Krediten geht es vor allem auch um eine kritische Aufklärung über täuschende Angaben von Zinssätzen, Gebühren und mancherlei Fallstricke (insbesondere bei Raten- und Überziehungskrediten).

Für die Behandlung der Zinsrechnung im Unterricht wird grob folgender *Aufbau* vorgeschlagen:
1. Einführung in die Zinsrechnung
   (Grundbegriffe der Zinsrechnung, elementare Zinsberechnung, Hauptverzinsungsformen; Vororientierung über effektive Zinssätze)
2. Vertiefung des mathematischen Rüstzeugs
   (Zinsfaktoren)
3. Behandlung einiger Sparformen
4. Behandlung einiger Kreditformen
5. Gemischte Anwendungs- und Verständnisaufgaben

7.3.2 Einführung in die Zinsrechnung

a) Grundbegriffe
Es wird davon ausgegangen, daß der Schüler im 7. Schuljahr eine erste Berührung mit der Berechnung von Zinsen hatte im Rahmen der Prozentwertberechnung (vgl. Abschnitt 7.2.3). Insofern wird der Schüler die Zinsrechnung auch als eine besondere Prozentrechnung einzuordnen wissen, die sich auf „Geldgeschäfte" bezieht.
In der Einführung ist zunächst wichtig, genauer zu klären, was man eigentlich unter „Zinsen" versteht. Es schließt gut an die „kognitive Struktur" der Schüler an (vgl. Abschnitt 2.4), wenn man Zinsen als „Leihgebühr" erklärt, die man bezahlen muß, wenn man bei einer Bank oder Sparkasse (einem „Kreditinstitut") für eine gewisse Zeit Geld leiht („einen Kredit aufnimmt" oder „Darlehen besorgt").
Auf der anderen Seite kann man diese Leihgebühr auch beanspruchen, wenn man umgekehrt einem Kreditinstitut für eine gewisse Zeit Geld verleiht.
(Man sagt dann: man „spart" Geld oder „legt es an".)
Was an Zinsen zu zahlen ist, wird meist als Prozentsatz des verliehenen (bzw. geliehenen) Geldes pro Jahr angegeben[19]. Diesen Prozentsatz nennt man *Zinssatz*[20]. Es ist sehr wichtig zu betonen, daß sich dieser Zinssatz *i.a. auf ein Jahr Leihzeit* bezieht; denn das unterscheidet ja den Zinssatz von einem normalen Prozentsatz. Entsprechend ist für eine kürzere Leihzeit weniger und für eine längere Leihzeit mehr als die „Jahreszinsen" zu zahlen. Im folgenden wird näher diskutiert, wie die Zinsen für ein Jahr, weniger und mehr als ein Jahr zu berechnen sind.

b) Berechnung von Jahreszinsen
Entsprechend der Erklärung des Zinssatzes ist es natürlich und am einfachsten, sich im Unterricht anfangs ganz auf die Berechnung der Zinsen für ein Jahr zu konzentrieren. Sie ist zudem die Grund-

---

[19] Auf andere Angabeformen (z.B. als monatlicher Zinssatz bei Ratenkrediten) wird später eingegangen.
[20] Ein Verständnis von Zinssatz als Zähler eines Hundertstelbruches wäre ungünstig (vgl. Anmerkung in Abschnitt 7.2.2).

lage für fast alles weitere. Am besten bezieht man neben dem Sparkontext auch den Kreditkontext gleich mit ein:

- „Wieviel Zinsen bekommst du nach einem Jahr, wenn du 1000,– DM auf ein Sparkonto einzahlst (Zinssatz: 3%)?
- Wieviel hast du für einen Kredit von 1000,– DM zu bezahlen, den du für ein Jahr nimmst (Zinssatz: 15%)?"

Zur Schärfung kritischen Bewußtseins (vgl. Abschnitt 7.3.1) ist es zweckmäßig, in den Aufgaben zum Ausdruck zu bringen, daß die Zinssätze für Bankkredite immer deutlich höher sind als die Zinssätze für Sparguthaben. Der Schüler sollte unbedingt sehen, *daß Sparkassen und Banken Geschäftsunternehmen sind* und nicht – einem noch immer weit verbreiteten Volksempfinden entsprechend – quasi amtliche Wohlfahrtsorganisationen.

Insofern sollte man sich nicht scheuen, an die beiden obigen Aufgabenstellungen gleich eine dritte anzuschließen:

- „Wieviel hat die Bank dadurch „verdient", daß sie 1000 DM einerseits als Sparguthaben übernimmt und andererseits wieder als Kredit gewährt?"

Was die rein mathematische Seite betrifft, wird man betonen:
Jahreszinsen werden genauso berechnet wie früher die (anderen) Prozentwerte (vgl. Abschnitt 7.2.3): „Erst 1% ..., dann x%".

Überhaupt wird man die Parallelität zwischen Prozentrechnung allgemein und der Zinsrechnung mit ihrer speziellen Terminologie betonen:
Grundwert – Kapital bzw. Guthaben;   Prozentsatz – Zinssatz;   Prozentwert – Zinsen.

Daneben wird man auch durch entsprechende einfache Aufgaben in Tabellenform die Proportionalität zwischen Kapital und Zinsen (bei gleichem Zinssatz) bzw. zwischen Zinssatz und Zinsen (bei gleichem Kapital) bewußt machen (vgl. Abschnitt 7.2.3); denn davon wird bei vielen Spar- und Kreditüberlegungen immer wieder Gebrauch gemacht:

Kapital	Zinssatz	Zinsen
100 DM	5 %	
200 DM	5 %	
500 DM	5 %	

Kapital	Zinssatz	Zinsen
100 DM	2 %	
100 DM	4 %	
100 DM	6 %	

„Je höher das Kapital, desto höher die Zinsen."   „Je höher der Zinssatz, desto höher die Zinsen."

c) Zinsen für weniger als ein Jahr

Bei der Berechnung der Zinsen für mehrere Monate und Tage wird es genügen, für Spar- bzw. Kreditgeschäfte jeden Monat als $\frac{1}{12}$ des Jahres und den Tag als $\frac{1}{360}$ des Jahres zu rechnen (ohne letzte „Feinheiten" der Geschäftsbedingungen von Kreditinstituten zu berücksichtigen).

Man wird also, ohne auf Kalenderdaten und genaue Berücksichtigung der Zählung von Zinstagen Aufgaben mit Fragen folgender Art formulieren:

Wieviele Zinsen bekommst du für 5 Monate und 10 Tage?
Lösungsansatz:

Zinsen für 1 Monat $= \frac{1}{12}$ der Jahreszinsen;   Zinsen für 5 Monate $= 5 \cdot$ „Monatszinsen"

Zinsen für 1 Tag $= \frac{1}{360}$ der Jahreszinsen;   Zinsen für 10 Tage $= 10 \cdot$ „Tageszinsen"

Es ist wichtig hervorzuheben, *daß man bei der Berechnung der Zinsen für Monate und Tage immer mit der Berechnung der Jahreszinsen beginnt* und dann weiterrechnet.

Es empfiehlt sich, die Berechnung für Zinsen für Monate und Tage in einer übersichtlichen Graphik zusammenzufassen (sie wurde in Abschnitt 3.7.2 d bereits wiedergegeben).

d) Zinsen für mehrere Jahre

Abweichend vom sonst Üblichen werden gleich zwei Verzinsungsformen nebeneinander diskutiert:

Verzinsung *ohne* Zinseszins (Verzinsungsform bei den meisten Wertpapieren)	Verzinsung *mit* Zinseszins (Verzinsungsform bei den meisten Sparbüchern)
Es werden jährlich gleiche Zinsbeträge ausbezahlt.	Die Zinsen werden jährlich gutgeschrieben und im folgenden Jahr mitverzinst.
Die Zinsen werden im Rahmen der gewählten Sparform nicht mitverzinst.	Die gutgeschriebenen Zinsen bringen im folgenden Jahr ebenfalls Zinsen („Zinseszinsen").
Das eingezahlte Geld wird nach einer bestimmten „Laufzeit" in gleicher Höhe zurückgezahlt.	Das angesparte Geld wird nach einer gewissen Laufzeit mit Zinsen und Zinseszinsen ausbezahlt.

Aus: „Zinsrechnung" (Zech 1995)

Die erste Verzinsungsform gilt z.B. für die meisten Sparbriefe, für viele „Bundespapiere" (Bundesobligationen, Bundesschatzbriefe der Form A) und die meisten Wertpapiere der Landesbanken.

Die zweite Verzinsungsform gilt z.B. für die üblichen Sparbücher mit dreimonatiger Kündigungsfrist oder andere Kündigungsfristen, für Bundesschatzbriefe der Form B und für langfristige Kredite.

Diese *Nebeneinanderbehandlung* (zunächst an grundsätzlich einfachen Beispielen und ohne nähere Spezifizierung für einzelne Spar- und Kreditformen) hat *mehrere Vorteile*. Zunächst:

1. Die Schüler sehen von vornherein, daß es verschiedene Verzinsungsformen gibt. Keine Verzinsungsform ist „naturgegeben", sondern eine Geschäftsbedingung.
2. Die Schüler werden von vornherein nicht unnötig stark (wie das sonst häufig der Fall ist) auf das Sparbuchsparen fixiert.
3. Sie erkennen durch den Vergleich besser das Spezifische beider Sparformen.
4. Die Verzinsungsform „ohne Zinseszins" bringt keine zusätzliche Erschwerung, weil sie ja das einfachere Verzinsungsmodell darstellt.

Den *Unterschied zwischen beiden Verzinsungsformen* sehen die Schüler am besten an einem einfachen Beispiel mit sonst gleichen Bedingungen: gleiche Einzahlung (200 DM), gleicher Zinssatz (5%), gleiche Sparzeit (2 Jahre):

	Ein Wertpapiersparen *ohne* Zinseszins	Ein Sparbuchsparen *mit* Zinseszins
Zinsen für 1. Jahr	5 % von 200 € 5 · 2 € = 10 €	5 % von 200 € = 10 €
Zinsen für 2. Jahr	wie im ersten Jahr 5 % von 200 € = 10 €	5 % von 210 € = 10,50 € (davon sind 0,50 € „Zinseszinsen" für die 10 € im ersten Jahr).
Unterschied	Nur der eingezahlte Betrag wird verzinst.	Der eingezahlte Betrag + Zinsen des 1. Jahres werden verzinst.

Aus: „Zinsrechnung"

Die Schüler können daran erkennen, daß die Zinsen bei der Verzinsungsform „ohne Zinseszins" jedes Jahr gleich sind, sich aber bei der Verzinsungsform „mit Zinseszins" jedes Jahr erhöhen, weil die Zinsen des vorigen Jahres mitverzinst werden.

Die Schüler können allerdings noch nicht den besonderen Vorteil dieser Verzinsungsform erkennen; denn Zinseszinseffekte wirken sich erst deutlich aus bei höheren Einzahlungen und Zinssätzen sowie längeren Laufzeiten (vgl. Abschnitt 7.3.3).

Die Schüler sollen vielleicht auch eher anhand entsprechend ausgewählter Zahlenbeispiele erkennen, *daß Sparen mit Zinseszins nicht von vornherein günstiger ist als Sparen ohne Zinseszins:* Dies gilt nur bei gleichen Zinssätzen. Sparen ohne Zinseszins, aber mit höherem Zinssatz kann wesentlich günstiger sein. Man stelle dazu etwa gegenüber:

	Ein Wertpapiersparen *ohne* Zinseszins	Ein Sparbuchsparen *mit* Zinseszins
Einzahlung:	1000 DM	1000 DM
Zinssatz:	7 %	3 %
Sparzeit:	2 Jahre	2 Jahre

Auf diese Weise werden die Schüler auf die Grundmodelle der Verzinsung vorbereitet und können sich später besser auf andere Spezifika einzelner Spar- und Kreditformen konzentrieren. (Auch Rechenschwierigkeiten können durch Wahl bewußt einfacher Zahlen zunächst vermieden werden.) Zugleich können damit aber bereits grundlegende Zielsetzungen in bezug auf kritisches Spar- und Kreditverhalten verfolgt werden. Darin sind zweifellos weitere Vorteile einer frühzeitigen Gegenüberstellung zweier Verzinsungsmodelle zu sehen.

In bezug auf Rechenfertigkeit sollen die Übungen der Einführungsphase etwa das Ziel verfolgen, daß die Schüler unter bewußter Beachtung der jeweilig angegebenen Verzinsungsform Zinsen und Guthaben für Laufzeiten bis zu drei Jahren berechnen können. Dabei kann man als kleine Schwierigkeitssteigerung auch nicht ganzzahlige Zinssätze (z.B. 3,5%) oder Sparzeiten mit Bruchteilen von Jahren einbeziehen.

Grund der „Laufzeitbegrenzung": Die Schüler sollen solche Beispiele „elementar", d.h. als Prozentwertaufgaben, gegebenenfalls in mehreren Schritten „von Jahr zu Jahr" rechnen, die sie einzeln gut nachvollziehen können; keinesfalls gleich nach Formeln (vgl. Abschnitt 7.2.1 d). Der Taschenrechner sollte freilich möglichst eingesetzt werden, aber auch unter dieser Voraussetzung muß der Rechengang übersichtlich sein – etwa gemäß folgender Tabellenform:

	Einzahlung: 2000 DM Zinssatz: 3,5 % Laufzeit: 2 Jahre 3 Monate Verzinsungsform: mit Zinseszins
Zinsen für 1. Jahr:	3,5 % von 2000 DM = 3,5 · 20 DM · 70 DM
Guthaben nach 1. Jahr:	2000 DM + 70 DM = 2070 DM
Zinsen für 2. Jahr:	3,5 % von 2070 DM = …
Guthaben nach 2. Jahr:	…
Zinsen für $\frac{1}{4}$ Jahr:	…
Guthaben nach 2 $\frac{1}{4}$ Jahren:	…

7.3.3 Vertiefung: Berechnung des Anwachsens von Sparkonten mit Hilfe von Zinsfaktoren

a) Bedeutung und Erklärung des Jahreszinsfaktors

Die Berechnung der Kontostände von Sparkonten über mehrere Jahre unter Berücksichtigung von Zinsen und Zinseszinsen ist etwas mühsam, wenn man so vorgeht wie im letzten Abschnitt. Zumindest bessere Schüler sollten jetzt eine mathematisch einfachere Methode kennenlernen, durch Multiplikation mit einem sog. „Jahreszinsfaktor" vom Kontostand eines Jahres direkt zum Kontostand des folgenden Jahres zu kommen, ohne erst Zinsen ausrechnen zu müssen. Dieses Hilfsmittel zahlt sich später aus bei allen Kapitalberechnungen im Rahmen von Spar- und Kreditformen, bei denen eine Verzinsungsform mit Zinseszinsen vorausgesetzt wird, wie es in diesem Abschnitt grundsätzlich der Fall sein soll.

Wie kommt man zum „Jahreszinsfaktor"?

Beispiel: „Eine Spareinlage werde jährlich zu 3% verzinst. In welcher Weise wächst sie von Jahr zu Jahr?"

Lösungsansatz:

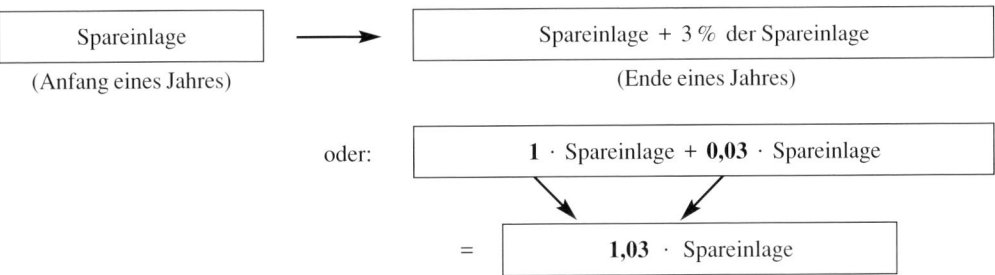

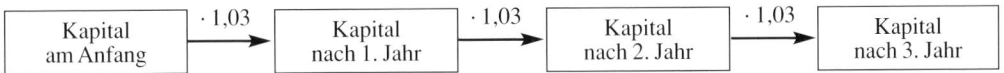

Daran schließt sich die *Erklärung des Jahreszinsfaktors* an:

> Es ist der Faktor, mit dem man ein Kapital malnehmen muß, um das Kapital zu bekommen, das man ein Jahr später hat.

Wie auch im Schülerheft Zinsrechnung angemerkt wird, sollte dieser Faktor eigentlich besser „Kapitalwachstumsfaktor" oder kurz „Kapitalfaktor" heißen, weil dieser Faktor jeweils auf das ganze Kapital und nicht nur auf Zinsen wirkt.

Formal betrachtet gilt, wie oben für ein Beispiel abgeleitet:

> Jahreszinsfaktor = 1 + Zinssatz

Um das Verständnis für diese Beziehung zu sichern, wird man sie die Schüler an neuen Beispielen begründen lassen:

„Warum ist der Zinsfaktor beim Zinssatz von 5% der Dezimalbruch 1,05?"

„Was besagt er?" usw.

b) Berechnung von Kontoentwicklungen und Zinsfaktorentafel

Nach der Klärung des Begriffs „Jahreszinsfaktor" wird man die Schüler Kontoentwicklungen für eine Spareinlage über mehrere Jahre bei einem bestimmten Jahreszinssatz berechnen lassen. Mit dem Taschenrechner ist das jetzt fast ein „Kinderspiel".

Die Schüler erkennen dabei auch schnell weitere Vereinfachungsmöglichkeiten:

Wenn man die Kontostände für mehrere Konten nach beispielsweise 3 Jahren ausrechnen will, braucht man nicht einmal die Zwischenstände für das 1. und 2. Jahr berechnen. Man braucht nur das Anfangskapital mit „Jahreszinsfaktor hoch 3" zu multiplizieren usw.

Damit die Schüler merken, wie schnell sie jetzt solche Aufgaben rechnen können, wird man in die Übung vor allem solche Aufgaben einbeziehen, die sie früher ohne das Hilfsmittel „Jahreszinsfaktor" gerechnet haben. Noch schneller geht es, wenn man eine „Zinsfaktorentafel" benutzt; wobei als „Zinsfaktor" jetzt alle Jahreszinsfaktoren und deren Potenzen bezeichnet werden:

n \ %	3 %	3,5 %	4 %	4,5 %	5 %	5,5 %	6 %	6,5 %	7 %	8 %	9 %
1	1,0300	1,0350	1,0400	1,0450	1,0500	1,0550	1,0600	1.0650	1,0700	1,0800	1,0900
2	1,0609	1,0712	1,0816	1,0920	1,1025	1,1130	1,1236	1,1342	1,1449	1,1664	1,1881
3	1.0927	1,1087	1,1249	1,1412	1,1576	1,1742	1,1910	1,2079	1,2250	1,2597	1,2950
4	1,1255	1,1475	1,1699	1,1925	1,2155	1,2388	1,2625	1,2865	1,3108	1,3605	1,4116
5	1,1593	1,1877	1,2167	1,2462	1,2763	1,3070	1,3382	1,3701	1,4026	1,4693	1,5386
6	1,1941	1,2293	1,2653	1,3023	1,3401	1,3788	1,4185	1,4591	1,5007	1,5869	1,6771
7	1,2299	1,2723	1,3159	1,3609	1,4071	1.4547	1,5036	1,5540	1,6058	1,7138	1,8290
8	1,2668	1,3168	1,3686	1,4221	1,4775	1,5347	1,5938	1,6550	1,7182	1,8509	1,9926
9	1,3048	1,3629	1,4233	1,4861	1,5513	1,6191	1,6895	1,7626	1,8385	1,9990	2,1719
10	1,3439	1,4106	1,4802	1,5530	1,6289	1,7081	1,7908	1,8771	1,9672	2,1589	2,3674
11	1,3842	1,4600	1,5395	1,6229	1,7103	1,8021	1,8983	1,9992	2,1049	2,3316	2,5804
12	1,4258	1,5111	1,6010	1,6959	1,7959	1,9012	2,0122	2,1291	2,2522	2,5182	2,8127
13	1,4685	1,5640	1,6651	1,7722	1,8856	2,0058	2,1329	2,2675	2,4098	2,7196	3,0658
14	1,5126	1,6187	1,7317	1,8519	1,9799	2,1161	2,2609	2,4149	2,5785	2,9372	3,3417
15	1,5580	1,6753	1,8009	1,9353	2,0789	2,2325	2,3966	2,5718	2,7590	3,1722	3,6125
16	1,6047	1,7340	1,8730	2,0224	2,1829	2,3553	2,5404	2,7390	2,9522	3,4259	3,9703
17	1,6528	1,7947	1,9479	2,1134	2,2920	2,4848	2,6928	2,9170	3,1588	3,7000	4,3276
18	1,7024	1,8575	2,0258	2,2085	2,4066	2,6215	2,8543	3,1067	3,3799	3,9960	4,7171
19	1,7535	1,9255	2,1068	2,3079	2,5270	2,7656	3,0256	3,3086	3,6165	4,3157	5,1417
20	1,8061	1,9898	2,1911	2,4117	2,6533	2,9178	3,2071	3,5236	3,8697	4,6610	5,6044

Aus der Zinsfaktorentafel können die Schüler leicht ablesen, mit welchem Faktor ein Anfangskapital zu multiplizieren ist, um das Endkapital zu bekommen, zu dem das Anfangskapital bei einem bestimmten Zinssatz in mehreren Jahren anwächst.

Umgekehrt können die Schüler auf einfache Weise ablesen, in welcher Zeit sich ein Kapital bei welchem Zinssatz verdoppelt, verdreifacht usw. (ohne daß man einen neuen Aufgabentyp „Berechnung der Zinsdauer" eröffnen muß).

In diesem Rahmen können die Schüler dann auch so attraktive Fragen wie folgende beantworten: „In wieviel Jahren kannst du bei 8% Verzinsung mit einer Einzahlung von 1000 DM Millionär werden?" Sie sind sehr erstaunt, daß dazu ein Menschenleben schon (beinahe) ausreicht. Auf diese Weise wird der jetzt doch recht ansehnliche Zinseszinseffekt „erlebbar".

c) Berechnung von Kontoentwicklungen bei wechselnden Zinssätzen

Die Jahreszinsfaktoren sind solch ein einfaches Rechenhilfsmittel, daß die Schüler jetzt auch keine Scheu mehr haben, längere Kontoentwicklungen über mehrere Jahre mit wechselnden Zinssätzen zu berechnen.

Beispiel:

Auf wieviel DM sind 1000 DM nach 1; 2; 3; 4; 5 Jahren angewachsen bei einem Zinssatz von 5% im ersten Jahr; 6% im zweiten Jahr; 6,5% im dritten Jahr; 7% im vierten Jahr; 7,5% im fünften Jahr?

Damit sind die Schüler auch bereits in der Lage, die Kapitalentwicklung für einen Bundesschatzbrief (Form B) zu berechnen.

d) Effektiver Zinssatz bei Spar- und Kreditformen

Die Überleitung zur näheren Diskussion von einzelnen Spar- und Kreditformen (und damit zur vollen Realität des Bankwesens) könnte eine (Vor-) Orientierung über den „effektiven Zinssatz (Rendite)" bei Spar- und Kreditformen bilden.

Der effektive Zinssatz dient dazu, Spar- und Kreditformen vergleichbar zu machen, die sonst z.B. aufgrund unterschiedlicher Verzinsungsformen, jährlich wechselnder Zinssätze oder unterschiedlich angegebener Zinssätze (z.B. Monatszinssätze statt Jahreszinssätze) schwer bzw. gar nicht zu vergleichen wären. Der Vergleich wird häufig zusätzlich dadurch erschwert, daß auch unterschiedliche Gebühren oder Prämien in den Vergleich einzubeziehen sind.

Die Frage, was „effektiver Zinssatz" heißt, ist – wie der Fachmann weiß – gar nicht einfach zu beantworten, zumal er durchaus nicht einheitlich verwendet wird und insbesondere bei Sparformen einerseits und Kreditformen andererseits unterschiedlich gehandhabt wird. Wie er im Einzelfall genau definiert ist, wissen häufig nicht einmal Bankfachleute; er wird nicht selten nach komplizierten Formeln und mit Hilfe von Computerprogrammen berechnet. Trotzdem scheint es wichtig, Schüler frühzeitig zum „effektiven Zinssatz" zu informieren, weil er in der Alltagspraxis das vielleicht wichtigste Orientierungsdatum beim Abschluß von Spar- und Kreditverträgen ist und dementsprechend auch im Unterricht zu einem „Leitbegriff" bei der Behandlung aller Spar- und Kreditformen werden sollte.

Wie sollte man also Schüler darüber informieren? –

Zunächst kann man Schülern an Beispielen das Problem deutlich machen und kann grob etwa folgendes dazu sagen: Der effektive („tatsächliche") Zinssatz ist so etwas wie ein Maß für tatsächlichen Gewinn bei Sparformen und tatsächliche Kosten bei Krediten. Man rechnet dazu um auf einen durchschnittlichen Jahreszinssatz, der z.B. wechselnde Zinssätze während der Laufzeit oder Gebühren berücksichtigt.

Steigt bei einer *Sparform* der Zinssatz von Jahr zu Jahr wie bei dem Beispiel des letzten Teilabschnitts, so darf sich der Schüler unter effektivem Zinssatz den Mittelwert der Jahreszinssätze vorstellen.

Im Unterschied zu den Sparformen ist es bei den *Kreditformen* gesetzliche Vorschrift, einen effektiven Zinssatz anzugeben, der die zusätzlichen Gebühren auf jeden Fall einbezieht, weil sie u.U. einen erheblichen Teil der Kreditkosten ausmachen. (Die Forderung nach einer entsprechenden Vorschrift für die Rendite bei Sparformen wird in der Öffentlichkeit mit Recht erhoben!) Damit sind die Schüler dafür vorsensibilisiert, daß es sinnvoll ist, bei allen Geldgeschäften nach dem „effektiven Zinssatz" zu fragen und danach, welche Gebühren anfallen und ob sie in dem angegebenen Zinssatz berücksichtigt sind. Gegebenenfalls wird man sich den effektiven Zinssatz berechnen lassen. Auf jeden Fall kann man jetzt im weiteren Unterricht immer wieder auf die Frage nach dem effektiven Zinssatz zurückkommen.

7.3.4 Sparformen

a) Vorbemerkungen

Es ist hier nicht der Ort, auch nur die wichtigsten Sparformen im einzelnen zu schildern. Eine solche Darstellung, zudem in schülergemäßer Form, wurde im Schülerheft „Zinsrechnung" (ZECH 1995) versucht. Es sei also inhaltlich vor allem darauf verwiesen.

Sicherlich hat der Lehrer hier eine gewisse Auswahl zu treffen und nach vorhandener Unterrichtszeit und Leistungsfähigkeit der Schüler zu differenzieren.

Es wird hier nur eine mögliche Klassifizierung der Sparformen angedeutet. Von dorther werden einige mögliche Zielsetzungen und Gewichtungen abgeleitet, ein paar inhaltliche Akzente angesprochen und einige methodische Hinweise gegeben.

b) Klassifikation von Sparformen[21]

Man kann unterscheiden:

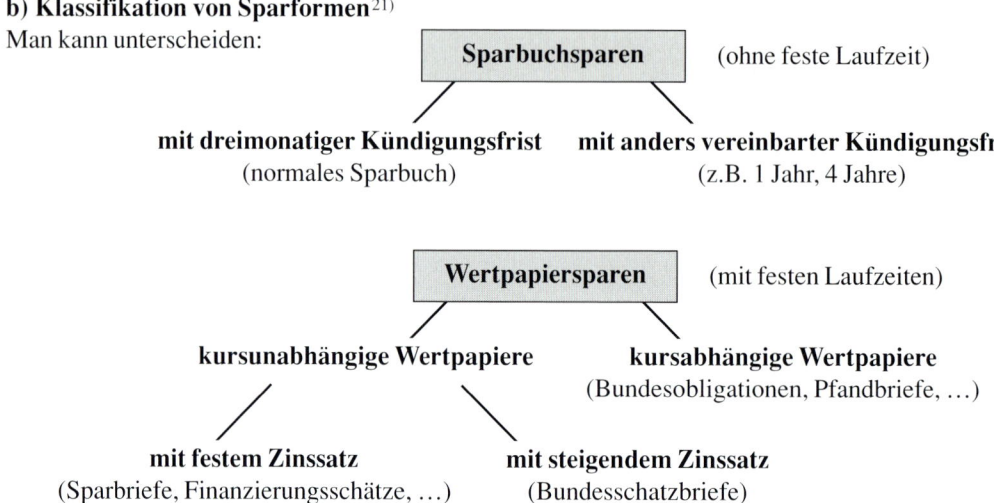

Sparbuchsparen (ohne feste Laufzeit)

mit dreimonatiger Kündigungsfrist (normales Sparbuch)

mit anders vereinbarter Kündigungsfrist (z.B. 1 Jahr, 4 Jahre)

Wertpapiersparen (mit festen Laufzeiten)

kursunabhängige Wertpapiere

kursabhängige Wertpapiere (Bundesobligationen, Pfandbriefe, …)

mit festem Zinssatz (Sparbriefe, Finanzierungsschätze, …)

mit steigendem Zinssatz (Bundesschatzbriefe)

c) Was sollte man im Unterricht vorrangig klären?

Auf die Besprechung des normalen Sparbuchs kann man kaum verzichten, weil es (leider) immer noch eine der verbreitetsten Sparformen ist, obwohl seine Rendite bekanntlich sehr niedrig (zur Zeit der Drucklegung bei ca. 2 %) liegt. Es ist mit eine Aufgabe des Unterrichts, hier einen gewissen Bewußtseinswandel in der Bevölkerung zu unterstützen. Das Ziel müßte etwa darin bestehen, die Schüler darauf hinzuweisen, daß sie *möglichst wenig Geld auf dem Sparbuch lassen* und versuchen, es anderweitig besser anzulegen.

Die Sparbücher mit vereinbarter Kündigungsfrist haben schon heute recht geringe Bedeutung. Die Sparkassen bieten selbst stattdessen häufig Papiere mit kurzer Laufzeit, aber besserer Rendite an; z.B. „Sparkassenzertifikate“. Im Vergleich zu den Sparbüchern mit dreimonatiger Kündigungsfrist wären immer noch eher Spareinlagen mit längerer Kündigungsfrist zu empfehlen. Trotz Kündigungsfristen, die unbeschadet ihres bedrohlichen Klangs bei Zahlung relativ geringer „Vorschußzinsen“ aufzulösen sind, bringen sie i.a. etwas mehr Rendite. Ähnliches gilt auch für Formen des „Vermögenssparens“ mit längeren Kündigungsfristen. Im Unterricht sollte man auf solche Gegebenheiten u.U. nur hinweisen, ohne die Sparbücher mit vereinbarter Kündigungsfrist genauer zu diskutieren.

Zu den wichtigeren Sparformen gehört das *Wertpapiersparen*, da es im allgemeinen eine höhere Rendite bringt. Mit Sparbriefen, Finanzierungsschätzen, Bundesschatzbriefen, Bundesobligationen, Pfandbriefen kann man mühelos kürzere, mittlere und längere Laufzeiten abdecken. Eines der wenigen Dinge, die man dabei beachten muß, ist beispielsweise, daß man bei Finanzierungsschätzen und Bundesschatzbriefen im ersten Jahr, bei Finanzierungsschätzen mit zweijähriger Laufzeit auch im zweiten Jahr nicht an sein Geld kommt (was sonst eigentlich fast immer möglich ist).

---

[21] Natürlich gibt es außer den hier angedeuteten Sparformen noch manche andere wie Aktiensparen, Bausparen und Lebensversicherungen, auf die der Mathematikunterricht aber selten auch noch wird eingehen können.

Bei kursabhängigen Papieren ist etwas darauf zu achten, daß man bei baldigem Verkauf solcher Papiere u.U. relativ viel an Rendite durch Ankaufs- und Verkaufsgebühren verlieren kann. Die Schüler sollten dabei auch möglichst nicht Nominalzins und Rendite verwechseln: Dazu sollten sie wissen, was „Kurs" bedeutet. Wenn man als *Generalregel* jedoch ausgibt, *nach der Rendite* zu fragen, verlieren auch die letztgenannten Gesichtspunkte in alltagspraktischer Sicht an Gewicht.

Bleibt z.B. noch, die Schüler besonders darauf hinzuweisen, sich bei Sparkassen oder Banken nicht so ohne weiteres mit „hauseigenen Papieren" (das sind auch die von nahestehenden Landesbanken) abspeisen zu lassen. Nach den häufig günstigeren Bundeswertpapieren sollte man auf jeden Fall fragen.

Mit Absicht wurde hier etwas „hemdsärmelig" durch die „Sparformen" hindurchmarschiert, weil man sich dabei allzu leicht auch in vielen Einzelheiten verlieren kann, ohne das Wichtigste deutlich genug herauszustellen. Deshalb schien es auch im Heft „Zinsrechnung" wichtig, zum Schluß noch einmal eine praktikable Liste gängiger Sparformen unter den Gesichtspunkten Sicherheit, Rendite, Verfügbarkeit zusammenzustellen und eine Reihe von „Tips für Sparer".

d) Erkundungsprojekt

Sind die Schüler in der angedeuteten Weise auf das Berechnen von Zinsen, auf verschiedene Zinsformen und Anlageformen vorbereitet, ist es sicherlich zweckmäßig, die Schüler ganz aktuelle Anlageangebote von Sparkassen oder Banken einholen zu lassen. Die Schüler könnten sich dazu beispielsweise eine Aufstellung machen, zu welchem Endkapital eine Anlage von 1000 DM in welcher Anlageform, bei welcher Rendite, welcher Laufzeit und welchen weiteren Bedingungen führt. Es ist wohl weniger zweckmäßig, etwa am Anfang der unterrichtlichen Behandlung von Sparformen oder noch früher in der Zinsrechnung, in die große Angebotsvielfalt einzusteigen. Aus den vielen mathematischen, bankbegrifflichen und informellen Anforderungen müßte sich fast zwangsläufig eine Überforderung ergeben (zur Vorbereitung von „Projekten" vgl. auch Abschnitt 5.2.9).

Eine *kritische Anmerkung* sei hier noch erlaubt:

Auch das umfangreiche – manchmal recht attraktiv aufgemachte – Informationsmaterial der Sparkassen scheint wenig geeignet, die diesbezüglichen Lücken der Schüler in zureichender Weise zu füllen:

Hier wird meist zu wenig ausgewählt, zugleich aber das spezielle Angebot der Sparkassen zu sehr in den Vordergrund gestellt und schon gar nicht kritisch bewertet (Werbematerial!). Vor allem wird aber wirkliches Verständnis der Schüler zu wenig berücksichtigt durch „Erklärungen" im Sinne dieses Buches (Wissen und bloße Fertigkeit werden zu stark betont).

7.3.5 Kreditformen

Zielsetzungen und Aufbau

Der Aufklärungsbedarf ist wahrscheinlich bei Krediten noch größer als bei Geldanlagen. Aus mangelnder Information, häufig verbunden mit einer gewissen sozialen Notsituation einerseits und verführerischer Werbung andererseits, verstricken sich viele Menschen in Schulden, kommen dann kaum noch heraus und geraten in noch größere Not. Es ist also notwendig, über die gängigsten Kreditformen verständlich zu informieren: was sich mathematisch-rechnerisch in ihnen verbirgt, aber auch darüber, wo gegebenenfalls ihre besonderen Tücken, Verlockungen und Gefahren liegen.

Das geht schon los bei den sog. *Überziehungskrediten* (auch „Dispositionskredite" genannt). Ein solcher Überziehungskredit wird von den Kreditinstituten meist ohne große Formalitäten in Höhe von 1 bis 3 Monatseinkommen eingeräumt. Das Schuldenmachen wird also leicht gemacht. Der Zinssatz dafür ist relativ hoch (z.Zt. der Erstellung dieses Buches liegt er bei 15%), und ein stärkeres Überziehen (aus dem man bei kleinem Gehalt schwer wieder herauskommt), kann schon recht teuer werden. Es ist wichtig, die Schüler nicht einfach mit erhobenem Zeigefinger zu warnen, sondern ihnen so etwas an einfachen Beispielen deutlich zu machen.

Gelegentlich muß man freilich auch differenzierter informieren; denn es kann auch vorteilhaft sein, das Konto kurzfristig zu überziehen, um bei einer notwendigen Anschaffung Skonto bei Barzahlung zu bekommen. Es ist also sinnvoll, auch so etwas mit den Schülern beispielhaft durchzurechnen.

Im übrigen scheint es zweckmäßig, die Schüler *schrittweise an komplexere Kreditformen heranzuführen:*

- **Überziehungskredite** sind bekanntlich einfach nach den von den Kreditinstituten angegebenen Zinssätzen zu berechnen. (Dabei kommt es weniger auf eine genaue Berechnung unter Berücksichtigung der wechselnden Zinssätze an, als auf ein überschlägiges nach oben rundendes Rechnen mit dem aktuellen Zinssatz, der für einige Monate konstant – eher sich nach oben entwickelnd – angenommen werden sollte.)

- Als nächstes könnte man etwa **Geschäftskredite** thematisieren, bei denen neben dem Zinssatz noch **Bearbeitungsgebühren** (häufig in Höhe von ca. 2% des Kreditbetrages) zu bezahlen sind. Hier wird man auch einmal für ein einfaches Beispiel einen *Effektivzinssatz* [22] berechnen lassen, der die Gebühren einschließt:

   Kreditbetrag: 1000 DM, Zinssatz: 12%
   Bearbeitungsgebühr: 2% des Kreditbetrags
   Laufzeit: 6 Monate
   Wie hoch ist der Effektivzinssatz?

Bei einer solchen kleinen Aufgabe hat der Schüler immerhin einiges zu beachten, was typisch für die Berechnung von Effektivzinssätzen ist:

1. Der Zinssatz bezieht sich auf das ganze Jahr, während sich die Bearbeitungsgebühr auf ein halbes Jahr Laufzeit bezieht.
2. Die Zinsen sind am Ende der Laufzeit fällig, während die Bearbeitungsgebühren meist gleich bei Kreditaufnahme fällig werden.
3. Es ist also *hypothetisch* [23] alles auf einen „normalen" Kredit für ein Jahr umzurechnen.

Eine mögliche Lösung sei kurz angedeutet:
Die hypothetischen Jahreszinsen betragen 120 DM + 40 DM = 160 DM. (20 DM Bearbeitungsgebühr für 6 Monate entsprechen 40 DM für ein Jahr!)
Der „wahre" Kreditbetrag wäre 1000 DM − 20 DM = 980 DM.

Der effektive Zinssatz beträgt also $\frac{160}{980} \approx 16{,}3\%$, während die spontane Schülerlösung $12\% + 2\% = 14\%$ lautet!

- Noch mehr Bedingungen sind häufig bei Ratenkrediten zu berücksichtigen und stellen daher i.a. eine recht komplexe Kreditform dar. Sie sind auch begrifflich noch anspruchsvoller. Da sie einerseits eine praktisch besonders bedeutsame, andererseits didaktisch besonders schwierige Kreditform darstellen, wird auf die Behandlung von Ratenkrediten ausführlicher in einem eigenen Abschnitt eingegangen.

Damit sind im wesentlichen die Kreditformen umgrenzt, mit denen man sich im Unterricht genauer auseinandersetzen sollte, zumal die praktische und didaktische Bedeutung der Ratenkredite weit über das Verständnis für die häufig angebotenen Ratenzahlungen für Konsumgüter und Waren und entsprechende Bankkredite hinausgeht. Ihr Verständnis erleichtert zugleich das Verständnis für die Ratenabzahlung jeglicher Darlehen (z.B. Baudarlehen oder andere langfristige Darlehen).

---

[22] Da Effektivzinssätze bei Krediten im Alltag angegeben werden müssen, brauchen die Schüler vielleicht nur da und dort verstehen, wie sie zustandekommen.
[23] Dieses hypothetische Denken fällt den Schülern schwer (Stufe des formalen Denkens nach Piaget).

7.3.6 Ratenkredite [24]

a) Klärung der Ratenkredit-Situation

Die bisherige Aufarbeitung der Ratenkredite in der didaktischen Literatur für Haupt- und Real-schulen kann nicht befriedigen – sowohl von der begrifflichen Klärung als auch von der Verständlichmachung des Kreditvorgangs her und was die Komplexität der Darstellung betrifft.[25]

Es scheint zweckmäßig, sich zunächst ganz auf die begriffliche Aufarbeitung der Ratensituation – ohne Einbeziehung von Gebühren – zu konzentrieren anhand einer konkreten Alltagssituation.

Beispiel: Ein Schüler möchte ein Moped kaufen. Es soll 2 400 DM in bar kosten. Der Händler bietet stattdessen auch eine Zahlung in 12 monatlichen Raten von 215 DM an (die erste Rate nach einem Monat):
Dies entspreche einem effektiven Zinssatz von 13,85%.

Diese Angaben sind nach und nach verständlich zu machen: Was heißt eigentlich Rate? Was hat die Ratenzahlung überhaupt mit Kredit zu tun? Wie kommt die Angabe des effektiven Zinssatzes zustande?

Wir beginnen mit:

1. Klärung der für das Verständnis wichtigen Begriffe

Der Kreditbetrag: Welches ist der Betrag, der verliehen wird? – Es ist praktisch der Barpreis, der Gegenwert des Mopeds im Augenblick des Kaufs: 2400 DM.

Der Rückzahlungsbetrag (bzw. die „Ratensumme"): Das ist das Geld, das der Schüler insgesamt dem Händler bezahlen muß; 12 Raten von je 215 DM = 12 · 215 DM = 2580 DM.

Die Kosten („Zinsen") des Ratenkredits: Sie ergeben sich als Differenz „Rückzahlungsbetrag minus Kreditbetrag (Barpreis)": 2580 DM − 2400 DM = 180 DM.

Die Rate: Sie besteht aus einem Tilgungsteil und einem Kostenteil:

Der Tilgungsteil ist der Teil der Rate, mit dem die Schuld zurückbezahlt („getilgt") wird.

Der Kostenteil ist der Teil der Rate, mit dem die Kosten des Ratenkredits bezahlt werden.

Wir stellen uns einfachheitshalber [26] zunächst einmal vor, daß jeden Monat mit jeder Rate gleich-viel Schuld und Kosten bezahlt werden. Daraus ergäbe sich

$$
\begin{array}{llr}
 & \text{Tilgungsteil der Rate: } 2400\,\text{DM} : 12 = & 200\,\text{DM} \\
+ & \text{Kostenteil der Rate:} \quad\ \ 180\,\text{DM} : 12 = & 15\,\text{DM} \\
\hline
= & \text{eine Rate:} & 215\,\text{DM}
\end{array}
$$

2. Überprüfung des angegebenen Effektivzinssatzes

Hier erleben die Schüler eine erste Überraschung:

Effektivzinssatz von Kreditbetrag = Zinsen?

13,85% von 2400 DM = 332,40 DM

Es ergibt sich bald soviel wie die erwarteten 180 DM!

Dies macht darauf aufmerksam, daß die Zinsberechnung beim Ratenkredit anders durchzuführen ist als beim einfachen Kredit. Warum ist das so? – Damit kommen wir zum Kern der Sache:

---

[24] Die folgende Darstellung orientiert sich an Beispielen aus dem Heft „Zinsrechnung" (ZECH 1995).

[25] Am meisten Anregungen fand der Autor bei ABEL u.a. (1980) sowie BARDY u.a. (1984), folgt deren Konzeption aber nur in einzelnen Punkten. In den relevanten Schulbüchern findet man bisher überhaupt wenig über Kredite.

[26] Später wird eine Modellrechnung durchgeführt, bei der der Zinsanteil von Monat zu Monat kleiner und der Tilgungsanteil entsprechend größer wird.

3. Vergleich der Ratensituation zwischen einem einfachen Kredit und einem Ratenkredit gleicher Laufzeit

Bei einem *einfachen Kredit* von 2400 DM und 1 Jahr Laufzeit hat man die ganze Zeit über die gleiche Schuld, die am Ende „auf einen Schlag" mit den angefallenen Zinsen zurückgezahlt wird:

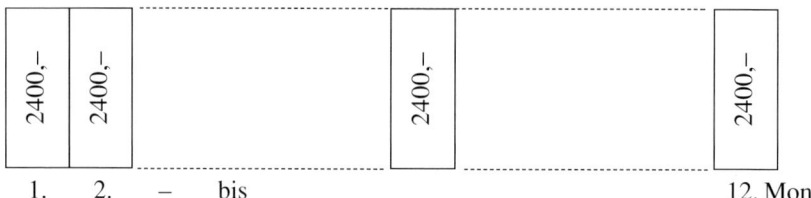

Bei einem *Ratenkredit* von 2400 DM gleicher Laufzeit hat man von Monat zu Monat eine kleinere Schuld, weil ja mit jeder Rate ein Teil der Schuld getilgt wird:

Der Unterschied bei der Zinsberechnung liegt also darin:
Beim einfachen Kredit bleiben die Zinsen, auf den einzelnen Monat bezogen, immer gleich; beim Ratenkredit werden die anfallenden Zinsen immer kleiner, *müssen also insgesamt kleiner sein*. Damit haben die Schüler ein *qualitatives Verständnis* für die Zinsberechnung bei Ratenkrediten. Es folgt nun die quantitative Berechnung.

4. Berechnung der Zinsen für den Ratenkredit gemäß der Schuldentreppe[27]:

200											
200	200										
200	200	200									
200	200	200	200								
200	200	200	200	200							
200	200	200	200	200	200						
200	200	200	200	200	200	200					
200	200	200	200	200	200	200	200				
200	200	200	200	200	200	200	200	200			
200	200	200	200	200	200	200	200	200	200		
200	200	200	200	200	200	200	200	200	200	200	
200	200	200	200	200	200	200	200	200	200	200	200

$12 \cdot 200,-$
$= 2400,-$

—— ein Schuldenfeld

1. 2. 3. 4. 5. 6. 7. 8. 9. 10. 11. 12. Monat

---

[27] Was hier als „Schuldentreppe" bezeichnet wird, wird in der Literatur (vgl. ABEL u.a., 1980 und BARDY u.a., 1984) mißverständlich „Ratentreppe" genannt.

Die Schüler haben jetzt zu beachten, daß *jedes der „Schuldenfelder" bedeutet:*
Es sind für 200 DM Schulden die Zinsen für einen Monat zum angegebenen Effektivzinssatz zu zahlen[28], also

$$\frac{1}{12} \cdot 13{,}85\,\% \text{ von } 200\,\text{DM} = 2{,}31\,\text{DM}$$

Insgesamt haben wir $1 + 2 + ... + 10 + 11 + 12$, d.h. 78 Schuldenfelder.
Mithin sind $78 \cdot 2{,}31\,\text{DM} = 180{,}18\,\text{DM}$ Zinsen zu bezahlen.
Das sind (bis auf Rundungsfehler) die 180 DM, die der Ratenkredit kostet ...
Daß beim Ratenkredit nur etwas mehr als die Hälfte an Zinsen zu zahlen sind wie beim einfachen Kredit gleicher Höhe und Laufzeit (332,40 DM; entsprechend $12 \cdot 12 = 144$ Schuldenfeldern!) erkennen die Schüler anschaulich sehr schön an den über die Diagonale hinausragenden Ecken:

(Hinausragende Ecken in der Skizze dunkel angedeutet!)

Damit ist die grundlegend unterschiedliche Situation zwischen Ratenkredit und einfachem Kredit mit einem Minimum an Rechnung und auf sehr anschaulichem Wege erklärt.
Daß der Effektivzinssatz dabei als gegeben betrachtet wurde, entspricht nur der gesetzlich vorgeschriebenen Alltagspraxis. (Die Berechnung statt Überprüfung des Effektivzinssatzes wäre auf der angedeuteten Basis auch möglich; man kann aber zur Entlastung des Unterrichts zunächst darauf verzichten. Siehe auch Teilabschnitt b unter Punkt d!)

b) Ratenkredite mit monatlichem Zinssatz
Im nächsten Schritt nähern wir uns mit der Angabe des monatlichen Zinssatzes der Angebotsform für Ratenkredite bei Kreditinstituten, lassen zur Vereinfachung die sonst übliche Bearbeitungsgebühr aber noch weg.

Beispiel: Eine Bank bietet einen Ratenkredit in Höhe von 1000 DM, der in 12 Monatsraten mit einem Ratenzuschlag von 0,4 % zurückzuzahlen ist.

Wir verbinden mit solch einem Beispiel folgende Fragen:
1. Wie hoch ist der Ratenbetrag?
2. Wieviel ist insgesamt zurückzuzahlen?
3. Wie hoch ist die monatliche Rate?
4. Wie hoch ist der Effektivzinssatz?

Was ist dabei zu beachten?
Zu 1: Der Ratenzuschlag bezieht sich auf den *angebotenen Kreditbetrag.*
       Er ist der Kostenteil jeder Rate: 0,4 % von 1000 DM = 4 DM

---

[28] Es wird dabei einfache Verzinsung ohne Zinseszins angenommen.

Zu 2: Aus 1. ergibt sich als Rückzahlungssumme 1000 DM + 12 · 4 DM „Zinsen" = 1048 DM

Zu 3: Die monatliche Rate beträgt also 1048 DM : 12 = 87,33 DM

Zu 4: Der effektive Jahreszinssatz läßt sich leicht auf der Verständnisgrundlage „Schuldenfelder" (siehe Teilabschnitt 1) berechnen:

Beim Ratenkredit verteilt sich der oben ausgerechnete Zinsbetrag von 48 DM auf 78 Schuldenfelder.

Wenn die Schulden wie bei einem einfachen Jahreskredit auf einen Schlag erst zum Schluß bezahlt würden, müßten statt 78 Schuldenfeldern 144 „bedient" werden; d.h., daß diesen Feldern entsprechende Zinsen zu zahlen wären.

Nun schließen die Schüler nach „Dreisatz":

   78 Schuldenfelder entsprechen 48 DM Zinsen.

    1 Schuldenfeld entspricht 48 DM : 78 = 0,615 DM.

144 Schuldenfelder entsprechen 144 · 0,615 DM = 88,56 DM.

Der Jahreszinssatz bei dem einfachen Jahreskredit (zugleich der Effektivzinssatz des Ratenkredits) würde bei gleicher Kreditsumme von 100 DM also zu berechnen sein als

„Anteil der Zinsen an der Kreditsumme in Prozent": $\quad \frac{88,56\,\text{DM}}{1000\,\text{DM}} = 0,08856 \approx 8,86\,\%$

Der effektive Jahreszinssatz ist also fast doppelt so hoch wie der „scheinbare" Jahreszinssatz (12 mal Monatszinssatz = 12 · 0,4% = 4,8%).

Dies ist eine wichtige Erkenntnis und zugleich eine einfache Überschlagsmöglichkeit für die Berechnung des Effektivzinssatzes des Ratenkredits.

Zugleich sollte sich der Schüler aber zumindest qualitativ daran erinnern, warum das so ist: Er zahlt das Geld nicht erst am Ende der Laufzeit zurück, sondern schon vom ersten Monat an. Das bedeutet im Endeffekt, daß die Ratenzahlweise zu bewerten ist wie eine Rückzahlung des Geldes am Ende der Laufzeit mit etwa doppelt so hohen Zinsen.

c) Ratenkredite mit monatlichem Zinssatz und Zuschlag einer Bearbeitungsgebühr

Damit steht jetzt die Hauptform des Ratenkredits zur Diskussion, wie sie bei den Kreditinstituten üblich ist. Das Beispiel des letzten Abschnitts wird jetzt erweitert.

Beispiel: Eine Bank bietet einen Ratenkredit in Höhe von 1000 DM in 12 Monatsraten mit einem Ratenzuschlag von 0,4% und 2% Bearbeitungsgebühr. Wie hoch ist die Rate und der effektive Zinssatz?

– Berechnung der Rate

In die Rate ist nun neben dem Ratenzuschlag auch noch die Bearbeitungsgebühr als Kostenteil mit einzubeziehen. Entgegen der Vorstellung von Gebühr als einmaliger Zahlung ist es üblich (darauf sind die Schüler besonders hinzuweisen), die Bearbeitungsgebühr auf die Raten zu verteilen.

Sie wird aber nach wie vor als bestimmter Prozentsatz des angebotenen Kredits berechnet.

Die *Berechnung der Rate* sieht also so aus:

Bearbeitungsgebühr: 2% von 1000 DM =	20 DM
Ratenzuschlag für das Jahr insgesamt:	48 DM
Gesamtkosten des Kredits	68 DM
Höhe der Einzahlungssumme:	1068 DM
Höhe der monatlichen Rate: 1068 DM : 12 =	89 DM

- **Berechnung des Effektivzinssatzes**

Für die Schüler ist hier folgendes zu beachten:

Da die 2% Bearbeitungsgebühr gleichmäßig auf die Raten verteilt, also schon von der ersten Rate an bezahlt werden, sind es effektiv viel mehr als 2% des Kreditbetrages, die als normaler Kreditzins erst am Ende der Laufzeit fällig wären[29].

Es ist effektiv wieder so, als wenn am Ende der einjährigen Laufzeit etwa doppelt soviel (hier also etwa 4%) zu bezahlen wären.

Der den Gebühren entsprechende Effektivzinssatz könnte wieder nach dem Muster des Punkts 4 im Teilabschnitt b berechnet werden. Es wäre aber wohl ausreichend, ihn aus einer Tabelle (siehe unten) abzulesen: Er ergibt sich zu 3,69%. Der Effektivzinssatz beträgt also insgesamt:

$$\underset{\substack{\text{vom Ratenzuschlag}\\\text{herrührender Anteil}\\\text{(siehe Abschnitt b)}}}{8,86\,\%} \quad + \quad \underset{\substack{\text{von den Gebühren}\\\text{herrührender Anteil}}}{3,69\,\%} \quad = \quad 12,55\,\%$$

Effektive Darlehenskosten

1. Umrechnung der Pro-Monat-Zinssätze in effektive Jahreszinssätze bei unterschiedlichen Laufzeiten.

% pro Monat	Laufzeiten in Monaten							
	6	9	12	15	18	24	30	36
0,30	6,17	6,48	6,65	6,75	6,82	6,91	6,97	7,01
0,35	7,20	7,56	7,76	7,88	7,96	8,07	8,13	8,18
0,40	8,23	8,64	8,86	9,00	9,10	9,22	9,29	9,34
0,50	10,29	10,80	11,08	11,25	11,37	11,52	11,61	11,68
0,60	12,34	12,96	13,29	13,50	13,64	13,82	13,94	14,01
0,70	14,40	15,12	15,57	15,75	15,92	16,13	16,26	16,35
0,80	16,46	17,28	17,72	18,00	18,19	18,44	18,58	18,68
0,90	18,51	19,44	19,94	20,25	20,46	20,74	20,90	21,02

2. Umrechnung einer 2%igen Bearbeitungsgebühr in effektive Jahreszinssätze bei unterschiedlichen Laufzeiten.

2%	6,86	4,80	3,69	3,00	2,53	1,92	1,55	1,30

Zusammenstellung von Effektivzinssätzen für Ratenkredite[30]

Man beachte, was der Schüler aus einer solchen Tabelle sonst noch ablesen kann:

1. Er findet die alte Faustregel bestätigt: Der Effektivzinssatz ist fast doppelt so hoch wie der „scheinbare Jahreszinssatz". Entsprechendes erkennt er beim den Gebührenteil ausmachenden Effektizinssatz.

2. Er stellt fest: Je länger die Laufzeit (je mehr Monatsraten), desto weniger macht der Gebührenanteil am gesamten Effektivzinssatz aus. (Der Anteil pro Jahr wird immer kleiner!)

Damit ist ein Grundverständnis für die im Alltag üblichen Ratenkredite erreicht: Kommen noch mehr Kosten dazu, wie das z.B. bei einem Kreditvermittler der Fall sein kann (z.B. Vermittlungsgebühren, Kosten einer Restschuldversicherung) erhöht sich der „Effektivzinssatz" in analoger Weise.

---

[29] Allerdings ist es effektiv weniger, als wenn die Bearbeitungsgebühr gleich am Anfang in einem Schlag bezahlt worden wäre.

[30] Entnommen aus ABEL u.a., 1980.

d) Vergleich von Ratenkrediten

Möglichkeiten des Vergleichs

Als Ziel eines Unterrichts über Kredite ist letztlich anzusehen, daß die Schüler Kreditangebote kritisch vergleichen können. Ein Teilziel besteht darin, daß den Schülern an Beispielen vor Augen geführt wird, *wie drastisch die Unterschiede der Kreditkosten bei verschiedenen Angeboten sein können.* Man vergleiche also z.B. das Angebot einer Sparkasse mit dem Angebot eines „Kreditvermittlers" am Orte.

Einen zuverlässigen Vergleich zwischen Krediten liefert die Gegenüberstellung der effektiven Jahreszinssätze. *Zur Überprüfung* angegebener Jahreszinssätze gibt es *Faustformeln,* die sich nach ähnlichen Überlegungen ableiten lassen, wie das für die monatlichen Ratenzuschläge und die prozentualen Bearbeitungsgebühren weiter oben angedeutet wurde. Eine solche ist z.B.

$$\text{effektiver Jahreszins} \approx \frac{24}{m} \cdot \frac{\text{gesamte Kreditkosten}}{\text{ausbezahlte Kreditsumme}} \quad (m = \text{Anzahl der Monate bzw. Raten})$$

Es genügt wohl, den Schülern eine solche Formel plausibel zu machen und auf konkrete Beispiele exemplarisch anzuwenden.

Für den Alltagsgebrauch sollte man die Schüler auch auf die regelmäßigen *Kreditkostenvergleiche der Verbraucherverbände* hinweisen, die in vielen Städten des Bundesgebiets ihre Niederlassungen haben. Dort bekommt man (allenfalls gegen eine kleine Gebühr) aktuelle Angebote von ortsansässigen Kreditinstituten.

Projekt

Zum Abschluß des Unterrichts über Kredite könnte man wieder ein ähnliches Arbeitsvorhaben durchführen wie bei den Sparformen: Die Schüler holen sich verschiedene Angebote über Ratenkredite ein. Als Kreditbetrag könnte man z.B. 2000 DM wählen und als Laufzeit 24 Monate. Daneben sollten sie auch nach den Kosten im einzelnen und nach dem effektiven Zinssatz fragen (gegebenenfalls auch danach, ob eine Restschuldversicherung erforderlich ist und in welcher Höhe).

Sie könnten den Kostenunterschied zwischen dem besten und dem schlechtesten Angebot feststellen. Daneben könnten sie auch den angegebenen Effektivzinssatz nach der oben mitgeteilten Formel kontrollieren.

Die Schüler könnten sich gegebenenfalls auch die Vergleichstabelle eines Verbraucherverbandes besorgen und entsprechende Vergleiche anstellen.

Sinnvoll wäre schließlich auch der Vergleich mit den Kosten eines Überziehungskredits. Dabei ist freilich zu beachten, daß sich der hierfür angegebene Zinssatz im Laufe der Zeit ändern kann.

e) Weitere Kreditformen

Es bleibt zu beachten, daß mit den bisher besprochenen Kreditformen (Überziehungskredite, einfache Geschäftskredite, Ratenkredite) die gängigen Kredite des Alltags längst nicht ausgeschöpft sind. Wichtig sind vor allem noch langfristige Kredite (Realkredite, Hypotheken, Baudarlehen). Sie laufen zwar häufig nach dem Grundmodell der Ratenkredite, werfen jedoch eine Reihe zusätzlicher Berechnungsfragen, steuerlicher und rechtlicher Fragen auf, so daß man sie im Rahmen des Unterrichts einer allgemeinbildenden Schule kaum angemessen wird diskutieren können. Im Heft „Zinsrechnung" erfolgen hierzu nur einige grobe Informationen. Eine brauchbare Hilfe für den Laien stellt z.B. das Heft „Baufinanzierung" dar, herausgegeben von der Verbraucherzentrale Nordrhein-Westfalen u.a. (1991). Das Ziel der Unterrichts kann kaum mehr als darin bestehen, solche Informationsschriften (zumindest in wesentlichen Teilen) zu verstehen.

f) Verhaltenstips

Angesichts der weiten Verbreitung neuerer fragwürdiger Kreditformen wie Vario-Dispositionskredite, Rahmenkredite, Idealkredite, Scheckkredite, ... und der damit z.T. angerichteten beträchtlichen Not ist eine Aufgabe darin zu sehen, auch Verhaltenstips für die Aufnahme von Krediten zu geben. (Wie weit sie zum Amt eines Mathematiklehrers gehören und was sie nutzen, bleibe dahingestellt.)

Mögliche Tips bewegen sich in folgender Richtung[31]:

– Man sollte unnötige Schulden vermeiden.
– Wenn man Kredite aufnimmt, sollte man möglichst sicher sein,
  daß man sie auch wieder abbezahlen kann.
– Man sollte Kreditangebote nach dem effektiven Jahreszinssatz vergleichen.

Dazu gehört insbesondere auch eine Warnung vor „Kredithaien" außerhalb seriöser Kreditinstitute und eine Warnung vor neueren Kreditformen wie den oben genannten:

Hier wird häufig das Schuldenmachen noch viel einfacher gemacht als bei den normalen Überziehungskrediten von Kreditinstituten, weil hier – ansonsten auf ähnlicher Verzinsungsbasis – „Kreditrahmen" bis zum Zehnfachen eines Monatsgehalts gewährt werden, aber z.B. nur eine gewisse monatliche Mindestrückzahlrate verlangt wird. Der Schuldner kann dabei leicht die Übersicht verlieren und merkt zunächst u.U. gar nicht, wie tief er bereits verschuldet ist.

Demgegenüber scheint ein normaler Ratenkredit noch eine relativ übersichtliche Angelegenheit: Hier hat man zumindest klar kalkulierbare Raten bei einem vorher fest vereinbarten effektiven Zinssatz für eine vorhersehbare Zeit.

7.3.7 Gemischte Anwendungs- und Verständnisaufgaben zur Zinsrechnung

Ähnlich wie bei anderen mehr oder weniger abgeschlossenen Teilgebieten sei versucht, einige Aufgabenstellungen anzuregen, die sich für eine Vertiefung des Verständnisses, die Integration des Gelernten und zum Ausbau der Anwendungsfähigkeit eignen könnten:

a) Eine Gegenüberstellung von Spar- und Kreditformen

– Was ist gleich, was ist anders?
  (Stichworte: Höhe der Zinssätze, Verzinsungsform, Angabe des Effektivzinssatzes, Gebühren.)

b) Kleine Verständnisfragen

– Warum sind bei der üblichen Sparbuchverzinsung die Zinsen für drei Jahre nicht dreimal so hoch wie für ein Jahr?
– Erkläre, was ein „Jahreszinsfaktor" ist und warum er bei 5%iger Verzinsung 1,05 beträgt; warum der Zinsfaktor für zwei Jahre (bei Mitverzinsung der Zinsen) 1,05 · 1,05 beträgt.
– Wie kann man mit dem Taschenrechner leicht feststellen, in wieviel Jahren sich ein Betrag von 1000 DM bei 7,5% Zinsen verdoppelt?
– Warum kann man bei jährlicher Auszahlung der Zinsen (wie bei vielen Wertpapieren) keine Zinsfaktoren der gewohnten Art für das Anwachsen des Kapitals in mehreren Jahren angeben?
– Je niedriger der Kurs eines Wertpapiers, desto höher die Rendite für den Käufer. Warum ist das so?
– Warum entspricht ein Monatszinssatz von 0,5% bei Ratenkrediten nicht einem effektiven Jahreszinssatz von 6% (sondern etwa von 12%)?
– Warum erhöht eine 2%ige Bearbeitungsgebühr den effektiven Jahreszinssatz eines Ratenkredites mit 12monatiger Laufzeit nicht nur um 2%, sondern um fast 4%?

---

[31] Sie decken sich weitgehend mit solchen von Verbraucherverbänden.

c) Anwendungsaufgaben

Die Brücke zum Alltag findet man besonders gut durch Preisaushänge bei Kreditinstituten, Wertpapierangebote, Angebote zu besonderen Sparformen, Warenhausprospekte mit Kreditangeboten, Zeitungsausschnitte mit Spar- und Kreditangeboten.

Im Heft „Zinsrechnung" (ZECH 1995) wurden einige typische Beispiele dieser Art zusammengeschnitten und Fragen dazu angeregt. Lehrer und Schüler werden sich vielleicht ähnliches aktuelles Material besorgen und diskutieren. Als Beispiel diene hier der Preisaushang einer Sparkasse mit möglichen Fragen dazu:

Preisaushang
Regelsätze im standardisierten Privatkundengeschäft

Sparkonten

Zinssatz für Spareinlagen	mit dreimonatiger Kündigungsfrist	2,00 %
	mit 1jähriger Kündigungsfrist	3,50 %
	mit 4jähriger Kündigungsfrist	4,00 %
	vermögenswirksame Spareinlagen	2,00 %

Hinweis: Von Spareinlagen mit einer dreimonatigen Kündigungsfrist können – soweit nicht anders vereinbart ist – ohne Kündigung bis zu 3.000 DM für jedes Sparkonto innerhalb eines Kalendermonats abgehoben werden.

Zinssatz für ⭐ - Prämiensparen 6,2 % + 3,3 % Zuschlag am Ende der Laufzeit auf die eingezahlten Beträge
Auflösung eines Sparkontos   -,00 DM
Vorschußzins für die vorzeitige Rückzahlung von Spareinlagen
in Höhe von einem Viertel des zu vergütenden Habenzinssatzes für die
nichteingehaltende Kündigungsfrist

Privatgiro-konten

Zinssatz für Guthaben (Sichteinlagen) ab DM 2.000,00 Durchschnittsguthaben	0,50 %
Zinssatz für Dispositionskredite	14,25 %
bei Überziehung über das eingeräumte Limit hinaus	17,25 %

Ratenkredite

	unter 10.000,00 DM	ab 10.000,00 DM	
Zinssatz (vom ursprünglichen Kreditbetrag)	0,60	0,58	% pro Monat
Bearbeitungsgebühr (vom ursprünglichen Kreditbetrag)	2,00	2,00	%
Effektiver Jahreszins – laufzeitabhängig –			
z.B. 36 Monate Laufzeit	15,44	14,96	% pro Jahr
60 Monate Laufzeit	14,42	13,98	% pro Jahr

Gesamtkosten: Bei einer Laufzeit von 36 Monaten ergeben sich folgende Gesamtkosten pro 1.000 DM Kreditbetrag:

	236,00 DM	228,80 DM

Hinweis: Eine Tabelle mit den sich aus den verschiedenen Kreditbeträgen und Laufzeiten ergebenden Kosten halten wir am Schalter für Sie zur Einsicht bereit.

Wertpapiere

An- und Verkauf

Aktien	1,00 % vom Kurswert, mindesten			40,00 DM
Festverzinsliche Wertpapiere	0,50 % vom	, mindestens		20,00 DM
Investmentanteile	1,00 % vom	jeweiligen Ausgabe-/Rücknahmepreis mind.		40,00 DM
(außer Sparkassenfonds)				
Girosammelverwahrung (jährlich)	0,85 – 1,20 % vom Kurswert, mindestens pro		Depotposten / Depot	10,00 DM / 15,00

Vormerken eines Limits (bei Nichtausführung)			10,00 DM
Einlösung von fälligen Wertpapieren,	0,25 % vom Nennwert, mindestens		20,00 DM
Zins- und Dividendenscheinen	1,00 % vom Ertrag, mindestens		5,00 DM
Depotauflösung			-,00 DM

Zu den hier zu findenden Angaben kann man z.B. folgende *Fragen* stellen:

– Was sind Sparkonten mit dreimonatiger Kündigungsfrist usw.?
– Was versteht man unter Vorschußzinsen?
– Wieviel Zinsen bekommst du für 1000 DM, die du als Guthaben einen Monat auf dem Girokonto hast? (Gar keine!)
– Wieviel Zinsen bekommst du in einem Monat für 2000 DM auf dem Girokonto?
– Wieviel Zinsen bezahlst du, wenn du das Konto um 2000 DM im Rahmen eines Dispositionskredits für einen Monat überziehst?
– Wie läßt sich der effektive Jahreszinssatz eines Ratenkredits von etwa 15 % bei einem Zinssatz von 0,60 % pro Monat und einer Bearbeitungsgebühr von 2 % erklären?
– Warum sinkt der Effektivzinssatz eines Ratenkredits bei längerer Laufzeit (bei gleichen Monatszinsen und Gebühren)?
– ...

8 Schlußrechnung
("Schlußrechnung" der Reihe STÜTZPFEILER)

8.1 Das methodische Gesamtkonzept der Schlußrechnung

8.1.1 Was ist Schlußrechnung?

a) Was versteht man traditionell unter „Schlußrechnung"?

Unter „Schlußrechnung" versteht man ein Teilgebiet bürgerlichen Rechnens, das man in den einfacheren Aufgabenformen traditionell meist als Zweisatz und Dreisatz mit direktem oder umgekehrtem Verhältnis bezeichnet, je nach dem, wieviel „Sätze" man für den methodischen Ansatz braucht und welcher mathematische Zusammenhang zwischen den zugeordneten Größen besteht. Betrachten wir zwei einfache Beispiele, die zugleich ein wenig die Problematik traditioneller Schlußrechnung berühren:

1. Beispiel	(„Dreisatz mit direktem Verhältnis"):
	2 kg Äpfel kosten 2,50 DM. Wieviel kosten 3 kg?
Ansatz:	(1) 2 kg kosten 2,50 DM
	(2) 1 kg kostet die Hälfte ...
	(3) 3 kg kosten dreimal soviel ...

Man begründete „logisch": Mehr Ware kostet „entsprechend" mehr.

2. Beispiel	(„Zweisatz mit umgekehrtem Verhältnis"):
	2 Arbeiter brauchen zum Schaufeln eines Grabens 3 Stunden.
	Wie lange brauchen 4 Arbeiter?
Ansatz:	(1) 2 Arbeiter brauchen 3 Stunden.
	(2) 4 Arbeiter brauchen halb so lange ...

Man begründete wiederum „logisch": Mehr Arbeiter brauchen „entsprechend" weniger Zeit.

Von komplizierteren Beispielen traditioneller Schlußrechnung wie „2 Arbeiter brauchen für einen 10 m langen Graben 3 Stunden. Wie lange brauchen 5 Arbeiter für einen 20 m bzw. 25 m langen Graben?", die mit „Vier- bzw. Fünfsatzrechnung" bewältigt wurden, sei hier abgesehen: Sie sind für den hier zu diskutierenden heutigen Hauptschulunterricht weitgehend irrelevant.

b) Fachliche Kritik der traditionellen Schlußrechnung; was ist „Schlußrechnung" heute?

Die traditionelle Schlußrechnung wurde in neuerer Zeit (ausgehend von KIRSCH 1969) kritisiert und präzisiert. Dabei wurde u.a. darauf hingewiesen, daß Beispiele wie die obigen nicht im Sinne einer durch den Sachverhalt gegebenen „Logik" erschlossen werden können, sondern der Sachverhalt selbst erst danach geprüft werden muß, ob eine bestimmte Art von mathematischem Zusammenhang angenommen werden darf oder nicht: Wenn z.B. größere Mengen Obst mit Rabatt abgegeben werden (z.B. in Netzen oder Körben), kann man nicht ohne weiteres schließen, daß die halbe Menge den halben Preis (also „entsprechend weniger") kostet. Bei dem zweiten obigen Beispiel ist von vornherein fragwürdig, ob man bei genauerer Berücksichtigung der Gegebenheiten (individuell evtl. unterschiedliche Arbeitsleistung der Arbeiter, Bodengegebenheit, gegenseitige Beeinträchtigung der Arbeiter usw.) annehmen darf, daß z.B. doppelt soviele Arbeiter nur halb so lange brauchen.

In beiden Beispielen wären die gemachten Annahmen, die häufig nur ungenau mit „Je größer, desto größer" bzw. mit „Je größer, desto kleiner" beschrieben wurden, genauer zu präzisieren.

Im Falle des „direkten bzw. umgekehrten Verhältnisses" würde man fachlich schon sagen müssen (was damit noch nicht methodisch diskutiert ist):
Hier liegen Funktionen (bzw. Abbildungen) f zwischen zwei „Größenbereichen" [1] G_1 und G_2 zugrunde[2] (es kann auch $G_1 = G_2$ sein) mit der Zuordnungsvorschrift

(P) $\qquad n\,x \longrightarrow n\,f(x)$ für alle $x \in G_1$ und $n \in \mathrm{IN}$
$\qquad$ („Dem n-fachen entspricht immer das n-fache")

(AP) $\qquad n\,x \longrightarrow \frac{1}{n}\,f(x)$ für alle $x \in G_1$ und $n \in \mathrm{IN}$
$\qquad$ („Dem n-fachen entspricht immer der n-te Teil)

Im Falle (P) spricht man heute meist von einer „Proportionalität" (oder proportionaler Zuordnung). Im Falle (AP) spricht man heute meist von „Antiproportionalität" (oder antiproportionaler Zuordnung).
Bei entsprechenden Gegebenheiten kann man dann im Falle des ersten Beispiels sagen, daß Warenmenge und Preis „zueinander *proportional*"[3] sind bzw. angenommen werden; im zweiten Beispiel, daß die Anzahl der Arbeiter und die benötigte Zeit *antiproportional* zueinander[4] sind bzw. angenommen werden. Allgemein wird man von „Schlußrechnung" sprechen, wenn geschlossen wird aufgrund einer vorliegenden oder angenommenen Proportionalität bzw. Antiproportionalität.

8.1.2 Der mathematische Hintergrund des hier vertretenen methodischen Konzepts der Schlußrechnung

Die folgende Darstellung beschränkt sich (wie das Schülerheft) auf Schlußrechnung, der proportionale Zuordnungen zugrunde liegen (dem von den Anwendungen her weitaus häufigeren und für die Hauptschule unbedingt vorrangigen Fall).[5]
Mathematisch kann man eine Proportionalität als Abbildung von einem Größenbereich G_1 in einen Größenbereich G_2 gleichwertig durch eine der folgenden Eigenschaften charakterisieren:
Für alle $n, m \in \mathrm{IN}$ und $x_1, x_2 \in G_1$ gilt:

(1) $\ n\,x \longrightarrow n\,f(x)$ („Dem n-fachen entspricht das n-fache")

(2) $\ \frac{1}{n}\,x \longrightarrow \frac{1}{n}\,f(x)$ („Dem n-ten Teil entspricht der n-te Teil")

(3) $\ \frac{m}{n}\,x \longrightarrow \frac{m}{n}\,f(x)$ („Bruchteil entspricht Bruchteil")

(4) $\ f(x_1 + x_2) \longrightarrow f(x_1) + f(x_2)$ („Der Summe entspricht die Summe")

(5) $\ x_1 : x_2 = f(x_1) : f(x_2)$ („Je 2 Größen haben das gleiche Verhältnis wie die zugeordneten
$\qquad\qquad$ Größen")

(6) $\ f(x_1) : x_1 = f(x_2) : x_2$ („Alle Wertepaare haben den gleichen Quotienten")

---

[1] Zum Begriff des „Größenbereichs" vgl. Abschnitt 6.1.4, Anfang.
[2] Bei den praktischen Anwendungen hat man es, wie bereits angedeutet, meist nur mit zwei Wertepaaren aus einer solchen Funktion zu tun.
[3] Wenn die Zuordnung zwischen einem Größenbereich G_1 und einem Größenbereich G_2 proportional ist, ist auch die Zuordnung zwischen G_2 und G_1 proportional: Wenn z.B. der doppelten Warenmenge der doppelte Preis zugeordnet ist, ist auch das Umgekehrte der Fall.
[4] Hier gilt Entsprechendes wie im Falle der proportionalen Zuordnung.
[5] Näheres hierzu in Abschnitt 8.1.3 a.

Auf eine genauere Präzisierung der Bedingungen und Definitionen, insbesondere hinsichtlich der Art der vorauszusetzenden Größenbereiche und der notwendigen Definitionen für die Division von Größen, sowie auf die Beweise für die logische Gleichwertigkeit der Kriterien (1) bis (6) sei hier verzichtet (vgl. dazu etwa KIRSCH 1970 oder GRIESEL 1973). (Die genauen Bedingungen der Größenbereiche wie die Teilbarkeitseigenschaft (vgl. Abschnitt 6.1.4 (1) und die sog. „Kommensurabilität" sind unter unterrichtspraktischen Gesichtspunkten weniger wichtig, weil man die Bedingungen (1) bis (6) für Alltagsbeispiele nur in naheliegender Weise (um)interpretieren braucht.)

Die Gleichwertigkeit der Kriterien (1) bis (6) ist im übrigen unmittelbar plausibel beim Betrachten einiger Wertepaare einer angenommenen Proportionalität zwischen Warenmenge und Preis:

Warenmenge x	Preis f(x)
1 kg	6,00 DM
2 kg	12,00 DM
$\frac{1}{4}$ kg	1,50 DM
$\frac{3}{4}$ kg	4,50 DM
$2\frac{3}{4}$ kg	16,50 DM

Man kann hieraus „ablesen":

(1) Der doppelten Menge entspricht der doppelte Preis.

(2) Der halben Menge entspricht der halbe Preis.

(3) Dem Bruchteil einer Menge entspricht der Bruchteil des Preises.

(4) $2\frac{3}{4}$ kg kosten soviel wie 2 kg und $\frac{3}{4}$ kg zusammen.

(5) Für $x_1 = 2$ kg und $x_2 = 1$ kg gilt $x_1 : x_2 = 2$ kg : 1 kg = 2
$$f(x_1) : f(x_2) = 12 \, \text{DM} : 6 \, \text{DM} = 2$$

(6) $f(x_1) : x_1 = 12 \, \text{DM} : 2 \, \text{kg} = 6 \, \text{DM/kg}$
$f(x_2) : x_2 = 6 \, \text{DM} : 1 \, \text{kg} = 6 \, \text{DM/kg}$
(„Es ergibt sich jeweils der Preis für 1 kg").

In der hier vertretenen methodischen Konzeption der Schlußrechnung wird die Eigenschaft (1) „Dem n-fachen entspricht das n-fache" als grundlegende Eigenschaft der Proportionalität angesehen und die Eigenschaften (2), (3) und (4) als unmittelbare „selbstverständliche" Folgerungen betrachtet. Eigenschaft (3) wird bei den Anwendungen vor allem für Dezimalbrüche als Maßzahlen und dementsprechende Operatoren für „Zweisätze" genutzt, weil sie eher als „Vervielfacher" empfunden werden; gemeine Bruchoperatoren werden hingegen im allgemeinen eher durch Multiplikations- und Divisionsoperatoren (unter Verwendung einer „Zwischeneinheit") im Sinne eines „Dreisatzes" ersetzt:

	Warenmenge	Preis
·2,745	1 kg	- - -
	2,745 kg	- - -

	Warenmenge	Preis
:3	6 kg	- - -
	2 kg	- - -
·4	8 kg	- - -

(statt Anwendung des Operators $\frac{4}{3}$)

Von den Eigenschaften (1) bis (4) wird zudem häufig kombinierter Gebrauch gemacht. Man betrachte etwa das Beispiel auf der letzten Seite für den Schluß von 1 kg auf $2\frac{3}{4}$ kg. Von Eigenschaft (5) wird in dieser elementaren Schlußrechnung explizit kein Gebrauch gemacht; sie kann aber grundlegend werden für eine Schlußrechnung auf der (formaleren) Basis von Verhältnisgleichungen.

Auch Eigenschaft (6) spielt in dieser methodischen Konzeption eine geringe Rolle, weil sie im Grunde die Einführung von „zusammengesetzten Einheiten" wie DM/kg verlangt und dadurch weniger elementar erscheint. Die durch (6) definierte Konstante wird als „Proportionalitätsfaktor" bezeichnet und spielt bei der Einführung physikalischer Begriffe wie „Geschwindigkeit" als Weg pro Zeiteinheit oder „spezifisches Gewicht" als Gewicht pro Volumeneinheit usw. eine große Rolle. Die Eigenschaft (6) ist hier nur impliziter Hintergrund, vor allem beim Preisvergleich, wenn der „Kilogrammpreis" berechnet wird.

8.1.3 Allgemeine Gesichtspunkte der methodischen Konzeption

Für die methodische Konzeption der Schlußrechnung in der Hauptschule erscheinen, wie in den vorangegangenen Abschnitten schon teilweise angedeutet und in Abschnitt 8.2 noch weiter ausgeführt wird, folgende Gesichtspunkte vorrangig:

a) Konzentration auf die im Alltag besonders wichtigen proportionalen Zuordnungen in der Form des Zwei- und Dreisatzes

Hierzu gehören vor allem die Zuordnungen zwischen Warenmengen[6] (angegeben durch Massen, Stückzahlen, Längen, Flächen- und Rauminhalte) und Preisen. Methodisch kann man sich dabei auf die besonders häufige Zuordnung zwischen Massen (angegeben in Kilogramm und Gramm) und Preisen (angegeben in Mark und Pfennig) stützen. Der Transfer zu anderen Menge/Preis-Zuordnungen und anderen Proportionalitäten (z.B. zwischen Arbeitszeit und Lohn, Weg und Benzinverbrauch oder zwischen unterschiedlichen Währungen) erscheint relativ unproblematisch (vgl. dazu auch VIET 1989 oder KURTH 1989).

Antiproportionale Zuordnungen (wie z.B. zwischen Anzahl der Maschinen gleicher Arbeitsleistung und erforderlicher Arbeitszeit, Geschwindigkeit und Fahrzeit bei gleicher Weglänge, Anzahl von Tieren und Versorgungszeit bei gleicher Futtermenge insgesamt u.ä.) spielen im Alltag eine wesentlich geringere Rolle und fallen den Schülern auch deutlich schwerer (vgl. z.B. KURTH, 1989). Sie werden daher im Unterricht entsprechend wenig berücksichtigt und nicht systematisch behandelt. Sie werden zu einem späteren Zeitpunkt begrifflicher Vertiefung mehr als spezielle Gegenbeispiele zu proportionalen Zuordnungen eingeordnet (vgl. Abschnitt 8.2.6).

Innerhalb der Menge/Preis-Proportionalität spielt der Schluß von 1 kg auf ganze Vielfache davon und umgekehrt von ganzen Vielfachen eines Kilogramms auf 1 kg eine besondere Rolle. Gegenüber diesen auch in bisherigen Schulbuchdarstellungen besonders berücksichtigten Fällen sind der früher eher vernachlässigte allgemeine Schluß von 1 kg auf irgendein (nicht unbedingt ganzzahliges) Vielfaches und der umgekehrte Schluß viel stärker zu berücksichtigen. (Dies gilt analog für andere Proportionalitäten des Alltags.) Dazu gehören auch die in Einkaufssituationen häufig relevanten Schlüsse von und auf die Auszeichnungseinheit 100 g. Angesprochen sind somit z.B. Schlüsse von 1 kg auf 1,375 kg und umgekehrt oder von 100 g auf 250 g und umgekehrt.

Eine zentrale Rolle sollten von der Bedeutung im Alltag und von der methodischen Bedeutung als einfachen Fällen her (vgl. Abschnitt 3.9.3) die überschlägigen Schlüsse spielen: von 1 kg bzw. 100 g

---

[6] Statt von Warenmengen wird häufig kurz von „Mengen" gesprochen. Dieser umgangssprachlich verwendete Mengenbegriff läßt keine Verwechslung mit dem Mengenbegriff der Mengenlehre befürchten. Die Schüler sollten ggf. aber auf die Art der Begriffsverwendung hingewiesen werden.

auf gerundete Vielfache und einfache Bruchteile davon und die überschlägigen Rück-Schlüsse auf 1 kg bzw. 100 g. Dazu muß man von krummen tatsächlichen Werten ausgehen – und nicht von vornherein von glatten.

b) Der Verzicht auf übertriebene mathematische Begrifflichkeit

Wenn im Vordergrund der Schlußrechnung die adäquate Durchführung der im Alltag erforderlichen Schlüsse stehen soll, bedeutet dies zugleich, auf eine umfassendere Behandlung des Funktionsbegriffs, der Begriffe „proportional" und „antiproportional" und die Betreibung eines dementsprechenden „Erkennungsdienstes", wie er für manche Schulbuchdarstellung kennzeichnend ist, zu verzichten (vgl. dazu auch Abschnitt 3.2.4).

Der Verzicht auf genauere Begrifflichkeit bei den Funktionen und auch ihrer Darstellung im Koordinatensystem schließt ein stärkeres Hervorheben von funktionalen Zusammenhängen und ein flexibles Nutzen ihrer Eigenschaften (vgl. Abschnitt 8.1.2) nicht aus. Dazu dient u.a. auch das Aufstellen bzw. Ergänzen von Wertetabellen und später die Darstellung im Koordinatensystem samt deren Nutzung für graphische Lösungen (siehe auch Punkt d). Es sollte dabei nur nicht vergessen werden, daß es in der Schlußrechnung vom Anwendungsaspekt her vor allem darum geht, bei einem aus der Sachsituation gegebenen Wertepaar einer Proportionalität zu einem gegebenen Wert eines zweiten Wertepaares den zugehörigen „vierten" Wert mit Verständnis zu erschließen. Dafür können zu sehr isolierte, ritualisierte Übungen an Wertetabellen u.U. sogar hinderlich sein (vgl. Punkt c).

c) Vermeidung von übertriebenem Schematismus traditioneller oder neuerer Art

Die Schlußrechnung hat anscheinend Methodiker früher wie heute besonders dazu verleitet, bestimmte Lösungsschemata zu „predigen". In der traditionellen Rechendidaktik gipfelte dies in der Vorschrift bestimmter Reihenfolgen des Aufschreibens, z.B.: „Wir fragen, wir wissen, wir rechnen"; Frage zuerst, gesuchte Größe hinten u.ä. (vgl. BREIDENBACH 1963) oder einer bestimmten Form des „Rechnens am Bruchstrich" (vgl. OEHL 1969[3]). In der neueren Mathematikdidaktik werden häufig Tabellenschemata für Zweisatz und Dreisatz vorgeschlagen, bei denen zwar weniger Fragen der Reihenfolge[7], wohl aber bestimmte Schreibweisen mit „Operatorpfeilen" in den Vordergrund gestellt werden.

Zum Beispiel: „2 kg ... kosten 3,– DM. Wieviel kosten 4 kg bzw. 5 kg?"

Es werden „Kurztabellen" folgender Art propagiert:

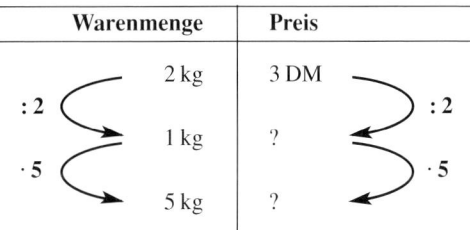

Solche Tabellen können zur zusammenfassenden Verdeutlichung eines Rechengangs oder als Stütze im fortgeschrittenen Lernprozeß nützlich sein. (Sie werden dazu auch in unserem Schülerheft und in diesem Buch immer wieder verwendet.) Sie erscheinen jedoch nicht unbedingt geeignet, inhaltliches Denken und Verstehen in einfachen Schritten zu fördern. Wird nämlich ein solches Lösungsschema zu stark betont und zu ausschließlich verwendet, orientieren sich die Schüler wiederum allzu leicht – wie bei den traditionellen Schemata – nur an bestimmten Äußerlichkeiten:

---

[7]   Auf die Einhaltung einer bestimmten Reihenfolge von oben nach unten oder von links nach rechts kommt es hierbei prinzipiell nicht an.

Zeichnen der Pfeile links und rechts, mechanisches Hinschreiben „gleicher Operatoren" usw. Inhaltliches Argumentieren wie „Die doppelte Menge muß das doppelte kosten", „die Hälfte muß die Hälfte kosten", „5kg müssen doppelt soviel wie 2kg und noch 1kg dazu kosten" kommen – nach eigenen Beobachtungen – über dem bloßen Manipulieren an der Tabelle leicht zu kurz[8].

Wie in diesem Buch schon mehrfach betont, kommt es vor allem auf vielfältige Formen der Verständnisförderung und geeignete Verbalisierungen an (u.U. auch im Zusammenhang mit solchen Kurztabellen); z.B. durch die Frage: Was wird mit dieser oder jener Kurztabelle zum Ausdruck gebracht? – Verständnis erreicht man vermutlich weniger durch bloße Eintragungsübungen in Tabellen, wie sie etwa in der folgenden Schulbuchdarstellung nahegelegt werden:

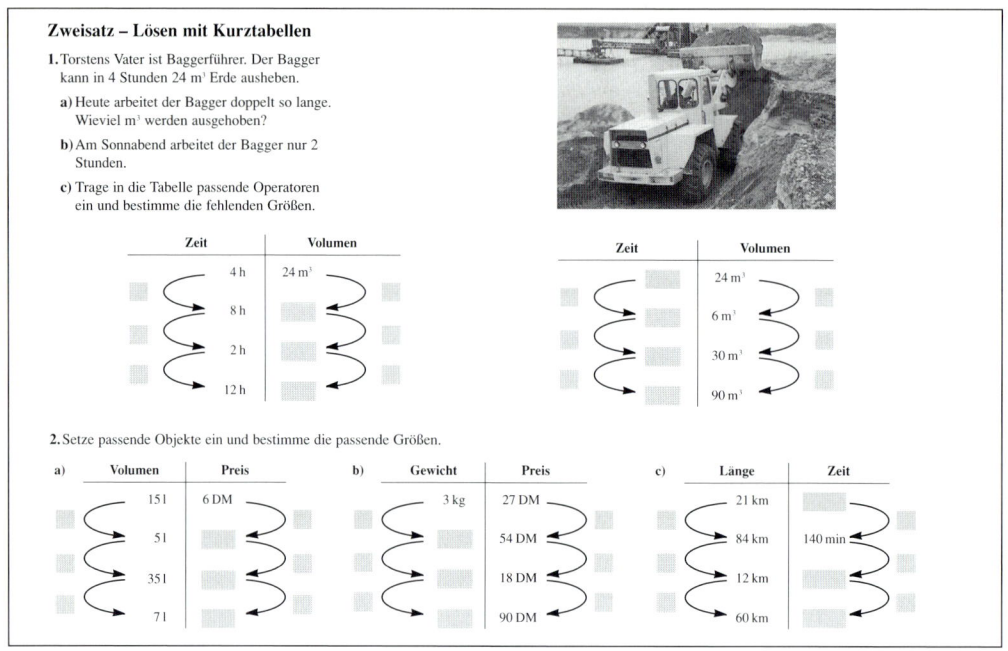

Aus: „Welt der Mathematik 7" (GRIESEL/SPROCKHOFF 1988, S. 47)

Es sei demgegenüber auf einige semantisch orientierte Verständnisaufgaben in Abschnitt 8.2 verwiesen.

d) Darstellung von proportionalen, nicht-proportionalen (insbes. „fast" proportionalen) Zuordnungen im Koordinatensystem

Graphische Darstellungen solcher Zuordnungen dienen zur genaueren Charakterisierung der Zuordnungen und zum exemplarischen Bewußtmachen des Nutzens graphischer Darstellungen und Methoden. Dazu gehört vor allem auch ein Verständlichmachen des mathematikdidaktischen Kerns der graphischen Darstellungen mit elementaren Alltagsbegriffen ohne formale Beweise (vgl. Abschnitt 8.2.5), worauf in traditionellen Darstellungen leider meist verzichtet wird. Schließlich kann man hier auch sinnvoll Schlußrechenaufgaben in einem erweiterten Sinne einbeziehen, die im Alltag von großer Bedeutung sind: die Berechnung von Gebühren auf der Basis einer bestimmten Grundgebühr (z.B. für Taxi, Telefon, Strom und Wasser).

---

[8]Zu Bedenken hinsichtlich Schematisierungen in der Schlußrechnung vgl. auch VIET/KURTH (1986) oder KURTH (1989) und analogen Überlegungen zur blinden Regelanwendung in der Bruchrechnung vgl. z.B. Abschnitt 6.1.2.

8.1.4 Voraussetzungen und curriculare Einordnung der Schlußrechnung

Einfache Fälle der Schlußrechnung (z.B. der Schluß vom Preis für 1 Stück auf den Preis mehrerer Stücke oder auch der vom Preis für 1 kg auf den Preis von mehreren kg und auch umgekehrt ...) gehören schon zur Anwendung der Multiplikation und Division natürlicher Zahlen in der Grundschule. Im Rahmen der Dezimalbruchrechnung (vgl. Abschnitt 6.5) werden auch schon die anspruchsvolleren Zweisätze (z.B. der Schluß vom Preis für 1 kg auf den Preis eines nicht-ganzzahligen Vielfachen von 1 kg und umgekehrt ...) als Anwendungen der Multiplikation und Division von Dezimalbrüchen angesprochen. Selbst einfachere Formen des Dreisatzes (vgl. etwa das Eingangsbeispiel in Abschnitt 8.1.1) kommen im Rahmen von Sachaufgaben zum Rechnen mit natürlichen Zahlen oder zur Bruchrechnung schon vor einer systematischen Durchnahme der Schlußrechnung vor. Es sei auch erinnert an die Berechnung des Bruchteils von Größen (vgl. Abschnitt 6.2.1e) oder die Prozentwertberechnung (vgl. Abschnitt 7.2.3), die als einfache Schlußrechenaufgaben verstanden werden können (z.B. $\frac{3}{4}$ von 400 m = ? oder 13% von 200 DM = ?).

Da für eine systematische allgemeine Behandlung der Schlußrechnung insgesamt jedenfalls die (Dezimal-)Bruchrechnung vorauszusetzen ist, ergibt sich eine solche Behandlung der Schlußrechnung nach der Dezimalbruchrechnung und vor oder nach der Prozentrechnung oder Zinsrechnung. Da man die Prozentrechnung als spezielles Stück Bruchrechnung in zeitlicher Nähe der (Dezimal-)Bruchrechnung behandeln sollte, ergibt sich eher eine Behandlung der Schlußrechnung nach der Prozentrechnung, vielleicht aber noch vor einer Behandlung der Zinsrechnung (vgl. Abschnitt 7.3)[9].

Damit ist häufig eine Behandlung der Schlußrechnung im 7./8. Schuljahr (der Hauptschule) zweckmäßig. Noch vorhandene Lücken aus der Dezimalbruchrechnung (etwa bei der Multiplikation und Division von Dezimalbrüchen) werden am besten im Rahmen der Schlußrechnung gefüllt, weil damit zugleich wichtige Anwendungen für die Dezimalbruchrechnung gegeben sind.

Wenn das Verständnis für die schriftliche Dezimalbruchrechnung gewährleistet ist, sollte bei schwierigen Multiplikationen und Divisionen auf den Taschenrechner zurückgegriffen werden (vgl. Abschnitt 6.5.7).

Wirklich neu ist bei der systematischen Behandlung der Schlußrechnung nur der allgemeine Dreisatz (vgl. Abschnitt 8.2.4), die begriffliche Einordnung der Schlußrechnung in den Rahmen proportionaler Zuordnungen, die Darstellung solcher und ähnlicher Zuordnungen im Koordinatensystem und die graphische Lösung von Schlußrechenaufgaben (vgl. Abschnitt 8.2.5). Wenn Darstellungen im Koordinatensystem vorher noch nicht behandelt wurden, bietet das Schülerheft „Schlußrechnung" (WELLENREUTHER 1995) eine darin integrierte einfache Einführung.

8.1.5 Differenzierungsmöglichkeiten in der Schlußrechnung

Differenzierungsmöglichkeiten ergeben sich in der Schlußrechnung vor allem in der Anwendungsbreite und im Einsatz eines mehr oder weniger großen Übungsangebots, wozu das Heft „Schlußrechnung" eine reiche Auswahl bietet.

Eine Differenzierung sollte weniger bei den Aufgabentypen des Zwei- und Dreisatzes vorgenommen werden und auch nicht hinsichtlich Ganz- und Nichtganzzahligkeit der Maßzahlen. Eine stärkere Differenzierung kann bei den Methoden der Aufgabenlösung vorgenommen werden (dies wird im Abschnitt 8.2 etwas näher angedeutet). Eine Differenzierungsmöglichkeit besteht auch bei

---

[9] Daß die Prozent- und Zinsrechnung vor der Schlußrechnung zu behandeln sei, weil erstere im Grunde eine Schlußrechnung im Rahmen *eines* Größenbereichs darstellt, die Schlußrechnung aber im allgemeinen von einem Größenbereich in einen anderen führt (vgl. GRIESEL 1973), ist nicht als entscheidendes, weil eher äußerliches mathematisches Argument zu betrachten.

den Darstellungen im Koordinatensystem. Sie können für schwache Schüler auf einige einfache Beispiele beschränkt werden. Auf die graphische Lösung „fast" proportionaler Gebührenberechnungen könnte verzichtet werden.

Weitere Zusatzangebote für weiterführende Schulen ergeben sich aus einer stärkeren Einbeziehung antiproportionaler Zuordnungen, einer stärkeren begrifflichen Vertiefung bei den Funktionen und ihren graphischen Darstellungen (größere Selbständigkeit bei deren Erstellung) und bei der Erweiterung auf formalere Verfahren (wie über die Verhältnisrechnung). Auf all dies wurde zugunsten eines breiten gangbaren Weges für die Hauptschule im Schülerheft „Schlußrechnung" jedoch bewußt verzichtet.

8.2 Methodische Durchführung der Schlußrechnung

8.2.1 Gliederung der Schlußrechnung

a) Gliederungsalternativen; Gliederungsentscheidungen

Für eine unterrichtliche Behandlung der Schlußrechnung kann man durchaus an unterschiedliche Gliederungsgesichtspunkte denken, die auch bei der Entwicklung des Schülerhefts „Schlußrechnung" im Rahmen des TELEMA-Projekts kontrovers diskutiert wurden. Dies sei an der möglichen Aufeinanderfolge von Zweisatzaufgaben kurz angedeutet:

1. Man könnte daran denken, zunächst nur „einfache Fälle" zu diskutieren, evtl. gleich in gemischter Form: Schlüsse vom Preis für 1 kg auf den für 3 kg, 4 kg, $\frac{1}{4}$ kg, $\frac{1}{5}$ kg usw.; d.h. Fälle, die durch die Multiplikation bzw. Division von natürlichen Zahlen zu bewältigen sind. Man könnte dann zur schwierigeren Einheit 100 g übergehen und schließlich zu Fällen, die nicht-ganzzahlige Multiplikationen und Divisionen erfordern.

2. Man könnte auch daran denken, erst alle multiplikativen Schlüsse vom Preis einer kleineren Menge zu dem einer größeren Menge und dann alle Divisionsschlüsse von einer größeren Menge zu einer kleineren Menge (jeweils erst mit ganzzahligen Mengen, dann mit nicht ganzzahligen Mengen) zu behandeln und dann zu den kritischeren Schlüssen von einer größeren Menge zu einer kleineren Menge durch Multiplikation (z.B. von 1 kg auf 0,625 kg) und von einer kleineren zu einer größeren Menge durch Division (z.B. von 0,625 kg auf 1 kg) zu kommen.

   Bei alledem kann man sich auch vorstellen, vor schwierigeren Zweisätzen erst einfachere Dreisätze dazwischenzuschalten. Dies soll hier nicht weiterdiskutiert werden. Beim gegenwärtigen Stand der Forschung kann man nicht erwarten, eine allgemeingültig beste Lösung zu finden, wenn es denn überhaupt solch eine gibt. Wahrscheinlich kann man sich auch im mündlichen Unterricht flexibler und unsystematischer verhalten, als das aus Gründen der Übersichtlichkeit bei einer schriftlichen Darstellung möglich ist.

3. Für das Schülerheft Schlußrechnung wurde folgende Grobgliederung gewählt:
   I. Schluß von einer Einheitsmenge (1 kg, 100 g) auf eine andere (größere oder kleinere) Menge, soweit der Zweisatz sinnvoll scheint.
   II. Schluß von irgendeiner Menge auf die (kleinere oder größere) Einheitsmenge, soweit der Zweisatz sinnvoll scheint.
   III. Schluß von irgendeiner Menge auf irgendeine andere Menge mit Hilfe des Dreisatzes, soweit dieser nötig erscheint.

Innerhalb dieser Hauptfälle wird zwischen einfacheren und schwierigeren Fällen unterschieden, und zwar so, daß in einem schwierigeren Fall immer ein Überschlag mit Hilfe der vorangehenden einfacheren Fälle durchgeführt werden kann (vgl. dazu die Gedanken in Abschnitt 3.9.3 und das prinzipiell ähnliche Vorgehen in der Prozentrechnung). Der Dreisatz unter Punkt III ergibt sich als „Doppelschluß" aus den beiden Hauptfällen I („Schluß von einer Einheit auf eine Vielheit") und II („Schluß von der Einheit auf eine neue Vielheit").

b) Gesamtübersicht zur Gliederung der Schlußrechnung

Es seien noch einige Bemerkungen zur Vielgestaltigkeit und Schwierigkeitsstufung der Aufgabentypen vorangestellt:

Zur Vielgestaltigkeit der Aufgabentypen

Es werden soweit Fälle unterschieden, wie von Schülern vermutlich eine deutliche Unterschiedlichkeit hinsichtlich Situation und/oder Schwierigkeit empfunden wird. Dies ist ein Gesichtspunkt, der schon in der Bruchrechnung stark zum Tragen kam (vgl. auch die Bemerkung am Ende des Abschnitts 6.2). Ähnlich wie in der Bruchrechnung besteht in der Schlußrechnung häufig die fachmathematisch bedingte Tendenz, aufgrund einer möglichen mathematischen Vereinheitlichung zu wenig die psychologisch bedingten Unterschiede aus der Sicht des Schülers zu berücksichtigen. Zu solchen Unterschieden gehören in der Schlußrechnung:

- Unterschiede hinsichtlich der Alltagssituation (Welche Einheitspreise sind vorgegeben; für 1 kg oder 100 g? Oder werden im Alltag keine Einheitspreise vorgegeben; z.B. für 50 g oder 250 g?)
- Unterschiede hinsichtlich der Vertrautheit der Rechenoperation für eine bestimmte Situation (Multiplikation eher beim Schluß auf größere Mengen, Division eher beim Schluß auf kleinere Mengen)
- Unterschiede in der Vertrautheit der Zahlen (ganze Vielfache versus nicht-ganzzahlige Vielfache, einfache vertraute Bruchteile versus ungewohnte krumme Bruchteile)
- Unterschiede der Komplexität (ein einfacher Schritt erforderlich, u.U. mehrere einfache Schritte erforderlich bzw. möglich oder nicht möglich [10]).

Zur Schwierigkeitsstufung der Aufgabentypen

Wie bereits angedeutet, erfolgt die Grobgliederung wie die Feingliederung vor allem nach vermuteter Schwierigkeit, nicht unbedingt im Einzelfall, aber in der Tendenz. Dabei kann als gesichert angenommen werden, daß die Glattheit der Größenverhältnisse und die Teilbarkeitsbeziehungen der beteiligten Zahlen einen großen Einfluß auf die Schwierigkeit von Schlußrechenaufgaben haben (vgl. etwa HART 1981 und KURTH 1989). Als ebenso gesicherte Einflußgröße erscheint die Vertrautheit mit Rechenoperationen im Sinne der Übereinstimmung mit „impliziten" Grundschulmodellen (vgl. FISCHBEIN u.a. 1985 und Abschnitt 3.9.3). Im einzelnen werden folgende Schwierigkeitsunterschiede vermutet:

1. Dreisatz wird allgemein schwieriger eingestuft als Zweisatz, weil er schließlich aus zwei Zweisätzen zu kombinieren ist (wobei der zweite Satz des ersten Zweisatzes der erste Satz des zweiten Zweisatzes ist).

2. Schlüsse von 1 kg auf Vielfache und umgekehrt werden einfacher eingestuft als Schlüsse von 100 g auf Vielfache und umgekehrt, weil im ersten Fall der Zahlenfaktor bereits vorgegeben, im zweiten Fall aber erst zu finden ist. (Beispiel: Der Schluß von 1 kg auf 3 kg versus den Schluß von 100 g auf 300 g).

---

[10] Hierunter fallen die vielen im einzelnen kaum faßbaren gemischten Strategien, die sich mathematisch nicht so einfach ausdrücken lassen, die aber Schüler häufig bevorzugen. Auch deshalb ist zu großer Schematismus nicht opportun (vgl. Abschnitt 8.1.3 c).

3. Schlüsse von der Einheit auf die Vielheit und umgekehrt sind einfacher bei ganzzahligen Multiplikations- oder Divisionsoperatoren als bei nicht-ganzzahligen.

4. Zusammengesetzte Schlüsse sind allgemein schwieriger als einfache Schlüsse. (Der Schluß von 100 g auf 250 g ist i.a. schwieriger als der Schluß von 100 g auf 200 g oder auf 50 g, weil er aus diesen beiden Schlüssen (i.a. additiv) zusammenzusetzen ist.) [11]

5. Der Schluß von einer Einheit auf eine größere Menge und umgekehrt ist als Zweisatz im allgemeinen einfacher als der Schluß von einer Einheit auf eine kleinere Menge und umgekehrt. Im zweiten Falle ist die Multiplikation und Division nicht mehr „grundschulkonform" (Multiplikation verkleinert, Division vergrößert; vgl. Beispiele unter 8.2.1a (2).

6. Die Schwierigkeit des Dreisatzes ist umso größer, je schwieriger die eingehenden Zweisätze sind.

7. Der Dreisatz mit der Zwischenmenge 1 kg ist einfacher als ein Dreisatz mit der Zwischenmenge 100 g, da im zweiten Falle die Operatoren zahlenmäßig erst zu finden sind (siehe auch Punkt 2).

8. Der Dreisatz über eine Zwischenmenge ist allgemein umso einfacher, je leichter die Teilbarkeitsbeziehungen zwischen den Mengen zu erkennen sind.

Im folgenden sei nun eine **Übersicht zur Gliederung der Schlußrechnung** gegeben, die an den vorgenannten Gesichtspunkten orientiert ist und an einer angenommenen Proportionalität zwischen Warenmenge und Preis für die Übergänge zwischen den Mengen verdeutlicht wird. In den folgenden Abschnitten werden die Hauptfälle methodisch noch ein wenig näher erläutert:

	1. Einheit ⟶	**Vielfaches der Einheit** (Zweisatz)
Einfache Fälle	a) Einheit ⟶	ganzzahlige Vielfache der Einheit
	1 kg ⟶	2 kg, 3 kg, …
	100 g ⟶	200 g, 300 g, …
	b) Einheit ⟶	einfache Bruchteile der Einheit (kleiner als Einheit)
	1 kg ⟶	$\frac{1}{2}$ kg, $\frac{1}{4}$ kg, … (500 g, 250 g, …)
	100 g ⟶	50 g, 25 g, …
Schwierigere Fälle	c) Einheit ⟶	nicht-ganzzahlige Vielfache der Einheit (größer als Einheit)
	1. Einheit ⟶	*ganzzahlige Vielfache plus einfache Bruchteile*
	1 kg ⟶	$2\frac{1}{2}$ kg, $3\frac{1}{4}$ kg, … (2,500 kg, 3,250 kg,…)
	100 g ⟶	250 g, 325 g, …
	2. Einheit ⟶	*nicht-ganzzahlige Vielfache* (keine einfachen Bruchteile dabei)
	1 kg ⟶	2,614 kg, 3,275 kg, …
	100 g ⟶	247 g, 326 g, …[*]

---

[11] Man kann zwar auch mit dem Faktor 2,5 rechnen. Wie die Schwierigkeit von Schülern im Vergleich zu der „Zerfällungsmethode" empfunden wird, müßte genauer untersucht werden.

d) Einheit ⟶ nicht-ganzzahlige Vielfache der Einheit
(kleiner als Einheit)

1 kg ⟶ 0,473 kg [*]

(100 g ⟶ 47 g) [**]

---

2. Vielfaches der Einheit ⟶ Einheit (Zweisatz)

Einfachere Fälle	**a)** ganzzahliges Vielfaches der Einheit	⟶	Einheit
	2 kg, 3 kg, …	⟶	1 kg
	200 g, 300 g, …	⟶	100 g
	b) einfache Bruchteile der Einheit	⟶	Einheit
	$\frac{1}{2}$ kg, $\frac{1}{4}$ kg, …	⟶	1 kg
	50 g, 25 g, …	⟶	100 g
Schwierigere Fälle	**c)** nicht-ganzzahliges Vielfaches der Einheit (größer als Einheit)	⟶	Einheit
	2,5 kg, 3,275 kg, …	⟶	1 kg
	250 g, 325 g, …	⟶	100 g [*]
	d) nicht-ganzzahliges Vielfaches der Einheit (kleiner als Einheit)	⟶	Einheit
	0,473 kg …	⟶	1 kg [*]
	(47 g …	⟶	100 g) [***]

---

3. Vielfaches der Einheit ⟶ anderes Vielfaches der Einheit
(Der Schluß über Einheit oder Zwischengröße; Dreisatz)

Einfachere Fälle

a) ganzzahliges Vielfaches der Einheit → anderes ganzzahliges Vielfaches
(Schluß über Einheit)

3 kg ⟶ 5 kg; 300 g ⟶ 200 g;

325 g, 47 g ⟷ 100 g; 473 g ⟵ 1000 g

(Siehe auch 1c, d bzw. 2c, d!)

b) ganzzahliges Vielfaches der Einheit → anderes ganzzahliges Vielfaches
(Schluß über andere „Zwischengrößen")

250 g ⟶ 350 g (Schluß über 50 g)

2,5 kg ⟶ 3,5 kg (Schluß über 0,5 kg)

Schwierigere Fälle

c) nicht-ganzzahliges Vielfaches ⟶ nicht-ganzzahliges Vielfaches

2,4 kg ⟶ 3,7 kg (Schluß über 1 kg)

3,725 kg ⟶ 2,431 kg (Schluß über 1 kg)

---

[*] Später auch mit Dreisatz; einfacher für schwächere Schüler?

[**] Über Dreisatz; der Schluß von 100 g auf 47 g mit Hilfe des Faktors 0,47 scheint zu „vermittelt".

[***] Einfacher mit Dreisatz!

8.2.2 Einführung in die Schlußrechnung; der Schluß vom Preis einer Einheitsmenge auf den Preis einer anderen Menge

a) Einführung in die Schlußrechnung

Am Anfang der Schlußrechnung (und später dann immer mal wieder) ist den Schülern bewußt zu machen, daß die Schlüsse der Schlußrechnung nur bei Sachsituationen erlaubt sind, denen proportionale Zuordnungen zugrunde liegen. Zu diesem Zweck ist es keinesfalls erforderlich, gleich den Terminus „proportional" einzuführen und diesen Begriff zu vertiefen. Man braucht lediglich hervorzuheben, daß im folgenden angenommen wird, daß die doppelte Menge immer das Doppelte, die dreifache Menge das Dreifache, die hundertfache Menge das Hundertfache usw. kostet, daß also „kein Rabatt" für größere Mengen gewährt wird. (Damit ist der Kern des Begriffs „proportional" – vgl. Abschnitt 2.5 – in alltagsnaher Weise verdeutlicht.) Wann man „Schlußrechnen" darf und wann nicht, wird anhand von Aufgaben wie folgenden diskutiert:

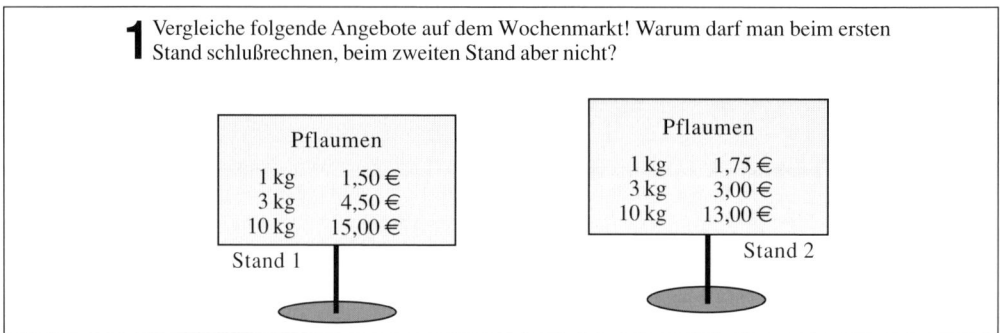

1 Vergleiche folgende Angebote auf dem Wochenmarkt! Warum darf man beim ersten Stand schlußrechnen, beim zweiten Stand aber nicht?

Aus: „Schlußrechnung" (WELLENREUTHER 1995)[12]

Daneben können sogleich die Hauptfälle der Schlußrechnung „vorstrukturiert" werden (vgl. Abschnitt 3.4.2). Dazu bieten sich einfache Beispiele an, die man zusätzlich optisch verdeutlicht:

1. Der Schluß von einer Einheit auf ein Vielfaches der Einheit

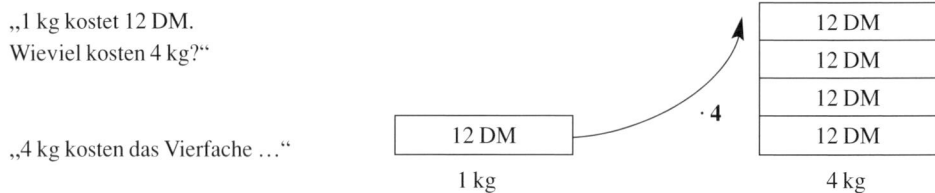

„1 kg kostet 12 DM.
Wieviel kosten 4 kg?"

„4 kg kosten das Vierfache …"

2. Der Schluß von einem Vielfachen der Einheit auf die Einheit
(der umgekehrte Schluß)

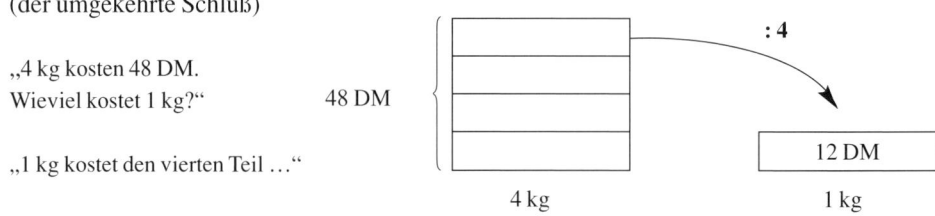

„4 kg kosten 48 DM.
Wieviel kostet 1 kg?"

„1 kg kostet den vierten Teil …"

---

[12] Auch die folgenden Beispiele finden sich häufig in ähnlicher Form im Schülerheft „Schlußrechnung"

3. Der Schluß von einem Vielfachen der Einheit auf ein anderes Vielfaches
(Doppelschluß)

„4 kg kosten 48 DM.
Wieviel kosten 3 kg?"

„1 kg kostet den vierten Teil,
3 kg kosten dreimal soviel."

48 DM { ... : 4 ... · 3 ... 12 DM / 12 DM / 12 DM / 12 DM

4 kg   1 kg   3 kg

b) Der Schluß vom Preis einer Einheitsmenge ...

In den meisten Einkaufssituationen ist der Preis für eine bestimmte „Einheitsmenge" (z.B. 1kg, 100g, 10 Stück)[13] gegeben (bekanntgemacht z.B. durch Preisschilder), und es stellt sich die Frage nach dem Preis von einem ganzzahligen Vielfachen oder einfachen Bruchteil (z.B. 2 kg, 50 g, 30 Stück). Dieser Aufgabentyp ist insofern der wichtigste von allen. Wünscht man dann freilich die betreffende Warenmenge (z.B. 2 kg, oder 50 g), so gelingt es häufig nicht genau (z.B. bei Fleisch oder Wurst), die gewünschte Menge abzuwiegen (,,Darf es etwas mehr sein?"). Schon stellt sich auch die Frage nach dem Preis für 2,045 kg oder für 65 g. Die Berechnung des Preises für die ursprünglich gewünschte Menge bleibt dann aber besonders wichtig für den Überschlag. Dies umreißt Art und Gewichtung der Fragestellungen vom Alltag her.
Beginnen wir mit dem *einfachsten* Fall:

(1) *Die gefragte Menge ist ein ganzzahliges Vielfaches der Einheitsmenge*

Beispiel 1:   „Du sollst 300 g Käse einkaufen. 100 g kosten 2,40 DM.
Was hast du für 300 g zu bezahlen?"

Lösungsmöglichkeiten:
Man sollte sich nicht gleich auf eine Lösung im Sinne des „Zweisatzes" verengen. Solche Aufgaben können offenbar „additiv" oder „multiplikativ" gelöst werden:
300 g kosten soviel wie 100 g und nochmal 100 g und nochmal 100 g oder: ... dreimal soviel wie 100 g.
Man kann diese Situation in einer „Menge-Preis-Tabelle" kurz zusammenfassen:

Warenmenge	Preis
100 g	2,40 DM
+ 100 g	+ 2,40 DM
+ 100 g	+ 2,40 DM
300 g	7,20 DM

Warenmenge	Preis
100 g	2,40 DM
300 g	7,20 DM

· 3   · 3

Die multiplikative Lösung wird den Schülern vor allem bei größeren Vielfachen der Einheitsmenge als bequeme Verkürzung der additiven Lösung nahegelegt. Die additive Lösung ist für schwächere Schüler zu allererst wohl das naheliegendste, wie viele spontane Lösungsversuche zeigen. Die multiplikativen Lösungen haben zwar letztlich die größere Verallgemeinerungskraft, es bietet sich aber später häufig (z.B. bei Überschlägen [14]) eine gemischte multiplikativ-additive Strategie an, die auch als „Zerfällungsstrategie" bezeichnet wird.

---

[13] Der Terminus „Einheitsmenge" bietet sich eher an als „Einheit", da ja auch in Alltagssituationen „ausgezeichnete Mengen" wie 100 g oder auch 10 Stück mit einbezogen sein sollen.
[14] Vgl. im folgenden Fall (3).

Dazu zunächst folgendes einfaches Beispiel [15]:

Beispiel 2: „Herr Erdmann kauft für den Garten 12 Bohnenstangen.
Eine Bohnenstange kostet 0,45 DM.
Was kosten die Bohnenstangen zusammen?"

Ein sinnvoller *Lösungsansatz* ist hier (genau genommen ein „Viersatz"): 12 Bohnenstangen kosten soviel wie 10 Bohnenstangen und 2 dazu:

	Stück	Preis		*Erklärung*
(1)	1 St.	0,45 DM		
(2)	2 St.	0,90 DM		$(2 \cdot 0,45\ \text{DM})$
(3)	+ 10 St.	+ 4,50 DM		$(10 \cdot 0,45\ \text{DM})$
(4)	12 St.	5,40 DM		

Betrachten wir nun kurz den nächsteinfacheren Fall:

(2) *Die gefragte Menge ist ein einfacher Bruchteil der Einheitsmenge*

Beispiel: „1 kg Schweinebraten kostet 14 DM.
Wieviel kostet $\frac{1}{2}$ kg (500 g), $\frac{1}{4}$ kg (250 g), $\frac{3}{4}$ kg (750 g)?"
(Etwas schwerer bei entsprechenden Gramm-Angaben!)

Lösungssatz: Die Hälfte von 1 kg kostet die Hälfte des „Kilogrammpreises"…
Ein Viertel von 1 kg kostet ein Viertel …
Drei Viertel von 1 kg kosten dreimal soviel …

Entsprechend verfährt man dann bei der Einheitsmenge 100 g, wenn nach 25 g, 50 g, 75 g gefragt ist. Betrachten wir als nächsten Fall denjenigen, der aus Fall (1) und (2) kombinierbar ist:

(3) *Die gefragte Menge ist ein Vielfaches der Einheitsmenge: das Vielfache ist eine „gemischte-Zahl", bestehend aus einer ganzen Zahl und einem einfachen Bruch*

Beispiel: „1 kg Schweinebraten kostet im Angebot 9 DM.
Wieviel kosten 2,5 kg?"

Lösungsmöglichkeiten:

„Zerfällungsmethode"

Menge	Preis
1 kg	9,00 DM
2 kg	18,00 DM
+ $\frac{1}{2}$ kg	+ 4,50 DM
$2\frac{1}{2}$ kg	22,50 DM

Erklärung:
$2\frac{1}{2}$ kg kosten soviel wie 2 kg und $\frac{1}{2}$ kg zusammen.

„direkte Methode

Menge	Preis
1 kg	9,00 DM
· 2,5	· 2,5
2,5 kg	?

Erklärung:
1 kg kostet 9 DM.
2 kg kosten das Doppelte.
3 kg kosten das Dreifache.
2,5 kg kosten das 2,5fache.

---

[15] Das losgelöste Üben solcher Strategien an x-beliebigen Wertetabellen scheint weniger sinnvoll.
Man sollte z.B. lieber nach ähnlichen Beispielen fragen und versuchen, diese zu verallgemeinern.

Entsprechend „zerfällend" wird man dann bei der Einheitsmenge 100 g vorgehen, wenn etwa nach dem Preis für 325 g gefragt ist (3 mal 100 g-Preis + $\frac{1}{4}$ des 100 g-Preises). Das direkte rein multiplikative Verfahren ist hier weniger naheliegend (vgl. Abschnitt 8.2.1b), da der Faktor 3,5 erst gefunden werden muß („Mit welchem Faktor ist 100 g malzunehmen, um 350 g zu erhalten?"): Vielleicht etwas für bessere Schüler!

Was hier anhand der Fälle (1), (2) und (3) herausgestellt werden soll, ist folgendes:

- Es ist großer Wert auf eine inhaltsbezogene Versprachlichung zu legen (siehe „Ansätze" und „Erklärungen").
- Die Kurztabellen sollten anfangs möglichst nicht isoliert auftreten und in einer bestimmten Form eingeübt („ritualisiert") werden. Sie sollten eher beiläufig als Kurzform und in variierter Schreibweise auftreten und in engem Zusammenhang mit einer umgangssprachlichen Erläuterung gebracht werden. Dadurch kann wohl eher das Entstehen einer gedankenlosen Mechanisierung vermieden werden.
- Es sollten additive und multiplikative Strategien unter Ausnutzung der entsprechenden Proportionalitätseigenschaften durchaus gemischt verwendet werden (Zerfällungsstrategien!). Auch dies fördert eine stärkere inhaltliche Durchdringung des Sachverhalts.
- Die Multiplikation des Preises mit einem nicht-ganzzahligen Vielfachen des Einheits-Preises bei entsprechenden Vielfachen der Einheitsmenge sollte sich durch „natürliche" Fortsetzung der ganzzahligen Vielfachen ergeben (vgl. auch Abschnitt 6.5): „Das 2,5 fache liegt zwischen dem Zweifachen und dem Dreifachen" usw.

Dies alles scheint wichtig für die weitere Verallgemeinerung und Formalisierung auf „beliebige Fälle":

(4) *Die gefragte Menge ist ein beliebiges nicht-ganzzahliges Vielfaches der Einheitsmenge*

Beispiel: „1 kg einer Ware kostet 32 DM.
Wieviel kosten 2,620 kg; 1,173 kg; 0,815 kg?"

Beim Lösungsansatz sollte man in der Sprechweise die Analogie zu den ganzzahligen Vielfachen betonen:

Das 2,62 fache von 1 kg kostet das 2,62 fache des Kilogrammpreises.
Das 1,173 fache von 1 kg kostet das 1,173 fache des Kilogrammpreises.
Das 0,815 fache von 1 kg kostet das 0,815 fache des Kilogrammpreises.

Eine besondere Schwierigkeit stellt der letzte Fall für die Schüler dar, wenn die gefragte Menge kleiner als ein Kilogramm ist, der Preis aber durch Multiplikation des Kilogrammpreises gefunden wird. Dieser kognitive Konflikt verschärft sich unvermeidlich, wenn man das wichtige überschlägige Rechnen mit einbezieht (vgl. Ende des nächsten Teilabschnitts):

(5) *Überschlägige Schlüsse vom Preis einer Einheitsmenge auf den Preis einer anderen Menge*

Beispiele: 1. 100 g kosten 2,40 DM. Wieviel kosten 317 g ungefähr?
2. 1 kg kostet 14 DM. Wieviel kosten 0,475 kg ungefähr?
3. 1 kg kostet 14 DM. Wieviel kosten 2,223 kg ungefähr?
4. 100 g kosten 3,20 DM. Wieviel kosten 62 g ungefähr?

Lösungsansätze: Die Überschläge erfolgen durch Rückgang auf die zuvor besprochenen einfachen Fälle. Man geht wieder zurück auf ganzzahlige Vielfache der Einheitsmenge oder – für genauere Überschläge – zusätzlich auf einfache Bruchteile. Zum bequemeren Rechnen rundet man gegebenenfalls auch die Preise für die Einheitsmenge:

Zu 1. 100 g kosten ca. 2,50 DM. 317 g kosten etwa soviel wie 300 g, also etwa 3 · 2,50 DM = 7,50 DM.

Zu 2. 1 kg kostet 14 DM. 0,475 kg kosten etwa soviel wie 0,500 kg, also etwa die Hälfte von 14 DM.

Zu 3. 1 kg kostet 14 DM. 2,223 kg kosten etwa soviel wie 2,250 kg oder $2\frac{1}{4}$ kg, also 2 · 14 DM
(= 28 DM) plus 14 DM : 4 (≈ 3 DM); also insgesamt etwa 31 DM.

Zu 4. 100 g kosten etwa 3 DM. 62 g kosten etwa soviel wie 50 g, also etwa die Hälfte von 3 DM (= 1,50 DM).

Was ist wichtig bei solchen Überschlägen? Was sollte man besonders (evtl. getrennt) üben?

– Das Runden von Warenmengen auf ganze Kilogramm bzw. auf ganze Vielfache von 100 g.
– Runden von Warenmengen (angegeben in kg oder g) auf einfache Bruchteile von Kilogramm
($\frac{1}{4}$ kg, $\frac{1}{2}$ kg, $\frac{3}{4}$ kg) bzw. von 100 g (25 g, 50 g, 75 g).

Besondere Hinweise sind angebracht bei Aufgaben wie Beispiel 2 (gefragte Menge ist kleiner als
1 kg): Der *Überschlag* wird mit Hilfe einer einfachen *Division* (hier : 2), die *genaue Rechnung* aber
mit einer *Multiplikation* (hier · 0,475) durchgeführt. Bei Unsicherheit hinsichtlich der ausgeführ-
ten Operation hilft die generelle Überlegung: Die kleinere Menge muß weniger kosten!

(6) *Weitere Anwendungsaufgaben/Verständnisaufgaben*

Nach gründlicher Behandlung der Menge/Preis-Situation sollten die Schlußweisen auch auf andere Situationen angewandt werden, denen (annähernd) proportionale Zuordnungen zugrundeliegen:
z.B. auf die Situation „gefahrene Strecke-Benzinverbrauch" oder die Situation „Umtausch von
Währungen". Zugleich hat man hier wieder Beispiele, wo man häufig 100 km oder auch 100 DM
als „Einheitsmenge" behandelt:

– Ein Auto verbraucht über 100 km 6 l. Wieviel Liter verbraucht es für 120 km, 200 km, 230 km, 526 km?
– Wieviel französische Francs, US-Dollar, Peseten bekommt man für 100 DM, 200 DM, 300 DM, 500 DM?

Die Art der Anwendungssituationen kann man dann bei den noch folgenden Aufgabentypen allmählich erweitern.
Auch an spezifische Verständnisaufgaben sollte man hier wieder denken. Dies sind vor allem
Aufgaben, die sich auf die Begründung und Flexibilität der Aufgabenlösungen beziehen. Stell-
vertretend für diesen Typ von Aufgaben, die immer wieder zwischen die reinen Routineaufgaben eingestreut werden sollten, seien die folgenden aus dem Schülerheft „Schlußrechnung"
(*WELLENREUTHER* 1995) genannt:

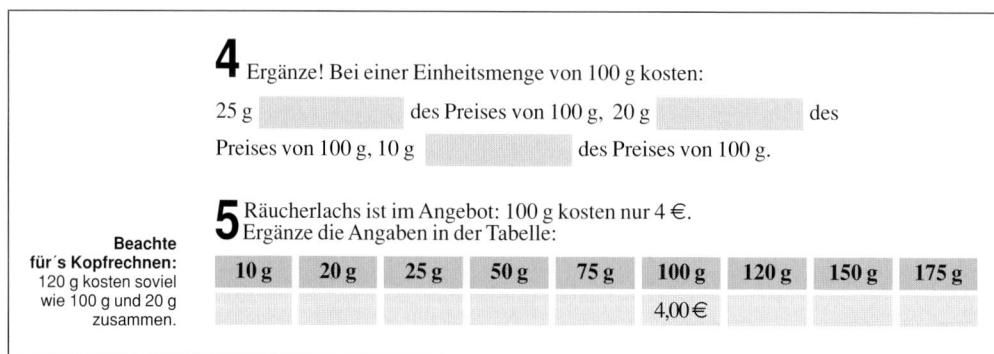

Aus: „Schlußrechnung"

8.2.3 Der Schluß vom Preis einer bestimmten Menge auf den Preis einer Einheitsmenge (Zweisatz)

a) Analoge Überlegungen wie beim Schluß von der Einheitsmenge ...

Jetzt wird also umgekehrt geschlossen wie in Abschnitt 8.2.2. Es gelten analoge Überlegungen wie dort; man hat es nur jeweils mit der Umkehroperation zu tun.

Hinsichtlich der Aufgabensequenz kann auf die Übersicht in Abschnitt 8.2.1 b) verwiesen werden. Wichtig sind im Unterricht zunächst vor allem wieder die inhaltlichen Begründungen:

Beispiel: „300 g Käse kosten 4,50 DM. Wieviel kosten 100 g?"

Lösungsansatz: Da 100 g der dritte Teil von 300 g ist, muß der Preis durch 3 geteilt werden ... Wird von einem einfachen Bruchteil der Einheitsmenge auf die Einheitsmenge geschlossen (z.B. von 25 g auf 100 g), gilt Entsprechendes.

Wichtig ist dann hervorzuheben, wie man bei der Berechnung des Preises für die Einheitsmenge allgemein vorgeht (vgl. Abschnitt 3.5.3 d; entsprechend die Hervorhebung der allgemeinen Strategie in Abschnitt c): Ist die Einheitsmenge ein Teil (Vielfaches) der gegebenen Menge, ist der Preis der gegebenen Menge entsprechend zu teilen (malzunehmen).

Entsprechend wird man etwa folgende *Verständnisaufgaben* stellen:

<table>
<tr><td>

1 Ergänze!

a) Wenn eine gegebene Menge dreimal soviel wiegt wie die Einheitsmenge, dann

kostet die Einheitsmenge ⬚ .

b) Stelle für den in a) beschriebenen Fall eine Schlussrechenaufgabe.

</td><td>

2

a) Wenn die gegebene Menge ein Viertel der Einheitsmenge wiegt, dann kostet die

Einheitsmenge ⬚ .

b) Stelle für den in a) beschriebenen Fall eine Schlussrechenaufgabe.

</td></tr>
</table>

Aus: „Schlußrechnung"

Besondere Hinweise sind angebracht im Falle, daß die gegebene Menge ein nicht ganzzahliges Vielfaches ist (also ein „krummer Teil" der Einheitsmenge ist).

Beispiel: „0,225 kg kosten 5,15 DM. Wieviel kostet 1 kg?"

Lösungsansatz: Da 0,225 kg das 0,225 fache von 1 kg ist, kostet 1 kg den 0,225 ten Teil ... Die Schwierigkeit der Schüler besteht darin, daß der Kilogrammpreis größer sein muß, dazu aber dividiert werden muß (vgl. auch Abschnitt 6.5.7 b). Die Schwierigkeit verschärft sich für den Schüler dadurch, daß der Überschlag mit einer Multiplikation ausgeführt wird: $0,225 \text{ kg} \approx \frac{1}{4}$ kg. 1 kg kostet also etwa 4 mal soviel. (Man beachte die analoge Schwierigkeit in Abschnitt 8.2.1 b (5), Ende). Als Ausweichstrategie bleibt in jedem Falle der spätere oder vorweggenommene Dreisatz.

b) Weitere Anwendungsbeispiele

Meist sind ja im Alltag die Preise für die Einheitsmengen wie 1 kg oder 100 g gegeben. Welche sinnvollen Aufgaben bleiben also noch?

Aus den gegebenen Endpreisen des Einkaufs ist manchmal der Preis fur 100 g bzw. 1 kg nicht mehr zu erkennen ... Oder es entsteht die Frage: Was hatte der Ladencomputer zu rechnen, um zum Endpreis zu kommen?

Zum Beispiel zeigt die Obstpreiswaage an:

2,83 kg Bananen	4,39 DM

Mit welchem Kilogrammpreis[16)] hat der Computer gerechnet?
Hierbei bietet sich neben dem Überschlag auch die Multiplikation als Gegenoperation für eine weitere Rechnungskontrolle (mit dem Taschenrechner) an:

Berechnung des Kilogrammpreises: $4,39 \text{ DM} : 2,83 \approx 1,55 \text{ DM}$
Überschlag: $4,50 \text{ DM} : 3 \quad = 1,50 \text{ DM}$
Gegenkontrolle der Rechnung: $2,83 \text{ DM} \cdot 1,55 \approx 4,38 \text{ DM}$

Daneben dient die Berechnung des Preises für Einheitsmengen vor allem zum *Preisvergleich* (vgl. auch bereits Abschnitt 5.3.7).
Der Vergleich von Warenmengen nach Preisen für 1kg, 100g oder 1 Stück ist den Schülern als Einkaufssituation aus dem Alltag bewußt. Sie benutzt man z.B. auch zur Überprüfung, ob Rabatt gegeben wurde oder nicht[17)]:

3 Beim Kauf größerer Mengen wird manchmal Rabatt gegeben. An welchem Stand ist der größere Strauß günstiger?

Hinweis:
Berechne zunächst auf einem Extrablatt, wieviel jeweils eine Blume kostet!

Großblütige Tulpen in verschiedenen Farben
kl. Strauß (5 Stück) 3,50 €
gr. Strauß (10 Stück) nur 7 €

Leuchtendgelbe Narzissen
kl. Strauß (5 Stück) 3,15 €
gr. Strauß (10 Stück) nur 4,20 €

Aus: „Schlußrechnung"

(Zum mathematischen Hintergrund vgl. Eigenschaft (6) in Abschnitt 8.1.2: Ist eine Zuordnung proportional, ist der Stückpreis immer gleich; ist sie nicht proportional, ist dies nicht der Fall.)
Eine andere Anwendung für die Berechnung eines „Einheitspreises" ist die *Berechnung des Wechselkurses:*

Beispiel: „Man hat für 250 DM 1780 Schilling bekommen.
                 Wieviel Schilling hat man für eine DM bekommen?"

Eine weitere Anwendung ist die Berechnung des Stundenlohns:

Beispiel: „Bärbel hat 8 Stunden auf zwei Nachbarkinder aufgepaßt.
                 Sie hat dafür 50 DM bekommen.
                 Was hat sie in einer Stunde verdient?"

[16)] Zu klären sind bei dieser Gelegenheit die verschiedenen gleichwertigen Sprech- und Schreibweisen: „Preis für 1kg", „Kilogrammpreis", „Preis pro Kilogramm", „DM/kg".
[17)] Weiteres zum Preisvergleich in Abschnitt 8.2.6 c.

Eine sinnvolle, aber etwas anspruchsvollere Anwendung ist z.B. auch die Berechnung des Benzinverbrauchs für 100 km (für bessere Schüler), indem man den Benzinverbrauch durch das entsprechende Vielfache von 100 km teilt:

Beispiel: VW-Golf

verbrauchte Benzinmenge	gefahrene Strecke
42,6 *l*	547 km

Benzinverbrauch für 100 km = 42,6 *l* : 5,47 …

c) Zwischenzusammenfassung:
Der Schluß von einer Einheitsmenge zu einer anderen Menge und umgekehrt

Wenn man die beiden Hauptschlüsse „Von der Einheit zur Vielheit" und „Von der Vielheit zur Einheit", wie man sie früher etwas unsachgemäß verkürzt hatte, in der angedeuteten Weise gründlich behandelt hat, scheint es zweckmäßig, eine „Zwischenzusammenfassung" (vgl. Abschnitt 3.7.3 a) durchzuführen. Die bisher geübten Hauptschlüsse können dadurch in der Gegenüberstellung nochmals konsolidiert und integriert werden vor ihrer Kombination zum Dreisatz. Es ist zu empfehlen, eine stärkere Formalisierung im Sinne von vereinheitlichenden Regeln[18] bis dahin zurückzustellen, damit die jeweiligen Sachverhalte zunächst inhaltlich möglichst gut durchdrungen und in ihrer Unterschiedlichkeit deutlich wahrgenommen werden (es sei an die Vorbemerkungen in Abschnitt 8.2.1 b erinnert).
Indem man die bisherigen Fälle im Sinne der Übersicht in Abschnitt 8.2.1 b noch einmal vergleichend auflistet, zusammen mit den jeweiligen Überschlägen, kommen die Analogien deutlich zum Vorschein: Aus jeder Multiplikation wird eine Division und umgekehrt. Als allgemeine Strategie kann schließlich (verbunden mit Beispielen) hervorgehoben werden:

Gegeben:	Preis der Einheitsmenge	Preis irgendeiner Menge
Gesucht:	Preis irgendeiner gewünschten Menge	Preis der Einheitsmenge
Lösungs-gedanke:	Mit welchem Faktor muss der Preis der Einheitsmenge malgenommen werden, um den Preis der gewünschten Menge zu erhalten?	Durch welchen Faktor muss der Preis der gegebenen Menge geteilt werden, um den Preis der Einheitsmenge zu erhalten?
Operation/ Rechenverfahren	Multiplikation (bzw. Addition)	Division

Aus: „Schlußrechnung"

Nie sollte die Anmerkung fehlen und in entsprechenden gemischten Aufgaben beherzigt werden: Man kann zwar immer im Sinne des allgemeinen Lösungsgedankens verfahren, aber häufig ist es einfacher, ohne „Regel" zu arbeiten; z.B. bei Überschlägen, wenn die gegebene oder gefragte Menge ein einfacher Bruchteil der Einheitsmenge ist.

---

[18] Hier gilt etwas entsprechendes wie bei den Bruchrechenregeln (vgl. Abschnitt 6.3 und 6.5).

8.2.4 Der Schluß vom Preis einer beliebigen Menge auf den Preis einer beliebigen anderen Menge (Dreisatz)

a) Lösungsstrategie und Lösungsschema

Der klassische Dreisatz beinhaltet einen Doppelschluß vom Preis einer gegebenen Menge (erster Satz) auf den Preis einer Einheitsmenge (zweiter Satz) und von dort auf den Preis einer gefragten Menge (dritter Satz). Hier werden also die Schlüsse zusammengesetzt, die in den beiden Abschnitten zuvor genauer besprochen wurden. Wir können uns jetzt also recht kurz fassen.

Betrachten wir ein Beispiel aus dem Schülerheft „Schlußrechnung":

Beispiel: „In der letzten Woche hat der Vater von Hans 5 Überstunden gemacht und dafür 90 DM bekommen. Wieviel DM bekommt er, wenn er in der nächsten Woche 4 Überstunden macht?"

Lösungsansatz:

(1) Für eine Überstunde bekommt er den fünften Teil von dem für fünf Überstunden.

(2) Für vier Überstunden bekommt er also das Vierfache von dem für eine Überstunde.

Der Lösungsweg läßt sich durch folgende *Kurztabelle* verdeutlichen:

		Überstunden	Lohn	
		5 h	90 DM	1. Satz
1. Schluß	: 5			
		1 h	-- DM	2. Satz
2. Schluß	· 4			
		4 h	-- DM	3. Satz

Jetzt wird man in verstärktem Maße mit solchen Kurztabellen arbeiten können (also auch für den Ansatz, nicht nur zur Zusammenfassung), wenn die beiden Einzelschlüsse und ihre inhaltliche Begründung inzwischen hinreichend vertraut sind. Auch scheint die Einhaltung einer gewissen Reihenfolge zur Führung des Gedankenganges jetzt ganz sinnvoll:

1. Zeile (1. Satz):   gegebenes Wertepaar
2. Zeile (2. Satz):   Schluß auf die Einheit
3. Zeile (3. Satz):   Schluß auf die gefragte Größe

Anfangs sind vielleicht auch noch Operatorpfeile zur Erinnerung zweckmäßig (auf einer Seite der Tabelle genügt!).

Anmerkung: Beim späteren Rechnen mit schwierigeren Zahlen und der damit naheliegenden Verwendung des Taschenrechners wird man ohne Notierung des Zwischenergebnisses für die Einheit die Division und Multiplikation hintereinander „in einem Zug" durchführen, um Rundungsfehler zu vermeiden.

b) Aufgabensequenzierung

Man wird wie bei dem Beispiel im Abschnitt a) zunächst mit dem einfachen Fall beginnen, daß lediglich *ganzzahlige Divisions- und Multiplikationsoperatoren*[19] anzuwenden sind. Dadurch prägt sich wohl auch das Grundmuster des Dreisatzes am besten ein. Auch wird man mit dem Schluß über die „natürlichen" Einheiten 1 kg, 1 Std., 1 m usw. beginnen. Die Schlüsse über 1 g wird

---

[19] In einfacher Schülersprache:
   Es ist nur durch ganze Zahlen zu teilen und mit ganzen Zahlen malzunehmen.

man dabei einbeziehen, vor allem zur Lösung von Aufgaben, die beim „einfachen" Schluß (Zweisatz) besseren Schülern vorbehalten waren (vgl. die Übersicht in Abschnitt 8.2.1 b): Dies könnten z.B. Aufgaben folgender Art sein:

– Wieviel kosten 146 g, wenn der Preis für 100 g 4,78 DM beträgt?
– 146 g kosten 5,48 DM. Wieviel kosten 100 g?

Vielleicht wird man auch Aufgaben folgender Art mit Gramm wiederholen:

– 1 kg kostet 9,00 DM. Wieviel kosten 0,236 kg?
– 0,348 kg kosten 4,18 DM. Wieviel kostet 1 kg?

Im nächsten Schritt kann man zu Schlüssen über konventionelle Einheitsmengen wie 100 g übergehen und dann auch zu geschickt ausgewählten „Zwischenmengen":

– 200 g kosten 2,50 DM. Wieviel kosten 300 g? (Zwischenmenge 100 g)
– Für 300 g zahlt man 3,25 DM. Wieviel zahlt man für 250 g?

Im letzten Beispiel wird man i.a. weder über 1 g noch über 100 g, sondern über die Zwischenmenge 50 g schließen, weil man so mit kleinen ganzen Zahlen rechnet:

	Menge	Preis
: 5	250 g	3,25 DM
· 6	50 g	0,65 DM
	300 g	3,90 DM

Steht ein Taschenrechner zur Verfügung, werden schwächere Schüler trotzdem häufig den Weg über 1 g bevorzugen, weil sie nicht erst nach einer zweckmäßigen Zwischenmenge suchen müssen. Für bessere Schüler, die weiter in die Teilbarkeitslehre eingedrungen sind, wird man hier natürlich an die Suche nach dem größten gemeinsamen Teiler zweier Zahlen erinnern (es muß hier aber nicht unbedingt der ggT sein; es kommen sogar Bruchteile in Frage, wie der Schluß von 2,5 kg über 0,5 kg zu 3,5 kg zeigt). Schließlich wird man zu den rechnerisch schwierigeren und weniger vertrauten (und seltener vorkommenden) Fällen übergehen, bei denen auch nicht-ganzzahlige Divisions- und Multiplikationsoperatoren anzuwenden sind.

Beispiel	Seelachs gibt es heute im Angebot. Frau Meister kauft deshalb 3,8 kg und zahlt dafür 22,04 €. Frau Sorge läßt sich 5,25 kg abwiegen. Wieviel muss sie dafür bezahlen?

Aus: „Schlußrechnung"

Eine Lösungshilfe bedeutet es hier – wie sonst häufig auch –, wenn man mit einem *Überschlag* beginnt, bei dem man auf ganze Zahlen rundet und damit aus dem schwierigeren Fall einen einfacheren macht (vgl. Abschnitt 3.9.3). Sowohl beim Überschlag wie beim genauen Rechnen wird man sich hier an *Kurztabellen* orientieren:

Kurztabellen:	a) zum Überschlag [20]		b) zur genauen Rechnung	
	Menge	Preis	Menge	Preis
: 4	4,00 kg	20,00 €	3,8 kg	22,04 €
· 5	1 kg	5,00 €	1 kg	5,80 €
	5,00 kg	25,00 €	5,25 kg	30,45 €

(für b: : 3,8 und · 5,25)

Aus: „Schlußrechnung"

---

[20] Zur Durchführung der Überschläge sei an Abschnitt 6.5.8 erinnert.

Hier kommt zugleich die allgemeinste Strategie des Dreisatzes zum Ausdruck. Man mache sie den Schülern etwa wie folgt bewußt:
„Wie wird von einer beliebigen Menge auf eine beliebige andere geschlossen?

1. Man schließt von der gegebenen Menge auf die Einheitsmenge
(mit Hilfe einer Division durch den Faktor der gegebenen Menge).

2. Man schließt von der Einheitsmenge auf die andere Menge
(mit Hilfe einer Multiplikation mit dem Faktor der gefragten Menge)."

c) Verständnis- und Anwendungsaufgaben für den Dreisatz

Im folgenden seien einige Verständnis- und Anwendungsaufgaben aus dem Schülerheft „Schlußrechnung" (WELLENREUTHER 1995) angedeutet. Beginnen wir mit einer typischen Verständnisaufgabe, für die zunächst keine Ausrechnung verlangt wird, um den Blick auf den Lösungsweg zu richten:

> Beschreibe bei den folgenden Aufgaben a) und b) jeweils nur den Lösungsweg!
> (Etwa so: Zuerst berechne ich den Preis für .... , indem ich ....
> .... rechne; danach berechne ich den Preis für ...., indem
> ich .... rechne)
> a) 4 kg kosten 2,00 €. Wie viel kosten 5 kg?
> b) 5 Pfosten kosten 8 €. Wie viel kosten 3 Pfosten?

Daneben seien Beispiele für einige weitere Anwendungssituationen gegeben:

(1) *Tankstelle*

> An einer Tankstelle hat ein Kunde gerade 10 *l* Benzin getankt und dafür 8,90 € bezahlt.
> Deine Mutter tankt 40 *l*. Wie viel muss sie dafür bezahlen?

(Hier kann man über 1 *l* oder 10 *l* schließen.)

> Mit einem vollen Tank (42 *l*) kann ein neues Sparauto etwa 800 km weit fahren.
> 15 *l* sind noch im Tank.
> Wie weit kann es damit noch fahren?

(Bei solch einer Aufgabe genügt evtl. ein bloßer Überschlag.)

(2) *Wochenmarkt*

> Familie Erdmann verkauft Erdbeeren. Am ersten Tag werden 50 kg verkauft
> und dafür 450 € eingenommen. Am nächsten Tag werden 78 kg verkauft.
> Berechne den Erlös für 78 kg! Lege zuerst eine Kurztabelle an!

(Es wird der gleiche Kilogramm-Preis an beiden Tagen angenommen.)

(3) *Grillparty*

> Hans lädt seine Freunde zu einer Grillparty ein. Es werden 10 Personen erwartet.
> Für 4 Personen benötigt man im Durchschnitt 6 Würste und 800 g Grillfleisch.
> a) Wie viele Würste und Grillfleisch braucht Hans etwa bei 10 Personen?
> b) Und bei 15 Personen?

(In ähnlicher Weise kann man Rezepte, die häufig für eine Familie mit 4 Personen angegeben sind, auf eine kleinere oder größere Personenzahl umrechnen.)

(4) *Geldumtausch*

> Hans fährt mit der Familie zum Urlaub in die Schweiz.
> Hans tauscht an der Grenze 50 € und erhält dafür 73 Schweizer Franken.
> a) Seine Schwester tauscht 120 € um. Wie viel Schweizer Franken erhält sie?
> b) Seine Eltern tauschen 3500 € in Schweizer Franken um. Wie viel Schweizer Franken
>   erhalten sie dafür?

(Solche Aufgaben sollten ggf. an einem aktuellen Kurs orientiert werden.)

Anmerkung: Bei kritischem Sichten herkömmlicher Dreisatzaufgaben stellt man fest, daß echte Dreisatzsituationen eigentlich relativ selten sind, weil die „Proportionalitätsfaktoren" (insbesondere Preise für Einheitsmengen, Benzinverbrauch für 100km, Kurse) im Alltag meist vorher schon bekannt sind. Unter diesem Aspekt erscheinen z.B. „Umrechnungsaufgaben", wie unter (3) angedeutet, vielleicht noch am überzeugendsten. Daneben wird der Dreisatz gelegentlich beim Preisvergleich sinnvoll eingesetzt, ist aber auch dort nicht zwingend (vgl. Abschnitt 8.2.6 c).

8.2.5 Proportionale und nicht-proportionale Zuordnungen im Koordinatensystem

Im folgenden geht es darum, die begrifflichen Grundlagen der Schlußrechnung zu vertiefen und zu veranschaulichen – z.B. dadurch, daß verschiedenartige Zuordnungen zwischen Menge und Preis (proportionale, nicht proportionale und „fast" proportionale) genauer diskutiert [21] und im Koordinatensystem bildhaft dargestellt werden.

Dies bringt den Schülern vor allem folgende Vorteile:
(1) Sie erkennen noch deutlicher, wann im Sinne der Schlußrechnung geschlossen werden darf und wann nicht.
(2) Sie bekommen eine breitere Übersicht über den funktionalen Zusammenhang zwischen den zugeordneten Größen.
(3) Sie lernen die Vorteile graphischer Darstellungen im Koordinatensystem kennen: Einfaches Ablesen vieler zugeordneter Werte und Lösen von Aufgaben, ohne rechnen zu müssen.

a) Einführung und Vertiefung des Begriffs „proportional"

Als „proportionale Zuordnung" (der Terminus wurde bisher noch nicht eingeführt!) wird jetzt eine Zuordnung zwischen zwei Größen erklärt, wenn dem Doppelten, Dreifachen, Vierfachen der einen Größe immer das Doppelte, Dreifache, Vierfache der anderen Größe entspricht (so, wie es für die bisherige Schlußrechnung vorausgesetzt worden war). Die bisherigen Beispiele werden anhand von Wertetabellen (vgl. bereits Abschnitt 8.2.2 a) nochmals genauer diskutiert. Dabei ist hervorzuheben, daß ein einziges „nicht passendes" Wertepaar genügt, eine Zuordnung nicht proportional und Schlüsse im Sinne der Schlußrechnung zumindest „problematisch" zu machen. Als Gegenbeispiele fungieren später neben Menge/Preis-Zuordnungen mit Rabatt z.B. Zuordnungen zwischen Weg und Zeit bei Leichtathleten, Geschwindigkeit und Zeit (bei gleichem Weg) und auch Nonsensbeispiele wie Zuordnungen zwischen Anzahl der Eier und Kochzeit oder Alter und Gewicht. Zu erinnern wäre z.B. auch an Zuordnungen zwischen Seitenlänge und Flächeninhalt eines Quadrats oder zwischen Seitenlänge und Rauminhalt eines Würfels (vgl. Abschnitt 5.3.10 b) oder auch zwischen Umfang und Flächeninhalt eines Rechtecks (vgl. Abschnitt 5.3.2). Zu betonen wäre in diesem Zusammenhang die Proportionalität zwischen „wirklicher" Länge und der Länge in einer maßstäblichen Zeichnung (vgl. Abschnitt 5.2.4) und zwischen Längen auf einer Meßskala eines zylindrischen Meßbechers und dem Volumen einer eingefüllten Flüssigkeit (vgl. z.B. Abschnitt 6.4.1 c). Schließlich wäre im Rahmen der bisher behandelten Schulstoffe auch an die Proportionalität zwischen Prozentsatz und Prozentwert (bei gleichem Grundwert) oder Kapital und Zinsen (bei gleichem Zinssatz und gleicher Zeit) usw. und als Gegenbeispiel an die Zuordnung zwischen Zeit und Kapital... (vgl. Kapitel 7) zu erinnern. Fast-Beispiele wie die Zuordnung zwischen Fahrstrecke/Taxipreis werden im Abschnitt d), Antiproportionalitäten bei den „gemischten Aufgaben" im Abschnitt 8.2.6) angesprochen.

---

[21] Im Sinne des Begriffslernens: Verdeutlichung an Beispielen, Gegenbeispielen, „Fast"-Beispielen (vgl. ZECH 1996 [8] und Abschnitt 3.5 dieses Buches).

b) Darstellung proportionaler und nicht-proportionaler Menge/Preis-Zuordnungen im Koordinatensystem [22]

Im Unterricht werden etwa folgende Darstellungen (vgl. Schülerheft „Schlußrechnung") gegenübergestellt:

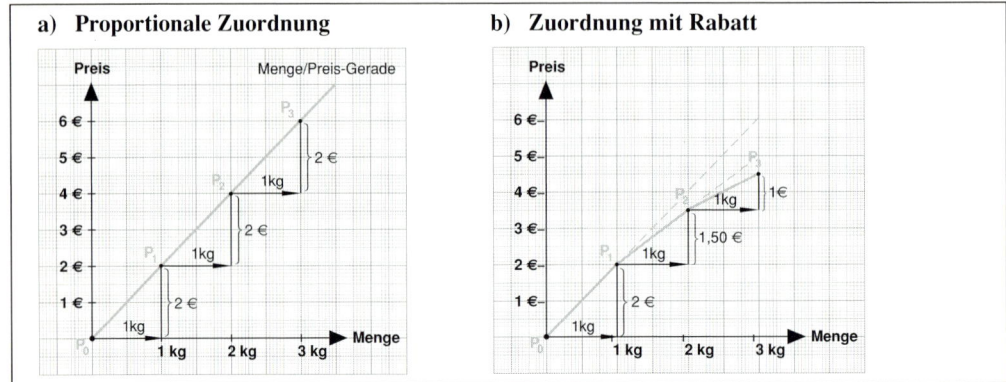

a) Proportionale Zuordnung	b) Zuordnung mit Rabatt

„Die den gegebenen Wertepaaren entsprechenden Punkte [23] liegen auf einer geraden Linie" („Menge-Preis-Gerade")

„Die den gegebenen Wertepaaren entsprechenden Punkte liegen nicht auf einer geraden Linie"

Solche Beschreibungen treten hier und im folgenden bewußt an die Stelle genauerer Diskussion dessen, was man in der Mathematik den „Graphen einer Funktion" nennt. (Über die Ablesbarkeit von „Zwischenwerten" und was genau zum Schaubild der Zuordnung gehören oder nicht gehören soll, wird also zunächst nicht diskutiert.) Andererseits kann man vielleicht etwas weitergehen als übliche Schulbuchdarstellungen:

Meist wird der oben beschriebene Sachverhalt lediglich als „Tatsache" festgestellt, weil ein geometrischer Beweis nicht in Frage kommt. Man sollte aber vielleicht doch versuchen, den Schülern den Sachverhalt etwa in folgendem Sinne ein wenig plausibel zu machen.

Die gerade Linie auf der linken Seite bringt ein gleichmäßiges Ansteigen des Preises mit der Menge zum Ausdruck:

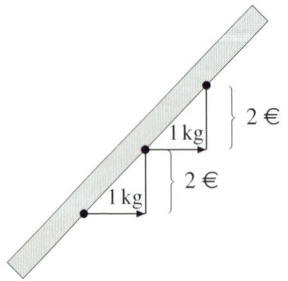

Die eingezeichneten „Treppenstufen" haben immer die gleiche Höhe. Deshalb kann man wie bei einer normalen Treppe eine „gerade Latte" über die „Treppenkanten" legen (m. a. W. eine gerade Linie durch die Punkte • der Zuordnung).

Das „Durch den Nullpunkt-(Koordinatenursprung)-Gehen" erklärt sich daraus, daß „0 kg immer 0 € kosten" [24].

---

[22] Auf die methodische Einführung des Koordinatensystems wird hier nicht eingegangen. Der Leser kann entsprechende Anregungen dem Schülerheft „Schlußrechnung" (WELLENREUTHER 1995) entnehmen. Da diese Darstellungen für Schüler keineswegs „trivial" sind, wurden sie bis hierhin zurückgestellt, um die Einführung in die Schlußrechnung damit nicht unnötig zu belasten.

[23] Die zu den gegebenen Wertepaaren einer „Wertetabelle" gehörenden Punkte, die als „Beispiele" der Zuordnung insgesamt zu betrachten sind, werden dick hervorgehoben.

[24] Eine schülergemäße Ausdrucksweise, die mathematisch anfechtbar ist, weil es in einem Größenbereich ja eigentlich keine „Nullelemente" gibt.

Bei der Zuordnung mit Rabatt auf der rechten Seite kommt hingegen zum Ausdruck, daß der Preis nicht gleichmäßig mit der Menge ansteigt. Die entsprechenden Treppenstufen werden immer niedriger. Man kann über solch eine Treppe nicht eine einzige Latte darüberlegen. (Eine niedrigere Stufe genügt schon!) So könnten die Schüler evtl. ein wenig vom mathematischen Kern (vgl. Abschnitt 2.5) in Alltagsbegriffen erfassen.

c) Die graphische Lösung von Schlußrechenaufgaben

Man betrachte mit den Schülern zunächst ein einfaches *Beispiel:*

> 5 kg Kartoffeln kosten 4 €.
> a) Wieviel kosten 2 kg?
> b) Wieviel bekommt man für 3 €?

Wie kann man das aus einer Darstellung im Koordinatensystem ablesen? Die Lösung ist sehr einfach: Man zeichnet mit Hilfe des Punktes P_1 (5 kg; 4 €) und des Nullpunktes die Menge-Preis-Gerade und liest für 2 kg den zugeordneten Preis (1,60 €) und für 3 € die zugeordnete Menge (3,7 kg) im Sinne der jeweils eingezeichneten Pfeilrichtung ab [25]:

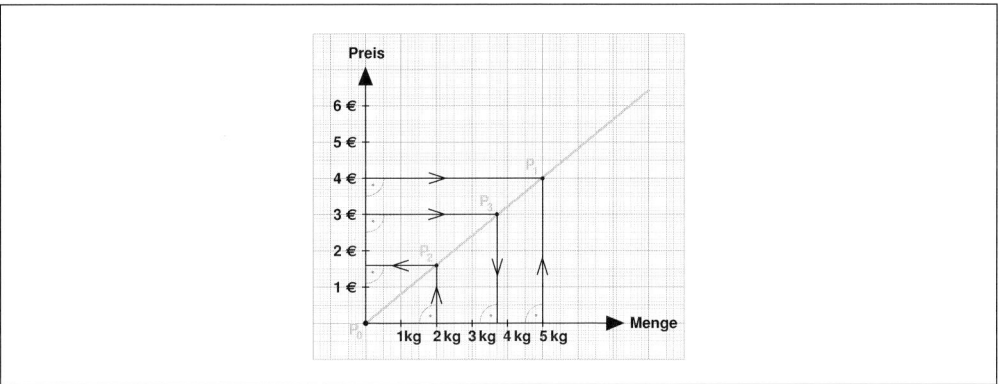

Aus: „Schlußrechnung"

Die Schüler erkennen sehr schnell den Vorteil einer solchen Darstellung im Koordinatensystem: Man kann aus der gleichen Darstellung die Preise für weitere Mengen und auch die Mengen bei Zahlung anderer Preise ablesen. Sie sehen freilich auch bald: Die Genauigkeit der abzulesenden Ergebnisse hängt sehr von der Güte der Zeichnung (insbesondere ihrer Größe und Genauigkeit) ab. Wie genau die Ergebnisse sind, wird man die Schüler gelegentlich durch „Nachrechnen" überprüfen lassen.

d) Die graphische Lösung bei „fast" proportionalen Zuordnungen

Neben graphischen Lösungen von echten Schlußrechenaufgaben bieten sich auch solche für „fast" proportionale Zuordnungen von praktischer Bedeutung an, deren Zuordnungspunkte ebenfalls auf einer Geraden liegen, die aber nicht durch den „Nullpunkt" gehen. Damit erfolgt zugleich eine weitere Präzisierung des Proportionalitätsbegriffs und damit des Bereiches echter Schlußrechenaufgaben. Von diesem Typ sind Zuordnungen wie „gefahrene Strecke-Fahrpreis" beim Taxifahren (all-

---

[25] Dabei kommt auch einmal die „umgekehrte" Zuordnung Preis —> Menge zum Zug, die gegenüber der Zuordnung Menge —> Preis im Alltag stark zurücktritt.

gemein: viele Gebührenberechnungen mit Grundgebühr). Dabei hat der Schüler zunächst einmal nachzuvollziehen, daß hier dem Doppelten tatsächlich nicht mehr das Doppelte usw. entspricht [26]. Folgendes Beispiel kann als Einstieg zu weiteren graphischen Lösungen dienen:

Beispiel: „Hans fährt 5 km mit dem Taxi. Wieviel muß er dafür bezahlen? Der Grundpreis beträgt 3 €. Für jeweils 200 m sind 0,20 € zu bezahlen."

Lösungsansatz: Man zeichnet die „Strecke-Preis-Gerade" durch die Zuordnungspunkte P_1 (0 km; 3 €) und P_2 (1 km; 4 €). Dann kann für 5 km gemäß der angedeuteten Pfeilrichtung der Preis in Höhe von 8 € abgelesen werden:

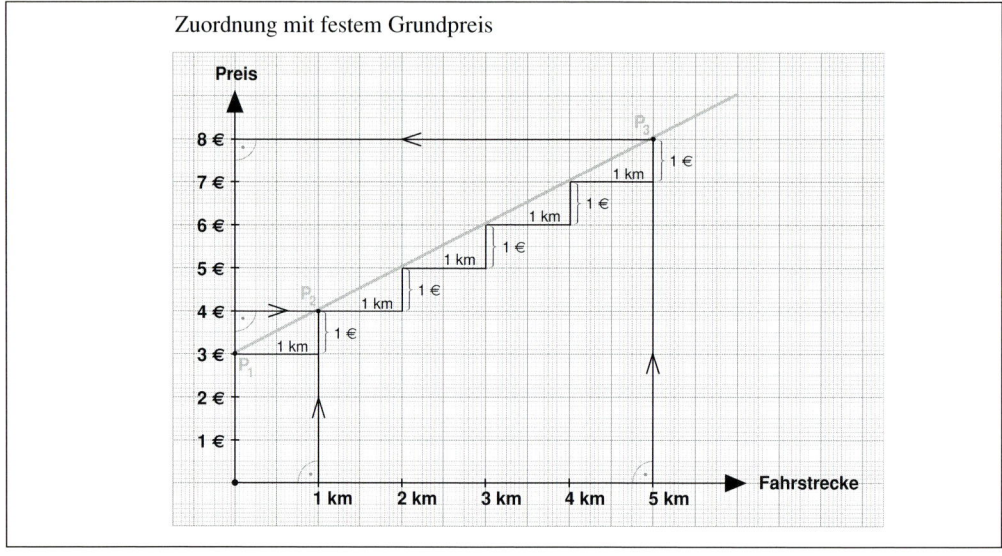

Aus: „Schlußrechnung"

Daß die Zuordnungspunkte (zumindest für die „glatten" Kilometer) wieder auf einer Geraden liegen, ergibt sich aus der „Gleichheit der Stufen" wie bei der Menge/Preis-Zuordnung in Abschnitt b). Entsprechend kann man auch (zumindest annähernd) die Preise für „beliebige" Entfernungen ablesen. Anmerkung: Eigentlich ist die obige Darstellung freilich eine Idealisierung, da der Fahrpreis nicht kontinuierlich mit der Entfernung wächst, sondern nach jeweils 200 m (sonst meist noch weniger) „springt"; also für jeweils 200 m gleichbleibt. Mit besseren Schülern könnte man erörtern, wie eine Darstellung auszusehen hätte, aus der man genauer ablesen kann.

8.2.6 Wiederholung, gemischte Verständnis- und Anwendungsaufgaben

Wie alle früher diskutierten Teilgebiete des Mathematikunterrichts sollte auch die Schlußrechnung mit einer gezielten Wiederholung im Sinne des Abschnitts 3.9.2 (vorläufig) abgeschlossen werden: zur Übersicht und Gegenüberstellung der einzelnen Verfahren, zur weiteren Vertiefung des Verständnisses, weiteren Verallgemeinerung (durch Verbreiterung des Anwendungsfeldes) und zur besseren Unterscheidung der Anwendungsfälle (durch gemischte Aufgaben).

---

[26] „Fast" proportional heißt also nicht „teilweise" proportional (das gibt es nicht), sondern bedeutet begrifflich „nicht proportional". Es handelt sich nur beidesmal um „Zuordnungen mit einer Geraden als Schaubild".

a) Gegenüberstellung und Integration der Verfahren

Man wird wie sonst mit einer Gesamtübersicht zu den Verfahren beginnen. Dabei scheint es wie bisher besonders wichtig, einfachere und schwierigere Fälle zu unterscheiden (vgl. die Übersicht in Abschnitt 8.2.1 b). Dabei sollte man besonders verdeutlichen (lassen), in welcher Weise die schwierigen Fälle in einfachere Fälle zur Durchführung der im Alltag so wichtigen Überschläge *verwandelt* werden. (Die Fälle also nicht einfach nur auflisten!)

Hierzu sei noch einmal ein *kleines Beispiel* angedeutet und im Sinne einer Wiederholung fortgeführt:

> 1 kg Erdbeeren kosten 12 DM. Wieviel kosten 0,263 kg?

Die gefragte Menge ist ein „krummer" Bruchteil der Einheitsmenge. Für den Überschlag wird sie so gerundet, daß sich ein einfacher Bruchteil von 1kg ergibt:

$$0,263 \text{ kg} \approx 0,250 \text{ kg} = \tfrac{1}{4} \text{ kg}$$

$\tfrac{1}{4}$ kg kostet den *vierten Teil* von 1 kg, also kosten 0,263 kg etwa 12 DM : 4 = 3 DM.

Für die genaue Rechnung wäre nochmals zu betonen, daß 0,263 kg das *0,263fache* von 1 kg darstellt und der Preis daher mit 0,263 zu *multiplizieren* ist. Dabei wird man sich – im Sinne einer *Variation der Lösungsmethoden* – erinnern, daß man hier auch mit Dreisatz über 1g schließen kann...

Im Sinne einer *Integration der Fälle* wäre verallgemeinernd hervorzuheben, daß jeder Schluß von einer Einheitsmenge zu einer anderen Menge eine Multiplikation des Einheitspreises mit der Maßzahl der anderen Menge bedeutet (vorausgesetzt, diese ist in der gleichen Einheit gegeben). Im Sinne einer *Umkehrung* wird man anschließend vielleicht analog überlegen, wie es wäre, wenn der Preis für 0,263 kg gegeben und der Kilogrammpreis gesucht wäre... Schließlich kann man die Aufgabe nochmals modifizieren: Wie wäre es, wenn man wüßte, was 0,263 kg kosten und wollte wissen, was 1,470 kg (ungefähr bzw. genau) kosten würden (verschiedene Möglichkeiten der Berechnung). So kommt man integrierend, vergleichend, überschlagend (mit Zweisatz oder Dreisatz) vom häufigsten Fall (Überschlag des Preises für eine gewünschte Menge bei bekanntem Kilogrammpreis) bis hin zum allgemeinsten selteneren Fall der Schlußrechnung (Schluß von irgendeiner Menge auf eine andere).

b) Verständnisaufgaben

Das Verständnis des Schülers dokumentiert sich im Rahmen der Schlußrechnung vor allem darin:

(1) Er weiß, wann er überhaupt Schlüsse im Sinne der Schlußrechnung durchführen kann und welche Schlüsse möglich sind.

(2) Er weiß, wann er welche Rechenoperationen warum ausführt (bei Überschlägen wie bei genauen Rechnungen).

Auf der folgenden Seite finden sich diesbezügliche Verständnisaufgaben [27].
Das Verständnis im Sinne von (1) zeigt sich u.a. in der richtigen Bearbeitung der Aufgaben 5 und 11.

Verständnis im Sinne des Punktes (2) zeigt sich z.B. bei Begründungsaufgaben, Beurteilungen von Ansätzen und Erkennen von „Fällen" wie bei den Aufgaben 3, 13 und 14.

---

[27] Ähnliche Verständnisaufgaben finden sich im Schülerheft „Schlußrechnung" (WELLENREUTHER 1995). Es ist nicht ganz einfach, solche Aufgaben zu formulieren – vor allem, wenn es darum geht, die Aufmerksamkeit vom bloßen Rechnen wegzulenken.

Verständnisaufgaben

Aufgaben

5 Bei den folgenden Aussagen setzen wir voraus, dass es sich um eine proportionale Zuordnung handelt. Kreuze jeweils an, ob die Aussage richtig oder falsch ist.

	richtig	falsch
a) 1 kg kostet 10 €. 0,5 kg kosten die Hälfte.		
b) 1 kg kostet 30 €. $\frac{1}{4}$ kg davon kostet 4 mal soviel.		
c) 0,2 kg kosten 3 €. 1 kg kostet 5 mal soviel.		
d) 2 kg kosten 5,40 €. 1 kg kostet die Hälfte von 5,40 €.		

Aufgaben

11 Kreuze bei jeder Behauptung an, ob sie richtig oder falsch ist.

a) Auf dem Wochenmarkt kostet die 10fache Menge immer den 10fachen Preis.

◻ Richtig   ◻ Falsch

b) In der Käseabteilung eines Supermarktes kostet die fünffache Menge den fünffachen Preis.

◻ Richtig   ◻ Falsch

c) Wenn du doppelt so schnell fährst, brauchst du die halbe Zeit.

◻ Richtig   ◻ Falsch

d) Wenn du doppelt so alt bist, wirst du doppelt so viel wiegen.

◻ Richtig   ◻ Falsch

Vorsicht Falle!

Diskutiert bei den folgenden Aufgaben über den Lösungsweg.

12 a) Mutter kocht ein Frühstücksei 3 Minuten lang. Wie lange muss sie drei Frühstückseier kochen?

Hans sagt: „Na klar, 9 Minuten! Drei Eier müssen dreimal so lange kochen wie ein Ei, das haben wir in der Schlussrechnung so gelernt."

b) Fritz kauft 0,835 kg Sommeräpfel, 1 kg zu 3,99 €. Wie viel kosten die 0,835 kg Sommeräpfel?
Fritz überlegt sich: 0,835 kg Sommeräpfel müssen weniger kosten als 1 kg, deshalb muss ich den kg-Preis durch 0,835 teilen.

c) Martina zahlt für 0,65 kg Rouladen 4,95 €. Wie viel hat 1 kg Rouladen gekostet?
Martina rechnet so: 1 kg kostet das 0,65fache von 4,95 €. Überlegt euch, ob Martinas Ansatz richtig ist.

d) Hans läuft 1 000 m in 1 Minute und 30 Sekunden. Wie lange braucht er für 1 500 m oder für 3 600 m?

e) Nora hat in der Schule 5 Jahre lang Englisch. Im ersten Jahr lernt sie 250 englische Wörter. Wie viele englische Wörter lernt sie im Laufe von 5 Jahren?

13 Der Trinkwasservorrat eines Schiffes mit 9 Mann Besatzung reicht für 40 Tage. Wie viele Tage würde der Wasservorrat reichen,
a) für 18 Mann Besatzung,
b) für 12 Mann Besatzung.
(Es wird angenommen, dass der Trinkwasserverbrauch für jede Person und jeden Tag gleich groß ist.)

14 Ein Bagger braucht zwei Stunden, um ein Graben auszubaggern. Wie lange brauchen dafür 2 Bagger?

15 Mit einem Bagger werden in einer Stunde 4 m eines Grabens ausgehoben.

a) Wie lange benötigt der Bagger, um 2 m (1 m, 8 m, 80 m 10 m) auszuheben? Legt dazu eine Tabelle in eurem Heft an.

b) Für eine Strecke von 1 200 m sollen 4 Bagger eingesetzt werden. Wie lange brauchen sie für diese Strecke?

c) Berechnet, wie lange 3 Bagger (2 Bagger, 1 Bagger) für diese Strecke brauchen. Legt dazu eine Tabelle im Heft an.

Grundaufgaben

Aufgaben 3 Ergänze:

a) 4 kg Tomaten kosten ▨ mal so viel
   wie 1 kg, weil 4 kg das ▨ fache
   von 1 kg sind.

b) 300 g kosten ▨ mal so viel
   wie 100 , weil 300 g das ▨ fache
   von 100 g ist.

c) 50 g kosten ▨ mal so viel
   wie 100 g, weil 50 g ▨
   von 100 g ist.

d) 319 g kosten ▨ mal so viel
   wie 100 g, weil 319 g das ▨ fache
   von 100 g ist.

Es versteht sich im übrigen von selbst, daß sich Verständnis besonders auch in richtigen Ansätzen und Überschlägen zu vielen gemischten Anwendungsaufgaben zu den Grundtypen der Schlußrechnung zeigt. Der Leser findet dazu im Heft Schlußrechnung ein vielfältiges Angebot.

c) Verbreiterung der Anwendungssituationen [28]

Hier bietet sich u.a. eine Vertiefung des Preisvergleichs an, soweit er über den Schluß auf eine „natürliche" Mengeneinheit hinausgeht:

– Ein Joghurt wird in einem 80 ml-Becher und in einem 120 ml-Becher angeboten. Der 80 ml-Becherkostet 0,72 DM, der 120 ml-Becher 1,08 DM... (Preisvergleich über eine Zwischenmenge!)

– Tüten mit 60 g Kartoffelchips werden im Supermarkt für 1,00 DM angeboten. Tüten mit 180 g bekommt man für 3,20 DM. (Preisvergleich über die Aufrechnung zur größeren Menge. Schärfung kritischen Bewußtseins; nicht immer wird bei größeren Mengen Rabatt gegeben!)

– Das gleiche Putzmittel wird angeboten: die 250 g-Packung für 2,80 DM, die 780 g-Packung für 6,80 DM. (Der überschlägige Schluß auf 750 g genügt!)

Daneben wird man nochmals „normale" Preisvergleiche anhand von (Zeitungs-)Angeboten machen lassen, bei denen man zweckmäßig den Preis für eine Einheitsmenge wie 1 kg, 1 l, 100 g, 100 ml, 1 Stück berechnet. (Auch hier reicht oft ein Überschlag!)
Im Rahmen eines mehr oder weniger geschlossenen Kontextes „Alltag einer Familie" (evtl. auch als Projekt) stellen sich, wiederholend und auf neue Situationen erweiternd, viele Anwendungsaufgaben, die zusammenfassend noch einmal Sinn und Nutzen der Schlußrechnung verdeutlichen. Dazu einige Stichworte:
– Einkauf zu Hause (in DM);
– Einkauf im Österreich-Urlaub (in Schilling);
  Umrechnung und Vergleich der Preise in Deutschland und Österreich;
– Berechnung von ungefähren Fahrzeiten für die Strecke von zu Hause bis zum Urlaubsort;
– Berechnung des ungefähren Benzinverbrauchs und der ungefähren Benzinkosten;
– Wohnungswechsel (vielleicht auch Neubau) zu Hause;
  Preisvergleich zwischen Wohnungen; Renovierungskosten (vgl. Abschnitt 5.3.7);
– Ungefähre Kosten der Einweihungsfeier (vgl. Abschnitt 6.5.7d).

Der ganze spätere Alltag gibt ständig Gelegenheit zur Wiederholung der Schlußrechnung!

---

[28] Vgl. dazu ebenfalls das Schulerheft: „Schlußrechnung" (WELLENREUTHER 1995).

SCHLUSS:
Folgerungen für den Mathematik-unterricht und die mathematik-didaktische Lehre und Forschung

1. Akzente und Hauptaussagen dieser Methodik

a) Akzente

Diese Methodik versucht, besonders zu berücksichtigen:
– die Vermittlung von *Basiswissen* für Schüler der Sekundarstufe 1,
– die Möglichkeiten *lernschwacher* Schüler,
– die Gesichtspunkte *verständlicher Erklärungen* durch Lehrer und Lehrtext,
– die *Anwendungen* im täglichen Leben.

Solche Akzente bedingen, daß sonstige berechtigte Aspekte weniger betont werden oder zu kurz kommen:
– Stoffe, die außerhalb des Basiswissens liegen,
– leistungsstarke Schüler,
– entdeckendes Lernen und Problemlösen,
– anwendungsfreies Lernen und Üben.

Der Leser möge eine entsprechende Einseitigkeit beachten und evtl. nachsehen; dies betrifft die Hauptaussagen ebenso wie die Folgerungen.

b) Lehr-lerntheoretische Hauptaussagen

Hier werden nur summarisch einige Punkte hervorgehoben; im übrigen wird auf frühere Teilzusammenfassungen verwiesen; von dort kann der Leser ggf. für Beispiele u.a. weiter in den Text zurückgehen.

Zum Lernen allgemein; insbesbesondere lernschwacher Schüler (vgl. Abschnitt 1.5 und 3.3.3)

1. *Lernen* ist wesentlich charakterisiert durch ein *fortlaufendes Zusammenfassen* von Informationen zu „Begriffen" (i.w.S. auch Regeln, Verfahren, jegliche Verallgemeinerungen).

2. *Lernschwache Schüler* lernen prinzipiell *nicht anders als leistungsstärkere Schüler*; ihr Lernen muß nur stärker durch Maßnahmen gestützt werden, die das Allgemeine, das Wesentliche, das Verbindende betonen.

3. Unterrichten in kleinsten Häppchen ohne verbale oder andere Generalisierungshilfen *erschweren* sinnvolles Lernen.

4. *Eigenes Verstehen* und *selbständigere Arbeit* sind für lernschwächere Schüler in gleicher Weise wichtig wie gezieltere Hilfe des Lehrers und Zusammenarbeit mit Mitschülern.

5. Eine *Reduktion der Angst* lernschwächerer Schüler vor dem Mathematikunterricht scheint besonders wichtig. Dazu kann die Verständlichkeit des Unterrichts und eine klare Formulierung der Anforderungen, z.B. durch Vortests vor Klassenarbeiten, entscheidend beitragen.

Zur Verständlichkeit von Erklärungen (vgl. 2.6 und 3.8)

1. *Verständliche Erklärungen* spielen eine zentrale Rolle in der Konzipierung des Mathematikunterrichts. Eine entscheidende Aufgabe kommt dabei verständlichen Erklärungen im verwendeten Lehrtext zu:
   – Sie sind Modelle für die Erklärungen des Lehrers.
   – Sie ermöglichen eine selbständigere Arbeit des Schülers.
   – Sie entlasten den Lehrer zugunsten schwächerer Schüler.
   – Sie sind Grundlage für „Nachhilfe" von Mitschülern und Außenstehenden.
   Die Schüler sollten zum Gebrauch von Lehrtexten angeleitet werden.

2. Eine verständliche Erklärung muß vor allem an der *kognitiven Struktur* des Schülers orientiert sein: an seinen Vorbegriffen, alltäglichen Vorerfahrungen und Denkgewohnheiten, an seinem Wortschatz, an möglichst vertrauten fachlichen Grundvorstellungen, an anschaulichen Vorstellungen. (Ein in dieser Art formulierter wesentlicher mathematischer Gedanke wird als *„mathematikdidaktischer Kern"* bezeichnet.)

3. Als Elemente einer guten Erklärung lassen sich benennen:
   – Die Sprache sollte *„einfach"* sein (siehe Punkt 2!), unnötige Fachterminologie vermieden werden.
   – Der *Sinn* des zu Erklärenden sollte klar sein.
   – Für längere Erklärungen sollte eine grobe *Vororientierung* und eine deutliche *Gliederung* erfolgen („roter Faden!").
   – Durch *erläuterte Beispiele* und *erläuterte Veranschaulichungen* sollte das Wesentliche hervorgehoben werden.
     · Beispiele und Veranschaulichungen sollten möglichst leicht das Wesentliche erkennen lassen (also ansonsten merkmalsarm, nicht überladen sein).
     · Die Darstellungselemente der Veranschaulichung müssen ggf. selbst genauer erläutert werden.
     · Ggf. sollte auch mit Gegenbeispielen und verbalen Abgrenzungen (insbes. gegenüber Alltagsverständnis) falsche Verallgemeinerung verhindert werden.
   – Nach längeren Erklärungen sollte eine Zusammenfassung des Wesentlichen gegeben werden, die nochmals auf Beispiele und Anschauungsgrundlage zurückgreift (also zu große Abstraktheit vermeidet).

Übungen, Anwendungen, Wiederholungen (vgl. 3.9.4)

1. In allen Übungsphasen sind vor allem auch *Verständnisaufgaben* wichtig, die gezielt auf Teile der Verständnisgrundlage zurückgehen („Wachhalten der Einsicht"); z.B.
   – wesentliche Merkmale durch Skizzen oder Beispiele verdeutlichen lassen;
   – Teilschritte und Fehler begründen lassen (nicht bloß durch einfachen Regelverweis).

2. Die Schüler sind mit den wichtigsten Anwendungssituationen zu konfrontieren (mit deutlicher Gewichtung).

3. Auch lernschwache Schüler müssen mit *realistischen Anwendungssituationen* (dabei insbesondere auch mit realistischen Zahlen) konfrontiert werden, weil sonst kein Transfer zum Alltag erwartet werden kann. Die realistischen Situationen sollten ggf. nur stärker vorbereitet werden (z.B. durch einfachere Fälle und Überschläge).

4. *Überschläge* spielen eine zentrale Rolle:
   – als wichtige Teilqualifikation des Alltags;
   – als Hilfsmittel für die Losung von Aufgaben mit schwierigeren Zahlen.

5. Bloße Rechenschwierigkeiten sollten von lernschwachen Schülern frühzeitig mit dem *Taschen-rechner* gelöst werden. Auch leistungsstärkere Schüler sollten nach *Verständnis* der Algorithmen an einfacheren Beispielen den Taschenrechner benutzen dürfen.

6. Nach größeren Unterrichtseinheiten (insbes. nach mehreren „verwechselbaren" oder ähnlichen Begriffen bzw. Aufgabentypen) sind *systematische Wiederholungen* wichtig, die Gemeinsames und Unterschiede betonen, Anwendungssituationen abgrenzen und Aufgabentypen mischen, die Komplexität (spätestens jetzt) bis zur Alltagsrealität steigern.

7. Das reine Zahlenrechnen kann gelegentlich durch *Spiele* auf interessante Weise geübt werden (kann die darüber hinausgehenden Zielsetzungen aber nicht ersetzen).

Operative Prinzipien

Die sog. *operativen Prinzipien* werden häufig mißverständlich formuliert oder fehlinterpretiert. Sie sollten teilweise anders akzentuiert, relativiert oder umformuliert werden. (Vergleiche dazu die Zusammenfassung in Abschnitt 3.9.5 f).

Differenzierung

Als Differenzierungskonzept wird grundsätzlich eine klare Themendifferenzierung in Verbindung mit einer stärkeren Individualisierung des Lernens mit Hilfe verständlicher Lehrtexte vorgeschlagen, weil man so dem Ideal des Einzelunterrichts unter schulischen Bedingungen vielleicht noch am nächsten kommt (vgl. Abschnitt 3.10.6).

Lehr-Lern-System (vgl. 4.6)

1. Das vorgeschlagene Lehr-Lern-System besteht aus einem Verbund von Lehrer- Schüler-Lehrtext-Lösungsheft-Lehrerinformation (dieses Buch).

2. Der *Lehrer* hat traditionelle Aufgaben wie Organisation, Vororientierung, Strukturierung des Unterrichts; *Erklärung* (mit neuem Akzent); Rückmeldung. Daneben sollte er verstärkt die Aufgaben Modellierung, Einzelhilfen, Lesehilfen, Differenzierung wahrnehmen.

3. Es werden gezielte *Modellierungen* (auf der Basis von Imitationslernen) vorgeschlagen für Algorithmen, heuristische Verfahren, selbstkritisches Verhalten, psychomotorische Verfahren und Arbeitstechniken. Sie können sonstige Erklärungen (insbes. auch die des Lehrtextes) wirksam ergänzen. („*Modellieren*" heißt hier explizites Vormachen und gleichzeitiges Kommentieren der einzelnen Schritte durch „*lautes Denken*".)

4. Für das Lehrerverhalten gilt vor allem das *Prinzip der kleinsten Hilfe* mit der Groborientierung: Motivationshilfen vor Rückmeldungshilfen vor allgemein-strategischen Hilfen vor inhaltlich-orientierten strategischen Hilfen vor inhaltlichen Hilfen.

5. Für den *Schüler* gelten vor allem die dualen Zielsetzungen Selbständigkeit/Zusammenarbeit. Daher wird der *gezielte Einsatz der Arbeitsformen* Alleinarbeit, Partnerarbeit, Gruppenarbeit vorgeschlagen.
Es gilt das *soziale Prinzip:* „Selbständigkeit soviel wie möglich, Zusammenarbeit so viel wie nötig": Partnerarbeit und Gruppenarbeit bei schwierigeren Aufgaben, bei Diskussionsmöglichkeiten mit mehreren Aspekten, wenn gegenseitige Kontrolle oder Arbeitsteilung bei größeren Aufgaben sinnvoll scheint. Für die grundsätzlich angestrebte Alleinarbeit (letztlich soll jeder Schüler zumindest mit Routineaufgaben alleine klarkommen) gilt folgendes *Orientierungsprinzip:*
Bei Schwierigkeiten erst Lehrtext befragen, dann Mitschüler, dann Lehrer, dann Lösungsheft.

c) Vorschläge hinsichtlich Auswahl und Gestaltung von Inhalten des Mathematikunterrichts in den Klassen 5 bis 8 (insbesondere Hauptschulniveau)

Hier noch einmal die wichtigsten Überlegungen zu den hier dargestellten Inhalten:

1. Die Geometrie im 5./6. Schuljahr

könnte wesentlich *anwendungsbezogener* (und weniger an Fachsystematik orientiert) als meist üblich eingeführt werden: Eine solche Orientierung ergibt sich dadurch, daß in stärkerem Maße von wünschenswerten Alltagsqualifikationen *zurück*gefragt wird. Insofern scheint z.B. eine Einführung in maßstäbliches Zeichnen und Basteln überlegenswert, wie es z.B. für die Einrichtung einer Wohnung oder für einen Modellbau benötigt wird (vgl. Abschnitt 5.2). Daran könnte sich curricular sinnvoll eine Einführung in Flächen- und Rauminhaltsmessung anschließen, die wesentlich an Bedürfnissen im Bereich Wohnung orientiert ist (vgl. Abschnitt 5.3).

2. Die Bruchrechnung

könnte sich ebenfalls wesentlich stärker an dem orientieren, was die Schüler im Alltag (und ggf. auch für den weiteren Unterricht) benötigen. Insgesamt sollte die ganze Bruchrechnung stärker an der Prozentrechnung als Hauptanwendungsfeld ausgerichtet werden. Dabei sind auch die alarmierenden Lernergebnisse der Schüler zu berücksichtigen. So müßte man zu einschneidenderen Differenzierungsmaßnahmen, einer deutlicheren Verstärkung der Verständnisgrundlage und zu einer viel stärkeren Entzerrung der Bruchrechnung (Verteilung auf die Schuljahre 5, 6, 7; vgl. Abschnitt 6.7) kommen.

Bei der **gewöhnlichen Bruchrechnung** ist eine stärkere Beschränkung auf Alltagsbrüche wie Halbe, Drittel, Fünftel, Achtel, Zehntel möglich. Dies käme der „Echtheit" von Anwendungsaufgaben sehr zugute. *Erweiterung der Verständnisgrundlage* hieße hier ein stärkeres Eingehen auf die inhaltliche Bedeutung der Brüche (z.B. ausführliches getrenntes Eingehen auf die Bedeutung von *Zähler und Nenner*, auch beim Erweitern und Kürzen, beim Vergleichen, Vervielfachen und Teilen von Brüchen), ein ausführliches Eingehen auf die grundlegenden Bruchauffassungen (mehrere Teile eines Ganzen, Teil mehrerer Ganzer, Teil einer Gesamtheit). Die beiden letzten *Bruchauffassungen* werden häufig zu sehr vernachlässigt, obwohl sie einerseits für die rechenpraktische Umwandlung der Brüche in Dezimalbrüche und andererseits für die Anwendung in der Prozentrechnung sehr wichtig sind. Daneben sollte man auch das für die Anwendungen wichtige „*überschlägige Kürzen*" (127 von 363 $\approx \frac{120}{360} = \frac{1}{3}$) stärker berücksichtigen.

Auf Regelformulierungen kann man bis dahin weitgehend verzichten bzw. sie in den Hintergrund drängen. Auf eine Behandlung der schwierigeren Fälle der *Bruchrechenoperationen* (Addition/Subtraktion ungleichnamiger Brüche, allgemeine Multiplikation und Division) kann man für lernschwächere Schüler grundsätzlich verzichten, zumal man sie weder für Anwendungen im Alltag noch für die Dezimalbruchrechnung braucht. Für bessere Schüler sollte man die Bruchrechenoperationen nicht anhand irgendwelcher formaler Überlegungen, sondern konsequent mit anschauungs- und anwendungsorientierten Erklärungsmodellen einführen (die Multiplikation über einen „Von-Ansatz" und die Division über ein Enthaltenseinsmodell).

Die **Dezimalbruchrechnung** sollte wegen ihrer Anwendungsbedeutung ein wesentlich stärkeres Gewicht bekommen. Auch hier müßte die *Verständnisgrundlage* verstärkt werden: Eine sorgsame Einführung von *konkreten Dezimalbrüchen* mit ein, zwei und drei Dezimalen (zunächst nicht an allzu vertrauten Grundschulbeispielen) scheint zweckmäßig. Dadurch könnten die *dezimale Schreibweise*, die *Grundidee der fortlaufend verfeinerten Meßskala* und die *praktisch bedeutsamen Größenumrechnungen* (hier vor allem Zehntel, Viertel, Achtel; vgl. 6.4.1 f) dosiert und intensiv behandelt werden.

An der *Stellenwerttafel* könnte dann auf etwas abstrakterem Niveau die Erweiterung des Dezimalsystems, die Bedeutung der Nullen und das für die schriftlichen Rechenverfahren grundlegende Bündeln und Entbündeln gründlich behandelt werden. Eine besondere Gewichtung von der Anwendung her erfährt das Ablesen der Dezimalbrüche von *Skalen* (auch von nicht dezimalen). Schließlich ist für Verständnis und Anwendung das *Vergleichen und Runden* wichtig (letzteres besonders wegen der Prozentrechnung, aber auch für überschlägige Größenbestimmungen).

Die *Umwandlung der gemeinen Brüche* ist praktisch wichtig (hier vor allem auch für schwächere Schüler) wegen der Übersetzungsmöglichkeit jeder Rechnung für gewöhnliche Brüche in eine für Dezimalbrüche; theoretisch wichtig für die stärkeren Schüler als interessantes Differenzierungsfeld (vgl. Abschnitt 6.4.3).

Die *Rechenoperationen für Dezimalbrüche* können günstiger aus den *„Gesetzen" des Stellenwertsystems* als auf der Grundlage des Rechnens mit gemeinen Brüchen entwickelt werden, da sie so stärker mit dem vertrauten Stellenwertrechnen für natürliche Zahlen und auch mit den Anwendungen besser in Verbindung gebracht werden können. Eine zentrale Rolle sollte hier das Verständnis für die *Multiplikation und Division mit bzw. durch Zehnerpotenzen* spielen. Das *überschlägige Rechnen* mit Dezimalbrüchen sollte als „eigene Disziplin" geübt werden (vgl. Abschnitt 6.5.8).

3. Die Prozent- und Zinsrechnung

könnte stärker als meist üblich auf die im Alltag wichtigen Anwendungsfälle konzentriert werden. Das sind in der Prozentrechnung vor allem die *Prozentwertberechnungen*, u.U. noch die *Prozentsatzberechnungen*, in der *Zinsrechnung* die *Zinsberechnungen*. In der Zinsrechnung sind übliche Verzinsungsformen und gängige Spar- und Kreditformen (mit besonderem Akzent bei Wertpapieren und Ratenkrediten) stärker zu berücksichtigen.

Eine zentrale Rolle sollten in der gesamten Prozentrechnung die *Überschläge rund um die einfachen Prozentsätze* wie 10%, 25%, 50%, 75% spielen.

Bei den allgemeinen Grundaufgaben der Prozentrechnung sollte man auf die *Grundvorstellungen der Bruchrechnung* zurückgreifen; weniger günstig scheint die Operatormethode (vgl. Abschnitt 7.2.1 d): Unter besonderer Berücksichtigung der suggestiven quasikardinalen Schreib- und Sprechweise (15 Prozent) scheint bei der Prozent- und Grundwertberechnung der traditionelle Schluß über 1 Prozent für lernschwache Schüler das zweckmäßigste. Für die Prozentsatzberechnung scheint es am natürlichsten, einen gegebenen Anteil als Bruchteil zu schreiben und diesen über die Umwandlung in einen Dezimalbruch auf Hundertstel zu runden.

4. Die Schlußrechnung

kann man bei Hauptschülern stärker auf proportionale Zuordnungen konzentrieren und hier vor allem auf die im Alltag besonders wichtige Zuordnung von Menge und Preis. Eine größere Rolle sollten die Schlüsse von und auf die praktisch wichtige Einheit 100 g spielen. Eine zentrale Rolle sollten die *überschlägigen Schlüsse* vom Preis für 1 kg bzw. 100 g auf den Preis von Vielfachen und einfachen Bruchteilen davon und umgekehrt spielen. Stärker als bisher meist üblich müßten (dem allgemeinen Fall entsprechend) *Dezimalbrüche als Maßzahlen* von Warenmengen und Preisen auftreten. Methodisch sollte bei entsprechenden Schlüssen die Multiplikation und Division mit Dezimalbrüchen (in „Verlängerung" der entsprechenden Rechenoperationen für natürliche Zahlen) genutzt werden. Die Schlüsse sollten sich vor allem mit einfachen „Zweisätzen" auf den Inhalt, nicht auf irgendwelche Schemata konzentrieren. Auch Operatorenschemata scheinen weniger geeignet zur Lösung von Aufgaben als zur Verdeutlichung von Aufgabentypen. Der klassische Dreisatz tritt gegenüber dem Zweisatz deutlich zurück.

Die Darstellung *im Koordinatensystem* und die *graphische Lösung* von Schlußrechenaufgaben könnte man hier sinnvoll einbeziehen und dabei auch die praktisch wichtigen Situationen von Gebühren auf der Basis von Grundgebühren (Taxi, Telefon u.ä.).

2. Folgerungen für Unterricht, Lehre und Forschung

Aus den zuvor dargestellten Hauptaussagen ergeben sich im Grunde auch schon die wesentlichsten Anregungen für Unterricht und Lehrerausbildung. Jedem Leser bleibt es überlassen, seine eigenen Schlußfolgerungen daraus für die Praxis zu ziehen: sei es nun in Hinblick auf lernschwache Schüler, verständliche Erklärungen, kognitive Modellierungen, verständnis- und anwendungsorientierte Aufgaben, sei es für neue inhaltliche oder methodische Schwerpunkte, für eine etwas andere Unterrichtsorganisation, für den Einsatz von Lehrtexten, für systematische Wiederholungen, für Differenzierungen oder was auch immer. Besonders hervorgehoben zu werden, verdienen vielleicht mögliche Folgerungen für die allgemeine Gestaltung von Lehrtexten. Daneben ergeben sich noch einige zusätzliche Anregungen für spezielle didaktische Forschungen und didaktische Forschung allgemein und daraus wiederum Anregungen für die Lehreraus- und -fortbildung.

a) Folgerungen für die Gestaltung von Lehrtexten

Die Anregungen für die allgemeine Gestaltung von Lehrtexten stecken im wesentlichen bereits in den Passagen weiter oben zu verständlichen Erklärungen, zu Übungen, Anwendungen und Wiederholungen, insofern die These vertreten wird, daß der Lehrtext für alles dies möglichst Modelle liefern sollte. Dies gilt vor allem dann, wenn sich der Lehrtext selbst als so etwas wie ein „Leitmedium" des Unterrichts versteht.

Unter der Prämisse, daß das Schulbuch Verständnishilfe (auch für lernschwächere Schüler) und Unterrichtshilfe (auch für fachfremde Lehrer) geben möchte bzw. sollte, wird die These vertreten, daß herkömmliche Schulbücher die Hilfsfunktion häufig nicht im wünschenswerten Maße erfüllen (vgl. Abschnitt 2.7). Diesbezügliche *Prüfkriterien* wären z.B.:

– Wird die Darstellung hinreichend an der kognitiven Struktur (Vorerfahrungen, Vorbegriffen, Alltagsverständnis, Sprache) der Schüler orientiert?

– Wird überhaupt der Versuch gemacht, mathematische Begriffe und Verfahren genauer zu erläutern, schrittweise zu erklären (oder wird z.B. nur ein unerläutertes Beispiel oder eine abstrakte Definition gegeben)?

– Heben die Veranschaulichungen genügend deutlich wesentliche Gesichtspunkte hervor? Werden die Veranschaulichungen genügend stark mit verbalen Erklärungen oder mathematiksymbolischen Darstellungen verknüpft?

– Sind die Verbalisierungen (Definitionen, Verfahren, Zusammenfassungen) genügend stark mit anschaulich-konkreten Elementen und Beispielen durchsetzt? Ist dabei noch die Verständnisgrundlage (der mathematikdidaktische Kern) zu erkennen?

– Wird die Verständnisgrundlage in den Aufgaben noch hinreichend berücksichtigt (z.B. durch anschauungsbezogene Aufgaben, Verständnisaufgaben, Überschläge)?

– Wird in späteren Aufgaben (in Tests, gemischten Aufgaben, Wiederholungen) auch noch die Verständnisgrundlage angesprochen?

– Werden systematische Wiederholungsphasen mit ihren vielfältigen Aufgaben (vgl. Abschnitt 3.9.4) überhaupt hinreichend berücksichtigt?

All diese Einzelfragen können auch in der grundsätzlichen Frage zusammengefaßt werden: *Wie weit ist der Lehrtext für Schüler lesbar, und wieweit gelingt es ihm, einen mathematischen Inhalt verständlich zu machen und verständlich zu halten?* An dieser Stelle sei die Frage wiederholt: Wäre es nicht u.U. sinnvoll, kompendienhafte Jahrgangsbücher stärker durch schülerfreundlichere Themenhefte zu ersetzen, in denen jeweils nur ein zentrales Teilgebiet in geschlossener Form auf möglichst verständliche Weise dargestellt wird? (Vgl. die Argumentation in Abschnitt 2.7.)

b) Anregungen für Forschungen, die an das vorgestellte allgemeine Unterrichtskonzept anschließen

1. Untersuchungen zur Metakognition der Schüler

Es wurden bisher vor allem die „Optimierung" des Lehrtextes und des Lehrers, insbesondere durch gute Erklärungen, betont (vgl. Abschnitt 2.3). Es wäre eine sinnvolle Ergänzung, nun auch stärker nach einer möglichen *Optimierung des Schülers* zu fragen. Es wurde mehrfach angedeutet, daß die von außen kommenden kognitiven Hilfen wie Vororientierung, Hervorhebung des Wesentlichen, Gestaltung guter Veranschaulichungen, Zusammenfassungen, ... letztlich zugleich Gesichtspunkte für gute Informationsverarbeitung des Lernenden werden sollten. Es sollten also entsprechend geeignete Anleitungen zur Steuerung des eigenen Denkens, Lernens und Lesens des Schülers gefunden werden, mithin zur sog. *Metakognition* des Schülers (vgl. WEINERT/KLUWE, 1984).

2. Untersuchungen zu kognitiven Modellierungen des Lehrers

Es wurde die mögliche Bedeutung von Modellierungen durch den Lehrer betont (z.B. das Modellieren von Algorithmen, heuristischer Verfahren, selbstkritischen Verhaltens, psychomotorischer Verfahren, von Arbeitstechniken). Andererseits gibt es kaum genauere Untersuchungen dazu für den Mathematikunterricht. Hier ergeben sich evtl. interessante Überschneidungen mit dem Bereich Metakognition des Schülers.

3. Untersuchungen zu Schülertutoren

In Abschnitt 3.3.2 wurde im Anschluß an ERHARDT (1980) u.a. der Einsatz von Schülertutoren für lernschwächere Schüler angeregt. Es lohnte sich wohl, den möglichen Einsatz von Schülertutoren im Mathematikunterricht umfassender zu untersuchen:

– Bei welchen Gelegenheiten ist es sinnvoll, Tutoren einzusetzen (nach der Erklärung eingeführter Verfahren, Hilfen bei der Lösung von Aufgaben, Hilfen beim Umgang mit Lehrtexten und Lösungsheften, Vorbereitung von Klassenarbeiten)?
– Wie können Schülertutoren sinnvoll angeleitet werden?
– Wie verhalten sich Schülertutoren tatsächlich?
  Wie drücken sie sich aus? (Anregungen für den Lehrer?)
– Welchen kognitiven und affektiven Erfolg bewirken sie?

c) Anregungen für Forschungen zu den hier behandelten Stoffgebieten (bzw. über sie hinaus)

1. Untersuchungen zur Geometrie

Es wäre wünschenswert, ähnlich wie das für andere Gebiete gemacht wurde, genauere *Bestandsaufnahmen* zu Kenntnis und Verständnis geometrischer Unterrichtsinhalte (einschließlich Längen- Flächen- und Raummaßen) vorzunehmen. Bekanntlich wird der Geometrieunterricht in den Schulen häufig vernachlässigt. Vielleicht ergibt sich daraus die *Entwicklung des einen oder anderen neuen Geometrie-Heftes* (evtl. zu Winkeln, Symmetrien, Flächeninhalt von Vielecken, Flächeninhalt und Umfang des Kreises?). Vgl. dazu auch die Anregungen für Entwicklungsforschung unter Teil d.

2. Untersuchungen zur Bruchrechnung

Hier erscheint vor allem die Erprobung einer neuen Stoffverteilung vordringlich (vgl. Abschnitt 6.7), evtl. auf der Basis der Hefte aus der Reihe STÜTZPFEILER. Daneben wäre noch eine genauere Erprobung der STÜTZPFEILER-Konzeption zur Behandlung der Bruchrechenoperationen für bessere Schüler (Schülerheft „Bruchrechnung 2") wünschenswert.

3. Untersuchungen zur Prozentrechnung

Da der Glaube an die Operatormethode immer noch recht verbreitet ist, wäre vielleicht ein Methodenvergleich zwischen einer gut ausgearbeiteten Operator-Konzeption und der hier vertretenen Konzeption auf der Basis des Heftes „Prozentrechnung" interessant (hier besonders auch die langfristige Wirkung).

d) Methodologische Überlegungen zu mathematikdidaktischer Entwicklungsforschung

Diesbezügliche Überlegungen und Folgerungen wurden ausführlich in einem eigenen Aufsatz (vgl. ZECH/WELLENREUTHER 1992) dargelegt. Es sei hier nur thesenartig auf einige wesentliche Punkte hingewiesen:

Grundsätzliche Vorbemerkungen

Es scheint, daß *didaktische Entwicklung und Forschung häufig allzusehr voneinander getrennt* sind: Einerseits werden beispielsweise Schulbücher entwickelt, ohne daß dies mit gezielteren Forschungen verbunden wird. Andererseits wird sehr häufig geforscht (z.B. Fehleranalysen gemacht und Kommunikationsstrukturen im Mathematikunterricht untersucht), ohne z.B. neue Materialien oder Unterrichtsformen, d.h. neue Praxis zu entwickeln, die solche Forschungsergebnisse gezielt berücksichtigt, und ohne diese Praxis wiederum zu überprüfen. Es wäre methodisch sinnvoll, Forschung und Entwicklung stärker in „Entwicklungsforschung" zu verbinden. Es besteht sonst leicht die Gefahr, daß bei Entwicklung ohne Forschung z.B. lerntheoretische Aspekte, die gezielte Lösung von Unterrichtsproblemen und die Kontrolle durch Unterrichtspraxis zu kurz kommen. Bei der Forschung ohne Entwicklung hingegen besteht die Gefahr, daß sich die Forschung in Analysen verliert, die im Unterricht unter realistischen Bedingungen gar nicht berücksichtigt werden können oder zu inadäquaten Konsequenzen verleiten (wenn z.B. auf Fehleranalysen durch adhoc-Maßnahmen auf formaler Ebene reagiert wird anstatt ein neues verständnis-orientiertes Unterrichtskonzept zu entwickeln; vgl. Abschnitt 6.1.2). Es wird dafür plädiert, Entwicklung und Forschung in folgender Weise miteinander zu verbinden und füreinander fruchtbar sowie für die Unterrichtspraxis nutzbar zu machen (Die Erläuterung erfolgt an dem Projekt TELEMA, das letztlich zu den Heften der Reihe STÜTZPFEILER und auch zu diesem Buch geführt hat):

1. – *Es werden bestimmte Ziele gesetzt, um bestimmte Unterrichtsprobleme*
   oder Defizite beseitigen zu helfen.
   Wir empfanden z.B. die häufig praktizierte Einführung in die Geometrie anhand „leerer" mathematischer Grundbegriffe als Problem und suchten nach einer anwendungsorientierten Alternative (vgl. Kapitel 5). Wir kannten die großen Verständnisschwierigkeiten der Schüler in der Bruchrechnung durch Literatur und Lehrer und suchten nach verständlicheren Erklärungen usw.

   – *Es werden relevante Voraussetzungen genauer untersucht, um die Schwierigkeiten*
   noch besser einschätzen zu können.
   Wir haben deshalb z.B. empirische Bestandsaufnahmen zur Bruchrechnung durchgeführt mit dem besonderen Akzent einfacher Verständnisaufgaben (vgl. Abschnitt 6.1.2).

2. *Es werden relevante Theorieelemente aus den Bezugswissenschaften*
   (Mathematikdidaktik, Psychologie, Pädagogik...) gesucht, ausgewählt und miteinander
   zu einem Unterrichtskonzept verknüpft.
   Dies schlägt sich z.B. nieder in Teil 1 dieses Buches mit Fragestellungen wie: Welche Gesichtspunkte sind wichtig für die Gestaltung verständlicher Erklärungen (unter besonderer Berücksichtigung lernschwacher Schüler)? Wie sind entsprechende Lehrtexte und ein Unterricht mit diesen Lehrtexten zu gestalten? Welche Rolle soll der Lehrer dabei spielen?

3. *Nach den unter Punkt 2 herausgearbeiteten theoretischen Gesichtspunkten werden neue Materialien, wird neue Unterrichtspraxis gestaltet („konstruiert").*

Dies schlug sich beim Projekt TELEMA in Schüler- und Lehrerheften nieder. Bei den Schülerheften geht es im einzelnen z.B. um die Formulierung geeigneter Vororientierungen, Erklärungen und Zusammenfassungen, um geeignete Beispiele, Veranschaulichungen und Anwendungen, die Konstruktion lernzielorientierter Tests usw. In den Lehrerheften wurde die Unterrichtskonzeption genauer dargestellt (sie werden jetzt ersetzt durch dieses Buch). Zwischenbemerkung: Es dürfte klar sein, daß ein solches über mehrere Jahre laufendes Entwicklungs- und Forschungsprogramm zeitlich nicht so linear verläuft wie hier dargestellt, sondern in mehreren Schleifen und Durchgängen mit verschiedenen Schwerpunkten. Dies wird besonders deutlich im nächsten „Schritt".

4. *Zu verschiedenen Zeiten wird mehrfach „evaluiert" – mit dem Ziel, möglichst viel über Stärken, Schwächen und Effektivität eines Lehrgangs zu erfahren.*

– *Es wird „formativ" evaluiert:*

Dies geschieht während der Entwicklung, z.B. durch Diskussion in der „Projektgruppe", durch die Kritik von Experten (Lehrer, Mathematikdidaktiker, Experten aus der Alltagspraxis). Dazu gehören auch systematische Unterrichtserprobungen mit Erfahrungsberichten. Solche Erfahrungen schlagen sich implizit an vielen Stellen dieses Buches nieder (z.B. hinsichtlich Schwierigkeiten von Schülern, speziellen Maßnahmen usw.).

– *Es wird „summativ" evaluiert:*

Dies ist eine möglichst genaue empirische Gesamtüberprüfung des neuen Lehrgangs gegen Ende des Projekts – nach einer u.U. längeren Phase „weicherer" formativer Evaluation mit mehreren Neufassungen, wiederholter Diskussion und vielen Erprobungen. Die Ergebnisse werden mit den Ergebnissen in Kontrollgruppen, die herkömmlichen Unterricht bekommen, verglichen. Solch eine summative Evaluation haben wir z.B. in mehreren Klassen und Kontrollgruppen für den neuen Lehrgang zur Bruchrechnung durchgeführt, deren Ergebnisse in Abschnitt 6.6 auszugsweise dargestellt werden.

Damit sind die Aktivitäten im Rahmen konstruktiver Entwicklungsforschung jedoch noch nicht erschöpft:

5. *Es werden begleitende empirische Forschungen durchgeführt, z.B. zur „experimentellen" Klärung von wichtigen Fragen, die sich während der Entwicklung stellen.*

Wir haben z.B. folgende Fragen in stark standardisierten Unterrichtsexperimenten zu klären versucht (vgl. WELLENREUTHER/ZECH 1986, 1987; WELLENREUTHER 1988; ZECH 1988 a, 1988 b):
– Wie ausführlich sollte ein Lehrtext für lernschwache Schüler sein (vgl. auch Abschnitt 2.7.2)?
– Wie sollten didaktische Veranschaulichungen aussehen, unter welchen Bedingungen sollten sie eingesetzt werden (vgl. auch Abschnitt 3.6.6)?

Schließlich bleibt eine „letzte" Aufgabe:

6. *Die neue didaktische Praxis ist allgemeiner Nutzung und Kritik zugänglich zu machen.*

Dies geschieht während der Entwicklungsarbeit in beschränktem Maße durch Veröffentlichungen und Vorträge. Es geht zuletzt aber insbesondere um die Reflexion darüber, wie der neue Lehrgang außerhalb seines ersten Einsatzes (z.B. Erprobungsklassen in Göttingen und Umgebung) und unabhängig von persönlichen Kontakten der Projektgruppe zu den unterrichtenden Lehrern sinnvoll eingesetzt werden kann. Dazu ist z.B. auch genauere Information zu den entwickelten Heften und ihrem Einsatz erforderlich, ggf. auch zu bestehenden Rahmenbedingungen, Richtlinien, Schulformen, Organisationsformen. Zugleich sollen die Ergebnisse des Projekts für weitere Forschung, Lehre, Lehreraus- und -fortbildung verständlich dargestellt werden.

Auch besondere Schwierigkeiten und Forschungslücken, die bei solchen Projekten immer bleiben, sollten dabei angesprochen werden. All dieses wurde durch die Veröffentlichung der Hefte in der Reihe STÜTZPFEILER und dieses Buch zumindest versucht...

Sie, werte Leser, werden hiermit um Kritik und Rückmeldung zur weiteren Verbesserung gebeten!

Schlußbemerkung zur Verbindung von Entwicklungsforschung
mit Lehrerausbildung und Schulpraxis

Es zeichnet die vorstehend skizzierte Art konstruktiver Entwicklungsforschung geradezu aus, daß sie in enger Verbindung mit der Schulpraxis steht und die Zusammenarbeit mit ihr sucht. Es ist daher naheliegend, ein Entwicklungsprojekt mit Lehrerausbildung und Lehrerfortbildung zu verbinden, weil hier offenbar in vielfältiger Weise zu Lehrerqualifikation beigetragen werden kann hinsichtlich theoretischem Hintergrund, praktischer Herstellung von Materialien und Überprüfung von Unterricht. (Andererseits lernen dabei Projektmitglieder der Hochschule hautnah die Bedürfnisse und Rahmenbedingungen der Praxis kennen, was sicherlich zu einer realistischeren Einschätzung hinsichtlich des Machbaren führt.) Dementsprechend wird man versuchen, in vielen Phasen des Projekts Lehrerstudenten und Lehrer einzubeziehen; z.B. bei der Diskussion über Ziel und Gestaltung neuer Materialien, bei der Konstruktion von Tests, bei der Aufarbeitung von theoretischer Literatur, bei gezielten Unterrichtsbeobachtungen und Erfahrungsberichten, im Rahmen von Unterrichtsexperimenten usw.

Literaturhinweise*

ABEL, H../ARBEITER, J./BAULIG, K. u.a.: Mathematik. Kurs für Lehrer Sek. I, Hauptschule. Heft 1: Prozent- und Zinsrechnen, Verhältnisrechnen (1979); Heft 2: Sachrechnen in der Wirtschaft, Wachstum und Zerfall (1980). DIFF Tübingen.

AEBLI, H.: Psychologische Didaktik. Stuttgart 1963 (1976^6).

AEBLI, H.: Zwölf Grundformen des Lernens. Stuttgart 1983 (1993^7).

AEBLI, H.: Das operative Prinzip. In: Mathematik lehren 1985/11, 4–6.

AEBLI, H.: Grundlagen des Lehrens. Stuttgart 1987 (1993^2).

AMM, L./GOTTKE, H.-J./SIEPMANN, G.: Mathematikunterricht in der Hilfsschule. Berlin 1987.

ANKELE, R./FRENZL, H. u.a.: Wiederholung der Bruchrechnung, Prozent- und Zinsrechnung. Hess. Inst. f. Bildungsplanung und Schulentwicklung, Wiesbaden 1979.

AUSUBEL, D.P.: Psychologie des Unterrichts. Weinheim 1974.

AUSUBEL, D.P./NOVAK, J. D./HANESIAN, H.: Psychologie des Unterrichts. Bd. 1: Weinheim und Basel 1980^2, Bd. 2: Weinheim und Basel 1981^2.

BABANSKI, J.: Untersuchungen zur Überwindung des Leistungsversagens bei Schülern. Berlin 1977.

BALLSTAEDT, S.-P./MANDL, H./SCHNOTZ, W./TERGAN, S.O.: Texte verstehen – Texte gestalten. München 1981.

BANDURA, A.: Sozialkognitive Lerntheorie. Stuttgart 1979.

BARDY, P./BAULIG, K./LÜBBERT, D. u.a.: Mathematik: Sachrechnen für Lehrer an Berufsschulen. BS 3: Zinsrechnen. DIFF Tübingen 1984.

BAUER, L.: Das operative Prinzip als umfassendes, allgemeingültiges Prinzip für das Mathematiklernen. In: Beiträge zum Mathematikunterricht 1991, S. 132–134.

BAUERSFELD, H./OTTE, M./STEINER, H.-G. (Hrsg.): Differenzierung im Mathematikunterricht. Schriftenreihe des IDM 17, Bielefeld 1978.

BECK, U.: Motivation durch Anwendungen. In MU 1985/3, 46–58.

BENDER, P.: Ein Zugang zur Finanzmathematik für den Bürgergebrauch. Paderborn 1989.

BLEICHROTH, W. u.a.: Physiklernen nach Schulbuchtexten. Forschungszwischenbericht der Arbeitsgruppe didaktische Forschung Physik an der Georg-August-Universität Göttingen. Göttingen 1985.

BLEIDICK, U./HECKEL, G.: Praktisches Lehrbuch des Unterrichts in der Hilfsschule (Lernbehindertenschule). Berlin 1968.

BLOOM, B.S.: Mastery Learning. In Block, J.H. (ed): Mastery Learning. Theory and Praxis. New York 1971, 47–63.

BREIDENBACH, W.: Rechnen in der Volksschule. Hannover 1963.

BREIDENBACH, W.: Raumlehre in der Volksschule. Hannover 1964.

BREIDENBACH, W.: Methodik des Mathematikunterrichts in Grund- und Hauptschulen. Hannover 1969.

BROMME, R./SEEGER, F./STEINBRING, H.: Aufgaben als Anforderungen an Lehrer und Schüler – Empirische Untersuchungen. Köln 1990.

BRUNER, J.S.: Entwurf einer Unterrichtstheorie. Berlin 1974.

DE CHARMS, R.: Ein schulisches Trainingsprogramm zum Erleben eigener Verursachung. In: EDELSTEIN, W./HOPF, D. (Hrsg.): Bedingungen des Bildungsprozesses, Stuttgart 1973, 6–78.

DAHLKE, E.: Vermeidung negativen Transfers beim Lernen ähnlicher Aufgabenklassen. Diss. TU Braunschweig 1974.

DAHLKE, E.: Zum Stellenwert didaktischer Prinzipien im Mathematikunterricht. In: BAUERSFELD, H./HEYMANN, H.W./LORENZ, J.-H. (Hrsg.): Forschung in der Mathematikdidaktik, S. 125–135. Köln 1981.

DIENES, Z.P./Golding, E.W.: Methodik der modernen Mathematik. Freiburg/Brsg. 1970.

VAN DIJK, T.A.: Textwissenschaft. München 1980.

---

* Schülerhefte und Schulbücher sind im Anschluß gesondert aufgeführt.

DÖRFLER, W. (Hrsg.): Kognitive Aspekte mathematischer Begriffsentwicklung. Schriftenreihe Didaktik der Mathematik, Bd. 16. Wien 1988.

EINSIEDLER, W./HÄRLE, H. (Hrsg.): Schülerorientierter Unterricht, Donauwörth 1978[3].

ERHARDT, V.: Angst vor Mathematikarbeiten? WPB 1980/12, 489–493.

FISCHBEIN, E./DERI, M./NELLO, M.S./MARINO, M.S.: The Role of Implicit Models in Solving Verbal Problems in Multiplication and Division. Journal for Research in Mathematics Education, 16, 3–17, 1985.

FLESCH, R.A.: New Readability Yardstick, Journal of Applied Psychology 32, 3 1948, 221–233.

FROSTIG, M./Müller, H. (Hrsg.): Teilleistungsstörungen. Ihre Erkenntnis und Behandlung bei Kindern. München 1981.

FÜRNTRATT, E.: Aufgabenschwierigkeit, Übungsfortschritt und Arbeitsmotivation. Psychologie in Erziehung und Unterricht, 1978, 221–230.

GAGNÉ, R.M.: Die Bedingungen des menschlichen Lernens. Hannover 1969 (Neubearb. 1980[5]).

GALPERIN, P./Leontjew, A.N. u.a.: Probleme der Lerntheorie. Berlin 1972.

GARDNER, H.: Dem Denken auf der Spur. Der Weg der Kognitionswissenschaft. Stuttgart 1989.

GARTEN, H.-K./LAUTH, G.: Erwerb von Inhalts- und Verfahrenskenntnissen – ein Methodenvergleich. Psychologie in Erziehung und Unterricht, 1982, 29, 193–205.

GLATFELD, M. (Hrsg.): Das Schulbuch im Mathematikunterricht. Braunschweig-Wiesbaden 1981.

GLATFELD, M./SCHRÖDEr, E.C.: Über Induktion beim Mathematiklernen. In: GLATFELD, M. (Hrsg.): Mathematiklernen – Probleme und Möglichkeiten. Braunschweig 1977, S. 140-175.

GRIESEL, H.: Die Neue Mathematik für Lehrer und Studenten 1. Hannover 1971.

GRIESEL, H.: Die Neue Mathematik für Lehrer und Studenten 2. Hannover 1973.

GRIESEL, H./POSTEl, H.: Curriculare und methodische Möglichkeiten der Differenzierung im Mathematikunterricht. In: Schriftenreihe des IDM 17, S. 101–129, Bielefeld 1978.

GRIESEL, H./POSTEL, H.: Zur Theorie des Lehrbuchs – Aspekte der Lehrbuchkonzeption. In: ZDM 1983/6, 287–293.

GROEBEN, N.: Leserpsychologie: Textverständnis – Textverständlichkeit. München 1982.

HAGER, W.: Zum Lernen von Texten. Diss. Universität Göttingen 1978.

HART, K.: Children's Understanding of Mathematics. London 1981.

HASEMANN, K.: Lernschwierigkeiten in der Bruchrechnung. In: VOLLRATH, H.-J. (Hrsg.): Zahlbereiche. Stuttgart 1983.

HATTIG, H./KIRSCH, A./PREISS, G./WISSLER, G./ZECH, F.: Mathematik für Grundschullehrer – Orientierungsstufe. E7: Teilbarkeitslehre. DIFF Tübingen 1975.

HEINK, G./REITBERGEr, W.: Untersuchungen zum Verständnis des Bruchzahlbegriffs. Bad Salzdetfurth 1990.

HERGETH, W.: Zeitungsausschnitte. Beiträge zu einem realitätsorientierten Mathematikunterricht. Mathematikdidaktische Vorträge an der TU Clausthal, Institut für Mathematik o.J.

HILGARD, E.R./BOWER, G.H.: Theorien des Lernens I. Stuttgart 1973[3].

HOLLMANN, E.: Bruchoperatoren in der Prozent- und Zinsrechnung. In MU 1975/1, 19–34.

IOWO (Instituut Ontwikkeling Wiskunde Onderwijs, Utrecht: BELVIA. Een meetkunde thema voor de brugperiode. Utrecht 1977. Aus dem Niederländischen übersetzt von Heinz Schwartze, Gießen 1984.

JAGODZINSKA, M.: The Role of Illustrations in Verbal Learning. Polish Psychological Bulletin 1976, Vol. 7/2, 95–104.

JANKE, W./MEYER, H.: Didaktische Modelle. Frankfurt/M. 1991.

JANSEN, R.: Lehrbücher und ihre Realisierung im Mathematikunterricht der 5. und 6. Schuljahre – Ergebnisse einer Umfrage. In: Schriftenreihe des IDM 5, Universität Bielefeld 1975. (Vgl. auch: Schülerbücher im Mathematikunterricht. IDM – Materialien und Studien Band 3, Bielefeld 1976.)

JUNGK, W.: Typische Situationen der Arbeit mit dem Mathematiklehrbuch. In: Mathematik lehren, Heft 50, 1992, 13–18.

KÄMMERER, E./MÜNZINGER, W.: Eine andere Wohnung (Auf Wohnungssuche). SUGZ-Handbuch, Frankfurt/M. 1980.

KAUTSCHITSCH, H.: Bild-unterstützte Abstraktion und Verallgemeinerung. In: DÖRFLER, W. (Hrsg.) 1988; s.o.

KEITEL, C./OTTE, M./SEEGER, F.: Text, Wissen, Tätigkeit. Das Schulbuch im Mathematikunterricht. Königstein/Ts. 1980.

KINTSCH, W.: On Comprehending Stories. In: Just, M./Carpenter, P. (Eds.): Cognitive Processes in Comprehension, Hillsdale, 1977, p. 33–62.

KIRSCH, A.: Eine Analyse der sogenannten Schlußrechnung. Math.-Phys. Semesterberichte XVI/1 (1969), 41–55.

KIRSCH, A.: Elementare Zahlen- und Größenbereiche. Göttingen 1970.

KIRSCH, A.: Vorschläge zur Behandlung von Wachstumsprozessen und Exponentialfunktionen im Mittelstufenunterricht. DdM 4, 1976, 257–284.

KIRSCH, A.: Aspekte des Vereinfachens im Mathematikunterricht. WPB 29 (1977), H. 4, 151–167.

KIRSCH, A.: Mathematik wirklich verstehen. Köln 1987.

KIRSCH, A.: Formalismen oder Inhalte? Schwierigkeiten mit linearen Gleichungssystemen im 9. Schuljahr, DdM 4, 1991, 294–308.

KLARE, G.R.: The Measurement of Readability. Ames 1963.

KLAUER, K.J.: Zielorientiertes Lehren und Lernen bei Lehrtexten. UW 1981/4, 300–318.

KLOEP, M.: Leicht oder mittelschwer? In: UW 1985/2, 130–139.

KURTH, I. u.a.: Mathematikunterricht für türkische Jugendliche mit Hilfe didaktischer Visualisierung. In: Deutsch lernen, 1981/1, 68–79.

KURTH; W.: Proportionale und antiproportionale Textaufgaben. Bad Salzdetfurth 1989.

KUTZER, R.: Zur Kritik gegenwärtiger Didaktik der Schule für Lernbehinderte – aufgezeigt an den Befunden der empirischen Überprüfung rechendidaktischer Entscheidungen. Diss. Marburg 1976.

LANGE, B./MEISSNER, H.: Taschenrechner-Spiel „Faktor finden". In: Praxis der Mathematik 1980, 373–375.

LAUTH, G./HOLZHAUER, C./WEITENDORF, K.: Trainingsmanual kognitiver Fertigkeiten bei retardierten Kindern. Oldenburg-Tübingen 1983.

LÖRCHER, G.A.: Mathematik als Fremdsprache. Reflektierte Schulpraxis 1974, Heft 1.

LOMPSCHER, J. u.a.: Theoretische und experimentelle Untersuchungen zur Entwicklung geistiger Fähigkeiten. Berlin 1972.

LOMPSCHER, J. u.a.: Psychologische Besonderheiten leistungsschwacher Schüler. Berlin 1978.

LORENZ, J.H. (Hrsg.): Lernschwierigkeiten: Forschung und Praxis. Köln 1984.

LORENZ, J.H.: Anschauung und Veranschaulichungsmittel im Mathematikunterricht. Göttingen–Toronto–Zürich 1992.

MANDL, H. (Hrsg.): Zur Psychologie der Textverarbeitung. München–Wien–Baltimore 1981.

MANDL, H./TERGAN, S.O./BALLSTAEDT, S.-P.: Textverständlichkeit – Textverstehen.
In: TREIBER, B./WEINERT, F.E. (Hrsg.): Lehr-Lern-Forschung. München–Wien–Baltimore 1982.

MANDL, H./SCHNOTZ, W./TERGAN, S.O.: Zur Funktion von Beispielen in Lehrtexten. In: KÖTTER, L./MANDL, H. (Hrsg.): Jahrbuch für empirische Erziehungswissenschaft. Düsseldorf 1983.

MAIER, H./BAUER, L.: Zum Problem der Fachsprache im Mathematikunterricht. In: BAUERSFELD, H./OTTE, M./STEINER, H.-G. (Hrsg.): Schriftenreihe des IDM 18, S. 137–159. Bielefeld 1978.

MAYER, R.: Twenty Years of Research on Advance Organizers: Assimilation Theory is atill the best Predictor of Results. Instructional Science 8, 1979, 133–167.

MEICHENBACH, D. W.: Kognitive Verhaltensmodifikation. München–Wien–Baltimore 1979.

OEHL, W.: Der Rechenunterricht in der Hauptschule. Hannover 1969[3].

OEVERING, R.L./TRAVERS, M.W.: Die Wirkung verschiedener Übungsbedingungen auf die Übertragung des Gelernten (Transfer). In: HOFER, M./WEINERT, F.E. (Hrsg.): Funkkolleg Grundlagentexte. Pädagogische Psychologie, Bd. 2, Frankfurt/M. 1973, 89—106.

PADBERG, F.: Über typische Schülerschwierigkeiten in der Bruchrechnung. Bestandsaufnahme und Konsequenzen. MU 1986/3, 58–77.

PADBERG, F.: Didaktik der Arithmetik. Mannheim–Wien–Zürich 1986.

PADBERG, F.: Didaktik der Bruchrechnung. Mannheim 1989.

von PATTEN, J.V. et. al.: Review of Strategies for Sequencing and Synthesizing Instruction. Review of Educational Research, Vol. 5614, 1986, 437–471.

PEEK, J.: Die Effekte von Illustrationen zu Texten. In: KLAUER, K.J./KORNADT, H.J. (Hrsg.): Jahrbuch für empirische Erziehungswissenschaft, Düsseldorf 1978 (196–229).

PESCHEK, W.: Abstraktion und Verallgemeinerung im mathematischen Lernprozeß. In: JMD, 1989/3, 211–285.

PIAGET, J.: Psychologie der Intelligenz. Olten 1972[5].

RUDE, A.: Methodik des naturkundlich-mathematischen und des technischen Unterrichts. Leipzig 1911.

SCHLAAK, G.: Fehler im Rechenunterricht. Hannover 1968.

SCHMERDER, W.: Vergleich der Effektivität programmierter und nach der Theorie der Textverständlichkeit optimierter Schulbuchtexte. Diss. Hamburg 1976.

SCHNEIDER, W.: Deutsch für Profis. Wege zu gutem Stil. Hamburg 1992[11].

SCHULZ VON THUN, F./GÖBEL, G./TAUSCH, R.: Verbesserung der Verständlichkeit von Schulbuchtexten und Auswirkungen auf das Verständnis und Behalten verschiedener Schülergruppen. In: Psychologie in Erziehung und Unterricht, 1973, 223–234.

SCHULZ VON THUN, F./GÖTZ, W.: Mathematik verständlich erklären. München 1976.

SKINNER, B.F.: Erziehung als Verhaltensformung. München-Neubiberg 1971.

SOMMER, N./VIET, U.: Psychologische Probleme bei der Förderung mathematikschwacher Schüler. In: MU 1987/1, 51–62.

VIET, U.: Proportionen und Antiproportionen – Methoden und Ergebnisse einer empirischen Untersuchung. In: Beiträge zum Mathematikunterricht 1989, 48–57.

VIET, U./KURTH, W.: Proportionen und Antiproportionen. Empirische Untersuchungen zum Thema „Proportionen und Antiproportionen" in der Hauptschule. Schriftenreihe des Forschungsinstituts für Mathematikdidaktik Nr. 8. Osnabrück 1986.

VOLLRATH, H.-J.: Lernschwierigkeiten, die sich aus dem umgangssprachlichen Verständnis geometrischer Begriffe ergeben. In: BAUERSFELD, H./OTTE, M./STEINER, H.-G. (Hrsg.): Schriftenreihe des IDM 18, S. 57–73. Bielefeld 1978.

VOLLRATH, H.-J.: Meßvorgänge als Erfahrungsgrundlage für den Mathematikunterricht. In: VOLLRATH, H.-J. (Hrsg.): Sachrechnen. Stuttgart 1980, S. 45–63.

VOLLRATH, H.-J.: Methodik des Begriffslernens im Mathematikunterricht. Stuttgart 1984.

VOLK, D.: Geometrie aus dem Handwerk. MUED-Schriftenreihe, Unterrichtsprojekte 4, Göttingen 1984.

WEIDENMANN, B.: Psychische Prozesse beim Verstehen von Bildern. Bern 1988.

WEINERT, F.E./KLUWE, R.H. (Hrsg.): Metakognition, Motivation und Lernen. Stuttgart 1984.

WELLENREUTHER, M.: Erprobung neuer Formen des Lernens zur Verbesserung der Chancen für Sonderschüler. Universität Göttingen, WS 1980/81 (hochschulinterne Veröffentlichung).

WELLENREUTHER, M.: Zur Methodologie der Fehleranalyse in der mathematikdidaktischen Forschung. JMD 7, 1986, 269–303.

WELLENREUTHER, M.: Ein Lernexperiment aus dem Projekt TELEMA zu Gestaltung und Einsatz von Lehrtexten zur Prozentsatzberechnung. In: Beiträge zum Mathematikunterricht 1988, Bad Salzdetfurth 1988, 315–318.

WELLENREUTHER, M./ZECH, F.: Gestaltung von Lehrtexten für den Mathematikunterricht am Beispiel einer Untersuchung zur Prozentrechnung. Teil I: math. did. 9, 159–178 (1986). Teil II: math. did. 10, 23–43 (1987).

WELLENREUTHER, M./ZECH, F.: Kenntnisstand und Verständnis in der Dezimalbruchrechnung am Ende des 6. Schuljahres. Math. did. 13, Heft 3/4 (1990), 3–30.

WINTER, H.: Umgangssprache im Mathematikunterricht. In: Schriftenreihe des IDM 18, S. 5–56. Bielefeld 1978.

WITTOCH, M.: Neue Methoden im Mathematikunterricht. Vergleichende Untersuchung über Lernerfolg, Kreativität und Leistungsmotivation bei operativ, programmiert und problemzentriert unterrichteten Schülern. Hannover 1973.

WITTOCH, M.: Unterricht mit Schulversagern. Vorschläge zur Förderung von Lernprozessen. Köln 1976.

WITTOCH, M.: Motivation im Mathematikunterricht lernschwacher Schüler. In: MU 1985/3, 92–108.

ZECH, F.: Der Aufbau von mathematischen Begriffen und Denkoperationen durch die operative Methode. In: Blätter für Lehrerfortbildung 1978/79, 397–403.

ZECH, F.: Entwicklung von Materialien für den Geometrieunterricht lernschwacher Schüler. In: VOLLRATH, H.-J. (Hrsg.): Geometrie. Didaktische Materialien für die Hauptschule, Stuttgart 1980, 96–120.

ZECH, F.: Motivation im/für Mathematikunterricht im Lichte neuerer Psychologie, Pädagogik, Mathematikdidaktik. MU 1985/3, 7–27.

ZECH, F.: Projekt TELEMA: Gestaltung und Einsatz von Lehrtexten für den Mathematikunterricht (insbesondere lernschwacher Schüler) in der Sekundarstufe I. In: Beiträge zum Mathematikunterricht 1988. Bad Salzdetfurth 1988a, 323-328.

ZECH, F.: Zur Effektivität didaktischer Veranschaulichungen im Mathematikunterricht. In: VERMANDEL, A. (Ed.): Theory of Mathematics Education. Antwerpen 1988b, 57–65.

ZECH, F./WELLENREUTHER, M.: Konstruktive Entwicklungsforschung: Eine zentrale Aufgabe der Mathematikdidaktik. Journal für Mathematikdidaktik 13 (1992) 2/3, 143–198.

ZECH, F./WELLENREUTHER, M. (Hrsg.): Stützpfeiler Mathematik. Wichtige Bausteine alltagsnaher Mathematik der Schuljahre 5–8. (Siehe auch unten: Schülerhefte der Reihe STÜTZPFEILER MATHEMATIK)

ZECH, F.: Grundkurs Mathematikdidaktik. Theoretische und praktische Anleitungen für das Lehren und Lernen im Fach Mathematik. Weinheim-Basel 1977; (Neubearbeitung: 1996[8]).

ZIMMERMANN, P.: Mathematikbücher als Informationsquelle für Schülerinnen und Schüler. Diss. Koblenz-Landau 1991.

ZIMMERMANN, P.: Über die Arbeit von Schülerinnen und Schülern mit ihren Mathematikbüchern. In: Beiträge zum Mathematikunterricht 1992. Bad Salzdetfurth 1992.

Schülerhefte* der Reihe STUTZPFEILER MATHEMATIK

WELLENREUTHER, M.: Bruchrechnung I. Berlin 1994.

WELLENREUTHER, M.: Bruchrechnung II. Berlin 1996.

WELLENREUTHER, M.: Schlußrechnung Berlin 1995.

ZECH, F.: Geometrie I. Berlin 1992.

ZECH, F.: Geometrie II. Berlin 1993.

ZECH, F.: Dezimalbruchrechnung I. Berlin 1995.

ZECH, F.: Dezimalbruchrechnung II. Berlin 1996.

ZECH, F.: Prozentrechnung. Berlin 1996.

ZECH, F.: Zinsrechnung. Berlin 1995.

Zitierte Schulbücher

– H. GRIESEL, W. SPROCKHOFF (Hg.): Welt der Mathematik 7, Schroedel Schulbuchverlag, Hannover 1988.

– K. J. KLAUER (Hg.): Mein Rechenbuch Klasse 8, Cornelsen Verlag, Berlin 1967, S. 30.

– H. GRIESEL, H. POSTEL (Hg.): Mathematik heute 6, Schroedel Schulbuchverlag, Hannover 1984.

– M. LEPPIG (Hg.): Lernstufen Mathematik Klasse 7, Cornelsen Verlag, Berlin 1983.

– W. OEHL, L. PALZKILL (Hg.): Die Welt der Zahl, Schroedel Schulbuchverlag, Hannover 1982.

– Mathematik 5, Westermann Schulbuchverlag, Braunschweig 1984, S. 49.

– W. SCHULZ, W. STOYE (Hg.): Mathematik 5, Volk und Wissen Verlag, Berlin 1993, S. 19 u. 109.

---

*) Die Hefte wurden zusammen mit Lösungsteilen von dem jeweiligen Autor unter Mitarbeit der Projektgruppe TELEMA und unter Beteiligung vieler Lehrer und der Fachredaktion Mathematik des Cornelsen Verlags entwickelt und erprobt.

Sachverzeichnis

Autorenverzeichnis*)

---

*) Nur die im Text erwähnten Autoren; zusätzliche im Literaturverzeichnis.